마오쩌둥 2

마오쩌둥

2 문화혁명의 붉은 황제
1937~1976

필립 쇼트 | **양현수** 옮김

교양인
GYOYANGIN

1 혁명을 향한 대장정
1893~1937

11장

옌안의 붉은 별

1937년~1946년

"전쟁에서 결정적 요소는 무기가 아니라 사람이다."

MAO
THE MAN
WHO
MADE
CHINA

시안에서 장제스가 풀려난 직후 홍군 지휘부는 가난한 동굴 마을 바오안을 떠나 동쪽으로 약 100킬로미터를 이동하여 더 살기 편하고 조금 더 세련된 환경을 갖춘 옌안으로 갔다.[1]

오래된 성곽 도시 옌안은 1936년 저우언라이가 장쉐량을 만나기 위해 비밀리에 방문하여 첫 번째 회담을 진행한 곳이다. 도시 중심부 언덕에는 가을 홍수를 막아준다는 오래된 하얀색 보탑(寶塔)이 세워져 있고, 그 아래에는 수심이 얕은 옌하(延河)가 돌서덜을 넘어 언덕을 휘감아 흘러갔다.[2] 송나라 시대부터 옌안은 중요한 교역 중심지였다. 몽골 상인들은 낙타를 타고 와서 조랑말과 모직과 모피를 내다 팔았다. 벌목꾼들은 소가 끄는 커다란 수레 위에 목재와 통나무를 싣고 와서 팔았다. 소금은 교역 금지품이었으나 남쪽 도시에서 유입되어 밀거래되었다. 종루(鐘樓) 옆에서는 약재상들이 민간요법으로 쓰이는 사자의 이빨 가루, 말린 뱀 따위의 약재를 팔았다. 축제일이나 장날이면 사람들이 집에서 짠 푸른색 옷을 입고 머리에는 흰색 수건을 두른 채 흙투성이 거리에 가득 모여 와자지껄하게 떠들었다. 젊은 홍군 병사들은 건조하고 메마른 서쪽 산지에서 살다가 와서인지 와글와글한 옌안의 풍경에 매료되었고, 당 지도자들과 그들의 부인들 역시 이러한 분위기 변화를 환영했다. 그들은 한낮이나 휴일이면 길거리를 산책하면서 각종 소리와 색깔의 향연을 구경했다.

마오쩌둥과 허쯔전은 도시 서쪽 펑황산(鳳凰山)의 낮은 언덕에 자리 잡은 부유한 상인의 저택에 거주했다(허쯔전은 대장정 중 총탄에 입은 상처가 아직 다 치유되지 않은 상태였다). 장원톈은 당의 최고 지도자로서 저택의 중앙 마당을 차지했다. 그곳에는 바닥에 돌이 깔려 있는 큰 방이 하나 있었는데, 이곳에서 정치국 회의가 열렸다. 주더와 펑더화이는 좀 더 작은 마당이 있는 쪽에 각자의 거처를 마련했으며, 군사위원회 사무실도 그쪽에 두었다. 모두가 바오안 때보다 훨씬 좋은 곳에서 살았다. 마오의 집에는 방문자를 만날 수 있는 응접실과 종이를 바른 격자무늬 창문이 달린 넓은 서재가 있었으며, 커다란 나무통 욕조도 하나 있었다. 하지만 이 안식처에도 한계는 있었다. 북방의 추운 겨울을 나는 데, 온기를 제공할 만한 것은 화로와 난방 시설 '캉'뿐이었다. 물은 우물에서 길어 와야 했다. 마오의 정치 생활에서 가장 중요한 요소인 서류들은 미국 석유 회사 스탠더드 오일에서 제작한 드럼통을 대충 잘라 만든 캐비닛에 보관했다.[3]

앞으로 10년 동안 옌인의 탑과 층층의 언덕 풍경과 거대한 성벽과 12세기에 축조된 성문은 진보적 성향의 젊은 중국인들과 서구의 동조자들에게 희망의 상징이자 등댓불과 같았다. 하지만 1937년 옌안에서 중국공산당 지도자들을 만난 어느 냉정한 여행객은 이 도시가 사실은 "산시성 외진 지역에서 흔히 발견할 수 있는 평범한 도시"라고 단조롭게 묘사했다. 그리고 이는 지금도 마찬가지다.[4] 옌안이 낭만이라든가 '활기찬 젊음, 용기, 고상한 이상'의 분위기를 풍긴 것은 그곳에 모인 사람들이 특별했기 때문이다.[5]

영국 귀족 출신 마이클 린지(Michael Lindsay)는—그의 아버지는 옥스퍼드대학 발리올 칼리지의 학장을 지냈다.—옌안에서 얼마간

홍군 무전병들을 훈련시켰는데, 그는 당시를 '중국 공산주의의 영웅 시대'로 기억했다. 기자 귄터 슈타인(Günther Stein)은 "개척자들로 이루어진 원초적 공동체의 굳건한 투쟁 정신"을 높이 칭송하며 이렇게 말했다. "우리가 믿든 말든 그들은 미래가 바로 자신들의 것이라고 생각하는 것처럼 보였다." 미국인 교수 토머스 비손(Thomas Bisson)은 옌안에서 '삶의 특성'으로서 평등주의적 신념을 발견했다.[6] 이따금 회의적인 자들만이 이곳의 어두운 측면을 관찰할 수 있었다. 사상의 획일화, 엄격한 통제, 최고 지도자들 주위에 마치 그림자처럼 항상 따라다니는 마우저총을 멘 젊은 호위병들이 바로 그런 측면이었다.[7]

마오쩌둥은 공산당의 과거 역사와 관련된 신화를 창조하면서 동시에 지지자들의 가슴 속에 미래의 희망이 불타오르게 하는 데 탁월한 능력이 있었다.[8] 첫 번째 중국 내전이 끝난 뒤부터 두 번째 내전이 시작되는 10년 동안 마오가 발전시킨 공산주의의 특이한 형태를 '옌안 방식'이라고 부르는데, 이는 '대장정' 신화와 더불어 마오가 구축한 체계 중 가장 영속적인 상징이 된다.

하지만 그렇게 되기까지 마오는 먼저 두 가지 과업을 완수해야 했다. 첫째는 정치적 권력의 공고화요, 둘째는 그만의 특성이 담긴 마르크스주의 이론의 확립이었다. 마오는 산시성(陝西省)에 도착하고 나서 2년 동안 이 목표들을 달성하기 위해 노력했다.

두 과업은 서로 밀접하게 연결되었다. 레닌 이후 모든 공산당 지도자들은 마르크스주의 학설에 관한 이론적 공헌 위에 자신의 권위를 구축했기 때문이다. 이 점에서 마오쩌둥은 약했다. 당시 마오와 당내 권력을 놓고 경쟁한 소련 유학파와 그들의 지도자 왕밍은 모스크바 중산대학에서 정통 레닌주의를 착실하게 공부했다. 그때 마오쩌둥은 황야에서 유격전을 벌이고 있었다. 하지만 마오는 약점을 강점으로 바꿀 수 있는 길이 있음을 알았다. 10년 전인 1925년 겨울에 그는 "중국적 조건 속에서 생산된 이념"의 필요성을 주장했다. 지난 2천 년 동안 중국의 모든 왕조는 그 나름의 정통 이론을 갖추었다. 그러므로 공산당도 그들만의 고유한 중국식 마르크스주의가 필요했다. 이를 정립하게 된다면 중국공산당은 중국 민족주의의 깊은 맥을 이어나갈 수 있을 뿐 아니라, 마오 입장에서는 소련 유학파 경쟁자들의 영향력을 배제하여 지도자로서 입지를 강화할 수 있었다.

1935년 12월 와야오부에서 마오쩌둥은 처음으로 자신의 생각을 실천에 옮겼다.

정치국은 마오의 촉구에 따라 마르크스주의를 '특정하고 구체적인 중국적 조건'에 유연하게 적용해야 한다는 견해를 표명했고, 모스크바의 생각을 노예처럼 추종하는 '좌경 교조주의' 태도를 비난했다.

3개월 뒤에는 마오가 직접 중국공산당이 "자주적으로 행동해야 하며 자신의 능력에 확신을 품어야 한다."라고 주장했다. 또한 소련은 분명 친구이지만 그들의 도움은 부차적이라고 언급하며, "중국 민중의 이익과 소련 민중의 이익이 일치하는 경우에만" 소련과 중국의 정책이 일치할 수 있다고 선언했다.[9]

1936년 6월, 와야오부의 방이 하나밖에 없는 작은 도교 사원에서 '중국항일홍군대학(中國抗日紅軍大學)'이 개관했다.[10] 마오가 정치 및 군사 문제에 관해 강연할 수 있는 장소를 마련한 것이다. 하지만 시기가 적절치 않았는데, 불과 3주 뒤 국민당군을 피해 와야오부를 떠나야 했기 때문이다. 공산당 본부가 다시 바오안에 자리를 잡은 뒤에는 린뱌오가 학교장이 되어 홍군대학이 다시 시작되었다. 환경은 여전히 보잘것없었다. 천연 동굴에서 홍군의 최고 지휘관들은 돌로 만든 허술한 의자에 쭈그리고 앉아, 공책 대신 부드러운 돌로 만든

1936년의 마오쩌둥.

석판 위에 철필로 필기하며 마오의 강의를 들었다.[11] 그해 가을 마오
는 그 동굴에서 연속으로 강의를 했다. 제목은 '중국 혁명 전쟁의 전
략 문제'였다. 이때 처음으로 그는 중국의 특수성이라는 개념을 발전
시켰다. 표면적으로는 군사적 측면에서 언급한 개념이었으나 실제로
는 범위가 더 넓었다.

중국의 혁명 전쟁은 …… 중국의 특수한 환경에서 진행되고 있으

므로 특수한 상황과 특수한 성격 …… 그리고 그 자체의 특수한 법칙을 지닙니다. …… 어떤 사람들은 …… 소련에서 일어난 혁명 전쟁의 경험을 공부하기만 하면 …… 그리고 소련의 군사 기관에서 발간한 전쟁 지침서를 읽기만 하면 충분하다고 이야기합니다. …… 그들은 그 지침서들이 소련의 특수한 성질을 구체화한 것이라는 사실을 알지 못합니다. 또한 만약 우리가 소련의 지침서들을 아무것도 바꾸지 않고 그대로 적용한다면, …… 마치 '신발에 맞추기 위해 발을 깎는(削足適履)' 꼴이 되며 패배하리라는 사실을 그들은 모릅니다. …… 우리는 소련의 경험을 존중해야 하지만, 중국 혁명 전쟁의 경험을 더욱 존중해야 합니다. 왜냐하면 중국 혁명과 중국의 홍군에만 존재하는 특수한 요인들이 많기 때문입니다.[12]

마오는 소련과 중국의 차이점을 강조하고 "피의 대가를 치르고 얻은" 고유한 경험이 제일 중요하다고 주장함으로써, 민족적 형태의 마르크스주의 개념의 기틀을 의식적으로 마련했다. 또한 그는 자신이 보내는 메시지를 좀 더 분명하게 전달하기 위해 '1931년에서 1934년까지 좌익 기회주의자'에 대한 폭넓은 비판 작업을 개시했다. 이는 소련 유학파 당 지도부를 겨냥한 것이었다. 마오는 이들이 "쉽게 흥분하는 무식한 사람들"처럼 행동했으며 이들이 추구한 "이론과 실천에는 조금도 마르크스주의적 요소가 없으며 사실상 반마르크스주의적"이라고 지적했다.

마오의 직설적 언설은 별다른 문제를 일으키지 않았다. 왜냐하면 그가 구체적으로 이름을 거론하지 않았고, 일반인들에게 공개적으로 발언한 것이 아니라 홍군의 핵심 세력 중 일부만을 상대로 이야기한 것이었기 때문이다. 하지만 마오는 동료들이 쉽게 받아들일 수 없는 수준까지 자신의 주장을 밀어붙였다. 1937년 2월에 류사오치는 지난

10년의 세월이 '좌경 모험주의'의 시기였다고 주장하며 논란을 야기했다(류사오치는 과거 안위안 때부터 마오를 추종했고 당시에는 중국 북부 지역에서 지하 활동을 책임지고 있었다). 당시 당 지도부의 대다수는 류사오치의 발언에 매우 민감하게 반응하며 그를 비난했다. 그러나 여름이 되자 분위기가 바뀌었다. 류사오치가 다시 한번 자신의 주장을 되풀이하자 이번에는 마오가 공개적으로 지지를 밝혔다. 마오는 정치국 회의에서 이렇게 발언했다. "류사오치의 보고는 기본적으로 올바릅니다. 그는 마치 의사가 질병을 진단하듯 과거에 우리가 지녔던 문제들을 체계적으로 지적하고 있습니다." 또한 마오의 주장에 의하면, 비록 당이 엄청난 성과를 거둔 것이 사실이더라도 당은 여전히 '잘못된 좌경적 전통' 때문에 피해를 입고 있으며, 이를 극복하려면 훨씬 더 많은 노력이 필요했다. 이러한 일이 있은 뒤 류사오치는 지위가 크게 높아졌고, 향후 5년간 마오가 가장 신뢰하는 동료가 된다.[13]

좌경주의를 둘러싼 논쟁이 조금씩 심화되는 동안 마오는 마르크스주의 공부를 다시 시작했다. 그가 철학 책을 붙들고 꼼꼼하게 공부한 것은 20년 전 학생 시절이 마지막이었다. 20년 만에 새로 시작한 공부는 마오에게 무척이나 힘들었을 것이다. 그해 겨울과 다음해 봄에 걸쳐 마오는 여러 권의 책에 주해를 붙였다. 소련의 주요한 이론가인 이반 시로코프(Ivan Shirokov)와 마르크 보리소비치 미틴(Mark Borisovich Mitin)의 저술들과 이들의 책을 리다(李達)와 아이쓰치(艾思奇)가 중국어로 번역한 서적들이었다. 리다는 중국공산당의 전신인 상하이 '공산주의 소조'의 일원이었으며, 아이쓰치는 학술적 마르크스주의 이론가 가운데 젊은 세대를 대표하는 인물이었다.[14] 여름이 되자 마오는 1주일에 두 번 화요일과 목요일 오전에 변증법적 유물론 강의를 시작했다.[15]

강연은 성공적이지 못했다.

마오의 첫 번째 강의는 무척 지루했다. 강연 내용은 17세기와 18세기 프랑스로부터 19세기 독일에 이르기까지 유럽 철학의 발달사를 유물론과 관념론의 투쟁으로 설명하는 것이었다.[16] 마오는 스스로 청중에게 주의를 주었다. "이번 내 강연은 적절한 수준에 미치지 못합니다. 나 자신도 이제 막 변증법을 공부하기 시작했기 때문입니다." 1960년대 중반 그는 이 강연에 대한 기억이 너무도 부끄러웠던 나머지 심지어 자신이 강연한 사실조차 부정했다.[17] 딱 한 군데 독창적인 이론을 세우기도 했다. 특수와 일반은 "상호 연관되어 있으며 둘로 나뉠 수 없다."고 주장한 것이다. 이는 훗날 마르크스주의의 일반 원칙은 항상 특수한 민족적 형태를 지난다는 주장의 토대가 된다.[18] 하지만 이를 제외하면 그는 초보자처럼 스스로도 잘 이해하지 못하는 주제를 두고 헤매는 모습을 보였다.

두 번째와 세 번째 강의는 훨씬 더 나았다. 어느 정도는 이들 강연이 마오의 경험에 토대를 두었기 때문이다. 마오의 '실천론' 강의는 그가 1930년 장시성에서 농촌 조사를 하며 작성한 글인 〈서적 숭배주의를 반대하며〉의 주제를 발전시킨 것이었다. 아래는 당시 글의 한 구절이다.

만일 당신이 어떤 문제를 조사하지 않았다면 당신은 그 문제에 관해 말할 권리가 없다. 너무나 지나친 말인가? 절대 그렇지 않다. 당신은 문제의 실태와 역사적 상황을 조사하지 않았기 때문에 그 문제에 대해 자세히 알지 못하며, 따라서 당신이 무엇을 말하든 그것은 다 허튼소리가 될 수밖에 없다. …… 어떤 사람은 이렇게 말하기도 한다. '책 어디에 그런 말이 쓰여 있는지 보여주시오.' …… 이러한 서적 숭배주의 방식의 연구는 위험하다. …… 우리는 마르크스주의 '서적'을 반드시 공부해야 하지만, 현실과 동떨어진 서적 숭배도 반드시 교정해야 한다. 그러면 어떻게 서적 숭배를 교정할 수 있을까? 그것은 오직 문제의 실태를 조사하는 방법뿐이다.[19]

이러한 생각은 '실천론'에서 한마디로 요약된다. "실천은 진리를 검증하는 기준이다."

객관 현실 세계에서 변화의 운동은 영원히 멈추지 않는다. 인간이 실천하면서 진리를 인식하는 것도 이와 마찬가지이다. 마르크스주의는 진리를 종결하지 않으며, 진리를 향한 (새로운) 길을 끊임없이 열어 놓는다. …… 실천, 인식, 재실천, 재인식. 이러한 과정은 끝없이 반복되고 반복될 때마다 실천과 인식의 내용은 한층 더 높은 차원에 도달한다. …… 이것이 바로 변증법적 유물론의 지행통일관(知行統一觀)이다.[20]

'모순론'은 마오의 학생 시절에 이미 초기 형태를 보였다. 그는 파울젠의 책에서 대립물의 통일이라는 개념을 접하고 자신의 공책에 이런 글을 남겼다. "삶이 죽음이며 죽음이 삶이다. 위가 아래이며, 더러움이 깨끗함이다. 남성이 여성이며 두꺼운 것이 얇은 것이다. 근본적으로 보면, 많은 것이 적은 것이며 변화는 영원하다."[21] 레닌처럼 마오 역시 대립물의 통일이라는 개념이 "변증법의 기본 법칙이며 …… 무산계급 혁명의 가장 중요한 이론적 기반이고 …… 우주의 기본 법칙이자 사상 연구 방법의 기본 법칙"임을 발견한 것이다. 따라서 마오는 정확한 정책을 수립하려면 주어진 상황에서 무엇이 가장 주요한 모순이며 무엇이 그 모순의 가장 주요한 측면인지를 파악해야 한다고 강조했다.[22]

연구자들은 마오쩌둥이 중국 고대 사상의 요소를 도입함으로써 마르크스-레닌주의에 '중국 특유의 성질'을 부여했다는 데 주목한다.[23] 하지만 더 직접적으로 중요한 점은 그가 중국공산당이 공산주의를 향한 중국 특유의 독립적 경로를 모색하는 것을 이론적으로 정당화했다는 데 있다.

또 다른 중요한 점은 마오쩌둥이 정통 스탈린주의에서 벗어났다는 사실이다.

마르크스주의 이론에 따르면, 경제적 하부구조와 그 구조 안에서 작동하는 생산력에 의해 사회의 정치적·문화적 상부구조가 결정된다. 그런데 이따금 마오는 이러한 인과관계가 반대로 작동할 수 있다고 주장했다. "상부구조가 경제적 하부구조의 발달을 저해할 때에는 정치적이고 문화적인 변화가 중요하며 결정적 의미를 지닌다. …… 일반적으로는 물질이 의식을 결정한다. (하지만) 물질에 대한 의식의 작용 역시 반드시 인식해야 한다."[24] 이는 마오가 어린 시절부터 인간 의지의 힘에 관해 지녔던 신념을 마르크스주의 용어로 표현한 것이라 볼 수 있다. 수십 년 뒤 마오가 추진하는 '대약진운동'과 '문화대혁명'은 중국의 정신을 움직임으로써 중국을 변화시키려는 두 차례의 거대한 시도였다. 그때마다 마오는 인간이 지닌 의지의 힘에 관한 깊은 믿음을 사상적으로 정당화하려 했다.

1937년 8월 마오쩌둥의 강연이 갑자기 중단된다. 일본군이 상하이로 진격해 옴에 따라 좀 더 급박한 현실 문제에 주의를 돌려야 했기 때문이다.[25]

그렇다고 해서 그가 마르크스 철학을 완전히 접은 것은 아니었다. 그해 가을, 마오의 요청으로 아이쓰치는 옌안에서 1주일에 한 번씩 공부 모임을 시작했다. 이때 아이쓰치를 추종한 천보다(陳伯達, 1904~1989)라는 청년이 있었는데, 키가 작고 성격이 급하며 푸젠성

사투리를 쓰는 데다 심하게 말을 더듬어서 말을 잘 알아들을 수 없는 자였다. 천보다는 마오쩌둥의 정치비서가 되었다. 이후 몇 년간 마오는 눈에 띄는 대로 마르크스주의 관련 서적을 모두 읽으며 학생 시절처럼 자신이 읽은 책의 내용을 기록해 두는 '독서 일기'를 썼다.[26]

마오는 나이가 들어 감에 따라 철학적 사색을 무척 좋아하게 되었고, 사적인 대화든 정치적 토론이든 난해한 비유를 많이 쓰고 첨예한 논점에 수수께끼 같은 말을 던지곤 해서 심지어 정치국 동료들조차 그의 진의를 파악하는 데 종종 애를 먹었다. 하지만 철학은 마오에게 그 자체로 매력적인 것이라기보다 출발점, 즉 관념의 세계로 나아가기 위한 도약대의 의미가 더 컸다. '실천론'과 '모순론'은 마오가 이론가로 자리 잡는 데 중요한 의미가 있었고, 그가 당 지도부에서 자신의 주장을 강화하는 데 큰 도움이 되었다. 하지만 그러한 글을 쓰는 것이 마오에게는 무척이나 힘들었던 것 같다.[27] 평소의 언사를 보면 마오는 날카롭고도 멋진 말솜씨를 발휘했는데, 이 글들을 보면 무척이나 평이하고 지루하다. 순수 이론은 마오에게 목적을 위한 수단이었을 뿐 그가 특별히 즐긴 분야는 아니었다.

1937년 11월 29일 일본 관동군*이 중국 북부 평원 지대를 거침없이 진격하고 있을 때, 옌안의 하늘에 비행기 한 대가 나타나 작은 비행장 상공을 선회했다. 처음에 관측 요원은 이따금씩 날아와 폭격을 가하던 일본군 비행기라고 생각했다. 하지만 곧 비행기에 그려진 소련의 표식이 발견되었고, 마오쩌둥을 비롯한 당 정치국 위원들은 급히 착륙장으로 달려왔다. 비행기에서 내린 사람은 '스탈린의 중국부'

관동군(關東軍) 1905년부터 1945년까지 일본이 중국을 침략하기 위해 만주에 주둔시킨 일본 육군 부대를 총칭하는 말.

를—대장정 이전에 중국공산당의 지배 세력이었던 소련 유학파 조직을 지칭하는 표현이다.—이끈 왕밍이었다. 그는 다소 살이 찐 모습이었고 동그란 검은 테 안경 덕에 무척 진지해 보였다. 스탈린은 그를 중국에 보내, 장제스와 통일전선을 이루는 데 중국공산당이 좀 더 적극적으로 나서게끔 하려 했다. 왕밍의 뒤를 따라 비행기에서 내린 사람은 몸집이 작고 학구적으로 보이는 캉성(康生, 1898~1975)이었다. 캉성은 비밀경찰 업무가 전문이었다. 그다음에는 천윈이 내렸다. 천윈은 쭌이 회의의 결과를 소련에 보고하기 위해 2년 반 전 모스크바에 갔다가 이제야 돌아오는 길이었다.[28]

왕밍이 곧 중국으로 돌아온다는 소식은 마오에게 이미 무전으로 전달되었지만, 신장을 거쳐 오는 여정이 2주 이상 걸렸고 마오로서는 정확하게 언제 왕밍이 옌안에 도착할지 알 수 없었다.

그날 저녁 홍군의 요리사들은 연회를 준비했다. 환영 연설에서 마오는 왕밍의 귀환을 '하늘의 축복'이라고 말했으며 장원톈은 왕밍이 코민테른에서 중국공산당 대표로 활동하면서 이룩한 성취에 찬사를 늘어놓았다. 하지만 이내 세력 다툼이 시작되었다. 왕밍은 마오의 지위에 직접 도전장을 내밀 정도로 어리석지는 않았다. 그 대신 정책과 관련하여 이의를 제기했다. 왕밍은 직접 말을 하지는 않았지만 모스크바가 자신을 지지하고 있다는 점을 동료들이 충분히 알 수 있도록 드러냈다. 12월 9일부터 엿새 동안 열린 당 정치국 회의에서 양측 의견의 핵심적 차이가 나타났다. 바로 국민당과의 통일전선 전략이었다.[29]

마오는 이미 3개월 반 전 자신의 전략을 자세하게 밝혔다. 옌안에서 남쪽으로 약 100킬로미터 떨어져 있는 뤄촨에서 열린 정치국 확대회의 때였다.[30] 당시 마오는 중국이 일본에 승리를 거두려면 모든 반일 세력이 힘을 합쳐야 함을 인정하면서도 다음과 같이 주장했다.

통일전선 내에서 "우리 중국공산당은 반드시 독립성을 보존해야 하며, 주도권을 쥐어야 합니다." 이는 정치적인 측면에서 말하자면, 공산당이 중일전쟁에서 '지도적 역할'을 수행하고 군사력을 확장하기 위해 애써야 한다는 의미였다. 따라서 공산당은 국민당에 '높은 경계심'을 유지해야 하며 국민당과 단결하면서도 동시에 대결과 투쟁이 계속된다는 것을 이해해야 했다. 군사적 측면에서는, '팔로군'이 진지전을 피하고 유격 전술에 의존하여 지구전을 벌여야 함을 뜻했다. 마오는 당 지도자들에게 다음을 상기시켰다. "유격전의 기본은 병력을 분산하고 군중을 격동시켜 (투쟁에 참여하도록 하며) 적군을 격파할 수 있을 때(에만) 정규 병력을 집중시키는 것입니다. 이길 수 있다고 생각되면 싸우십시오. 그러나 질지도 모른다고 생각되면 싸우지 마십시오!" 마오는 공산당의 주요 병력을 '현실을 감안해' 신중하게 배치함으로써 힘을 보존해야 한다고 주장했다.

가을이 지나면서 마오는 자신의 정책이 옳았다고 확신하게 되었다. 마오는 장제스가 가장 힘든 전투를 홍군이 떠맡도록 강요할까봐 우려했다. 그래서 그는 전투에 투입되는 공산당군이 전체 공산당 병력의 절반 이상이 되어서는 안 되고, 최대한 양보해도 3분의 2를 절대로 넘어서는 안 되며, 나머지 병력은 홍군 근거지에 남아 장제스가 공산당을 배신하는 것을 미리 방지해야 한다고 생각했다.[31] 그리하여 당 관료들에게는 공산당의 이익을 지키는 한편, 국민당의 지시를 맹목적으로 수행하지 말라는 지시가 지속적으로 하달되었다. 마오는 홍군 지휘관들에게 전보를 보내 유격 전술이 '유일한 방침'이며, 계획된 군사 작전에 맞추어 싸우는 전투 따위는 "전혀 쓸모가 없다"고 강조했다.[32] 9월 말 린뱌오의 군대가 산시성 북부의 핑싱관(平型關)에 매복해 있다가 일본군을 습격하여 1천 명의 병력 손실을 입히자 마오는 기쁨과 노여움을 동시에 느꼈다. 중국이 일본과의 전쟁에서 처음으로 큰 승리를 거둔 전투였고 덕분에 홍군의 명성이 올라 만족스러웠지만, 린뱌오를 비롯한 홍군 지휘관들이 자신들의 힘을 위험하게 노출한 데 우려를 느낀 것이다.[33] 마오는 이렇게 썼다. "모순의 핵심은 이것이다. 뒷간에 쭈그리고 앉은 사람들은 일을 보지 못하고 있는데, 이들을 제외한 나머지 인민들은 모두 일을 보고 싶어 죽을 지경이지만 들어가 앉을 뒷간이 없다." 이는 국민당 군대만으로는 일본군을 물리칠 수 없는 상황에서 대규모의 농민층은 유격전에 참여하고 싶은 의욕에 넘치지만 국민당은 그들이 경쟁적인 군사 세력으로 발전할까 봐 두려운 나머지 싸움에 참여시키지 않고 있다는 뜻이었다.[34] 며칠 뒤 국민당은 중국 남부에 남은 공산당 유격대를 한군데 집결시키려는 (그렇게 함으로써 통제력을 강화하려는) 움직임을 보였다. 이에 공산당은 다시 한번 장제스의 의도에 의심을 품었다.[35] 우려할 만한 징조는 또 있었다. 일본군의 공세에 중국의 북부 도시가 하나둘씩 힘없이 무너지자 국민당이 일본과 개별적으로 평화 협정을 맺는 데 다시 관심을 보인 것이다. 이제 마오는 중국공산당이 독자적 판단을 내려야 하며 국민당의 "잘못된 정책"을 "거부하고 비판하고 투쟁해야 한다"는 확신이 더 커졌다.[36]

한편 모스크바에서 돌아온 왕밍은 마오와 전혀 다른 노선을 제시했다. 스탈린은 일본을 저지하는 데 (그래서 시베리아에 관심을 두지 못하도록 하는 데) 국민당이 없어서는 안 될 상대로 여겼다. 따라서 중국공산당은 코민테른의 충실한 일원으로서 당연히 소련과 국민당의 동맹을 발전시킬 수 있는 모든 일을 해야 했다. 왕밍이 보기에 가장 중요한 과업은 '상호 경쟁'이 아니라 '상호 존중, 신뢰, 조력, 감독'의 기반 위에서 "국민당과 공산당의 협조를 굳게 하고 확대하는 일"이었으며, "우리가 주도권을 잡는" 문제나 어느 정당이 지도적 역할을 수행할지 따위의 문제는 부차적이었다. 왕밍은 공산당의 지도 원칙을 다음과 같이 규정했다. "항일이 모든 것에 앞서는 최우선 과제이므로 모든 것은 항일에 종속되어야 한다. 모든 것이 통일전선에 종속되므로 모든 것은 통일전선을 거쳐 수행되어야 한다."[37]

12월에 개최된 당 정치국 회의에서 왕밍이 이러한 논지를 밝히자, 마오는 지난 8월 뤄촨 회의 때 자신이 자세하게 설명한 전략이 옳다고 반박했다. 그는 공산당이 반드시 독립성을 유지해야 하며, 만일 그러지 못할 경우 국민당을 보조하는 신세로 전락하고 말 것이라고 주장했다. 또한 새로 학습한 마르크스주의의 변증법에 관한 이해를 토대로 삼아 협조와 투쟁은 상호 보완적 관계라고 설명하며, 현재의 통일전선에서는 협조와 투쟁 중 어느 한쪽만을 택해서는 안 되고 둘 다 취해야 한다고 목소리를 높였다.[38]

당시 국민당과의 교섭에서 최고 책임자였던 저우언라이에게나 일본군을 상대로 대규모 공세를 펼치고 싶어 하던 군 지휘관들에게나, "모두 힘을 합하여 단번에 과업을 완수하자(畢其功于一役)"는 왕밍의 주장은 확실히 매력적이었다. 더구나 모스크바가 분명하게 지지하는 전략이었다.[39] 마오는 이러한 상황에 처하면 다소 자조적인 모습을 보이곤 했는데, 당시에도 이를 되풀이했다. 그는 이렇게 탄식했다. 왕밍이 중국에 귀환한 이후 "나의 권위는 그저 내 동굴 속에만 미칠 뿐이었다."[40] 하지만 사실을 말하자면, 마오는 왕밍의 제안을 거부할 수 있을 만큼 충분한 지지를 얻고 있었고, 양측 모두 이 문제에 관해 결정을 재촉하지 않았기 때문에, 결국 정치국 회의는 결론이 나지 않은 채 끝이 났다.

왕밍이 노력한 당내 기반 강화 역시 절반의 성공에 그쳤다. 12월 회의에서는 왕밍, 천원, 캉성이 모두 정치국 위원에 더해, 마오와 장원톈이 소속된 서기처*의 일원이 되었다. 하지만 1935년 초부터 장원톈이 맡고 있던 총서기 직책이 무력화됨에 따라 그 자리에 오르려던

1930년대 중국공산당에서 마오의 정치적 라
이벌이었던 왕밍.

왕밍의 야욕이 사전에 봉쇄되었으며, (왕밍의 영향력을 제한하기 위한 장
치라 할 수 있는) '집단 지도 체제'를 강화하려는 목적에서 중요한 사
항은 반드시 서기처나 정치국 구성원의 최소 절반이 찬성해야만 승
인된다는 합의가 이루어졌다. 그리고 얼마 뒤 왕밍은 창강국* 서기이
자 국민당과의 협상을 담당하는 중국공산당 대표단의 책임자가 되
어 우한으로 떠났다. 이로써 당의 일반적 의사 결정에 관해서는 마오
와 장원톈이 실질적인 통제력을 유지하게 되었다. 한편 당 정치국은
코민테른의 촉구에 따라 오랫동안 미룬 중국공산당 제7차 전국대표
대회를 개최하기 위한 준비에 착수하기로 결정했다. 이는 표면적으

---

* 1934년 1월 제5차 전원회의는 '서기처(書記處)'를 설치하기로 결정했다. 서기처는 기존의
상무위원회를 대신하여 당의 일상 업무를 담당했다. 이전까지는 상무위원회 구성원 중 한
명을 총서기로 임명하여 당의 업무를 관장하며 당의 최고 지도자 역할을 담당하게 했으
나, 공산당의 세력이 커짐에 따라 인원을 늘려야 한다는 필요성이 제기되어 다수의 서기를
임명했다. 총서기 직책은 계속 유지되었다.
창강국(長江局) 1937년 12월 중국공산당이 창강(長江, 양쯔강의 다른 이름) 유역과 남부 지
역 각 성의 항일 운동을 통일적으로 이끌기 위해 설치한 기관.

로는 왕밍에게 이로웠다. 최소한 당의 2인자 직책에 정식으로 임명될 수 있는 기회였기 때문이다. 하지만 실질적으로는 별 도움이 되지 못했는데, 당 대회 준비위원회의 책임자로 마오가 지명되었던 탓이다. 물론 마오는 당 대회 준비를 서두르지 않았다.[41]

이러한 사정에도 불구하고 왕밍은 마오가 지난 2년 반 동안 상대한 도전자 가운데 가장 위협적이었다. 장궈타오는 그의 정예 부대가 간쑤성에서 궤멸된 뒤에는 더는 경쟁 상대가 되지 못했다. 그는 여전히 정치국 위원이었지만 뤄촨 회의 때 유일하게 남은 주요 직책인 군사위원회 부주석 자리마저 상실했다.* 다음 해 봄 장궈타오는 국민당으로 투항한다. 한편 왕밍은 마오의 세력이 커지는 것을 두려워한 '소련 유학파'의 대표적인 인물이었다. 그는 야심가였으며 당 전체에서 명성이 높은 데다 모스크바의 지원까지 받았다. 왕밍은 기본적으로 마오를 군 지휘관으로 여겼고, 따라서 결국 마오의 정치적 역할을 자신이 쟁취할 수 있다고 생각했다. 소련으로 떠나기 6년 전에 왕밍은 잠깐 동안이었지만 당의 총서기 역할을 맡은 적이 있었다. 그는 다시 한번 당의 최고 지도자가 될 수 있다는 희망을 버리지 않았다.

처음 얼마간은 왕밍의 정책이 성과를 거두는 것처럼 보였다. 1938년 1월 중국과 일본을 중재하려고 노력해 온 독일의 계획은 완전히 실패로 돌아갔으며, 중국공산당과 국민당의 관계는 많이 개선되었다. 우한 지역에서 공산당 신문인 〈신화일보(新華日報)〉가 정식으로 허가를 받아 발행되기 시작했는데, 이는 국민당이 지배하는 지역에서 공산당이 합법적으로 자신의 의견을 선전할 수 있는 길을 처음으

---

* 당 정치국은 뤄촨 회의에서 새로운 혁명군사위원회를 구성했는데, 마오쩌둥이 주석을 맡았으며 주더와 저우언라이가 부주석을 맡았다. 총 11명의 구성원 중 장궈타오의 자리는 없었다.

로 연 것이었다. 도시에서 공산당원의 수가 크게 증가하기도 했다.[42]

하지만 일본의 진격은 계속되었다.

난징이 함락되었다. 2월에는 쉬저우(徐州)가 위태로워졌다. 다음 주요 공격 목표는 우한이었다. 왕밍은 우한 방어가 가장 중요하다고 주장했다. 여기서 일본군을 저지할 수만 있다면 최후의 승리가 보장되기 때문이었다. 따라서 그는 통일전선을 더욱 강화해야 한다고 강조하며, "통일된 지휘, 통일된 조직, …… 통일된 전투 계획, 통일된 전투 수행(을 갖춘) …… 통일된 국민군을"을 창설하고 '국민혁명연맹'을 조직하여 국민당과 공산당을 포함한 모든 정당이 하나로 뭉쳐 공통의 목표를 추구해야 한다고 목소리를 높였다.[43]

마오는 "주요 지점을 보위하여 적의 진격을 저지하자"는 왕밍의 호소를 들으며, "소비에트 영토 단 한 치도 적에게 양보하지 말라!"던 보구의 불길한 구호를 떠올렸다. 보구의 구호는 결국 4년 전 장시성의 홍군 근거지 상실로 이어지지 않았던가?

2월 말에 다시 개최된 정치국 회의에서 마오는 중일전쟁의 향후 전망에 관해 암울한 분석을 내놓았다. 마오의 분석에 따르면, 국민당은 부패했고 공산당은 혼자 힘으로 일본을 패퇴시킬 수 없으며 일본은 전 중국을 점령할 만큼 병력이 충분하지 않으므로 전쟁은 쉽사리 끝나지 않을 것으로 보였다. 그는 우한을 방어하는 것이 결코 적절치 않으며, 전략적 후퇴가 올바른 방침이고, 최근 몇 개월처럼 치열하면서도 결정적 성과를 거두지 못하는 전투를 벌이는 것이야말로 실수라고 경고했다. 따라서 중국은 최후의 승리를 거둘 수 있는 그날을 위해 힘을 비축해야 했다.[44] 마오는 '적을 유인하여 깊이 들어오게 한다'는 전술을 직접 언급하지는 않았지만 동료들은 모두 그가 무슨 말을 하려는지 이해하고 있었다. 과거 공산당이 장시성에서 국민당의 포위 작전을 분쇄할 때 썼던 전술을 이번에는 전국적 규모에

중일전쟁(1937년~1945년) 초기에 난징을 점령한 일본군. 중국 측 집계에 따르면 1937년 12월에서 1938년 1월까지 일본군은 난징에서 30만 명 이상의 중국인을 무차별 학살했다.

서 일본을 상대로 쓰자는 것이었다.

3개월 뒤 마오는 자신의 생각을 두 편의 글로 옮겼다(둘 다 군사서의 고전이 되었다). 홍군이 향후 7년간, 즉 1945년 전쟁이 끝날 때까지 채용할 기본 원칙이 담긴 글이었다.

〈유격 전쟁의 전략 문제〉에서는 크지만 약한 나라(중국)가 작지만 강한 이웃 나라(일본)에게 공격을 당할 때는 영토의 일부분이나 심지어는 많은 부분이 강한 적에게 넘어갈 수 있음을 설명한다. 이 경우 수비대는 (홍군이 장시성에서 그랬던 것처럼) 산간 지방에 근거지를 구축해야 하며 '광대한 농촌 지역'을 두고 서로 포위전을 벌여야 하는데, 이는 마치 바둑에서* '바둑판 위의 공간'을 두고 양측이 자신의 진지에서 이동하여 집을 짓기 위해 싸우는 것과 비슷하다고

---

* 바둑 게임의 목표는 바둑판 위에 일정한 공간을 확보하여 상대편 돌이 들어오지 못하게 함으로써 자신의 돌을 보호하는 것이다. 공간을 확보하기만 하면 설사 상대편 돌에 포위되어도 상대방에게 돌을 빼앗기지 않는다.(저자 주)

설명했다.[45]

〈지구전을 논함〉에서는 지구전 전략에 따르는 장기적이면서도 고통스러운 싸움에 관해, 당원들과 〈신화일보〉를 통해 접근이 가능하게 된 중국 대중의 마음을 준비시키고자 노력했다.

마오의 주장에 의하면 비록 국민당 내에서는 여전히 항복이라는 선택이 많이 거론되지만 일본의 침략이 "너무나 완고하고 몹시 야만스러운 특성"을 지닌 탓에 모든 계층의 중국인들이 도저히 억누를 수 없는 적개심을 품고 있으므로 항복은 불가능하다. 따라서 설사 "일부 항복론자들이 다시 한번 기어 나와 (적과) 내통"하더라도 중국 전체로 볼 때는 전쟁이 계속될 수밖에 없다.* 하지만 조속한 승리를 거두는 것도 가능하지 않다. 마오는 전쟁의 초기 국면이 몇 달이 될지 혹은 몇 년이 될지 모르지만, 여하튼 이때 중국은 부분적으로 패배를 맛볼 것이며 일본은 부분적으로 승리를 거둘 것으로 보았다. 하지만 일본의 보급선이 지나치게 길어지고 전쟁 피로감이 심화되면서 점차 유불리의 균형이 변하고, 결국은 자신의 고향을 지키고 자신의 문화와 땅을 지키기 위해 싸우겠다는 인민의 결심 같은 주관적 요소들이 승리를 이끌 것이라 판단했다.

이른바 '무기가 모든 것을 결정한다'는 이론은 …… 한쪽 면만 본 것이다. …… 물론 전쟁에서 무기는 중요한 요소이다. 하지만 결정적인 요소는 아니다. 결정적인 요소는 사물이 아니라 사람이다. 힘의 대결은 단지 군사력과 경제력의 싸움만이 아니다. 사람의 힘과 사기(士

---

* 이 말은 예언이 되었다. 6개월 뒤인 1938년 12월, 왕징웨이는 국민당과 결별하고 하노이로 가버린다. 그는 과거 마오쩌둥이 국민당에 몸담던 시절에 그를 보호해주었으며 한때 쑨원의 후계자 역할을 두고 장제스와 논쟁을 벌인 인물이었다. 다음 해 봄 왕징웨이는 난징에 괴뢰 정부를 세운 다음, 일본과 동맹 조약을 체결한다.(저자 주)

氣)의 대결이기도 하다.[46)]

마오는 그해 봄에 처음으로 읽은 정치와 전쟁에 관한 클라우제비츠*의 말을 인용했다.

'전쟁은 정치의 연속이다.' 이러한 의미에서 전쟁은 정치이며, 전쟁은 그 자체가 정치적인 행동이다. 고대부터 현대까지 정치적이지 않은 전쟁은 없었다. …… 하지만 전쟁은 나름의 고유한 특성이 있으며 일반적인 의미의 정치와 동일하다고 볼 수는 없다. '전쟁은 특정한 정치적 목표를 실현하기 위한 특별한 정치적 기술이다.' 정치가 전개되다가 일정한 단계에 이르러 더는 보통 수단으로 전진할 수 없을 때, 전쟁이 발발하여 장애물을 제거한다. …… 그러므로 정치는 무혈의 전쟁이요, 전쟁은 유혈의 정치라 할 수 있다.

승리의 관건은 중국 인민을 동원하여 "적을 삼켜버릴 수 있는 인간성의 거대한 바다"를 만드는 일이라고 마오는 결론 내렸다.

왕밍이 보기에 마오는 지나치게 비관적이었다.

다시 한번 정치국은 두 편으로 갈렸다. 왕밍, 저우언라이, 보구, 캉성이 한편이었으며(그러나 캉성은 어느 편이 대세인지 감지하고는 재빨리 편을 바꾸었다) 마오쩌둥, 천윈, 장원톈이 다른 한편에 섰다.[47)] 왕밍은 스탈린이 자신을 지지하리라 확신한 것 같다. 그는 군사위원회 총정치부 주임 런비스를 모스크바로 보내 새로운 지시를 받아오도록 하는 데 동의했다.[48)] 이후 왕밍은 우한으로 돌아가 자신이 우한

클라우제비츠(Karl von Clausewitz, 1780~1831) 프로이센의 군인이자 군사 이론가. 사후에 출간된 저서인 《전쟁론》에서 전쟁을 일종의 정치로 설명함으로써 많은 정치인들에게 영향을 끼쳤다.

수호를 호소하자 공산당 지도자들이 만장일치로 지지했다고 공개 발언을 했다. 이 소식을 듣고 마오쩌둥은 무척 화를 냈다.[49]

이때부터 우한의 지도부와 옌안의 지도부는 점차 별개의 공산당 권력이 되었다. 서로 충돌하는 정책을 추진하는가 하면 서로 모순되는 지시를 내리기도 했다.

마오는 국민당이 부패하고 타협적이라고 비공식적으로 비난했지만, 왕밍과 저우언라이는 장제스와 좀 더 가까운 관계를 유지하라고 호소했다. 마오가 우한 주민들에게 우한 방어가 불가능하니 농촌으로 이동하라고 지시를 내렸을 때, 왕밍과 저우언라이는 그들에게 스페인 내전에서 파시스트의 공격으로부터 도시를 영웅적으로 방어한 마드리드의 공화주의자들을 본받으라고 호소했다.[50]

군사적 형세가 급박하게 돌아갔다. 6월 6일 당시 허난성의 성도 카이펑(開封)이 함락되었으며, 일본군은 이제 철도로 연결된 교통의 요지 정저우에서 불과 40킬로미터 떨어진 곳까지 진출했다. 사흘 뒤 장제스의 명령에 따라 국민당 공병 부대가 황하의 둑을 파괴했다. 넘쳐흐른 강물로 일본군의 진격을 막기 위함이었다. 약 50만 제곱킬로미터의 지역이 물에 잠겨버렸다. 물에 빠져 죽은 농민이 최소 50만 명에서 최대 90만 명까지 추정되었다. 그 외에도 수백만에 이르는 주민들이 집을 잃었다. 일본군의 진격은 몇 주간 지체되었다. 하지만 여름이 끝나 갈 무렵 일본군의 공격이 재개되었고 이번에는 양쯔강을 따라 올라왔다. 국민당의 선전원들은 일본군이 포격해서 황하의 둑이 파괴되었다고 떠들어댔지만, 농민들은 국민당의 짓이라는 것을 잘 알고 있었다. 이제 안후이성과 허난성 곳곳의 넓은 지역은 임자 없는 땅이 되었다. 장제스의 군대는 현지 주민들에게 위협을 받았다. 그러나 공산당은 그곳에서 새로운 인력을 무한히 충원할 수 있었다.[51]

이렇게 복잡한 상황에서 왕밍이 대중에게 우한의 방어를 위해 궐

기하라고 호소하자, 국민당은 공산당이 주도한 농민 봉기의 망령을 떠올렸다. 8월 국민당 경찰은 공산당 전선 조직들의 활동을 금지한다고 발표했다. 결국 합법적으로 공산당의 영향력을 확장하려던 창강국의 시도는 실패로 끝이 났다.[52]

이즈음 왕밍은 전혀 다른 곳에서 매우 심각한 타격을 받는다. 모스크바에 도착한 런비스는 마오의 오랜 동맹자 왕자샹의 환영을 받았다. 당시 왕자샹은 전투 중 입은 부상을 치료하기 위해 모스크바에 온 뒤 그곳에 계속 머물며 코민테른의 중국공산당 대표를 맡아 활동하고 있었다. 런비스와 왕자샹은 과거 1931년에 제4차 전원회의 대표단으로 장시성 소비에트를 방문할 때 함께 일한 인연이 있었다. 원래 두 사람은 모두 왕밍과 가까웠지만 마오가 정치 지도자로서 전국적인 위상을 높이며 성장하는 것을 곁에서 지켜보았고, 이제 마오의 편에 서기로 결정했다. 그리하여 7월 혹은 그보다 더 이른 시기에—여하튼 왕밍이 우한에서 국민당의 탄압을 받기 몇 주 전에—스탈린과 디미트로프는 왕밍이 아니라 마오쩌둥을 크렘린이 인정한 새로운 중국공산당 최고 지도자로 승인한다.[53]

사실상 왕밍은 자신을 향한 소련의 지지가 어느 정도인지에 관해 착각한 듯하다. 그가 중국으로 출발하기 전, 디미트로프는 마오쩌둥의 자리를 빼앗으려 하지 말라고 경고했다. 군사 지휘관으로서 마오의 능력은 이미 모스크바에서 인정받고 있었으며 스탈린 역시 아무리 늦어도 1935년 12월 와야오부 회의 이후에는 마오를 중국공산당 내 유력한 지도자로 인식하고 있었다. 런비스가 이 사안에 대해 더는 불확실한 태도를 취해서는 안 된다고 촉구하자 코민테른은 쉽게 설득되었다.[54]

1938년 9월의 둘째 주 어느 날 아침이었다. 마오는 옌안의 남문(南

門)으로 향했고 거대한 옌안 성곽의 홍벽 아래에 서서 왕밍을 기다렸다. 왕밍은 정치국 회의에 참석하기 위해 시안에서 출발하여 육로로 오는 중이었다. 마오는 2년 전 바오안에서도 장궈타오의 패잔병 부대가 간쑤성에서 귀환하자 그들을 마중 나간 적이 있었다. 1938년 가을 이후 마오는 이러한 행동을 더는 취할 필요가 없게 된다. 왕밍은 아직 모르고 있었지만 마오는 이미 두 사람의 경쟁이 끝났다는 것을 알았다. 이윽고 정치국 회의가 시작되었고 왕자샹이 코민테른의 문건을 낭독했다. 먼저 코민테른은 '복잡한 상황과 매우 어려운 조건' 속에서 통일전선을 유지하려 노력하는 중국공산당을 높이 평가했다. 그다음 디미트로프가 구두로 직접 내린 두 가지 지시가 전달되었다.

중국공산당 지도부는 마오쩌둥을 중심으로 삼아 당 지도부의 단결 문제를 해결해야 한다.

단결과 친밀의 분위기를 유지해야 한다.[55]

이후 정치국은 2주간 토론을 하며 1934년 1월 이후 계속 연기된 당 중앙위원회 전원회의를 준비하는 데 전념했다. 왕자샹이 모스크바의 결정 사항을 들고 옌안에 도착하자마자, 마오쩌둥은 이제까지 미루어 왔던 전원회의를 개최하기로 마음먹은 것이다.

마오는 9월 24일과 9월 27일에 두 번 연설을 했다. 그는 코민테른이 내린 지시의 핵심이 '당내 단결성 확보'라고 강조하며, 과거 그의 정책이 승리했을 때와 마찬가지로 — 1935년 1월 쭌이 회의, 그로부터 4개월 뒤 양쯔강을 무사히 건넌 뒤 열린 후이리 회의, 12월 와야오부 회의—매우 관대한 모습을 보였다. 동시에 마오는 몇 가지 사안은 분명하게 정했다. 우선 코민테른의 지령이 밝힌 '지도 원칙'은 다가오는 중앙위원회 전원회의뿐 아니라, 중국공산당 제7차 전국대표대회에도 해당된다고 주장했다. (마오는 제7차 당 대회의 과제를 당의 과거 행동에 관한 평가와 디미트로프의 원칙에 부합하는 새로운 당 지도부 선출이라고 규정했다.) 또한 당이 군사적 교착 상태에 대비해 준비해야 한다고—그해 여름에 그가 주장한 '지구전'을 가리킨다.—강조했다. 마오가 보기에 국민당과의 통일전선은 점차 투쟁적 양상을 띨 것이 분명했기 때문이다.

9월 29일부터 시작된 제6기 중국공산당 중앙위원회 제6차 전원회의는 한 달 이상 계속되었다.[56]

마오는 보고서를 통해 자신의 투쟁 방향을 대략적으로 밝혔는데, 특히 왕밍과 그의 추종자들이 외국 마르크스주의를 학습한 탓에 중국 문화와 유리되었다고 넌지시 언급했다.

관념적인 마르크스주의 따위는 존재하지 않습니다. 오직 구체적인 마르크스주의만이 있을 따름입니다. 만일 위대한 중국 민족의 일원이자 그리하여 중국 민족의 피와 살을 나눈 공산당원이 중국의 특성과 동떨어진 채로 마르크스주의를 논한다면, 그 마르크스주의는 그저 관념에 불과합니다. 따라서 마르크스주의의 중국화는, 다시 말해 마르크스주의의 모든 실현이 중국의 특성을 틀림없이 지니도록 하는 것은, 공산당 전체가 반드시 이해해야 하고 지체 없이 수행해야 할 과제입니다. 외국의 고정 관념은 버려야 합니다. 공허하고 관념적인 노랫가락은 부르지 말아야 합니다. 교조주의는 잠재워야 합니다. …… 이러한 문제와 관련하여 우리의 대오 가운데 심각한 결점이 있습니다. 이를 인식해야 하고 진정으로 고쳐야 합니다.[57]

이때까지는 마오가 누구를 비판하는지 겉으로 드러나지 않았다. 하지만 고참 당원들에게는 익숙한 말투였다. 몇 년 전 장시성에서 소련 유학파는 양판쯔, 즉 외국(모스크바) 출신 장사꾼이라는 경멸적 별명을 얻은 적이 있었기 때문이다.

10월 말 우한이 일본에 함락되었다. 마오가 예언한 대로였다. 이로써 왕밍이 내세운 전략이 실패했음이 극적으로 드러났다.[58] 당시 왕밍은 국민당이 주관하는 통일전선 회의에 참석하러 옌안을 떠난 뒤였다. 그가 자리를 비운 뒤에도 회의는 계속 이어졌으며, 마치 그것이 신호인 양 마오는 자신의 유리한 입장을 이용해 참석자들에게 자신의 의견을 주지시켰다. 마오는 왕밍이 내세운 '모든 것은 통일전선을 거쳐'라는 구호가 "그야말로 우리의 손과 발을 묶는 것"이라고 조롱하며, 자신의 구호인 '주도권과 독립성'을 다시 한번 내세웠다. 또한 독립성을 지키는 데 실패하는 자는 누구든—다시 한번 왕밍을 찌르는 말이었다.—'우경 기회주의자'로 불려 마땅하다고 선언했고, 장기적인 유격전은 총을 잡고 싸우는 민중의 사기를 꺾어놓기는커녕 민중의 정치 의식을 각성시키는 역할을 한다고 목소리를 높였다.

　　모든 공산당원은 이 진리를 파악해야 합니다. '정치 권력은 총구에서 나온다.' 우리의 원칙은 당이 총을 지휘하고, 총이 당을 지휘하는 것은 결코 용납하지 않는다는 것입니다. 하지만 총이 있어야 당 조직을 만들 수 있습니다. …… 학교도 만들 수 있고, 문화도 만들 수 있고, 대중 운동도 만들 수 있습니다. …… 총구에서 모든 것이 나옵니다. …… 노동계급과 근로 대중은 총의 힘을 빌려야만 무장한 자산계급과 지주를 이길 수 있습니다. 따라서 우리는 총에 의해서만 전 세계가 변화할 수 있다고 말할 수 있습니다. 우리는 전쟁 반대론자입니다. …… 하지만 전쟁은 전쟁을 통해서만 사라질 수 있습니다. 총을 없애려면 총을 들어야 합니다.[59]

1938년 11월 옌안의 중국공산당 지도부. 뒷줄 왼쪽부터 차례로 천윈, 보구, 펑더화이, 류사오치, 저우언라이, 장원톈이고, 앞줄 왼쪽부터 캉성, 마오쩌둥, 왕자샹, 주더, 샹잉, 왕밍이다.

마오는 이와 같은 주장을 1927년 한커우에서 처음으로 공식화했었다. 그때는 당 지도자들이 그의 생각을 받아들이지 않았다. 그러나이제 마오는 왕밍을 비롯한 소련 유학파들이 중요한 군사 업무를 게을리한 점을 비난하고, 그들이 당권을 잡고 있을 때 중앙 소비에트 근거지에서 '심각한 손실'을 초래했다고 탓할 수 있었다.

1938년 가을은 마오에게 분수령이 되었다. 우선 지적 측면에서 그의 사상은 성숙의 단계에 올라섰다. 이전과는 달리 이때의 저술들에는 마르크스주의 변증법을 중국 전통 사상의 틀에 적용하는 데 익숙한 솜씨와 자신감이 보인다. 또한 이때부터 마오는 자신만의 특이하고 간결한 문체를 일관되게 사용하여, 대립을 통한 추론과 내재적 모순 분석을 통해 세계를 해석한다. (그의 표현에 따르면, 내재적 모순이란 "일체 사물의 생을 결정하고 발전을 추동하는" 것이다.) 마오는 45번째 생일이 다가올 즈음, 사상의 기본 골격을 갖추었다. 이후로 그는 자신의 사상을 좀 더 세련되게 다듬기는 했지만 근본적으로 새로운 생각을 제시하지는 않았다.

정치적 측면에서 보면, 당을 장악하려는 마오의 긴 여정이 승리로 끝났다. 왕밍은 여전히 마오가 신경써야 할 세력이었으나 마오의 상대가 되지는 못했다. 마오는 그 정도에서 일단 만족했다. 이제 그는 자신이 획득한 새로운 권력을 굳히는 일에 착수한다.

스탈린과 마찬가지로 마오쩌둥은 권력 행사 수단으로 '서기처'를 택했다. 서기처는 정치국이 휴회 중일 때 당의 업무를 처리했기 때문에, 서기처를 통제하는 사람이 당 중앙 지도부의 계획을 지배했다. 마오는 서기처를 실질적으로 이끌었고, 모스크바에서 매우 큰 역할을 한 왕자샹이 마오를 보좌했다. 제7차 당 대회가 열리기 전까지, 장원톈이 쭌이 회의 이후 맡고 있던 총서기 직책을 마오가 맡는 제안이 나왔지만 마오가 거절했다. 그에게 중요한 것은 형식이 아니라 실질적 통제권이었기 때문이다.[60]

창강국이 해산되면서 왕밍의 입지는 더욱 약화되었다. 창강국의 업무는 저우언라이의 남방국(南方局), 류사오치의 중원국(中原局), 지위가 격상된 동남국(東南局)으로 분할되었다. 동남국을 지휘한 사람은 과거 마오쩌둥과 대적한 샹잉이었다.

1938년 11월, 마오의 생활에는 또 다른 변화가 일어난다. 중앙위원회 전원회의가 폐회된 직후 일본군 폭격기가 날아왔다. 그해 들어 일본군 폭격기는 전년에 비해 몇 배나 자주 출격했는데, 이때 날아온 폭격기가 폭탄을 쏟아부어 펑황산을 정통으로 맞추었다. 이에 마오의 거처 앞마당이 심하게 파괴되었다. 그를 비롯한 당 지도부는 옌안 성곽에서 북쪽으로 5킬로미터쯤 떨어진 좁은 골짜기 양자링(楊家

嶺)으로 이동해 그곳의 동굴 마을에 거주했다.[61] 하지만 허쯔전은 함께하지 않았다. 허쯔전은 벌써 1년 넘게 마오와 별거 중이었기 때문이다. 그달 마오는 상하이에서 온 날씬하고 젊은 영화배우와 결혼한다. 그 여인이 배우 시절 쓰던 예명은 '푸른 사과'라는 뜻의 란핑(藍蘋)이었는데, 결혼 이후에는 마오가 지어준 이름으로 불리게 되었다. 바로 장칭(江青, 1914~1991)이다.[62]

마오와 결혼한 여인들은 모두 불행했다. 부모가 정해준 첫 번째 부인 뤄이구는 남편에게 거절당하는 수모를 겪다가 요절했다. 양카이후이는 처형당했다. 양카이후이는 마오와 허쯔전의 동거를 안 뒤로는 정신적으로 무너진 상태였으나 마지막 순간까지 마오에게 충실했다. 허쯔전은 엄청난 고초를 겪었다. 아이를 모두 여섯이나 낳았는데 셋은 아기일 때 키우기를 포기하고 남에게 줄 수밖에 없었다. 하나는 태어날 때 죽었으며 또 다른 아이는 모스크바에서 낳고 얼마 안 되어 폐렴으로 죽는다. 결국 한 아이, 리민만 살아남았다. 허쯔전은 마오가 정치적으로 가장 어려웠던 시절을 함께했으며 대장정 중에는 심한 부상을 당하기도 했다. 그러나 오랜 기다림 끝에 드디어 정상적인 생활이 가능하게 되자, 두 사람은 서로 멀어졌다.

에드거 스노는 바오안 시절의 허쯔전을 상냥하고 겸손하며 마오의 절반 나이쯤 되는 젊은 여성으로 기억했다. 그녀는 잡다한 집안일을 하면서 산복숭아 설탕 절임도 만들고 갓난 아이 리민도 돌보았다(리민은 스노가 바오안에 도착하고 몇 개월 후에 허쯔전이 낳은 다섯 번째 아이이자 그때까지 유일하게 살아남은 아이였다). 스노의 회고에 따르면, 어느 날 "두 사람은 갑자기 몸을 굽혀 촛불 옆에서 푸드덕거리는 나방 한 마리를 주의 깊게 쳐다보면서 탄성을 냈다. …… 나방의 날개는 녹색 사과의 푸른빛을 연하게 띠고 있었으며 날개 둘레에는 노란

색과 붉은색 띠가 둘러져 있었다."[63] 하지만 상냥한 이미지는 겉보기에만 그랬다. 마오가 인정했듯이 허쯔전은 굴하지 않는 정신을 지녔으며 거의 마오와 맞먹을 정도로 거칠고 고집이 셌다. 한번은 마오가 허쯔전과 굉장한 싸움을 벌이고 난 뒤 이렇게 말했다고 한다. "우리 둘은 마치 철과 강철이 부딪히는 것과 같구려. 서로 양보하지 않으면 우리 둘 다 고통받을 거요." 싸움을 한 뒤에 결국 먼저 화해를 요청한 쪽은 항상 마오였다. 그의 젊은 아내는 먼저 화해를 청하기에는 너무도 고집스러웠다.[64]

장시성의 황무지와 대장정의 수많은 위험 속에서 두 사람은 하나로 뭉쳤다. 정치적, 육체적 생존을 위해 당연히 그래야 했다. 허쯔전이 교육을 많이 받지 못한 것은―16살까지만 학교를 다녔다.―전혀 문제가 되지 않는 듯싶었다. 그녀는 머리가 좋았고 눈치가 빨랐다. 허쯔전은 남편을 사랑했다. 마오도 아내에게 애정이 깊었다.

산시성(陝西省)에서의 생활은 전혀 달랐다. 마오는 철학 책을 읽으면서 밤을 지새웠고 낮 동안은 마르크스주의와 씨름하면서 보냈다. 그는 자신과 비슷한 수준의 지식인들과 나누는 대화에 굶주렸으며, 공산주의 대의에 참여하기 위해 옌안에 모인 젊은 학생들과 적극적으로 어울렸다. 허쯔전은 점차 소외되었다.

소외감을 느낀 것은 허쯔전뿐이 아니었다. 에드거 스노의 아내이자 님 웨일스(Nym Wales)라는 필명으로 활동한 헬렌 포스터 스노(Helen Foster Snow)는 당시 "옌안의 남녀관계는 큰 위기"였다고 회고했다. 재능 있고 아름다운 젊은 여인들이 옌안에 들이닥치자, 대장정을 남자들과 함께 겪은 여자들은 자신들의 지위가 위태롭다고 느꼈다. 젊은 여인들은 중국 해안가의 대도시에서 익힌 느슨한 도덕관과 자유분방한 생활 방식을 옌안에 몰고 왔다. 특히 페미니스트 작가 딩링(丁玲)과 미국 출신의 작가 아그네스 스메들리가 비난의 눈초리를 받았다. 이들은 무정부주의적 관점에서 결혼을 바라봤고 자유연애를 옹호했다. 옌안에서 공산주의자들이 강조한 금욕주의적인 생활 방식과는 전혀 어울리지 않는 태도였다. 1937년 5월 말의 어느 저녁, 마오와 허쯔전이 한바탕 크게 싸운 곳도 바로 아그네스 스메들리가 거처한 동굴이었다. 님 웨일스, 아그네스 스메들리, 스메들리의 통역사인 젊은 배우 릴리 우(吳莉莉, Lily Wu)가 저녁 식사 준비를 하고 있었는데, 마오가 지나가다가 이 동굴에 들렀다. 이들은 함께 어울려 루미(rummy)라는 카드놀이를 하며—루미는 1년 전 에드거 스노가 바오안에 왔을 때 소개한 놀이인데 마오가 특히 좋아했다.—새벽 1시까지 시간을 보냈다. 다음은 헬렌 스노의 일기이다.

그날 저녁 마오는 기분이 아주 좋았다. …… 아그네스는 커다랗고 푸른 눈으로 숭배하듯 마오를 쳐다봤다. 그녀의 눈에는 때때로 열광하는 기색이 비쳤다. 릴리 우 역시 마치 영웅을 마주한 것처럼 숭배하는 눈길로 마오를 보았다. 잠시 후 나는 깜짝 놀랐다. 릴리 우가 마오 쪽으로 가 그의 곁에 앉더니, (무척 조심스럽게) 그의 무릎에 자신의 손을 얹은 것이 아닌가? 릴리 우는 자신이 술을 너무 많이 마신 것 같다고 말했다. …… 마오도 릴리 우의 행동에 놀란 기색이었지만, 손을 거칠게 뿌리치기에는 어색한 상황이기도 했고 그렇다고 기분이 나빠 보이지도 않았다. 마오도 자신이 술을 너무 많이 마신 것 같다고 말했다. 그러자 릴리 우는 용기를 내 마오의 손을 잡았다. 그날 저녁 릴리 우는 여러 번 마오의 손을 잡았다.[65]

그날 저녁 동굴에 모인 사람들은 그 일에 크게 관심을 두지 않았다. 헬렌 스노는 릴리 우가 술을 너무 많이 마셔 취했다는 설명을 있는 그대로 받아들였다. 헬렌 스노에 의하면, 릴리 우는 "긴 머리가 아름다운 곡선을 그리며 흘러내리는 무척 예쁜 여인이었고 옌안에 도착한 지 얼마 되지 않았지만 꽤 사람들의 눈길을 끌었다." 릴리 우는 워낙 관습을 벗어난 행동을 많이 했기에—옌안에서 유일하게 립스틱을 바르고 다녔다.—마오 역시 그날 저녁의 일을 대수롭지 않게 생각했다.* 하지만 다음 날 지난밤의 이야기를 전해 들은 허쯔전은 남편의 생각과 전혀 달랐다. 나중에 허쯔전이 쓴 글을 보면, 당시 그녀는 격한 감정이 점점 가슴 속에 쌓여 가슴이 타는 듯한 아픔을 느꼈다고 한다.[66] 얼마 뒤 마오가 또다시 밤이 늦어도 귀가하지 않자 허쯔전은 젊은 경쟁자가 사는 동굴로 달려갔다. 허쯔전이 문을 밀치고 들어오는 소리가 스메들리에게 들렸다.

여인의 날카로운 목소리가 한밤의 정적을 깼다. "바보야! 당신이 어떻게 감히 나를 속이고 자산계급의 무도장에서 놀던 이 쪼끄만 창녀 집에 기어들어 올 수 있어……?" 마오의 아내는 (마오의) 곁에 서서 손잡이가 긴 손전등으로 남편을 때렸다. 한참을 때리고 소리치더니 결국 숨이 차서 멈출 수밖에 없었다. …… 마오가 일어섰다. 그는 지긋지긋하다는 표정을 지었고 조용하지만 엄격한 목소리로 말했다. "쯔전, 요란 떨지 마시오. 나와 우 동지는 어떤 남부끄러운 짓을 한 적이 없소. 그저 이야기를 나누고 있었을 뿐이오. 당신은 공산당원으로서의 품위를 망치고 있소……." 릴리 우는 …… 벽에 등을 붙이고 서 있었다. 호랑이를 만나 겁에 질린 고양이 같았다. …… 허쯔전은

---

* 여기서 자연스럽게 떠오르는 궁금증은 마오쩌둥과 릴리 우가 남녀로서 관계를 가졌는가 하는 점이다. 결론은 내릴 만한 확실한 증거는 없다. 헬렌 스노는 일기장에 "릴리 우가 친숙한 태도로 마오의 무릎 위에 몸을 기대는" 모습을 적었다. 아그네스 스메들리가 남긴 기록에 의하면, 릴리 우는 마오에게 "표준 중국어를 가르쳐주었다." 허쯔전은 남편이 불륜을 저질렀다는 비난을 정식으로 제기하지는 않았으며, 릴리 우가 "마오의 사랑을 빼앗아 갔다"고만 비난했다.(저자 주)

1937년 옌안에서 마오와 허쯔전.

들고 있던 손전등을 릴리에게 휘두르고, 얼굴을 할퀴고 머리끄덩이를
잡아당겼다. 릴리 우의 머리에서 피가 흘렀다.[67]

그다음 허쯔전은 스메들리를 공격했다. 스메들리도 지지 않고 맞
섰고 허쯔전의 눈두덩이를 시커멓게 멍들게 했다. 결국 마오의 호위
병 세 명이 나서서 허쯔전을 집으로 데리고 갔다. 그녀는 가는 중에
도 릴리 우를 향해 신경질적인 욕설을 계속 퍼부었다.

얼마 지나지 않아 허쯔전은 자신이 또 임신했다는 사실을 알았다. 이제 그녀의 인내는 한계에 도달했다. 허쯔전은 겨우 27살이었다. 그녀는 이제 자신을 위한 삶을 살고 싶었다. 점점 멀어지기만 하는 남자의 아이를 계속 낳는 일은 그만하고 싶었다. 그해 여름 허쯔전은 마오에게 떠나겠다고 선언했다.[68]

그제야 마오는 사태의 심각성을 깨달았다.

훗날 허쯔전이 사망한 뒤 출간된 회고록을 보면, 이때 마오는 아내에게 떠나지 말라고 매달렸다. 두 사람이 얼마나 많은 고생을 함께 겪어 왔는지, 자신이 얼마나 그녀를 좋아하는지 이야기했으며, 자신의 진심을 증명하기 위해 릴리 우와 스메들리에게 옌안을 떠나라고 명령하기까지 했다. 그러나 소용이 없었다. 8월 초 허쯔전은 당시 20개월밖에 안 된 아기 리민을 마오에게 맡겨 두고 옌안을 떠나 시안으로 향했다.

시안에 머물던 허쯔전에게 마오는 호위병이 만든 나무로 된 중국 전통식 화장품 보관함과 함께 과일 깎는 칼 같은 그녀가 즐겨 쓰던 물품을 보냈다. 그리고 다시 한번 돌아올 것을 부탁했다. 그러나 허쯔전은 마음을 바꾸지 않았다.

허쯔전의 원래 목적지는 상하이였다. 하지만 일본군이 상하이를 점령하자 신장을 가로질러 우루무치(烏魯木齊)로 갔다. 동쪽으로 1천6백 킬로미터나 여행한 것이다. 다음 해 봄이 되자 마오는 또다시 허쯔전에게 옌안으로 돌아오라고 호소했고, 심지어 당에서도 즉시 옌안으로 돌아오라는 지령을 내렸다. 하지만 허쯔전은 이를 무시하고 소련으로 향했다. 허쯔전은 모스크바에서 적어도 몸속에 박혀 있던 파편만큼은 적절히 치료받을 수 있었다.

하지만 모스크바 체류가 허쯔전에게 새로운 출발점이 되지는 못했다. 허쯔전은 점점 더 깊은 절망에 빠져들었다. 모스크바에 도착한 직후 그녀는 마오의 아들을 낳았는데, 아이는 폐렴에 걸려 10개월 만에 죽었다. 아들을 잃은 고통에 빠진 허쯔전에게 마오가 새 아내를 맞이했다는 소식이 들려왔다. 허쯔전은 친구들에게 마오가 잘 지내기를 바란다고 이야기했다. 그녀는 학교에 다니며 공부를 시작했다. 하지만 죽은 아들의 환영이 그녀를 계속 괴롭혔다. 허쯔전은 극심한 우울증에 시달렸으며 결국 현지 당국은 그녀를 정신병원으로 보냈다. 1947년 마오는 허쯔전이 중국으로 돌아오도록 조치했다. 귀국 이후에 허쯔전은 심리 치료를 계속 받았지만, 남은 생애 내내 피해망상에 시달리며 의사들이 자신에게 독약을 먹이려 한다고 믿었다.[69]

허쯔전이 옌안을 떠나고 얼마 되지 않아 장칭이 도착했다.[70]

장칭은 당시 날씬하고 세련된 23살의 젊은 여인이었다. 관능적인 입, 소년 같은 모습, 활기 넘치는 웃음이 매력적이었으며, 10년 전 마오가 처음 만났을 때 십대 소녀였던 허쯔전의 모습을 연상시켰다.

장칭은 독일의 조약항 칭다오(靑島)에서 80킬로미터쯤 떨어진 산둥성의 작은 마을에서 태어났다(옌안 시절 당의 보안을 담당한 사회부 부장 캉성과 고향이 같다). 아버지는 목수였다. 어머니는 지주였던 캉성의 부모 집에서 이따금씩 하녀 노릇을 하거나 밤에 몸을 팔아 돈을 벌었다. 장칭이 직접 밝힌 대로 그녀는 극심한 가난 속에서 자랐다. 장칭이 어렸을 때 어머니는 남편의 폭력을 견디다 못해 집을 도망쳐 나왔다. 장칭이 16살 되던 해 이번에는 그녀가 극단에 들어가기 위해 집을 도망쳐 나왔다. 3년 뒤 1933년 봄, 장칭은 상하이에 도착했다. 처음에는 소소한 역할의 조연 배우였지만 나중에는 비중 있는 주연급으로 성장했다. 그녀가 공연한 유명한 작품으로는 일본에 항전을 촉구하는 좌파적 성향의 영화 〈늑대산의 핏자국(狼山喋血記)〉과 입센의 연극 〈인형의 집〉이 있었다. 상하이에서 활동하던 장칭은 공산당원이라는 혐의로 국민당 경찰에 체포되었다. 8개월 동안 감옥에 갇혀 있다가 어느 날 갑자기 석방되었는데, 정체를 알 수 없는 외국인의 도움을 받았다는 이야기가 있다. 장칭은 많은 연애 사건의 주인공이었고, 이미 두 번이나 결혼했다가 이혼한 전력이 있었다. 그녀의 두 번째 남편 탕나(唐納)는 문예 비평가였는데, 아내가 너무도 화나게 한 탓에 여러 번 자살을 시도하기도 했다.

장칭이 옌안에 간 동기는 복합적이었다. 상하이에서는 배우 경력이 한계에 부딪혔고, 성격이 불안정한 탕나와 한 결혼도 그녀에게는 짐이었다. 장칭은 매우 영리했기 때문에 일본과 전쟁이 계속되면 결국 상하이가 공격받으리라는 것을 알았다. 게다가 시안 사건 이후, 유행을 좇는 중국의 젊은 급진주의자들에게 옌안은 매력적인 장소였다. 이유는 또 있었다. 장칭을 공산당으로 이끈 조력자이자 한때 연인이었던 위치웨이(兪啓威)가 곧 옌안으로 향할 예정이었던 것이다. (위치웨이는 백색 지역에서 공산당 지하 조직을 이끌었으며, 에드거 스노가 바오안에 갈 수 있도록 주선하기도 했다.) 모든 면에서 옌안은 장칭에게 가장 적합한 장소였다.

새로 도착한 사람들은 모두 심사 과정을 거쳐야 했다. 장칭도 마찬가지였다. 처음에는 심사 과정이 순탄치 않았다. 그녀는 1932년 공산당에 입당했다고 말했으나 증거가 없었으며, 2년 전 국민당 감옥에서 어떻게 무사히 석방될 수 있었는지 의문점이 있었다(이 의문은 끝까지 완전히 해소되지 않는다). 하지만 1937년 10월 위치웨이가 옌안에 도착해 장칭의 공산당 경력을 증언해주었다. 11월부터 그녀는 당 학교에서 마르크스-레닌주의를 공부했다. 6개월이 지난 1938년 4월에는 루쉰예술학원(魯迅藝術學院)에서 일했다.[71]

그해 여름 장칭은 마오의 눈길을 끄는 데 성공했다. 이와 관련하여 거의 악의적이며 그러나 증명할 수는 없는 많은 이야기가 전해진다. 확실한 것은 마오가 아니라 장칭이 적극적으로 행동했다는 사실이다. 장칭이 옌안에 도착한 직후 장칭과 마오는 정식으로 인사를 나누었지만, 그때까지만 하더라도 마오는 허쯔전과 관계를 회복하려고 애쓰고 있었다. 시간이 흘러 허쯔전이 결코 돌아오지 않으리라고 체념하던 차에, 마오는 장칭과 다시 마주쳤다. 아마도 장소는 극장이었을 것이다.[72] 헬렌 스노는 마오가 릴리 우와 놀던 일을 회고하며 이렇게 쓴 적이 있다. "마오는 …… 성향상 여자를 좋아하는 남자이다. …… 특히 근대적 사고방식을 갖춘 여자들을 좋아했다."[73] 마오의 침대는 한 편이 비어 있었고, 장칭이 그 자리를 채웠다.

(허쯔전이 떠나고) 장칭이 옌안에 도착한 지 꼭 1년이 되던 1938년 8월, 장칭은 명목상 군사위원회 소속으로 마오를 보좌하는 업무를 맡았다. 그해 가을부터 장칭과 마오가 동거한다는 것은 공공연한 사실이었으며, 11월에 마오가 동료 정치국원들에게 저녁 식사를 대접할 때 장칭은 안주인 역할을 했다.[74] 사실상 '결혼'한 것이었다. 공식적인 결혼식은 없었으며 허쯔전과의 공식적인 이혼도 없었다. 마오 사후에 장칭이 마오와 '결혼'하면서 세 가지 조건을 받아들였다는 소문이 떠돌았다. 전혀 사실이 아니지만 내용을 밝히자면 다음과 같았다. 당 관련 직책을 맡지 못한다. 어떠한 공적 역할도 수행할 수 없다. 순전히 마오의 개인적 업무에만 관여할 수 있다.[75]

실제로 문제가 된 것은 장칭의 과거였다. 상하이 시절 몹시 복잡했던 남자관계, 공산당 입당 계기를 둘러싼 미심쩍은 정황, 감옥에서 나올 때 국민당과 거래가 있었다는 끊임없는 의혹을 고려할 때, 과연 그녀가 마오의 짝으로 적절한가? 당시 상하이를 관할한 동남국의 샹잉은 마오의 개인 비서 예쯔룽에게 서신을 보내 상하이에 떠도는 장칭의 과거 행적에 관한 소문을 전달했다. 소문에 몹시 놀란 샹잉은 간단히 결론을 내렸다. "이 사람은 주석과 결혼하기에 적합하지 않습니다." 다른 사람들은 좀 더 신중하게 말했지만 우려하는 바는 비

마오쩌둥과 네 번째 아내 장칭. 사진은 1940년대 초반 옌안에서 찍은 것이다.

숫했다.[76)]

마오의 반응은 두 가지였다.

공식적으로는, 현재 당의 사회부 부장 캉성이 장칭의 과거를 철저히 조사한 결과 특별히 심각한 문제가 발견되지 않았다고 설명했다. 물론 캉성은 그만의 계산이 따로 있었다. 그는 자신의 동향 사람을 지킴으로써 마오의 환심을 살 뿐 아니라(물론 장칭도 흡족하게 만들었다), 마오의 침대 한 편을 차지한 여인을 통해 주석과 의사소통할 수 있는 특권적 길을 열 수 있었다.[77)]

한편 마오는 주위 사람을 좀 더 안심시키기 위해서 새 아내가 과거 허쯔전이나 양카이후이처럼 공식적인 직무 없이 뒤에서 자신의 개인적 사무만 돕게 할 것이라는 결심을 밝혔다.[78)] 아마도 장칭은 상당히 불쾌했겠지만 마오는 당연하게 생각했을 것이다. 마오는 릴리 우에게 끌렸을 때처럼 장칭에게도 그녀가 지닌 젊음과 성적 매력에 매료되었을 뿐이었다. 그가 필요로 한 것은 곁에서 심부름해줄 사람이지 밖에서 그와 함께 무대에 출연할 사람이 아니었다. 마오는 여성과 남성이 동등한 지위를 누려야 한다고 수없이 말했지만 단지 지적인 차원에서 한 발언이었다. 마오는 여성이 자신의 경쟁자가 되는 것을 용납하지 않았다. 특히나 결혼 상대가 그렇게 된다는 것은 결코 받아들일 수 없었다.

장칭에 관한 의혹은 잠잠해졌다. 장칭은 마오의 옷을 뜨개질하기도 하고 마오가 좋아하는 후난의 매운 음식을 만들기도 했다. 마오의 경호대장이었던 리인차오(李銀橋)는 다음과 같이 회고했다.

장칭의 머리는 짙은 검은색이었습니다. 앞이마를 살짝 가렸고 머리를 끈으로 묶어 등 뒤로 길게 내려뜨렸습니다. 고운 눈썹, 반짝이는 눈동자, 매끈한 코, 부드러운 입술이 …… 아름다웠습니다. 옌안에서 우리들은 그녀를 스타로 여겼습니다. 그녀의 붓글씨, 특히 초서는 아주 멋졌습니다. 장칭은 말타기와 카드놀이도 좋아했습니다. …… 옷도 손수 만들 줄 알았는데, 입으면 아주 보기가 좋았습니다. …… 당시 그녀는 보통 사람들과 잘 어울렸습니다. 호위병의 머리를 깎아주기도 했고 바느질을 가르쳐주기도 했습니다. 행군할 때면 그들을 격려했고 수수께끼 놀이를 알려주기도 했습니다. …… 겨울이면 사람들은 모두 두꺼운 옷을 입었습니다만, 장칭은 자기 옷을 수선하여 몸매가 드러나게 딱 맞추어 입었습니다. …… 그녀는 자존심이 무척 셌습니다. 사람들에게 주목받는 것을 좋아했고 자신을 드러내는 것을 무척 좋아했습니다.[79]

1940년 8월, 장칭은 마오에게 큰 기쁨을 안겨주었다. 딸 리나(李訥)를 출산한 것이다. '리(李)'라는 성은 허쯔전이 낳은 딸 리민(李敏)과 마찬가지로, 과거 마오가 가명으로 쓴 리더성(李德勝)에서 따서 지은 것이었다. 두 딸의 이름 '나'와 '민'은《논어》에 나오는 '말은 어눌하나 행동은 민첩하다(訥於言而敏於行)'는 구절에서 가져왔다.[80] 리나는 마오의 아홉 번째 자식이자 살아남은 네 명의 자식 중 한 명이었다. 하지만 장칭은 출산에는 별로 관심이 없었고, 허쯔전처럼 임신과 출산을 반복하지는 않겠노라고 분명하게 말했다. 1년 뒤 또다시 임신한 사실을 알게 된 장칭은 임신중절 수술을 요구했다. 수술은 성공적이지 못했다. 후유증이 남아 그녀는 고열에 시달렸고 이후 결핵에 걸렸다. 그러자 장칭은 불임 수술을 해버렸다.[81]

마오는 어떤 면에서는 진보적인 관념을 지녔지만 여전히 많은 자식을 낳는 것이 행복이라고 여기는 전통적인 사람이었다. 장칭이 불임 수술을 하자 그는 기분이 좋지 않았다.

서로의 다른 점이 계속 드러났다. 마오는 자주 밤새도록 일하고 낮 동안 자곤 했다. 허쯔전은 그러한 남편의 습관에 자신의 일정을 맞추었다. 하지만 장칭은 그렇지 않았다. 마오는 양자링에 거처할 때 서재에 침대를 하나 따로 들여놓았다. 방해받지 않고 조용한 가운데 일을 하기 위해서였다. 1942년 두 사람은 짜오위안(棗園)으로 이사 갔다. 옌안에서 3킬로미터 더 멀리 들어간 산골짜기로 주더의 거주지와 홍군 사령부가 있던 곳이었다. 이때부터 장칭은 마오와 다른 거처를 마련했다.[82]

겉으로 볼 때 장칭은 헌신적인 젊은 아내이자 어머니였다. 하지만 사적으로 그녀와 마오의 관계는 종종 소용돌이쳤다. 장칭은 마오에게 당 조직에 말을 넣어 자신이 특별 대우를 받게 해 달라고 조르곤 했다. 그러면 마오는 몹시 화를 냈다. 욕을 했고 당장 앞에서 사라지라고 소리쳤다.

당 관료들은 캉성과 천보다를 비롯한 몇 명을 제외하면 장칭을 마오의 부인으로 완전하게 받아들이지 않았다. 하루는 경호대장 리인차오가 장칭과 함께 점심을 먹다가 장칭이 갑자기 소리치는 것을 들었다. "나쁜 자식들!" 이에 리인차오가 어리둥절해서 쳐다보자 장칭은 그에게 한 말이 아니라 자신의 정치적 신뢰성을 계속 의심하는 '당내 무리'에게 욕한 것이라고 황급하게 설명했다고 한다.[83] 25년 뒤 장칭은 문화혁명 기간에 독자적으로 힘을 발휘할 수 있게 되자, 과거에 받은 모욕에 한껏 보복했다.

1947년 어느 날, 리인차오는 이번에는 마오의 이야기를 듣게 되었다. 장칭에게 마음이 점점 멀어지고 있음을 슬프게 탄식하는 고백이었다. "나는 결혼을 잘하지 못했어. 너무 서둘렀지." 그러고는 깊은 한숨을 쉬고는 이렇게 말을 이었다고 한다. "장칭은 내 아내야. 만약 아내가 아니고 부하였다면 당장 내쫓았을 텐데. …… 하지만 이제 어쩌겠나? 참고 사는 수밖에 없지."[84] 그때쯤이면 마오는 아들 마오안잉과 딸 리민과 한집에 살고 있었다.* 마오는 전처가 낳은 자신의 혈육을 바라보며 자연스럽게 좀 더 행복했던 이전 결혼 생활을 떠올렸고, 장칭은 남편이 자꾸 과거를 돌아보며 비교하는 것을 결코 달가워할 수 없었다.[85] 그러나 전처소생이 없을 때부터 두 사람의 관계는 점차 멀어지고 있었다. 공개적으로는 부부의 모양새를 지켰지만 1940년대 말부터 점점 마오는 다른 곳에서 여성 동반자를 구했다.

마오의 고백처럼 사생활에서는 어려움이 많았지만 정치적으로는

---

* 상하이의 공산당 조직이 재건된 이후 당은 마오안잉, 마오안칭과 다시 접촉할 수 있었다. 1936년 마오의 두 아들은 당의 도움을 받아 모스크바에 갔다. 모스크바에서 당시 13살의 마오안칭은 정신질환 진단을 받았다. 허쯔전의 딸 리민은 1941년에 모스크바로 갔고, 그곳에서 자신의 어머니와 함께 살기 시작했다. 1945년 12월 마오안잉은 중국으로 귀국했으며, 곧 리민도 뒤따라왔다. 그리고 1년 반 뒤 마오안칭과 허쯔전이 함께 중국으로 돌아왔다.(저자 주)

성공을 거듭했다. 중국공산당은 이미 마오를 당의 최고 지도자로 인정했다. 공산당은 국민당과 통일전선을 이룬 덕분에 이전에는 인정받지 못한 합법성을 갖추게 되었고, 장제스가 몰아넣은 변방의 근거지에서 나와 광범위한 대중적 지지층을 모을 수 있는 가능성도 열렸다.

1938년 내내 마오쩌둥은 개인적으로 품은 우려와 상관없이, 국민당을 일단 신뢰해야 한다고 호소했다. 그는 이렇게 선언했다. "공산당을 사랑하고 보호하라. 공산당을 발전시키고 확장하라. 국민당에 대해서도 똑같이 하라." 또한 국민당에는 '영광스러운 역사와 밝은 미래'가 있으며, 항일 투쟁에서 '등뼈'이고, 쑨원과 장제스 둘 다 '위대한 지도자'라고 말했다.[86]

마오가 이렇게 공언한 이유는 어느 정도는 왕밍 때문이었다. 왕밍은 마오가 국민당의 의도를 몹시 불신하고 있다고 비난했고, 마오는 그러한 비난으로부터 자신을 보호하고자 했다. 또 다른 이유는 모스크바를 안심시키기 위함이었다. 마오가 소련 유학파 조직을 배척했음에도 불구하고 여전히 크렘린의 이익을 중시하고 있다는 신호를 보낸 것이다. 물론 당시의 객관적인 현실도 무시할 수 없었다. 일본과 전쟁을 시작할 때 국민당의 병력은 170만 명이었던 데 비해 공산당은 약 4만 명에 불과했다. 전투에서 주된 부담은 장제스의 군대가 짊어졌다. 공산당은 그러한 부담을 질 만 한 힘이 없었기 때문이다. 루거우차오 사건 이후 일본군의 진격을 저지하기 위해 대규모로 전통적 전투를 치른 쪽도 국민당군이었다. 마오쩌둥의 군대는 일본군 전선 뒤편에서 유격전을 벌였다. 이러한 역할 분담은 전쟁 내내 이어졌다.[87]

1938년 겨울까지 공산당과 국민당의 관계는 비교적 순탄했다. 하지만 1939년 1월 국민당 지도부는 공산당을 '습격, 점령, 제한, 대항'하라는 비밀 지령을 내린다. 그달은 장제스의 동의하에 저우언라이가 지휘하는 공산당 연락부를 충칭에 설립하기로 합의한 달이었다.[88] 국민당 지도부가 이러한 결정을 내린 데에는 이유가 있었다. 공산당이 행동의 자유를 누리면서 한편으로는 일본군과 싸우고, 다른 한편으로는 일본군 점령지 사이의 빈 공간에 근거지를 설립하며 공산당군 세력을 급속하게 늘리고 있음을 뒤늦게나마 알아차렸기 때문이었다. 1938년 말이 되면 공산당의 팔로군은 병력이 다섯 배가 늘어나 20만 명에 이르렀다. 2년 뒤에는 50만을 넘어선다.[89] 공산당 군에 새로 편입된 자들이 모두 총을 소유하거나 공산당군이 충분한 탄환을 보유했던 것은 아니며, 공산당 근거지에서 충분한 식량을 생산할 수 없었기에 병사들이 늘어나면 감당하기 버거웠다. 하지만 장제스는 무척 불길한 느낌을 받았다. 장제스나 마오나 오직 전쟁 중에만 공동의 적 일본에 맞서는 통일전선이 유지될 뿐이며, 전쟁이 끝나면 그 즉시 중국의 지배자를 결정하는 투쟁이 과거보다 훨씬 더 치열하게 불타오르리라는 것을 너무나 잘 알고 있었다. 국민당의 입장에서 공산당이 더 성장하지 못하도록 저지하는 일은 일본을 물리치는 것보다 결코 덜 중요하지 않았다. 1939년 봄 장제스 군대는 서북 지방과 산시성(陝西省)에서 공산당의 확산을 저지하는 공세를 시작했다. 이에 마오쩌둥의 반응은 이러했다. "우리가 공격당하지 않는다면 우리는 공격하지 않는다. 하지만 만일 우리가 공격당하면 우리는 반드시 반격한다."[90] 다음 해 국민당은 병력 40만 명을 항일 전선에서 분리하여 옌안 지역을—당시 '산시(陝西)-간쑤-닝샤 접경 지역'이라고 불렀다.—봉쇄하는 작전에 투입했고, 장제스는 매월 공산당에 지급하던 18만 달러의 정부 보조금을 중단했다.

중국 내의 투쟁은 좀 더 큰 차원에서 벌어지던 갈등의 일부였다. 그 갈등 속에는 다양한 참여자들이 저마다 다른 의도를 지닌 채 서로 상호작용한 탓에, 그 실체를 분명하게 파악할 수 없을 때가 많았다.

마오쩌둥의 주된 동맹자 스탈린은 장제스의 군대가 일본군을 묶어 둠으로써 일본군이 러시아를 공격하지 못하도록 막는 것이 소련의 최고 목표임을 분명히 했다. 소련의 군사 원조는 주로 국민당이 받았으며, 공산당은 장제스가 이른바 '극동판' 뮌헨 협정*을 받아들여 일본 정부와 단독 평화 협정을 맺도록 만드는 어떤 일도 하지 말라고 주의를 받았다. 하지만 장제스가 공산당에 보조금 지급을 끊자, 모스크바는 즉시 부족분을 보충해주기 위해 매달 30만 달러에 달하는 돈을 옌안에 보냈다.* 한편 장제스는 추축국뿐 아니라 소련, 영국, 미국이 중국에 가하는 다양한 종류의 압력 사이에서 곡예를 부려야 했다. 이들 나라가 국민당과 일본에 보인 태도는 수시로 급변했으며, 서로의 관계 역시 계속 변했다. 장제스와 마오쩌둥 모두 강대국들 간에 벌어지는 예측할 수 없는 지각 변동에 대처해야만 했다.

마오쩌둥은 한 번도 외국에 나가보지 못한 데다 외국인을 만난 경험도 거의 없었기에 국제 정세를 파악하는 것이 특히나 힘들었다. 제2차 세계대전 초 영국과 프랑스가 독일에 선전포고를 했을 때, 마오

뮌헨 협정(Munich Agreement) 1938년 9월 30일 독일 뮌헨에서 영국, 프랑스, 독일, 이탈리아가 수데텐란트(Sudetenland) 영토 분쟁과 관련해 맺은 협정. 당시 수데텐란트는 체코슬로바키아의 도시였으나 독일인 다수가 거주한다는 명분으로 히틀러가 할양을 요구하면서 분쟁이 심해졌다. 영국과 프랑스는 또다시 세계대전이 발생할 것을 우려하여 분쟁 당사자인 체코슬로바키아를 제외한 채 히틀러의 요구를 받아들이는 '뮌헨 협정'을 맺었지만, 결과적으로 나치스의 세력이 커지며 '유화 정책'이 실패로 돌아갔다.

* 이와 같은 소련의 원조에도 불구하고 1941년부터 1943년 사이 '접경 지역'의 경제는 위기 상황에 빠졌다. 주요 식량이었던 수수의 가격이 매년 50퍼센트에서 많게는 130퍼센트까지 올랐다. 공산당의 전설에 따르면, 옌안의 경제가 자급자족과 '군중에 대한 의지'라는 정책 덕에 번영했다고 하지만 사실이 아니다. 마오는 옛날 홍군 제1방면군이 징강산을 버리고 탈출한 뒤에 생존을 위해 썼던 방법을 이번에도 사용했다. 바로 아편 거래이다. 공산당의 문서에 아편은 '특별 생산품', '특정한 물건' 혹은 '비누'라고 표기되었다. 아편 흡입이 엄격하게 금지된 공산당 관할 지역에서는 아편이 판매되지 않았고, 일본군이나 국민당이 점령한 지역에서 몰래 판매되었다. 1942년부터 1945년까지 '접경 지역' 총수입의 약 40퍼센트가 아편 수출로 벌어들인 것이었다. 한편 국민당과 군벌 역시 자신들의 수입을 늘리기 위해 아편을 거래했다.(저자 주)

는 이 싸움이 근본적으로 제1차 세계대전의 반복이라고 여겼다. 그는 다음과 같이 썼다. "예전에는 파시즘 국가와 민주주의 국가를 구별했으나, 이제 그러한 오래된 구별은[91] 더는 유효하지 않다. 이 전쟁은 강도들 사이의 전쟁이며 어느 편에도 정의는 없다."[92] 하지만 그는 자신의 판단을 황급히 수정해야 했다. 1941년 6월 소련이 참전했기 때문이다. 일본군의 진주만 공격 역시 예상치 못한 일이었으며, 이는 엄청난 변화를 초래했다. 이제까지 마오가 적대적인 제국주의 열강으로 간주해 온 영국과 미국이 소련과 중국과 힘을 합쳐 전 세계적인 반(反)추축국 연합을 구축한 것이다.

마오는 세계 저편에서 벌어지는 사건들의 의미를 파악하는 한편, 중국 내에서는 공산당의 이득을 최대한으로 취하면서도 국공합작이 공공연하게 깨지지 않도록 주의하여 통일전선의 장점을 최대한 이용하려 했다.

이는 상당히 세심한 관리가 필요했다. 1940년 가을이 되면, 양측의 '마찰'이라고 완곡하게 표현된 갈등이 중국의 북부 지역뿐 아니라 남부 지역에서도 점차 첨예화되었다.[93] 끊임없이 변화하는 국제 상황 때문에 마오의 주의가 흐트러졌는지 아니면 다른 이유가 있었는지 알 수 없으나, 장제스의 인내심이 한계에 도달했다는 사실을 마오는 눈치채지 못했다. 공산당이 최악의 군사적 실책을 저지를 무대가 마련되고 있었다.

1940년 여름 국민당 군대는 안후이성과 장쑤성에서 공산당의 '신4군'에 연거푸 패배를 맛보았다. '신4군'은 대장정 시절 중국 남부와 중부에 남은 유격대를 주축으로 하여 구성되었는데, 당시 마오쩌둥은 '신4군'이 장악한 지역과 '팔로군'이 중국 북부에서 점령한 곳을 연결하려는 목표를 세웠다. 그러나 장제스는 이를 절대로 받아들일 수 없었다. 7월에 장제스는 공산당군에 한 달 내로 양쯔강 이북으로 철수하라고 명령했다. 10월에 그는 강력한 어조로 다시 같은 명령을 공개적으로 발표했다. 당시 안후이성 남부에 위치한 '신4군' 본부대의 정치위원은 샹잉이었는데, 그는 부대 이동에 반대했다. 왜냐하면 부대를 이동할 경우 일본군 통제 지역을 통과해야 했기 때문이다. 마오는 장제스의 심경 변화를 주시하며 그에 따라 상충되는 여러 건의 지령을 내리면서 계속 시간을 끌었다. 결국 1941년 1월 4일 샹잉의 부대는 마오가 승인한 경로를 따라 이동했다. 그리고 이틀 뒤 국민당군의 매복지로 들어가고 말았다. 전투는 1주일 동안 계속되었다. 이때 국민당군의 비행기뿐 아니라 일본군의 비행기도 공격에 참여했다. 일본군은 적군인 국민당과 공산당이 서로 치열하게 싸우는 꼴을 보며 몹시 기뻐했다고 한다. 비행기가 사정없이 폭탄을 퍼부었으며 공산당 군대가 피신하여 들어간 마을에도 기총소사를 가했다. 이때 전사하거나 생포된 공산당 측 인원은 9천 명이 넘었다. 여기에는 군인뿐 아니라 간호사, 의사, 장교 가족, 짐꾼, 들것 운반인 등 비전투원도 포함되어 있었다. 약 1천 명 정도가 탈출에 성공했고 소규모 집단으로 분산하여 양쯔강 이북의 안전지대까지 도망쳤다.

엄청난 패배가 전부 마오의 책임은 아니었다. 하지만 마오가 계속 차일피일 결정을 미룬 것이 대참사를 야기한 하나의 요인이긴 했다. 어떤 정치 체제가 되었든 이러한 상황에서 정치 지도부는 매우 신속하게 적당한 희생양을 찾는다. 전투가 끝나고 24시간이 채 지나기도 전에 공산당 중앙위원회는 비밀 결의문을 내놓는다. 결의문은 샹잉을 희생양으로 지목했다. 샹잉은 처참한 피투성이 전장에서 겨우 살아남았지만, 얼마 지나지 않아 공산당원 가운데 배신자 한 명의 손에 목숨을 잃었다. 이로써 전투 패배의 책임은 쉽게 정리되었다.[94]

이 사건이 바로 '완난(皖南)사변'이다. 공산당과 국민당의 관계는 마침내 한계점에 이른다. 마오는 "전국에 걸친 정치 및 군사 반격"을

완난사변(1941년 1월)이 일어나기 전 중국공산당 '신4군' 병사들의 모습. 공산당 정예 병력이었던 신4군은 국민당군의 기습 공격을 받아 궤멸한다.

개시하겠다고 위협했다.[95] 충칭에 있는 장제스의 지휘부와 옌안의 직접 연락망은 끊어졌다. 다른 지방 도시에 있던 공산당의 연락 사무소도 폐쇄되었으며 중국 북부 지역에 주둔한 공산당 군대는 비상 대기에 들어갔다. 그러나 얼마 지나지 않아 양측은 모두 뒤로 물러서기 시작했다. 공산당은 궁지에 몰렸지만 통일전선이 너무도 유용하여 폐기하지 않았다. 당시 공산당은 당원 수가 급속도로 늘어나 기존의 당 조직으로는 새로운 당원을 받아들일 수가 없어서 정치국은 신규 당원 등록을 중지해야 할 정도였다. 마오에게 항일 전선은 '도깨비방망이'처럼 아주 유용한 수단이었으며, 결국 공산당이 정권을 잡는 길을 열어주었다.[96] 장제스도 이를 알았지만 다른 방도가 없었다. 국공합작을 일방적으로 깰 경우 일본보다 공산당과 싸우는 데 더 관심이 있다는 비난을 또다시 받을 공산이 컸기 때문이다.

상잉 부대에 닥친 비극적 상황은 결국 공산당에 유리하게 작용했다. 장제스와 연합한 서방 국가들은 장제스의 행동에 몹시 화가 났다. 장제스가 같은 편인 공산당을 공격했기 때문이었다. 미국의 루스벨트 대통령은 개인적으로 장제스에게 직접 불쾌감을 표명했다. 중국 내의 진보 인사들 역시 강력하게 장제스를 비난했다. 심지어 장제스 휘하의 군사 지휘관 몇몇도 장제스에게 항의했다.[97]

상황이 이렇게 돌아가자 2월 마오는 다음과 같은 글을 쓸 수 있었다. "장제스가 이처럼 심각하게 중국 내외에서 비난 세례를 받은 적은 없었다. 우리가 이처럼 광범위하게 인민들에게 지지를 얻은 적도 없었다. (중국 내에서도 그렇고 외국에서도 그렇다.) …… 이는 우리의 가장 큰 승리이다."[98]

그렇지만 '완난사변'은 공산당에도 상처를 남겼다. 사건이 일어나고 1주일 뒤 마오는 저우언라이에게 국민당에 관한 모스크바의 정책이 "수개월 동안이나 우리의 정책과 완전히 반대"되었지만 이에 대해 공산당은 아무 일도 할 수 없다고 푸념했다.[99] 공산당과 국민당의 군사적 협조는 사실상 끝이 났다. 마오는 장제스가 공산당 세력의 확장을 저지하려는 명목으로 통일전선을 위험에 빠뜨렸지만 실패했고, 따라서 이제 그가 쓸 수 있는 모든 수를 다 썼기 때문에 또다시 이러한 시도를 할 수 없으리라 결론지었다.[100]

이후 양측은 서로를 공격하는 일을 자제했고, 각자의 병력을 유지하며 결전을 준비했다. 그들은 모두 최후의 결전이 아직은 멀어 보이지만 예측은 가능했던 일본의 최종적인 패배 뒤에 벌어지리라는 것을 잘 알고 있었다.

마오쩌둥에게 국민당과의 결전은 곧 공산당을 자신의 의지에 따라 변모시키는 새로운 운동을 의미했다.

방법은 당의 역사를 재평가하는 것이었다. 이를 통해 마오는 왕밍과 동맹자들이 통일전선뿐 아니라 1931년 이후 모든 정책에서 잘못된 결정을 내렸으며, 오로지 자신만이 줄곧 옳게 판단했음을 당내에 알리려 했다.

항일 전쟁 4년 동안 이미 이 운동의 기틀은 꽤나 마련된 상태였다. 1940년 초 스탈린은 자신이 왕밍의 운명에 더는 관심이 없음을 은밀히 알렸다. 그에 앞서 1939년 10월 모스크바 중산대학의 총장을 지냈으며 소련 유학파를 지원한 파벨 미프가 '인민의 적'으로 지목되어 총살형에 처해졌다. 같은 달 마오는 당을 "사상적으로, 정치적으로, 조직적으로" 공고하게 만들고 "지난 과오를 반복하지 않으려면" 당 역사에 대한 공통의 인식이 필요하다고 주장했다. 그의 견해에 따르면, 공산당은 쭌이 회의 이후에야 "볼셰비키의 길에 충실해졌다."[101] 쭌이 회의 이전 4년 동안 당권을 장악했던 소련 유학파가 보기에 마오의 주장은 자신들이 지지했던 정책들을 모두 싸잡아 비판의 대상으로 삼겠다는 의도로 보였다.

왕밍은 마오의 공격을 피하기 위해서 타협의 조건을 제시했다. 그가 마오의 당내 최고 지도자 지위에 도전하지 않는 대신, 마오 역시 당에 대한 왕밍의 공헌을 부정하지 말아 달라는 것이었다.[102]

얼마 동안은 타협안이 존중되는 듯했다. 하지만 1940년 12월 마오는 장시성 시절에 왕밍의 조직이 저지른 '극좌적 오류'를 종합적으로 지적하는 글을 발표했다.

(자산계급에는 극좌적인 노동 정책과 세수 정책을 적용하고 부농에게 는 나쁜 토지를 배분함으로써) 자산계급과 부농을 경제적으로 말살한 것, (지주에게는 토지를 전혀 배분하지 않음으로써) 지주를 물리적으로 말살한 것, 지식인들을 공격한 것, 반혁명 분자를 숙청하면서 '좌경' 오류를 범한 것, 정치적 권력을 지닌 주요 공산당원들이 당을 완전히 독점한 것, (유격 전술의 역할을 부정하고 대도시 공격을 촉구함으로써)

극좌적 군사 정책을 취한 것, 당 동지들에게 처벌을 남발한 것. 이러한 극좌적 정책들은 …… 당과 혁명에 막대한 손실을 끼쳤다.[103]

하지만 마오는 특정 이름을 거론하지는 않았다. 그리고 류사오치가 이러한 오류를 '정치 노선의 실책'으로 규정하자고 촉구하자 마오는 조심스럽게 거절했다. 캉성은 마오가 다음과 같이 말했다고 회고한다. "과일이 익어 가고 있어. 아직 익지도 않았는데 따면 안 되지. 과일은 익으면 저절로 떨어지게 되어 있어. 우리는 투쟁에서 너무 엄격하면 안 돼."[104]

1941년 가을, 공산당과 국민당이 완난사변 직후 일촉즉발의 상황을 넘기자, 마오는 드디어 오랫동안 신중하게 준비해 온 정치적 대공세를 시작할 때가 되었다고 판단한다.

바로 향후 4년간 지속되는 '옌안 정풍운동'이다. 정풍운동이 끝날 즈음이면 마오쩌둥은 더는 공산당의 집단적 지도부의 우두머리 정도가 아니었다. 그는 모든 것을 결정할 수 있었다. 마치 신처럼 높은 단 위에 앉아서 명목상의 동료들을 굽어보며, 어떤 제도적 통제도 받지 않았다.

1941년 9월 10일 정치국 확대회의에서 공격이 시작되었다. 이날 마오는 공산당의 정책을 중국의 현실 조건에 적절하게 맞추지 못하는 '주관주의'를 비판했다. 사실 이는 마오가 지난봄부터 자주 연설 주제로 삼은 것이었다. 하지만 내용은 이전보다 더 구체적이었다. 마오는 1930년의 '리리싼 노선'을 주관주의의 예로 들었고, 제4차 전원회의에서 구성된 당 지도부가 1931년부터 1934년까지 시행한 정책들이 당에 더 큰 피해를 끼쳤다고 설명했다. 게다가 이 문제가 아직 해결되지 않았다고 지적했다. 그러므로 당에 여전히 엄청난 해를 입히는 주관주의, 분파주의, 교조주의에 맞서 대규모 운동이 개시되어야 했다.

6주 뒤 확대회의가 끝났을 때 마오는 목표한 바를 거의 다 이루었다. 왕밍과 보구는 지난날 장시성에서 범한 '잘못된 좌경 노선'을 질책받았으며, 장원톈을 비롯하여 두 사람을 지지했던 많은 사람이 자아비판을 했다. 유일하게 남은 쟁점은 소련 유학파가 실책을 저지르기 시작한 정확한 시점이었다. 마오는 1931년 1월에 개최된 제4차 전원회의를 기점으로 보았고, 왕밍은 자신이 모스크바로 돌아간 뒤 보구가 당 지도의 책임을 맡은 그해 9월이 기점이라고 주장했다. 시기와 관련된 논란은 소련 유학파 중 가장 영향력이 큰 두 사람을 갈라놓는 효과를 거둘 수 있었기에 마오로서는 반가운 것이었다.

마오의 계획이 성공한 데는 복합적인 요인이 있었다. 지난 5년 동안 마오는 반복된 주장을 통해 중국만의 길을 찾아야 한다는 자신의 생각을 당의 집단의식에 주입했다. 마오 자신이 바로 중국만의 길을 표방하는 접근법의 본보기였으며, 1941년 이후에는 실질적 성과를 거둠으로써—쭌이 회의 이전에 소련 유학파가 당을 통솔했을 때는 당이 벼랑 끝까지 내몰렸지만 이후에는 융성하지 않았던가?—정당성을 입증했다. 게다가 마오는 이제 시작될 정풍운동이 사람이 아니라 잘못된 관념을 '교정'하는 것을 목표로 삼는다고 선언했다. 과거의 정치 운동이 "잔혹한 투쟁과 무자비한 타격"이 특징이었다면, 정풍운동은 치병구인(治病救人), 즉 '병을 고쳐 사람을 구하는 것'이 원칙이라고 설명했다.

훗날 마오는 자신이 최고 권력을 얻는 데 결정적인 역할을 한 몇 개의 사건 중 하나로 1941년 9월의 정치국 회의를 들었다. 이날의 회의를 통해 당 지도부의 여타 인물들이 모두 마오를 지지했으며(자신의 과오를 인정하지 않은 왕밍과 보구만은 예외였다) 마오가 막 시작하려 한 정풍운동에 관한 실제적 준비가 승인되었기 때문이다.[105]

이때까지 마오의 조치는 당의 지도부에만 한정되었다. 공산당원 80만 명 가운데 약 150명 남짓만이 이러한 투쟁에 관해 알았다. 심지어 당시 정치국 위원이었던 펑더화이가 훗날 회고한 바에 의하면, 그조차도 이때부터 1년이 지날 때까지 이 운동의 의미를 제대로 파악하지 못했다고 한다. 일반 당원들이 아무런 눈치를 채지 못한 것은 당연했다.[106]

그러나 1942년 2월 정풍운동은 공개적인 운동이 된다.

그달에 마오는 중앙당학교*에서 정풍운동의 목표를 제시하는 두 차례 중요한 연설을 했다. 그는 말했다. "우리는 공산당원입니다. 그러므로 우리는 질서 정연하게 우리의 대오를 유지해야 하며 보조를 잘 맞추어 전진해야 합니다."[107] 그다음 마오는 공산당원들이 전진할 때 어떤 음악에 발을 맞추어야 하는지를 설명했다.

화살과 과녁의 관계가 바로 마르크스-레닌주의와 중국 혁명의 관계입니다. 하지만 어떤 동지들은 …… 마구잡이로 …… '과녁도 없이 활을 쏘고 있습니다.' 또 다른 동지들은 화살만 사랑스럽게 매만지며 말합니다. '정말 좋은 화살이네! 정말 좋은 화살이야!' 하지만 실제로 화살을 쏠 생각은 하지 않습니다. …… 마르크스-레닌주의라는 화살은 반드시 어떤 과녁을 맞추기 위해 사용되어야 합니다. …… 그렇지 않다면 왜 우리가 이것을 공부해야 합니까? 마르크스-레닌주의가 아름다워 보여서 공부하는 것이 아닙니다. 신비로운 힘이 있어서 공부하는 것이 아닙니다. 도교 신자들이 마오산*에 올라 요괴와 악마를 물

중국공산당 중앙당학교(中國共産黨中央黨校) 중국공산당 간부를 양성하는 교육 기관. 1933년 3월 루이진에서 마르크스공산주의학교(馬克思共産主義學校)가 처음 설립되었고 1935년 '중앙당학교'로 개칭되었다. 마오쩌둥이 1937년부터 1947년까지 교장을 지냈다.
마오산(茅山) 장쑤성에 있는 산. 도교의 중심지 가운데 하나이다.

리치기 위해 주문을 배우는 것과는 다릅니다. 마르크스-레닌주의에는 아름다움도 신비로운 힘도 없습니다. 유용성이 클 뿐입니다. …… 마르크스-레닌주의를 교조로 여기는 사람은 …… 참으로 무지몽매한 자입니다. 우리는 그러한 사람에게 공개적으로 말해야 합니다. '당신의 교조는 아무 쓸모가 없습니다.' 혹은 좀 더 거칠게 말해야 합니다. '당신의 교조는 개똥만큼도 쓸모가 없습니다.' 개똥은 토지를 비옥하게나마 할 수 있습니다. 사람의 배설물 역시 개가 먹을 수나 있습니다. 하지만 교조는 어떻습니까? 교조는 논밭을 비옥하게 할 수도 없고 개에게 먹일 수도 없습니다. 도대체 무슨 쓸모가 있습니까?[108]

마오는 앞으로 당 관료를 평가할 때 '마르크스-레닌주의의 관점, 개념, 방법'을 실제 문제를 해결하는 데 적용할 수 있는지 없는지를 기준으로 삼을 것이며, "마르크스, 엥겔스, 레닌, 스탈린의 저서 1만 권을 읽을 수 있고 …… 모든 문장을 암기할 수 있는지 없는지"로 평가하지 않겠다고 선언했다.[109]

책을 통해 공부하는 것을 언제나 증오한 마오는 또다시 책읽기를 비판하며 인상적인 혹평을 남긴다.

밥을 하고 반찬을 만드는 것이 진정한 기술입니다. 하지만 책 읽기는 어떻습니까? 만일 당신이 책만 읽고 있으면 당신은 3천에서 5천 자를 알아볼 수 있습니다. …… 당신이 몇 권의 책을 손에 들고 있다면 사람들이 당신에게 밥을 줄 수도 있습니다. …… 하지만 책은 스스로 걷지 못합니다. …… 책 읽기는 …… 요리사가 음식을 준비하는 것보다 훨씬 간단합니다. 요리사가 돼지를 잡는 것보다 훨씬 수월하기 때문입니다. 요리사는 우선 돼지를 붙잡아야 합니다. 돼지는 달아날 수 있습니다. (청중 사이에서 큰 웃음이 일어난다.) 요리사는 돼지를 죽입니다. 돼지는 꽥 소리를 지릅니다. (큰 웃음) 책상 위에 올려놓은 책은 달아나지도 못하고 소리도 못 지릅니다. …… (큰 웃음) 이보다 더 쉬운 일이 있습니까? 따라서 여러분들 가운데 책 읽기만 알고 실제적인 일을 접하지 못한 사람들은 …… 자신의 단점을 깨닫고 좀 더 겸손한 태도를 지니시기를 권합니다.[110]

마오는 동일한 맥락의 연설을 많이 했다. 그에게 공허하고 추상적인 말은 "늙고 헤프고 냄새나는 여인에게 전족(纏足)을 하는 것"과 같으며, '개인주의'는 당의 규율을 위반하는 것이고, '외국의 형식주의'는 철저한 비판의 대상이었다.

우리는 우리의 엉덩이를 중국이라는 몸통에 붙여 두어야 합니다. 우리는 세계의 자본주의와 사회주의를 학습해야 하지만, 이러한 것들이 우리 중국공산당의 역사와 어떤 관련이 있는지 명백하게 알고 싶다면, 우리가 어디에 엉덩이를 놓는지가 중요합니다. …… 중국을 학습할 때는 당연히 중국을 중심에 두어야 합니다. …… 우리 가운데 몇몇 동지들은 외국을 중심에 두고 마치 축음기처럼 기계적으로 외국의 것을 통째로 녹음하여 중국에 틀어대는 병을 앓고 있습니다.[111]

마오의 연설은 이미 꺾여버린 왕밍이나 그의 추종자들을 겨냥한 것이 아니었다. 그들이 상징하는 일련의 사고방식을 향한 것이었다. 이후 12개월 동안 일반 당원들은 강연장이나 소규모 토론회에서 마오쩌둥의 사상을 배웠으며, (이로부터 발전된) 당의 역사를 바라보는 마오쩌둥의 사관을 흡수했다. 그 결과 중국공산당의 지적인 무게 중심이 바뀐다. 마르크스-레닌주의의 지혜가 솟아 나오는 샘은 이제 모스크바가 아니라 옌안이 되었다.

1943년 3월, 중국공산당의 최고 지도 조직은 뒤늦게나마 정풍운동이 만들어낸 새로운 정치 현실을 반영하여 재편되었다.* 마오는 정치국 주석이자 새롭게 조직된 서기처 주석에 임명되었다. 새 서기처는 마오를 비롯하여 세 명으로 구성되었는데, 5년 전 모스크바에서 왕자샹과 함께 마오를 위해 힘썼던 런비스가 여기에 포함되었다. 또 다른 인물은 류사오치였다. 이때 그는 공식적으로는 아니지만 실질적으로 당의 2인자 지위를 확인받았다. 왕자샹은 마오쩌둥 밑에서 선전위원회 부서기를 맡았다. 1938년 마오의 편에 합류한 이후 지위가 점점 높아진 캉성은 당 중앙의 또 다른 핵심 부서인 조직위원회에서 류사오치 아래의 부서기를 담당했다. 왕밍은 1931년 이후 줄곧 당 최고 지도부의 일원이었지만 이제 정책 결정에서 완전히 배제되었다.[112]

그러나 진짜 변화는 세부 사항에 있었다. 과거와 마찬가지로 서기처는 정치국이 열리지 않을 때 필요한 결정을 내릴 수 있는 권한을 부여받았다. 하지만 이번에는 서기처 구성원들이 의견 일치를 보지 못하면 마오쩌둥이 최종 결정권을 지닌다고 명시했다. 이는 찬반 동수일 때 마오에게 결정권이나 거부권이 있다는 정도의 의미가 아니었다. 설령 다른 두 명의 서기처 구성원들이 반대해도 마오의 견해가 채택될 수 있음을 뜻했다.

당시는 전쟁 중이었기 때문에 한 사람에게 권력을 집중하는 것이 정당화되었을지 모른다. 어쩌면 마오의 동료들은 구성원들 간의 동등한 지위가 보장되는 정치국과 중앙위원회가 여전히 최종 권한을 쥐고 있다는 것을 상기하면서 안심했을 수 있다. 하지만 진실은 모

---

* 1943년 3월 중순에 열린 정치국 회의에서는 중앙 조직을 간소화하여 재편하기로 결정한다. 그 결과 정치국과 서기처의 업무를 보좌하는 선전위원회와 조직위원회가 새로 설치되어 기존의 여러 부서를 통합하여 담당했다.

든 사람이 마오의 편에 붙었다는 것이었다. 이미 보구도 항복한 뒤였다. 오직 왕밍만이 홀로 마오에게 순종하지 않은 채 버티고 있었다. 그러나 누구도 왕밍을 따라 하지 않았다. 당 지도부 구성원들은 마오의 지위가 상승하는 것을 직접 지켜봤으며, 마오와 어떤 관계를 형성하는가에 따라 자신들의 미래가 좌우된다는 것을 알았다. 그들 중 대부분은 마오의 권력 집중이 불가피하다고 여겼고, 여기에 저항하는 데는 전혀 관심이 없었다.

1943년이 되면 마오는 지금껏 어떤 중국공산당원도 이룩하지 못한 강력한 지위를 당내에 구축한다.

하지만 마오의 영향력은 여전히 공산당이 지배하는 지역에 한정되었고, 이는 중국 전체를 두고 볼 때 작은 범위였다. 이제 마오의 앞에는 그의 인격과 사상에 관한 신화를 통해, 무려 6년 동안이나 무장투쟁을 촉구하고 지휘함으로써 공산당뿐 아니라 전 중국을 통일하여 공산주의 대의를 떠받들게 하는 일이 기다리고 있었다.

25년 뒤에 일어나는 문화혁명과 마찬가지로 옌안 정풍운동은 단순한 권력 투쟁이 아니었다(옌안 정풍운동은 문화혁명을 선도했으며 이후 중국의 모든 주요 정치 운동에 적용되는 하나의 유형을 확립했다). 사람들의 사고방식을 근본적으로 변화시키려는 시도였다.

정풍운동의 뿌리는 통일전선의 정치적 논리에 있었다. 다시 말해 공산당은 외연을 넓혀야 할 필요성에 직면했던 것이다. 1935년 12월 와야오부 회의에서 마오의 촉구에 따라 정치국은 "계급 출신에 상관없이 공산당의 대의를 위해 기꺼이 투쟁할 모두"에게 당원 자격을 주는 방침을 승인했다.[113] 결과적으로 이 계획은 코민테른이 동의하지 않음에 따라 철회되었지만, 문호를 개방한다는 기조 자체는 견지되었다. 공산당은 국민당을 지지하는 애국적 자산계급, 중소 지주,

지식인 같은 이른바 '중간계급'을 포용하기 위해 정책을 온건하게 변화시켰다. 1940년 3월, 마오는 〈신민주주의론〉이라는 글에서 공산당의 궁극적 목표가 사회주의 체제임은 변함이 없으나 아직은 요원하다고 말하며, 향후 상당 기간 당의 당면 과제는 제국주의와 봉건주의를 상대로 싸우는 것이라고 서술했다.

계급 화해를 도모하는 정책은 예상하지 못한 큰 성공을 거두었다. 루거우차오 사건이 일어난 때부터 1940년대 중반까지 약 3년 동안 공산당의 당원 수가 무려 20배나 증가했던 것이다. 하지만 새로 가입한 당원들 중 다수는 공산주의가 아니라 애국심에 끌린 자들이었다.[114]

따라서 이제 공산당의 과제는 다음과 같았다. 어떻게 하면 많고 다양한 당원들을 규율이 강한 정치 세력으로 만들 수 있는가?

1930년대 초 중국공산당은 공포를 앞세워 '볼셰비키 정당'으로 변모했다. 그러나 후폭풍이 너무나 컸기에 설령 마오가 원했다 해도 공포의 방식을 반복하는 것은 불가능했다. 게다가 대장정이 끝날 무렵 마오는 당내 차이를 극복할 더 좋은 방법이 있다고 확신했다. 1935년 그는 쉬하이둥에게 처절한 고통을 같이한 사람들은 당에 근본적으로 불충할 수가 없다고 말하기도 했다.[115] 이에 따라 여러 가지 시도가 이루어졌다. '개과자신(改過自新)'이라는 집회를 열어, 잘못을 저지른 동지가 자신의 과오를 고백한 다음 새 출발을 공개적으로 맹세하는 방식도 있었다. 하지만 결국 마오는 어린 시절 학습한 유교 경전에서 해답을 찾았다.

마오는 정풍운동을 시작할 때 이렇게 강조했다. "만약 우리 당의 방식이 완전히 올바르다면, 곧 온 나라의 인민이 우리를 보고 배울 것입니다." 이는 공자의 왕도 정치와 마찬가지로 도덕적 모범을 보임으로써 인민의 마음을 움직일 수 있다는 의미였다. 장시성 시절에 처음 규정되었고 나중에 문화혁명 때 다시 언급되는 '홍색의 힘'을 암시하는 대목으로도 볼 수 있다.[116] 하지만 공자는 "백성들이란 따르도록 할 수는 있지만 그 이치를 다 알게 할 수는 없다(民可使由之 不可使知之)"고 말한 반면, 공산주의자로서 마오는 "군중은 진정한 영웅"이며[117] 혁명적 사상을 스스로 생산해낼 수 있다고 주장했다.

모든 올바른 지도는 필연적으로 '군중으로부터 나와서 군중에게로 간다(從群衆中來 到群衆中去).' 이는 군중의 생각을 취하여 …… 연구를 통해 집중적이고 체계적으로 만든 다음, 군중에게 그 생각을 선전하고 해석함으로써 군중이 자신의 것으로 삼아 철저하게 고수하고 …… 행위를 통해 그것의 올바름을 시험하도록 하는 것이다. 그러고나서 다시 군중으로부터 생각을 취한 후에 또다시 집중화시켜 군중에게로 간다. …… 이러한 과정이 끊임없이 반복되는 가운데 생각은 점점 더 올바르게 되고 생생해지고 풍부해진다.[118]

정풍운동 기간에 이와 같은 방식이 공산당원들에게 적용되었다. 마오가 추구한 '계몽 운동'은 당원이 자발적으로 일으키는 것이었다. "공산당원은 반드시 모든 것에 '왜?'라고 물어야 한다. 무엇이든 자신의 머릿속으로 곰곰이 생각해보면서 그것이 과연 실제에 부합하는지 따져야 한다. 절대로 맹종해서는 안 된다. 노예주의를 조장해서도 안 된다." 하지만 마오는 사상 통일의 필요성을 강조했다. 특히 "중앙 지도부에 복종"을 요구했다.[119]

모순 화법은 마오쩌둥의 특징적인 정치 방식이었다. 이는 무척 단순하지만 몹시 교묘한 방식으로, 마오가 자신의 정치적 필요성에 따라 사상 운동의 속도를 조절하고, 마음대로 방향을 바꾸며, 실제 반대자나 반대자로 간주된 자들의 견해를 노출시켜 타격할 수 있게 했다.

정풍운동은 결코 가볍고 부드럽게 진행되도록 계획되지 않았다. 정풍운동은 왕밍과 그가 대표하는 사상에 대한 투쟁이었을 뿐 아니라, 좀 더 넓게는 마오의 사상적 패권을 받아들이기를 주저하는 당내 모든 사람들을 향한 투쟁이었다. '치병구인'은 훌륭한 원칙이었지만 마오는 그 과정이 고통스럽지 않으리라 약속하지는 않았다. "첫 번째 단계는 환자에게 강한 충격을 주는 것이다. '당신은 환자다!'라고 큰 소리로 말해주어야 한다. 그는 깜짝 놀라 땀을 뻘뻘 흘릴 것이다. 그제야 비로소 그는 회복을 향해 걸어갈 수 있다."[120] 또한 주된 치료 수단은 유교적 방식의 설득이었지만 만일 설득이 통하지 않으면, 옛 중국의 황제들처럼 법가의 강제적 수단이 허용되었다. 왕밍과 같은 지도층 인사들은 지위가 높기에 거칠게 다루지 않았지만, 지위가 낮은 약한 사람들은 곤경에 빠뜨림으로써 다른 자들을 경고하는 데 이용하기도 했다.

1942년 옌안에서 설득하기가 가장 어려웠던 인물은 이상주의적인 젊은 작가 왕스웨이(王實味)였다.[121]

수천 년 이어진 중국 역사를 살펴보면 지속적으로 나타나는 중국 지식인들만의 가장 매력적인 특징이 있다. 바로 정직함이다(어리석다고까지는 말할 수 없을 것이다). 일본과 전쟁이 시작되면서 옌안에는 많은 작가와 예술가가 모여들었는데, 마오가 당내 토론을 제안하면서 기존의 진리에 관해 문제 제기를 촉구하자 수많은 대자보가 폭발적으로 등장했다. 화살과 과녁, 경기병, 낙타의 방울, 서북풍 따위의 제목이 붙었다. 20여 년 전 5·4운동 때와 유사했다.

페미니스트 작가 딩링은 여성에 대한 당의 위선적 태도에 통렬한 공격을 퍼부었다. 딩링의 동료이자 시인인 아이칭(艾青)은 마오 휘하의 정치위원들이 "버짐을 꽃으로 묘사하라"고 강요한다고 신랄하게 고발했다. 하지만 가장 충격적인 글은 왕스웨이가 쓴 〈야생 백합화(野白合花)〉였다. 3월 공산당 신문 〈해방일보(解放日報)〉에 실린 이 글은 '옌안의 어두운 측면'을 다음과 같이 비난했다. 고위 관료들은 "세 종류의 의복과 다섯 종류의 음식"을 제공받는 반면, "병자들은 국수 한 그릇 먹지 못하고 있으며 젊은이는 죽 두 그릇으로 하루를 보내고 있다." 당내 권력자들은 젊은 여자를 쉽게 자기 것으로 만들고, 간부들은 일반 당원에게 우월감과 냉담함을 보인다는 지적도 있었다.

과연 그때 마오가 일부러 놓은 덫에 왕스웨이 같은 사람들이 걸려든 것인지, 아니면 작가들의 격한 반응을 미처 예견하지 못했던 마오가 진정으로 경악한 것인지, 50년이 지난 지금도 중국인들은 결론을 내리지 못하고 있다.

마오는 늘 그렇듯이 이중적인 태도를 취했다. 왕스웨이가 정풍운동이 간절히 필요로 하는 과녁을 제시했다고 묘사하기도 했고, 왕스웨이 사건으로 정풍운동의 정치적 목적이 방해받았다고 비판하기도 했다.[122] 하지만 마오가 덫을 놓은 것이든 아니든 간에, 왕스웨이의 시련은 지식인의 비판을 억압하는 전형적 예를 보여주었으며, 마오가 살아 있는 동안은 물론이고 그가 죽은 뒤에도 오랫동안 중국의 작가와 예술가에게 큰 교훈을 남겼다.

5월 문학과 예술에 관한 특별 토론회에서 마오는 직접 왕스웨이 사건의 교훈을 설명했다. 풍자와 비판은 반드시 필요하지만 작가와 예술가는 혁명의 어느 쪽에 서야 할지 알아야 한다는 것이었다. (왕스웨이처럼) "무산계급의 이른바 어두운 면"을 폭로하는 데 힘쓰는 사람은 "소자산계급적 개인주의자"이자 "혁명 대오를 무너뜨리는 흰개미"에 불과했다. 또한 예술의 목적은 무산계급 정치에 봉사하는 것이며, 작가와 예술가의 '기본 임무'는 군중의 '충실한 대변자'가 되

어 그들의 삶 속에 자신을 몰입시켜 군중의 혁명 투쟁을 찬미하는 일이라고 마오는 강조했다.[123]

나흘 뒤, 왕스웨이는 '사상 공심 대회(思想公審大會)'에 참여했다. 이 대회는 1960년대에 나타나는 '비판 투쟁 대회'보다는 온건하지만 사상 공개 심판 모임의 초기 형태였다. 2주 동안 당 동료들은 왕스웨이의 잘못을 두고 토론했다. 마오의 정치비서 천보다가 토론의 분위기를 잡는 역할을 맡았다. 천보다는 왕스웨이를 거머리에 비유했고, 그의 이름에 장난을 쳐서 '똥 냄새를 풍기는 동지(屎味同志)'*라고 불렀다. 용감한 시인 아이칭도 왕스웨이를 향해 읊조렸다. "왕스웨이의 시각은 반동적이며 그의 처방은 독이다. 이 '자'는 동지는커녕 '사람'이라 부를 가치조차 없다." 심지어 반항적인 딩링조차 왕스웨이를 비난하는 것이 현명한 처사라고 판단했다. 정풍운동의 논리상 왕스웨이 혼자 숙청당하는 것만으로는 충분하지 않았기에 동료 작가들은 그를 공개적으로 비난해야만 했다. 왕스웨이의 공심에서 시작된 '집단 비난'은 이후 수십 년 동안 공산당이 반대자들을 처리할 때 필수적으로 쓰는 방법이 된다.

얼마 뒤 왕스웨이는 '문학회'에서 제명되었다. 앞으로 더는 창작 활동을 할 수 없다는 의미였다. 당시 왕스웨이 사건에 관여한 한 사람은 이렇게 회고했다. "모든 사람들이 자신의 사상적 부담을 벗어던질 수 있게 되었다." 다른 말로 표현하자면, 모두가 위기를 모면하게 된 데 안도의 한숨을 쉬었으며 앞으로는 고개를 숙이고 살아야겠다고 결심했다는 것이다.

그러나 마오는 작가들이 아직 확실하게 교훈을 얻지 못했다고 판단했다. 왕스웨이는 여전히 잘못을 인정하지 않았고, 당이 더 잘되라

---

* '똥 냄새(屎味)'는 왕스웨이의 이름 '스웨이(實味)'와 중국어 발음이 흡사하다.

는 의미에서 글을 썼다는 주장을 굽히지 않았다. 캉성에 의하면, 처음에는 옌안의 지식인 가운데 90퍼센트가 왕스웨이의 의견에 동조했다. 이에 따라 정풍운동을 확대하기로 결정했으며 왕스웨이를 비난하는 논조가 더욱 강해졌다. 이미 '공심' 과정에서 왕스웨이는 트로츠키 추종자, '반당 사상가', '더럽고 구역질나는 영혼', '반혁명적 똥통' 같은 정신세계에 갇힌 자로 비난받았다. 그렇지만 이때만 해도 그는 여전히 동지였고, 실책을 범했으나 구원이 가능하다고 여겨졌다. 10월이 되자 분위기가 바뀌었다. 왕스웨이는 공식적으로 국민당 첩자로 지목되었고, 트로츠키를 추종한 '5인 반당파'의 우두머리로 비난받았으며, 그의 5인 반당파는 "당에 몰래 숨어들어 당을 파괴하고 약화하려" 한 혐의를 받았다. 이에 따라 왕스웨이는 공산당의 비밀경찰인 공안국에 의해 구속되었고, 그 말고도 약 2백 명이 정치적으로 신뢰할 수 없는 인물로 찍혀 짜오위안에 있는 공산당 비밀 감옥에 잡혀 들어갔다.

'반당파'는 그야말로 날조였는데, 이러한 일에 캉성은 몹시 재능이 있었다. 반당파로 몰린 다섯 명은 왕스웨이와 두 쌍의 부부였다. 모두 자유주의자인 이들은 서로 안면이 있는 정도였지만, 이 정황만으로도 '음모'를 꾸몄다는 증거는 충분했다. 당시 이들의 검거를 승인한 마오쩌둥은 훗날 이 조치가 '실책'이었다고 순순히 인정했으나, 혐의를 조작하는 방식은 정풍운동의 영리한 측면과 더불어 마오의 전략에 핵심 요소였다. 당원들에게 당 지도부의 인내가 한계가 이르렀으며 이를 넘어선 자는—마오가 훗날 말했듯이 '인민 내부모순'이 '적아모순'으로 변하면—유가의 부드러운 설득이 아니라 법가의 칼을 맛보게 될 것이라 경고할 수 있었기 때문이다.

1942년 가을, 캉성은 처음으로 (그러나 마지막은 아닌) 전권을 위임받아 마오의 칼잡이로서 힘을 과시했다.

마오쩌둥과 캉성(사진은 1945년에 찍은 것이다). 캉성은 1942년부터 옌안에서 펼쳐진 대규모 숙청 작업인 '정풍운동'에서 마오의 칼잡이로서 위세를 떨쳤다.

'첩자와 불순분자'를 색출하는 간부 자격 심사 운동이 시작되었다. 운동의 명분은 공산당 당원 수가 급속하게 늘면서 장제스의 정보부가 비밀 요원을 공산당에 침투시키는 일이 용이하게 되었다는 것이었다. 마오는 과장하여 말했다. "첩자의 수가 마치 털옷의 털처럼 많아졌다." 하지만 왕스웨이 사건 때처럼 '첩자'의 의미는 매우 넓었다. 당 지도부에 반대 의견을 내거나, 불충한 자에게 '자유주의적인' 관대한 태도를 보이거나, 정풍운동에 열성을 다하지 않거나, 친척 가운데 국민당 당원이 있으면 '첩자'로 의심을 받았다. 12월 마오는 간부 자격 심사 운동을 '구조 운동'으로 전환하는 조치를 승인했다. '구조 운동'의 목표는 혐의자를 고문하여 자백을 이끌어냄으로써 '구조'하는 것이었다. 이는 당초 마오가 내건 방침인 '치병구인'과 맥락이 같았지만, 공산당원 누구도 이런 식으로 왜곡되리라고 예상하지 못한 새롭고 야만적인 방식이었다.

1943년 7월이 되자 '첩자' 혐의로 구속된 1천여 명 가운데 거의 절반이 자신의 죄를 자백했다. 캉성은 최근 임명된 당 간부 가운데 70퍼센트가 정치적으로 신뢰할 수 없다고 보고했다. 어느 홍군 통신학교에서는 2백 명의 학생 중 170명이 적군의 '특무 요원'으로 지목되었다. 마오의 권력 거점인 서기처의 관할 조직에서조차 60명 가운데 열 명이 '정치적 문제'가 있는 것으로 판명되었다. 자살한 사람만 수십 명에 이르렀으며 4만 명이(즉 공산당원 전체의 5퍼센트가) 당에서 축출되었다.

모든 상황이 1930년대 AB단을 대상으로 벌인 운동과 무서울 정도로 유사했다. 그때보다 죽은 사람의 비율은 낮았지만 고문과 자백을 앞세운 형식은 본질적으로 동일했다.

마오의 동료들도 이를 의식했던 것으로 보인다. 1943년 여름 충칭에서 옌안으로 돌아온 저우언라이는 캉성이 당시 백색 지역에서 활동한 당 지하 조직에 배신자가 많다고 주장하자 이의를 제기했다. 결국 런비스가 조사에 나섰고 그 결과를 마오에게 보고했는데, 내용이 공개되지는 않았지만 캉성의 수사 방법에 매우 비판적이었던 것만은 분명하다. 8월 공안국 수사 요원들의 행동을 제한하는 결정이 이루어졌고, 2개월 뒤에 작성된 회의록은 이렇게 쓰였다. "우리는 아무나 죽여서는 안 된다. 체포된 사람들 가운데 대부분은 체포하지 않아도 될 사람들이다. 이것이 우리가 충실하게 따라야 할 정책이다." 이렇게 '구조 운동'은 끝이 났다. 구조 운동이 시작된 지 1년이 지난 1943년 12월에 한 해 동안 고발당한 사람 중 90퍼센트가 무죄라는 사실이 밝혀졌고 곧 복권되었다. 그러나 그중에는 이미 죽은 사람도 있었다.[124]

마오가 '구조 운동'이 마구잡이로 나아가는 것을 허용한 이유들을 살펴보면 그의 통치 방식이 어떠했는지 알 수 있다.

과거 푸톈 사건 때처럼 국민당의 압박이 한 가지 원인이었다. 하지만 훨씬 더 중요한 이유는 최고 지도자는 결코 나약하게 보여서는 안 된다는 마오의 신념 때문이었다. 1943년 쉰 번째 생일에 가까워진 마오는 권력을 어떻게 휘둘러야 하는지 이미 오랜 경험을 쌓았다. 1920년대와 1930년대 초 그는 여러 차례 좌절을 겪으면서 전쟁과 마찬가지로 정치의 목적도, 적을 제거하는 것이지 부상만 입혀 또다시 도전하도록 방치하는 것이 아님을 깨달았다. 그렇다고 과거 마오가 비난한 왕밍의 "강력한 투쟁과 무자비한 타격" 정책으로 돌아간 것은 아니었다. 다만 그는 반드시 공포가 뒷받침되어야만 설득이 힘을 발휘한다는 사실을 마음에 새겼다. 혁명은 결코 만찬이 '아니었다.'

왕스웨이는 의도적으로 모호하게 혼재된 설득과 공포 사이에서 희생당한 최초의 피해자였다.

마오는 왕스웨이가 체포된 직후, 그를 석방하지도 말고 처형하지도 말라고 지시했다. 왕스웨이는 그저 구속된 채로 "마치 교과서를 아무 생각 없이 낭송"하는 "잿빛 얼굴에 시체 같은 표정을 한 젊은이"로 남아야 했다. 마오가 정해준 길에서 벗어나는 사람이 어떤 운명에 처하는지, 왕스웨이는 다른 당원들에게 본보기를 보여야 했다.

1947년 봄 공산당은 옌안에서 철수했다. 당시 옌안 지역의 군 사령관은 허룽이었는데, 서구인들이 홍군의 로빈 후드라 칭한 자였다. 허룽은 로빈 후드처럼 매우 용맹스럽고 낭만적인 멋이 넘치며 부자를 미워하고 빈자의 편에서 싸웠지만, 그의 동료 지휘관들처럼 거칠고 무자비했다. 허룽을 비롯한 홍군 지휘관들은 젊은 병사들이 전선에서 죽어 가는 판국에 문학의 자유 따위를 떠드는 왕스웨이 같은 지식인을 증오했다. 어느 날 아침 허룽의 명령에 따라 황하 부근의 한 마을에서 왕스웨이는 도끼로 처형되었다. 마오는 처형 소식을 듣고 순간 입술을 지그시 깨물었지만 아무런 말도 하지 않았다고 한다.

마오가 당의 최고 지도자로 올라섬에 따라 그에 대한 개인숭배도 뒤따랐다. 1920년대 말 중국 남부의 광둥성 출신 사람들이 사는 마을에는, 정부가 결코 죽이지 못한 비적(마오쩌둥)에 관한 신화가 이미 있었다. 하지만 중국 공산주의의 대표자로서 마오의 이미지를 전국적으로 선전하게 된 계기는 10년 뒤 에드거 스노의《중국의 붉은 별》이 출간되면서부터이다. 이 책에서 스노는 마오에게서 "어떤 운명의 힘"을 느꼈다고 서술했다.

마오 자신도 그러한 운명의 힘을 느꼈던 모양이다. 1935년 겨울, 마오는 북부 산시성(陝西省)의 풍경을 묘사하는 시를 하나 지어, 그의 야심이 얼마나 큰지를 드러냈다. 첫 구절은 이렇다.

......
천 리 앞길에 얼음이 얼어 있고
만 리 앞길에 눈보라가 치는구나
......
저 산들은 은빛 뱀처럼 춤을 추고
저 높은 대지는 흰 코끼리처럼 달음질치며
하늘과 높이를 겨루는구나.*[125]

다음 구절에서 마오는 같은 광경을 바라본 과거 중국의 최고 지도자들을—진, 한, 당, 송의 황제들과 칭기즈칸—떠올린다. 그리고 그들 모두가 승리를 거두었지만 모두가 결점이 있었다고 말하며 다

* "...... 千里氷封 萬里雪飄 ...... 山舞銀蛇 原馳蠟象 欲與天公試比高"

음과 같이 끝을 맺는다. "진정한 영웅을 찾으려면 현재를 보아야 하리."

참으로 대담한 비교라 할 수 있다.

당시 홍군은 겨우 몇천 명의 병사가 보잘것없는 무기로 무장한 군대였다. 그런데 마오쩌둥은 이미 자신을 새로운 공산주의 시대의 창건자로 인식하며, 과거 중국 황제 시대로부터 이어진 위대한 계승자 역할을 맡을 준비를 하고 있었다.

대장정이 끝난 시점부터 마오는 자신이 예외적인 인간이며 특별한 역할을 할 운명으로 태어났다는 생각에 사로잡혔다. 조건만 무르익는다면 완전한 형태의 지도자 숭배가 벌어지는 것은 시간 문제였다.

1937년 6월 새로운 중국공산당 주간지 〈해방(解放)〉이 처음으로 마오쩌둥의 초상화를 실었다. 초상화는 마오쩌둥의 얼굴이 태양빛으로 환하게 빛나는 목판화였는데, 중국에서 전통적으로 황제 숭배를 나타내는 상징적 묘사였다. 6개월 뒤 마오의 선집이 처음으로 상하이에서 출판되었다.[126] 1938년 여름에는 마오의 충실한 부하 린뱌오가 '천재영도(天才領導)'라는 표현을 처음으로 언급함으로써 개인숭배의 길에 또 다른 이정표를 세웠다.[127] 이 표현은 마오의 말년에 너무나 많이 쓰여 마오조차 지겹다고 말할 정도였다.

동시에 마오와 주위 사람의 관계도 조금씩 변화하기 시작했다.

초기 옌안을 방문한 서구인들은 그곳 사람들의 스스럼없는 모습에 매력을 느꼈다. 마오는 예고 없이 남의 집에 들러 같이 저녁을 먹거나 카드놀이를 했다. "거기서 사교 생활이라고 부를 만한 것이 시작되었다." 코민테른 고문 오토 브라운의 회고이다.[128] 매주 토요일 저녁에는 춤추는 모임이 있었다. 아그네스 스메들리는 마오를 보고 "리듬감이라곤 전혀 찾아볼 수 없다."고 평했지만[129] 마오는 이 모임을 무척 좋아했다. 자신을 존경하며 흠모하는 여성들과 즐거운 시간을 보낼 수 있었기 때문이다. 공산주의자였던 미국인 시드니 리튼버그(Sidney Rittenberg)는 어느 날 늦은 저녁에 이 춤 모임에 갔던 경험을 다음과 같이 기록했다.

베이스 한 대와 바이올린 두 대의 연주가 흘러나왔고 아마도 색소폰과 클라리넷 소리 같은 것도 들렸던 것 같다. …… 어떤 사람이 문을 살짝 열어줘서 나는 문틈으로 그 안을 들여다보았다. 그런데 바로 맞은편에 마오쩌둥 주석이 대형 초상화처럼 우뚝 서 있는 것이 아닌가! 넓은 이마와 눈매, 여성스러워 보이는 작은 입이 눈에 확 띄었다. 그는 하얀 벽을 뒤로 하고 문간 옆에 서 있었는데, 마치 사자와 같은 얼굴을 하고서 엄격함을 넘어 심술궂은 표정을 짓고 있었다. 하지만 그 광경은 눈 깜짝할 사이에 지나갔다. 악단이 폭스트롯을 연주하기 시작하자 초상화는 살아 움직였다. 몸을 돌려 상대에게 손을 내밀고 곧 무대 위로 미끄러져 갔다.[130]

한 방문자는 옌안의 분위기가 마치 미국의 신앙 부흥회같이 서로 등을 두드리며 흥을 내는 분위기였다고 묘사하기도 했다. 하지만 이런 허물없는 동지적 관계 뒤에서는 새로운 격식이 형성되고 있었다.

두 차례 세계대전 사이에 홀로 아시아 여기저기를 여행한 용감한 여성 바이얼릿 크레시-마크스(Violet Cressy-Marcks)는 이를 눈치챘다. 바이얼릿은 1938년 봄 펑황산에 있는 마오의 집 앞까지 안내받은 적이 있었는데, 그때 바깥쪽 출입구에는 기관단총을 든 군인 한 명이 있었고 안쪽 출입구에는 또 다른 군인 한 명이 "태어나서 본 가장 큰 칼을 칼집도 없이 빼어 들고 있었다."고 기억했다.[131] 징강산 시절이나 10년도 채 지나지 않은 루이진 시절만 하더라도 마오를 비롯한 당 지도자들은 농민들과 함께 거주했다. 하지만 이제 위계질서가 자리 잡기 시작했다. 이제 마오가 남의 집에 찾아가는 일은 없었다.[132] 그해 마오는 옌안에 한 대뿐이던 자동차를 개인 용무를 위해 징발했다. '앰뷸런스: 뉴욕 화교 세탁 노동자 구국 협회 기증'이라는 글자가 새겨진 시보레 밴이었다. 정치국의 나머지 위원들은 걸어 다녔다.[133]

이제 마오에게는 '가장 창조적인', '가장 적격의', '가장 재능 있는', '가장 권위 있는' 따위의 최상급 형용사가 붙기 시작했다. 모든 사람이 달가워한 것은 아니다. 마오를 일관되게 지지해 온 류사오치조차 조심스럽게 우려를 내비쳤다. "우리는 마르크스주의를 중국화하는 데 맹종해서는 안 되며 어떤 우상도 숭배해서는 안 된다."

하지만 1942년 겨울 유럽에서 날아온 소식은 그러한 조심성조차 날려버렸다. 마오가 '붉은 베르됭'이라고 칭한 스탈린그라드 전투에서 연합군이 승리했다는 소식이었다. 스탈린그라드 전투는 제2차 세계대전의 전환점이자 파시스트 추축국이 결국 패하리라는 신호탄으로 여겨졌기에, 중국에서 곧 국민당과 공산당이 다시 충돌하리라는 것이 모든 사람에게 명백해졌다.

상황이 변화하자 국민당과 공산당은 모두 앞으로 벌어질 패권 다툼에서 승리하기 위해 필요한 상징적 자산을 축적하는 데 관심을 기울였다. 1943년 3월 10일 장제스는 《중국의 운명》이라는 책을 출간하여 자신이 중국의 최고 지도자가 될 것이라고 주장했다. 며칠 뒤 마오는 정치국 주석에 취임함으로써 중국공산당 최고 지도자가 되었다. 당시 양측이 각각 지배한 영토와 주민을 보면 장제스가 훨씬 우세했지만 차이가 점차 줄어들고 있었다. 장제스의 책은 국민당의 백색 지역에 있는 학교에서 필독서가 되었다. 마오가 쓴 마르크스주의의 중국화에 관한 글들은 공산당 지배 지역에서 지도 이론이 되었다.[134]

2개월 후 스탈린이 서방 연합국에 대한 호의의 표시로 코민테른을 해체해버리자 마오의 입지는 더 강화되었다. 이로써 중국공산당은 이론적으로나 실제적으로나 독립적이고 국가적인 정당이 되었다.

국민당과 공산당의 싸움이 두 최고 지도자의 경쟁 양상을 띠자 마오를 둘러싼 개인숭배가 한층 고조되었다. 7월에는 이전의 우려를 완전히 떨친 류사오치가 마오쩌둥을 무제한으로 칭송하는 불길을 지폈다. 그는 마오쩌둥을 성인처럼 칭송한 글을 지어, 향후 공산당이 실책을 저지르지 않는 유일한 방법은 "마오쩌둥의 지도가 모든 곳에 침투하여 승리를 거두는 것"이라고 주장했다.[135] 이에 저우언라이부터 주더까지 당 정치국 위원들은 모두 앞다투어 류사오치의 주장에 적극 찬동했다. 몇 개월 뒤 두 명의 미국 기자 시어도어 화이트(Theodore White)와 애널리 저코비(Annalee Jacoby)가 옌안을 방문했다. 그들은 마오쩌둥이 "칭송의 꼭대기에 올라가" 있으며, "거창하기 짝이 없고 거의 구역질 날 정도로 굴종적인 열광적 찬가"를 듣고 있다고 보도했다. 두 기자가 보기에 더 이상한 점은 마오의 동료 지도자들의 행동이었다. "그들은 매우 높은 지위에 있으면서도 마오가 지나가는 말로 하는 모든 이야기를 열심히 받아 적었다. 마치 지혜의 샘에서 나오는 샘물을 받아 마시는 듯했다."[136]

이때 '마오쩌둥 사상'이라는 표현이 처음으로 등장했으며,《마오쩌둥 선집》의 초기 본들이 만들어졌다. 마오주의 찬가인 〈동방홍(東方紅)〉이 지어진 것도 이 시기였다.

동쪽이 붉어지고, 태양이 떠오른다
중국은 마오쩌둥을 내었다
그는 인민의 행복을 생각한다
그는 인민을 구원하는 큰 별이다*

공산당이 지배하는 모든 지역의 마을 담벼락과 공공 기관에 마오의 초상화가 걸렸다.[137] 그의 이름을 따서 옌안에는 '쩌둥청년간부학교(澤東靑年幹部學校)'가 생겼고 산둥성에는 '쩌둥청년학교(澤東靑年學校)'가 세워졌다.[138] 걸음마를 배우는 아이들은 〈우리는 모두 마오의 착한 아이들〉이라는 노래를 배웠다.[139]

그해 겨울 각지의 노동 영웅들이 마오가 '중국을 구원하는 큰 별'이라고 칭송하는 서신을 보냈다. 이러한 표현은 고대부터 중국인이 품고 있는 황제와 하늘이 연결되었다는 오랜 믿음을 연상시켰다. 1944년 봄, 마오는 그해 첫 기장 씨앗을 심는 행사에 초대되었는데, 과거 중국의 왕조 시대에 황제가 밭으로 나가 첫 번째로 고랑을 내는 것과 비슷한 상징적인 행동이었다.[140]

하지만 여전히 채워지지 않은 요소가 하나 있었다.

중국 역사에서 새로운 왕조가 성립한 뒤 정치 기반을 구축하는 데 중요한 역할을 한 것은 과거를 정리하는 일이었다. 마오는 스탈린의 사례도 참고할 수 있었다. 스탈린은 대숙청으로 마지막 경쟁자들을 제거한 뒤, 1938년에 《소련공산당(볼셰비키)의 역사, 단기 과정》을 발간함으로써 자신의 뜻에 맞추어 당의 역사를 새로 쓰는 일을 가장 먼저 했다. 1년 뒤 이 책은 중국어로 번역되었고 옌안의 간부들에게 필독서가 되었으며 정풍운동 중에는 교재로 사용되기도 했다. 이것이 의미하는 바를 마오의 동료들이 모르지 않았다.[141]

그러나 마오쩌둥이 추진한 '당 역사의 해명' 과업은 계속해서 미루어졌다.

주된 원인은 마오가 스탈린과 마찬가지로—그리고 중국 역사상 다른 최고 권력자들과 마찬가지로—자신과 경쟁하는 어떠한 권위

---

* "東方紅 太陽昇 中國出了個毛澤東 他爲人民謀幸福 他是人民的大救星"

의 원천도 존재해서는 안 된다고 믿었기 때문이었다. 천두슈나 리리싼 같은 당의 초기 지도자들이 비난받는 것만으로는 성에 차지 않았다. (취추바이 역시 비난받을 운명이었지만 당을 위해 순교했기에 비난받지 않았다.) 왕밍과 보구의 정치 노선이 비난받는 것으로도 충분치 않았다. 비(非)마오주의적 관념을 폭로하고 비난하는 일은 끝까지 실행해야만 했다. 이러한 인식은 중국 역사에서 얼마든지 찾아볼 수 있었다. 18세기 청나라의 위대한 황제였던 건륭제는 반역적 관념들을 색출하고 분쇄하기 위해, 사상 최악의 '문자(文字)의 옥(獄)'을 실행에 옮겼다. 마오는 본능적으로 자신의 통치가 확고해지려면 공산당 내 지적인 대안을 사전에 모두 봉쇄하고, 가장 가까운 동료는 물론이거니와 모든 고위급 당 관료들이 과거에 마오의 정치적 경쟁자들이 추진한 잘못된 정책을 지지하는 실책을 범했음을 공개적으로 고백해야 한다고 느꼈다.

마오가 자신이 원하는 수준의 통제력을 갖추었다고 만족하기까지는 이후 1년 반의 시간이 더 흘러야 했다.

1943년 말부터 1944년 봄까지 류사오치는 마오의 행동 대원 역할을 맡아 왕밍을 당내 최고 권력자로 만들었던 제4차 전원회의를 주도적으로 비난했다. 왕밍과 관련된 자는 누구든 비굴할 정도로 철저히 자아비판을 해야 했다. 장원톈과 저우언라이 같은 최고위급 당 간부부터 시작했으며, 자아비판 뒤에는 동료들에게 차례차례 비판을 받았다.[142]

이 과정은 특히 저우언라이에게 고통스러웠다. 최소 두 번이나 마오가 나서서 저우언라이는 원칙이 부재하며 언제나 힘이 있는 쪽으로 기운다고 맹렬히 비판했기 때문이다. 장시성 시절 저우언라이는 소련 유학파에 동조했고 1937년 이후에는 왕밍을 지지했다. 마오는 이번에야말로 저우언라이가 확실하게 교훈을 얻어야 한다고 생각했을 것이다.[143] 마오 주석의 가장 가까운 동맹자가 된 런비스 역시 과거 왕밍과의 관계를 부정하도록 요구받았다. 캉성은 '구조 운동' 때 실책을 저지른 것을 비판당했다. 캉성보다는 중요성이 다소 덜했던 덩파도 비판을 받았다(덩파는 정치보위국 국장으로 캉성에 앞서 당의 보안을 담당했으며 1931년 푸젠성에서 피의 숙청을 지휘했다). 모스크바로 돌아간 왕자샹과 병중이라 옌안에 없었던 왕밍을 제외한 당 지도자들은 모두 과거를 참회하고 마오쩌둥 사상에 복종을 맹세하는 공개의식을 치렀다. (오직 류사오치만이 예외였다. 그는 자신이 항상 마오의 곁에 있었다고 주장하며 자기를 과신했으나, 20년 뒤 결국 그 오만함이 정치적 몰락을 가져왔다.)

1944년 4월, 반대파들이 모두 조용해지자 마오는 비로소 자아비판의 대향연을 끝냈다. 그는 왕밍과 보구가 과거 소련의 볼셰비키들과 달리 반당적 범죄로 처벌받지 않을 것이라고 선언했다. 이로써 당의 정책은 화해의 방향으로 바뀌었다.

또한 마오는 과거 '구조 운동'의 지나친 조치에 관해 당 간부들에게 머리를 숙이며 사과의 뜻을 표했다. 이는 '구조 운동'이 얼마나 당내에 큰 증오의 폭풍을 몰고 왔었는지 짐작할 수 있게 한다. 이때쯤이면 마오는 공산당 안에서 누구도 도전할 수 없는 최고 권력을 지녔는데도 한 번도 아니고 세 번씩이나 고개를 숙였기 때문이다. 청중들은 큰 박수로 화답하며 마오의 사과를 받아들였다.

공식적인 승인을 받아 새롭게 구성된 당의 역사는 마오가 천두슈, 취추바이, 리리싼, 왕밍의 '잘못된 견해'를 상대로 벌인 투쟁과 1935년 이후부터 그의 올바른 견해가 거둔 승리를 긴밀하게 연결하여 단일하고도 일관성 있는 논리를 이루었다. 이렇게 창조된 신화는 수십 년이 지난 1960년대까지도 많은 중국인에게 반향을 불러일으켰다. 그들의 생각은 이러했다. 마오는 과거부터 줄곧 올바른 견해를 지녔기 때문에 미래에도 올바르지 않을까?

이로부터 1년이 지난 1945년 4월, '당 역사의 일부 문제에 관한 결의문'이 당 중앙위원회 전원회의에서 정식으로 승인되었다. 결의문은 무려 열네 번이나 수정되었다. 공산당의 역사적 사건들을 해석하는 문제는 그 역사에 직접 관여한 거의 모든 고위급 공산당원들의 개인적 이해관계가 얽혀 있었기 때문이다. 결의문의 몇 가지 세부 사항을 둘러싸고 격렬한 논란이 벌어진 탓에 본래 중국공산당 제7차 전국대표대회에서 논의하려던 계획이 변경되어, 그에 앞서 규모가 더 작고 통제가 더 용이한 당 중앙위원회 전원회의에서 사전 논의를 진행했다. 단합된 모습을 과시하기 위해 보구가 결의문의 초안을 작성하는 데 참여했다(이는 자신의 과거 정책에 관한 비판을 받아들인다는 의미였다). 왕밍은 동료들의 설득으로 자신의 실책을 인정하는 서신을 썼다. 회복된 일체감은 제7차 당 대회에서도 이어졌다. 마오쩌둥의 요구에 따라 보구와 왕밍은 당 중앙위원회 위원으로 재선출되었다. 하지만 보구는 가장 적은 표를 얻었고 왕밍은 그다음이었다. 좌편향 정책으로 비판을 받은 리리싼은 이미 15년 전 소련으로 가서 불명예스러운 삶을 살고 있었다. 그는 당 대회에 불참했을 뿐만 아니라 당 대회가 개최된다는 사실조차 모르고 있었지만 당 중앙위원회 위원직을 그대로 유지했다.

마오는 서기처와 정치국 주석에서 중국공산당 전체 주석이 되었다. 류사오치는 2인자이자 잠재적 후계자로 지목되었다. 저우언라이의 당 서열은 제3위였다. 하지만 마오는 저우언라이가 정풍운동 이후 여전히 관찰 대상자라는 점을 보이기 위해 그의 이름을 당 중앙위원회 명단 아래에 두었다. 이는 저우언라이가 직책을 유지할 수 있는 까닭이 그의 지지 세력 덕분이 아니라 주석의 뜻에 있음을 분명하게 일깨우기 위함이었다. 총사령관 주더가 당 서열 4위를 차지했으며 5

위는 런비스였다.

마오쩌둥은 중국공산당 제7차 전국대표대회의 폐막과 함께 마침내 쭌이 회의 시절부터 추구해 온 권력, 사상, 카리스마의 결합을 성취했다. 그 세월 동안 옌안을 방문한 사람들 중에는 어렴풋하게나마 변화를 감지한 통찰력 있는 자들이 있었다. 1939년 에드거 스노는 마오에게서 성현의 평온함을 보았다.[144] 미국 해병대 사령관 에번스 칼슨(Evans Carlson)은 마오의 초월적 분위기를 묘사했다.[145] 시드니 리튼버그는 마오와 저우언라이를 비교하면서 다음과 같이 훌륭하게 표현했다. "저우언라이와 함께 있을 때면 …… 동지와 함께 있다는 느낌이 든다. 마오와 함께 있으면 바로 옆에 역사가 앉아 있는 느낌이다."[146]

1944년 여름 유럽에서는 전쟁이 연합국에 매우 유리하게 전개되고 있었다. 이탈리아가 항복했고 미군과 영국군이 주도한 노르망디 상륙작전이 수행되었다. 유럽 동쪽에서는 한때 무적이었던 독일 육군이 소련의 강력한 공격을 받아 뒤로 물러나 원래 국경까지 후퇴했다. 아시아에서는 일본의 지위가 흔들리고 있었다. 일본군은 중국에서 '일호작전(一號作戰)'을 개시했다. 이는 중일전쟁 중 일본이 벌인 가장 큰 작전이었다. 작전의 목표는 프랑스령 인도차이나까지 육상 통로를 여는 것이었다. 표면적으로는 작전이 성공을 거두었지만 애당초 계획 자체가 잘못된 것이었다. 일본은 전략적 우위를 차지하지 못했고, 주요 전투에 투입된 장제스의 국민당 세력이 약화되었으며, 일본의 공세로 전선이 남쪽으로 이동함에 따라, 중국공산당은 일본군 뒤편에 새로운 근거지를 차지할 수 있었다.[147] 태평양 전선에서도 일본군은 후퇴를 거듭했다.

도쿄의 일본군 최고 사령부는 이전에는 생각해보지도 않았던 일본 본토 방어 전략을 짰으며, 스탈린과 루스벨트는 세계대전 이후의 국제 질서에 관심을 돌리기 시작했다.

1944년 7월 22일 미국 국적기 한 대가 옌안 상공에 나타났다. 비행기의 등장은 5년 반 전 왕밍이 옌안에 도착할 때와 거의 비슷한 정도의 흥분을 불러일으켰다. (흥분을 일으킨 요인 가운데 하나는 비행기 착륙 시의 상황이었다. 비행기가 착륙하기 위해 활주로에 활강하여 내려오던 중 활주로 바로 앞에 있는 무덤에 왼쪽 바퀴가 부딪혔다. 이에 비행기는 급격하게 아래쪽으로 휘청거렸고, 왼쪽 프로펠러가 떨어져 나가면서 조종석 쪽으로 튀어 동체에 큰 구멍을 내며 급격하게 멈추었다.) 이른바 '딕시 사절단(Dixie Mission)'이었다. 그들은 미국이 중국공산당과 공식적인 의사소통 통로를 마련하려 한 처음이자 마지막(1970년대 초까지) 시도였다.[148] 위험한 착륙에도 다친 사람은 아무도 없었다. 미국 연락 장교들로 구성된 작은 규모의 사절단은 저우언라이의 영접을 받은 뒤 숙소를 안내받았다. 양측의 새로운 문화 체험이 시작된 것이다. 미국인들은 심부름꾼이 필요할 때 '보이(Boy)'를 외치는 버릇이 있었지만 이제는 예의 바른 태도로 '자오다이위안(招待員, 접대원)'을 불러야 했다. 중국공산당은 처음으로 공산주의자가 아닌 서구인들과 준외교 관계를 맺었다. 마오는 사절단의 도착을 소개하는 〈해방일보〉 기사 제목에 '우리의 친구들'이란 어구를 추가하도록 지시함으로써 환영 분위기를 조성했다. 딕시 사절단은 휘발유를 연료로 쓰는 영사기를 돌려 마오를 비롯한 공산당 지도자들에게 할리우드 영화들을 보여주었다. 이에 한동안 옌안에서는 토요일 밤의 춤 모임을 제치고 찰리 채플린의 〈모던 타임스〉(1936년) 같은 영화를 관람하는 것이 가장 인기가 있었다.[149]

미국이 '미국 조사 사절단(U.S. Observer Mission)'을—딕시 사절단의 정식 명칭이다.—파견한 배경에는 루스벨트 미국 대통령이 중

1944년에 미국은 중국공산당 근거지 옌안으로 '딕시 사절단'을 파견해 국민당과 공산당의 관계를 중재하려 했다. 왼쪽부터 주더, 사절단의 단장 데이비드 배럿 대령, 마오쩌둥.

국국민당에 실망한 이유가 컸다. 루스벨트가 보기에 장제스의 정권은 부패하고 권위주의적이고 평판이 나쁜 탓에 일본과의 전쟁을 효과적으로 수행하지 못하고 있었다. 최근에는 일본의 '일호작전'을 막는 데 실패하며 그들의 무능력을 또다시 드러내기도 했다. 이에 루스벨트는 미국과 중국공산당이 합의를 이룸으로써 국민당과 공산당이 힘을 합쳐 일본을 물리치는 계기를 만들고자 했다.

한편 스탈린은 중국이 미국의 보호령이 되지나 않을까 두려워했다. 그래서 그는 국민당 정부와 조약을 맺어 중국이 장차 열강의 패권 다툼에서 중립을 지키고, 만주 지역에서 소련의 '특별 이익'을—특히 철도와 항만 조차권—보장해주기를 원했다. 이유는 달랐지만 스탈린 역시 루스벨트와 마찬가지로 국민당과 공산당이 합의를 이루기를 바랐다. 장제스는 공산당과의 협상을 완강하게 반대했지만 워싱턴과 모스크바가 계속 압력을 가하자 어쩔 수 없이 굴복했다. 1944년 11월 7일, 패트릭 헐리(Patrick Jay Hurley) 소장은 루스벨트 대통령의 특사 자격으로 국민당과 공산당 사이를 중재하기 위해 옌안으로 출발했다.[150]

유감스럽게도 아무도 헐리 장군이 옌안으로 가고 있다는 사실을 미리 공지하지 않았다. 어느 날 저우언라이는 마침 비행장에 나와 있다가, 딕시 사절단에 보급품을 수송하기 위해 1주일에 한 번씩 충칭에서 옌안으로 운행된 비행기에서 "키가 크고 머리가 허옇게 셌고 늠름하게 잘생겼고 정말 멋진 군복을 입었고 …… 가슴 부분에는 수많은 훈장을 달고 있어 …… 미국이 치른 모든 전쟁에 참전했음을 보여주는 듯한" 사람이 내리는 것을 보았다. 저우언라이는 그가 누구인지를 듣자마자 마오에게 서둘러 사람을 보내 알렸으며, 홍군의 보병 중대 하나를 급히 차출해 의장대 역할을 하도록 준비했다. 하지만 예기치 못한 놀라운 일은 여기서 그치지 않았다. 오클라호마주 출신의 고아였으나 석유로 돈을 벌어 백만장자가 된 헐리 장군은 미국 자본주의의 상징 같은 인물로서 자존심이 무척이나 강하고 카메라 앞에서 연출하는 것을 즐겼다. 딕시 사절단 사람들에 따르면, 의장대가 헐리에게 경례하자 그는 "엄청나게 큰 키를 자랑하듯 쭉 허리를 펴고서 마치 독이라도 먹은 강아지처럼 가슴을 크게 부풀린 뒤, (모자를 벗어 흔들면서) …… 고요한 중국 북부의 하늘을 향해 촉토(Choctaw)족 원주민의 함성 '야후우우!'를 무서울 정도로 크게 외쳤다." 마오와 주더는 너무 놀란 나머지 입을 딱 벌리고 바라봤다고 한다.[151]

사흘에 걸친 헐리의 중국 방문은 미국이 중국을 얼마나 잘못 이해하고 있는지를 보여주는 본보기였다. 미국의 잘못된 인식은 25년 뒤 리처드 닉슨(Richard Nixon)이 대통령이 된 뒤에야 바뀌게 된다.

헐리는 국민당과 공산당의 협정문 초안을 직접 작성하여 마오에게 제시했다. 온갖 훌륭한 문구로 "국민의, 국민을 위한, 국민에 의한 정부를 수립"한다는 글이었다. 헐리는 공산당이 여기에 동의하면 장제스는 미국의 압력 때문에 어쩔 수 없이 따르리라고 확신했던 것 같다. 하지만 잘못된 생각이었다. 얼마 뒤 장제스는 헐리의 초안에 담긴 공산당의 합법화라든가 공산당과 국민당 군대에 군수 물자를 동등하게 분배한다는 것 따위의 주요 사항을 분명하게 거부했다. 물론 연립 정부를 세우자고 제안한 마오의 수정안은 더욱 완강하게 거부했다. 게다가 헐리는 큰 실수를 저질렀는데, 마오의 수정안이 "공정하고 정당하다"고 옌안에서 공개적으로 밝혔을 뿐 아니라, 서로 신뢰를 보이는 의미에서 마오와 함께 최종안에 정식으로 서명까지 했던 것이다.

2주 뒤 헐리의 중재는 완전히 난관에 봉착했다. 12월에 딕시 사절단의 단장 데이비드 배럿(David Barrett) 대령이 협상을 되살리기 위해 마지막으로 노력했지만 그는 마오에게서 이런 비난을 들어야 했다.

헐리 장군은 옌안에 와서 우리에게 어떤 조건이면 국민당과 협력할 수 있는지 물었습니다. 우리는 다섯 개 조항을 제안했습니다. …… 헐리 장군은 이 조건들이 대단히 공정하다고 말했습니다. …… 그러나 장제스는 거부했습니다. 이제 미국은 우리에게 다시 와서 우리의 자유를 희생하는 저쪽 제안을 받아들이라고 간곡히 요청하고 있습니다. 우리로서는 참으로 이해하기 힘듭니다. …… 만약 …… 미국이 장제스의 부패 정권을 계속 지원하겠다고 한다면 그것은 미국이 알아서 결정할 문제입니다. …… 하지만 우리는 장제스와 다릅니다. …… 다른 어떤 국가도 우리를 지원해줄 필요가 없습니다. 우리는 똑바로 서 있을 수 있으며 자유로운 인간으로서 스스로 걸어 다닐 수 있기 때문입니다.[152]

배럿의 보고에 따르면, 마오쩌둥은 "지극히 강경"했으며 대화 도중 몇 번이나 분노를 이기지 못하고 화를 냈다. "마오는 소리치고 또 소리쳤다. '더는 양보 못 해!', '장제스 개자식!', '그 자식이 내 앞에 있으면 대놓고 욕을 했을 텐데!' …… 저우언라이는 조용하고 냉담한 어투로 마오의 말을 보충했다. 나는 두 사람과 헤어지면서 대화 시도가 아무런 소용이 없었다고 느꼈다. 두 사람은 영리하고 무자비하고 단호했으며 자신들이 우위에 있다고 절대적으로 확신하고 있었다."

아마도 분명히 마오는 일부러 격한 모습을 연출했을 것이다. 그러나 배럿은 너무나 순진하게도 공산당을 과대평가했다. 1944년 말 공산당은 90만 명의 병력을 갖추었고 그들이 통치하는 지역에는 9천만 명의 주민이 살고 있었다. 반면 장제스는 150만 병력을 거느렸고 2억 명을 통치했다. 국민당의 세력은 마오가 몇 개월 뒤에 직접 경고한 대로 "여전히 막강"했으며, 만약 홍군이 국민당을 과소평가한다면 큰 위험에 빠질 수밖에 없었다.[153)

이러한 상황을 고려하면, 헐리 장군의 중재자 역할은 비록 서툴기는 했지만 마오에게는 크게 이로웠다. 장제스는 공산당의 대의에 더 큰 정당성을 부여하는 협상에 응할 수밖에 없었다. 게다가 그 협상은 장제스가 일방적으로 결렬시킬 경우, 국민당의 중요한 동맹국인 미국과의 관계를 틀어지게 만들 뿐 아니라 장제스를 정치적 이유가 아니라 애국적 이유로 지지하는 많은 중국인을 불쾌하게 할 위험까지 있었다.

또한 미국의 노력 덕분에 마오는 국외에서 공산당의 이미지를 높일 수 있었다. 딕시 사절단이 옌안에 도착한 뒤 많은 외국인이 옌안에 몰려들었는데, 마오는 그들에게 중국공산당이 온건한 정당이며 기본적으로 농지 개혁파로 구성되었고 공산주의는 사실상 이름에 지나지 않다고 설득했다. 이러한 독특한 설명은 스탈린이 처음으로 제시했다. 그는 중국 대륙에서 전쟁이 발발한 때부터, 항일 통일전선에 관해 대중의 지지를 극대화하려면 '공산주의'는 잠시 제쳐 두라고 마오에게 충고하기도 했다.[154] 당시 스탈린은 소련 주재 미국 대사 윌리엄 해리먼(William Averill Harriman)과 대화하면서 마오와 그의 동료들은 훌륭한 애국자이지만 진정한 마르크스-레닌주의자가 아닌 '마가린 공산주의자'라고 평했다(그의 평가는 국민당과 공산당의 평화협정 체결을 용이하게 하려는 의도뿐 아니라 마오의 사상적 정통성에 대한 의구심을 드러낸 것이었다).[155] 이는 마오가 그 즈음에 내세운 '신공산주의' 정강에서 중국공산당의 당면 목표가 소련식 공산주의가 아니라 혼합경제라고 밝힌 맥락과 통했다. 헐리의 협상 중재가 있은 뒤 이러한 '온건주의 선전 운동'은 한층 강화되고 친미 색채는 더욱 짙어졌다. 마오는 엉겁결에 이렇게 말한 적도 있다. "우리는 어쩌면 스스로를 민주당이라고 칭해야 더 적절할지도 모릅니다." '공산주의'라는 용어를 아예 빼버린 것이다. 또한 그는 미국이야말로 중국 근대화를 도와줄 "가장 적당한 국가"라고 주장하기도 했으며, 미국 기자와의 대담에서 미국 회사 시어스 로벅*이 통신 판매 사업을 중국까지 확대하는 게 어떻겠느냐고 말해 기자를 놀라게 했다.[156]

모든 말이 전적으로 진심은 아니었지만 선전 효과는 만점이었다. 1945년 1월에는 마오와 저우언라이가 미국으로 가서 루스벨트와 회담하는 것을 중국공산당이 미국 국무부에 은밀히 제안하는 데까지 이르렀다.[157] 장제스는 자존심이 있는 서방 국가가 지지할 수 있는 유일한 중국의 지도자는 자신뿐이라고 계속해서 주장했으나, 이는 갑자기 시대에 뒤떨어진 이야기처럼 보이기 시작했다. 마오는 헐리

시어스 로벅(Sears Roebuck) 19세기 말 창설된 유통 업체. 20세기 초반에 광범하고 효율적인 우편 통신 판매 전략을 펼쳐 큰 성공을 거두었다.

장군의 중재 노력이 실패한 만큼 국민당과 공산당의 충돌이 불가피하다는 사실을 인정하면서도, 혹시 이 싸움에서 미국이 중립을 지킬지도 모른다는 희망을 품었다.

한 달 뒤 얄타 회담은 중국의 상황을 또다시 뒤죽박죽으로 만든다.*

루스벨트와 스탈린은 장제스 정권을 미국이 지배하는 태평양 지역과 소련이 군림하는 동북아시아 지역을 분리하는 완충 지대로 삼기로 합의했다. 소련은 쿠릴 열도와 사할린 남부를 회복했다. 미국과 영국은 소련이 만주 지역에서 배타적이지는 않지만 특별한 권리를 지닌다고 인정했으며 와이멍구의 '독립'에 반대하지 않겠다고 약속했다. 이로써 중국이 종주권을 주장하고 있던 와이멍구는 사실상 소련의 위성국가가 되었다. 이에 대한 대가로 스탈린은 유럽에서 전투가 종결되면 90일 내로 일본에 선전포고를 하겠다고 약속했으며, 중국공산당이 국민당 정부에 대항할 경우 지원하지 않겠다는 합의도 했다.

미국과 소련이 서로에게 만족스러운 방식으로 아시아의 미래를 결정함에 따라, 그들은 각각 지원하는 중국의 정당에 어떤 형태로든 연합 정부를 받아들이라고 압력을 넣었다.[158]

마오는 소련의 요구에 응하는 것처럼 행동했다. 중국공산당 제7차 전국대표대회에서 그는 정권을 잡기 위한 새로운 평화 노선에 대해 종합적인 전략을 보고했다. 하지만 태도는 명백히 회의적이었다. 평화 노선을 제시한 바로 그날 오후, 마오는 즉흥 연설을 통해 장제스를 '불량배'로 묘사하며 얼굴이 더러워서 씻어야 할 자로 비유했다. "우리의 정책은 과거에도 현재에도 마찬가지로 여전히 그에게 얼굴

* 처칠, 루스벨트, 스탈린 이 3거두는 1945년 2월 크림반도의 얄타에서 회담을 개최하여, 전후 유럽의 모습을 논의하고 아시아에서 그들의 세력권을 정했다.(저자 주)

을 씻으라고(다른 말로 표현하면 개혁하라고) 요청하는 것입니다. 그의 머리를 자르겠다는 것이 아닙니다. …… (하지만) 사람은 나이가 들수록 자신의 생활 방식을 바꾸지 않는 법입니다. 우리는 말합니다. '당신이 씻으면 우리는 결혼할 수 있다. 아직 서로를 사랑하니까.' …… 하지만 우리는 방어 태세를 철저하게 유지해야 합니다. 만약 우리가 공격당하면 …… 우리는 결단력 있게, 신속하게, 완전하게, 철저하게 적을 분쇄해야 합니다."[159]

이를 위해 제7차 당 대회는 홍군의 병력을 1백만 명으로 증원하고, 도시 봉기를 준비하며, 유격 전술보다는 기동 전술에 중점을 둘 것을 촉구했다. 마오는 군사 지휘관들에게 비밀 전보를 보내 내전이 재개되는 것이 불가피하다고 주의를 주며 남은 기간 필요한 준비를 하라고 지시했다.[160]

어느 정도는 적절한 행동이었다. 그러나 장제스와 마찬가지로 마오쩌둥은 미국이 히로시마와 나가사키에 원자폭탄을 투하할 것이라는 계획을 전혀 몰랐고, 따라서 일본이 그렇게 빨리 항복하리라고는 예측하지 못했다. 1945년 여름이 한참 깊어 갈 때까지도 마오는 일본의 패망까지는 적어도 1년은 기다려야 한다고 믿었다. 그리하여 유격 전술에서 전통적 전술로 전환하는 방침은 너무나 소극적으로 그리고 너무나 천천히 진행되었다.

나쁜 일은 또 있었다.

8월 9일 소련군이 얄타 회담의 합의에 따라 만주를 침공한 것이다 (일본이 너무 빨리 항복하게 되면 소련이 선전포고를 할 수가 없었기 때문에 스탈린은 계획을 앞당겨 만주를 공격했다). 옌안 사람들은 소련의 참전 소식을 전해 듣고 열광했다. 다음 날 주더는 일본군 부대가 항복해 오면 받아주라고 전군에 명령했다. 그러자 거꾸로 장제스는 일본군 지휘관들에게 오직 국민당 군대에만 항복하라고 통지했다. 마오는 스탈린에게 지지를 요청하는 전보를 보냈다. 이로부터 나흘 뒤 스탈린은 마오에게 충격적인 소식을 안겼다. 8월 14일 일본 항복을 몇 시간 앞두고 장제스의 외무장관 왕스제(王世杰)와 스탈린의 외무장관 뱌체슬라프 몰로토프가 모스크바에서 양국 간의 우호동맹조약(중소우호동맹조약)에 서명한 것이다. 장제스는 그가 참석하지도 못한 얄타 회담에서 루스벨트와 스탈린이 합의한 대로 만주와 와이멍구를 소련에 양보할 수밖에 없었다. 반대급부로 소련은 동북 지방과 신장 지역에 대한 중국의 주권을 받아들였으며, 소련군이 해방시킨 지역을 공산당이 아니라 국민당에 넘겨주기로 했고, 가장 중요하게는 국민당을 중국의 유일한 합법 정부로 인정했다.[161]

같은 날 장제스는 마오를 초청하는 전보를 보내, "일본의 항복" 이후에 "상호 간의 협의를 위해 귀하가 참석해주는 영광"을 베풀어달라고 요청했다.[162] 이에 공산당 중앙위원회는 장제스가 결코 받아들일 리가 없는 조건을 제시했다. 이때 스탈린이 또다시 개입했다. 그가 8월 20일과 22일에 마오에게 보낸 전보에는 현 상황에서 내전이 일어난다면 재앙이 될 것이라는 경고가 담겨 있었다.* 또한 조약상의 의무 조항 때문에 소련은 중국의 동지들을 도울 수 없다고 밝혔다(스탈린은 의무 조항을 지키지 않을 경우, 얄타 합의에 포함된 와이멍구, 사할린, 쿠릴 열도와 관련된 사항들이 모두 불확실하게 된다고 덧붙였다). 따라서 평화 협상만이 유일한 방도였다.[163]

마오쩌둥의 입장에서는 스탈린이 또다시 배신한 것이었다. 스탈린

---

* 이로부터 3년 뒤, 좀처럼 자신의 실책을 인정하지 않던 스탈린은 불가리아와 유고슬라비아 지도자들 앞에서 일본이 패망한 직후 중국공산당이 내전을 벌이려는 것을 제지한 일은 잘못이었다고 언급했다. "우리는 그들에게 노골적으로 말했습니다. 우리가 보기에 중국에서 봉기를 시도하는 것은 전혀 성공할 가능성이 없으며, 중국의 동지들은 장제스 정부에 참여해야 하고, 공산당 군대를 해체해야 한다고 말입니다. …… 이제 와서 보니 …… 우리가 잘못 생각했다는 것을 인정합니다."(저자 주)

은 1936년 시안 사건이 일어났을 때 중국공산당에 국민당과의 평화로운 해결을 요구하며 배반했다. 1941년 '완난사변'이 일어났을 때도 중국공산당에 통일전선을 고수하라는 압력을 행사했다. 이번의 배신은 너무나도 노골적이었다. 스탈린은 소련의 국가 이익을 위해 중국공산당을 팔아버렸으며, 더 큰 대의를 이루기 위해서 내린 결정이라는 변명조차 없었다.[164] 지난 6월부터 소련과 국민당이 대화하고 있었다는 것 정도는 마오도 알고 있었다. 그러나 스탈린이 얄타에서 미국과 영국의 정상들과 합의한 사항에 관해서는 전혀 아는 바가 없었다. 이제야 모든 것이 분명해졌다. 만일 내전이 벌어지면 중국공산당은 스스로의 힘으로 싸워야 했다.

공산당의 정책은 하루아침에 바뀌었다. 국민당과 미국에 대한 비난이 완전히 중지되었다. 도시 봉기 계획은 보류되었다. 홍군 부대에는 미군 부대가 중국에 들어와서 일본군을 무장해제할 때 협조하라는 지시가 내려졌다. 8월 28일, 마오는 국민당과 평화 협상을 하기 위해 미 공군기를 타고 헐리 장군과 함께 충칭으로 갔다. 마오가 떠난 사이 당은 류사오치가 이끌기로 했다. 당시 옌안에는 코민테른 요원이자 오토 브라운 후임인 표트르 블라소프(Pyotr Vlasov)가 코민테른이 해체된 이후에도 남아 있었는데, 훗날 그는 그때의 마오가 마치 십자가에 못 박혀 죽으러 가는 사람처럼 보였다고 묘사했다.[165]

마오의 입장은 무척 난처했다. 지난 9개월 동안 장제스와 미국의 관계는 크게 개선되었다. 루스벨트는 죽었고 해리 트루먼(Harry Truman)이 미국 대통령직을 승계했다. 이제 국민당은 소련의 호의적인 중립이 주는 혜택마저 누리고 있었다. 협상이 진행되는 동안, 국민당 군대는 미군의 지원하에 일본에 점령당한 지역을 회복할 수 있었던 반면 홍군은 할 수 있는 일이 아무것도 없었다. 게다가 협상이 결렬된다면 장제스는 공산당이 고집을 피웠다는 핑계를 대고서 군사적 해결을 도모할 수도 있었다.

하지만 힘의 균형이 완전히 한쪽으로 기운 것은 아니었다. 미국의 압력 때문에 장제스는 마오쩌둥과 직접 대면하여 협상하는 데 동의했고, 그럼으로써 마오의 표현대로 양 정당 간의 '대등한 형식'을 받아들일 수밖에 없었다. 공산당은 이를 중요한 성과로 여겼다. 두 사람이 마지막으로 만난 것은 19년 전 광저우에서였다. 당시 마오는 국민당의 농민운동강습소 소장으로 일했다. 이후 19년이 흐르는 동안 두 사람의 마음이 서로 통할 만한 일은 하나도 없었다. 둘의 외양도 완전히 달랐다. 당시 사진을 보면, 마오는 쑨원처럼 둥근 옷깃을 단 펑퍼짐한 푸른색 정장을 입었으며 헝클어진 머리 위에 전혀 어울리지 않는 옅은 회색 둥근 모자를 썼다.[166] 장제스는 멋지게 재단된 군복을 깔끔하게 다려 입고 나왔다. 두 사람은 정반대의 정치 노선을 추구했다. 그뿐만 아니라 두 사람은 서로를 대단히 증오했다. 장제스에게 마오는 그저 반역자였다. 그래서 장제스는 몹시 화를 내며 반역자가 벌을 받지 않는다면 누가 정부에 복종하겠느냐고 목청을 높이기도 했다.[167]

협상은 6주간 지속되었다. 두 사람은 네 차례 만났으며 결국 양해 각서를 채택했다. 양측은 "내전을 철저히 피하기로" 약속했고 장제스는 모든 정당이 참여하는 '정치협상회의(政治協商會議)'를 개최하여 새로운 헌법 제정을 논의한다는 데 동의했다. 더 큰 합의는 이루어지지 않았다. 원인은 이전의 협상들이 결렬된 이유와 같았다. 장제스는 전면적인 타협안을 도출하기 위한 선결 조건으로 공산당 군대와 공산당의 각 지방 정부가 국민당의 통솔 아래로 들어와야 한다고 주장했고, 마오는 이를 거부했던 것이다.[168]

그사이 국제 환경이 또다시 크게 요동쳤다

충칭 회담이 시작된 8월까지만 해도 미국과 소련은 중국 문제에

1945년 9월, 충칭에서 협상을 위해 만난 마오쩌둥과 장제스가 항일 전쟁에서 승리한 것을 기념하며 축배를 들고 있다.

서로 간섭하지 않기로 공식적으로 약속한 상태였다. 하지만 충칭 회담이 종결된 10월에 양국 관계는 악화되고 있었다. 미국은 5만 명의 해병대를 중국 북부 해안 지방에 상륙시켰다. 표면적으로는 일본군의 무장해제를 돕기 위한 군사 작전이었지만 실질적으로는 국민당을 도와 베이징과 톈진 같은 주요 도시를 점령함으로써 소련의 남하를 저지하려는 것이었다. 한편 소련군은 중국공산당의 만주 장악을 은밀하게 도왔다. 얄타 회담이 끝나고 8개월 만에 소련과 미국의 야심을 완화하기 위해 중국을 중립 국가로 만들겠다는 구상은 쓸모없게 되었다. 유럽에서 시작된 냉전은 급속히 동쪽으로 확산되고 있었다.

냉전의 긴장이 새롭게 불붙은 곳은 만주였다.

11월 14일 미군의 전함을 타고 북쪽으로 이동한 국민당 군대는 산하이관(山海關)을 지키던 공산당군을 공격했다. 산하이관은 만리장

성의 동쪽 끝에 자리 잡은 군사 요충지이며, 북쪽으로 향하는 주요 육로를 통제할 수 있는 곳이었다. 국민당의 공격이 시작된 지 엿새째 되는 날 린뱌오는 산하이관을 빼앗겼고 재탈환이 불가능하다고 보고했다. 이제 상황은 지난여름과 같아졌다. 국민당과 공산당은 전면적인 내전 속으로 한발 한발 다가가고 있었다.

스탈린의 정책은 갈팡질팡했다. 한편으로 그는 중국공산당이 장제스 정권을 군사적으로 패퇴시킬 능력이 있는지 대단히 의심했다(기묘하게도 트루먼 미국 대통령 역시 장제스가 공산당을 이기지 못할 것으로 여겼다). 다른 한편으로 그의 의구심은 국민당에 불리한 조치를 야기했다. 10월에 스탈린은 군 지휘관들에게 일본군으로부터 탈취한 무기와 약간의 소련 측 물자를 린뱌오의 부대에 지원해주라고 명령했다. 하지만 불과 한 달 뒤에는 미국과의 긴장이 너무 심화되는 것을 우려한 나머지 군 지휘관들에게 다시 명령을 내렸다. 중국공산당 군대에 1주일 내로 모든 주요 도시와 교통 요지에서 철수하여 시골 지역으로 물러나 대기하도록 지시하라는 것이었다. 당시 한 소련군 장군은 중국 북부 지역의 공산당 지도자 펑전(彭眞, 1902~1997)에게 다음과 같이 말했다. "당신들이 퇴각하지 않는다면 우리는 탱크를 동원하여 당신들을 쫓아낼 것입니다." 또한 어느 홍군의 공병 부대는 국민당군의 진격을 저지하고자 철도선을 파괴하고 있었는데, 소련군으로부터 작업을 즉시 중단하라는 지시와 함께 불응할 경우에는 강제로 격퇴당할 것이라는 경고를 받았다. 평상시 지극히 침착했던 펑전도 이번에는 분노를 터뜨렸다. "공산당 군대가 다른 공산당 군대를 탱크로 쫓아내다니! 이러한 일은 여태껏 한 번도 일어난 적이 없었다." 하지만 중국공산당은 다른 방도가 없었다. 지난 8월과 마찬가지로 소련의 지시에 복종할 수밖에 없었다.

이 무렵 마오는 아무런 역할을 수행하지 못했다. 신경쇠약이 재발

했기 때문이다.[169]

1924년 깊은 절망에 빠져 사오산으로 들어가버린 이후 처음으로 마오쩌둥은 이때 정치 감각을 완전히 잃어버렸다. 어떻게 앞으로 나아가야 할지 갈피를 잡지 못했다.

그해 여름, 중국공산당은 어느 때보다도 소련의 통제에서 자유로웠고 마오는 당내에서 완전한 권력을 쟁취했으며 거의 신에 가까운 위치에 올랐다. 하지만 강대국이 자국의 이해관계를 앞세우자, 마오는 손발이 묶여 아무것도 하지 못하는 신세가 되어버렸다. 스탈린이 장제스와 8월에 맺은 동맹 조약 때문에 그는 오랫동안 마음속으로 궁리해 온 전면적인 내전을 실행에 옮길 수 없게 되었고 정치적으로 무력한 상태가 되어 충칭에서 장제스를 제대로 상대할 수 없었다. 소련과 미국이 동시에 공산당 지도부를 압박했고, 이에 장제스가 중국 영토를 점점 더 광범위하게 차지해 가는 모습을 그저 고통스럽게 지켜볼 뿐, 국민당을 저지하기 위한 어떤 유효한 행동도 할 수 없었다. 1945년 여름만 하더라도 국민당이 중국 전체에서 차지한 면적은 15퍼센트에 불과했다. 그러나 1년 뒤 그 숫자는 거의 80퍼센트에 가까워진다.[170]

마오가 깊은 우울에 빠져 있는 동안 류사오치가 마오를 대신해 당 중앙위원회를 이끌었다. 옌안 방문객들에게는 주석이 극도로 피로한 상태라고 말했다.[171] 마오의 통역관이었던 스저(師哲)는 당시를 이렇게 회고했다. "11월 내내 우리는 마오가 매일같이 침대에 누워 몸을 떨고 있는 것을 보았습니다. 손과 발이 발작을 일으키듯 떨렸습니다. 온몸에서 땀이 줄줄 흘렀습니다. …… 그는 우리에게 차가운 수건을 이마 위에 올려 달라고 했습니다. 하지만 별 도움이 되지 못했습니다. 의사들이 할 수 있는 것은 아무것도 없었습니다."[172]

마오를 암흑 속에서 꺼내준 사람은 미국의 트루먼 대통령이었다.

미국 의회에서는 미국 해병이 외국의 내전에 깊이 관여하는 것에 대한 우려가 커져 갔다. 결국 미군의 철수를 촉구하는 의회 결의안이 통과되었고, 이에 화가 난 헐리는 11월 27일 대통령 특사직을 사퇴했다. 트루먼은 미군을 중국국민당 편에 서서 싸우게 할 의사가 전혀 없음을 천명했으며, 헐리 후임으로 무기대여법*을 입안한 것으로 유명한 조지 마셜(George Marshall) 장군을 임명했다. 마셜 장군이 추진한 새로운 중국 정책은 크게 두 가지였다. 하나는 국민당과 공산당의 휴전을 성사시킨 다음 정치적인 해결 방안을 찾는 일이었고, 다른 하나는 소련을 만주에서 몰아내는 것이었다.[173]

이러한 소식이 옌안에 전해지자 마오는 몇 개월 만에 희망의 빛이 보이는 기분이었다. 미국이 중국의 평화를 원한다면, 그들은 장제스에게 압력을 가해 공산당에 대한 공격을 멈추도록 할 수 있었기 때문이다.[174]

12월 21일 충칭에 마셜이 도착했다. 그는 국민당과 공산당을 설득했고 열흘 내로 각자의 휴전안을 제시하도록 했다. 국민당이 공산당에 요구한 가장 중요한 조건은, 국민당군이 만주의 소련 점령 지역을 이양받기 위해 이동할 때나 중국 남부 지역의 일본군을 무장해제하기 위해 움직일 때 자유로운 통행권을 보장하라는 것이었다. 저우언라이는 마오의 지시에 따라 이를 받아들였다. 1946년 1월 10일 양측은 휴전 협정에 서명했고 사흘 뒤 협정이 발효되었다. 한편 장제스는 마셜에게 호의적 태도를 보이기 위해 '정치협상회의'를 소집했다. 이미 지난해 10월 장제스가 소집하기로 동의했지만 아직 실행에 옮

무기대여법(Lend-Lease Act) 제2차 세계대전 중이던 1941년 미국이 연합군에 군사 원조를 원활하게 진행하기 위해 제정한 법률. 기존의 법률은 전쟁 물자의 경우 선불 지급과 해당 국의 직접 운송을 요구했으나, 이 법률이 제정됨에 따라 미국의 방위를 위해서라면 어느 나라든 무기를 먼저 대여해주고 운송도 해주는 체제로 바뀌었다. 이로 인해 제2차 세계대 전에서 연합군은 막대한 군수 물자를 공급받아 승리할 수 있었다.

1946년 1월 중국공산당과 국민당은 미국이 파견한 조지 마셜 장군의 중재에 따라 휴전 협정에 서명했다. 사진은 (왼쪽부터) 당시 휴전 협상에 참여한 국민당의 장췬(張群), 미국 대표 마셜, 공산당의 저우언라이다.

기지 않은 회의였다. 장제스는 자신의 정부에 민주적 정통성을 부여하려는 생각이었으나 그의 기대와는 달리 뜻밖의 일이 벌어졌다. 공산당, 제3당, 국민당 온건파가 연합하여 장제스에게서 주도권을 빼앗은 후, 휴전 협정의 여세를 몰아 일련의 결의문을 채택한 것이다. 결의문에서 가장 중요한 사항은 선거를 통해 국회를 구성하고 공산당이 참여하는 연립 정부를 세우자는 것이었다. 또한 결의문에는 국민당이 연립 정부에서 절반 이상의 장관직을 차지할 수 없다는 항목도 포함되었다.[175]

마오는 크게 기뻐했다. 그가 마셜에게 받은 희망적 느낌은 정확했다. 이제 추는 전쟁에서 정치 투쟁으로 기울었다. 1946년 2월 초 지령문을 통해 마오는 이렇게 선언했다. "우리 당은 곧 정부에 참여할 것입니다." 또한 그는 "대체로 말해서" 무력 투쟁은 끝났다고 강조했다. 이제부터 중요한 과제는 '관문주의'를 극복하는 것이며, 관문주의에 사로잡혀 "일부 동지들이 …… 평화와 민주주의의 새로운 시

대가 도래했음"을 의심하고 있다는 비판도 했다.[176]

그날 밤 마오는 옌안을 방문한 미국 기자를 위해 환영 만찬을 열었다. 그는 AP통신의 존 로더릭(John Roderick)으로, 마오가 몇 개월 만에 접견하는 외국 기자였다. 만찬은 즐거운 분위기에서 진행되었다. 마오는 트루먼 대통령을 높이 평가하면서 그의 노력이 중국과 미국의 우호 관계에 크게 공헌했다고 말했다. 로더릭은 주위를 압도하는 마오의 모습을 보고 깊은 인상을 받았다. 로더릭이 보기에 마오의 말과 행동은 "조금만 더 지나치면 오만으로 비칠 수도 있는 권위와 자신감"을 드러냈다. 그는 사람들이 붐비는 어느 곳에서도 금방 눈에 띄는 자였고, "과거 알렉산드로스 대왕이나 나폴레옹이나 레닌 같은 사람이 지녔을 법한" 지도자의 품격을 갖춘 인물이었다.[177]

그러나 마오의 영웅적 풍모에도 사태의 진전은 결국 '관문주의' 쪽이 옳았음을 증명했다. 장제스는 '정치협상회의'의 결의 사항을 실행에 옮길 생각이 없었고 미국은 장제스에게 강한 압력을 가할 생각이 없었다. 마오의 큰 판단착오였다.

하지만 당장 몇 주간은 마셜 장군의 추진력으로 협상이 진전되었다. 2월 말에는 새로이 비(非)당파적인 국민군을 창설하여 공산당 군대까지 합류시키기로 합의함으로써 놀라운 성과를 냈다(이는 국공 합작이 가장 확고했던 중일전쟁 시절에도 양측이 합의하지 못한 사안이었다).[178]

하지만 얼마 지나지 않아 평화적 협의가 붕괴되는 불길한 징조가 나타났다.

3월초 윈스턴 처칠은 미국 미주리주 풀턴에서 그의 유명한 '철의 장막' 연설을 했다. 전 세계적으로 미국과 소련 사이의 긴장이 고조되었다. 만주 지역에서 소련군의 철수를 요구하는 미국의 압력이 커지자 스탈린은 중국공산당 지원을 강화했다. 3월 13일 소련군의 철수가 시작되었다. 이때 소련군은 그들의 점령지를 린뱌오 부대에 넘 겼고, 이로써 중국공산당은 소련 때문에 국민당이 회복할 수 없었던 중국의 주요 지역을 자신들의 관할로 공고히 할 수 있었다. 장제스 는 휴전 협정과 별개로 만주 지역 전체를 공산당이 지배하지 못하게 하려면 반드시 국민당 정부가 개입해야 한다고 미국 백악관을 설득 했다. 처음에 마오는 장제스가 협상력을 강화하기 위해 수를 쓴다고 믿었다. 하지만 국민당 군대가 만주로 계속 이동하자 마침내 마오는 장제스의 본심을 알아차렸다. 1주일 뒤, 그는 린뱌오에게 평화 협상 을 고려하지 말고 국민당 군대에 반격하라고 지시했다. 4월 18일 린 뱌오 부대는 창춘(長春)을 점령했고, 열흘 뒤에는 하얼빈을 점령했 다.[179]

만주에서는 전투가 진행 중이었지만 아직 중국 전역으로 확대된 것은 아니었다. 마오는 만주 이외의 지역에 있는 홍군 지휘관들에게 국민당군이 먼저 공격해 오지 않는 이상 발포하지 말라는 지시를 한 달간 유지했다.

마침내 마오는 5월 15일자 중앙위원회 지령문에서 이렇게 말했다. "국민당은 전국 규모의 내전을 시작하려고 적극적으로 준비하고 있 다. 하지만 미국은 찬성하고 있지 않다. …… (그러므로) 우리 당의 정책은 …… 내전의 발발을 막는 것이어야 하며 그것이 안 되면 최 소한 내전 발발을 뒤로 미루는 것이어야 한다."[180] 3주 뒤 마셜은 장 제스에게 압력을 가해 만주 지역에서 휴전을 받아들이도록 했다. 하 지만 이미 장제스의 군대는 공산당이 차지한 지역을 대부분 탈환한 뒤였다. 마오는 마지막으로 협상을 시도하는 데 합의했으나 협상은 곧 결렬되었다. 당 중앙위원회는 마셜의 중재 노력이 실패로 끝났다 고 선언했다. '국민당의 반동파'는 중국을 공포를 통해 지배했고 미 국은 그들을 지원하고 있었다. 마셜은 국민당이 보인 '부정부패'에

좌절했으며 실망했다.[181]

6월 말 충돌이 다시 벌어졌다. 국민당 군대가 양쯔강 골짜기, 허베이성, 산둥성의 공산당 근거지를 공격한 것이다. 이후 한 달 뒤면 전쟁의 불길은 중국 중부와 북부 지역 전체에서 타오른다.[182]

마오로서는 아주 불만족스러운 한 해였다.

당내에서 지도자 지위는 확고했다. 당 전체로나 당의 지지자 집단 중 대부분을 차지하는 농민들이 볼 때나, 마오는 여전히 '중국을 구원하는 큰 별'이었으며 동방의 붉은 태양이었다. 동료들은 마오가 전쟁에서 평화로, 다시 평화에서 전쟁으로 정책을 급격하게 변화시키는 것을 두고 뒤에서는 불평했을지 모르나 감히 그에게 도전하지는 못했다. 이제 마오는 공산주의의 대의를 위해 필수불가결하고 대체불가능한 인도자이자 상징이었다.[183]

하지만 마오는 세계 강대국들과 교섭하는 데 대단히 미숙했던 탓에 지난봄과 가을에는 좌절에 좌절을 거듭했으며 무척이나 곤혹스러운 처지에 놓였다.

장제스는 국제적으로 승인된 정부를 이끌고 있었으며 지난 15년 동안 강대국들이 서로 경쟁하게 할 수 있는 방법을 이미 배웠으나 여전히 서툰 점이 많았다. 반면 마오는 반란 운동의 지도자였다. 그는 한 번도 외국의 지도자를 만난 적이 없었다. 심지어 그의 가장 가까운 동맹국 소련의 지도자도 보지 못했다. 18개월 전 딕시 사절단이 옌안에 왔을 때가 처음으로 서방 국가의 정부 관리들을 만난 것이었다. 그는 순진하게도 미국이 국민당 정부에 압력을 넣어 타협 정책을 받아들이도록 할 것이라 믿었다. 그때 마오가 믿음의 대가로 맛본 좌절감은 매우 컸으며 20년이 지난 뒤에도 그의 마음 한구석에 남아 있었다. 아마도 그가 장제스를 쫓아낸 이후에도 서구 강대국과 외

교 관계를 맺는 데 무척 조심스러워한 이유도 이와 관련이 있을 것이다.[184]

외교 분야의 불확실성이 사라지고 소련의 만주 지역 철수가 완료되고 강대국들의 관심이 유럽으로 쏠리면서, 마오는 자신의 본래 정치 감각을 되찾았다. 이제 상대는 너무도 잘 아는 국민당이었고, 무대는 너무도 잘 아는 농촌 지역이었으므로 마오는 본래의 모습으로 돌아올 수 있었다. 마오는 당 중앙위원회 명의로 발송한 지령문에서 옛날 장시성 전투와 최근 일본군과 벌인 전투에서 증명된 오래된 전투 원칙을 일선 지휘관들에게 계속 반복했다. 적을 유인하여 깊이 들어오게 하고, 아군의 우세한 병력을 집중해 적군의 약한 부분을 공격하라는 것이었다. 그해 여름 마오는 동료들에게 전투력을 유지하기 위해 영토를 포기하는 것은 "불가피할 뿐 아니라 반드시 필요"하다고 주장했다. 그리고 이어서 이렇게 말했다. "그렇게 하지 않으면 최후의 승리는 불가능하다."[185] 마오만이 유일하게 결국은 전세가 역전될 것이며 중국의 운명은 정치적 수단이 아니라 군사적 수단에 의해 결정될 것이라고 믿었다. 겨울이 되자 마오는 저우언라이에게 1년 정도 시간이 지나면 공산당이 공세를 취하게 될 것이라고 말했다. 물론 그 후에도 지구전이 벌어지겠지만 최후의 승리를 거두는 것은 결국 홍군이—당시 '인민해방군(人民解放軍)'으로 명칭이 바뀌었다.—될 것이라고 장담했다.[186]

다음 해 봄 옌안이 적군의 위협을 받자 마오의 통역관 스저는 불안한 마음에 어떻게 하면 옌안을 방어할 수 있을지 마오에게 물었다. 그러자 마오는 웃음을 터뜨리며 이렇게 말했다고 한다. "그것은 현명한 생각이 아닐세. 우리는 적을 막아서는 안 되네. …… 장제스는 악당 소굴을 드디어 점령했다고 생각할걸세. 그래서 자신이 승리를 거둘 거라고 말이지. 하지만 그는 모든 것을 잃을 거라네. 《예기》에 있듯) '받고도 주지 않으면 예가 아니다(來而不往非禮也)'라는 말이 있지 않은가? 우리는 장제스에게 옌안을 내줄 것이고, 그는 우리에게 중국을 주게 될걸세."[187]

2주 뒤인 1947년 3월 18일 땅거미가 질 무렵, 마오를 비롯한 중앙위원회 간부들을 호위하는 홍군 부대는 붉은 수도를 떠나 북쪽으로 향했다. 드디어 최후의 전투가 시작된 것이다.[188]

12장

새로운 중국의 탄생

1946년 여름~1953년 가을

"우리의 하늘은 중국의 인민대중이다."

MAO
THE MAN
WHO
MADE
CHINA

1946년 여름부터 1950년 봄까지 중국 전역에서 벌어진 전쟁은 마오가 이제까지 치른 전쟁과 성격이 전혀 달랐다. 징강산에서나 장시성에서나 서북 지역에서 홍군이 목표로 삼은 것은 농촌 근거지를 확보하고 방어하는 일이었다. 옌안 시절에는 홍군의 힘을 나누어 "70퍼센트는 세력을 확대하는 데, 20퍼센트는 국민당과 싸우는 데, 10퍼센트는 일본과 싸우는 데" 썼다. 그런데 이제 처음으로 마오는 농촌 지역에서 주도권을 잡기 위해서가 아니라, 20년 전 무자비하게 쫓겨났던, 무산계급 인민으로 가득 찬 도시를 장악하기 위해 전투에 나섰다.

처음 9개월 동안 인민해방군은 후퇴를 거듭했다.[1] 장제스는 만주 지역에 정예 부대를 배치했고 공산당이 차지했던 거의 모든 지역을 다시 빼앗았다. 예외라면 소련 국경에 가까운 하얼빈뿐이었다. 중국 동부의 경우 공산당은 장쑤성 북부에서 쫓겨났다. 우한 북부에 자리 잡은 어위완의 옛 근거지를 공들여 복원했으나 국민당군에 점령당했다. 산시성(陝西省), 허베이성, 산둥성, 허난성 접경지대에 있던 여러 근거지 역시 국민당 군대에 무너졌다. 1946년 말까지 공산당군이 국민당군에게 빼앗긴 영역은 17만 4천 제곱킬로미터의 땅과 165개의 도시였다. 장제스는 공산당군을 패퇴시켰다고 확신했으며, 대부분의 외국 정부는 장제스의 생각에 동의했다. 심지어 스탈린조차 마오의 군대가 전멸할지도 모른다고 우려했다(하지만 당시 모스크바의 미약한 군사 원조를 늘려야 할 정도는 아니라고 생각한 모양이다). 12월에 장제스는 마셜 장군에게 다음 해 가을이면 공산당의 위협이 무력화될 것이라고 말했다. 마침내 옌안까지 점령하자 그는 이 말을 공개적으로 호언장담하고 다녔다. 마셜 장군은 마오의 군대가 퇴각은 할지언정 항복할 기미는 전혀 보이지 않는다고 조언했지만 장제스는 그의 말을 진지하게 듣지 않았다.

장제스의 전략은 양쯔강 북쪽의 주요 도시와 철도를 탈환한 다음 농촌 지역으로 군대를 보내 주요 현을 점령하고 마지막으로 지주의 민병대를 활용하여 농촌 마을을 장악하는 것이었다. 한편 마오는 인민해방군 부대에 승리가 확실하지 않은 경우에는 전투를 피하고, 일단 공격을 감행하면 적군을 신속하게 전멸시키라고 지시했다.

만약 우리가 적군 부대(여단 혹은 연대)를 포위했다면 …… 그들 모두를 한꺼번에 섬멸하려 해서는 안 된다. …… 그러면 우리의 힘이 분산되며 …… 좋은 결과를 얻기 어렵다. 그 대신에 적진의 약한 곳 한 군데(두 군데가 아니다)를 선택한 뒤, 그들보다 여섯 배, 다섯 배, 네 배, 최소한 세 배의 병력을 모으고 우리가 보유한 포병 화력의 전부 혹은 대부분을 집중해 취약한 적진에 맹렬한 공격을 퍼부어 반드시 승리해야 한다. …… 우리가 1개 연대를 섬멸했다면 적군은 1개 연대가 감소한 것이다. 우리가 1개 여단을 전멸시켰다면 적군은 1개 여단이 감소한 것이다. …… 이 방법을 사용하면 우리는 승리한다. 그러나 반대로 움직인다면 우리는 패배할 것이다.[2]

1947년 2월이 되자 (내전에 참여한 국민당군의 총 218개 여단 가운데) 50개가 넘는 여단이 전투력을 잃게 된다.[3] 15년 전 장시성에서처럼 국민당군 병사들이 항복하면 공산당군으로 받아들였다. 이는 인민 해방군이 병력을 충원하는 가장 주된 방식이었다.

옌안을 떠난 뒤 공산당 지도부는 안전 문제를 고려하여 두 집단으로 나뉘었다. 마오는 전선위원회를 이끌며 산시성(陝西省) 북부 지방에 남았다. 류사오치는 진차지(晉察冀) 근거지에서 '중앙공작위원회(中央工作委員會)'를 맡았다. 진차지 근거지는 옌안에서 동쪽으로 400킬로미터 떨어진 곳으로 현재는 허베이성에 속해 있다.[4] 당시 마오의 부대와 함께 행군한 시드니 리튼버그는 마오 주석의 전술을 보고 놀라움과 두려움을 동시에 느꼈다.

마오는 …… 마치 고양이가 쥐를 갖고 놀 듯이 적군을 상대했다. 그는 일부러 상대방이 자신의 동태를 알아낼 수 있도록 전보를 보냈다. …… 그러고는 추격해 오는 국민당군보다 꼭 하루만큼만 차이 나게 앞질러 행군했다. 마오는 (국민당군의 지휘관인) 후쭝난(胡宗南)이 자신을 생포하면 장제스에게 영웅 대접을 받으리라는 것을 알고는 이를 충분히 활용했다. 마오는 늘 진지를 떠나기 전에 정찰병을 기다리며 출발을 늦추었다. 정찰병이 와서 적군이 1시간 거리까지 접근했다고 전하면 그제야 침착하게 외투를 입고 말에 올라 소규모의 지휘 부대를 이끌었다. …… (그러다가) 국민당 부대가 완전히 녹초가 되고 …… 추격전을 지긋지긋하게 느낄 때가 되면, 펑더화이는 가장 공격하기 좋은 길목을 지키고 있다가 …… 적군을 향해 (병사들을) 돌진시켰다.[5]

마오가 징강산 시절 전해 들은 '귀가 먼 주 노인' 이야기는 대장정

동안 아주 유용하게 활용했는데 내전 중에도 여전히 쓸모가 있었다. 4월 마오는 펑더화이에게 전보를 보내 귀가 먼 노인 이야기를 '끊임없이 괴롭히는 전술'이라고 표현했다.[6] 이 전술의 목표는 적군을 지치게 만들고 그들의 식량이 고갈되도록 하는 것이었다.

이때쯤 국민당군의 공세는 교착 상태에 빠지게 된다. 지난해 가을 마오가 (그리고 마오와 별개로 미국인들이) 예견했던 그대로였다.[7] 장제스 군대는 너무 넓은 지역에 산개했고 병참 공급선이 과도하게 길어졌다. 훗날 장제스는 중국 북부와 중부의 주요 지역을 먼저 확고하게 지키지 않은 채 동북 지방에 최정예 부대를 파견한 것이 전략적으로 중대한 실책이었다고 인정한다.[8] 게다가 장제스는 만주 사람들을 신뢰하지 않음으로써 사태를 악화시켰다.[9] 국민당 군대가 만주 지역을 통제하기 위해 외부인을 세우자 만주의 상류층들은 국민당 지지를 철회했다. 하지만 전세 역전의 가장 중요한 요인은 인민해방군이 종전의 유격 전술에서 대규모 기동 전술로 전환하는 데 성공했기 때문이다. 일본과 전쟁을 치르면서 쌓은 경험과 정풍운동 기간에 강화된 '일치된 목표의식'이 이때 효과를 낸 것이다.

1947년 여름, 공산당군은 후퇴를 멈추고 드디어 반격에 나섰다.

린뱌오는 공격 방향을 세 군데로 나누어 국민당군에 맞섰고, 결과적으로 만주의 주요 도시 간의 철도 연결을 끊고 국민당 군대를 남쪽으로 240킬로미터나 후퇴시켰다. '눈이 하나밖에 없는 용'이라 불린 류보청은 양쯔강을 건너 허베이성으로 진군했고 천이는 산둥성 쪽에서 허베이성으로 진격해 갔다. 조금 더 북쪽의 스좌좡(石家莊)은 녜룽전이 점령했는데, 이는 공산당이 최초로 국민당이 지배한 대도시를 함락한 것이었다. 이로써 인민혁명군은 베이징에서 중부의 대도시 우한까지 연결하는 남북 간선 철도를 장악했고, 중국 본토를 공격할 수 있는 발판을 마련했다.[10] 1947년 12월, 마오는 국민당군

1947년 국공내전 당시 군대와 함께 이동 중인 마오.

병력의 64만 명이 죽거나 부상당했으며 1백만 명 이상이 인민혁명군
에 투항했다고 발표했다.

마오는 당당한 어조로 이제 전쟁이 전환점에 도달했다고 선언했
다. "(1년 전) 우리의 적은 기쁨에 넘쳤습니다. …… 미국 제국주의자
들도 기쁨의 춤을 추었습니다. …… 이제 그들은 비탄에 빠져 있습니
다. 그들은 크게 한숨지으며 위기에 빠졌다고 소리치고 있습니다."[11]

1948년 봄과 여름 내내 마오의 부대는 그들이 지닌 이점을 최대한
활용했다. 3월 말이면 창춘과 선양을 제외한 만주의 거의 모든 지역
이 린뱌오의 손에 들어갔다. 이제 국민당군은 증원 부대를 새로 받을
수도 없고 후퇴할 수도 없는 지경에 빠졌다. 좀 더 남쪽에서는 산둥
성 전체, 산시성(山西省)과 허베이성의 대부분, 허난성과 안후이성의
많은 부분을 인민해방군이 점령했다. 4월 25일에는 옌안을 탈환했
다.[12] 이는 중요한 상징적 의미가 있는 승리였다. 마오는 최후의 승

리를 위해 국민당군의 여단을 얼마나 더 분쇄해야 하는지 계산하기 시작했다. 그리고 1948년 3월 마오는 1951년 중반이면 국민당 정부가 완전히 무너질 것으로 예상했다.[13] 하지만 8개월이 지나자 예상 시기를 1949년 가을로 앞당겼다.[14]

국민당 군대가 너무나 쉽게 무너지자 마오도 놀랐다.[15]

한 가지 요인은 항일 전쟁의 마지막 3년 동안 국민당군의 질이 악화되었다는 점이다.[16] 미국이 참전하자 국민당군의 장군들은 동맹국이 일본을 조만간 몰아낼 것으로 생각하며 일본군과 싸우는 일보다 자신의 통제 영역을 보호하는 데 더 관심을 기울이기 시작했다. 장제스 휘하의 지휘관은 이렇게 말하기도 했다. "우리 부대는 …… 긴장감이 사라졌으며 오로지 쾌락을 좇을 뿐이다. …… 전투 의지도 없고 희생정신도 없다." 중국 지역의 미군 총사령관 앨버트 웨더마이어(Albert Wedemeyer) 장군은 장제스 휘하의 장교단이 "무능하고 서투르며 훈련이 부족하고 소심하며 …… 전혀 제 역할을 하지 못하고 있다."라고 말했다. 미국 군사 고문단을 이끌었던 데이비드 바(David Barr)는 국민당 장군들을 '세계 최악'이라고 혹평했으며 그들이 지휘하는 부대에는 "전투 의지가 전혀 없다"고 비판했다. 이는 장제스도 인정하는 바였다. "나는 밤이면 잠을 이루지 못하고 그들이 얼마나 바보 같은 짓을 또 할까 생각한다. …… 그들은 너무도 어리석어서 …… 나는 그들이 실수할지도 모르는 모든 일을 미리 생각해내 그들에게 경고해야 한다." 하지만 장제스가 끊임없이 간섭한 결과 휘하 지휘관들은 그나마 약간 있던 자발성마저 상실하고 말았다.

국민당의 또 다른 약점은 정보 기관의 무능력이었다. 캉성이 실행한 국민당 첩자 색출은 비록 과정이 매우 비정상적이긴 했지만, 결과적으로는 장제스가 공산당군의 최하위 편성 단위에조차 정보원을 침투시킬 수 없도록 만들었다. 그에 비해 국민당 군대에는 아래부터 위까지 모든 단위에 공산당 동조자가 침투해 있었다. 장제스의 참모차장 류페이(劉斐)는 겉으로는 거만하고 관료주의에 물든 아주 전형적인 국민당 장교로 보였지만 사실은 공산당의 오래된 첩자였다. 후쭝난의 개인 비서도 첩자였으며, 그가 마오에게 옌안 공격 계획을 미리 귀띔해주었다. 국민당 국방부 작전청 청장 궈루구이(郭汝瑰)도 마찬가지였다. 내전이 막바지에 이르면 인민해방군 지휘관들은 모든 주요 전투에서 국민당 군대가 어떻게 움직일지를 미리 알았다.

군의 사기도 대단히 중요한 요인이었다. 국민당군은 강제 징집된 병사들로 이루진 군대였다. 징집단이 농촌에 가서 들판에서 일하던 남자들을 마구잡이로 끌고 왔고 남은 가족들의 생계 따위는 전혀 배려하지 않았다. 끌려온 사람들은 임시 집결장으로 들어가 명목상으로는 훈련을 받았지만 실상은 탈출하지 못하도록 엄격한 감시하에 수용된 신세였다. 어떤 집결장에서는 탈출을 방지하기 위해 한겨울에도 옷을 벗긴 채로 재웠다는 기록이 있다. 당시 미국의 시찰원은 이렇게 보고했다. "가엾게도 그들은 옷을 벗은 채로 자야 했다. 대략 가로가 3미터, 세로가 4.5미터밖에 안 되는 좁은 방에서 40명, 50명이 잤다. (이들을 지휘하는) 하사관의 말에 따르면 촘촘하게 붙어서 자야 더 따뜻하고 잠도 더 잘 잔다고 …… 했다." 이렇게 군대에 징집된 자들은 마치 죄수처럼 여러 사람이 밧줄로 한데 묶여 때로는 수백 킬로미터나 떨어진 전방 부대로 끌려갔다. 그들은 이동하는 동안 음식도 물도 제공받지 못하는 경우가 많았다. 부패한 장교들이 중간에서 빼돌린 탓이었다. 한번은 푸젠성에서 징집병 1천 명이 출발했는데 구이저우성에 도착하니 1백 명밖에 남지 않았다고 한다. 7백 명이 전방으로 출발했는데 17명만 살아서 도착한 경우도 있었다. 이런 일은 흔했다. 어느 해에는 신병 167만 명의 중 절반이 부대에 도착하기도 전에 사라지거나 죽었다는 기록이 있다. 힘들게 전방까지 오더라도 병사들은 대부분 도망갈 기회만 엿보았다. 국민당 부대에서는 탈영병 때문에 병력이 달마다 6퍼센트씩 감소하는 일이 예사였다. 탈영하지 않은 병사들은 식사를 제대로 공급받지 못해 영양실조에 걸리는 경우가 잦았으며 병이 나도 치료를 받지 못했다. 딕시 시찰단의 배럿 대령은 국민당 병사들이 "1.5킬로미터도 행군하지 못하고 쓰러져 죽는 것"을 보았다고 전했다.[17]

짐승처럼 취급당한 병사들은 짐승처럼 행동했다. 또 다른 미군 장교는 다음과 같이 보고했다.

나는 (이전에는 공산당의 근거지였지만) 장제스의 군대가 점령하고 파괴한 마을들을 방문했다. 그들은 훔친 소달구지나 소나 말에 물건을 실어 약탈해 갔고 가져가지 못하는 것들은 다른 사람이 쓸 수 없게 망가뜨리고 떠났다. …… 옥수수, 밀, 기장에는 가축의 배설물을 섞어 먹을 수 없게 만들었다. 우물에는 흙을 갖다 부어 쓰지 못하게 했다. …… 다른 곳에서와 마찬가지로 국민당 병사들은 마을 학교에 용변을 보아 더럽혀놓았고 벽에다가도 변을 뿌려놓았다. 어느 젊은 여성은 …… 내게 자신이 며칠 동안 여기저기 요새로 끌려다니면서 강간당했다고 말했다. 우리가 도착하기 직전에 국민당 군대가 떠난 한 마을에는 75세가 넘은 노파 한 명만 남아 있었다. 노파는 걸을 수가 없어 그냥 앉아 있었는데, 여러 번 강간당했기 때문이라고 이야기했다.[18]

농촌의 몇몇 지역에서는 국민당이 보복하는데도 공산당이 주민을 보호하지 못하자 농민들이 공산당의 반대편에 서기도 했다. 국민당 군대는 이미 1930년대 초 장시성에서 동일한 수법으로 비슷한 결과를 얻은 적이 있었다.

국공내전 시기에 공산당이 점령한 농촌 지역에서 농민들이 지켜보는 가운데 '악질 토호와 지주들'에 대한 심판이 진행되고 있다.

마오는 통일전선 때문에 잠시 중단된 토지 개혁을 더 강하게 추진하는 쪽으로 대응했다. '악질 토호와 지주들'은 군중집회에 끌려 나와 간략한 심판을 받은 뒤에 처형당했다. 최극빈층 농민들이 공산당에 적극적으로 동조할 수 있는 이유를 제공하기 위해 농촌 지역의 계급 관계는 의도적으로 양극화되었다. 하지만 균형을 잘 잡아야 했다. 마오는 "중국을 얻기 위한 투쟁은 농민의 가슴과 머리를 얻기 위한 투쟁"이라고 강조했다. 토지 개혁이 너무나 급진적이면 중간계급 농민과 다른 잠재적 동맹자들은 떨어져 나갈 수밖에 없었다. 그리하여 1947년 겨울 마오는 토지 개혁에 제동을 걸었다.[19)]

장제스 정부는 도시에 사는 사람들에게 점점 신뢰를 잃었다. 일본이 패망하고 난 뒤 국민당 뜨내기들은—상하이의 어느 상인은 이들을 "(사회주의자들보다 더 나쁜) 도둑놈들, 노상강도들"이라 묘사했다.—충칭에서 도시로 몰려와서 도시의 행정 기관을 차지했으며, 일

제 강점기에 살아남은 도시의 상류층을 적대시했다. 그러던 중에 내전이 시작되었다. 중간계급 사람들은 공산당을 비판하기보다 장제스가 평화 협상을 거부했기 때문이라고 생각했다. 하지만 최악인 것은 공개 처형과 비밀경찰로 유지되던 일당 독재, 자유주의적 반대자들에 대한 암살, 전쟁 수행을 위한 화폐 남발이 야기한 극심한 물가 상승과 실질 수입의 감소, 정당한 영업 행위를 할 수 없게 만드는 만연한 부정부패였으며, 이는 국민당의 핵심 지지층마저 등을 돌리게 만들었다.

국민당 정부의 폐해가 자라난 뿌리에는 장제스가 세운 체제가 있었다. 그 체제는 너무도 약하고 파벌 싸움이 심해서 체제 자체를 인민들에게 강제할 힘이 없었으며, 너무도 부패하고 공공의 복지를 등한시한 탓에 인민들의 광범위한 지지를 끌어낼 수가 없었다.

그렇지만 장제스는 결코 만만한 상대가 아니었다. 일반 병사들은 불평이 가득했고 굶주림에 시달렸지만, 장제스 곁에는 잘 훈련받고 우수한 장비를 갖춘 정예 부대가 있었다. 그들은 일본군이든 공산당군이든 적군에 맞서 훌륭하게 싸웠다. 게다가 미국은 국민당에 엄청난 무기와 장비를 쏟아부었는데, 미 국무부는 오늘날의 화폐 가치로 환산하면 약 4천2백억 달러에 해당한다고 발표했지만 공산당은 그보다 더 높게 추산하고 있다. 1947년 6월 장제스는 그의 군대가 전투 기술과 경험에서 인민해방군보다 '절대적 우위'에 있으며 "열 배나 풍부한 …… 군수 물자"를 보유하고 있다고 말하기도 했다.

마오쩌둥은 국민당군에 대항하여 '대중의 집단적 의지'에 의지했다. 그리고 그것으로 충분했다.

2년 전 중국공산당 제7차 전국대표대회 때 마오는 '우공이산(愚公移山)' 이야기를 전했다. 내용은 이렇다. 우공이라는 노인의 집 앞에는 남쪽으로 높은 산이 두 개 있어 전망을 가렸는데, 우공과 그의 아들들이 곡괭이를 들고 산을 팠다. 이에 한 이웃 사람이 부질없는 짓이라고 놀리자 우공이 답했다. "내가 죽으면 내 아들들이 계속 팔 것이고, 또 아들들이 죽으면 손자들이 계속 팔 것이고, 그 이후에는 손자들의 아들들과 그의 손자들이 계속 팔 것이오. …… 산이 비록 높기는 하나 더 높아지는 것은 아니지 않소? 그러니 우리가 한 치라도 더 파내면 산은 그만큼 낮아지는 것 아니오? 어째서 우리가 이 산을 다 파내지 못한단 말이오?" 우공이 계속 산을 파내자 하늘이 그의 신념에 감복하여 두 산을 다른 곳으로 옮겨주었다.

오늘날 거대한 두 산이 중국 인민의 머리를 누르고 있습니다. 하나는 제국주의요, 다른 하나는 봉건주의입니다. 중국공산당은 오래전부터 이 산들을 파내려고 마음먹었습니다. 우리는 인내심을 가져야 하고 끊임없이 일해야 합니다. 그렇게 하면 우리는 결국 하늘을 감동시킬 것입니다. 우리의 하늘은 다름 아닌 중국의 인민대중입니다. 전국의 인민대중이 모두 일어나서 우리와 함께 두 산을 파낸다면 어째서 두 산이 없어지지 않겠습니까?[20]

마오의 남은 생애 동안 우공이산 이야기는 그가 중국을 변화시키기 위해 행한 끊임없는 노력을 뜻하는 비유로 사용된다. 1945년 8월 일본의 갑작스러운 패망, 이로부터 3년 반 뒤 국민당의 패배는 마오의 오랜 신념을 더욱 강화했다. 그것은 인간 의지의 힘에 비하면 다른 모든 요인은 부수적이라는 믿음이었다. 마오는 일본을 격퇴한 것이 원자폭탄이 아니라 민중 투쟁이라고 강조했다.

원자폭탄은 미국의 반동분자들이 사람들을 겁주기 위해 사용한 '종이호랑이'입니다. 무서워 보이기는 하나 진짜 무서운 것은 아닙니다. 물론 원자폭탄은 대량살상무기입니다. 하지만 전쟁의 결과는 인민에 의해 결정되는 것입니다. 새로운 무기가 한두 가지 나왔다 해서 전쟁을 결정지을 수는 없습니다.

모든 반동분자들은 종이호랑이입니다. …… 히틀러 역시 …… 종이호랑이였습니다. 무솔리니도, 일본 제국주의도 마찬가지입니다. …… 장제스와 그의 지지자들 역시 …… 종이호랑이에 불과합니다. …… 우리가 의지할 것은 기장과 소총뿐입니다. 그러나 역사는 결국 우리의 기장과 소총이 장제스의 비행기와 탱크보다 더 힘세다는 것을 증명해줄 것입니다. …… 그 이유는 다른 것이 아닙니다. 반동분자들은 반동을 대표하지만 우리는 진보를 대표하기 때문입니다.[21]

1948년 가을, 공산당 군대는 그들의 대의가 지닌 정당성에 강한 확신을 품고서 중국의 명운을 가름할 세 번의 결정적 전투를 준비하기 시작했다.

9월 초 마오쩌둥은 작전의 전체적 계획을 세웠다.[22] 첫 번째 전투는 린뱌오 부대의 공격으로 시작되었다. 린뱌오는 70만 병력을 이끌고 진저우(錦州)를 공격했다. 진저우는 베이징에서 만주로 이어지는 철도 교통의 중심지이자 요새 도시였다. 31시간 동안이나 치열한 전투가 계속된 끝에, 10월 15일 린뱌오 부대는 도시를 함락했다. 그러나 이후에 벌어진 일들은 마오가 예상치 못한 것이었다. 10만 명에 달하는 국민당 구원병이 선양에서 출발했다. 이에 린뱌오는 부대를 남쪽으로 이끄는 것처럼 속인 다음 주력 부대를 북쪽으로 보내 국민당 구원병을 전멸시켰다. 거의 같은 시기에 창춘은 린뱌오 부대의 포위에 결국 항복했다. 위수 부대 병력이 반밖에 남지 않은 선양은 11월 2일에 무너졌다. 린뱌오가 중국공산당 역사상 가장 위대한 군 지휘관으로 알려진 데는 충분한 이유가 있다고 할 수 있다. 불과 7주

만에 장제스는 만주 전체를 상실했으며 정예 부대 50만을 잃었다. 하루아침에 군사 정세가 완전히 뒤바뀌었다. 이제 국민당 군대는 전부 퇴각하기 시작했고, 내전이 발발한 후 처음으로 병력 면에서도 공산당군이 국민당군을 압도했다.

그다음 주더는 린뱌오에게 톈진과 베이징을 포위하기 위해 남쪽으로 950킬로미터를 급속히 행군하라고 명령했다. 그리고 그곳에서 린뱌오의 동북 야전군(東北野戰軍)은 녜룽전의 화북 야전군(華北野戰軍)과 합류한다.* 이로써 린뱌오 휘하에는 공산당군 역사상 가장 큰 병력인 1백만 명 정도가 집결하게 되었다. 이에 맞서는 국민당 군대는 60만 병력이었다.

다시 한번 마오가 작전을 세웠다. 마오는 린뱌오에게 적군의 탈출로를 차단하는 것이 주요 임무라고 말하며, 국민당 군대가 마치 "활 쏘는 소리를 듣고 놀란 새" 같아야 한다고 주의를 주었다. 빈틈없이 완전하게 포위망을 갖춘 이후에야 공격을 개시하되, 목표는 장제스의 예상과는 달리 베이징이 아니라 톈진이어야 한다는 지시였다.[23]

한편 남쪽으로 640킬로미터 떨어진 지역에서는 류보청의 중원 야전군(中原野戰軍)과 천이의 화동 야전군(華東野戰軍)이 세 번째 전투를 개시했다.

화이하이(淮海) 전투라고 불린 이 싸움은 안후이성, 허난성, 장쑤성, 산둥성의 네 개 성을—동쪽으로는 대운하(大運河), 남쪽으로는 화이하(淮河)까지 전역이 펼쳐졌다.—무대로 벌어졌다. 전투는 2개월간 지속되었다. 양측의 병력은 각각 약 50만 명이었지만, 공산당군은 2백만 명에 달하는 농민 지원군의 도움을 받았다. 그들은 덩샤오핑이 서기로 있던 총전선위원회 지휘를 받았으며 후방 병참 지원 역

---

* 인민해방군의 예하 부대에는 서북 야전군(제1야전군), 중원 야전군(제2야전군), 화동 야전군(제3야전군), 동북 야전군(제4야전군), 화북 야전군(제5야전군)이 있었다.

할을 수행했다. 만주에서와 마찬가지로 전투의 시작은 국민당군의 약체 부대 하나를 섬멸하는 것이었다. 약체 부대를 구하기 위해 급파된 구원병은 공산당 유격대에 저지되었다. 국민당 진영에서 대규모 증원 부대가 출발했지만 류보청이 쉬저우 부근에 쳐놓은 거대한 매복에 걸려들었다. 1949년 1월 10일에 화이하이 전투가 끝났을 때, 국민당 병력 가운데 죽거나 다친 자는 20만 명이었으며 투항한 자는 30만 명이었다.

화이하이 작전에서 큰 패배를 당한 장제스가 휘청거리는 사이, 린뱌오는 북방의 두 도시, 톈진과 베이징에 대한 포위망을 좁혀 들어갔다. 1월 15일 톈진이 함락되었다. 1주일 뒤 베이징을 담당한 국민당군의 푸쭤이(傅作義) 장군은 공산당군과 협상을 벌인 끝에 항복을 선언했다. 표면상 이유는 수도 베이징을 공산당군의 폭격에서 구하기 위함이었다. 푸쭤이가 지휘한 20만 병력은 인민해방군에 편입되었으며, 그 자신은 새로 수립되는 공산당 정부에서 한직을 하나 얻는다.

베이징이 항복하기 하루 전 장제스는 총통직에서 사임했다(하지만 여전히 국민당의 최고 지도자 직책은 유지했다).[24]

4개월 동안 장제스는 150만 병력을 잃었다. 2년 전만 해도 중국공산당은 연립 정부 내에 작은 역할이라도 받아들일 수 있다고 말했지만, 이제는 장제스를 전쟁 범죄자로 처벌하고, 국민당 정권이 물러나며, 헌법을 폐기하고, 국민당군의 잔여 병력을 인민해방군에 편입하라고 요구했다. 장제스에 뒤이어 총통 대리를 맡은 리쭝런(李宗仁)이 평화 협상에 나섰지만 곧 결렬되었다. 4월 21일 류보청의 부대가 양쯔강을 넘었다. 사흘 뒤 난징이 점령되었다. 5월 3일에는 항저우, 5월 27일에는 상하이가 함락되었다. 이때쯤 장제스는 이미 중국 본토를 포기하고 타이완으로 지휘부를 옮기기로 결심한 상태였다. 그는 미국과 소련이 전쟁을 벌이기를 기대하고 있었다. 전쟁이 발발할 때까

1949년 3월 마오쩌둥이 국민당 군대에 대승을 거둔 린바오의 부대를 사열하고 있다.

지 타이완에서 기다리고 있다가 싸움이 시작되면 다시 미군의 도움을 받아 군대를 이끌고 본토 수복에 나서겠다는 생각이었다.

장제스는 타이완으로 가면서 남은 국민당군 가운데 최정예 육군, 공군, 해군 부대를 데리고 갔다. 또한 3억 달러에 해당하는 금과 은과 외국 화폐를 들고 갔다. 본토의 국민당 저항 세력은 자금과 탄약이 고갈되면서 점차 약화되었다. 중국의 서남부에서는 그후 1년 동안 전투가 계속되었고 그보다 더 오랜 기간 전투가 지속된 지역

도 있었다. 그러나 사실상 중국을 쟁탈하기 위한 전쟁은 이미 끝이
났다.

국민당의 붕괴는 공산당과 마오쩌둥에게 서부 유럽의 세 배에 달
하는 영토와 전 세계 인구의 4분의 1이 사는 국가를 관리해야 할 도
전을 안겨주었다. 예전처럼 단순히 접경지대나 근거지를 관리하는
것과는 차원이 달랐다. 게다가 중국은 수십 년간 치른 전쟁으로 모
든 것이 파괴된 상태였다. 특히 새롭게 정복한 도시들을 과연 어떻게
다루어야 할지 마오는 대단히 염려했다.

마오가 도시를 걱정스러워한 이유는 젊은 시절에 베이징과 상하
이에서 살았던 경험 때문이었다. 그는 결코 자신이 촌뜨기 같다는 생
각을 버리지 못했다. 전형적인 도시 사람들에 비하면 자신은 그저 농
민의 아들에 불과하다고 느꼈다.[25] 마오는 대도시 창사에서 학교를
다녔고 광저우와 우한에서 살면서 일을 했다. 도시에서의 삶은 대단
히 행복했던 것 같지만 마오는 언제나 도시를 다소 낯선 곳으로 여
겼다. 국민당과 공산당의 내전 내내, 마오의 전략은 먼저 농촌을 장
악한 다음에 도시를 공략한다는 것이었다. 단 한 번 예외가 있기는
했다. 1945년 8월 태평양전쟁이 갑자기 끝나자, 마오는 당황한 마음
에 제대로 된 준비도 없이 당시 일본군이 점령하고 있던 상하이나 베
이징을 비롯한 도시에서 봉기를 일으키라고 지령을 내렸다(마오에게
는 다행스럽게도 도시 봉기 계획은 실행에 옮기기 전에 취소되어 피해가 발
생하지 않았다).[26] 이때를 제외하면 1948년 말까지 마오는 농촌에서
도시로 향하는 점진적 입장을 고수했다. 인민해방군에는 "우선 중소
도시와 광범위한 농촌 지역을 점령한 뒤에 대도시를 점령하라"는 지
시가 계속 하달되었다.[27]

그러나 1949년 3월이 되자 "중심 무대를 농촌에서 도시로 이동하

는" 문제를 더는 늦출 수가 없었다.[28]

그달에 마오는 당의 고위급 간부들에게 새로운 정부가 수행해야
할 경제적, 정치적 계획을 주제로 잡아 일련의 강의를 진행했다. 그
는 도시 사람들의 지지를 끌어내려면 도시의 생활 수준을 반드시 향
상시켜야 한다고 강조했다. 또한 주요 산업 시설과 외국인 소유의
회사는 국유화하겠지만 다른 형태의 자본주의는 계속 유지할 것임
을 밝혔다. 마오는 중국에 연립 정부를 세울 것이고, 연립 정부는 공
산당이 이끌지만 대부분이 국민당 좌파로 구성된 군소 진보 정당들
이 참여하여 공산주의에 공감하는 자산계급과 자유주의적 지식인
출신들을 대표할 것이라고 말했다.[29] 새로운 정치 체제는 '인민민주
독재'로 불렸다. 이는 20년 전에 설립된 '중화소비에트공화국'과 마
찬가지로 모든 사람이 민주주의 열매를 얻을 수 있는 체제가 아님을
의미했다.

(반동분자들은 말할 것입니다.) '너희들은 독재다.' 맞습니다. 우리는
그들이 말한 그대로입니다. …… 오로지 인민만 발언권이 있습니다.
'인민'이 누구입니까? 중국의 현 단계에서는 노동계급, 농민계급, 소
자산계급, 민족자산계급입니다. 이 계급들은 …… 중국공산당의 지
도 아래 단결하여 …… 제국주의의 주구인 지주계급, 관료 자산계급,
국민당 반동분자들과 그들의 졸개들 위에 독재 정권을 세워 그들이
똑바로 행동하도록 이끌 것입니다. …… 민주제는 인민의 내부에서
시행될 것입니다. …… 투표권은 인민에게만 주어질 것이고, 반동분
자에게는 주어지지 않을 것입니다. 인민 내부에서는 민주제이지만 반
동분자에게는 독재라는 두 측면이 합쳐져 '인민민주독재'가 구성되는
것입니다.[30]

마오의 발언은 계급 구분에서 불리한 쪽에 서 있는 사람들을 긴장시켰다. 물론 마오는 법을 어기는 자만 처벌을 받는다고 선언했지만, 사법부 자체가 계급 폭력의 수단이라고 말하기도 했다.

그러나 1949년 당시 다수의 중국인들과 외국인 거주자들은 공산당 정부의 설립을 억압의 시작으로 보지 않았다. 오히려 국민당 통치 말년에 만연했던 부정부패에서 벗어난다는 의미가 더 컸다.

영국 기자 앨런 위닝턴(Alan Winnington)은 인민해방군이 처음으로 베이징에 들어갈 때 동행하며, 베이징 사람들이 거리 양쪽에 늘어서서 "소리치고, 웃고, 환호하는" 모습을 목격했다.[31] 당시 칭화대학에서 연구를 하던 중국학자 더크 보드(Derk Bodde)는 자신의 일기에 '새로운 안도의 느낌'이 베이징에 퍼지고 있다고 기록했다. 그리고 이렇게 덧붙였다. "공산당이 많은 주민의 지지를 받으며 이곳에 왔다는 사실은 의심할 바가 없다."[32] 홍콩 화물선을 운항하던 한 외국인 선장은 공산당이 톈진을 점령한 지 얼마 되지 않아 그곳에 도착한 뒤 깜짝 놀랐는데, 예전에 횡행하던 '뇌물 수수'가 없어졌기 때문이었다. 그는 톈진 사람들이 심지어 담배 한 개비도 거절할 정도였다고 기억했다.[33]

중국 역사를 통틀어 관료 사회는 부패와 떼려야 뗄 수 없는 관계였기 때문에 마오는 정직하고 근면하고 검소한 사회 분위기를 새롭게 조성하는 일에 큰 의미를 두었다. 마오는 공산당이 이제 지형을 알 수 없는 새로운 영토에 들어선 것이며 낯선 위험에 직면하게 될 것이라고 경고했다.

승리에 도취되어 당 내부에 오만하고, 마치 영웅이라도 된 듯이 잘난 체하며, 더 진보하기보다는 그저 성과에 안주하고, 노고를 피하고 쾌락을 좇는 분위기가 조성될 수 있습니다. …… 총을 들고 적과 싸위 이기고 그들에 대항하여 영웅에 걸맞은 위업을 성취한 바 있는 공산당원이 (자산계급의) '사탕발림(糖衣炮彈)'에 넘어가는 경우가 있습니다. …… 우리는 이를 경계해야 합니다. 전국적 승리의 쟁취는 이제 만 리를 가야 하는 대장정의 첫걸음에 불과합니다. 우리가 스스로 이 한 걸음에 만족하는 것은 어리석은 짓입니다. 우리 앞에는 더 가치 있는 일들이 기다리고 있다. …… 중국 혁명은 위대한 혁명입니다. 그러나 나아갈 길은 더 길고 해야 할 일은 더 위대하며 더 힘들 것입니다. …… 우리는 낡은 세계를 파괴하는 일만 잘해서는 안 됩니다. 새로운 세계를 창조하는 일도 잘해야만 합니다.[34]

마지막으로 마오는 간부들에게 그들이 잘 아는 일은 제쳐놓고 잘 모르는 일을 습득해야 한다고 말했다. 러시아혁명이 승리했을 때 러시아인들은 경제에 관해 아무것도 알지 못했지만 '위대하고도 빛나는 사회주의 국가'를 건설하는 데 성공했다고 설명하며, 러시아가 이룩한 일은 중국도 할 수 있다고 장담했다.

1949년 10월 1일 오후 베이징, 마오는 톈안먼 성루 위에 올랐다. 그는 광장이 훤히 내려다보이는 그곳에서 공산당 간부들과 진보적 동맹자들에게 둘러싸여 중화인민공화국의 설립을 선포했다.[35]

열흘 전에는 새로운 헌법이 승인되었고, 그 헌법에 따라 난징이 아닌 명나라와 청나라의 수도였던 베이징을 중화인민공화국의 새로운 수도로 지정했다. 마오는 새 정부의 국가주석에 취임하여 다음과 같이 선언했다.

인류의 4분의 1을 차지하는 중국인은 이제 일어섰습니다. 중국인은 언제나 위대하고 용감하며 근면한 민족이었습니다. 중국인이 뒤처진

1949년 10월 1일 새 정부의 국가주석에 취임한 마오쩌둥이 베이징 톈안먼에서 중화인민공화국의 성립을 선포하고 있다.

것은 오로지 근대에 들어선 때부터입니다. …… (이제) 우리는 단결하여 안과 밖의 침략자들을 물리쳤습니다. …… 우리 민족은 더는 모욕과 굴종을 당하지 않을 것입니다.[36]

늦가을의 따뜻한 햇살 아래, 자금성의 진홍빛 성벽에는 붉은 비단으로 만든 거대한 등이 줄줄이 달려 산들바람에 흔들리고 있었다. 톈안먼 아래 성벽으로 둘러싸인 광장은 10만 명의 군중으로 빼곡했다. 마오는 후난 지방의 어조가 섞인 높은 음성으로 다시 한번 외쳤다. "우리 4억 7천5백만 중국 인민은 이제 일어섰습니다. 우리 앞길은 무한한 광명에 가득 차 있습니다."[37]

이 순간을 위해 베이징의 새 공산당 행정부는 몇 개월 동안이나 준비했다. 어느 베이징 주민의 이야기처럼 그날은 마오의 정부가 "새 옷을 입는" 날이었다. 톈안먼 광장은 확장되었다. 오래된 자귀나무 수풀은 다 베어졌고, 그 자리에 콘크리트를 붓고 돌판을 깔았으며 철탑을 세워 그 위에 투광 조명을 설치했다. 국민당 정권 시절에는 톈안먼 정면에 장제스의 거대한 초상화가 걸려 있었는데, 크기가 거의 이층집 높이에 달했고 석유통 여러 개를 판판하게 펴서 연결한 철판 위에 그려진 그림이었다. 색이 바래 가던 장제스 초상화는 떼였고, 대신에 크기가 똑같은 마오의 초상화가 성벽 한편에 걸렸다. 연설이 끝나자 인민해방군 부대의 행진이 시작되었다. 선두에는 인민해방군 기병대와 미군으로부터 노획한 트럭과 탱크의 긴 행렬이 섰다. 그다음은 시민 행진대였다. 그들은 "마오 주석 만세! 만만세!"를 외쳤다. 마오가 답하는 소리가 확성기를 통해 흘러나왔다. "인민 만세!" 저녁이 되자 불꽃놀이가 시작되었다. 베이징 시내 전체에서 볼 수 있을 정도로 규모가 컸다. 무용수들이 오색 종이로 만든 낫과 붉은 별이 그려진 등불을 들고 광장을 둘러싸고 있었다. 이 광경을 본 어느 시인은 이렇게 말했다. "불이 활활 타오르는 거대한 배, 중국의 배, 푸르게 빛나는 파도 위를 헤쳐 간다." 징 소리, 나팔 소리, 북 소리와 마오쩌둥의 이름을 외치는 소리가 어우러져 오래된 황제 도시의 황색 기와지붕 너머로 울려 퍼졌다.[38]

다음 날 소련은 중화인민공화국을 공식적으로 승인한 첫 번째 국가가 되었다.[39] 태국의 공산당 공작위원회에서부터 영국의 노동당 하원의원 코니 질리아쿠스(Konni Zilliacus)까지 각국의 군소 공산당과 극좌 저명인사들이 새로운 국가에 축하 인사를 보내왔다.[40] 한편 마오는 서둘러 모스크바로 향하는 첫 번째 외국 여행을 준비하기 시작했다.

내전이 완전히 끝나지도 않았는데도 마오가 중국을 떠났다는 것은, 동료들에 대한 마오의 신뢰를 드러내는 것이자 그가 모스크바 방문에 부여한 중요성을 말해준다. 1949년 말에도 여전히 중국의 서남 지역 대부분은 국민당의 지배를 받았다. 인민해방군은 푸젠성 연안의 진먼도(金門島)를 공격했지만 9천 명의 사상자만 내고 퇴각할 수밖에 없었고, 11월 중순에는 장제스가 타이완에서 비행기를 타고 국민당의 임시 수도로 정한 충칭으로 날아왔다. 장제스는 마오가 특별 열차를 타고 소련으로 출발한 12월 6일에도 그곳에 계속 머물렀다.[41]

또한 모스크바 방문은 마오가 외교 정책에서 무엇을 우선시하는지에 관해 많은 것을 알려주었다.

새로운 공산당 정부의 입장에서 볼 때, 국민당의 외교 관계를 그대로 승계하는 것은 절대로 있을 수 없는 일이었다. 마오는 서방 열강과 확실한 결별을 지향했다. 그리하여 지난 1세기 동안 중국이 당한 수모의 마지막 잔재를 완전히 제거하려 했다.[42] 1949년 초 스탈린의 지시로 소련공산당 정치국의 고위 인사 아나스타스 이바노비치 미코얀(Anastas Ivanovich Mikoyan)이 중국의 의중을 파악하기 위해 방문했다. 마오는 미코얀을 만나 향후 중국 정부가 이른바 '일변도' 정책을 취함으로써 일정 정도 외교적 고립 상태에 머무를 것이라고 밝혔다. 또한 소련이 도움을 준다면야 환영이지만, 중국은 '집안 정돈'을 마칠 때까지는 다른 나라와 일정한 거리를 유지할 예정이라고 말했다. 중국이 판단하기에 적당한 시기가 되었을 때에만 제국주의 국가들과 외교 관계를 수립할 것이며, 그전에는 그 국가들의 기존 외교 사절과 대표단과 국민들이 중국에서 나가도록 강한 압력을 받을 수밖에 없다는 말도 덧붙였다.[43]

새로운 중국, 새로운 '중앙의 대제국'은 이제 과거의 방식대로 오랑캐들을 문밖에서 기다리도록 만들 작정이었다.

그해 여름 마오는 이러한 결정의 의미를 설명했다.

(반동주의자들은 말할 것입니다.) '당신들은 한쪽으로 기울어졌다.'

맞는 말입니다. …… 중립적인 태도를 취하는 것은 불가능합니다. …… 이 세계에서는 어느 국가도 예외 없이 제국주의로 기울든지 사회주의로 기울든지 선택해야 합니다. 중립주의란 위장에 불과하며 제3의 길은 존재하지 않습니다. …… 우리는 소련이 주도하는 반제국주의 전선에 속해 있습니다. 그래서 우리는 오직 그 전선에서만 진정으로 우호적인 도움을 찾을 것입니다. 제국주의 전선에서는 어떤 도움도 구하지 않을 것입니다.[44]

여기에는 중요하고도 미묘한 어감의 차이가 있다. 마오가 말한 것은 '기우는 것'일 뿐 한 덩어리의 바위처럼 완전한 일치가 아니었다. 중국은 소련이 주도하는 '반제국주의 전선'에 속할 수는 있어도(과거에 중국공산당이 국민당의 통일전선에 속한 것과 마찬가지이다) 어떠한 경우에도 중국과 소련의 정책이 동일할 수는 없었다. 마오에게 한 전선에 속한다는 것은 단합과 투쟁 모두를 의미했다.

마오는 과거 스탈린이 중국공산당의 이익을 여러 차례 모욕하고 배신한 사실을 잊지 않고 있었다.

사실 마오는 이전에 세 번이나—1947년 7월, 1948년 1월, 1948년 7월—모스크바에 가서 스탈린을 만나려고 했다. 하지만 그때마다 스탈린은 이런저런 핑계를 대며 거절했다(1948년 11월에 둘의 만남이 성사되었으나 마오가 중국의 군사적 상황 때문에 떠날 수 없었다).[45] 소련은 두 번이나 공산당군에게 양쯔강을 건너지 말고 중국의 북부 지역을 장악하는 데 만족해야 한다고 암시를 주었다(적어도 마오는 그러한 의미로 이해했다). 이유는 미국을 자극하지 않기 위함이었다.[46] 하지만 스탈린과 마찬가지로 마오 역시 중국의 분단 상황이 중국이 아니라 소련에 이롭다는 것을 잘 알고 있었다. 마오는 미코얀에게 비난하듯이 이렇게 말했다. "진짜 친구와 가짜 친구가 있습니다. 가짜 친구는 겉으로는 친한 척하지만 말과 행동이 다릅니다. 그러한 친구는 기만적입니다. …… 앞으로 우리는 그러한 친구를 조심할 것입니다."[47]

5개월 뒤 인민해방군이 남쪽으로 승승장구하며 진격하고 국민당 군이 도주하는 상황에 이르자, 스탈린은 사실상 사과를 했다. 그는 당시 소련의 원조 문제를 논의하기 위해 모스크바를 방문한 류사오치에게 이렇게 말했다. "승리자는 언제나 옳은 법입니다. 어쩌면 과거에 우리가 당신들의 일을 방해했을지도 모르겠습니다. …… 우리는 당신들에 관해 많은 것을 알지 못합니다. 그러니 실수를 할 수도 있는 것이지요."[48]

1949년 12월 16일 몹시 추운 겨울이었다. 크렘린의 스파스카야(Spasskaya) 탑시계가 정오를 알릴 즈음, 마오가 탄 기차가 야로슬라브스키(Yaroslavskii) 역에 도착했다. 역 근처에는 치장 벽토를 바른 크렘린 성벽이 있었는데, 외관이 흰색과 붉은색으로 칠해져 화려했고 성벽 위에는 붉은 기가 펄럭였다.

마오는 걱정이 가득했다. 며칠 전 스베르들롭스크(Sverdlovsk) 역에서는 잠시 기차에서 내려 승강장을 걷다가 갑자기 비틀거렸다. 안색이 몹시 창백했고 땀을 줄줄 흘렸다. 마오는 사람들의 부축을 받으며 객실로 돌아갔고 러시아인들에게는 감기 때문이라고 둘러댔다. 하지만 그는 신경쇠약에 걸려 있었다.[49] 스탈린은 허물이 많았지만 그래도 여전히 마오에게는 공산당의 교황 같은 절대적 존재였다. 마오가 모스크바에 머무르는 동안 스탈린과 어떤 관계를 맺느냐에 따라 '일변도' 정책의 실현 여부가 달려 있었다.

소련공산당 지도자들에게 마오쩌둥은 수수께끼 같은 인물이었다. 그는 세계에서 두 번째로 힘이 있는 공산당 지도자였으며 소련이 충

1949년 12월 마오쩌둥이 스탈린을 만나기 위해 모스크바를 방문했다. 중국 혁명 과정에서 마오는 스탈린에게 여러 차례 배신당했지만 그에게 스탈린은 여전히 공산당의 교황 같은 절대적 존재였다.

분한 지원을 하지 않았는데도 한 국가의 권력을 쟁취한 몇 안 되는 인물 중 하나였다. 마오는 단지 독창적인 공산주의자인가? (그렇다면 마오는 소련이 계획하는 대로 잘 따르지 않을지도 모른다.) 아니면 유고슬라비아의 요시프 브로즈 티토(Josip Broz Tito) 같은 인물인가? 티토는 반항적인 행보 탓에 이미 1년 전 공산 진영에서 추방당했다.[50] 여하튼 이제부터 좀 더 원만한 관계를 맺기를 원한 것은 스탈린도 마찬가지였다.

그날 저녁 6시, 크렘린 궁의 예카테리나 접견실의 문이 활짝 열렸다. 마오는 자신을 맞이하기 위해 스탈린을 비롯한 소련공산당 정치국 위원 전원이 줄 서 있는 장면을 보았다. 아주 특별한 방문객을 위한 아주 특별한 환영이었다.[51]

스탈린은 마오를 '중국 인민의 훌륭한 아들'이라고 칭하며 반갑게 맞이했다. 하지만 둘 사이에 잠재되어 있던 긴장이 겉으로 드러나는 데는 시간이 그리 오래 걸리지 않았다. 마오가 말을 시작한 지 얼마 지나지 않아, 스탈린은 그가 양국의 의견 차이를 말하려 한다고 생각해서* 황급하게 말을 막고 류사오치에게 했던 말을 반복했다. "당신은 승리자입니다. 승리자는 언제나 옳은 법이지요. 그것이 세상의 이치입니다."[52] 형식적인 대화가 계속 이어졌다. 스탈린은 마오에게 이번 방문에서 무엇을 성취하고자 하는지 물었다. 마오가 답했다. "보기에만 좋은 것이 아니라 먹기에도 좋은 것입니다." 마오의 대답이 통역되었을 때 비밀경찰의 수장 라브렌티 베리야는 피식 웃음을 지었다. 스탈린은 마오에게 대답의 의미를 물었지만 마오는 더 구체적으로는 답하지 않았다. 2시간가량 지속된 만남이 끝나 갈 무렵이면, 스탈린은 마오에게 혹시 중국에 기상 관측 시설이 있는지, 마오의 저작물을 러시아 말로 번역하는 데 동의하는지 따위를 물으며 의미 없는 대화를 이어 갔다.

사실 스탈린은 마오가 원하는 바를 너무나 잘 알고 있었다. 중국은 스탈린이 장제스와 체결한 중소우호동맹조약을 폐기하기를 바랐으며, 형제 같은 공산 국가로서 새로운 동맹 관계를 맺기를 희망했다.

스탈린은 망설였다. 그는 얄타 회담에서 영국, 미국과 논의한 끝에 중소우호동맹조약이 체결되었다는 핑계를 댔다. 스탈린은 마오에게 이렇게 말했다. "우리가 하나라도 변화를 주면 결국 영국과 미국이 (다른 데서) 새로운 문제를 제기할 수 있는 합법적 근거를 주고 맙니다." 예를 들면 일본 영토였던 쿠릴 열도와 사할린 남부에 대한 소련의 영유권 주장이 문제가 될 수 있다는 의미였다. 하지만 이는 의도적인 거짓말이었다. 단지 스탈린은 마오에게 새로운 관계를 맺고

---

* 마오는 스탈린에게 이렇게 말을 시작했다. "저는 오랫동안 비난받고 배척당했으며 제 견해를 분명하게 밝힐 기회가 전혀 없었습니다." 어쩌면 마오는 코민테른의 지지에 감사의 뜻을 밝히려 했는지도 모른다. (아니면 그가 소련 유학파 때문에 겪은 고난을 언급하려 했을 수도 있다.) 여하튼 마오가 여기까지 말을 했을 때 스탈린이 황급하게 마오의 말을 막고 끼어들었다.(저자 주)

자 한다면 철저하게 모스크바가 제시하는 조건에 따라야 한다는 의중을 드러낸 것이었다. 스탈린과 장제스의 조약은 앞으로도 유효할 것이며, 마오는 이를 받아들임으로써 스탈린의 절대적 우위를 인정해야 했다. 스탈린이 할 수 있는 최대한의 성의는 조약의 내용을 비공식적으로는 수정할 수도 있다는 언질뿐이었다.

마오는 스탈린의 술수에 익숙했다.

1938년에 스탈린은 마오의 중국공산당 지도를 지지하면서, 상징적인 대가로 마오가 시안 사건이 일본의 음모로 일어났음을 공개적으로 인정하라고 요구했다. 마오는 대가를 지불했다. 나중에 마오가 말한 것처럼, 당시 스탈린과의 관계는 "아버지와 아들의 관계, 혹은 고양이와 쥐의 관계라고 할 수 있었다."

하지만 이번에는 판이 훨씬 더 컸다. 소련과의 관계는 마오가 전 세계를 상대로 펼치는 정책에서 주춧돌의 의미가 있었다. 만일 중국과 소련의 관계가 중국의 굴종에 토대를 둔다면, 도대체 중국 혁명이 성취한 것은 무엇인가? 소련이 기존의 조약을 유지하고자 고집한다면, 왜 자본주의 국가들이 새로운 토대 위에서 중국과 관계를 맺어야 하는가?

1946년 중반부터—중국공산당이 만주에 확고하게 자리를 잡은 시기이자 냉전 때문에 동아시아의 지정학적 지도가 바뀌기 시작한 때이다.—스탈린은 중국의 상황을 주시하고 있었다. 그해 수백 명의 소련 고문과 의료진이 중국에 파견되어 동북 지역의 인민해방군 후방에서 일했다. 또한 마오의 지휘부에 소련의 정보 부대가 파견된 것 역시 같은 해였다. 소련의 군사 원조는 처음에는 매우 인색했다. 그러나 만주 국경 너머로 소련과 교역하는 일이 많아짐에 따라 인민해방군은 소련의 군 장비를 대량으로 얻을 수 있게 되었다. 1949년 6월 류사오치가 모스크바를 방문할 즈음에는 스탈린이 중국의 도움

요청을 관대하게 받아들일 준비가 되어 있었다. 류사오치가 소련으로 향하기 몇 주 전에 마오는 스탈린에게 전보를 보냈다. "우리가 도움이 필요한 분야는 경제 분야입니다. 경제 건설 없이 우리는 혁명을 실현할 수 없습니다." 소련은 미국 돈으로 3백만 달러의 차관을 제공하고, 조선술을 지원하며, 함포, 전투기, 중국 조종사 교육을 제공하기로 약속했다. 8월 류사오치는 220명의 소련 전문가들과 함께 중국에 돌아왔는데, 이들은 재정, 운송에서부터 경찰 행정, 문화 시설까지 모든 분야를 아울렀다. 하지만 스탈린은 과거와 마찬가지로 중국을 아직 '부르주아 혁명' 단계에 있다고 평가했다. 따라서 마오에게 소련과 같은 완전한 공산주의 체제를 구축하려고 서둘지 말라고 계속해서 조언했다.

원만한 관계가 지속되던 중에도 긴장의 순간들이 있었다. 1949년 1월 장제스가 사임한 후 총통 대리를 맡은 리쭝런이 마오에게 휴전 협상안을 제시했을 때 스탈린은 마오에게 자세한 답변 지침을 보냈다. 이에 마오는 몹시 분노했고, 만일 스탈린의 조언을 따른다면 "대중은 ⋯⋯ 실망에 빠질 것"이라며 거절했다. 그뿐 아니라 마오는 중국공산당이 '그가' 이 문제를 어떻게 다루기를 기대하는지 전했다. 이는 공산주의 세계의 지도자에 대한 전례 없는 도전이었다.

마오는 이번에도 완강하게 버텨보기로 했다.

평소 방식대로 마오는 스탈린에게 직접 생각을 밝히지 않았다. 그 대신에 얼핏 보기에는 사소한 문제를—저우언라이가 모스크바로 와야 할지—물었다. (만일 저우언라이가 와도 된다면 이것은 모스크바가 새로운 조약에 관한 협상을 시작하겠다는 뜻이었고, 그렇지 않으면 과거 조약을 그대로 유지하겠다는 의미였다.)

회담이 2주 동안 중단되었다.

마오는 모스크바에서 서쪽으로 몇 킬로미터 떨어진 스탈린의 개인 별장에 머물며 속을 끓였다. 한편으로는 소련의 귀한 손님이었고, 다른 한편으로는 감옥에 갇힌 죄수와 다름없었다. 12월 21일 마오는 스탈린의 70번째 생일 축하연에 참석했다. 스탈린 바로 옆에 자리가 배정되었으며 자리에 알맞게 아낌없는 찬사를 보냈다. 하지만 생일 축하연은 철저하게 의례적인 자리였기 때문에 구체적인 이야기를 나눌 수는 없었다. 23일로 잡힌 회담은 갑작스레 취소되었다. 화가 난 마오는 소련 측 담당자에게 이렇게 소리쳤다. "내가 여기에 와서 한 일은 세 가지밖에 없소. 첫째는 먹는 것이요, 둘째는 자는 것이요, 셋째는 용변을 보는 것이오!"[53] 이틀 뒤 스탈린이 마오에게 전화를 걸었지만 마오는 특별한 이야기를 하지 않았다. 얼마 뒤 이번에는 마오가 스탈린에게 전화를 걸었지만 스탈린이 자리에 없다는 이야기만 들었다.

어쩌면 두 사람은 상대방이 먼저 양보하기를 바라며 자신의 의지가 관철될 때까지 기다리는 이 기묘한 기 싸움을 끝없이 계속했을지도 모른다. 하지만 싸움을 중단할 수밖에 없는 상황이 발생했다. 마오쩌둥이 모스크바에서 모습을 드러내지 않자, 서구 언론들이 그가 가택 연금 상태라는 추측성 기사를 냈기 때문이다. 그러자 스탈린은 타스통신의 기자가 마오를 방문하여 면담할 수 있는 자리를 마련해주었다. 마오는 면담 자리에서 새로운 중소 조약을 체결할 때까지 아무리 시간이 많이 걸리더라도 모스크바를 떠나지 않을 것이라고 밝혔다. 며칠 뒤 마침내 스탈린이 양보했다. 1950년 1월 2일 몰로토프가 마오를 방문해 저우언라이가 모스크바에 와도 좋을 것 같다는 말을 전하며, 기존의 조약을 폐기하고 새로운 조약을 체결하자는 의사를 내비쳤던 것이다. "그럼 얄타 회담은 어떻게 하죠?" 며칠 뒤 스탈린을 직접 만났을 때 마오가 짓궂게 물어보았다. "이제 제발 그 이야기는 그만하시오!" 스탈린이 답했다.[54]

스탈린이 왜 마음을 바꾸었는지는 분명하지 않다. 마오의 생각으로는 당시 영국이 중국공산당 정부를 곧 승인할 것이라는 사실이 중요한 요인이었다. 스탈린이 중국이 서방과 가까워질지도 모른다고 불안해했을 것이라는 추측이었다. 그러나 아마도 단순하게 스탈린은 마오가 절대로 양보하지 않을 것이라고 판단했을 수도 있다.

여하튼 몰로토프의 방문 이후 6주가 흐른 뒤인 1950년 2월 14일, 양국의 외무장관 저우언라이와 안드레이 비신스키(Andreii Vyshinskii)는 스탈린과 마오가 지켜보는 가운데 '중소우호동맹상호원조조약'에 서명했다. 그날 저녁 스탈린은 다시 한번 전례를 깨고, 마오가 메트로폴 호텔 무도장에서 개최한 축하연에 직접 참석했다. 스탈린이 크렘린 궁을 떠난다는 것은 매우 이례적인 일이었다. 소련의 경호원들은 양국 지도자와 초대받은 손님을 분리하기 위해 방탄유리로 벽을 설치했다. 이로 인해 참석자들이 축배의 인사조차 들을 수 없게 되자 마오가 방탄유리 벽을 제거해 달라고 요청하기도 했다.

그러나 순탄해 보인 겉모습과 달리 실제로는 극도로 힘든 협상 과정이 있었다. 스탈린의 통역관 니콜라이 페도렌코(Nikolai Fedorenko)는 당시 양측의 교섭이 진행된 방이 마치 '악마들의 공연 무대' 같았다고 말했다. 마오는 미국이 중국을 공격하면 소련이 원조하겠다는 보장을 해 달라고 요구했다. 그러자 스탈린은 공식적으로 선포된 전쟁이어야 한다는 단서를 달았다. 스탈린은 신장과 만주 지역에 대한 특별한 권리를 요구했고, 이에 마오는 무척 화를 내기도 했다. 스탈린은 마오가 제대로 된 공산주의자가 아니라고 확신했다. 그저 18세기 러시아제국의 농민 반란 지도자였던 에멜리안 이바노비치 푸가초프(Emel'yan Ivanovich Pugachyov) 비슷한 사람이라고 생각했다. 훗날 마오는 이렇게 말했다. "스탈린은 우리를 신뢰하지 않았습니다. 그는 우리의 혁명이 모조품이라고 생각했습니다."[55]

그런 상황에서도 양국은 협상을 타결했다. 마오는 다시 중국으로 돌아오는 여행길에 오르며 중국이 세계 속에서 새로운 지위를 확립하는 데 굳건한 토대를 마련했다는 사실에 만족감을 느꼈다. 이제 내전은 거의 끝난 상태였다. 따라서 공산당 정부는 중국의 무너진 경제를 다시 일으켜 세우고, 사회주의 건설을 향한 기대에 찬 걸음을 내디딜 수 있었다.

4개월 뒤인 1950년 6월 25일 새벽 4시 40분, 한국전쟁이 발발했다.[56]

마오는 전쟁 계획을 사전에 알고 있었다. 6주 전 북한의 최고 지도자 김일성(金日成)이 비행기를 타고 베이징으로 와서, 모스크바가 한반도를 통일하기 위한 군사 공격을 승인했다고 말했던 것이다. 항상 책략이 비상했던 스탈린은 북한의 군사 작전에 한 가지 전제를 달았다. 먼저 마오의 찬성을 얻어야 한다는 것이었다. 스탈린은 김일성에게 이렇게 다짐했다. "만일 당신이 혼쭐이 나더라도 나는 손가락 하나 까딱하지 않을 것이오." 이는 북한이 난관에 봉착할 경우 구원해줄 사람은 바로 마오쩌둥이라는 뜻이었다. 그러나 김일성은 스탈린의 이 말을 중국에 알리지 않았다.[57]

한국전쟁은 중국 정부의 입장에서는 전혀 환영할 만한 일이 아니었다. 미국의 대응을 도저히 예측할 수 없었을 뿐 아니라, 당시 중국 정부는 타이완 침공을 준비하고 있었기 때문이다.[58] 김일성의 이야기를 의심한 마오는 스탈린에게 전보를 보내 북한의 공격 개시를 정말로 승인했는지 확인했다. 스탈린은 마오에게 사실을 확인해주면서도 마오가 최종적으로 결정해야 할 문제라는 점을 암시했다. 스탈린의 답신은 다음과 같았다. 최종 결정은 "중국과 조선의 동지들이 함께" 내려야 함이 마땅하다. 만일 중국이 동의하지 않는다면 결정은 연기될 수밖에 없었다.[59] 마오는 선택의 여지가 없었다. 과거 만주 지역에서 조선인 10만 명이 중국 병사와 함께 일본군을 상대로 싸웠다. 그런데 어떻게 김일성이 자신의 땅을 '해방'하겠다고 하는 것을 말릴 수 있겠는가? 북한은 중국의 동의를 받아냈다.[60]

하지만 양측의 상호 불신은 계속되었다. 김일성은 중국이 실제 공격 개시 날짜를 알지 못하도록 지시했으며 작전 계획에서도 중국을 배제했다.[61]

장제스에게 한국전쟁은 아주 기쁜 소식이었다. 6개월 전 미국의 트루먼 대통령은 설사 타이완이 공격을 받더라도 국민당 정부를 보호하기 위해 개입하지 않겠다고 밝혔다. 4월에는 공산당군이 광둥성 남쪽에 있는 하이난섬에 대규모 상륙작전을 시도하여 2주 동안 전투를 벌였고, 그 결과 국민당군은 3만 3천 명의 사상자를 냈다. 누가 봐도 하이난 전투는 타이완 상륙작전의 예행연습처럼 보였으며, 실제로도 그랬다. 다음 차례는 진먼도를 비롯한 중국해 연안의 군소 섬들에 대한 공격이었고, 최후 공격은 다음 해 타이완 상륙작전이었다.[62]

한국전쟁은 모든 것을 바꾸어놓았다. 모두가 이 전쟁을 중국 내전의 연장선으로 여겼다면, 미국은 아마도 못 본 척했을 것이다. 그러나 사실상 미국의 피보호국이라 할 수 있는 남한 정부를 소련이 지원하는 북한 정부가 공격한 것은, 미국이 내버려둘 수 있는 문제가 아니었다.[63] 6월 27일, 워싱턴 정부는 남한의 이승만 대통령을 지원하기 위해 군대를 파견하고, 그와 동시에 미군의 제7함대를 파송하여 타이완 해협을 중립화하겠다고 선언했다.

마오의 초기 대응은 제한적이었다. 중국군의 방공 부대가 북한 쪽 국경 지역에 배치되어 압록강 다리들을 방어했고, 증원 부대가 중국 남부 지역에서 만주로 이동했다. 어느 중국군 지휘관이 말했듯이 "비

베이징을 방문한 북한 최고 지도자 김일성과 마오쩌둥(사진은 1954년에 찍은 것이다).

가 쏟아지기 전에 우산을 준비해야 한다."는 이유였다. 진먼도 공격
계획은 무기한 보류되었다.[64]

하지만 7월 말 북한군이 승승장구하며 남쪽으로 계속 진격하자,
마오는 점점 불안해지기 시작했다. 김일성은 보지 못했지만, 마오의
눈에는 북한군의 병참선이 너무 길어져서 미군의 반격에 취약할 위
험성이 보였다. 8월 4일 중국공산당 정치국 회의에서 마오는 처음으
로 미국이 핵 공격으로 중국에 보복할 위험이 있지만, 북한을 돕기
위해 전쟁에 직접 개입해야 할 수도 있다고 언급했다. 마오는 동료들
에게 만약 미국이 한국전쟁에서 승리하면 침략 욕구가 더 커질 수도
있다고 경고했다. 어쩌면 미 공군이 만주와 중국의 동부 해안 도시를
폭격할 수도 있고, 타이완의 국민당 군대가 중국 본토로 상륙작전을
시행할 가능성도 있으며, 심지어는 호찌민과 싸우고 있는 프랑스군
이 미군과 합동으로 중국 남부와 베트남 국경 지역에서 침공할지도
모른다고 말했다.

2주 뒤 마오의 우려는 더욱 깊어졌다. 저우언라이 휘하의 군사 분석가가 미군 총사령관 더글러스 맥아더(Douglas MacArthur) 장군이 인천으로 치고 들어올 것이 확실하다고 보고했기 때문이다. 한반도의 잘록한 허리 부분에 있는 도시 인천은 남과 북을 가르는 명목상 경계선인 북위 38도선 바로 아래에 있었다. 마오는 직접 지도를 살펴보고는 젊은 분석가의 말이 옳다고 느꼈다. 그는 인민해방군 50만 병력을 만주 국경 지역에 추가로 배치하라고 명령했고, 전쟁이 최소 1년 이상 계속될 것이라 가정하고 작전 계획을 짜기 시작했다.

동시에 마오는 김일성에게 긴급하게 경고 서신을 보냈다.

군사 전략의 장기적 관점에서 보면 미국은 분명히 종이호랑이이지만, 단기적 관점에서는 "미국은 진짜 호랑이이며 인간을 잡아먹을 수 있습니다." 또한 마오는 북한군은 전열을 재편성하고 상륙작전을 격퇴할 준비를 해야 한다고 지적하며 다음과 같이 썼다. "전술적 관점에서는 때때로 공격보다 후퇴가 더 좋은 경우가 있습니다. …… 당신의 적은 쉬운 상대가 아닙니다. 잊지 마십시오. 당신은 지금 제국주의의 우두머리와 싸우고 있습니다. 최악의 상황을 염두에 둔 대비책을 마련하십시오."

김일성은 마오의 경고를 무시했다. 스탈린도 마찬가지였다. 9월 15일 인천상륙작전이 시작되었고 북한군은 와해되기 시작했다. 평양의 북한 지도부는 공황에 빠졌다. 김일성은 부관 두 명을 다급하게 베이징으로 보내 중국의 도움을 요청했다. 스탈린은 마오가 북한의 붕괴를 막기 위해 지상군을 파견한다면 소련이 공군을 지원하겠다고 목소리를 보탰다.

이후 몇 주간 마오는 대단히 힘든 시간을 보냈다. 1945년 일본이 항복한 뒤로 몇 개월 동안 고통을 느꼈던 것과 비슷했다. 거의 잠을 이루지 못할 정도였다. 그는 만주에서 전쟁 준비 책임을 맡고 있던 가오강에게 중국군의 개입은 도저히 피할 수 없는 선택이라고 말했지만, 당시 중국은 경제 회복을 위해 평화가 절실히 필요했다. 그 땅은 청나라가 멸망한 이후 거의 40년 동안 쉼 없이 전쟁에 시달렸다. 그러나 여전히 티베트와 타이완을 정복하기 위한 싸움이 남아 있었다. 게다가 중국 본토에서는 수십만의 토비와 국민당군 잔류병들이 농촌과 산간 지역을 떠돌아다니고 있었다. 산업 시설은 완전히 황폐한 상태였으며, 도시에는 엄청난 수준의 실업이 만연했고, 중국 중부 평야 지역은 기근에 허덕이고 있었다.

베이징조차 식량이 잘 공급되지 않았다. 공산당 정부는 국민당의 부정부패를 끝내고 화폐를 안정시키고 기본적인 생활 지원 체제를 복원해서 인민들에게 많은 지지를 받았지만 이제 그마저 바닥나고 있었다.

그러나 9월 말 마침내 주사위는 던져졌다.

마오의 군사 전략가들은 중국이 한국전쟁에 참전할 경우 1년 안에 6만 명의 사망자와 14만 명의 부상자가 발생할 것이라고 예측했다. 또한 미군은 무기가 월등하게 좋지만 인민해방군은 사기가 훨씬 더 높고 인적 자원이 더 풍부하므로, 고정된 전선이 없을 때 발생하는 '일진일퇴의 공방전'에서 유리하다고 분석했다. 이에 따라 중국군은 "우수한 병력을 집중하여 적의 약한 부분을 치는" 마오의 전통적인 전술로 섬멸전을 벌임으로써, 미군 사상자를 최대화하여 전쟁 지속에 대한 미국 국민의 지지를 약화한다는 목표를 세웠다. 군사 전략가들은 중국이 참전을 선언할 최적의 시기는 미군이 북위 38도선을 넘어 북한 지역으로 진입하는 순간이라고 결론지었다. 그때가 미군은 병참선이 가장 길어지지만 중국군은 여전히 후방 기지에서 가깝고, 중국의 개입을 정치적으로 정당화하기도 쉽기 때문이었다.

9월 30일, 남한 군대가 처음으로 38도선을 넘어 북한으로 들어갔다. 그러자 그다음 날 김일성은 베이징으로 특별기를 띄워 특사를 급파했다. 그날은 중화인민공화국 창건 1주년이어서 중국공산당 지도부는 축하 모임을 열고 있었다. 김일성은 특사 편에 서신을 보내 북한이 붕괴에 직면했다고 호소했다. "38도선 이북에 대한 공격이 계속된다면 우리 힘만으로는 도저히 이 위기를 극복할 수 없습니다."

다음 날 마오는 서기처* 확대회의를 소집했다.

지금 문제는 한반도에 파병을 할 것인가 말 것인가가 아닙니다. 얼마나 신속하게 파병을 해야 하는가가 문제입니다. 하루 차이는 대단히 중요합니다. …… 오늘 우리는 두 가지 긴급한 사안을 논의할 것입니다. 첫째는 우리 군대가 언제 한반도로 진격해야 하는가 하는 문제이고, 둘째는 누가 지휘를 할 것인가 하는 문제입니다.

그러나 마오에게는 직접 개입이 불가피하게 보였을지라도, 다른 지도부 인사들이 즉시 그의 견해에 찬성한 것은 아니었다. 10월 4일 정치국 전원회의가 열렸을 때 정치국 위원들 다수는 마오의 의견에 반대했다. 이유는 지난 8월에 마오가 고민한 사정과 같았다. 바로 중국의 경제적, 정치적 상황 때문이었다.

특히 린뱌오가 회의적이었다. 그는 만일 김일성이 무너지면 중국은 압록강에 방어 전선을 세우고, 북한 사람들은 만주 지역에서 잃어버린 땅을 찾기 위한 유격전을 펼치도록 하게 하자고 주장했다. 마오는 린뱌오의 주장에 동의하지 않았다. 그는 이렇게 말했다. 그렇게 하면 중국은 주도권을 상실하며 "한 해, 두 해, 또 몇 해가 지나도록

---

* 1950년에 서기처는 정치국 상무위원회의 역할을 겸하고 있었다. 구성원은 마오쩌둥, 류사오치, 저우언라이, 주더였다. 런비스도 구성원이었지만, 당시 그는 심장병 때문에 활동하지 못했다. 런비스는 그해 가을 사망했고, 후임으로 천윈이 임명되었다.(저자 주)

(압록강 주위를) 지키며 적이 언제 쳐들어올지 몰라 불안한 마음으로 기다려야 합니다." 마오는 중국군 지휘관으로 린뱌오를 생각했지만, 그는 건강이 좋지 않다는 이유로 고사했다. 그러자 마오는 펑더화이를 추천했다. 펑더화이는 시안에서 비행기를 타고 베이징으로 오느라 회의에 늦게 참석했다. 그는 마오와 마찬가지로 양보를 한다고 해도 미국이 진격을 멈추지는 않을 것이라고 생각했다. 다음 날 다시 열린 정치국 회의에서 펑더화이가 마오의 견해를 지지하자 결국 군사 행동에 나선다는 합의가 도출되었다.

이틀 뒤 미국의 제1기병사단이 미군으로서는 처음으로 38도선을 넘었다. 워싱턴은 유엔(UN)을 설득하여 군사 작전의 최종 목표가 한반도 통일임을 선언하도록 했다. 10월 8일 일요일, 마오는 북한을 돕기 위한 원정군을 창설한다는 공식 명령을 발했다. 원정군은 '중국인민지원군(中國人民志願軍)'이라는 명칭이 붙었는데, 그들의 임무가 일종의 도덕 개혁 운동이자 공산주의 단결에 기초하고 있음을 강조하고, 더 중요하게는 중국의 군사 개입이 비공식적이므로 미국이 중국 도시들을 보복 공격한다면 정당하지 않다는 거짓말을 유지하기 위함이었다. 중국인민지원군은 10월 15일에 압록강을 건너기로 결정되었다.

하지만 압록강을 건너기 사흘 전, 마오는 중국인민지원군 전 부대에 이동 중지 명령을 내리고 펑더화이를 베이징으로 소환했다. 이유는 "(개입) 결정을 다시 한번 생각"한다는 것이었다.

또다시 소련이 문제였다. 소련의 군사 지원 약속에 변동이 발생한 것이다. 10월 1일 스탈린은 흑해 연안의 소치(Sochi)에서 휴가를 보내던 중에 마오에게 전보를 보냈다. "우리의 조선 동지들의 상황이 매우 절망스러워지고 있음이 명백해 보입니다. ······ 귀하가 38도선 쪽으로 5개 내지 6개 사단을 즉시 파견해야 한다고 생각합니다." 마오의 머릿속에서 비상 신호음이 울렸다. 문제는 스탈린의 요청 자체가 아니었다. 마오를 불안하게 한 것은 스탈린의 침묵이었다. 인천상륙작전 직후 공황에 가까운 공포가 닥치자, 소련은 공군 화력 지원과 군수 물자 지원을 약속했다. 그런데 이 전보에는 어떠한 언급도 없었던 것이다.

마오는 배짱을 부려봐야겠다고 결심했다. 그는 스탈린에게 중국 공산당 정치국의 다수가 군사 개입을 반대하고 있으며, 긴급한 협의를 위해 저우언라이를 모스크바로 파견하겠다고 답신을 보냈다.

저우언라이가 소치에서 스탈린을 만난 때는 10월 10일이었다. 마오의 지시에 따라 저우언라이는 스탈린에게 사실상 최후통첩을 전달했다. 중국은 소련의 의사를 존중하며, 만일 소련이 공군 지원과 대량의 무기 투입을 약속한다면 전쟁에 개입할 것이다. 그러나 그렇게 하지 않겠다면 스탈린의 판단을 존중하며 군사 개입 계획 전체를 없던 것으로 하겠다. 저우언라이는 말을 마친 뒤 의자 깊숙이 물러앉아 늙은 독재자의 대답을 기다렸다.

다음 순간 스탈린이 고개를 끄덕이자 저우언라이는 경악했다.

스탈린은 만일 중국이 개입하기 곤란하다면 북한을 포기하겠다는 의중을 내비쳤다. 김일성은 만주로 가서 빨치산 투쟁을 하는 수밖에 없다는 뜻이었다.

저우언라이는 굴복할 수밖에 없었다. 양측은 10시간 동안 회의를 지속했고, 이후에는 연회를 열어 술을 함께 마셨다. 결국 새벽 5시가 되어서야 자리가 끝이 났는데, 저우언라이는 스탈린에게 약간의 약속을 받아낼 수 있었다. 스탈린과 저우언라이가 서명한 합의는 즉시 마오에게 전달되었다. 구체적인 내용은 소련이 중국에 무기를 공급하고, 중국 도시들이 공격을 받을 경우에는 공군 지원을 해주겠다는 것이었다. 하지만 그후 2개월 동안 한반도 지역에서 소련 공군의 지원은 없었다. 스탈린은 준비하는 데 시간이 걸린다는 이유를 댔지만 실제로는 겁을 내고 있었다. 소련 조종사가 참전하게 되면 긴장이 고조되어 미국과 직접 충돌할 위험이 너무 크다고 생각했던 것이다. 소련의 직접 개입은 어떠한 형태이든 스탈린의 구상 속에는 없었다. 처음부터 스탈린은 한국전쟁을 미국, 북한, 그리고 일이 잘되면 중국까지 소모적인 충돌의 진창 속으로 빠져 들어가게 할 수 있는 기회로 여겼다. 그래서 유엔 안전보장이사회가 한국전쟁에 군사 개입을 승인할 때도 소련 대사가 비토권을 행사하지 않았던 것이다. 8월 스탈린은 체코슬로바키아 대통령 클레멘트 고트발트(Klement Gottwald)에게 자신의 의도를 드러냈다. 미국이 '새로운 바보짓'을 범하게 만듦으로써 체면을 깎아내리고, 미국이 유럽에 관심을 갖지 못하도록 하여 소련이 유럽에서 좀 더 자유롭게 행동할 수 있으리라는 계산이었다. 스탈린은 자문자답했다. "한국전쟁이 전 세계적 힘의 균형이라는 측면에서 우리에게 도움이 될까요? 절대적으로 그렇습니다."[65]

마오에게 있어 소비에트의 지도자가 불과 몇 주 전에 약속한 군사지원을 저버린 것은 이제까지 모스크바가 행한 배신 중에 가장 지독한 것이었다.

1936년 시안과 1945년 만주를 둘러싸고 스탈린이 배신했을 때는 권력 투쟁을 하고 있던 중국공산당의 정치적 이해관계가 문제였다. 하지만 지금 중국은 엄연한 주권 국가이며 소련은 중국과 조약을 체결한 동맹국이었다. 앞으로 '일변도' 정책을 택하든 아니든, 마오는 소련을 완전히 신뢰할 수 있는 동반자로 여겨서는 안 되겠다고 마음먹었다.

마오는 36시간 동안 망설였다. 10월 12일에 중국은 개입하지 않겠다는 문서를 작성하여 스탈린에게 보내려고 했다. 하지만 곧 발송하지 말라는 명령을 내렸다. 스탈린은 마오가 침묵하는 이유를 알아채고는 김일성에게 북한에서 퇴각할 준비를 하라는 메시지를 전했다. 하지만 중국은 이미 한국전쟁에 너무 깊이 발을 들여놓았기 때문에 정책 방향을 급선회할 수가 없었다. 몇 시간 뒤 마오는 자신이 배짱을 부린 것이 스탈린에게 먹혀들지 않았음을 인정할 수밖에 없었다. 그는 저우언라이에게 군사 개입은 예정대로 실행할 것이라고 알렸다. 마오의 결정을 들은 스탈린은 자신도 모르게 깊은 인상을 받은 듯했다. 스탈린은 감탄하며 이렇게 말했다. "역시 중국인은 정말로 훌륭한 동지들이군요!"[66]

하지만 마오 앞에는 여전히 헤쳐 나가야 할 난관이 기다리고 있었다. 동북의 군사 지휘관들은 공군 지원이 전혀 없이 자신들의 병사들을 미 공군의 공격에 무방비로 노출시켜야 한다는 계획을 듣고 경악했다. 17일 지휘관들은 펑더화이에게 중국군의 투입을 다음 해 봄까지 연기하자고 건의하는 공동 의견을 전달했다. 하지만 남한 군대가 평양 바로 앞까지 와 있는 상태여서 더는 병력 투입을 미룰 수가 없었다. 다음 날 마오는 펑더화이의 보고를 받은 뒤 정치국 동료들에게 말했다. "어떤 어려움이 있더라도 (우리) 결정을 바꿀 수는 없습니다. …… 연기할 수도 없습니다." 마오의 의견에 따라, 중국인민지원군은 19일에 어둠을 틈타 한반도로 들어가기로 결정했다. 그로부터 30시간이 지난 자정 무렵, 총참모장 녜룽전은 마오에게 중국인민지원군이 예정대로 압록강을 건너고 있다고 보고했다. 이에 마오는 몇 주 만에 처음으로 제대로 된 잠을 잘 수 있었다.

의사 결정 과정은 힘들었지만, 전쟁 자체는 잔인할 정도로 단순하게 진행되었다.

10월 말과 11월 초 중국인민지원군은 최초의 전초전을 수행한 뒤,

펑더화이의 명령에 따라 총퇴각했다. 그러자 맥아더 장군은 압록강을 목표로 삼아 총진군을 명령했다. 이때 미군이 내건 구호는 "크리스마스 전까지 병사들을 집으로 보내자!"였다. 하지만 머지않아 그들은 마오가 '적을 유인하여 깊이 들어오게 한다'는 그의 오래된 전략을 쓰고 있음을 깨달았다. 11월 25일 새벽 중국인민지원군은 총반격을 시작했다. 열흘 동안 펑더화이 부대는 적군에게 3만 6천 명의 병력 손실을 입힌 뒤(그 가운데 2만 4천 명이 미군이었다) 평양을 점령했다.

완벽한 작전은 아니었다. 중국인민지원군 역시 병력 손실이 컸으며 사병들은 추위와 식량 부족으로 엄청난 고통을 겪었다. 여하튼 군사 개입 7주 만에 펑더화이의 지원군은 북한의 거의 모든 지역을 탈환했다.

이때 펑더화이는 마오에게 진격을 멈추고 다음 해 봄까지 기다리자고 건의했다. 그러나 마오는 좀 더 진격하라고 밀어붙였다. 소련의 공군 지원이 제한된 규모이기는 하나 시작되었고, 중국인민지원군의 군사 작전이 성공함에 따라 스탈린이 군수 물자를 더 지원하기로 약속했기 때문이었다. 펑더화이는 망설였지만 마오가 재촉하자 마지못해 다시 남쪽으로 진격을 명했다. 작전은 12월 31일 밤에 개시되었는데, 보름달이 떠서 야간 작전이 용이할 뿐 아니라 미군이 새해맞이 기념행사로 들떴을 것이라는 계산이 있었다. 닷새 뒤 중국인민지원군과 북한군은 남한의 수도 서울을 다시 점령했다. 폭격 탓에 건물은 불타버렸고 거리는 폐허 상태였다. 중국인민지원군은 진격을 계속해 미군을 남쪽으로 약 130킬로미터 더 밀어냈다. 이때 다시 한번 펑더화이는 진격을 멈추었다. 이에 김일성은 대단히 분노하여 스탈린에게 불평을 쏟아놓았지만 스탈린은 펑더화이의 결정을 지지했다. 스탈린의 목표는 승리가 아니라 무한정 계속되는 소모전이었기 때문이다.

한 달 뒤 이번에는 미군이 반격을 가했다. 펑더화이는 마오에게 퇴각을 건의했다. 땅을 잃는 대신 시간을 버는 것은 마오가 장제스 군대와 일본군을 상대로 큰 효과를 본 소중한 전투 원칙이었다. 하지만 마오는 후퇴를 반대했다. 그는 서울을 확보한 채로 38도선을 지키고 싶었다. 새로 태어난 공산 국가 중국의 힘을 국내외에 과시할 수 있는 상징적 효과가 컸기 때문이었다.

펑더화이는 전보를 계속 보내 마오의 생각이 왜 비현실적인지 설명하려 했다. "군화, 식량, 탄약이 보급되지 않습니다. 병사들이 맨발로 눈 속을 행군할 수는 없습니다." 기온이 영하 30도까지 내려가는 맹추위 탓에 수천 명의 병사가 얼어 죽고 있었다.

이때 마오는 처음으로 정치적 고려를 앞세운 나머지 군사 작전에서 판단을 그르쳤다.

결국 서울뿐 아니라 38도선 동쪽 부분과 북한 영토의 많은 부분을 상실했다. 참전한 지 4개월 만에 중국은 14만 명의 병력 손실을 입었다. 미군은 38도선을 따라 강력한 요새를 구축했고, 전투는 양측의 기존 위치에서 크게 벗어나지 않은 채 밀고 밀리는 공방전 양상을 띠었다. 휴전 협상은 1951년 7월에 시작되었으나 양측은 모두 아직 타협할 생각이 없었다. 2년 뒤 스탈린이 사망하고 미국에서는 공화당의 드와이트 아이젠하워(Dwight Eisenhower)가 대통령에 당선되고 나서야, 미국과 중국은 타협이 가능해졌으며 남한과 북한이 모두 반대했지만 한반도의 유혈 사태를 끝내는 휴전 협정에 서명했다.[67]

펑더화이를 비롯한 중국인민지원군 지휘관들은 한국전쟁을 치르면서 고도로 발전된 군사 기술을 직접 경험했으며 이제 전쟁이 완전히 새로운 형태로 변했다고 확신했다. 특히 펑더화이는 한국전쟁 이후 5년 동안 중국의 국방부 부장으로 일하며 인민해방군을 현대적이

한국전쟁 중에 미군에게 생포된 중국인민지원군 병사들. 1950년 10월에 참전한 중국은 4개월 만에 14만 명의 병력 손실을 입었다.

고 전문적인 군대로 개혁하는 데 노력한다.[68]

마오의 생각은 달랐다. 장비가 형편없는 중국군이 최정예 미군과 싸워 비긴 것은, 무기가 아니라 의지가 전쟁의 승패를 결정한다는 그의 신념을 다시금 확인해주었을 뿐이었다. "우리는 위대한 승리를 거두었습니다." 그해 가을 마오는 의기양양하게 말했다.

우리는 이제 미군이 어느 정도의 적수인지 알게 되었습니다. 그들과 직접 대결해보지 않았다면 우리는 그들을 쉽게 두려워했을 것입니다. …… (이제 우리는 알게 되었습니다.) 미 제국주의는 그렇게 무시무시하지 않으며 우리는 그들을 공연히 두려워할 필요가 없습니다. …… 이제 중국 인민이 조직되었고, 그들이 함부로 대할 수 없는 상대가 되었습니다. 중국 인민이 화가 난다면 상황은 매우 어렵게 흘러갈 것입니다.[69]

한국전쟁 초기에 마오가 신속하고도 극적인 승리에 조급해한 것은 그가 그린 청사진 때문이었다. 중국은 이제 '일어섰고' 따라서 마오는 중국의 옛 영광을 되찾고 싶었다. 수 세기 동안 한국은 베트남과 마찬가지로 중국에 조공을 바친 나라였다. 1950년 가을, 중국이 한국전쟁에 개입한 데는, 압록강 너머에 적대적인 친미 정권이 들어서는 것을 방지하기 위한 목적이 전부는 아니었다. 그 결정에는 중국의 국가 안보를 좀 더 깊은 의미에서 확고하게 하려면 과거의 종주국 지위를 회복하는 것이 필수적이라 여긴 판단이 작용했다. 동일한 이유로 마오는 호찌민 군대에도 군사 고문단을 파견했는데, 베트남 역시 중국의 지배하에 두기 위해서였다.[70]

한국전쟁 이후 마오가 종이호랑이로 여긴 국가는 미국뿐이 아니었다. 소련을 대하는 태도 역시 근본적으로 변화했다. 중국은 북한이 패망하는 것을 막아줌으로써 소련을 구원해주었다. 스탈린이 죽은 뒤 그의 후계자들은 마오 정권을 새로운 존경심과 약간의 두려움을 품고 바라보았다. 중국이 힘이 없는 상태에도 저렇게 과감하게 행동할 수 있다면 강력한 힘을 갖게 될 경우에는 소련과 어떤 관계를 맺으려 할 것인가? 한편 마오에게 모스크바의 가치는 추락했다. 소련은 자국이 말려들고 싶지 않은 전쟁에 중국을 끌어들임으로써 기만적으로 행동했다. 게다가 그들은 스스로 신뢰할 수 없고 근본적으로는 허약한 국가라는 것을 보여주었다.[71]

물론 외면적으로는 아무것도 변하지 않았다. 중국은 여전히 경제 부흥을 위해 소련의 원조에 철저하게 의존할 수밖에 없었고, 1950년대 냉전 속에서 의지할 만한 국가 역시 소련밖에 없었다. 하지만 경멸의 씨앗이 이미 뿌려진 뒤였다.

통계에 따르면 한국전쟁에서 중국군의 사상자는 최소 40만 명에 달했으며, 그 가운데 전사자는 14만 7천 명이었다.[72) 전사자 중에는 마오의 장남 마오안잉도 있었다.

마오안잉은 5년 전 모스크바에서 돌아왔다. 그는 아버지의 말마따나 중국인으로서 뿌리를 새롭게 하기 위해 농촌에서 일을 시작했다. 그 이후에는 베이징의 공장에서 일하며 공산주의청년단 지부 부서기로서 활동했다. 1950년 가을 마오안잉은 아버지의 마지못한 승낙을 받은 뒤 한국으로 가는 인민지원군에 자원입대했다. 그는 소련에 있는 동안 사관학교를 다녔고 1944년에는 벨라루스 전선에서 4개월간 사관후보생으로 근무한 경험이 있었다. 마오안잉은 보병 연대에 배속되기를 희망했지만, 너무 위험했기 때문에 펑더화이는 그를 지휘 본부의 러시아어 담당 연락 장교로 임명했다. 1950년 11월 25일, 중국군이 한국 땅으로 들어간 지 5주가 채 되지 않은 날이었다. 버려진 금 광산에 있던 펑더화이의 지휘 본부는 미 공군의 공습을 받았다. 펑더화이를 비롯한 대부분의 지휘부 사람들은 광산의 땅굴로 피신했지만 마오안잉과 또 다른 장교 한 명은 지상 목조 건물에 고립되었다. 미 공군기가 발사한 소이탄이 그 건물을 맞추었고 두 사람 모두 죽고 말았다.

그날 오후 펑더화이는 마오에게 전보를 보내 아들의 죽음을 알리며 다른 병사들과 마찬가지로 그를 전장에 묻는 것을 건의했다. 마오의 비서 예쯔룽이 전보를 받아, 저우언라이를 비롯한 다른 최고위급 간부들에게 연락을 취했다. 그들은 펑더화이에게 시체 매장을 허락한다는 답신을 보냈으나, 전쟁이 매우 중요한 상황에 있는 만큼 마오에게 장남의 사망 소식을 알리지 않기로 결정했다.

그로부터 3개월이 흘렀다. 베이징에 도착한 펑더화이는 마오를 만나 이야기를 나누다 불쑥 마오안잉을 제대로 보호하지 못해 너무나 수치스럽다고 언급했다. 마오는 아들의 소식에 전혀 준비되지 않은

마오쩌둥과 큰아들 마오안잉(1946년). 안잉은 중국인민지원군에 자원입대해 한국전쟁에 참전했다가 1950년 11월 25일 전사했다.

상태였다. 펑더화이의 회고에 따르면, 그때 마오는 털썩 주저앉아 부들부들 떨었고, 담뱃불을 붙이려 했으나 그것도 하지 못했다. 두 사람은 얼마 동안 완전한 침묵 속에 잠겨 있었다. 이윽고 마오가 고개를 들어 말했다. "혁명 전쟁에서 우리는 항상 대가를 치러야 하지. 안잉은 그 수천 명 가운데 한 사람일 뿐이야. …… 단지 내 아들이라는 이유로 특별한 사건이라고 생각할 필요는 없어."[73]

혁명은 이미 마오의 형제자매를 모두 앗아 갔다. 마오의 의붓누이 마오쩌젠은 양카이후이보다 1년 전에 처형되었다. 1935년 장시성 시절에는 마오의 막내 남동생 마오쩌탄이 국민당 군대와 전투 중에 사망했다. 1943년에는 첫째 남동생 마오쩌민이 신상성 군벌 성스차이(盛世才)의 지시에 의해 고문을 당한 뒤 교살당했다. 마오안잉과 대단히 친밀했으며 정신질환을 앓고 있던 둘째 아들 마오안칭은 형의 죽음에 큰 충격을 받았고 얼마 뒤 정신분열 판정을 받았다. 두 딸 리민과 리나가 있었지만 모두 장칭의 영향 아래에 있었으며, 마오는 그 관계를 갈수록 싫어했다.

마오와 장남 안잉의 사이가 순탄하지만은 않았다. 마오쩌둥은 매우 엄한 아버지였으며 자식들이 나무랄 데 없이 행동하기를 기대하면서도 결코 특별 대우는 받지 못하도록 했다. 마오의 경호대장 리인차오는 마오가 자식들에게 한 말을 기억했다 "너희들은 마오쩌둥의 자식이야. 참으로 운이 나쁜 거지!"[74] 하지만 마오안잉이 모스크바에서 중국으로 귀국한 이후로는 이따금 충돌이 있긴 했지만* 부자 사이는 가까웠다. 그런 큰아들이 28살에 죽음으로써, 마오가 마음속 깊이 사적인 애착을 느낄 수 있었던 몇 안 되는 인간적 유대 관계 하나가 끊어져버렸다.

새로운 중국의 탄생이 빚은 유혈 사태는 한국전쟁에만 국한된 것은 아니었다. 한국전쟁에서 죽은 사람들보다 중국 내 각종 정치적, 경제적 운동에서 발생한 민간인 사망자가 몇 배나 더 많았다.

1950년 봄, 마오는 중국의 중부와 남부를 아우르는 광대한 지역에 공산당 지배 체제를 확립하기 위해 당을 동원하기 시작했다. 주민이 3억 명이 넘는 그 지역은 인민해방군이 지난 12개월 동안 전투를 벌여 점령한 지역이었다. 마오가 지시한 첫 번째 과업은 '사회 질서 안정'이었다. 이를 위해서는 '토비, 간첩, 불량배, 악질 토호'는 물론이고 국민당 비밀 요원을 제거해야 했는데, 마오는 국민당 요원들이

---

* 1948년 6월 시바이포에서 가장 극적인 충돌이 있었다. 마오안잉이 아버지 주변에서 벌어지고 있는 개인숭배 현상을 비난한 것이다. 이로 인해 마오안잉은 "아버지의 권위를 침해"했음을 인정하는 자아비판서를 작성했다. 또한 아버지를 방문하기 위해서는 사전 허락을 받아야 했으며, 이는 그가 베이징으로 이동하기 직전인 다음 해 2월까지 이어졌다. 그러나 다음 해 10월 마오안잉이 류쑹린과 결혼한 뒤로는 부자 사이의 충돌은 잊혔고, 주말마다 젊은 신혼부부는 마오의 집을 방문하곤 했다.(저자 주)

반공산주의적 유언비어를 퍼뜨리고 경제 사업을 파괴하기 위해 공작하며 당 일꾼들을 살해하고 있다는 이유를 댔다. 그의 말에는 근거가 있었다. 그해 농촌에서 세곡을 걷다가 살해된 공산당 관리가 3천 명에 달했기 때문이다.[75] 6만 명의 반란자들이 쓰촨성 서부 지역에서 활동했으며, '대규모 무장 봉기'가 쓰촨성과 그 주변 지역에서 일어났다. 베이징과 톈진을 비롯한 도시들에서는 국민당 지하 조직의 짓으로 의심되는 방화와 폭발 사건들도 있었다.[76]

처음에는 천천히 그리고 조심스럽게 사회 질서 안정을 위한 운동을 전개할 예정이었다. '가장 악질인 자들'만 처벌하고 나머지 사람들에게는 관용을 베풀려고 했다.[77]

그러나 한국전쟁이 모든 것을 바꾸어놓았다.[78] 중국 전역에서 수십만 명이 반미 시위에 참가했다. 베이징 시내 한가운데에는 얼굴이 초록빛이고 수염이 덥수룩한 트루먼 대통령과 맥아더 장군의 거대한 선전화가 걸렸다. 두 사람은 피가 뚝뚝 떨어지는 손을 뻗어 중국을 잡아채려 하지만 용감한 인민지원군 병사가 물리치는 모습이 담긴 그림이었다.[79] 사람들은 전선에서 싸우는 병사들에게 작은 선물과 격려의 편지를 보내도록 장려되었다. 격려의 말이란 가령 이런 식이었다. "저는 이 비누 한 조각을 당신을 위해 아껴 두었습니다. 당신의 군복에 뿌려진 적의 피를 이 비누로 깨끗이 씻어내고 또 다른 전투를 준비하십시오." 노동자들은 월급의 일부를 전쟁 물자를 확보할 수 있도록 바쳤고, 농민들은 곡물 생산을 늘리겠다고 맹세했으며 초과 수확물을 기부했다. 관계 당국은 대중의 참여를 북돋우기 위해, 사람들이 바친 돈으로 구입한 무기에는 기부자 이름을 새길 것이라고 설명했다.[80]

외국인들은 부정적인 여론을 형성하는 데 쓰였다. 중국에 오랫동안 거주한 어느 이탈리아인은 10월 1일 국경절 축하 행사 때 마오쩌등을 암살하려는 음모를 꾸몄다는 혐의를 받았다. 그는 이웃이자 공범인 한 일본인과 함께 미국의 간첩망을 지휘했다는 죄로 유죄 선고를 받았다. 간략한 재판이 끝난 뒤, 두 외국인은 덮개가 없는 지프차 뒤에 세워진 채로 시내를 가로질러 천단 부근 처형장으로 끌려가 총살당했다. 이들 외에도 이탈리아인 교회 주교와 프랑스인 서적상 두 사람이 공모자로 지목되어 투옥되었다. 이들의 음모는 모두 날조였지만 그 사실은 전혀 중요하지 않았다. 당 기관지 〈인민일보〉는 외국인 음모 사건을 몇 면에 걸쳐 크게 보도했으며, 중국 사회를 더 가혹하게 통제할 수 있게 정당화했다.[81]

또한 중국 정부는 미국이 한국에서 세균전을 벌이고 있다거나 중국인 포로를 미국 네바다주로 끌고 가 핵무기의 위력을 측정하는 데 실험 대상으로 삼고 있다고 주장하면서 미국에 대한 비난의 강도를 높였다.[82] 이에 모든 지역의 중국인들이 제국주의 만행에 분노를 토해냈다. 분노를 보이지 않는 자들은 의심의 눈초리를 받았다.

광적인 분위기가 고조됨에 따라 반혁명 분자를 억압하는 운동이 거세게 타올랐다. 2년 동안 처형당하거나 압박을 받은 나머지 자살한 사람이 70만 명에 달했다. 대부분은 과거 국민당 정부와 아주 미약하게나마 연관이 있던 자들이었다.

최소 150만 명은 그들을 위해 특별히 새로 설립한 '노동 개조 수용소(勞動改造營)'*에 갇혔다.[83]

1950년 겨울부터 이듬해 가을까지 마오는 계속 지령문을 발하여 사회 운동의 강도를 직접 조정했다. 1951년 1월에는 이 운동이 약해지고 있다고 판단하여 사형선고를 제대로 집행하도록 촉구했다. "우리가 …… 악인들에게 약해지고 주저하며 지나치게 관용적으로 굴

---

* '노동 개조(勞動改造)'는 '노동과 교육을 통한 사상 개조'를 뜻한다. 중국어 약칭으로 흔히 '라오가이(勞改)'라고 부른다.

면 큰 재난이 닥칠 것이다." 2개월 뒤에는 갑자기 제동을 걸었다. "조급성은 매우 위험하다. 반혁명 분자가 며칠 일찍 처형되거나 며칠 늦게 처형되는 것은 큰 상관이 없다. 하지만 …… 죄가 없는 사람을 체포하고 처형하는 것은 매우 나쁜 영향을 끼칠 것이다." 다음 달 4월에는 주민의 0.1퍼센트만 대상으로 삼으라고 제안했다. "우선 이 숫자의 절반을 처형하시오. 그러고 나서 상황이 어떻게 흘러가는지 지켜보시오." 5월의 지령문을 보면, "(수감자가 제공하는) 큰 노동 자원이 고갈될 위험"이 있기 때문에 사형 집행을 보류하라고 지시한다. 그리고 다시 한 달이 지나자 마오는 또다시 이 운동을 더 세게 몰아붙여야 한다고 판단한다. "인민의 분노를 달래기 위해 죽어 마땅한 사람은 …… 그 목적을 달성하기 위해 처형해야 한다."[84]

토지 개혁 역시 급격하게 좌로 기울었다.

마오는 새로운 지침을 내렸다. "지나친 행동이 있더라도 너무 빠르게 교정하지 말 것." 거의 모든 마을에서 지주는 최소 한 사람 이상이 공산당의 공작대가 조직한 군중집회에 끌려 나와 그 자리에서 성난 농민의 손에 맞아 죽거나 나중에 공개 처형하기로 하고 구금되는 일이 벌어졌다. 토지 개혁 작업이 종결된 1952년 말까지 처형된 지주와 그의 가족은 1백만 명이 넘었다. 그러나 이 수치는 추정에 불과하며, 실제로는 2백만 명이 될 수도 있고 혹은 3백만 명이 될 수도 있다.[85] 한나라 시대 이래로 농촌 사회를 지배한 사회계급인 지주는 새로운 중국이 태어난 지 3년 만에 존재 자체가 완전히 사라지고 말았다.

마오는 소련과는 달리 이러한 운동은 공안 기관이 아니라 일반 민중이 주도해야 한다고 주장했다. 1927년 후난성과 1930년대 중화소비에트 근거지의 사례에서 보았듯이, 자신을 억압하던 지주들을 맨손으로 때려죽인 농민은 그저 곁에서 구경만 한 자들과 비교할 때 훨씬 강하게 새로운 혁명 질서와 결합하는 효과가 있기 때문이었다.

중국공산당은 농촌과 달리 도시의 경우 마오가 "낡은 정권의 잔재인 쓰레기와 독을 우리 사회로부터 제거"하는 일이라고 칭한 변혁을 일으키는 일에서 큰 어려움을 겪었다.[86]

마오는 도시에서 사회 변혁을 달성하기 위해 1951년 가을부터 연달아 세 번의 정치 운동을 개시했다. 첫 번째는 반부패, 반낭비, 반관료주의의 삼반운동(三反運動)이었다. "당 간부가 자산계급에 오염되는 것"을 방지하는 것이 목적이었다. 두 번째는 반뇌물, 반탈세, 반사기, 반횡령, 반국가기밀누설의 오반운동(五反運動)이었다. 주요 목적은 자산계급의 '사탕발림'에 속아 넘어가 부패가 발생하는 것을 막는 것이었다. 세 번째는 옌안 정풍운동을 본떠 만든 '사상 개조 운동'이었다. 목표는 도시의 지식인, 특히 서방에서 교육받은 사람들을 재교육하여 공산당에 복종하게 하고 자산계급 사상을 근절하는 것이었다.[87]

이러한 운동 역시 국가나 당 조직이 앞장서지 않았다. 운동 대상인 사람들과 그들을 심판하기 위해 동원된 '광대한 대중'이 중심이었다. 삼반운동과 오반운동이 진행되자, 노동자는 사장을 고발했고 간부들은 서로 폭로했으며 아이들은 부모를 밀고하도록 부추김을 받았고 아내는 남편에게 등을 돌렸다. 이 운동에 열광한 자들은 '호랑이 사냥대(打虎隊)'를 조직하여 실제 혹은 가상의 위반자를 색출해 군중집회에 끌고 나와 모욕을 주었다.

공포의 분위기가 조성되었다. 마오가 내린 지침에 의하면, 경범죄자는 비판당하여 개조되어야 하지만, "중범죄자는 총살에 처해야 했다." 많은 사람이 심리적인 압박감에 시달려 견디기 힘들어했다. 삼반운동과 오반운동으로 목숨을 잃은 자가 수십만에 이르렀는데, 이가운데 대다수가 스스로 목숨을 끊었다. 또한 사영 기업가들이 불법 활동 혐의로 낸 벌금이 미국 돈으로 2억 달러에 달했다. 당시로서는 엄청난 금액이었다. 살아남은 간부들, 사영 기업가들, 도시 주민 전체는 공산당이 베푸는 관용의 한계가 어디까지인지 결코 잊지 못할 교훈을 얻었다.

1952년 여름 마오는 자산계급을 더는 무산계급의 동맹자로 볼 수 없다고 설명하며 이제 그들이 노동계급의 주된 투쟁 대상이 되었음을 알렸다.[88]

지식인들은 다르게 취급받았다. 그들은 자산계급적 사상, 특히 개인주의와 친미주의와 객관주의(정치에 대한 무관심)와 "근로 대중에 대한 멸시"를 완전히 제거해야 했다. 지식인들은 소규모 모임에 참석하여 사상 문제를 토론했고, 자아비판을 거듭했는데, 마침내 마오쩌둥의 정통 이론과 양립할 수 없는 독립적인 생각을 머릿속에서 완전히 몰아낼 때까지 계속되었다.[89]

한국에서 일어난 전쟁과는 상관없이, 마오는 아마도 도시 주민에 대한 통제를 강화하는 정책을 실시했을 것이다. 평화 시에 정책 수행이 이루어졌다고 해서 사망자가 줄어들었으리라는 보장도 없다. 결국 지주의 힘은 분쇄되었을 것이며, 간부나 자산가나 지식인 모두 통제 대상이 되었을 것이다. 모든 주민들이 공안국에 강제 등록되고, 거민위원회(居民委員會)의 감시 아래 거주가 제한되며, 직업 단위로 보위 기관에 배속되어 개별적인 공안 문건이 작성되는 따위의 전방위적 감시 체계는 설령 한국전쟁이 발발하지 않았더라도 추진되었을 것이다.

어쨌든 한국전쟁은 일어났고, 중국공산당은 그 기회를 잘 활용했다.[90]

한국전쟁은 중국인들에게 국가가 재건되었다는 인상을 심어주었고 국민적 자부심을 고취했다. 심지어는 새로운 공산당 정부에 전혀 호감을 느끼지 않았던 사람들까지 약간의 존경심을 드러낼 정도였다. 전장에서 일어나는 영웅적인 희생은 국내의 극단적 조치들을 합리화했다. 미국이 가하는 외적인 위협은 내적인 변화를 자극했다. 1953년 가을, 중화인민공화국이 선포된 지 4년의 세월이 흐르는 동안 거의 3백만 명이 목숨을 잃었다.[91] 4년 전 마오는 저우언라이와 함께 스좌좡 근처에 있던 임시 공산당 지휘부를 출발하여 새로 점령한 베이징으로 입성하며 이렇게 말했다. "마치 과거 시험을 보러 수도에 들어가는 옛날 학생들 같군."[92] 이제 마오의 국가는 그때는 도저히 상상할 수 없을 정도로 굳건하게 자리를 잡았다. 마오쩌둥은 첫 번째 과거 시험을 자신의 힘으로 훌륭하게 통과했다. 너무나 오랜 세월 동안 혁명과 전쟁에 시달려 왔기 때문에 그에게 인간의 고통이라는 요소는 특별한 의미가 없었다.

백화운동과 대약진운동

1953년~1960년

"백 가지 꽃이 피어나고 백 가지 생각이 서로 다투게 하라."

MAO
THE MAN
WHO
MADE
CHINA

경제는 마오쩌둥이 강한 분야가 아니었다.[1]

1930년대 초 그가 장시성에서 실시한 조사는 지방 상거래의 역학이 아니라 농촌 계급 관계에 초점을 맞춘 것이었다. 작은 장터 마을의 상업 활동을 묘사하겠다고 조사 목적을 분명히 밝힌 경우에도 지역의 소소한 생산품 수백 가지를 기재한 목록을 작성하는 데 그쳤다. 마오는 무엇이 경제를 성장시키는지, 고용과 부는 어떻게 창출되는지, 경제가 불안정해지는 원인이 무엇인지에 대해서는 거의 이해하는 바가 없었다.[2]

그로부터 10년 뒤 옌안 시절에 마오는 혼합경제 체제를 지향하며 자본주의 요소가 많은 '신민주주의' 강령을 만들었다. 그러나 이 강령은 당시 통일전선과 항일 전쟁이라는 정치적 필요에 영향을 받은 것이었다. 1940년대 초 공산당은 경제 분야에서 두 가지 중요한 개혁을 단행했다. 바로 농업 부문에서 '합작사(合作社, 협동조합)'의 도입과 홍군의 경제 자립 운동이었다. 이 두 가지 개혁도 그 배경에는 정치적 의도가 있었다. 전자는 농민 개별 소유에서 집단화 체제로 나아가기 위한 단계적 조치였으며, 후자는 군대가 민간에 지우는 부담을 덜려는 조치였다. 두 조치는 1949년 중화인민공화국이 창건

된 이후에도 지속되었다.[3] 인민해방군이 티베트를 침공해 점령했던 1950~1951년 겨울에 마오의 주된 관심사는 군대가 필요한 식량을 충분히 스스로 생산할 수 있는가 하는 것이었다. 그러지 못하면 티베트 사람들을 중국 편으로 만들지 못할 것이고 결국 그들이 반란을 일으킬 것이라고 마오는 경고했다.[4]

마오가 자급자족을 강조한 것은 어린 시절에 농촌 경제의 영향 속에서 자랐기 때문이었다. 그리고 공산당 근거지에서 적으로부터 끊임없이 경제 봉쇄의 위협을 받으며 살았던 경험이 그런 생각을 더 강화했다. 경제 자립은 각 성과 국가 차원에서 하나의 신조로 인식되었다. 중국은 역사적 경험을 통해 외국이 착취적이며 따라서 멀리해야 한다는 것을 배웠다. 마오가 통치하던 거의 대부분의 시간 동안 외국과 교역은 항상 최소 수준에 머물렀으며 국제수지는 확실히 흑자를 유지했다. 중국이 돈을 빌린 나라는 소련이 유일했으며, 그것도 한국전쟁 기간에 군수 물자와 관련된 것을 제외하면 항상 규모가 제한되어 있었다. 1949년 소련이 5년 융자로 총 3억 달러를 빌려주었을 때 국제 여론은 스탈린을 인색하다고 보았다. 하지만 마오는 오히려 중국의 차입금이 소액에 머무는 데 내심 안도했다.[5]

공산당이 중국 전역에서 승리를 거두기 직전에 마오는 앞으로 닥칠 경제 과업에 대한 우려를 공개적으로 밝혔다. "우리는 전혀 모르는 것을 앞으로 배워 나가지 않으면 안 됩니다. 우리는 상대가 누구든 그 사람이 경제를 안다면 그에게서 배워야 합니다. …… 우리는 우리의 무지를 인정해야 합니다. 그리고 모르는 것을 아는 척해서는 안 됩니다."[6]

3년 뒤 마오와 그의 동료들은 새롭게 평화를 찾은 광대한 조국을 위해 포괄적인 경제 발전 전략을 세우는 과업에 직면했다. 그때 그들은 소련 전문가들에게 도움을 요청함으로써 과거에 마오가 한 말을 정확히 실행에 옮겼다. 그 결과 소련의 경험을 모델로 삼은 5개년 계획이 수립되었다. 소련이 1백 개가 넘는 중공업 시설을 건설해주는 것이 이 계획의 핵심이었다.[7]

훗날 마오는 당시에 교조주의가 너무 심했다고 불평했다. "우리는 그런 문제를 잘 이해하지 못했고 경험도 전혀 없었다. 우리가 할 수 있는 일이라고는 그저 외국에서 시행한 방법을 수입하는 것뿐이었다. …… (소련의) 방법이 정확한지 아닌지는 상관없었다. 중국인들은 그저 열심히 듣고 공손하게 복종할 뿐이었다."[8] 하지만 1953년에 마오가 원한 것은 바로 소련의 지도였다. 그해 봄 마오는 관리들에게 직접 "온 나라에 소련으로부터 배우자는 운동의 열기를 더욱 뜨겁게 달구라."고 촉구했다.[9]

오직 두 측면에서만 중국은 소련 모델에서 벗어났다. 첫째, 스탈린은 강제 집단화를 실시했지만 마오는 자발적이고 단계적인 접근법을 택했다. 마을 사람들은 우선 호조조(互助組, 노동 상호 원조 조직)를 만들라는 요구를 받았다. 몇 가구가 힘을 합쳐 경작용 가축과 연장, 노동력을 공유하는 것이 호조조의 기능이었다. 다음 단계는 '낮은 단계의 농업생산합작사(初級農業生産合作社)'(줄여서 '초급사')를 조직하는 것이었다. 초급사 구성원이 된 농민들은 각자 제공한 토지와 노동력에 비례해 대가를 받았다. 마지막으로 '높은 단계의 농업생산합작사(高級農業生産合作社)'(줄여서 '고급사')가 조직된다. 이 단계에서는 마을 전체의 토지와 농기구가 집단 소유물로 전환되고 개별 구성원으로서 농민은 오직 노동력에 비례한 대가를 받았다.[10]

둘째, 상업과 공업 부문에 대해 마오가 1953년에 제시한 '사회주의 건설을 위한 총노선(社會主義改造的總路線)'에는 신민주주의 강령의 요소가 여전히 상당 부분 남아 있었다.[11] 사회주의 경제를 건설하는 것은 도시의 경우 '15년 혹은 약간 더' 시간이 걸릴 것이고 농촌은

18년이 걸릴 것이라고 마오는 선언했다. 이 기간 동안 사영 기업가들은—그들은 이미 폭력적인 '오반운동'을 거치면서 의욕을 완전히 잃은 상태였다.—자신의 기업을 국가와 합작하는 형태로 전환해야 했지만 합작 후에도 전체 이익의 4분의 1을 가져가도록 예정되어 있었다.[12]

이것들은 모두 매우 합리적인 조치로 보였다. 하지만 계급 간 증오가 들끓고, 급진적 변화를 위해 헌신한 혁명가 집단이 이끄는 나라에서 지속되기에는 지나치게 합리적이었다. 이런 합리적 접근은 오래 지속될 수 없었다.

1951년에 벌써 개혁의 속도를 두고 논쟁이 벌어지기 시작했다. 류사오치의 지지를 받던 재정부장 보이보(薄一波)는 농촌 지역의 집단화가 너무 빨리 추진되고 있다고 강하게 반발했다. 1년 뒤, 가오강이 보이보와 반대되는 의견을 내놓았다. 가오강은 마오의 지지를 받고 있었다. 당시 그는 당 정치국 위원이었으며 만주 지역의 공산당 최고 지도자였다. "농민들이 자발적으로 자본주의로 향하는 경향"을 통제하지 않으면 중국은 사회주의가 아니라 자본주의 체제가 될 것이며, 따라서 신속한 집단화가 꼭 필요하다고 가오강은 주장했다. 얼마 뒤 두 사람은 세금 정책을 두고 다시 충돌했다. 보이보는 국영 기업과 사영 기업을 동등하게 대우해야 한다고 주장했다. 가오강은 보이보의 의견이 '계급 조화(階級調和)'를 옹호하는 것이라고 비난했다. 이때 마오가 가오강을 지지하고 나섰다. 마오는 보이보가 "정신적 사탕발림"에 넘어갔으며 자본주의적 사상의 영향에 굴복했다고 비난했다. 마오는 당이 세운 목표를 달성하려면 '우경 기회주의적 편향'을 바로잡아야 하며 "사회주의적 경로와 자본주의적 경로의 문제를 반드시 분명하게 따져야 한다."라고 강조했다.[13]

이리하여 논쟁의 전선이 그어졌다. 1950년대 초에 진행된 논쟁들

중국 동북 지역 공산당 지도자들(사진은 1948년). 왼쪽부터 차례로 황커청(黃克誠), 탄정(譚政), 녜룽전, 샤오화(蕭華), 뤄룽환(羅榮桓), 류예러우(劉亞樓), 가오강, 린뱌오이다. 가오강은 사적 권력을 강화하고 파벌주의를 도모했다는 이유로 1954년에 숙청된다.

은 여러 가지 딜레마를 제기했다. 경제 성장 대(對) 자발적 자본주의, 이념의 긴급한 명령 대 객관적 현실, 사회주의적 경로 대 자본주의적 경로의 딜레마가 그것이었다. 이런 딜레마들은 이후 벌어지는 여러 차례의 정치적 대격변, 즉 반우파운동, 대약진운동, 문화대혁명을 통해 거듭 반향을 일으킨다. 폭풍의 씨앗은 마오의 통치가 끝나 갈 무렵이 아니라 처음 시작되던 시기에 뿌려졌던 것이다.

보이보와 가오강의 논쟁은 결국 공산당 지도부 내 권력 투쟁을 불러왔다. 이런 치열한 권력 투쟁은 1930년대 말 마오가 장궈타오와 왕밍을 축출한 이후 처음 일어나는 것이었다.

가오강은 당시 공산당에서 떠오르는 스타였다. 그는 류사오치와 저우언라이에 비해 예닐곱 살 젊었으며, 언행이 소박하고 태도가 당당하며 능력 있는 인물이었다. 특히 마오가 그를 좋아했다는 점이 중요했다. 가오강은 야심이 컸다. 만주 지역에 있으면서 그는 소련 관리들과 돈독한 관계를 유지했는데 그 인맥을 이용해서 류사오치와 저우언라이가 친미 성향이 있다는 소문을 퍼뜨린 것으로 보인다. 보이보를 공격할 때 가오강이 진짜로 노린 것은 류사오치였다.[14] 1952년 늦가을에 마오는 가오강을 베이징으로 불러 국가계획위원회 주석을 맡도록 했다. 당시 중국이 계획경제로 넘어가는 과정에서 결정적으로 중요한 과업을 담당할 자리였다. 가오강과 류사오치는 관계가 좋아지기 어려웠다. 이듬해 가을이 되자 가오강은 류사오치를 물러나게 하고 그의 자리를 차지할 가능성을 엿보기 시작했다.

마오는 가오강을 암암리에 부추겼다. 마오는 당시 류사오치와 저우언라이에게 화가 나 있었다. 두 사람이 사회주의 체제로 이행하는 데 소극적이라고 생각했기 때문이다. 그해 겨울 마오는 가오강과 독대한 자리에서 그 두 사람에 대한 불만을 털어놓았다. 가오강은 마오 주석이 자신에게 스스로 좀 더 세간의 주목을 받는 역할을 맡으라고 지시하는 것으로 받아들였다.

다른 요인도 있었다. 마오는 점차 국가적 책무를 수행하는 것이 피곤하게 느껴졌다. 1952년에 그는 '제2선으로 물러남'을 언급하기 시작했다. 일상적인 당 운영과 정부 운영을 젊은 동료들에게 맡기고 자신은 중요한 전략적, 이론적 문제에 집중하고 싶다는 것이었다. 그렇다고 마오의 통제력이 축소된다는 뜻은 결코 아니었다. 오히려 이 기간 동안 그는 각종 의사결정 과정을 더 확실하게 장악했다. 1953년 5월, 당시 공산당의 신경중추라 할 수 있는 당 중앙위원회 판공청을 이끌던 양상쿤이 마오의 사전 인가를 받지 않은 상태에서 어떤 지령을 발표했다. 마오는 격렬히 화를 냈다. "이것은 오류이고 규율을 위반한 것이다. 중앙위원회 이름으로 발표되는 서류와 전보는 내가 검토한 뒤에야 발송할 수 있다. 내가 검토하지 않은 문건은 무효다."[15] 이러한 반응은 마오가 자신의 역할을 얼마나 다르게 인식하게 되었는지를 보여주었다. 1943년에 마오의 동료들은 특별히 예외적인 경우에 한하여 서기처의 다른 구성원이 낸 의견을 마오가 거부할 수 있도록 해주었다. 이제 10년이 지난 시점에서 마오는 모든 사안에서 자신에게 포괄적 권한이 있다고 사칭하고 있었다. 그의 명시적인 동의가 없으면 동료들은 아무 일도 할 수 없었다.

가오강이 볼 때 마오가 '제2선'을 말하는 것은 마오가 물러나고 그 자리에 류사오치가 들어서서 후계자로 입지를 굳히기 전에 가오강 자신에게 빨리 움직이라고 신호를 준 것이었다. 또 가오강은 최근 모스크바에서 일어난 사건에 고무되었다. 스탈린이 사망한 뒤 비교적 젊은 게오르기 말렌코프(Georgii Malenkov)가 뒤를 잇고 몰로토프나 카가노비치 같은 나이 든 정치국원들이 밀려났던 것이다. 소련에서 말렌코프가 할 수 있는 일이라면 중국에서 나도 할 수 있지 않을까? 하고 가오강은 자문자답했을 것이다.

그 결과, 당 지도부 내에서 '음모' 사건이 일어났다.[16]

우선 가오강은 화동(華東) 지역(안후이, 푸젠, 장쑤, 산둥, 저장)의 공산당 지도자인 라오수스(饒漱石)에게 차기 총리직의 가능성을 제시하면서 자기편으로 끌어들였다. 당시 라오수스는 당의 조직부장에 임명된 직후였다. 그런 다음, 아주 특별한 행운 덕분에 가오강은 새로 구성될 정치국 명단 초안 사본을 손에 넣었다. 이 초안은 류사오치의 동료 가운데 당 중앙위원회 기구에서 일하던 어떤 사람이 다가오는 당 대회를 대비해 만든 것이었다. 해당 문건에는 앞으로 당 정치국에 류사오치처럼 내전 기간 동안 국민당이 지배한 '백색' 지역에서 일한 사람들을 더 많이 선임하자는 제안이 담겨 있었다. 그중에 보이보도 포함되어 있었다. 반면에 내전 기간 동안 '홍색' 지역에서 싸운 사람들은 정치국에서 비중이 줄어들 예정이었다. 확실한 증거를 확보했다고 생각한 가오강은 마오가 자신을 지지하고 있다고 주장하면서, 과거 '홍색' 지역에서 활동한 동료들에게 문건을 보여주어 분개하도록 만들며 그들의 지지를 구하고 다녔다.

펑더화이가 덫에 걸렸다. 린뱌오도 마찬가지였다. 하지만 덩샤오핑은 가오강과 미래의 당 직위 배분 문제를 논의하기 시작한 뒤 무엇인가 잘못되어 가고 있다고 느끼고 마오에게 보고했다. 천윈은 망설였다. 그는 일찍이 모스크바에서 스탈린이 여러 차례 숙청을 진행하는 것을 지켜보면서 정치적 감각을 연마한 사람이었다. 결국 천윈도 덩샤오핑처럼 마오에게 상황을 알렸다. 마오는 두 사람에게 일단 아무 말도 하지 말고 가만히 있으라고 지시했다.

이번에는 마오가 덫을 놓았다. 12월에 정치국 회의가 소집되었을 때 마오는 3주 정도 남부 지방에서 휴식을 취하겠다고 발표하면서 자신이 없는 사이에 항상 그랬듯이 류사오치가 자신의 역할을 대행할 것이라고 말했다. 그러자 가오강이 걸려들었다. 그는 주석이 없는 동안 정치국의 상급 위원들이 돌아가면서 책임을 맡으면 어떻겠냐고 제안했다. 마오는 한번 생각해보겠다고 답했다. 그다음 몇 주 동안 가오강은 동료들을 찾아다니면서 당 지도부에 변화가 필요하며 자신이 부주석이나 총서기를 맡아야 한다고 열렬히 호소했다.

다음 정치국 회의는 12월 24일에 열렸다. 마오는 이미 충분히 많은 것을 들었다. 마오는 가오강이 파렴치한 파벌주의를 드러냈으며 '이면 공작'을 진행했고 사적 권력을 강화하려 했다고 비난했다. 음모는 무너졌다.

이후 몇 달에 걸쳐 이 사건의 승자들과 패자들은 각각 마땅한 보상을 받았다.

가오강은 마오쩌둥이 자신을 기만했다고 확신하고 1954년 2월 자살을 기도했지만 실패했다. 8월에 가오강은 자살을 다시 시도하는데 이번에는 독약을 써서 성공한다. 라오수스는 체포되어 수감되었고

20년 뒤 옥중에서 폐렴으로 사망한다.

펑더화이와 린뱌오는 처벌을 면했다. 가오강이 마오의 승인을 받아 행동한다고 생각했다는 변명이 받아들여진 것이다(그러나 두 사람과 류사오치의 관계는 결정적으로 금이 갔다). 덩샤오핑은 1954년 4월에 당 중앙위원회 비서장으로 임명되었으며, 훗날 정치국 위원으로 승격된다. 천윈도 지위가 올랐다. 그는 2년 뒤 1956년 9월에 열린 중국 공산당 제8차 전국대표대회에서 당의 부주석으로 임명된다. 같은 자리에서 덩샤오핑은 총서기로 임명된다.

1954년 봄에 마오가 반당적 '악풍(惡風)'이라고 부른 가오강과 라오수스 음모 사건은 종결되었다.[17] 공식적으로 이 사건은 그리 중요하지 않았던 것처럼 보인다. 하지만 만약 마오가 가오강의 머릿속에 류사오치와 저우언라이가 대체될 수 있다는 생각을 심어주었다면(분명히 그랬던 것으로 보이는데), 마오에게는 그럴 만한 이유가 있었을 것이다. 저우언라이와 류사오치는 능력이 뛰어났으며 공산주의 대의 못지않게 마오 개인에게도 헌신했다. 마오가 명령을 내리기만 하면 그것이 무엇이든 간에 두 사람은 따랐을 것이다. 돌이켜보건대 마오에게 두 사람을 제거하려는 의도가 전혀 없었다는 것은 분명하다. 하지만 자신과 가장 가까운 두 동료를 불안하게 만든 것은 사실이다. 마오는 가오강의 야심을 보고 그를 이용해 두 사람을 흔들 수 있겠다고 생각했다. 두 사람이 앞으로 자신의 마음을 더 잘 읽고, 자신의 생각에 더 잘 따르도록 만들고자 했던 것이다. 마오의 의도를 완전히 잘못 읽을 정도로 가오강이 어리석은 사람이었다고는 믿기 힘들다. 가오강은 다만 조금 지나쳤을 뿐이며 그 과정에서 스스로 자신의 운명을 정했다.[18]

이 숙청은 중요한 의미가 있었다. 펑더화이와 린뱌오, 그리고 처음엔 덩샤오핑까지 마오가 류사오치와 저우언라이의 등 뒤에서 음모를 꾸미고 있다고 믿었다. 이 사건은 당 지도부 내에서 마오의 권위주의적 방식이 조성한 신뢰 수준에 관해 많은 것을 알려준다. 마오는 다른 인물들과 비교도 되지 않는 높은 지위에 있었으며 그의 사명감 역시 남달랐다. 결국 마오가 충성의 대상으로 삼은 것은 오로지 중국의 미래였다. 30년간 함께 투쟁했던 동료도 이제 마오의 눈에는 자신의 꿈을 실현하는 데 이용할 도구에 지나지 않았다.

변화의 속도와 관련해 보이보가 시작한 논쟁은 농업 집단화를 얼마나 빨리 진행할 것인가를 두고 뚜렷한 합의에 이르지 못한 채 끝났다. 마오는 본능적으로 지금보다 빨리 진행해야 한다고 생각했다. 하지만 마오가 속도를 내자고 촉구할 때마다 열정이 지나친 지방 관리들은 농촌 주민들을 제대로 준비도 안 된 상태에서 농업생산합작사로 몰아넣었다. 사회주의란 그저 '한솥밥을 함께 먹는 것(吃大鍋飯, 능력이나 공헌에 상관없이 같은 대우를 받는다는 뜻)'으로 인식되었다. 빈자는 모든 자원이 고갈될 때까지 부자에게 얹혀살았으며, 모든 모험적 사업은 엄청난 빚더미만 남긴 채 붕괴했다.

1953년 봄, '모험적 전진(冒進)'에 반대하는 운동이 마오의 격려와 승인을 받아 전개되기 시작했다.[19] 하지만 상황이 조금 진정되자마자 곧바로 '자발적 자본주의'가 나타나기 시작했다. 잘사는 농민들은 노동자를 고용하고 돈을 빌려주고 토지를 사고팔기 시작했다. 이렇게 되자 다시 새로운 운동이 시작되었다. 이번에는 '모험적 퇴각'에 반대하는 운동이었다. 농업 집단화가 다시 거세게 추진되었는데 이번에는 심지어 이전보다 더 해로운 결과가 나타났다. 부농들이 가축을 다 잡아 죽였던 것이다. 그들은 가난한 이웃들과 가축을 공유하기보다 도살하는 쪽을 택했다. 그 무렵, 1954년에 양쯔강 유역에 심각한 홍수가 일어나 여름 수확이 크게 줄었다. 하지만 지방 관리들은 자신들의 추진력을 과시할 생각에 곡물 조달 목표량을 유지해야 한다고 주장했다. 식량 폭동이 일어났다. 남부 성들에서는 농민들이 공산당이 국민당보다 나쁘다고 저주했다.

이런 일이 벌어지자 1955년 1월에 마오쩌둥은 세 번째로 제동을 걸었다. 집단화 추진이 농민들의 객관적 능력과 속도를 맞추지 못하고 있다고 마오는 인정했다. 새로운 방침은 "정(停), 축(縮), 발(發)"이라는 세 글자로 축약되었다. 잠시 발전을 멈추고 적당히 줄이며 발전시킨다는 의미였다. 1952년 가을에 4천 개에 불과하던 농업생산합작사는 1955년 봄에는 무려 67만 개로 늘어나 있었다. 중국 전체 농가에서 일곱 가구 중 한 가구가 합작사에 들어간 셈이었다. 마오는 앞으로 18개월 동안 농업생산합작사 설립을 중지하라고 지시했다. 안정화를 위해 현존하는 합작사의 4분의 1 이상을 해체하는 계획이 세워졌고 이를 류사오치가 승인했다. 곡물 조달량이 확 줄었다.

마오가 그 정도까지만 했더라면 아마 더 큰 문제는 일어나지 않았을 것이다. 그러나 1955년 4월이 되자 그는 남부 지역으로 시찰을 떠나 자기 눈으로 직접 상황을 살펴보기로 했다. 마오가 여행 중에 만난 현지 관리들은 그가 듣고 싶어 하는 말을 기꺼이 들려주었다. 집단화 운동과 자신들의 이해가 밀접하게 연결되어 있었기 때문이다. 마오는 관리들의 말을 듣고 농민들의 저항 정도가 과대평가되었다는 결론을 내렸다.

오직 덩쯔후이(鄧子恢, 1896~1972)만이 자기 입장을 고수했으며 마오의 잘못을 지적했다. 덩쯔후이는 1920년대 말부터 마오의 신뢰를 받은 동지였으며 마오가 집단화 추진을 감독하는 직책에 직접 임명한 사람이었다.

마오는 마음속으로는 덩쯔후이의 말에 일리가 있음을 알았다. 마오는 속내를 드러내면서 이렇게 인정했다. "농민은 자유를 원하지만, 우리는 사회주의를 원한다."[20] 하지만 그는 농업의 사회주의화라는 자신의 이상에 사로잡혀 문제가 있음을 알았을 때조차 뜻을 꺾지 않았다. 덩쯔후이가 하급자에게 침울하게 말했듯이, 결국 문제는 마오 주석이 "합작사를 운영하는 데 (물질적) 조건은 필요 없다"고 생각하는 것이었다.[21] 마오는 덩쯔후이의 반대 의견을 무시했다. "동지의 사고방식을 대포로 부숴버려야겠소."라고 마오는 심하게 화를 냈다.[22] 이어서 마오는 7월 31일부터 8월 1일까지 베이징에서 열린 성, 직할시, 자치구 당 위원회 서기 회의에서도 계속 대포를 쏘았다.

전국의 농촌에 지금 새로운 사회주의적 대중 운동의 물결이 높아지고 있습니다. 그러나 어떤 동지들은 마치 전족을 한 여인처럼 비틀거리며 따라가면서 계속 불평불만을 늘어놓고 있습니다. "너무 빠르다고요, 너무 빨라요." 심한 잔소리, 쓸데없는 불평, 끝없는 걱정, 수많은 금제까지, 이런 동지들은 자신들이 하는 이 모든 것을 농촌 지역의 사회주의 대중 운동을 이끄는 올바른 방침이라고 잘못 생각하고 있습니다.

아닙니다. 이것은 올바른 방침이 아닙니다. 잘못된 방침입니다. …… 이 운동은 …… 5억 명이 넘는 농촌 주민이 참여하는 운동이며 전 세계적으로 엄청나게 큰 의미가 있는 운동입니다. 우리는 이 운동을 적극적으로 또 열정적으로 이끌어야 합니다. …… 온갖 방법으로 이 운동을 밀어내서는 안 됩니다.[23]

마오가 개인적으로 품었던 의심이 해소되고 모든 반대자들이 침묵하게 되면서 목표치가 기하급수적으로 올랐다. 마오가 1957년 말까지 농촌 인구의 절반을 집단화하자고 말하자, 지방 관리들은 그보다 빨리 진행하기로 마음먹었다. 1955년 7월이 되면 1천7백만 세대가 농업생산합작사에 소속되었다. 6개월 뒤에는 7천5백만 세대로 늘었는데, 전체 농촌 인구의 63퍼센트에 해당하는 수치였다. 마오는 장제스에게 승리한 뒤로 이렇게 행복한 적은 없었다고 비서에게 말했다.[24] 62번째 생일이 다가오는 어느 날 마오는 흡족한 마음을 털어놓았다.

1955년 전반기에는 분위기가 험악했고 먹구름이 몰려오고 있었다. 하지만 후반기 들어 큰 변화가 일어나고 날씨가 완전히 바뀌었다. …… 이 (합작사) 운동이라는 거센 해일에 모든 마귀와 괴수가 쓸려 나가고 있다. …… 올해가 끝날 무렵이면 사회주의의 승리가 거의 확실해질 것이다.[25]

실제로 1956년 12월이 되면 (합작사 소속이 아니라) 개별적으로 농사를 짓는 농민은 겨우 3퍼센트밖에 남지 않았다. 농업의 사회주의적 개조는 본래 1971년 달성을 목표로 한 사업이었으나 15년 일찍 완성되었다.[26]

이념적으로는 엄청난 성공이었다. 정치적으로는 좋기도 하고 나쁘기도 한 일이었다. 경제적으로는 재난의 씨앗을 품고 있었다. 의지만 있다면 물질적 조건은 그리 결정적이지 않다는 확신을 마오를 비롯한 다른 지도자들의 마음속에 심어주었기 때문이다.

집단화는 농촌 지역에서 다가올 한 세대의 에너지를 완전히 고갈시켰다. 이 운동으로 인해 농촌 사회에는 하향 평준화가 일어났다. 독립적 자발성이 질식당했으며, 가장 생산적인 사람들은 의욕이 꺾인 반면에 가장 능력 없는 사람들이 보상을 받았다. 과거 농촌 사회를 지배했던 지주와 향신의 자리를 이제 당 지부가 차지했다. 농촌 지역의 당 지부 구성원들은 권력과 특혜를 누리면서도 과거 지배층

1950년대에 진행된 집단화에 따라 '농업생산합작사'에 소속되어 함께 일하는 농민들. 1956년 12월에 이르면 개별적으로 농사를 짓는 농민은 전체 농민의 3퍼센트밖에 안 되었다.

과 달리 비적이나 반란 걱정에서 자유로웠다. 지난 수백 년간 농촌 지배층이 지나친 횡포를 부리지 못하게 억제해 왔던 공포가 사라졌던 것이다.

농촌 지역이 확실하게 사회주의적 통제 안으로 들어오자, 마오쩌둥은 도시로 눈을 돌렸다. 마오는 지금 도시에서는 자산계급이 완전히 고립되었고 이들을 "한 번의 시도로 말끔하게" 처리할 때가 되었다고 선언했다. 마오는 불과 2년 전에 1960년대 중반까지는 혼합경제가 유지될 것이라고 약속했는데 편리하게도 그 약속을 잊어버렸다.

이 문제와 관련해 우리는 상당히 몰인정합니다. 이 문제와 관련해 마르크스주의는 실제로 잔인하며 자비심이라곤 거의 없습니다. 왜냐하면 마르크스주의는 제국주의, 봉건주의, 자본주의, 소규모 생산까지 박멸하려고 결심한 이념이기 때문입니다. …… 우리 동지들 가운데 어떤 이들은 지나치게 친절합니다. 충분히 거칠지 못합니다. 달리 표현하면 그들은 그다지 마르크스주의자답지 못합니다. 중국 땅에서 자산계급과 자본주의를 박멸하는 일은 참으로 좋은 일이며, 매우 중대한 의미가 있는 일이기도 합니다. …… 우리 목표는 자본주의를 박멸하여 지구상에서 흔적도 없이 지워버리는 것이며 자본주의를 그저 과거의 일로 만들어버리는 것입니다.[27]

이것은 1955년 10월 당 지도자들만 모인 비공개 회의에서 한 연설이다. 중국의 기업가들과 만날 때면 마오쩌둥은 한층 더 교묘한 태도를 취했는데, 이는 충분히 이해할 수 있는 일이었다. 상하이의 어느 자본가는 마오의 이런 태도를 '고양이에게 고추를 먹이는 방법'에 비유해 재치 있게 표현했다.

이를테면 류사오치는 강경한 방법을 옹호했다. "고양이를 다른 사람이 붙잡고 있게 한 다음, 고양이 입에 고추를 쑤셔 넣고 젓가락으로 밀어 넣으면 되지요." 이 말에 마오는 충격을 받았다. 폭력은 비민주적인 방법이라고 마오는 말했다. 고양이가 자발적으로 먹도록 설득해야 한다는 것이었다. 그다음은 저우언라이가 시도할 차례다. "저라면 먼저 고양이를 굶깁니다. 그런 다음에 고기 조각에 고추를 쌉니다. 정말로 배가 고프면 고양이는 그걸 한번에 삼켜버릴 겁니다." 그 말을 들은 마오쩌둥은 또 다시 고개를 가로저었다. "속임수를 써서는 안 됩니다. 절대로 인민을 기만해서는 안 됩니다!" 그러고 나서 마오는 자신의 방법은 아주 간단하다면서 이렇게 설명했다. "고양이 엉덩이 쪽에 고추를 문지릅니다. 화끈거리기 시작하면 고양이는 그 부분을 핥겠지요. 그리고 그렇게 핥을 수 있게 허락받은 것을 기뻐할 것입니다."[28]

이런 이유로 마오는 법령을 만들어 국영화를 진행하기보다 사영기업 인사들에게 자신이 무엇을 해야 할지 조언해 달라고 요청했다.

'오반운동'에서 매운 고추 맛을 본 기업가들은 여전히 화끈거리는 상태였기 때문에 앞다투어 국영화야말로 자신들이 원하는 것이며 빨리 진행될수록 좋다고 대답했다.[29]

이런 상황을 고려하더라도 실제 변화의 속도는 놀랍도록 빨랐다.

1955년 12월 6일에 마오는 모든 사영 기업은 1957년 말 이전에 국가에 인수되어야 한다고 말했다. 이것은 마오가 원래 말했던 목표 시기보다 무려 12년 빠른 것이었다. 하지만 실제로 일어난 일을 보면, 베이징의 경우 새해가 시작되고 불과 12일 만에 모든 사영 기업과 공장이 공사합영*으로 전환되었다. 이 업적을 축하하기 위해 마오와 당 지도부는 1956년 1월 15일 톈안먼 광장에서 20만 명이 참여하는 기념 집회를 주재했다. 다른 주요 도시들도 베이징을 본받으려고 서둘러 작업을 진행했다. 1956년 1월 말이 되자 농촌의 선례를 따라 도시 경제도 당과 국가의 통제 안으로 들어왔다.[30]

그것은 다시 한번 중력을 거스르는 도약의 전조였다.

마오는 전진하는 데 가장 큰 장애물이 '우경 보수주의'라고 선언하면서 새로운 목표를 몇 개 더 제시했다. 수십 년 안에 중국은 '전 세계에서 선두 국가'가 될 것이며 미국을 문화, 과학, 기술, 공업 발전에서 추월할 것이라고 말했다.[31] 또한 마오는 여유만만하게 이렇게 말했다. "나는 (미국이 달성한 것이) 그렇게 두려워할 만한 것이라고는 생각하지 않는다." 만일 미국이 1년에 강철을 1억 톤 생산한다면 "중국은 강철을 수백억 톤 생산할 수 있다."*

첫 단계로 마오는 제1차 5개년 계획을 예정보다 빨리 완수할 것을

공사합영(公私合營) 사회주의 국가에서 국가와 민간이 공동으로 투자, 경영하는 일이나 그런 기업을 말한다. 중국이 자본주의에서 사회주의로 이행하는 과정에서 과도기적 경제 제도로 채택한 국가 자본주의의 한 형태였다.

촉구하는 한편, 식량과 면화 생산량을 두 배로 늘린다는 내용을 담은 12년 농업 계획을 발표했다.[32] 1955년 마지막 몇 달 동안 집단화가 최고조에 달했을 때 마오는 "많이, 빨리, 좋게(多快好)"라는 구호를 내세웠다. 여기에 "절약하며(省)"가 추가되었다. 이 한 글자를 추가하면 더 합리적인 운동이 된다고 생각한 듯하다.[33]

어느 외국인 학자의 말처럼, 도약 진화식 사회주의**가 마오가 가장 좋아하는 경제 성장 방식으로 자리를 잡았다.[34]

1956년 2월 25일, 니키타 흐루쇼프가 흰색과 황금색으로 장식된 바로크풍 연회실에서 동료들 앞에 섰다. 소련공산당 제20차 당 대회 중이었으며, 그가 말렌코프의 뒤를 이은 지 12개월이 지났을 때였다. 그날 흐루쇼프는 동료들에게 그들 모두 알고 있었지만 두 귀로 듣게 되리라고는 전혀 예상하지 못했던 이야기를 했다. 그것은 바로 과거 그들을 오랫동안 공포에 떨게 만들었던 스탈린이 잔혹한 사이코패스였다는 것, 그가 "믿기 어려울 정도로 심한 피해망상" 때문에 흥분 상태인 경우가 많았으며, 자의적이고 폭압적인 통치를 개인숭배로 감추었다는 것, 스탈린의 이른바 '천재적 군사 지휘 능력' 덕분에 소련은 독일에 거의 전멸 직전까지 갔다는 것이었다. 그리고 스탈린의 병적인 의심과 불신 때문에 수백만의 무고한 사람들이 아무 이유

---

* 당시 서구에서는 마오의 이런 예언을 듣고 말도 안 되는 환상 같은 이야기라고 대수롭지 않게 생각했는데, 이런 예언들이 현재 실현되고 있다는 것을 생각하면 놀랍다. 중국이 미국의 철강 생산량을 추월한 것은 1993년이며 다시 20년이 흐른 뒤에 중국의 철강 생산량은 1년에 8억 톤이 되었다. 이것은 미국의 거의 열 배 수준이다. 지금은 약간 느려졌지만 중국 경제의 발전 속도를 보면 2025년 혹은 그 이전에 세계 최대의 경제 규모를 갖게 될 것으로 보인다. (1955년 마오는 제7기 중앙위원회 제6차 전원회의에서 중국이 미국을 50년 또는 75년 이내에 따라 잡을 것이라고 예상했다. 다음 자료를 보라. 林蘊暉, 《烏托邦運動: 從大躍進到大饑荒, 1958-1961》, 香港中文大學出版社, 香港, 2009, p. 9.)(저자 주)
** 하나의 생물종이 점진적으로 진화하는 것이 아니라 비약적으로 갑자기 진화하는 '도약 진화'에 빗대 표현한 것이다.

없이 잔인하게 죽임을 당했다는 내용도 있었다.[35)]

이 연설에는 '비밀 연설'이라는 명칭이 붙는다. 외국의 형제 정당 대표들은 참석이 불허된 상태에서 흐루쇼프는 당 대회 폐회 하루 전에 비공개 회의를 소집해 이 연설을 했다. 당시 중국 대표단을 이끌고 소련에 간 인물은 주더와 덩샤오핑이었다. 1주일 뒤 덩샤오핑은 서둘러 번역한 연설문 사본을 가지고 중국으로 돌아왔다.[36)]

마오쩌둥이 스탈린과 겪었던 문제들을 고려하면 소련 독재자가 사후에 대가를 치르는 것을 마오가 반기리라고 예상할 수 있었다. 한 가지 점에서는 그랬다. 마오는 이러한 비판들은 "신화를 무너뜨리고 (닫혀 있던) 상자를 열어준다. 이는 의식을 해방시켜준다. …… 그리하여 (사람들이) 솔직하게 자신의 생각을 말하고 문제에 대해 생각할 수 있게 해준다."라고 말했다.[37)] 하지만 전반적으로 마오는 흐루쇼프의 방식에 의심을 품었다. 3월 말에 마오는 소련 대사를 만나 스탈린이 중국을 상대로 저지른 실책에 관해 많은 이야기를 나누었다. 하지만 흐루쇼프가 한 비밀 연설의 핵심인 개인숭배는 거의 거론하지 않았다. 대신에 마오는 스탈린이 "위대한 마르크스주의자였으며 훌륭하고 정직한 혁명가"였다고 말했다. 물론 실수를 했지만 "모든 면에서 실수를 한 것은 아니고 (다만) 몇 가지 사안에서" 실수를 했다고 말했다.[38)] 마오의 이 같은 견해는 곧 〈인민일보〉 논설에 반영되었다. 1956년 4월 5일, 〈무산계급 독재의 역사적 경험에 대하여〉라는 논설을 통해 〈인민일보〉는 중국공산당의 입장을 처음으로 공개적으로 발표했다. 흐루쇼프가 연설한 지 6주 가까이 지난 시점이었으며 다른 공산 국가들은 소련의 새로운 방침을 따르기로 공개적으로 선언한 뒤였다.

어떤 실책이 있었다 하더라도 인민 대중의 입장에서 말한다면 무산계급 독재는 …… 자산계급 독재에 비해 훨씬 우월하다. …… 어떤 사람들은 스탈린이 모든 면에서 잘못을 저질렀다고 말하고 있으나 이는 심각한 오해다. 우리는 마땅히 스탈린을 역사적 관점에서 보아야 하며 그가 잘한 일과 잘못한 일을 전면적이고도 적절하게 분석함으로써 거기에서 유익한 교훈을 끌어내야 한다. 그가 잘한 일이나 잘못한 일이나 모두 국제 공산주의 운동에 나타난 현상이며 이 시대의 특성이 반영되어 있다.[39]

스탈린의 영도 아래 소련은 '위대한 업적'을 이룩했고 스탈린은 '지워지지 않을 공로'를 세웠으며 그의 '과오'도 말년에 국한된 것이라고 논설은 주장했다.

이 논설을 계기로 하여 중소동맹은 완만한 해체 과정을 밟기 시작했다. 여기에 앞으로 중국은 소련의 경험을 선택적으로 적용하겠다는 의도가 뚜렷하게 드러났다. 또 논설은 현재 스탈린의 후계자들이 스탈린이 저질렀다고 보이는 여러 범죄에 어느 정도 관여했는지를 비롯해 여러 의문을 노골적이지는 않아도 분명히 제기했다. 이 일로 얼마 뒤 미코얀과 펑더화이는 신랄한 설전을 주고받았다. "우리가 그때 문제를 제기하고 나섰다면 우리는 모두 살해당했을 겁니다!" 미코얀이 이렇게 말하자 펑더화이가 경멸하듯 답했다. "대체 어떤 공산주의자가 죽음을 두려워한단 말입니까?"[40] 하지만 가장 중요한 것은 〈인민일보〉 논설이 중국이 모스크바를 대하는 태도에 근본적인 변화가 생겼음을 알려주었다는 사실이다. 이 논설은 하급 파트너가 아니라 동등한 파트너의 입장에서 쓴 것이었다. 마오가 소련공산당 신참 지도부의 성급한 행동을 평가한 셈이었다.

이념적 차이는 문제의 일부일 뿐이었다. 당시 소련 문제를 논의한 회의의 공식 기록자였던 우렁시(吳冷西)가 회고록에 쓴 내용을 보면,

중국공산당 정치국은 소련과 자국이 마르크스-레닌주의 이론에서
어떤 차이점이 있는지를 두고 며칠간 계속해서 논의하곤 했다.[41] 마
오는 소련공산당의 '자칭 맏형 지위'에 대해, 즉 세계 공산주의 운동
의 의제를 정할 권리를 스스로 부여하고 타국의 공산당 내부 문제에
간섭하는 행동을 본능적으로 거부했다. 그는 중국이 공산주의 운동
에서 지도자 혹은 공동 지도자 위치를 요구하는 것이 아님을 밝히면
서, 소련공산당이 일방적으로 '올바른' 이념적 입장을 발표하는 것이
아니라 중국공산당과 논의를 거쳐 서로 합의해야 한다고 말했다.

당시 어느 작가는 흐루쇼프의 행동을 "스탈린이라는 목욕물을 버
리면서 공산주의라는 아기마저 함께 버리는" 오류로 묘사했다.[42] 마
오쩌둥 역시 그런 우려를 품고 있었는데, 1956년 내내 여러 사건이
일어나면서 그의 우려는 충분한 이유가 있는 것으로 보였다. 6월에
폴란드에서 봉기가 일어났다. 그 결과로 불과 반년 전에 흐루쇼프가
새로이 세웠던 공산당 지도부가 퇴진하는 일이 벌어졌다. 그리고 그
자리에 소련의 거센 반대에도 불구하고 과거 스탈린 숙청의 희생자
였던 브와디스와프 고무우카(Władysław Gomułka)가 이끄는 '자유주
의적' 당 지도부가 들어섰다. 얼마 뒤 헝가리에서 일어난 사건은 소
련의 지배에 더 심각한 도전을 제기했다. 스탈린주의자인 헝가리공
산당 제1서기 마차시 라코시(Mátyás Rákosi)가 임레 너지(Imre Nagy)
가 이끄는 개혁파에 의해 퇴진당하는 일이 일어난 것이다.[43]

폴란드 사태에서 마오는 고무우카를 지지했다. 모든 문제의 뿌리
에 중국 역시 오랫동안 인내해야 했던 소련의 '대국주의(great power
chauvinism)'가 있다고 보았기 때문이다.[44] 10월에 소련은 폴란드 상
황을 논의하자며 중국에 대표단 파견을 요청했고 이에 중국은 류사
오치, 덩샤오핑 등을 모스크바로 보냈다. 류사오치는 폴란드에 군사
개입을 하지 말라고 흐루쇼프를 설득했다. 하지만 10월 말에 헝가

리가 소련 중심의 군사 동맹인 '바르샤바조약기구'에서 탈퇴하겠다고 발표하자 마오는 전혀 다른 입장을 밝혔다. 형제 국가의 공산당이 사회주의로 가는 자신만의 길을 선택하는 것은 지지할 수 있었다. 하지만 반혁명에 직면해 가만히 앉아 있는 것은 다른 문제였다. 다시 한번 류사오치가 흐루쇼프를 압박했다. 이번에는 이 반란을 무력으로 진압해야 한다고 주장했다.

소련이 자신들의 뒷마당이라고 할 수 있는 동유럽에서 제대로 통제력을 발휘하지 못하고 상황을 엉망으로 만들자 마오는 더더욱 소련 지도자들을 낮추어보기 시작했다.

1956년 11월 15일, 마오는 당 중앙위원회 회의에서 지난 한해를 돌아보면서 이렇게 말했다. 당 중앙위원회는 몇 주 전에 열린 중국 공산당 제8차 당 대회(9월 15일~27일)에서 새로 선출된 사람들로 구성되어 있었다.

내가 보기에는 두 자루의 '칼'이 있습니다. 하나는 레닌이라는 칼이고, 다른 하나는 스탈린이라는 칼입니다. 러시아 사람들은 스탈린이라는 칼을 버렸습니다. …… 우리 중국인들은 버리지 않았습니다. 우리는 우선 스탈린을 보호했고 그런 다음 그가 저지른 실책을 비판했습니다. ……

레닌이라는 칼로 말하자면, 몇몇 소련 지도자들은 이미 그 칼도 어느 정도는 버린 것 같지 않습니까? 내가 보기에는 상당한 수준으로 그런 것 같습니다. 10월혁명은 아직도 유효합니까? …… 소련공산당 제20차 당 대회에서 흐루쇼프는 의회라는 경로로 국가 권력을 쟁취하는 것이 가능하다고 보고했습니다. 이것은 이제 더는 다른 나라들이 10월혁명을 보고 배울 필요가 없다고 말한 것입니다. 이 문이 한번 열리면 레닌주의는 대체로 버려지는 것입니다. ……

(러시아 사람들은) 얼마나 많은 자본을 갖고 있습니까? 단지 레닌과 스탈린뿐입니다. 지금 그들은 스탈린을 버렸고 레닌 역시 사실상 완전히 버렸습니다. 레닌의 다리는 벌써 없어졌고 어쩌면 레닌의 머리통만 남아 있을지 모릅니다. 혹은 레닌의 양손 중 한쪽이 잘려 나갔는지도 모릅니다. 우리의 입장은 여전히 마르크스-레닌주의와 10월혁명을 학습한다는 것입니다.[45]

이 발언은 그때까지 마오가 한 어떤 말보다도, 심지어 당 정치국 내부에서 은밀하게 이야기한 것보다도 훨씬 거칠었다. 이때 마오의 발언은 비밀로 지켜지긴 했지만 또다시 〈인민일보〉 논설에 기본 논조를 제공했다. 1956년 12월 말에 〈인민일보〉에 "무산계급 독재의 역사적 경험을 다시 논함"이라는 제목의 글이 실렸다. 이 논설은 10월혁명의 경로, 특히 무산계급이 자산계급에게서 폭력적으로 권력을 쟁취한 것은 "보편적으로 적용 가능한 진리"라고 선언했다. "이 경로를 회피"하려고 하는 시도는 그것이 무엇이든 수정주의였다.[46]

1957년 1월 모스크바를 방문했을 때 저우언라이는 소련 지도자들이 '대단히 불쾌'해하고 있음을 알았다. 조금도 놀랍지 않은 일이었다.[47]

이 무렵 소련공산당과 중국공산당 사이에는 크게 네 가지 쟁점이 있었다. 모두 소련공산당 제20차 당 대회에서 비롯된 것이었다. 첫째, 스탈린에 대한 평가. 마오는 스탈린이 "과오가 3 공적이 7"이라고 평가했다.[48] 둘째, 흐루쇼프가 말한 '의회 경로를 통한 사회주의 달성'이라는 주장. 이 주장은 세 번째 쟁점과 밀접한 관련이 있었는데, 그것은 평화 공존이라는 문제였다. 마오의 견해에 따르면, 제국주의는 사회주의 진영에 적대적인 태도를 조금도 누그러뜨리지 않고 있었다. 12월 말에 〈인민일보〉에서 내놓은 논설은 "제국주의자들은 언제나 우리를 파괴하는 데 골몰해 왔다.[49] 그러므로 우리는 전 세계 차원의 계급투쟁을 …… 결코 잊어서는 안 된다."라는 결론을 내렸다. 중국 입장에서는 지극히 타당한 말이었다. 유엔에서 중국의 대표권은 여전히 타이완이 확보하고 있었고,* 중화인민공화국이 미국과 지속적으로 접촉한 것은 한국전쟁의 전장에서 맞붙은 것이 마지막이었다. 하지만 소련의 생각은 달랐다. 소련은 미국을 비롯한 자본주의 강국들을 유엔과 여러 외교 통로를 통해 규칙적으로 만났다. 소련 입장에서는 냉전을 극단적으로 유지하는 것보다 신중한 자세로 서구와 경쟁하고 관계를 유지하는 편이 훨씬 매력적이었다.

네 가지 쟁점 가운데 마지막 쟁점이자 어떤 점에서는 소련이 가장 곤란하게 느낀 문제는—이 문제가 불러올 결과를 알 수 없었기 때문에—바로 마오의 '모순론'이었다. 소련은 처음부터 이 문제를 불편하게 생각했다. 스탈린이 직접 '비(非)마르크스주의'라고 비판한 적도 있었다. 하지만 이제 마오는 좀 더 적극적으로 나서기 시작했으며, 심지어 스탈린의 권력 남용은 바로 사회주의 체제에서도 모순이 발생할 수 있음을 보여주는 증거라고 주장했다. 12월에 〈인민일보〉는 "여러 공산주의 국가들 간에, (그리고) 여러 공산당들 간에" 모순이 존재할 뿐 아니라, "사회주의 국가 내에서 인민의 여러 부문들 간에, 공산당 내 동지들 간에, 정부와 인민 간에" 모순이 존재한다

---

* 1949년 공산당이 승리를 거둔 이후에도 장제스의 타이완 정부는 미국의 지지를 받으면서 유엔에서 중국 대표권을 유지하고 있었다. 스탈린의 지시에 따라, 소련 대표단은 1950년 1월부터 10월까지 안전보장이사회 참석을 거부했다. 표면적 이유는 국민당 정부의 대표권 유지에 항의하기 위함이었다. 하지만 결과는 중화인민공화국의 지속적인 배제였으며 이는 중국을 소련에 전적으로 의존하고 복종하게 만들려는 스탈린의 의도에 들어맞았다. 중국이 한국전쟁에 개입한 이후로 유엔 총회에서 해마다 표결로 중국 정부가 배제되다가 1971년부터 타이완 정부가 배제되기 시작했다. 1955년에 드와이트 아이젠하워 미국 대통령은 처음에는 제네바에서 그리고 나중에는 바르샤바에서 중국과 대사급 회담을 갖는 데 동의했지만, 실제로는 1970년 키신저가 베이징을 방문할 때까지 중국과 미국의 대화는 별다른 진전을 보이지 않았다.(저자 주)

고 단언했다.[50] 소련은 바위처럼 굳은 단결을 최고의 선으로 보았기 때문에, 중국의 주장이 결코 뚜껑을 열고 싶지 않은 벌레가 가득 담긴 깡통처럼 여겨졌다. 저우언라이의 소련 방문이 끝나면서 나온 공식 발표문에서 소련은 확고한 입장을 밝혔다. "사회주의 국가들 간의 관계에서 …… 과거에도 그랬고 지금도 핵심적 모순은 없다. 혹시 과거에 결점이 있었다 하더라도 …… 지금은 모두 교정되거나 혹은 제거되었다."[51]

이러한 의견 차이에도 불구하고, 1957년 초에는 양측의 충돌이 임박했다는 조짐은 거의 없었다.

저우언라이는 소련 지도자들이 자신들의 과오를 인정하려 들지 않는 것, 그리고 그들의 "주관주의적 입장과 편협한 사고방식 …… 그리고 다른 사람들에 대해 우월한 지위를 요구하고 형제 정당들과 다른 국가들의 내정에 간섭하려 드는 경향"에 불만을 드러냈다. 하지만 저우언라이는 "이 같은 문제들이 있지만 중국과 소련의 관계는 스탈린 시대와 비교해볼 때 훨씬 더 양호"하다고 조심스럽게 덧붙였다.[52] 마오도 비교적 낙관적이었다. 그는 다음과 같이 지적했다. "소련이 뀌는 방귀가 모두 향기로운 것은 아니다." 흐루쇼프는 권력을 잡은 뒤 우쭐해지고 판단이 흐려졌다. 그리고 러시아인들이 계속 오류를 저지른다면 "앞으로 언젠가 모든 일이 명백하게 밝혀질 것이 분명하다." 하지만 여러 공산당들 간에 논쟁이 일어나는 것은 불가피한 일이며, 중국과 소련은 공통점을 찾으려고 계속 노력할 것이었다.[53]

1950년대 전반기 내내 중국의 지식인들은 '흑색 계급(黑色階級)'으로 간주되었다. 공산주의 혁명에 적대적이거나 잘해야 미온적인 태도를 지닌 계급이라는 의미였다.

사상 개조 운동이 한국전쟁과 동시에 진행되었는데, 유명 인사들과 그들의 작품에 개별적인 공격이 쏟아졌다. 이때 공격받은 사람 중에는 마오가 베이징대학 도서관 조수로 일할 때 강연을 들은 적 있는 철학자 후스도 있었다.[54] 영화 비판 운동도 일어났다. 예를 들면, '의화단 봉기'를 배경으로 한 영화 〈청궁비사(淸宮秘史)〉(1948년)는 제국주의에 굴복하는 내용이 담겨 있다고 비판받았다. 또 19세기에 거지였으나 저축을 하여 훗날 가난한 사람들을 위한 학교를 지은 우쉰 이야기를 다룬 〈우쉰전(武訓傳)〉(1950년)도 봉건주의에 투항하는 내용이라고 비판받았다.[55] 자유주의 철학자 량수밍(梁漱溟)과 관련 있는 지식인들을 고분고분하게 만들기 위한 작업이 진행되기도 했다. 량수밍은 대담하게도 공산당이 농민에게 세금을 너무 많이 걷는다고 비판했다. '중앙인민정부위원회' 회의에서 마오가 직접 한 시간 넘게 량수밍을 비난했다. 량수밍을 초청한 자리였다.

량 선생은 '강직한 사람'이라고 자칭합니다. …… 당신은 정말로 '강직'합니까? 그렇다면 자신의 과거사를 한번 솔직하게 말해보십시오. 당신이 공산당과 인민을 반대했던 사실, 그리고 당신이 펜을 들어 사람을 죽인 사실을 말해보십시오. …… 사람을 죽이는 방식에는 두 가지가 있습니다. 하나는 총을 이용하는 것이고 다른 하나는 펜을 이용하는 것입니다. 훨씬 교묘하게 위장된 방식이자 피 한 방울 흘리지 않고 사람을 죽이는 방식이 바로 펜을 이용하는 것입니다. 당신이 바로 그런 살인자입니다.
량수밍은 철저하게 반동적인 사람입니다. 하지만 그는 그것을 단호히 부정합니다. …… 량수밍 당신은 어떤 봉사를 했습니까? 인민에게 대체 어떤 봉사를 했다는 말입니까? 아무리 찾아보아도 아무것도 없지 않습니까? …… 량수밍은 야심을 품고 계략을 꾸미는 자이며

위선자입니다.[56]

호두 한 알을 깨려고 큰 망치를 휘두르는 격이었다. 마오가 보기에 이단적인 견해를 표현하는 것은 어떤 것이든 미래에 일어날 수 있는 반란의 씨앗을 나르는 것이었다. 량수밍은 강한 비판의 말을 듣는 것으로 끝났다. 하지만 2년 뒤 마오는 지식인들에게 좀 더 준엄한 교훈을 주어야겠다고 마음먹었으며, 설득이라는 연마용 장갑을 쓰는 대신 공공연한 탄압으로 돌아섰다.

옌안 시절 왕스웨이를 탄압할 때와 매우 흡사한 방식으로, 후펑(胡風)이라는 좌파 작가가 '반혁명 집단'의 수장 역할을 했다는 이유로 투옥되었다(후펑은 마르크스주의자였지만 공산당에 가입하지 않았다). 1955년 하반기에 중국 전역에서 '후펑 분자'를 처단하는 마녀사냥이 벌어졌다. 수많은 문인과 학자들이 스스로 목숨을 끊었다.[57] 13년 전 왕스웨이와 마찬가지로 후펑의 죄는 공산당의 뜻에 따르기를 거부한 것이었다. 왕스웨이와 마찬가지로 후펑의 운명도 당의 노선에 정확하게 따르지 않을 경우 어떤 위험을 맞게 되는지 지식인 모두에게 무시무시한 경고가 되었다.

이런 상황을 고려할 때, 1956년 4월 마오쩌둥이 "백 가지 꽃이 일시에 개화하도록 하고 백 가지 생각이 서로 다투도록 하라"는 백화제방 백가쟁명(百花齊放 百家爭鳴)의 구호를 내걸고 지적 논쟁이 새로이 꽃피도록 하자고 요청했을 때, 원하던 성과를 얻지 못한 것은 놀라운 일이 아니었다. 공개 석상에서 위험을 무릅쓰고 자신의 생각을 드러내는 일이야말로 새로운 중국이 탄생한 이후 6년 동안 계속 몽둥이로 얻어맞은 지식인들이 가장 원치 않는 일이었다.[58]

이렇게 갑작스러운—그리고 당시에 전혀 설득력이 없었던—진로 변경은 여러 가지 요인이 합해진 결과였다.

중국은 평화로웠으며 공산당이 확실하게 통제권을 쥐고 있었고, 사회주의 경제 체제로의 이행이 이미 상당히 진전되어 있었다. 정권이 국민 생활의 모든 측면을 철저히 통제하는 것은 아마도 건국 초창기에는 정당화될 수 있었을지 모른다. 하지만 이제 그런 방식은 역효과를 낳았다. 1956년 봄에 마오가 한 여러 연설의 주된 주제는 권력을 분산할 필요가 있다는 것이었다. "창조성과 자발성을 속박하는 기율은 폐지"해야 한다고 말하며 다음과 같이 강조했다. "자유로운 분위기를 약간 조성하여 과업 수행을 촉구할 필요가 있습니다. 언제나 엄격한 통제를 하는 것은 곤란합니다."[59]

조만간 이런 식의 해빙이 있을 수밖에 없었다. 마오쩌둥 식으로 표현한다면 이것은 만물에 내재하는 변증법의 일부였다. "평화 시기에 전쟁이 배태되지 않는다면[60] 어떻게 전쟁이 그렇게 갑자기 일어날 수 있겠는가? 전시에 평화가 배태되지 않는다면 어떻게 평화가 그렇게 갑자기 도래할 수 있겠는가?"

하지만 1956년 초반에 당을 자유화 방향으로 움직인 요인이 두 가지 더 있었다. 첫 번째 요인은 숙련 노동력의 부족이었다. 특히 과학자와 기술자가 부족했다. 이 때문에 경제 성장을 가속화하려는 마오의 계획에 차질이 빚어졌다. 이 문제를 해결하려고 지식인들의 임금을 인상했고 그들에게 더 좋은 주택을 할당했으며 미국과 유럽에 거주하던 중국인 교수들을 귀국하도록 유인하는 정책을 시행했다.[61] 하지만 곧 마오는 이 문제를 해결하려면 당 간부들이 잘 알지도 못하면서 학술적 사안에 간섭하는 것을 그만두어야 하며, 지식인들이 스스로 최선이라고 생각하는 방식으로 작업할 수 있도록 더 많은 자유를 주어야 한다는 것을 깨달았다.[62]

두 번째 요인은 흐루쇼프의 비밀 연설이었다. 비밀 연설을 계기로 중국은 지금까지 소련의 예라면 무조건 기계적으로 따라 하던 관행을 버리기로 결정했던 것이다. 교육, 공장 경영, 유전학부터 음악에 이르는 다양한 분야에서 중국의 지식인과 전문 관리자들은 몇 년 만에 처음으로 실험적으로 행동할 자유를 갑자기 되찾았다.

1956년 여름에 이런 변화가 있었지만 눈에 띄는 극적인 변화는 아니었다. 굳이 눈에 띄는 변화를 찾자면 엄격하고 단순했던 일상생활에 새로운 색채와 활력이 조금 더해진 정도였다. 젊은 여성들이 꽃무늬 옷을 입기 시작했다. 또 외국인들이 전한 바에 따르면, 창천(長裙)을 입은 여성들이 눈에 띄기 시작했다. 창천은 바닥에 닿을 정도로 길고 무릎 바로 위까지 양옆이 트인 전통 치마였다. 춤을 추는 것이 허용되어 사람들이 조지 거슈윈이라든가 요한 슈트라우스 같은 서양 작곡가의 음악에 맞추어 춤을 추었다. 〈인민일보〉는 4면에서 8면으로 확대되었고, 류사오치는 중국 기자들이 기사를 너무 무미건조하게 쓴다고 나무라기도 했다.[63]

정치적 변화는 거의 없었다. 마오쩌둥 개인숭배는 큰 변화 없이 그대로였다.[64] 9월에 열린 제8차 당 대회에서 나타난 유일한 큰 변화는 당의 지도 이념으로서 '마오쩌둥 사상'에 관한 언급이 당장(당헌)에서 삭제된 것이었다. 하지만 훗날 이는 어처구니없는 실수로 밝혀진다. 마오는 1952년부터 '제2선' 퇴진을 언급하기 시작했는데, 이와 관련해 당 지도부의 구조 변화를 시도하던 중에 일어난 실수였다.[65] 한편 마오는 자신의 나이를 의식하기 시작했다. 그해 초에 마오는 쑨원의 부인 쑹칭링(宋慶齡)에게 편지를 쓰면서 이렇게 말했다. "내리막길로 들어선 듯한 느낌을 주는 증상들을 의식하지 않을 수 없습니다."[66] '명예 당 주석' 직책이 신설되었는데 일단은 공석으로 두었다. 사람들은 때가 되면—보통 마오가 70세가 되는 1963년으로 예상되었다.—류사오치가 마오의 뒤를 잇고 마오는 '명예 당 주석'에 오를 것이라고 생각했다.[67]

이런 상황에서 갑자기 폴란드와 헝가리에서 위기가 발생했다.

세계의 공산 정권들은 공포에 사로잡혔다. 이런 일이 전염병처럼 퍼져서 사회주의 블록 전체가 무너지는 것은 아닌지 우려했던 것이다. 중국도 예외는 아니었다. 1956년 말에 마오는 일련의 연설들을 통해 중국에서는 이런 소요가 일어날 가능성이 없음을 거듭 강조하면서 중국공산당과 당의 비(非)공산주의 동맹 조직들은 안심하라고 당부했다.[68]

또한 마오는 동유럽에서 왜 이런 폭풍이 휘몰아쳤는지 그 이유를 따져보았다. 마오는 당 중앙위원회 회의에서 폴란드와 헝가리의 공산당이 반혁명 분자를 완전히 제거하는 데 실패한 것이 하나의 요인이라고 주장했다. 중국은 그런 오류를 저지르지 않았다. 하지만 또 다른 요인인 관료주의는 중국도 아직 해결하지 못했다. 폴란드와 헝가리의 공산당 간부들은 관료주의 때문에 대중과 유리되었다.

바로 지금, 자기들이 나라를 손에 쥐고 있으므로 이제 뒤로 기대앉아 편히 휴식을 취하며 인민을 업신여기고 함부로 대해도 된다는 식으로 행동하는 사람들이 있습니다. 그런 사람들은 대중이 반대합니다. 대중은 그들에게 돌을 던지고 그들을 괭이로 치고 싶어 합니다. 내가 보기에 그들은 마땅히 그런 대접을 받을 만하며 또 나는 그런 일을 환영합니다. 매질 말고는 문제를 해결할 방법이 달리 없는 때도 있습니다. 공산당은 교훈을 얻어야 합니다. …… 우리는 언제나 경계심을 늦추어서는 안 되며, 관료주의적 업무 방식이 나타나도록 놔두어서는 안 됩니다. 우리는 인민과 유리된 귀족층이 되어서는 안 됩니다. 관료주의적 업무 방식을 따르는 사람은 누구든 대중이 제거할 수 있습니다. 그것은 옳은 일입니다. …… 나는 그런 사람들은 제거하는 것이 더 낫다고 생각합니다. 그들은 반드시 제거되어야 합니다.[69]

이 문제의 해답은 또 한 번의 정풍운동이라고 마오는 말했다. 하지만 이번 운동은 인민의 불만을 해소할 수 있는 안전한 배출구를 제공하는 방식이어야 했다. 마오는 헝가리에서 일어난 일은 공산당이 통치자와 피통치자 간의 모순을 제때 다루지 못해 결국 그 모순이 심화되어 적대적인 형태를 띠게 된 것이라고 주장했다. "퉁퉁 부어오르는 곳이 있다면 그 안에 찬 고름을 빼내야 합니다."라고 그는 덧붙였다. 따라서 중국에서는 노동자들의 파업을 허용해야 했다. "그렇게 함으로써 국가와 공장 관리자와 인민 사이에 존재하는 모순이 해소될" 수 있기 때문이었다. 학생들의 시위 역시 허락해야 했다. "이런 것들은 모순입니다. 그뿐입니다. 이 세계는 모순으로 가득 차 있습니다."라고 마오는 말했다.[70]

그리하여 1956년 말이 되자 '백화운동(百花運動)'의 두 가지 기본 요소가 확립되었다. 하나는 정풍운동을 펼쳐 당이 인민의 기대에 좀 더 적극적으로 부응하도록 만드는 것이고, 다른 하나는 통제를 완화하여 대중이 불만을 토로할 수 있게 허용하는 것이었다. 하지만 이런 일을 구체적으로 언제부터 실행에 옮길지(마오는 다음 해 여름부터 시행하자고 제안했다), 어느 정도로 강력하게 시행할지는 결정되지 않았다.

이 시점에 새로운 요인이 등장했다.

문화 부문에서 자유화가 이루어질 것이라는 신호가 지속되는 데 고무된 일부 젊은 작가들이 마침내 용기를 내어 당이 밝힌 새로운 관용의 한계를 시험하기 시작했다. 그러자 보수파가 격분했다. 1957년 1월 7일, 인민해방군 내 문예 정치위원들이 집단으로 〈인민일보〉에 보낸 서신이 지면에 실렸다. 그들은 우선 전통적 문학 형식에 다시 힘이 실리면서 사회주의적 현실주의가 배척당하고 있다는 점, 둘째로 마오가 옌안 시절에 확립했던 원칙, 즉 문예는 정치에 봉사한다는 원칙이 전혀 지켜지지 않고 있다는 점을 지적했다. 기사가 나오자 이 의견을 지지하는 논평이 엄청나게 쏟아지면서 이런 견해가 얼마나 널리 퍼져 있는지 보여주었다.[71]

마오는 자신의 목표가 좌절될 것 같다고 느끼면 언제나 자기 입장을 더 강하게 밀어붙였다. 이번에도 마찬가지였다.

공식적으로 마오는 절제된 반응을 보였다. 이 서신이 신문에 실리고 닷새가 지난 뒤, 마오는 자신의 시 몇 편을 골라 새로 발간되는 잡지 〈시간(詩刊)〉 창간호에 싣도록 했다. 이때 그가 보낸 시는 모두 전통 양식을 따른 것이었다. 이로써 마오는 자신이 인민해방군 내 문예 그룹과 의견이 다르며, 중국에서 전통 문학 양식은 여전히 존중받아 마땅하다는 견해를 간접적으로 전했다.[72]

하지만 비공식 석상에서는 훨씬 솔직하게 반응했다. 마오는 같은 달에 열린 고위급 당 간부 회의에서 인민해방군 문예 그룹의 비판이 잘못되었다고 분명하게 말했다. 자유가 지나치게 많은 것이 아니고 오히려 지나치게 적은 것이 문제라는 것이었다. 마르크스주의에 적대적인 글, 예를 들어 장제스의 저술 같은 것도 공개적으로 출판해야 한다고 마오는 말했다. 왜냐하면 "(장제스가) 쓴 글을 읽은 적이 없으면 당신은 그의 견해를 제대로 반박할 수 없기" 때문이었다.[73] 그리고 서구 언론의 기사 내용을 요약해 싣는 〈참고소식(參考消息)〉을 지금처럼 고위급 관리들에게만 배포하지 말고 앞으로는 1백 배 더 많이 배포해야 할 것이라고 마오는 말했다. 그렇게 함으로써 "제국주의적, 부르주아적 (사고방식을) 널리 알릴 수 있다"는 이유를 댔다.[74] 심지어 량수밍 같은 사람도 자신의 생각을 널리 알릴 수 있도록 허용해야 했다. "만일 그들이 방귀를 뀌고 싶으면 뀌라고 하십시오. 그렇게 되면 사람들은 그 방귀 냄새가 좋은지 나쁜지 알 수 있을 것입니다. …… 사람들이 그 방귀 냄새가 고약하다고 생각하면, 그들은 곧 고립되고 말 것입니다."[75]

　그런 견해들을 격려하는 것은 잘못이었다. 대중을 유해한 사상에 노출시켜서 "예방 주사를 접종하는 것"이 대중의 정치적 면역력을 높이는 데 훨씬 나은 방법이었다.[76] 그 지도 원리는 다음과 같았다.

　진리는 오류와 대조되며, 오류와 투쟁하는 가운데 그 존재가 드러납니다. 아름다움은 추함과 대조되며, 추함과 투쟁하는 가운데 그 존재가 드러납니다. 선과 악도 마찬가지입니다. …… 향기로운 꽃은 독초와 대조되며, 독초와 다투는 가운데 그 존재가 드러납니다. 사람들이 오류와 추한 것, 적대적인 것과 접촉하지 못하도록 금지하는 것은 위험한 정책입니다. …… 그런 정책을 쓰면 …… 사람들은 외부 세계를 마주할 능력, 경쟁자의 도전에 맞설 능력을 잃게 됩니다.[77]

　당내에서는 1930년대부터 '반면 교재(反面教材)', 즉 부정적 성격의 교재를 쓰는 것이 통용되어 왔다. 하지만 이번에는 이런 방법을 주민 전체에 적용하자고 제안한 것이었다. 마오는 만약에 시끄러운 일이 벌어진다고 해도 두려워할 것은 없다고 주장했다.

　제국주의도 장제스의 국민당도 두려워하지 않았던 우리 공산당이 …… 학생들이 문제를 일으킬까 봐 두려워하고 농민들이 합작사를 반대할까 봐 두려워한다는 것이 좀 이상하지 않습니까? 두려움은 해결책이 될 수 없습니다. 여러분이 더 많이 두려워할수록, 더 많은 귀신이 여러분을 쫓아올 것입니다. …… 내 생각에는, 문제를 일으키고 싶어 하는 사람에게는 그가 원하는 기간만큼 얼마든지 문제를 일으키도록 허용하는 것이 좋습니다. 한 달로 부족하면 두 달을 주어도 좋습니다. 요컨대 그런 사람이 벌이는 쇼를 그 사람이 만족하기 전에 중

1957년의 마오쩌둥.

지시키면 안 된다는 이야기입니다. 너무 성급하게 쇼를 중지시키면 얼마 지나지 않아 그런 사람은 다시 말썽을 피울 겁니다. …… 이런 방침의 좋은 점은 무엇일까요? 우리가 문제를 완전하게 노출시킬 수 있으며 그럼으로써 옳고 그름을 명확하게 구별할 수 있다는 것입니다. …… 모든 것을 언제까지나 억누르고 있을 수는 없습니다. …… 모순은 노출해야 합니다. 그래야 문제를 해결할 수 있습니다.[78]

이때 마오 앞에는 지방 당 서기들이 있었다. 그들은 마오의 말에 쉽게 설득당하지 않았다. 당연한 일이었다. 그들이 바로 '문제'가 발생했을 때 그 문제를 직접 관리해야 하는 당사자였기 때문이다. 몇 주 뒤 마오는 당원의 '50퍼센트 혹은 60퍼센트'가 자신의 의견에 동의하지 않으며 고위급 당 간부의 경우에는 그 비율이 90퍼센트라고 말했다.[79] "주민이 6억 명인 나라에서 해마다 1백만 명이 문제를 일으킨다면 나는 그것이 정상이라고 생각합니다."[80] 최악의 경우 만일 대규모 혼란이 발생하면 "우리는 그저 옌안으로 돌아가면 됩니다. 어차피 우리는 거기에서 온 것 아닙니까?"[81] 마오의 이런 발언들은 당 간부들을 설득하기는커녕 오히려 더 걱정하게 만들었다.

10년이나 12년 전이었다면 당 간부들이 이렇게 반발하면 마오는 일단 걸음을 멈추었을 것이다. 하지만 1957년에는 달랐다. 인민공화국 창건 이후로 마오는 동료들의 반대를 물리치고 두 가지 중요한 정책을 성공시켰다. 한국전쟁 참전이 하나요, 집단화 가속이 다른 하나였다. 지금 또 당이 주저한다면 이 상황에서 그가 택할 수 있는 길은 오직 하나, 즉 더 거세게 밀어붙이는 것이었다. 1957년 봄에 마오는 일련의 연설들에서 레닌의 말을 조금 변형해 계속 인용했다. 마오가 1937년에 처음 인용한 구절이었다. "반대되는 것의 통일은 일시적이요, 적대적 투쟁은 절대적이다(敵對雙方的統一是暫時的 對立的鬪爭是絶對的)." 화합은 일시적인 반면, 갈등은 영원하다. 40년 전 학생 시절에 마오는 이런 말을 했다. "우리가 혼란을 좋아하는 것은 아니다. 하지만 …… 인간은 본래 갑작스러운 변화를 반긴다." 40년이 지난 뒤 마오는 동료에게 이렇게 말했다. "인생은 조금 복잡한 게 좋지. 그렇지 않으면 너무 지겹거든. …… 태평스럽기만 하고 아무 문제도 일어나지 않는다면 …… 정신적으로 멈추게 될 거야."[82]

마오가 자신의 결정을 더 강하게 밀고 나간 데는 좀 더 실용적인 이유가 있었다. 자유화 운동을 처음 촉발한 것은 과학자와 기술 전문 인력이 부족해서였지만 이것은 빙산의 일각에 불과했다. 당시 중국에는 무산계급이 1천2백만 명이고, (농민층을 포함해) 소자산계급(프티부르주아)은 5억 5천만 명이었다. 경제를 발전시키려면 모두의 힘이 필요했다. 하지만 이를 위해서는 서로 감독하게 하는 정책이 필요하다고 마오는 주장했다. 즉 소자산계급 지식인들은 자유롭게 공산당을 비판하고, 다음에는 공산당이 소자산계급을 '교육'한다는 것

이었다.[83)]

　이런 마오의 생각은 1957년 2월 27일에 '인민 내부의 모순을 어떻게 처리할 것인가?'라는 제목의 연설에서 공식적으로 제시되었다. 그날 마오는 1천8백여 명의 청중 앞에서 네 시간에 걸쳐 긴 연설을 했다. 청중 가운데는 과학자, 작가, 민주당파* 대표들도 있었다.[84)]

　마오는 우선 지식인들이 겪어야 했던 자기 개조 과정과 공산당의 대의에 '단련'되는 과정을 칭찬하는 말로 연설을 시작했다. 사상 개조는 여전히 필요하지만 과거에는 이 과정이 "조금 거칠었으며 일부 사람들이 다치는" 일이 있었다고 마오는 지적했다. 그는 앞으로 시행되는 정책은 다를 것이라고 말했다.

　'백화제방, 백가쟁명', 즉 '백 가지 꽃이 일시에 개화하게 하고 백 가지 생각이 서로 다투게 하라'는 구호는 …… 사회 내의 다양한 모순을 인정하는 기초 위에 제시되었습니다. 만일 여러분이 (향기로운 꽃만) 기르고 잡초는 기르지 않겠다고 하면, 그것은 불가능합니다. …… 잡초를 모두 금지하고 자라지 못하게 하는 것이 가능합니까? 그런 일은 실제로는 불가능합니다. …… 향기로운 꽃과 독초를 구분하는 일은 어렵습니다. …… 마르크스주의를 예로 들어봅시다. 마르크스주의는 (한때) 독초로 생각되었습니다. …… 갈릴레오의 물리학, 다윈의 진화론 모두 처음에는 사람들에게 배척당했습니다. …… 향기로운 꽃과 독초를 모두 자라게 허용한다 하여 두려워할 것이 무엇이 있습니까? 두려워할 것은 없습니다. …… 나쁜 꽃들 가운데 좋은

---

* 중국은 공식적으로 다당제 국가이다. 중국공산당을 제외하고 중국국민당혁명위원회, 중국민주동맹, 중국민주건국회, 중국민주촉진회, 중국농공민주당, 중국치공당, 대만민주자치동맹, 구삼학사(九三學社)까지 8개 정당을 통틀어 '(중국)민주당파'라고 부른다. 민주당파는 국공내전 기간 중에 공산당의 지원을 받으며 국민당에 반대한 당파나 단체들에서 출발했다.

13장 백화운동과 대약진운동

197

꽃이 약간 있을 수도 있습니다. …… 갈릴레오나 코페르니쿠스(처럼 말입니다.) (반대로) 마르크스주의자처럼 보이던 꽃이 실제로는 그렇지 않은 경우도 있습니다.[85]

이념적 문제를 해결하려고 '조악한 방법'을 쓰는 것은 득보다 해가 많다고 마오는 덧붙였다. "동요가 일어나면 어떻게 하냐고 걱정합니까? 나는 이렇게 대답합니다. 그들이 만족할 만큼 동요하도록 내버려두십시오. …… 나도 학생 시절에 어떤 문제가 해결되지 않아서 분란을 일으킨 적이 있습니다. …… 강제는 국민당의 방법입니다. 우리는 그와 반대되는 방법을 택해야 합니다."

이 연설문이 바로 출판되지는 않았지만, 곧 중국 전역의 각 도시에서 지식인들과 당 간부들이 모여 녹음된 연설을 청취했다.*

반응은 다양했다. 어떤 사람은 "마오 주석의 연설을 듣고 너무 흥분한 나머지 밤새 잠을 이루지 못했다."라고 말했다.[86] 상하이의 기업가 로버트 로(Robert Loh)는 이렇게 회상했다. "나는 어리둥절했다. 마오의 연설 이후에는 불가능한 일이 아무것도 없을 것처럼 느껴졌다. 오랜만에 나는 희망을 품어보기로 했다."[87] 그러나 대부분 사람들은 조심스러운 반응을 보였다. 인류학자인 페이샤오퉁(費孝通)은 '초봄 날씨'라고 표현했다. 언제 갑자기 서리가 내릴지 모르는 위험이 있었다.[88] 역사가인 젠보짠(翦伯贊)은 좀 더 직설적이었다. 지식인들은 마오의 말을 믿어야 할지 말아야 할지 알 수 없었다. "(마오의) 호소가 진실한 것인지 아니면 의례적인 행동에 불과한 것인지 지식인들은 조심스럽게 따져보아야 했다. 이 호소가 진실한 것이라 해도 과연 꽃이 어느 정도까지 피어도 되는지, 또 일단 꽃들이 만개한 다

---

* 이 연설은 정리와 보완과 수정을 거쳐 1957년 6월 19일에 '인민 내부의 모순을 정확히 처리하는 문제에 관하여'라는 제목의 문건으로 발표된다.

음을 (정책 방향이 정반대로 바뀌는 것은 아닌지) 생각해보아야 했다. 이 호소가 그 자체로 목적인지, 아니면 …… (숨은) 생각을 드러내게 한 다음 그 생각을 교정하려고 꺼낸 수단인지 지식인들은 생각해보아야 했다. 또 지식인들은 논의할 수 있는 문제와 논의할 수 없는 문제가 어떤 것들인지도 추측해야 했다." 결국 대부분의 지식인들은 입을 다물기로 했다고 그는 덧붙였다.[89]

만일 마오가 당의 비공개 회의에서 발언한 내용을 알았더라면 지식인들은 더욱 조심했을 것이다. 마오는 백화운동의 개시를 공개적으로 발표하기 전에 비공개 회의를 열어 당 간부들에게 자신의 생각을 미리 전했다. 공식 석상에서 마오는 자산계급과 민주적 정당들이 '큰 진보'를 이루었다고 말했지만, 비공식 석상에서는 그들을 "신뢰할 수 없다"고 말했다. 공식 석상에서 마오는 학생들이 '애국'한다고 말했지만, 비공식 석상에서는 학생의 80퍼센트가 자산계급 출신이므로 그들이 정부에 반대하는 것은 "조금도 이상할 것이 없다"고 말했다. 공식 석상에서 마오는 '독초'가 자라는 것을 허용해야 한다고 말했지만, 비공식 석상에서는 독초는 베어서 비료로 쓰일 것이라고 말했다. 공식 석상에서 마오는 반혁명 분자가 '극소수'라고 말했지만, 비공식 석상에서는 반혁명 분자들을 "결연하게 진압해야 한다"고 말했다. 공식 석상에서 마오는 소동을 벌이는 것이 용인되어야 한다고 말했지만, 비공식 석상에서는 "나쁜 자들이 …… 자신의 본모습을 드러내고 (주위로부터) 고립되도록" 만들어야 한다고 말했다.[90]

마오의 변증법적 사고에 따르면, 이러한 두 가지 입장은 그저 동전의 양면일 뿐이었다. "대립물의 통일에서는 언제나 한쪽이 더 중요하고 다른 한쪽은 부차적 의미를 지닌다."라고 그는 설명했다.[91] 문제는 어느 것이 더 중요한 쪽인지를 마오가 항상 바꿀 수 있다는 것이었다.

1957년 3월과 4월 내내 마오는 백화운동을 순조롭게 출발시키려고 많은 노력을 쏟았다. 참으로 힘든 과업이었다. 마오 자신의 입장부터 모호한 부분이 있었으며(지식인들은 이 점을 감지하는 만큼 더욱더 소극적이 되었다), 게다가 중급과 하급 당 간부들은 여전히 이 운동에 몹시 적대적이었다. 그들은 어떤 식이든 반(反)관료주의 운동이 시작되면 자연스럽게 공격 목표가 될 수밖에 없었고 또 정풍운동이 일단 시작되면 마오가 약속한 동요와 소란을 감당하는 입장이 될 터였다.

당 위계의 정점에 있는 정치국은 이상하게도 침묵을 지켰다. 백화운동은 마오 개인의 작품이었다. 훗날 마오는 "나 혼자 인민과 함께했다."라고 말하는데, 이것은 어느 정도 사실이었다.[92] 동료들이 공개적으로 마오를 지지하는 한(실제로 지지해주었다), 개인적으로 류사오치와 베이징 당 지도자인 펑전이 미온적인 태도를 보이거나 저우언라이와 덩샤오핑이 열렬히 지지하거나 하는 것은 별 문제가 되지 않았다.[93] 이 운동은 행정 명령으로 가능한 일이 아니었다. 사람들이 스스로 자신의 생각을 말하도록 설득해야 했으며, 그 일을 맡을 당의 기층(基層) 간부들도 설득해야 했다.

이를 위해 마오는 중국 동부로 3주간 긴 기차 여행을 다녀왔다. 이 여행에서 그는 스스로 일컬었듯이 '세객(說客)'으로 활동했다.[94] 절반의 시간은 당 간부들을 설득하는 데 썼다. 그는 곧 시작될 운동이 "차분하게 진행될 것이고 서두르지 않을 것"이며, "거센 폭우가 아니라 아주 약한 가랑비"일 것이라고 했다. 그리고 이번 운동이 대규모 대중 투쟁으로 확대되는 일은 없을 것이라고도 말했다. 나머지 절반의 시간은 당원이 아닌 사람들이 느끼는 공포를 가라앉히는 데 썼다. 이 과정에서 운동의 목적과 그 목적을 달성할 수단 역시 좀 더 정확하게 규정되었다.

지주와 자산계급에 맞서는 계급투쟁은 이미 기본적으로 종결된 상태이며, 지금은 당과 인민 사이에 존재하는 모순이 표면화되고 있다고 마오는 설명했다. "과거에 우리는 인민과 한편이 되어 적과 싸웠다. 하지만 이제 적은 존재하지 않고 …… 오로지 인민과 우리만 남았다. 인민이 우리에게 불만이 있으면서도 따지지 않는다면, 그들은 누구에게 따질 수 있겠는가?" 의견차를 해소하려면 인민이 스스로 생각하도록 격려해야 한다. "우리가 그것을 허용하지 않는다면, 우리나라는 활력을 잃고 말 것이다." 이 운동에서 쓸 방법은 비판과 자아비판이며, 민주당파들이 주도할 예정이었다. 마오는 다음과 같이 말했다. "(그들은) 우리의 단점을 끄집어 드러내는 신랄한 논평을 해야 할 것이다. 우리는 마음을 단단히 먹고 그들이 우리를 공격하도록 허용해야 한다. …… 공산당은 당분간 질책을 받을 준비를 해야 한다."[95]

마오의 말에는 사람들을 흥분시키는 전망이 담겨 있었다. 그리고 결국에는 대부분의 지식인들이 그 말을 액면 그대로 받아들였다. 특히 마오가 최소한 학문과 언론 분야에서는 당의 권력 독점을 유의미한 수준으로 침해할 수 있게 허용할 것이라는 말을 했을 때 그러했다. 그는 이런 말도 했다. 이제까지 대학 총장이나 '비공산당' 소속 신문의 편집장 자리에 비공산당원이 앉아 있을 경우, 사실상 권한은 언제나 차장급에 속하는 자리를 차지한 공산당원이 행사해 왔다. 하지만 앞으로는 비공산당원이 "직책과 권한을 형식적으로가 아니라 실제로 보유하도록 할 것이다. 이제부터는 어떤 기관이든 형식상의 장이 곧 실제 권한을 지니도록 한다."[96]

4월 중순경에는 마오의 노력이 결실을 맺기 시작했다.

그는 당 간부들에게 일반적으로 백화운동에서 허용되는 비판은 "당의 영도를 강화"하는 것이어야 하며 '분열과 혼란'을 일으키지 않는 비판에 한정될 것이라고 약속할 필요가 있음을 알았다.[97] 또 그는 지식인들이 공산당이 덫을 놓는 것이라고 두려워하고 있다면서, 마오 자신은 그것을 부인한 적이 없다는 데 주목해 달라고 말했다.[98] 이 같은 마오의 확언에 용기를 얻어 당 간부들은 협조하기 시작했다.[99]

심지어 그동안 당내에 인 의구심을 충실히 반영해 새로운 정책에 대해 침묵을 지켜 온 〈인민일보〉도 마오의 방침을 따랐다. 물론 마오가 편집장 덩퉈(鄧拓)를 자신의 침실로 불러 심하게 질책하면서부터였다. 마오는 책이 수북이 쌓인 큰 침대에 편안한 자세로 걸터앉아 있었다. 중간에 부편집장 중 한 명이었던 왕뤄수이(王若水)도 침실로 불려 왔다. 언제나 단정하고 깔끔했던 왕뤄수이는 훗날 당시 지저분한 침실을 보고 충격을 받았다고 털어놓았다. 중년을 훌쩍 넘긴 마오 주석은 잠옷을 걸친 추레한 모습으로 두 사람을 질책했다. "당신들은 어째서 당의 정책을 비밀처럼 숨기는 거요? 뭔가 수상한데. 예전에는 이 신문을 학자연하는 사람들이 운영하더니 지금은 마치 시체가 운영하는 것 같군." 마오는 덩퉈를 노려보면서 계속 말을 이었다. "똥을 못 쌀 거 같으면 변소에서 나와야 다른 사람이 들어가서 볼일을 볼 거 아니오?" 궁지에 몰린 편집장이 사직하겠다고 말하자 마오는 그 요청을 일축했다. 결국 왕뤄수이는 백화운동을 홍보하는 논설을 작성해 4월 13일에 신문에 내라는 지시를 받았다. 이때부터 정부에 대한 비공산주의적 비판이 환영받을 거라는 소문이 사람들 사이에 퍼지기 시작했다.[100]

1주일 뒤에 열린 정치국 회의에서 백화운동을 공식적으로 시작하기로 결정했다. 지방 당 지도자들은 운동 진행 상황을 15일 안에 보고하라는 지시를 받았다.[101] 하지만 사실 마오는 그렇게 오래 기다릴 생각이 없었다. 그는 정풍(整風)이 이미 "2개월 전부터 진행되어 왔다."라고 말했다. 그리하여 중국인들이 5월 1일 노동절을 맞아 축하 행사를 하던 즈음, 1면에 '백화'라는 구호를 큼직하게 새긴 〈인민일보〉가 발행되었고 전국의 다른 모든 신문들이 그 뒤를 따랐다. 공산당 내부에서나 외부에서나 드디어 운동이 공식적으로 시작되었다.[102]

백화운동은 공산권 국가에서 시행된, 전체주의 체제와 민주적인 견제와 균형의 원리를 결합하려는 가장 야심찬 시도였다. 심지어 마오도 이 운동이 어떤 결과로 이어질지 확신하지 못했다. 그는 이렇게 말했다. "한번 해보고 어떻게 되어 가는지 봅시다. 일단 맛을 들이면 그다음은 걱정이 없을 것입니다."[103] 그러나 공산당이 비판받는 데 "맛을 들이지" 못하는 경우에 어떤 일이 벌어질지는 신중하게도 아무 말도 하지 않았다.

5월이 지나면서 공산당원이 아닌 학자, 작가, 예술가, 민주당파 사람들, 기업가, 심지어 노동자와 농촌 지역 관료들까지 점차 용기를 내어 솔직하게 의견을 말하기로 결심했다. 하지만 그런 발언을 하라고 재촉을 받는 경우가 많았다.

당 중앙위원회는 비공산당원의 참여가 순전히 자발적이어야 한다고 공언했지만, 지역 당 간부들은 각자 책임진 단위에서 운동이 성공리에 진행되고 있음을 상부에 보여주어야 한다는 압박을 받았다.[104] 우닝쿤(巫寧坤)은 미국 유학을 다녀와서 대학에서 영어를 가르쳤다. 그가 기억하기로는, 어느 날 선배 교수가 다가오더니 "아무도 교수 회의에서 자신의 견해를 밝히려 하지 않는다. …… 나오는 이야기라고는 별것도 아닌 것뿐이다."라는 말을 했다고 한다. 훗날 우닝쿤은 그때 이런 식으로 몇 번 재촉을 당한 뒤 "그들이 진지하다는 것을 더는 의심할 이유가 없어서 나도 목소리를 냈다."고 이야기했다.[105] 창사 시 공안 기관의 어느 여성 간부는 공산당에 가입하고 싶다면 "무엇인가 생각해내서 발언해야 한다"는 이야기를 들었다.[106] 베이징의 중심 상가인 왕푸징에 있던 상인 협회의 한 지도자는 "다른 사람들에게 모범을 보이기 위해" 발언을 하라고 지역 당 간부에게 강요받았다.[107] 그 지도자는 머리를 짜내 당 간부의 지시를 따랐다. 이런 사람들이 수백만 명에 이르렀다.

이런 과정을 거쳐 표출된 비판의 주된 요지는 다음과 같았다. 지식인들은 1949년에 국민당의 실정을 종식시킨 해방자로서 공산당을 환영했다. 하지만 공산당은 집권한 지 8년도 채 안 되어 권력과 특권을 독점하고 스스로 인민으로부터 유리된, 새로운 관료주의적 계급으로 변했다는 것이었다.[108] 마오가 헝가리 봉기에서 끌어낸 교훈이 틀리지 않았음이 밝혀졌다. 비공산당원 입장에서 볼 때 당 간부들은 정말로 "인민과 유리된 귀족층"으로 변했던 것이다. 특히 신랄한 비판을 내놓은 사람들 중에 비공산당계 신문으로 영향력이 컸던 〈광명일보(光明日報)〉의 편집인 추안핑(儲安平)이 있었다. 그는 공산당원들이 중국을 '당의 세상(黨天下)'으로 만들었으며 "단 한 가지 색깔로 칠해버렸다."라고 비판했다.

소수였지만 더 직설적으로 말한 사람도 있었다. 어떤 교수는 당원들이 마치 '다른 종족'에 속한 사람처럼 행동한다고 비판했다. 당원들은 특별 대우를 받으면서 다른 사람들을 마치 "(자신들에게) 복종해야 마땅한 백성들로 여기며, 더 거칠게 표현하면 노예로 여기고 있다."라고 말했다. 한 경제학 강사는 이렇게 비판했다. "당원과 당 간부는 과거에는 낡은 신발을 신고 다녔으나 지금은 모직으로 만든 제복을 차려 입고 고급 승용차를 타고 다닌다. …… 오늘날 보통 사람들은 당을 마치 전염병 피하듯 한다." 그리고 이렇게 덧붙였다.

만일 공산당이 나를 불신한다면, 나도 마찬가지로 그들을 불신한다. 중국은 반혁명 분자들을 포함해 (모든 주민인) 6억 인민의 것이다. 중국은 공산당의 소유물이 아니다. …… 만일 당신들이 (즉 당원들이) 흡족한 수준으로 일한다면 아무 문제도 없고 괜찮을 것이다. 하지만 그러지 않을 경우 대중은 당신들을 때려 쓰러뜨리고 죽이고 타도할 것이다. 이런 행동은 비애국적이라고 할 수 없다. 왜냐하면 공산당이 더는 인민에게 봉사하지 않기 때문이다. 공산당의 몰락이 곧 중국의 몰락은 아니다.

또 하나 계속 등장한 주제는 당이 지식인을 학대한다는 것이었다. 지식인들은 "한순간에 개똥 취급을 받다가 다음 순간에 갑자기 1만 냥의 금화처럼 여겨진다." 한 언론인은 만일 당이 당신을 필요로 하면 당신이 살인자라 해도 아무 상관이 없지만, 당이 당신을 필요로 하지 않으면 아무리 성실하게 일해도 당은 당신을 버릴 것이라고 썼다. 어떤 전문 기술자는 지식인들이 일본 점령기보다 더 억눌려 있다고 지적했다. 당원들은 주위를 돌아다니면서 동료인 비공산당원의 동태를 인사 관련 부서에 보고했다. 이렇게 되면 "누구도 감히 불만을 털어놓지 않는다. 심지어 아주 친한 친구들과 은밀하게 이야기를 나눌 때도 그러하다. …… 모든 사람은 이제 이중으로 말하는 법을 배웠다. 겉으로 하는 말과 속내가 다르다."

백화운동이 공식적으로 시작된 지 불과 사흘이 지난 5월 4일, 마오는 비밀 지령을 하나 내렸다. 지금 터져 나오는 의견들 가운데 잘못된 것들이 있어도 당분간 반박하지 말라는 내용이었다. "우리는 그런 비판을 중간에 멈추게 해서는 안 된다. 사회의 압력이 없다면 우리가 원하는 결과를 얻을 수 없을 것이다." 따라서 '최소한 몇 달 동안은' 비판이 억제되지 않고 계속되어야 한다. 일단 공산당이 교정을 받고 나면 운동이 더욱 확장될 수 있고, 그런 다음에 민주당파들

과 지식인, 사회 전반으로 비판의 대상이 확대될 것이었다.[109]

하지만 대중의 분노가 더욱 거세게 터져 나오고 불신과 고통이 더욱 강하게 표출되자, 마오는 이 문제를 다시 생각하기 시작했다.

5월 15일에 마오는 '상황이 변하고 있다'라는 제목의 문건을 만들어 당 중앙위원회 이상 고위 간부들에게만 제한적으로 배포했다. 이 문건에서 마오는 자신의 태도가 바뀌고 있다는 신호를 보냈다. 여기서 그는 처음으로 '수정주의'라는 말을 국내 상황을 묘사하는 데 썼다. 마오는 수정주의자들은 언론의 계급적 본질을 부인하고 자산계급적 의미의 자유주의(부르주아 자유주의)와 민주주의를 숭배하며 당의 영도를 부정한다고 썼다. 그런 사람들은 당내에서 큰 위험 요소이며 우익 지식 분자들과 한통속이다. "지금 넘쳐흐르는 광적인 공격"은 바로 이들 비당(非黨) '우파'의 책임이라는 것이었다(마오가 우파라는 말을 쓴 것도 이 문건이 처음이었다).

우파는 변증법에 대해 아무것도 모른다. 만물은 극단에 이르면 반대가 된다. 우리는 우파가 잠시 동안 마음대로 말썽을 피우고 정점에 이르는 것을 허용할 것이다. …… 어떤 사람은 그들이 마치 물고기처럼 낚일까 봐 두려워한다고 말한다. …… 혹은 유적심입 작전에 걸려 결국 한꺼번에 사로잡힐 것이라고 말하는 사람도 있다. 하지만 지금은 많은 물고기가 스스로 수면에 떠올랐으므로 낚시에 미끼를 달 필요도 없다. …… 우파에게는 두 가지 선택이 있다. 하나는 …… 잘못을 고치고 올바른 길로 들어서는 것이다. 다른 하나는 계속 말썽을 일으키고 멸망을 자초하는 것이다. 우파 선생들이여! 선택은 당신들이 한다. 주도권 역시 (당분간은) 당신들 손에 있다.[110]

마오의 입장에 극적인 변화가 일어난 것처럼 보이지만 꼭 그런 것은 아니었다. 이미 4월 초에 마오는 항저우에서 당 간부들과 대화를 나누면서 만일 해로운 견해가 등장하면 어떻게 할 것인지 이야기했다. "이것은 적을 노리고 매복을 준비하는 것이 아니다. 그들이 스스로 덫에 빠지도록 그냥 놔두는 것이다."[111] 결국 강조점을 어디에 두느지가 달라졌을 뿐이었다. 불길하게도 이제 마오는 "꽃들이 피어나게 하는 것"에서 '독초'를 제거하는 일로 관심을 돌렸다.

하지만 비밀 문건이었기 때문에 '우파'나 인민들은 변화의 양상을 전혀 몰랐다.

운동은 베이징대학으로 확산되었다. 학생 식당 바깥에 '민주주의의 벽'이 세워지고 포스터가 엄청나게 붙어 몇 겹이 쌓일 정도였다. 학생들은 연단에 올라 수천 명의 동료 학생들 앞에서 비판의 목소리를 높였다. 주제는 다당제를 바탕으로 하는 선거 제도 수립부터 사회주의와 자본주의의 장점 비교에까지 이르렀다. 이 과정에서 21살의 문학부 학생 닌시링(林希翎)이 파시오나리아*가 되었다. 닌시링은 공산당이 '봉건적 사회주의'를 시행하고 있다고 비난하면서 기본적 자유권을 보장하기 위해 전면적인 개혁을 실시해야 한다고 주장했다. 학생 단체가 여럿 생기기 시작했는데, 쓴 약이란 뜻의 '고약방(苦藥方)', 하층민의 목소리란 뜻의 '저층지성(底層之聲)', 야생풀이란 뜻의 '야초(野草)', 봄에 울리는 벼락이란 뜻의 '춘뢰(春雷)' 등이 있었다. 이 단체들은 등사판으로 정기 간행물을 찍어내고 베이징 밖에 있는 동지들과 함께하는 '경험 교류회'에 활동가를 파견하기도 했다.[112]

다시 1주일이 지나고 마오는 한 번 더 목소리를 높였다. 이번에는

파시오나리아(Pasionaria) 에스파냐어로 '정열의 꽃' '수난의 꽃'이라는 뜻으로, '시계꽃'을 가리킨다. 이 글에서는 '파시오나리아'를 필명으로 삼았던 에스파냐의 여성 혁명가 돌로레스 이바루리(Isidora Dolores Ibárruri, 1895~1989)를 빗댄 표현이다.

공개 석상에서였다. 그는 공산주의청년단 대표들과 함께한 자리에서 이렇게 경고했다. "사회주의에 어긋나는 말이나 행동은 완전히 오류입니다."[113] 마오가 한 이 발언은 즉시 베이징대학 교정의 한 건물 벽에 흰 페인트로 크게 적혔다.

그러나 마오 주석이 붙인 불은 쉽게 꺼지지 않았다. 학생 지도자들은 공산당 통치 종식을 공개적으로 요구했다. 이러한 제자들의 모습에서 영향을 받은 교수들도 불길이 더욱 크게 타오르도록 북돋웠다. 선양의 한 교수는 마오의 통치가 "자의적이며 냉혹하다"고 말했다. 중국에 민주주의가 존재하지 않는 것은 당 중앙의 잘못이라는 발언도 했다. 또 다른 이는 '악의적인 폭정'이라는 표현을 쓰면서 이 폭정은 "아우슈비츠에서 쓰인 파시즘적 방법"을 쓰고 있다고 비판했다. 우한에서는 중학교 학생들이 거리로 나와 지역 관공서에 난입하기도 했다. 쓰촨성과 산둥성에서도 소요가 발생했다는 보도가 나왔다.[114]

6월 8일 마오는 당이 반격에 나서도록 조치를 취했다. 백화운동이 공식적으로 시작된 지 6주가 채 안 된 시점이었다.

이날 〈인민일보〉는 '일부 사람들이' 백화운동을 구실 삼아 "공산당과 노동계급을 타도하고 사회주의라는 위대한 목표를 무너뜨리려 하고 있다."고 비판했다.[115] 같은 날 마오는 당 중앙위원회 지령을 통해 당의 일부가 반동적 견해로 부패하고 말았다고 지적했다. 그러면서 그는 이런 현상은 "드디어 고름이 쥐어짜져 밖으로 나오는 것"이라고 만족스럽게 평가했다.[116] 열흘 뒤, 마오가 2월에 했던 '모순'에 관한 연설문이 처음으로 출판되었다. 하지만 연설문 내용이 대폭 수정된 상태였으며, '향기로운 꽃'과 '독초'를 구분하는 데 적용할 여섯 가지 기준이 제시되어 있었다. 이 기준들은 마오가 운동 개시 직전에 당 간부들 앞에서 은밀히 다짐했던 내용을 사실상 다시 언급한 것이었다. 즉 비판은 당의 영도를 쇠퇴시키는 것이 아니라 강화하는 경우에만 받아들여질 것이라는 내용이었다.[117]

결국 7월 1일 〈인민일보〉에 또 다른 논설이 실렸다. 여기서 마오는 임업부장 뤄룽지(羅隆基)와 교통부장 장보쥔(章伯鈞) 두 사람을 고발했다. 두 사람은 소규모 연합 정당인 '중국민주동맹'의 지도급 인사들이었다. 이들은 "반공산주의적, 반인민적, 반사회주의적 자산계급 노선"을 추진하려는 목적으로 반혁명 동맹을 결성했다는 혐의를 받았다. 백화운동은 그 자체로는 옳지만 극단적 성향을 지닌 소수의 사람들 때문에 제대로 진행되지 못하고 있다는 것이 논설의 취지였다. 이 글에 따르면, 이런 사람들이 공산당의 승리를 끝내 받아들이지 못하고 역사의 시계를 반대 방향으로 돌리고 있었다.[118]

이 모든 것은 정직하지 못한 이야기였고, 일이 다 끝난 뒤에야 알아차릴 수 있는 것이었다. '뤄룽지-장보쥔 동맹'은 1934년 위두에서 있었던 '처형 여단', 1943년의 '왕스웨이 반혁명 음모', 1955년 '후펑 도당' 사건으로 이어진 날조의 역사에 포함되는 일이었다. 그리고 이러한 조작과 날조는 오로지 이미 진행 중인 탄압을 정당화하려는 목적에서 이루어졌다. 이제 마오는 〈광명일보〉를 '반동분자들의 대변인'[119]이라고 비난하기 시작했다. 그러나 실제로 이 신문은 그저 마오가 촉구했던 일을 실행에 옮겼을 뿐이었다. 다른 대부분의 '우파' 역시 마찬가지였다. 이 여섯 가지 기준은 운동에 너무 심하게 제한을 두는 것이어서, 만일 원래 연설에 이 내용이 포함되었다면 '백화제방, 백가쟁명'은 아예 시작되지도 못했을 것이다. 사실 운동 진행 과정에서 마오는 어떤 한계도 두어서는 안 된다고 거듭 말해 왔다. "인민은 (스스로) 구분할 수 있는 능력이 있고 …… (우리는 반드시) 인민이 …… 식별할 수 있음을 신뢰해야 한다."[120]

그렇다면 마오는 왜 강력한 탄압이 필요하다는 결정을 내리게 되었을까?

이 의문을 풀어줄 간단한 해답은 없다. 백화운동의 희생자들이나 지지자들은 이 운동이 "뱀을 굴에서 꾀어내는" 마오 주석 특유의 교활함이 잘 드러난 사례로 처음부터 주의 깊게 만들어진 덫이라고 주장했다. 그러나 그것은 사실이 아니다. 그렇다고 서구 학자들 대부분이 주장하는 것처럼 '엄청난 실책'도 아니다.[121]

마오는 지식인을 신뢰한 적이 없었다. 특히 옌안 시절에 지식인들의 행동을 보면서 마오는 "지식인은 본래 믿을 수 없는 존재"라는 믿음이 더 강해졌다. 이후에 벌어진 모든 상황에서 ─ 1950년대 초에 반복해서 실시된 사상 개조 운동을 포함해 ─ 이 같은 견해를 바꿀 만한 일은 단 한 번도 없었다. 그런 마오가 1957년 봄에 새삼 지식인들이 신뢰할 만한 집단이라고 마음을 바꾸었을 리 없다. 처음부터 그는 소수일지라도 '극단주의자들'이 있을 것이라고 믿었다. 그리고 그들이 합당한 한계를 넘어 행동한다면 탄압해야 마땅하다고 생각했다. 이미 이렇게 생각하고 있었기에, 보복은 절대로 없을 것이라고 확실하게 보장하지 않았던 것이다. 백화운동이 시작되기 두 달 전에 마오가 한 말실수도 같은 맥락에서 이해할 수 있다. 3월에 마오는 당 중앙이 소집한 전국선전사업회의에서 자산계급 사상에 맞서는 투쟁을 말하며 지식인을 '적'으로 간주했다. 지식인은 공산당이 같은 편으로 끌어들여야 할 잠재적 동맹자가 아니라는 뜻이었다.[122]

한편으로 중국 사회의 경제적 하부 구조는 이미 변하고 있었다. 따라서 마르크스주의 이론에 따르면 이념적 '상부 구조' 역시 변해야 했다.

백화운동 내내 마오는 인체의 피부와 털을 비유로 썼다. 자산계급이라는 경제의 낡은 '피부'는 이제 죽어버렸으므로 지식인 즉 이념적 '털'은 충성의 대상을 바꾸어 무산계급 경제라는 새로운 '피부'로 스

1957년 7월 반우파운동 시기에 자산계급 지식인들을 비판하기 위해 열린 집회.

스로를 이식할 수밖에 없다는 것이었다.[123)

　'극단주의자들'의 수가 얼마나 되고 그들에게 얼마나 압력을 가해야 할 것인가 하는 문제는 내내 언급되지 않았다. 여기서 마오는 두 가지 잘못된 판단을 했다. 첫째, 그는 운동 과정에서 터져 나올 (공산당에 대한) 비판의 규모와 강도를 과소평가했다. 둘째, 당 간부들이 그런 비판을 어느 정도나 참아낼 수 있을지 예상하지 못했다. 당과 인민의 간극을 메우려는 의도에서 시작된 운동이 이제 근본적으로 뒤집혀버렸다. (소수의 극단적 반공산주의자들을 폭로하고 처벌하려는 시도이기도 했으나 이것은 부차적인 문제였다.) 소수의 극단주의자들이 아니라 당의 말을 그대로 믿은 충성스러운 시민 수십만 명이 덫에 걸려든 것이다.[124)

　백화운동의 대대적인 전환은 순전히 마오 혼자 내린 결정이었다. 하지만 확실히 그는 결정을 내리기까지 어느 정도 망설였던 것으로 보인다.[125) 훗날 마오는 당시에 공산당 그리고 사회 전체가 대규모 소요 사태가 일어날지 모른다는 공포에 사로잡혀 있었고 그때 자신은 "얼토당토않은 상황이 나타난 데 당황한 상태"였다고 회고했다.[126] 그해 여름과 가을에 한 연설들에서 마오는 백화운동 자체는 올바른 정책임을 계속해서 믿는다고 분명히 밝혔다. 또 '우파'는 반혁명 분자들이지만 그들을 관대하게 대해야 한다고 말했다. "(과거의) 극단적인 정책은 좋은 결과로 이어지지 못했다. 우리는 (이번에는) 좀 더 장기적인 안목을 지녀야 할 것이다."[127]

하지만 마오의 어휘 목록에서 '관대함'은 상대적인 의미를 지닌 단어였다.

우파 분자들은 총살을 당하지는 않았다.[128] 우파 분자들 가운데 고위급 인사들, 예를 들어 뤄룽지나 장보쥔, 그리고 또 다른 장관급 인사인 장나이치(章乃器)는 2년 뒤에 사면되었다. 하지만 52만 명의 하급 인사들은 '노동 개조'를 거치거나, 농촌으로 추방되어 농민들에게 계급의식을 배워야 했다. 52만이라는 수는 비(非)공산당원 지식인과 관료 전체에서 20명 중 1명꼴 즉 5퍼센트에 해당했다. 많은 단위들에서 지역 당 서기들은 고정 비율을 적용하라는 지시를 내렸다. 즉 간부진의 5퍼센트가 '우파'로 지정되어야 했다. 이런 상황이 되자 출신 배경이 수상하거나 과거에 당 고위층과 불미스럽게 충돌한 적이 있는 사람들이 가장 먼저 5퍼센트에 포함되었다.[129]

(미국 유학을 다녀온) 영어 교수 우닝쿤은 체포되어 처음에는 만주에서, 나중에는 톈진 근처에서 총 3년간 정치범 수용소 생활을 했다.[130] 상사를 비판했던 창사 시 공안 기관 간부인 한 여성은 창사 교외로 보내져 노동 개조를 거쳐야 했다. 그녀의 남편은 자신과 아이들에게 '우파' 딱지가 붙는 것을 피하려고 이혼을 택했지만 별 소용이 없었다.[131] 왕푸징의 상인협회를 이끌었던 자산가는 이후 20년 동안 여러 징벌 기관을 들락날락했다. 이들을 포함해 50만 명이 넘는

사람들이 자신과 가족의 인생이 철저하고 무자비하게 파괴되는 경험을 했다. 지주와 반혁명 분자들이 자신이 한 행동(과거에 한 행동이든 현재 행동이든, 또 실제로 한 행동이든 상상의 행동이든 간에) 때문에 처벌받은 것과 달리, 그들은 오로지 머릿속에 든 생각 때문에 처벌을 받았다.

마오는 이런 비난에 예민하게 반응하며 다음과 같이 주장했다. "이 사람들은 단순히 말만 한 것이 아니라 행동을 했다. 이들은 유죄다. '당당하게 말한 자는 그것 때문에 비난받지 않는다'는 말은 이들에게 적용되지 않는다."[132] 빈약한 변명이었다.

그는 진심으로 지식인들이 "스스로 생각"하기를 바랐고, 강제가 아니라 자유의지로 혁명에 참여하기를 원했다. 이것이 바로 백화운동의 비극이었다. 당 간부들에게 말했듯이, 마오의 목표는 "중앙집중제와 민주주의가 공존하고, 규율과 자유가 공존하며, 통일된 목표와 개인적 사고의 자유와 활력이 공존하는 정치 환경을 만들어내는 것"이었다.[133]

하지만 그러한 원칙은 현실에서 완전히 자멸적인 것으로 드러났다. 1950년대 중반에 마오는 이미 자신의 생각이 근본적으로 옳다고 확신했다. 따라서 그는 사람들이 스스로 생각할 자유가 있을 때 어째서 마오 자신이 생각하는 대로가 아니라 그들 자신이 원하는 대로 생각하는지 납득할 수 없었다. 희미하게나마 지적인 독립을 유지하는 한, 사람들은 마오가 탐탁찮게 여기는 생각을 했으며 마오는 그런 생각을 억누를 필요가 있음을 알게 되었다. 실제 현실에서는 규율이 항상 승리했고, 독립된 정신은 압살당했다. '독초' 뽑기는 결국 사회 전반의 정신적 무력화로 이어졌다.

이보다 더 즉각적인 결과도 있었다.

지식인들이 반우파운동에 뜨겁게 덴 나머지, 결코 다시는 마오를 신뢰하지 않게 되었던 것이다. 25년 뒤 왕푸징의 늙은 상인은 죽기 전에 가족들에게 이렇게 마지막 말을 남겼다. "절대로 공산당이 하는 말을 믿지 말거라!" 마오가 젊은 시절부터 꿈꾸어 온 강하고 새로운 중국을 건설하는 일에 가장 필요했던 바로 그 사람들이 마오에게 완전히 등을 돌렸던 것이다.

공산 정권이 들어서고 8년이 흐르는 동안 마오의 생활은 과거의 흔적을 찾아볼 수 없을 정도로 많이 변했다. 단지 권력을 더 많이 쥐게 되었다는 뜻이 아니다. 6억 명의 최고 지도자가 된 마오는 보통 사람들과 완전히 동떨어진 숭고한 존재가 되었다. 그는 황제의 분위기를 풍겼으며, 동료들과 거리를 두었고, 자신이 통치하는 사람들과 분리되었다.

인민공화국이 선포되기 직전, 마오는 중난하이에 거처를 잡았다. 중난하이는 자금성 안에 있는 넓은 장원으로 과거 만주족 황족이 살던 곳이었다. 그 안에는 여러 채의 저택과 전통식 정원이 있었고 장원 둘레에는 담장이 있다. 중난하이라는 이름은 이 장원과 자금성 성벽 사이에 있는 인공호수 이름을 딴 것이다.[134] 국민당이 권력을 장악한 시기에는 수도가 난징이었기 때문에 베이징의 중난하이는 버려진 채 황폐해졌다. 1949년 공산당 정부가 들어서면서 한때 황족들이 살았던 저택들을 수리하고 단장해 당 정치국 위원들이 사용했으며, 또한 당 중앙위원회와 국무원을 위해 3층짜리 건물을 여러 채 지었다. 마오와 그의 가족, 직속 수행원들은 과거에 황제의 서재였던 저택에 들어가 살았다. 회색 기와를 얹은 웅장한 저택 내부에는 전통 양식의 중정(中庭)이 있었으며, 중정 한가운데에는 아주 오래된 측백나무 숲이 있었다. 이 저택은 '풍요롭고 윤택하다'는 뜻으로 '풍택원(豊澤園)'이라고 불렸다. 저택 남쪽에 높은 지붕을 덮은 거대한 대문이 있었는데 건륭제가 직접 저택의 이름을 쓴 현판이 걸려 있었다. 마오의 개인 거처는 풍택원 북쪽에 있는 '국향서옥(菊香書屋)'이었다. 이곳에서 그는 천장이 높은 거대한 방 하나를 침실 겸 서재 겸 응접실로 썼다. 그 뒤에는 아내 장칭의 침실이 있었다. 장칭의 침실에는 서쪽 건물로 이어지는 통로가 있었는데 평상시 장칭은 그 서쪽 건물에서 일상 업무를 보았다. 마오의 딸인 리민과 리나는 남쪽 구역에서 살았으며 장칭의 이복 언니가 돌보았다. 마오쩌둥의 죽은 남동생인 마오쩌민의 아들, 즉 조카 마오위안신(毛遠新)도 이 저택에서 함께 살았다.

이전 황제들과 마찬가지로 마오는 중난하이라는 고치에 완전히 갇히고 말았다. 과거에 황제가 환관들에게 둘러싸였던 것처럼 마오는 비서들과 경호원들에게 둘러싸였다. 그를 경호하는 특수 부대는 삼중의 동심원을 그린 채 주위를 지켰다. 그들은 되도록 모습을 드러내지 않았지만 언제나 마오 주위에 있는 것은 확실했다. 마오가 먹는 음식 재료는 특별히 지정한 안전한 농장에서 직접 운송해 왔으며, 그가 먹을 음식에 독이 들어 있는지 확인하려고 반드시 다른 사람이 먼저 맛을 보았다. 1950년 10월에 런비스가 뇌졸중으로 사망하자, 마오를 비롯한 모든 최고위급 당 지도자들에게 주치의가 배속되었다. 옌안과 스좌장에 있을 때는 호위병이 따라붙기는 했지만 그래도 마오는 마음대로 이곳저곳을 다닐 수 있었다. 하지만 베이징에서는 그럴 수 없었다. 미리 이동 경로를 계획하고 정찰한 뒤에야 비로소 움직일 수 있었다. 멀리 여행을 해야 하는 경우에는 방탄 특별 열차를 이용했다. 비행기를 타는 경우는 매우 드물었다. 타이완에 있는 국민당이 마오가 탄 비행기에 고장을 내거나 격추할 위험이 있었기 때문이다.*

처음 몇 년 동안 마오는 때때로 자기 주변에 경호원들이 친 보호

막을 뚫고 나가려고 시도했다. 하지만 그런 시도는 대체로 좋지 않게 끝났다.

마오의 경호대장이었던 리인차오는 마오가 했던 그러한 시도 가운데 하나를 기억했다. 언젠가 마오가 톈진에 들렀을 때 어떤 식당에서 점심을 먹겠다고 고집했다고 한다. 미리 말이 전달되어 식당 운영진은 다른 손님을 받지 않았고 사복 경찰들이 식당 주위를 경계했다. 그런데 맞은편 건물 발코니에서 빨래를 널던 여인이 마오가 식당 2층 창가에서 거리를 내려다보는 모습을 발견했다. 여인은 마오를 보고 흥분해서 큰 소리를 냈고 곧 사람들이 몰려들었다. 너무 많은 사람이 찾아와서 나중에 마오가 안전하게 출발할 수 있게 지역 수비대가 6시간 동안 군중을 설득해 해산시켜야 했다. 이 일이 있은 뒤로 마오가 미리 정한 이동 경로를 벗어나 다른 곳에 가고 싶어 할 때마다, 경호원들은 톈진 사건을 이야기하면서 원래 계획을 지킬 것을 요청했다고 한다.[135]

주위에 가족이 없어지면서 마오는 더욱 심하게 고립되었다. 큰아들 마오안잉은 한국전쟁에서 죽었고 작은아들 마오안칭은 정신질환으로 다롄에 있는 병원에서 치료를 받았다.[136] 장칭은 종종 아팠다. 처음에는 정신적 스트레스에 따른 증세를 보였는데 정확한 원인은 중국 의사도 소련 의사도 찾아내지 못했다. 다음에는 목 부위에 암이 생겼다. 장칭은 병 때문에 여러 차례 모스크바에 가서 오래 머물렀는데, 길게는 1년 넘게 체류한 적도 있었다. 사실 마오는 장칭과 떨어져 지내게 된 것을 환영하는 입장이었으며, 장칭이 돌아오겠다고

---

* 얼핏 지나친 우려처럼 보이지만 실상은 그렇지 않았다. 1955년 저우언라이가 인도네시아 순방 길에 타기로 했던 여객기가 공중에서 폭파되었다. 홍콩에서 활동하던 국민당 요원이 폭탄을 설치했던 것이다. 중국의 정보 당국이 미리 첩보를 입수한 덕분에 저우언라이는 다른 비행기를 타서 무사했지만, 당시 중국 대표단 몇 명은 원래 계획했던 대로 해당 비행기에 탑승했다가 목숨을 잃었다.(저자 주)

사정할 때도 완쾌된 다음에 돌아오라고 했다.[137] 마오의 개인 주치의였던 리즈쑤이(李志綏)에 따르면, 마오 부부는 1955년경에 완전히 따로 살았다.[138] 심지어 항상 상황을 너그럽게 보려고 노력하는 리인차오도 1950년대 중반에 마오 부부의 결혼 생활이 파탄 직전이었다고 결론지었다.[139] 마오와 장칭은 식사도, 잠도, 일도 따로 했다. 어쩌다 두 사람이 같이 시간을 보낼 때면 장칭은 마오의 신경을 건드렸고 아내와 만난 뒤에 마오는 경호원들에게 다시는 장칭을 보고 싶지 않다고 불평하기도 했다.

장칭과 사이가 멀어지면서 마오는 과거의 아내들을 그리워하기 시작한다. 21년 전에 부부의 인연을 맺었던 허쯔전을 그리워하기도 했고,[140] 더 거슬러 올라가 양카이후이를 그리워하기도 했다. 양카이후이를 추억하면서 마오는 낭만적이고 아름다운 시를 한 편 썼다. 이 시에서 마오가 가상의 대화 상대로 삼은 사람은 30년 전 '마일사변' 시기에 밤늦도록 잠을 이루지 못한 채 어린 아들에게 젖을 먹인 리수이(李淑一)라는 여인이었다. 리수이는 양카이후이의 친구였고, 그녀의 남편 류즈쉰은 양카이후이가 처형당한 뒤 곧 처형당했다. 류즈쉰과 양카이후이의 성(姓)은 한자로 각각 '버드나무'와 '백양나무'를 뜻한다. 마오는 두 사람의 이름으로 언어유희를 하면서 오강(吳剛) 전설과 엮어서 시를 지었다. 서양의 시시포스처럼, 오강은 달나라에 유배되어 계수나무를 계속 도끼로 찍어내야 하는 운명을 짊어진 사람이었다.

나는 나의 백양나무를 잃었고 그대는 그대의 버드나무를 잃었구려
백양나무와 버드나무는 저 높이 하늘로 올라갔다네
오강에게 가진 것이 무엇이냐 물었더니
계수나무 꽃으로 빚은 술을 공손히 내어주네

적막 속의 항아(달에 산다는 선녀)는 하늘거리는 소매를 흔들며

드넓은 하늘에서 충성스러운 영혼들을 위해 춤을 추네

돌연 소식이 들려오니 지상의 호랑이가 굴복했다고 하네

터져 나오는 눈물이 비 오듯 흐르네*[141]

마오가 (장제스가 패배했다는 소식을 듣고) 흘린 눈물은 달콤하면서도 씁쓸했다. 그 눈물에는 소박했던 과거의 한 시절을 돌아보면서 마오가 느낀 감정이 담겨 있었다.**

돌이킬 수 없는 과거에 대한 그리움과 현재의 외로움을 달래려고 마오는 많은 여자들을 곁에 두었다. 60대부터는 자신보다 훨씬 어린 여성과의 육체적 접촉을 통해 더 세속적이면서 한편으로 별다른 특색 없는 쾌락을 추구하기 시작했다.

옌안 시절에 시작된 토요일 무도회의 전통은 중난하이까지 이어졌다. 무도장에서 파트너와 춤을 추다가 마오는 자연스럽게 그 여성을 자신의 서재로 데리고 가곤 했다. 커다란 침대 위에는 책이 쌓여 있었지만 두 사람이 사랑을 나눌 공간은 충분했다. 여성들은 인민해방군 문화부에서 조직한 무용공연단의 단원들이었는데, 외모와 정치적 신뢰도를 기준으로 선발되었다. 그런 파트너 가운데 한 명이 훗날 말한 바에 따르면, 사랑을 나눌 때 마오는 춤을 출 때와 마찬가지로 솜씨가 서툴렀지만 다양한 방법을 쓰며 지칠 줄 몰랐다고 한다.

마오의 서가를 가득 메운 엄청난 역사책과 문학책 가운데 옛 도교

---

* "我失驕楊君失柳 楊柳輕揚直上重宵九 問訊吳剛何所有 吳剛捧出桂花酒 寂寞嫦娥舒廣袖 萬里長空且爲忠魂舞 忽報人間曾伏虎 淚飛頓作傾盆雨" 이 시는 마오가 1957년 5월에 썼는데, '리수이에게 답함'이라는 부제가 달려 있다.
** 이 시 〈접연화(蝶戀花)〉를 짓고 몇 주일 뒤, 마오는 천위잉(陳玉英)을 베이징으로 초청했다. 천위잉은 창사 시절에 양카이후이와 마오쩌둥의 집에서 일한 가정부였다. 두 시간 동안 이야기를 나눈 뒤 천위잉이 작별을 고할 때 마오는 "오늘 그대를 보니 마치 양카이후이를 다시 만난 것 같습니다."라고 말했다.(저자 주)

의 선사들이 지은 책이 여러 권 있었다. 중국의 식자층은 그런 책으로 대대로 사랑의 기술을 전수했다고 한다. 특히 한나라 때 쓰였다는 《소녀경(素女經)》은 노인에게 적합한 책이었다.

남자와 여자의 교합은 하늘과 땅의 교합과 같다. 하늘과 땅이 영원히 존재하는 것은 바로 하늘과 땅이 올바르게 교합하기 때문이다. 그러나 인간은 이 비밀을 망각하고 있다. 만일 인간이 그 비밀을 다시 배울 수 있다면 그는 영생을 얻으리라. …… 이 방법의 기본은 되도록 자주 젊은 여자와 교합하되 정을 뿜는 것은 아주 드물게 하라는 것이다. 이 방법을 실천하면 남자의 몸은 가벼워지고 모든 병이 사라질 것이다. …… 생을 연장하고자 노력하는 이는 반드시 생의 원천을 찾아야 할 것이다.[142]

중국인들은 현실적인 사람들이다. 겉으로는 점잖은 태도를 취하지만 성문제에서는 미국인이나 영국인보다 관용적이다. 마오가 여자에 탐닉한다고 해서 누구도 나쁘게 생각하지는 않았다. 마오의 바람기 때문에 고통받았던 아내 장칭조차 그저 조용히 참는 수밖에 없었다. 그러한 행동이 비판받게 된 유일한 이유는, 그것도 마오 자신이 사망하고 오래 지난 후에 비판받은 이유는 그의 위선 때문이었다. 즉 보통 사람이라면 간통이 노동수용소로 보내지는 이유가 되는 나라에서, 마오 주석은 자신이 원하는 만큼 많은 젊은 여성들을 침대로 끌어들일 수 있었고 실제로 그렇게 했던 것이다. 한편 마오는 《소녀경》과 다른 오래된 문헌들에서 고전의 권위를 빌려와 자신의 치부를 덮고자 했다. 문헌에 따르면 성관계는 여성의 정기인 '음(陰)'을 받아 모으기 위한 행위이며 그것은 '양(陽)' 즉 남성의 힘과 건강을 지키는 천년의 비법이었다. 이런 내용이 마오의 방탕한 생활을 정당화해주었다. 하지만 마오의 경호원들은 좀 더 간단하게, 권력이 있으니 당연히 많은 여자를 품을 수 있었다고 설명한다.

마오와의 만남은 여성들에게도 나쁘지 않은 일이었다. 그들은 과거 봉건 시대의 첩이 아니었다. 요즘 인기 있는 자동차 레이서나 가수를 흠모하는 젊은 여성들과 마찬가지로 그들은 마오 주석과 가까이 있고 싶어 했다. 마오의 선택을 받은 여성들은 잠시 동안 그와 침실을 함께 쓰는 영광을 누리는 것이었으며 자신이 몹시 운이 좋다고 생각하고 자랑스러워했다. 그런 다음, 마오의 보좌관들은 여성들이 꽤 괜찮은 남성 공산당원과 결혼할 수 있게 조치해주었다.[143]

마오의 측근 가운데 몇몇은 마오가 갈수록 나이 듦에 집착하고 죽음에 관한 생각을 피하려 했다고 추측했다.[144] 하지만 마오가 고독에서 벗어나려고 젊은 사람들을 가까이 두었다는 리인차오의 증언이 사실에 가장 잘 부합하는 것 같다. 마오는 젊은 여성들을 바로 그런 목적으로 곁에 두었다. 마오의 시중을 드는 젊은 남성들도 있었는데 그들도 마찬가지였다. 마오 스스로 인정했듯이, 인생 후반기 20년은 바로 이런 젊은이들이 그의 대리 가족이었다.[145] 마오는 기숙학교에 들어간 두 딸보다 그 젊은이들과 훨씬 자주, 오래 시간을 보냈다. 경호원들이 밤마다 수면제를 챙겨주었고 잠을 이루지 못하면 몸을 주물러주었다. 또 옷 입는 것을 도와주고 식사를 차려주었으며 그의 거동 하나하나를 챙겼다. 하지만 그들은 진짜 가족이 아니었기에 언제든지 물러나게 지시할 수 있었다. 가족처럼 보였지만 사실은 아무런 책임을 질 필요가 없었고 서로 걱정해주지도 않았고 유대감도 없었다.

이렇게 엄격하게 구성된 소수의 사람들에게 둘러싸인 채 말년의 마오는 무제한의 권력을 누리면서 이들 이외에 다른 인간적 접촉은 전혀 하지 않았다. 당 정치국 사람들과는 철저히 정치적인 관계였다. 스탈린은 측근들과 밤늦게까지 술을 마시면서 즐거운 시간을 보냈다. 하지만 마오는 깊이, 더 깊이 혼자만의 생각에 빠져들었다. 친구 관계란 있을 수 없었다. 리인차오는 오랜 세월이 지난 뒤 이렇게 말했다. "인간과 '신'의 관계는 한쪽은 기도하는 것이며 다른 한쪽은 그 기도에 응답하는 것입니다. 동등한 입장에서 교류하는 것은 불가능합니다."[146]

그전까지 마오는 주로 군사 업무에 관심을 쏟았다. 국공내전, 항일전쟁, 다시 국공내전, 한국전쟁이 바로 그 대상이었다. 하지만 1953년 이후 마오의 관심사는 오로지 정치뿐이었다.

마오는 소련 공산주의의 경직된 상명하달 체제에서 벗어나 중국만의 길을 찾으려고 계속 노력했으며, 백화운동은 그 첫 번째 시도였다. 흐루쇼프는 이런 시도를 탐탁지 않게 여겼다.[147] 비공식 석상에서 마오는 러시아인들은 정신이 돌처럼 굳었으며 마르크스-레닌주의의 기본을 저버리고 있다고 날카롭게 반박했다.[148]

백화운동 실험이 갑작스럽게 끝나고 반우파 투쟁으로 변형되면서, 마오는 다시 한번 대중 동원 전략을 쓰고 싶은 갈망을 느꼈다. 대중 동원은 이미 검증된 방법으로 과거에 농업 집단화 운동에서 큰 성과를 거둔 바 있었다.

마오는 1956년 봄에도 대중 동원을 경제에 적용하려 한 적이 있었다. 하지만 당시에 이른바 '소약진운동'은 좌초했다. 각 지역의 관료들이 불가능할 정도로 높은 목표를 세웠고, 농민들과 불만을 품은 노동자들이 파업을 하며 항의하는 사태가 벌어졌기 때문이었다. 저우언라이가 속도를 늦추자고 주장하자 마오는 마지못해 받아들였다. 어느 날 〈인민일보〉에 실릴 논설 초안이 마오에게 전달되었다. "모험적 전진에 반대"한다는 내용이었고, 마오의 승인을 받으려고 〈인민일

보)에서 보낸 것이었다. 마오는 '보지 않겠음(不看)'이라고 크게 써서 돌려보냈다.[149]

이때 마오는 경제 건설은 전쟁 수행과 마찬가지로 직선으로 쭉 전진하는 것이 아니라 파도가 잇달아 밀려오는 것처럼 진행된다고 주장함으로써 운동의 퇴각을 잘 해명했다. "올라가기도 하고 내려가기도 하는 것입니다. …… 파도가 밀려오고 그다음 파도가 밀려오고 그런 것입니다. 이런 파도의 법칙에 따라 만물은 발전하며 앞으로 나아가는 것입니다." 마오는 소약진운동이 실패한 것은 마침 중국 경제가 '골짜기'를 지나고 있었기 때문이라고 설명했다. 중국 경제 순환이 좀 더 양호한 국면이었다면 운동이 성공할 수 있었다는 뜻이었다.[150]

1957년 가을에 마오는 다시 한번 약진을 시도할 수 있는 시기가 왔다고 판단했다.

이번에는 당 지도부의 거의 모든 이들이 찬동했다. 소련식 경제 모델은 실패한 것으로 여겨졌다. 농업생산합작사들은 소련식 산업화 프로그램의 재정을 마련하는 데 필요한 잉여 생산물을 창출하지 못했다. 그리고 프로그램을 진행하는 데 필요한 지식인들은 이미 신뢰할 수 없음이 드러난 뒤였다. 게다가 산업화 프로그램의 재원 마련에 도움이 될 소련의 재정 지원도 기대할 수 없었다. 소련이 동유럽 종속국들을 떠받치는 데 돈을 쓰고 있었기 때문이다.[151] 그러자 중국 공산당 지도부 내에서 중국 경제의 활성화를 도울 대안적 수단을 찾아야 한다는 합의가 이루어졌다. 그것은 농촌의 잉여 노동력을 산업 자본으로 전환하는 것이었다.

경제의 실제 지표뿐 아니라 정치적 맥락도 변화했다.

봄철에 진행된 백화운동 기간 내내 마오는 제8차 당 대회에서 승인된 공식을 계속 반복했는데, 계급투쟁은 "기본적으로 종결"되었

다는 것이었다.[152] 하지만 6월 들어 반우파운동이 시작되면서 마오
는 "대규모로 거칠게 진행되는 계급투쟁은 …… 대체로 종결"되었지
만 계급투쟁 자체는 여전히 진행 중이라고 주장했다.[153] 그리고 이제
마오는 중국 사회의 기본적 모순은 경제적인 것이 아니라(그에 따르
면 제8차 당 대회에서는 잘못 파악한 것이었다), 과거와 마찬가지로 가장
근본적인 대립, 다시 말해 '사회주의 노선과 자본주의 노선'의 대립
이라고 마오는 주장했다.[154] 간단히 말하면, '좌경'이 다시 한번 솟아
오를 수 있는 무대가 마련된 것이다.

10월에 열린 당 중앙위원회 전원회의에서 마오는 농촌 지역의 경
제 혁명에 바탕을 둔 밝은 미래를 제시했다. 중국은 세계에서 가장
높은 농작물 생산고를 달성할 것이라고 그는 말했다. 그리고 강철
생산은 15년 안에 해마다 2천만 톤에 이를 것이라고 했다(이것은 1956
년 생산고의 네 배였다). 한편 마오는 곡물 생산과 관련해 1958년에 이
상한 제안을 했다. 네 가지 해로운 동물인 '쥐, 참새, 파리, 모기'를
박멸함으로써 중국을 '사무(四無)'의 나라로 만들자고 한 것이다.[155]
중국 전역에서 주민들이 마오의 제안에 적극 호응했다. 당시 중국을
방문 중이던 한 러시아인은 이렇게 회고했다.

어느 이른 아침에 여인의 날카로운 외침 때문에 잠에서 깼다. 창으
로 달려가 내다보니 어떤 젊은 여인이 옆 건물 옥상에서 이리저리 뛰
어다니고 있었다. 그 여인은 대나무 장대에 큼직한 천을 매달아 열심
히 흔들고 있었다. 그러다 갑자기 여인이 동작을 멈추었다. …… 하
지만 잠시 후 아래쪽 거리에서 북소리가 둥둥 울리자 젊은 여인은 또
다시 괴성을 지르며 신기한 깃발을 미친 듯이 흔들기 시작했다. ……
잠시 후 나는 내가 묵는 호텔 위층에서 흰옷을 입은 여자들이 천과
수건을 열심히 흔들어대는 모습을 보았다. 그들은 건물에 앉으려는

참새들을 쫓는 중이었다.[156]

이런 활동은 효과가 있었다. 수많은 참새들이 앉을 곳이 없어 지친 나머지 땅바닥에 떨어졌다. 몇 달 뒤 또 다른 외국인 기자는 4주 동안 중국에 머물면서 참새를 단 한 마리도 보지 못했으며, 파리는 15번밖에 보지 못했는데 그것도 그때마다 파리가 한 마리 정도뿐이었다는 기사를 썼다.[157] 참새는 해충을 잡아먹기 때문에 '참새 학살'을 실시하면 농작물에 해충이 들끓게 되리라는 경고가 나왔지만 불행히도 마오는 이를 무시했다.[158] 결국 1960년 봄에 참새는 표적에서 제외되었고 이와 벼룩이 새로운 박멸 대상이 되었다.

중국의 혁명 열정은 마침 국외에서 벌어진 사건 덕분에 더욱 뜨겁게 불타올랐다. 1957년 10월 4일 중국공산당 중앙위원회 전원회의가 열리고 있을 때 소련이 인류 역사상 최초로 인공위성 '스푸트니크'를 우주로 쏘아 올렸다. 마오가 말한 것처럼, 미국이 "감자 한 알도 쏘아 올리지 못하고 있을 때" 일어난 일이었다.[159]

얼마 뒤 흐루쇼프는 육류와 낙농 제품 생산에서 서방을 추월하겠다고 선언하면서 "(이것은) 단지 산술적 문제가 아니라 정치적 문제"라고 강조했다. 마오의 귀에는 흐루쇼프의 발언이 음악처럼 달콤하게 들렸을 것이다. 왜냐하면 마오 자신이 얼마 전 중앙위원회 회의에서 정치와 기술 가운데 "정치가 우선이며 (언제나) 첫 번째 자리를 차지한다."라고 역설했기 때문이다.[160] 다음 달인 11월에 마오는 중국 대표단을 이끌고 모스크바를 방문했다. 10월혁명 40주년 경축 행사와 세계 공산당·노동당 회의에 참석하기 위해서였다. 이 회의에서 흐루쇼프는 조강(粗鋼), 철강, 석탄, 전기 등 많은 종류의 소비재 생산에서 15년 안에 미국을 추월하겠다고 선언했다. 이런 도전을 받고 가만히 있을 마오가 아니었다. 마오는 곧 그 자리에 모인 전 세계 공

大家都来打麻雀 대약진운동 시기에 참새 박멸을 독려한 포스터.

산주의 지도자들 앞에서 중국은 15년 안에 영국을 따라잡을 것이라고 발표했다.[161]

그런 다음 마오는 현 세계 정세를 언급하면서 중국의 전통 소설 《홍루몽》에 나오는 한 구절을 인용했다. "동풍이 서풍을 압도하지 않으면, 서풍이 동풍을 압도한다(不是東風壓倒西風 就是西風壓倒東風)."

> 나는 현재의 국제 정세가 새로운 전환점에 이르렀다고 생각합니다. …… 지금 상황은 동풍이 서풍을 압도하고 있습니다. 이 말은 곧 사회주의 세력이 제국주의 세력에 압도적 우위를 차지하고 있다는 것입니다. …… 나는 우리가 이미 서방 세계를 앞섰다고 말할 수 있다고 생각합니다. 많이 앞섰을까요, 아니면 조금 앞섰을까요? 내가 보기

엔, 혹시 모험주의라는 말을 들을지도 모르지만, 우리가 그들을 완전히 영구적으로 뒤에 떨구어놓았다고 생각합니다.[162]

마오는 들뜨고 도취된 상태로 11월 말 비행기를 타고 베이징으로 돌아왔다. 이제 그는 중국 경제가 제기하는 도전에 맞설 것이었다. 방향은 이미 정해졌다. 영국을 추월하겠다고 약속한 이상, 중국은 1970년대 초까지 4천만 톤의 철강을 생산해야 했다(이것은 바로 두 달 전 중앙위원회가 승인한 목표의 두 배였다). 철강뿐 아니라 시멘트, 석탄, 화학 비료, 공작기계 생산에서도 영국을 뛰어넘어야 했다.[163] 남은 문제는 하나였다. 어떻게 할 것인가?

답을 찾기 위해 마오는 넉 달 동안 각 지역을 여행했다. 중국 남부에서 만주로, 다시 서쪽으로 쓰촨성까지, 그다음은 기선을 타고 양쯔강을 내려가 우한까지, 마지막으로 4월에 후난성과 광둥성을 돌아보았다.

겉으로 볼 때 마오는 지금 "사실을 토대로 진리를 탐구하는" 작업을 하는 중이었다. 과거 1930년대에 장시성에서 그랬던 것처럼 새로운 정책을 수립하기 전에 우선 밑바닥 현실을 조사한다는 것이었다. 하지만 둘 사이에는 결정적인 차이가 있었다. 25년 전 '중화소비에트공화국'을 돌아다니면서 조사할 때는 그가 원하는 대로 조사할 수 있었다. 하지만 1958년 인민공화국에서는 그의 일거수일투족이 며칠 전 혹은 몇 주 전에 미리 세밀하게 계획되었다. "기층으로 가서" 살핀다는 것은 각 성의 제1서기를 만나 회담을 하는 것이었으며, 그들이 신중하게 선택한 모범농장을 방문하는 것이었다. 마오와 만나 직접 대화를 나누는 모범농장 사람들은 미리 해야 할 말을 각 성의 관리들에게서 철저히 교육받았다. 결국 지방 관리들이 하고 싶은 말을 이들이 대신해서 마오에게 건네는 셈이었다. 마오는 현실을 제대로 반영하는 정확한 정보를 얻을 수 없었다. 그런데도 그는 이제 자신이 사정에 밝다는 착각에 빠졌으며, 이것은 무지보다 더 위험했다.

긴 여정의 각 단계마다 마오는 지도자 대회를 소집했다. 그리고 그런 자리에서 '대약진운동'을 위한 이론적 기반이 차차 형태를 갖추어 갔다.

1958년 1월 4일 항저우에서 마오는 처음으로 '부단 혁명(不斷革命)'에 관한 견해를 발표했다(이 개념은 트로츠키의 영구 혁명이라는 이단적 이론과 아무 관계가 없다고 마오는 즉시 설명했다). 부단 혁명이란, 중국에서 '사회주의 혁명'(즉 생산수단의 집단화)이 완수되었으며 이것이 곧 '사상과 정치 전선에서의 혁명'과 '기술 혁명'으로 매끄럽게 이어진다는 개념이었다. 여기서 '기술 혁명'이란 생산의 새로운 '고조'를 의미한다고 마오는 설명했다.[164]

열흘 뒤 난닝(南寧)에서 마오는 18개월 전에 자신이 시작했던 '소약진운동'을 만류한 사람들에게 분노를 터뜨렸다. "내가 바로 그 모험적 전진의 주모자였다는 겁니다!" 그는 도전적으로 말했다. "그들은 그때 말했습니다. 모험적 전진에는 반대한다고. 글쎄요. 나는 그런 반대에 다시 반대합니다!"[165] 저우언라이는 굴욕적인 자아비판을 해야 했다. 그는 자신이 "정책에서 흔들렸으며 …… 우경 보수주의적 오류"를 저질렀다고 고백한 다음 사의를 밝혔다. 몇 달 동안 그의 운명은 위태롭게 흔들리고 있었다. 여러 차례 굴욕적인 연설을 한 뒤에야 비로소 마오의 기분이 누그러졌고 그제야 마오는 총리 직책을 유지하라고 저우언라이에게 통보했다. 그때까지 저우언라이는 마오 주석의 정책이 이룩한 '기적적인 건설과 혁명적 기개'를 공개적으로 비굴하게 칭송해야 했다.

마오 주석은 진리의 대표자입니다. 그의 지도와 지침에서 이탈하거나 그것을 위반하면 실책을 저지르게 되며 방향 감각을 잃고 당과 인민의 이익에 해를 끼치게 됩니다. 제가 반복해서 저지른 실책들로 충분히 증명된 바입니다. 정확한 시간에 정확하게 일을 처리하려면, 마오 주석의 올바른 영도와 지도적 이념을 반드시 따라야 합니다.[166)

1958년 3월에 정치국 상무위원회가 청두에서 열렸는데, 이 자리에서 마오는 경제 계획을 수립하는 기관들을 공격했다. 소련의 경험을 아무 생각 없이 맹목적으로 추종했다는 것이었다. 또 마오는 당이 일반적으로는 '전문가들', 특히 자산계급 전문가들에게 '노예적 태도'를 보였다며 당을 공격했다.[167) 한 달 뒤 한커우에서 마오는 한 걸음 더 나아갔다. 그는 자산계급 전문가들은 착취 계급이므로 마땅히 이들을 상대로 투쟁을 벌여야 하며, 중국은 이들이 만들어놓은 경제 법칙에 더는 얽매여서는 안 된다고 주장했다.

우리는 미신을 타파해야 합니다. 과학자의 말을 신뢰하면서 동시에 신뢰하지 말아야 합니다. …… 어떤 문제를 논할 때 우리는 이념도 논해야 합니다. 어떤 문제를 논할 때 우리는 반드시 관점을 택함으로써 사실들을 압도해야 하며, 또 정치를 통해 당면한 사안에 활력을 불어넣어야 합니다. 오직 숫자만 논하고 정치를 논하지 않는다면 무엇을 어떻게 해결할 수 있습니까? 정치와 숫자의 관계는 장교와 사병의 관계와 같습니다. 정치가 지휘관입니다.[168)(밑줄은 저자의 강조)

이렇게 정치적 의지를 찬양하는 것은 익숙한 일이었다. 하지만 노골적으로 사실 관계와 숫자를 무시해도 좋다고 말하는 것은 마오로서도 매우 드문 일이었다. 1958년 늦은 봄, 공산주의의 밝은 미래가 눈앞에 펼쳐지는 환상 앞에서 마오의 아드레날린이 솟구쳤던 모양이다. 6억 인민이 한마음으로 노력하면 어떤 난관도 헤쳐 나갈 수 있을 것 같았다.

이러한 믿음은 지난겨울부터 시작된 전국 규모의 관개 사업으로 더욱 굳어졌다. 각 성의 지도자들이 보고한 바에 따르면, 불과 4개월 사이에 1억 명의 농민이 참여하여 배수로를 팠으며 거의 2천만 에이커*에 달하는 저수지를 조성했다. 이 결과는 원래 목표를 대폭 초과 달성한 것이었다.[169] 시간이 훨씬 많이 흐른 뒤에야 그때 나왔던 많은 주장들이 실은 엄청나게 과장된 것이었음이 밝혀졌다. 하지만 당시에 마오는 희열을 느꼈다. "미신을 타파하고 사상을 해방하여, 노동 인민의 적극성과 창조성이 폭발하도록 하시오." 마오는 그렇게만 하면 기적이 이루어진다고 제8차 당 대회 제2차 회의(1958년 5월 5일~23일)에서 말했다. 이 회의에서 드디어 대약진운동이 정식으로 개시되었다. 그때 마오는 문득 생각난 듯 한마디를 덧붙였다. "아닙니다. 우리는 미치지 않았습니다."[170]

미쳤든 아니든 간에, 여하튼 그해 목표로 세운 농업과 공업 부문 생산량은 모두 몇 배씩 증가된 수치로 새로 설정되었다.

일찍이 3월에 열린 청두 회의에서 마오는 각 성의 당 지도자들에게 가능성의 영역 안에 머물러야 한다고 말했다. "혁명적 낭만주의는 좋은 것입니다. 하지만 그것을 실현할 수 있는 방법이 없는 경우에는 아무 소용이 없습니다."[171]

하지만 5월이 되기 전에 이미 마오는 그해 철강 생산 목표를 6백만 톤에서 8백만 톤으로 올렸으며 영국을 따라잡고 추월하는 데 걸리는 시간을 절반(15년에서 7년으로)으로 줄였다. 미국을 추월하는 데 걸리는 시간은 15년으로 줄였는데, 이것은 흐루쇼프가 소련의 경우

---

* 2천만 에이커(acre)는 약 809만 헥타르이며, 이는 대한민국의 국토 면적(약 1천만 헥타르)의 약 80퍼센트에 해당한다.

로 잡은 기간과 같았다. 마오는 어쩌면 중국이 먼저 목표에 도달할지 모르고 "예정보다 빨리 공산주의에 이르게" 될지 모른다고 말했다.[172] 이렇게 발언한 뒤로 마오에게서 절제와 조심성이 모두 사라졌다. 여름이 되자, 1958년의 철강 생산 목표량이 다시 1070만 톤으로 상향 조정되었으며 3주 뒤에는 '1100만 혹은 1200만 톤'으로 더 끌어올려졌다. 마오는 1959년 철강 생산량을 3천만 톤으로 잡았고(영국을 능가하는 양이었다), 1960년에는 6천만 톤으로 잡았으며(소련을 능가하는 양이었다), 다시 1962년에는 1억 톤으로 예상했다(미국을 능가하는 양이었다). 1970년대 초에는 중국의 철강 생산량이 7억 톤에 이를 것이라고 마오는 예상했다. 중국을 제외한 세계 모든 나라의 생산량을 다 합친 것의 몇 배가 되는 엄청난 양이었다. 1958년 곡물 생산 목표도 나란히 뛰어올랐다. 1차로 세운 목표는 3억 톤이었다(이것도 전년도 생산량에서 50퍼센트가 증가한 목표량이었다). 이 목표는 다시 상향 조정되어 3억 5천 만 톤이 되었다.[173]

이 모든 것은 언제나 그랬듯이 위대한 중국을 건설하기 위함이었다. 마오는 정치국 회의에서 이렇게 말했다. "우리는 인구가 많지만 아직 우리 힘을 과시하지 못하고 있습니다. 우리가 영국과 미국을 따라잡으면 (미국의 국무장관) 덜레스도 우리를 존경할 것이며 국가로서 우리의 존재를 인정할 것입니다."[174] 그뿐이 아니었다. 새롭게 건설되는 중화인민공화국은 우아한 나라가 될 예정이었다. "프랑스 사람들은 자신들의 거리와 집, 대로를 매우 아름답게 만들었습니다. 자본주의가 할 수 있다면, 우리라고 왜 할 수 없겠습니까?"[175] 새로운 중국은 온갖 편의 시설을 갖춘 나라가 될 예정이었다. 농업부장 탄전린이 풍요로운 미래의 모습을 펼쳐 보였다. 징강산 시절 마오 휘하의 대대장이었던 탄전린은 얼마 전 동년배이며 좀 더 현실적인 덩쯔후이의 후임으로 농업 부문 수장이 되었다. 탄전린은 흐루쇼프가 제시한 '굴라시 공산주의'*보다 훨씬 더 화려한 미래의 청사진을 꺼냈다.

결국 공산주의란 무엇을 의미합니까? …… 첫째, 좋은 음식을 먹는 것입니다. 그저 배를 채우는 것이 아닙니다. 끼니마다 우리는 닭고기, 돼지고기, 생선, 계란 등 고기를 먹을 것입니다. …… 원숭이 머리통이라든가 제비 집, 흰 버섯 같은 고급 식품 역시 '필요한 사람에게 필요한 만큼' 공급될 것입니다. …… 둘째, 의복입니다. 인민이 원하는 것이면 무엇이든 다 구할 수 있게 될 것입니다. 모두 쑨원의 푸른색 옷만 입는 것이 아니라, 다양한 복식과 스타일의 옷을 입게 될 것입니다. …… 업무 시간이 끝나면 사람들은 비단이나 새틴으로 지은 옷을 입을 것이며 …… 여우 털로 안감을 댄 코트를 입을 것입니다. …… 셋째, 주거 문제입니다. 북부 지방에는 중앙난방이 제공될 것이며 남부 지방에는 에어컨이 제공될 것입니다. 모든 사람이 고층 건물에 살게 될 것입니다. 물론 그곳에는 전기, 전화, 수도, 텔레비전이 구비될 것입니다. …… 넷째, 교통입니다. …… 항공 서비스가 사방팔방으로 개통될 것이며 모든 현에 비행장이 설치될 것입니다. …… 다섯째, 모든 사람이 고등교육을 받게 될 것입니다. …… 이 모든 것을 한마디로 표현하면 바로 공산주의입니다.[176]

이렇게 화려한 꿈을 꾼 사람은 탄전린 혼자가 아니었다. 마오도 아스팔트로 고속도로를 만든[177] 다음 임시 활주로로 사용할 수 있을 것이라고 했으며, 모든 도시는 각각 전용 비행기를 보유하게 될 것이

굴라시 공산주의(goulash communism) 소비재 증산과 생활 수준 향상을 목표로 한 정책을 이론적 일관성 없이 이것저것 혼합하여 만들었다는 의미로 쓴 표현이다. 굴라시는 야채와 고기를 섞어 만드는 헝가리의 전통 음식이다.

고 또 도시마다 그 도시에 상주하는 철학자와 과학자를 얻을 것이라고 예언했다. 마오는 중국의 재부가 쌓이는 모습을 상상하면서 즐겁게 말했다. "마작을 하는 것과 같습니다. 판돈을 그냥 두 배로 올려버리면 되는 겁니다!"[178] 다른 공산당 지도자들도 마오의 의견에 동조했다. 심지어 매우 현실적인 성향으로 여겨지던 덩샤오핑조차 모든 중국인이 자전거를 갖게 될 것이며 모든 여성들은 하이힐을 신고 립스틱을 바르게 될 것이라고 예언했다.[179]

어떻게 모든 사람의 생각이 이렇게 급변했을까? 마오는 평생 동안 가능과 불가능을 면밀하게 살피며 살아온 사람이며 그 덕분에 권력을 잡을 수 있었다. 그런 마오가 어떻게 갑자기 모든 합리적인 생각을 버리고 유토피아적인 꿈에 사로잡히게 되었을까? 아주 대충만 검토해보아도 곧 불가능하다는 사실이 드러나는 그런 망상 아닌가? 저우언라이나 보이보 같은 사람은 왜 견해를 바꾸었을까? 1년 전 그들은 좀 더 낮은 목표에도 반대했다. 그런데 불과 1년 만에 누가 보아도 망상이라고 할 수 있는 계획을 어떻게 지지할 수 있었을까?

50년 이상 지난 지금도 이 의문을 완벽하게 풀어줄 답은 찾기 힘들다.

소련의 스푸트니크 발사가 자극이 된 것은 분명하다.[180] 그것을 보면서 마오는 기술 진보가 가져올 여러 가능성에 눈을 뜨게 되었을 것이다. 이렇게 한번 흥미를 느끼자 마오는 곧 과학에 매료되었다. 하지만 현대적 의미가 아니라 중세적 의미의 과학이었다. 그는 과학 관련 책을 엄청나게 많이 읽었는데, 새로운 통찰을 얻기 위해서라기보다 자신의 기존 세계관을 확인하기 위해서였다. 그의 연설은 곧 과학 관련 이야기로 가득 찼지만 자신의 정치 사상을 더 생생하게 설명하려고 과학을 동원했을 뿐이었다. 예를 들어, 마오는 만물에 내재하는 모순을 설명하려고 원자 구조를 언급했다. 그가 화학 원소의 다변화를 언급할 때는 "만물은 항상 변화하며 대립물로 전환된다"는 자신의 이론을 설명하기 위해서였다. 그가 물질대사를 언급할 때는 모든 것이 분열되는 성질을 지녔다는 것을 설명하기 위해서였다.[181] 마오에게 과학적 진보란 자신이 오랫동안 품어 온 믿음, 즉 정신이 물질을 이겨낼 수 있다는 믿음을 정당화해주는 것이었다(1937년에 그는 이것을 '물질에 대한 정신의 작용'이라고 표현하기도 했다). 마치 현대판 '현자의 돌'처럼 과학적 진보가 하루아침에 중국을 결핍도 굶주림도 없는 새로운 세상으로 바꾸어줄 것 같았다. 분석 과정이나 증거를 엄격하게 따지는 것에는 관심이 없었다. 중국에는 회의주의적 연구의 정신을 발전시킨 갈릴레오, 코페르니쿠스, 다윈, 플레밍 같은 과학자가 없었다. 현대 과학은 현대적 산업과 마찬가지로 최근에 들어온 낯선 수입품이었다. 그것은 일찍이 중국 문화에는 뿌리가 없는 것이었다. 마오는 자신이 현대 과학에 관해 아는 게 전혀 없다고 솔직하게 인정했다.[182] 마오가 현대 과학에서 포착한 것은 기술 혁명을 통해 무한한 진보를 이룰 수 있다는 전망이었다.

과학과 산업 부문에서 경험이 풍부한 나라였다면 대약진운동에서 내세운 목표들이 한가한 몽상에 불과하다는 지적이 곧바로 나오고 계획이 폐기되었을 것이다.

하지만 중국은 그렇지 않았다. 당 정치국 위원 가운데 유일하게 천윈이 경제 문제와 관련해 불편한 질문들을 꺼냈다. 하지만 그는 1958년 초부터 경제 분야에서 권한을 박탈당한 상태였으며 자아비판까지 해야 했다.[183] 저우언라이는 어쩌면 내심 우려했는지도 모른다. 하지만 아무 말도 꺼내지 않았다. 마오의 '모험적 전진'에 반대했다가 자신의 직책을 잃을 뻔했기 때문이다. 그런 경험은 한 번으로 충분했다.

당 지도자들 가운데 류사오치는 마오 주석의 생각을 열렬하게 지지할 만한 개인적인 이유가 있었다. 류사오치와 저우언라이는, 둘 다 인정하지 않았지만, 서로 경쟁의식이 상당했다. 대약진운동이 개시되면 저우언라이가 지휘하는 국무원이 아니라 류사오치가 지휘하는 당 기관이 주도적 역할을 맡을 예정이었다. 여기에는 마오가 2년 전 정치국 상무위원회에서 언급했듯이, 마오가 '제2선'으로 물러나는 경우에 국가주석 자리를 내놓는 것까지 포함되어 있었다.[184] 그리고 5월에 열린 제8차 당 대회 제2차 회의에서 류사오치가 주석직을 승계한다고 공식적으로 발표되었다. 류사오치는 내심 대약진운동에 의혹을 품었을지 모르지만(그가 그랬다는 증거는 없다), 자신이 국가 최고 위직을 잇는 시기에 극적인 경제 성장이 가능하다는 전망은 그로 하여금 그런 의혹에 눈을 감게 만들기에 충분했을 것이다.

덩샤오핑도 마찬가지 입장이었다. 당 총서기로서 그는 그해 여름에 정부 업무와 대약진운동을 관리하기 위해 당 중앙에 설치된 '소조들'을 책임졌다. 이것은 마오가 저우언라이와 천원에게 불만을 품고 있다는 또 다른 조짐이었다.[185]

정치국의 다른 위원들은 모두 마오의 오랜 충성파였다. 린보취는 1920년대 중반 광저우에서 마오와 함께 일했다. 국가계획위원회를 맡은 리푸춘은 '신민학회' 시절부터 마오와 인연을 맺었다. 새로 정치국에 임명된 상하이와 쓰촨성의 제1서기들은 대약진운동을 열렬히 지지한 덕분에 마오의 승인을 받은 사람들이었다. 이 밖에 군사 지휘관들은 린뱌오(최근 정치국 상무위원회 위원으로 승격되었다)와 국방부장 펑더화이가 이끌었다. 린뱌오와 펑더화이는 오랜 세월을 거치며 모든 중요한 사안에서 결국 언제나 마오가 옳다는 것을 어렵게 깨달은 사람들이었다.

이들 가운데 1958년에 마오에게 도전할 준비가 된 사람은 아무도 없었다. 대부분은 마오와 마찬가지로 번영의 시대가 눈앞에 다가왔다고 확신했다. 이들을 미몽에서 깨울 수 있는 유일한 집단인 비(非)공산당 지식인들은 이미 반우파운동을 통해 목소리가 완전히 지워진 상태였다.

그해 봄, 마오는 자신이 무엇을, 왜 원하는지 분명하게 알았다. 다만 그것을 어떻게 성취할 수 있을지는 잘 몰랐다. 5월 중순의 어느 날 마오는 여전히 안타까운 마음으로 자신에게 질문을 던졌다. "소련 방식 말고 더 빠르고 더 좋은 무엇인가를 찾을 수는 없을까?"[186]

사실 마오는 아직 확실하게 알아차리지 못하고 있었지만, 이 질문의 답은 이미 가까이 있었다. 지난겨울에 시작된 관개 사업 운동이 계기가 되어 농업생산합작사들이 다수 통합되는 연쇄 작용이 일어나고 있었던 것이다. 둑과 수로의 연결망을 건설하는 데 엄청나게 많은 인력을 동원해야 했고 이를 위해 여러 농업생산합작사를 하나로 통합할 필요가 있었다.[187]

다가오는 공산 사회를 위해 필요한 기본 구성 요소들이 이미 구비되어 있었다. 5월이 다 가도록 마오는 당면 과업을 한 발 더 나아가게 할 명칭과 개념을 찾으려고 고심했다. 그는 마르크스주의를 받아들이기 이전 시기까지 거슬러 올라갔다. 그리고 결국 찾아냈다. 농업, 공업, 상업, 문화, 교육, 자기방어까지 포함하는 일종의 '대규모 코뮌', 즉 '공사(公社)'가 필요하다고 그는 말했다. '공사'라는 명칭은 1871년의 파리공사(巴黎公社, 파리코뮌)에서 따왔다. 마오는 일찍이 1926년에 쓴 어떤 글에서 파리코뮌에 '중요한 의미'가 있다고 언급한 적이 있었다. '공사'의 개념은 사유 재산과 가족 제도의 폐지를 주장했던 캉유웨이의 유토피아 사회주의, 제1차 세계대전이 끝날 무렵 무정부주의자였던 시절에 잠시 경험해보았던 공동체적 생활에서 끌어왔다.[188]

1958년 8월 9일, 마오는 "'인민공사'가 좋다"라고 공식적으로 선포했다. 3주 뒤 톈진 북쪽 해안에 있는 휴양지 베이다이허(北戴河)에서 정치국 확대회의가 열렸다.[189] 그 자리에서 마오의 결정이 정식으로 채택되었다. 정치국은 '공사'야말로 "사회주의 건설과 점진적 공산주의 건설을 위한 최선의 조직 형태"라고 확인했다.[190] 옌안 시절부터 비밀경찰 수장으로서 마오의 심복 역할을 해온 캉성은 그런 내용을 간결하게 담은 노래를 하나 만들었는데 그해 가을부터 모든 농민이 불렀다.

　　공산주의는 천국이요(共産主義是天堂)
　　인민공사는 다리라네(人民公社是橋梁)[191]

마오는 한 걸음 더 나아갔다. 그는 베이다이허에서 동료들에게 "공산주의 정신은 매우 좋은 것"이라고 말했다. "만일 사람이 그저 먹기 위해 산다면, 똥을 먹고 사는 개와 무엇이 다르겠습니까? 공산주의를 조금이나마 실천하지 않는다면 …… 인생에 무슨 의미가 있겠습니까? …… 우리는 유토피아 사회주의의 이상 가운데 몇 가지를 실행에 옮겨보아야 할 것입니다."[192] 공산당이 옌안에서 시행했던 '공급제'로 돌아가는 것이 당면 과제라고 마오는 말했다. 점진적으로 중국은 의식주가 무상 공급되는 비화폐 경제로 이행할 것이었다. "공동 식당에서 식사를 하고 돈은 내지 않는 것, 그것이 공산주의입니다."라고 그는 선언했다.[193] 결국에는 화폐 자체가 사라질 것이었다.[194] 류사오치에 따르면, 한번은 마오가 공산주의 체제에 대해 이렇게 말했다고 한다. "정부도, 나라도, 가족도 없을 것이다. 미래에는 모든 곳에서 이런 일이 시행될 것이다. …… 가족은 역사적으로 만들어진 현상이며 제거될 것이다."[195]

인민공사에 설치된 공동 식당에서 농민들이 식사를 하고 있다.

봄부터 거침없이 추진되어 온 대약진운동은 이후 두 달 넘는 기간
동안 광기 어린 활동으로 폭발적으로 전개되며 중국 농촌의 풍경을
완전히 바꾸어버린다.

약 5억 명이 — 그중 상당수는 2~3년 전에 만들어진 농업생산합작
사 생활에 적응하느라 여전히 힘들었다. — 이제 새로이 '인민공사'라
는 데 소속되었다. 인민공사 안에서 중국인들은 이전에는 여러 마을
에 흩어져 살던 완전한 타인들과 희로애락을 나누며 함께 살아야 했
다. 인민공사는 농촌 사회의 기본 단위가 되었으며 중국의 다른 부
문들에도 하나의 모델이 되었다. "미래에는 모든 것이 '공사'라고 불
릴 것입니다. 공장도 그렇게 될 것이며 …… 도시도 그렇게 될 것입
니다."라고 마오는 말했다.[196)

이러한 변화는 많은 중국인들에게, 특히 상대적으로 부유한 가정

에 큰 고통을 주었다.

개인 소유 경작지와 가축은 대체로 아무 보상 없이 몰수당했다. 중국 남부에서는 심지어 외국에 거주하는 친척이 보내준 돈까지 공동 자산으로 압수당했다. 각 가정은 취사도구를 내놓아야 했다. 공동 식당이 있기 때문에 그런 도구가 필요 없다는 것이었다. '행복의 집(幸福之家)'이라는 양로원을 만들어 노인들을 수용했고, 어린아이들은 숙식을 제공하는 유치원에 수용되었다. 부모들은 "자산계급에 대한 감정적 애착"을 버리고 집단화·군사화된 새로운 생활에 적응하라고 강요받았다. 이상적인 가족은 신체 건강한 남녀 두 사람이 결합한 형태였으며, 특별 작업대의 구성원으로서 스타하노프* 같은 엄청난 노동을 감당할 수 있는 의지와 능력을 갖추어야 했다.

공식 규정에 따르면 모든 사람은 하루에 최소 6시간 수면을 취하도록 정해져 있었다. 하지만 일부 생산대*는 나흘이나 닷새 동안 잠시도 쉬지 않고 일했다고 자랑스럽게 보고했다. 모든 사람이 그렇게 할 수 없는 것은 자명한 사실이었으므로 많은 사람들이 거짓말을 할 수밖에 없었다. 농민들은 들판에 나가 일을 하는 척하면서 불을 환히 밝혀놓고 잠을 잤다. 간부가 다가오면 불침번이 신호를 보내왔다. 물질적 보상은 공공연히 비난받았고 무상 공급 체계가 있기 때문에 불필요한 것으로 여겨졌다. 하지만 많은 인민공사에서 물질적 보상이 없으면 일을 하지 않으려는 사람들이 나타났다. 인민공사의 최종 목표는 구성원에게 열 가지 사항을 보증해주는 것이었다. 이것은 '10항 보증(十項保證)'이라 하여, '식사, 의복, 주거, 학교, 의료, 장

스타하노프(Alexey Stakhanov, 1906~1977) 소련의 노동자. 초인적인 생산 능력을 과시하여 사회주의 노동자의 모범으로 널리 선전되었다.

생산대대(生産大隊) 인민공사는 지역과 시기에 따라 규모에 상당한 차이가 있었다. 20~30호의 가구들로 이루어지는 생산대(生産隊), 10개 내외의 생산대로 구성되는 생산대대, 8~10여 개의 생산대대로 구성되는 인민공사까지 3단계가 있었다.

례, 이발, 공연 관람, 난방비, 결혼 비용'이었다. 하지만 이런 것들을 제공할 수 있는 인민공사는 극히 일부였다.[197]

공산 혁명 초기의 소박함과 열정을 그리워하는 향수가 운동을 추진할 수 있는 힘을 제공했다.[198]

당 간부들은 대중 곁에서 함께 일하라는 지시를 받았다. 마오는 저우언라이 총리를 비롯한 다른 정치국 위원들과 함께 베이징 근처 저수지 공사 현장에 가서 '노동'하는 모습을 사진으로 남겼다. 장군 이하 모든 인민해방군 장교들은 일 년에 한 달 동안 일반 사병과 함께 복무하라는 명령을 받았다. "모든 사람이 병사"라는 구호 아래 인민공사의 자체 방위를 위한 의용군이 조직되었고, 농민들은 옆에 낡은 총을 쌓아놓은 채 농사일을 했다.[199]

대약진운동의 핵심은 강철과 곡물 생산에 있었다.

중국 전역에 있는 중간 규모 이상의 모든 철강 공장을 가동해도 새로운 생산 목표를 달성할 수 없다는 것이 확실해지자 저우언라이는 —마오가 그에게 철강 생산 운동의 책임을 맡겼다.— '뒷마당 용광로' 즉 '후원고로(後院高爐)'를 이용하는 대중 운동을 제안했다.* 농촌에서 농기구를 만들기 위해 쇠붙이를 녹일 때 쓰는 작은 용광로와 비슷한 것을 각 인민공사 뒤뜰에 설치해 주민들이 직접 강철을 생산하도록 하자는 것이었다.

즉시 엄청난 결과가 나타났다. 중국의 농촌은 연기가 피어오르는 거대한 굴뚝들로 가득 찼다. 옌안 시절에 중국공산당에 가입한 미국인 공산주의자 시드니 리튼버그는 그 당시 '베이징 라디오'에서 일하고 있었다. 그는 열광했다. "모든 언덕과 모든 들판에 주민들이 직접 만든 고로의 불길이 붉게 일렁이고, 이전에는 쇳조각 하나도 만들지

---

* 전통 기술(土法)로 만든 용광로(高爐)라는 뜻에서 '토법고로'라고도 한다.

대약진운동 당시 농촌 인민공사에 설치된 소형 용광로들. 이런 용광로에서 생산된 철은 품질이 나빠서 거의 쓸모가 없었다.

못했던 곳에서 지금은 강철을 생산하고 있다."[200] 또 다른 미국인 공산주의자 앨버트 벨홈(Albert Belhomme)은 생각이 조금 달랐다. 그는 산둥성에 있는 제지 공장에서 일하고 있었는데 어느 날 이곳에도 고로를 만들라는 명령이 떨어졌다. "당의 지역 소위원회 사람들이 집집마다 돌아다니면서 냄비와 솥단지를 압수했고 철제 담장을 뜯어냈으며, 심지어 문고리까지 떼어갔다. …… 또 그들은 우리 공장에 설치되어 있던 라디에이터를 뜯어 고로에 넣고 녹여버렸다."[201] 윈난성을 방문했던 한 영국인은 어느 마을에 급하게 고로가 네 개 만들어진 뒤에 일어난 "격렬하고 요란하며 시끄러운 광기 어린 장면"을 목격했다. "사람들은 철광석을 바구니에 넣어 날랐으며, 다른 사람들은 불을 지피고, 또 다른 이는 우마차를 끌고 왔다. 어떤 이는 초고온의 백열 상태인 쇳물을 고로에 부었으며, 다른 이는 불안하게 흔들리는 사다리에 올라가 고로를 내려다보았다. 또 다른 이는 조악한 철물을 실은 수레를 끌고 왔다 갔다 했다." 인민공사 지도자는 그들이 철강 만드는 법을 신문 기사에서 배웠다고 설명했다.[202]

같은 장면이 중국의 모든 도시와 마을에서 펼쳐졌다. 베이징의 경우, 공장, 정부 관청, 대학, 심지어 작가 연맹에까지 원시적 형태의 고로가 설치되었다. 〈베이징주보(北京週報)〉는 이렇게 보도했다.

정부의 요청에 부응하여 …… 우리 역시 뒷마당에서 철을 만들기 시작했다. …… 어떤 사람은 망가진 냄비와 솥단지, 주전자를 가지고 왔다. 또 어떤 사람은 낡은 벽돌과 석회를 기부했다. 사람들은 온갖 물건을 가지고 왔다. 불과 몇 시간 만에 중국 스타일의 반사식(反射式) 연철 고로(煉鐵高爐)가 만들어졌다. 고로를 작동하기 전에 한 젊은이가 다른 관청에서 만든 고로 몇 개를 보고 왔다. 우리 단위에서 조금이라도 기술적으로 아는 사람은 그 젊은이 하나였다.[203]

1958년 9월, 중국의 전체 철강 생산량 가운데 각 지역에 설치된 소규모 고로에서 생산된 것이 14퍼센트를 차지했다. 10월에는 49퍼센트로 늘어났다. 운동이 최고조에 이르렀을 때에는 중국 전체 노동 인구의 4분의 1에 달하는 9천만 명이 평소 정상적 업무 활동을 중지하고 이 운동에 참여했다.

그 결과, 필연적으로 농업 노동력이 심각하게 부족해져서 가을철 수확 작업이 위태로운 지경에 이르렀다. 그러자 10월 들어 각급 학교에 수업 중지 명령이 내려졌고 학생들을 비롯해 상점 점원 같은 꼭 필요하지 않은 인력이 들판으로 보내졌다. 농민 돌격대들은 다시 한 번 철야 작업에 돌입했다.

마오를 비롯한 공산당 지도부는 예외적으로 곡물 수확량이 많을 것이라고 믿었다. 일부 시험 농토에서 곡물을 빼곡히 심는 '밀식(密植)'과 농토의 흙을 깊이 갈아엎는 방식을 시도하여 매우 많은 수확량을 냈기 때문이다. 예를 들어 덩샤오핑은 어떤 농민의 설명을 듣고 그 농민이 1에이커(0.4헥타르, 약 1200평)의 땅에서 2백 톤에 해당하는 곡물을 수확한 것으로 믿었다. 그러나 이것은 조작이었다. 원래 중국 농토의 평균을 보면 풍작을 이룬 해에도 1에이커당 1톤이 평균 수확량이었다. 그런데 당시 보고를 살펴보면 평균적인 농토에서는 9톤에서 15톤 정도가 생산된다고 보고되었고, 다수확 농토 가운데 '정상적인 경우' 1에이커당 30톤이 생산된다고 보고되었다. 당 정치국은 곡물 생산량의 증가 정도가 "1백 퍼센트, 수백 퍼센트, 1천 퍼센트 이상, 수천 퍼센트"라고 말했다. 겨울이 시작될 무렵 터무니없이 과장된 보고가 늘어나 마오조차 수치를 의심하기 시작했다. 그러나 마오는 여전히 자신이 주도한 농업 혁명으로 곡물 생산량이 엄청나게 증가했다고 확신했다. 그래서 그는 심지어 영농 가능한 농토의 3분의 2를 휴경지로 만들거나 조림지로 바꾸자는 제안을 하기도 했다.[204]

집약적 농업의 단점은 많은 노동력이 필요하다는 것이다. 그래서 마오는 중국의 산아 제한 정책을 포기하는 중대한 결정을 내렸다. 궁극적으로 이 결정은 대약진운동이 남긴 모든 결과 가운데 가장 오래 지속되는 영향을 남겼다.[205]

중국의 지도자들은 집단적으로 '불신의 유예' 상태에 빠져서, 자신들이 굳게 믿는 빛나는 미래를 미리 만끽했다.

만일 마오와 동료들이 조금이라도 주의를 기울였다면 이미 위기가 조성되고 있다는 조짐을 알아차렸을 것이다. 윈난성에서는 수자원 확보 운동 초기인 1958년 2월에 벌써 일부 마을에서 기근이 나타났다. 그해 늦봄에는 간쑤성과 구이저우성 일부에서 기근이 나타났다. 대약진운동이 공식적으로 시작되기 전이던 4월에 이미 당 중앙위원회 판공청에서 16개 성에서 6백만 명이 넘는 주민들이 식량 부족과 폭동에 영향을 받고 있다는 보고를 내놓았다. 동반 자살, 기아, 자식을 먹여 살릴 수 없어 팔아버린 부모, 음식이 없어 어린 자식을 죽인 어머니들이 있었고, 농촌의 거지들이 도시로 대량 이동하는 일이 벌어졌다.[206]

사실 이런 일은 정도의 차이는 있었지만 중국 역사에서 고대부터 늘 있어 왔다. 전년도에 거두어들인 곡식은 떨어졌고 새로운 수확까지 아직 한참 기다려야 하는 시기에 항상 굶주림이 있었다. 그러나 1953년 12월에 점차 늘어나는 도시 인구에 공급할 식량을 확보하려고 국가가 곡물에 대한 독점을 선언한 뒤로 문제가 더 심각해졌다. 하지만 기아 문제는 보통 '단발성의 개별 사건'으로 여겨졌다. 일부 성에서 몇몇 지방 관리들이 지도력을 제대로 발휘하지 못해 발생한 일이거나, 반혁명 분자들과 불량 분자들의 파괴 활동 때문에 일어난 일로 치부되었던 것이다. 1958년에 벌어진 기아 사태에도 같은 해석이 제시되었다.

하지만 이번에는 원인이 달랐다. 성인 남자들이 관개 사업이나 '뒷마당 용광로' 작업에 동원되면서 들판에 나갈 사람이 여자와 노인, 어린아이밖에 없었다. 당연히 제대로 농사를 지을 수 없었고 목표 수확량을 달성하기 어려웠다. 가을에 수확이 끝나자 공동 취사장이 만들어졌다. 농민들은 인민공사가 천국으로 가는 길이며 모든 사람은 마음 놓고 배불리 먹을 수 있다는 캉성의 노랫말을 곧이곧대로 받아들여 마음껏 먹었다. 두 달이 지나자 곡식은 동이 났다. 농민들은 정부가 더 많은 곡식을 공급해줄 것이라고 기대했다. 하지만 그런 일은 일어나지 않았다. 굶주림이 시작되었다.[207] 마오에게 공동 식사는 자신의 최종 목표인 밝은 공산주의 미래로 나아가는 한 걸음이자 집단 생활을 촉진하고 규모의 경제를 창출하는 길이었다. 이를 통해 각 가정은 이제 자체적으로 취사를 할 필요가 없어질 것이고 동시에 자본주의와 불평등의 뿌리인 사유재산이 없어질 것이었다. 그러나 현실은 정반대였다. 부족한 식량 자원의 분배 권한을 얻은 지방 관리들이 갑자기 주민들의 생사여탈권을 쥐게 되었다. 작업조의 지도자나 생산대대 책임자가 비협조적인 주민을 살려 둘지 죽일지 결정할 수 있었다. 관리들이 배불리 먹으면서 상부에 엄청나게 많은 수확량에 대한 낙관적인 보고서를 올리는 동안 농민들은 나무껍질과 느릅나무 이파리를 먹거나—이건 운이 좋은 경우였다.—강가의 진흙으로 허기진 배를 채웠다.

12월에 우한에서 당 중앙위원회 회의가 다시 열릴 즈음, 이런 상황이 조금씩 상부로 전해지기 시작했다. 마오는 곡물 생산량이 4억3천만 톤이라는 어마어마한 수치에 이를 것이라고 공표했다. 이전에 달성한 최고 수확량의 두 배가 넘는 양이었다. 하지만 마오는 '신중'을 기하기 위해 숫자를 낮춰 3억 6천5백만 톤으로 발표하겠다고 말했다. 그에 따르면, 철강 생산 목표인 1천7십만 톤은 이미 달성되었지만 그중에 품질이 합격 수준인 철강은 9백만 톤에 불과했다(얼마 뒤 이 수치는 다시 8백만 톤으로 조정된다). 이것은 곧 베이다이허에서 공언한 철강 생산 목표가 비현실적이었다는 말로 이어졌다. 주목할 만한 시인이었다. "나는 실수를 했습니다. 당시에 지나치게 흥분하는 바람에 혁명적 열정과 실용적 정신을 조화시키는 데 실패했습니다." 하지만 그가 이런 식으로 기꺼이 자신을 비판할 수 있었던 것은 곧 그가 대약진운동이 대성공이라고 굳게 믿고 있었다는 확실한 증거이기도 하다. 그가 새로 제시한 철강 생산 목표를 보면 알 수 있다. 베이다이허 때보다는 낮았지만 새 목표도 매우 단호하게 낙관적이었다. 그는 1959년 목표를 1800톤에서 2천 톤으로 올리고, 1962년 목표는 6천 톤으로 제시했다.[208]

마오가 현실에 완전히 무지했던 것은 아니다. 베이징에서 150킬로미터 남서쪽에 위치한 허베이성의 쉬수이현(徐水縣)은 모범적인 인민공사 운영으로 마오를 비롯해 지도층 인사들이 방문한 곳이었다. 쉬수이는 모든 재산과 생산물을 공동으로 소유하며 각자 필요에 따라 소비할 수 있다면서 진정한 공산주의 체제로 진입하기 직전이라고 선전했다. 그런데 10월 들어 이 모든 것이 사기극이었음이 밝혀졌다.[209] 또 다른 곳에서 올라온 보고에 따르면, 농민들은 지나치게 일을 하다 죽기도 하고, 식량 배급량이 너무 적어서 굶어 죽기도 했으며, 지역 지도자들의 요구를 충족시키지 못할 경우 살해당하기도 했다. 1958년 가을, 마오 주석은 재정비할 시간을 가지라고 촉구했다. 마오는 관리들이 "강제력을 동원하고 거짓말을 하고 허위 보고서를 올리며" 민생을 해치면서까지 생산량에 지나치게 주의를 쏟고 있다고 당 중앙위원회 회의에서 말했다.[210] 1959년 봄에 마오는 전국의 기층 간부들에게 전달하는 세부 지침을 내리면서 다음과 같이 주장했다.

생산량을 정하는 데 실제로 생산할 수 있는 양을 진술하고 허위 주장을 하지 마시오. …… 수확에 대해서도, 현실과 다른 수치를 거짓되게 주장하지 말고 실제로 수확한 양만 진술하시오. …… 정직한 사람 그리고 대담하게 진실을 말하는 사람은 결국 인민의 최선의 이익에 봉사하는 것이며 나중에 후회할 일이 없을 것이오. 거짓 주장을 하는 사람은 인민과 자기 자신에게 해를 끼치는 것이며 결국 대가를 치르게 될 것이오. 상급이 허풍, 압력, 보상 등을 동원해 하급에서 다른 선택을 할 수 없도록 만들기 때문에 이런 거짓들이 만들어진다는 사실을 반드시 짚고 넘어가야겠소. …… 우리에겐 열정과 추진력이 필요하지만 거짓말은 용납될 수 없소.[211]

이후 당 중앙위원회는 지령을 내려 공동 식사의 규모를 줄이고 농민들이 적은 수의 가축을 키우고 각자 텃밭을 경작할 수 있도록 허용했다.[212] 문제는 "일시적이고 지역적이지만" 농민들은 "큰 공포와 우려"를 느꼈다고 마오는 주장했다.[213] 대약진운동의 근간이 되는 정책들이 제대로 실현되려면 농민들에게 숨 쉴 여지를 주어야 하며 부정부패를 척결해야 한다고 그는 말했다.*

1958년이 저무는 시점에 마오는 한 해를 돌아보면서 성과에 무척 만족했다. "지난해 많은 좋은 일이 있었습니다. 새로운 길이 개척되었습니다. 과거에는 꿈도 꾸지 못했던 많은 일들이 실현되었습니다."[214] 공산주의로 가는 중국만의 길을 찾는다는 마오의 꿈이 실현되기 시작한 것이다. 그는 이제 소련이 중국에 뒤처지고 있다고 생각했다.[215]

2년 전 '소약진운동'을 시작할 때 마오는 중국인이 "가난하고 깨끗이 비어 있다(一窮二白)"는 말을 하면서 이것이 장점이라고 주장했다. 왜냐하면 "종이 위에 무엇이 써 있다면 더는 아무것도 할 수 없기" 때문이다.[216] 대약진운동을 진행하는 동안 가난과 '비어 있음'은 마오가 줄기차게 언급한 주제였다. 1958년 4월에 그가 쓴 글에는 이런 구절이 있었다.

중국의 6억 인민은 두 가지 특징이 있습니다. 하나는 가난함이요, 둘은 비어 있음입니다. 이런 특징은 언뜻 나쁜 것으로 생각됩니다. 하지만 사실은 좋은 것들입니다. 가난한 사람은 변화를 원합니다. 무엇인가 하고 싶어 합니다. 그리고 혁명을 원합니다. 얼룩 하나 없는 깨끗한 종이에 가장 새롭고 가장 아름다운 말을 쓸 수 있습니다. 또 가

---

* 최근 일부 저술가들은 마오가 대규모 기아 사태에 냉담한 태도를 보였다는 증거로 마오가 한 말을 댄다. 이 기간에 마오가 한 말 중에 논란을 불러일으킨, 그리고 그 의미를 두고 많은 의문이 제기되는 것이 몇 가지 있다. 특히 1959년 3월 상하이에서 한 말이 자주 거론되는데, 이것에 관해서는 이 책의 '개정판 후기2'에서 따로 논한다.(저자 주)

장 새롭고 가장 아름다운 그림도 그릴 수 있습니다.[217]

전 인류의 거의 4분의 1에 이르는 사람들의 삶과 생각을 진흙처럼 마음대로 주물러서 새로 만들 수 있다는, 매우 오만하고 과대망상적 야망이 엿보이는 발언이다. 여기서 우리는 마오가 노년에 접어들면서 어떤 생각을 하게 되었는지를 엿볼 수 있다. 이렇게 엄청난 오만은 재난을 예고한다. 그리고 그 재난은 그리 멀리 있지 않았다.

소련은 중국의 상황을 갈수록 불안해하며 지켜보고 있었다. 이미 1957년 11월에 마오가 모스크바에서 열린 국제 공산당·노동당 회의에 참석했을 때 불안한 분위기가 조성되었다. 마오가 도착했을 때 흐루쇼프는 도저히 거절할 수 없는 좋은 제안을 했다. 중국에 핵무기 제조 기술을 제공하겠다는 것이었다. 핵폭탄 샘플까지 주겠다고 했다. 대가는 마오쩌둥이 흐루쇼프를 개인적 차원에서 지지하는 것, 그리고 국제 공산주의 운동에서 소련이 지도적 위치를 차지하는 것을 지지하는 것이었다.[218] 두 가지 대가 모두 마오로서는 흔쾌히 치를 용의가 있었다. 과거에 비밀 연설을 했던 흐루쇼프보다 미국을 넘어서고 싶어 하는 이 '새로운' 흐루쇼프가 마오의 기호에 훨씬 잘 맞았다. 게다가 마오는 국제 공산주의 운동에 지도자가 필요하다는 데 반론을 제기한 적이 한 번도 없었다. 그의 우려는 단지 모스크바와 베이징에 의견 차이가 있는 경우에 중국의 견해도 고려되어야 한다는 점이었다. 이런 마오의 입장은 1957년에 흐루쇼프와 만났을 때 존중받았다. 흐루쇼프는 최종 결의문의 초안을 마오에게 미리 보여주었을 뿐 아니라 마오가 개정을 제안하자 받아들였다. 또 마오의 요청에 따라 당시 회담에 참석한 68개 공산당·노동당 대표들에게 개정된 초안을 회람해 의견을 듣도록 했다. 소련이 초안을 만들

고 토론도 없이 강압적으로 밀어붙였던 과거와는 확연히 다른 태도
였다.

소련 지도자의 태도에 고무되고 "동풍이 서풍을 압도한다"는 확
신에 취해 마오는 세계 공산주의 지도자들 앞에서 미래의 공산주의
승리에 관한 자신의 종말론적 전망을 펼쳐 보였다. 평화를 유지하려
면 사회주의 진영이 무적이 되어야 한다고 그는 말했다. 하지만 다른
가능성도 있다고 덧붙였다.

> 한번 상상해봅시다. 만일 전쟁이 일어나면 얼마나 많은 사람이 죽
> 을까요? 전 세계에는 지금 27억 인구가 있습니다. 그중 3분의 1이 죽
> 을 수 있습니다. …… 정말 최악의 상황이 온다면 절반이 죽을 수도
> 있습니다. 하지만 여전히 절반은 살아남겠지요. 제국주의는 완전히
> 무너질 것이며 전 세계는 사회주의 세상이 되는 것입니다. 세월이 지
> 나면 전 세계 인구는 27억이 될 것이며 당연히 그 이상이 될 수도 있
> 겠지요.[219]

마오쩌둥으로서는 별로 새로운 이야기도 아니었다. 1954년에 인도
의 자와할랄 네루 총리와 만났을 때도 마오는 같은 이야기를 했다.
타이완을 둘러싸고 긴장이 높아졌을 때 미국이 핵무기를 쓸 수도 있
다는 암시를 한 상황에서 나온 말이었다. 다시 몇 달 뒤 핀란드 외교
관과 이야기를 나누면서 마오는 더 엄청난 규모의 파괴를 언급했다.
"만일 미국이 보유한 핵무기가 그렇게 파괴력이 엄청나다면 …… 지
구 한가운데 큰 구멍을 뚫을 수도 있겠지요." 마오는 깜짝 놀란 외교
관에게 계속 말했다. "우주 전체를 생각한다면 그런 일은 별 의미가
없습니다. 태양계 수준이라면 중요한 사건이 되긴 하겠죠."[220] 마오
가 한 말의 핵심은 핵무기를 두려워하지 않는 사람들에게는 핵 위협

이 아무 소용이 없다는 것이었다. 하지만 사적인 대화에서 이런 식으로 심각한 이야기를 하는 것과, 전 세계 공산주의 지도자들이 모인 자리에서 말하는 것은 전혀 다른 문제였다. 참석자들은 마오의 말을 듣고 등골이 오싹해졌을 것이다. 이렇게 아무렇지도 않게 핵무기의 파괴력을 말하는 사람에게 과연 핵 기술을 이전해도 괜찮은지 소련 공산당 지도부는 다시 자문해보지 않을 수 없었다. 하지만 이미 기술 이전 합의문에 양측이 서명한 뒤였다.

소련과 핵무기 협조 체제를 갖추게 되면서 중국은 재래식 군사력 증강에 드는 비용을 절약할 수 있게 되었다. 이듬해 봄 대약진운동을 시작할 때 마오의 머릿속에는 이런 계산이 확실하게 자리 잡고 있었다.

한편 흐루쇼프는 중국의 핵무기 정책에 소련이 통제력을 행사할 수 있는 방법을 강구했다. 흐루쇼프는 양국 간 군사 협력을 더 확대하자고 제안했는데, 초장파(超長波) 송수신소를 중소 양국 공동 소유로 중국에 건설하여 소련의 태평양 잠수함 함대와 연락할 수 있도록 하자는 내용을 넣었다(비용은 소련이 70퍼센트를 대고 나머지는 중국이 대는 것이었다). 또 소련과 중국이 연합해 핵잠수함 소함대를 만들자는 제안도 했다.

흐루쇼프의 예상과 달리 마오쩌둥은 아주 좋지 않은 반응을 보였다. 1958년 7월 말에 소련 대사 파벨 유딘(Pavel Yudin)과 만난 자리에서 마오는 모스크바의 제안을 고압적 태도로 규정하면서 과거부터 쌓여 온 분노를 독설로 쏟아냈다.

당신들은 중국인을 전혀 신뢰하고 있지 않소! 당신들은 러시아인만 신뢰하지. 당신들에게 러시아인은 일등 시민이고, 중국인은 어리석고 부주의한 열등한 사람들로 보이는 모양이오. 그러니까 공동 소유와 공동 작전을 들고 나오는 거겠지. 글쎄, 만약 이게 진정으로 당신들이 원하는 거라면 모든 걸 다 갖겠다고 말하는 게 어떻소? 중국의 육군, 해군, 공군, 공업, 농업, 문화, 교육 모두 말이오. 그게 낫지 않겠소? 아예 1천 킬로미터에 달하는 중국의 해안선을 모두 달라고 하지? 그러면 우리한테는 유격대만 남겠군. 핵폭탄 몇 개 갖고 있다고 이런 식으로 조차권을 요구해 우리를 통제할 수 있다고 생각하는 거요? 그게 아니라면 이런 행동을 어떻게 정당화할 수 있다는 말이오? …… 내 말이 당신 귀에 썩 유쾌하게 들리지 않을 수 있겠지. …… (하지만) 당신들은 지금 러시아 민족주의를 밀어붙여 중국의 해안선까지 밀고 들어온 거요.[221]

마오에게 '공동 소유권' 주장은 중국이 서양 열강에게 수모를 당하던 시기에 강요받은 불평등조약 같은 느낌이었다. 또 1950년에 소련으로부터 만주와 신장 지역의 특권을 요구받았을 때와 같은 느낌이었다. 마오는 유딘에게 흐루쇼프가 과거 스탈린이 중국에 강요했던 협약들을 무효화하는 현명한 조치를 취한 적이 있는데, 이제 보니 스탈린과 같은 식으로 행동한다고 말했다.

흐루쇼프는 회고록에서 이 일을 언급하면서 당시 유딘이 마오와 나눈 대화 내용을 보고했을 때 "마른하늘에 날벼락처럼 전혀 예상치 못한 일에 깜짝 놀랐다."라고 썼다.[222] 하지만 유딘의 보고를 믿지 않을 이유가 없었다. 흐루쇼프는 채 열흘도 지나지 않아 국방장관 로디온 말리놉스키(Rodion Malinovskii)와 함께 비밀리에 비행기를 타고 베이징으로 날아왔다. 엉망이 된 상황을 풀어보려는 것이었다.

그러나 실패했다. 마오는 완강했다. 심지어 소련의 잠수함 부대원들이 중국 해안에 상륙해 휴가를 보내는 것조차 반대했다. 그뿐 아니라 마오는 중난하이에 만들어놓은 야외 수영장 바로 옆에서 해

군 관련 협의를 하는 것으로 흐루쇼프에게 상징적인 모욕을 주었다. 두 사람은 수영장 옆에서 일광욕을 했다. 흐루쇼프의 회고에 따르면 "마치 따뜻한 모래 위에 앉은 두 마리 바다표범 같았다." 흐루쇼프는 수영을 할 줄 몰라 고무 구명대를 붙잡고 물속에서 텀벙대야 했는데, 이것 역시 수모였다.[223]

3주 뒤 또 다시 문제가 발생했다. 이번에는 타이완 관련 사안이었다.

이미 1958년 1월부터 중국은 진먼도와 마쭈 열도(馬祖列島)를 점령할 준비를 다시 시작했다.[224] 그리고 그해 여름 이라크에서 좌익 쿠데타가 일어나고 미국과 영국이 중동 지역에 군사를 파견하는 사태가 벌어졌다. 마오가 기다리던 기회가 온 것이었다. 7월 17일 정치국 회의에서 마오는 중국이 국민당 전초기지인 두 섬에 공격을 개시한다면 미국은 이라크 사태에 쏠린 관심을 상당 부분 중국으로 돌려야할 것이며, 이로써 중국은 민족 해방 운동 지지에 대한 진정성을 전세계에 보여줄 수 있을 것이라고 발언했다. 다른 고려 사항도 있었지만 마오는 입 밖에 내지 않았다. 타이완 문제로 미국과 갈등이 생길 경우에 한국전쟁 때 그랬던 것처럼 국내에서 대중의 정치적 온도를 끌어올릴 수 있다는 기대도 있었다. 그럼으로써 대약진운동을 성공시키는 데 필요한 대중 동원이 더 쉬워질 것이라고 보았던 것이다. 마오가 처음 세운 계획은 정치국 회의로부터 아흐레 뒤에 두 섬에 포격을 개시하는 것이었다. 이 시점은 흐루쇼프가 도착하기 직전이었다. 하지만 일정이 연기되어 8월 말에야 포격이 시작되었다. 그때는 이미 소련이 중동의 긴장을 해소하기 위해 미국, 영국, 프랑스와 함께하는 4개국 정상 회담을 제안한 상태였다. 소련의 제안을 접한 중국은 〈인민일보〉를 통해 "침략자에게 호의를 표하고 타협안을 제시함으로써 평화를 확보할 수 있다는 어리석은 생각"이라고 맹비난했다.

이후 밝혀진 바에 따르면, 마오는 미국의 결의 수준을 잘못 판단한 것이었다. 미국은 핵무기를 쓸 수도 있다는 의사를 강력하게 내비쳤고, 썩 유쾌하지 못한 열흘이 지난 뒤 중국은 뒤로 물러날 수밖에 없었다. 흐루쇼프는 우선 소련이 이 분쟁에 휘말려 들지 않겠다는 뜻을 확실히 하고 나서 중국에 최대한 협조하겠다고 약속했다. 두 달 뒤 인민해방군이 포격은 계속하되 앞으로는 짝수 날짜에만 하겠다고 선언함으로써 위기 상황이 종결되었다.

이상과 같은 몇 가지 분쟁을 통해 중국과 소련은 양국이 정상적인 관계를 유지하는 것이 상호 국익에 도움이 된다는 사실을 상기할 수 있었다. 일련의 사태가 남긴 단기적 효과였다. 중국은 공산주의 돌입이 임박했다는 과장된 선전을 가라앉혔다. 이는 그동안 소련을 매우 불편하게 만든 것이었다. 흐루쇼프는 중국의 산업 개발 계획에 필요한 50억 달러의 차관을 승인했다.

겉으로는 우호 관계가 회복된 것처럼 보였지만 양측의 불신은 더욱 깊어졌다. 흐루쇼프는 마오를 변덕스럽고 고마움을 모르며 예측 불가능한 상대라고 평가했다. 소련이 중국의 핵무기 개발을 돕는 데 동의했는데도 좀 더 긴밀한 군사 협력을 바라는 소련의 제안을 마오가 거부한 것, 핵무기의 파괴력을 무시하는 듯한 마오의 오만한 태도, 마오가 이념 면에서 보이는 비정통적 태도 등을 보고 내린 평가였다. 한편 마오가 보기에 흐루쇼프는 나약했다. 마오는 흐루쇼프가 미국과 관계 개선을 우선순위에 두는 것은 국제 공산주의 운동을 배신하고 혁명적 대의를 저버리는 행위라고 생각했다. 그해 겨울 흐루쇼프는 미국 상원의원 허버트 험프리(Hubert Humphrey)와 대화를 나누면서 중국의 인민공사 제도를 모욕했다. 마오는 이 일을 소련이 사회주의 진영의 기본적인 연대를 저버렸음을 보여주는 또 하나의 사례라고 생각했다.[225]

마오는 1958년 12월에 우한에서 대약진운동을 공고화하는 작업을 시작했다. 그리고 그 작업은 1959년 봄철 내내 꾸준히 진행되었다. '뒷마당 용광로' 운동은 생산된 철이 대부분 쓸모없다는 사실이 드러나면서 폐기되었다. 농촌 풍경을 보기 흉하게 만든 녹슨 고철 덩어리들은 국가의 오만함과 어리석음을 보여주는 기념물이었다. 초여름에 마오는 1959년 철강 생산 목표를 2천만 톤에서 1300만 톤으로 하향 조정하는 데 동의했다. 또 지난해 곡물 생산이 풍작이긴 했지만 지나치게 과장되었다는 것이 모두의 눈에 뚜렷하게 보였다.[226] "불을 가지고 장난치는 어린아이는 …… 불에 덴 뒤에야 고통을 알게 됩니다. 경제 건설에서 우리는 자연에 전쟁을 선포했던 것입니다. 마치 경험 없는 어린아이처럼 우리는 전술도 전략도 서툴렀습니다." 마오는 침울하게 말했다.[227] 지방 당 지도자들은 농민들을 너무 강하게 몰아붙이지 말라는 지시를 받았다. 자칫 잘못하면, 중국을 통일한 뒤 가혹한 통치로 겨우 수십 년 만에 멸망한 고대 진나라와 수(隋)나라의 전철을 중국공산당이 밟을 수도 있다고 마오는 냉정하게 경고했다.[228]

하지만 약간의 조정이 필요하다는 정도였지 기본 방향은 그대로였다. 마오는 내일 당장 공산주의가 실현된다고 생각해서는 안 되고 15년에서 20년 사이에 혹은 '약간 더 오랜 기간'이 지나면 실현 가능할 것이라고 말했다.[229] 어쨌든 현실 감각이 어느 정도 돌아온 것처럼 보였다.

비교적 차분한 상태에서 당 중앙위원회는 7월에 양쯔강 바로 남쪽에 있는 산악 휴양지 루산에서 다시 회의를 열었다. 루산에 가기 전에 마오는 고향 사오산에 들렀다. 1927년 이후 첫 방문이었다.[230] 고향에서 그는 다시 한번 대약진운동이 성공을 거두고 있다는 믿음을 굳히는 한편, 각 성의 유토피아 좌파들이 모험주의적 관념에 빠진 것을 더욱더 견제해야겠다고 결심했다. 루산에 도착한 뒤 마오는 곧 행동에 들어갔다.

하지만 그해 자신의 뿌리를 찾은 지도자는 마오만이 아니었다. 국방부장 펑더화이 역시 몇 달 전에 고향에 다녀왔다. 펑더화이의 고향인 샹탄현 냐오스(鳥石)는 마오가 태어난 곳에서 멀지 않았다. 펑더화이도 마오처럼 1920년대에 고향을 떠난 뒤 첫 방문이었는데 이번 방문에서 그는 마오와는 사뭇 다른 인상을 받았다.[231]

펑더화이의 머리에 새겨진 것은 철강 생산 운동이 남긴 해악이었다. 들에는 선철* 덩어리가 쓸모없이 버려져 굴러다녔다. 사람이 떠난 가옥들은 뼈대만 남아 있었다. 가옥의 목재를 분해해 선철을 만드는 용광로 땔감으로 썼기 때문이다. 과일나무 역시 같은 목적으로 베어 냈다. 노인들을 위한 '행복의 집'에는 깡마른 노인들이 담요도 없이 보잘것없는 최소한의 식량으로 연명하고 있었다. "노인들이야 이를 악물고 참으면 되지만, 아기들은 그저 울 수밖에 없지요." 어느 노인의 말이었다. 농민들은 거의 폭동을 일으킬 심정이라고 펑더화이는 결론지었다. 농촌 생활이 군대식으로 변한 것, 공동 식당에서 식사를 해야 하는 것, 가정이 완전히 파괴된 데 농민들은 깊은 증오를 느꼈다. 당 간부들은 항상 다른 경쟁 인민공사들을 능가해야 한다는 압박감에 시달렸다. 그래서 곡물 수확량을 계속 심하게 부풀려서 때로는 실제 수확량의 10배 혹은 20배에 이르는 수치를 보고했다. 그렇게라도 하지 않으면 '우파'로 낙인 찍힌다고 당 간부들은 펑더화이에게 말했다.

펑더화이는 마오가 좋아하는 동료는 아니었다. 두 사람은 과거에

선철(銑鐵, pig-iron) 고로에서 제철을 할 때 생기는 불순한 철을 말한다. 탄소 함유량이 높아 부서지거나 부러지기 쉽다. 선철에서 불순물을 제거하거나 탄소의 양을 변화시키거나 다른 원소를 합금하여 순철, 주철, 강 등을 만든다.

1959년 후난성 농민들과 대화를 나누는 공산당 지도자 펑더화이(사진 왼쪽에서 두 번째).

자주 충돌했다. 충돌의 역사는 1928년 겨울까지 거슬러 올라간다. 그때 펑더화이와 후난 사람들로 구성된 그의 작은 부대는 징강산에 남겨졌다. 마오는 펑더화이와 그의 부대가 탈출할 수 있도록 적의 주의를 딴 데로 돌리는 견제 작전을 펴기로 약속했지만 수행하지 않았다. 지금 국방부장 펑더화이가 충성을 바치는 대상은 마오쩌둥 개인이 아니라 '당'이었다.

마오는 고향 사오산에 머물면서 감동에 젖어 시를 한 수 지었다. "농작물이 자라 물결처럼 출렁이는 들판을 바라보니, 곳곳에 (농민) 영웅들이 늦은 저녁이 되어서야 집으로 돌아오는구나(喜看稻菽千重浪 遍地英雄下夕烟)." 펑더화이도 고향 후난에서 마지막 밤을 보내면서 자신의 생각을 시에 담았다. 하지만 그가 목격한 것은 "여기저기 흩어진 기장 낟알 …… 다 말라비틀어진 감자 줄기"였다. 펑더화이는

"인민을 위해 목소리를 내어 크게 말하겠다."고 엄숙하게 맹세했다.

하지만 펑더화이는 그 맹세를 곧바로 실천에 옮기지는 못했다. 1959년 전반기에 그는 대약진운동을 비판하는 말을 한마디도 하지 않았다. 그 이유는 부분적으로는 그해 3월 티베트에서 일어난 반란에 펑더화이가 온 관심을 쏟아야 했기 때문이었다. 그리고 더 엄청난 실책을 저지르지 않으려면 온건한 방법을 택해야 한다는 말을 그 시기에 마오가 자주 했다는 요인도 있었다. 하지만 가장 중요한 이유는 펑더화이처럼 30년 동안 마오 곁에서 높은 직위에 있던 사람조차 마오가 긴밀하게 관여한 정책은 감히 비판하지 못하는 상황이었다는 점이다.

5년 전 가오강은 마오가 정한 선을 넘었다가 결국 스스로 목숨을 끊었다. 1955년에 덩쯔후이는 농업 집단화 속도와 관련해 마오와 반대 입장을 드러냈다. 정치적인 이유가 아니라 현실적인 이유 때문이었다. 그 결과 덩쯔후이는 살아남기는 했으나 거의 모든 힘을 빼앗기고 무력한 신세가 되고 말았다. 그다음 해에는 저우언라이가 소약진운동에 의문을 제기했다가 결국 18개월이 지난 뒤 치욕스러운 자아비판을 해야 하는 상황에 빠졌다. 백화운동 때 용기를 내 자신의 견해를 솔직하게 밝힌 사람들도 앞선 이들과 같은 운명에서 벗어나지 못했다.

1959년 즈음에는 마오와 그의 정책을 비판하고서도 안전할 수 있는 사람은 오직 마오 한 사람뿐이라는 사실이 분명해졌다. 다른 사람은 목숨을 걸어야 했다. 후난성 방문을 마치고 베이징에 돌아온 뒤 펑더화이는 "크게 말하겠다"는 열의가 시들었다. 의혹을 품고 있던 다른 당 지도자들과 마찬가지로 펑더화이는 자신의 의혹을 가슴에 묻었다.

이 시점에 한 가지 새로운 요인이 작용했다.

식량 부족 사태가 도시에 영향을 끼치기 시작했다. 쌀 배급량이 줄고 채소와 식용유가 가게에서 사라졌다. 1958년 곡물 수확량은 4억 3천만 톤이 아니었다. 정부는 얼마 뒤 실제 곡물 수확량이 2억 6천만 톤이라고 하향 조정해서 발표했지만 그것도 사실이 아니었다. 실제로는 2억 톤에 불과했다. 이런 사실은 마오가 죽은 뒤에야 밝혀졌다. 2억 톤만 해도 기록적으로 많은 수확량이었지만 불과 몇 달 전에 마오가 내놓은 멋진 예측과는 거리가 멀었다. 그때 마오는 지금 중국이 어떻게 처리해야 할지 모를 정도로 많은 곡물을 보유하고 있으며 모든 농민이 하루에 다섯 끼를 먹을 수 있다고 말했다.[232]

펑더화이는 업무상 곡물 수확의 실제 상황을 좀 더 정확하게 파악할 수 있었다. 인민해방군은 대다수 사병이 농촌 출신이었기 때문에 고향에 있는 가족이 굶고 있다는 소식이 사병들에게 전달되었던 것이다.

한편 마오는 관료들에게 그들의 견해를 솔직하게 표현하라고 촉구하기 시작했다. 대약진운동을 좀 더 합리적인 기반 위에 올려놓으려는 노력이자, 생산량을 부풀려 보고하는 일을 방지하려는 노력이었다. 1959년 4월에 열린 중앙위원회 회의에서 마오는 이렇게 말했다. "때로 한 사람이 다수를 이기는 경우가 있습니다. 때로 진리가 한 사람의 손 안에 있는 경우가 있습니다. …… '언자무죄(言子無罪)' 즉 말하는 것은 죄가 아닙니다. 당규에 따르면 모든 사람은 자신의 의견을 가질 권리가 있습니다."[233] 마오는 16세기 명나라 유학자이며 관리였던 해서(海瑞)를 예로 들었다. 청렴함의 대명사였던 해서는 황제에게 직언을 했다가 관직에서 쫓겨났다. 중국에는 해서와 같은 인물이 더 많이 필요하다고 마오는 선언했다. 6월부터 당의 선전원들은 해서의 일화와 그가 쓴 글들, 그리고 해서를 다룬 연극을 발표하기 시작했다. 7월 2일 루산 회의 첫날, 마오는 다시 한번 "비평이나 의견을 제시"하는 것으로 처벌받는 사람은 없을 것이라고 확언했다.

펑더화이는 원래 이 회의에 참석하지 않으려고 했다. 그는 6주간에 걸친 동유럽 여행에서 막 돌아온 참이어서 피곤했다. 하지만 마오의 권유에 따라 참석하기로 했고, 지난겨울 "크게 말하겠다"고 결심한 것을 실천하기에 적당한 시기, 적당한 장소라고 판단했다.

국방부장은 원래 말을 직설적으로 하는 사람이었으며, 루산 회의에서도 하고 싶은 말을 거침없이 했다. 서북 지역(간쑤, 닝샤, 산시, 신장, 칭하이) 관리들과 함께 했던 소집단 토론에서 펑더화이는 "(대약진운동) 기간 중에 일어난 실책은 모두에게 책임이 있습니다. ……마오쩌둥 동지도 포함됩니다."라고 말했다. 회의가 시작된 지 1주일이 되던 날, 펑더화이는 마오에게 직접 말하기로 결심했다. 하지만 7월 13일 월요일 새벽에 마오의 처소를 찾아간 펑더화이는 마오 주석이 여전히 잠자리에 있다는 말을 들었다. 그날 저녁 펑더화이는 펜을 들어 '의견서'를 작성하고 부관에게 다시 깨끗하게 옮겨 쓰게 했다. 그리고 다소 불안한 마음을 떨쳐버릴 수 없었지만 이튿날인 화요일에 마오에게 보냈다.

펑더화이의 의견서에는 대약진운동의 성과에 대한 찬사와—그는 전례 없이 높은 성장률은 마오의 전략 노선이 "대부분 …… 옳은 것"이었음을 증명해준다고 썼다.—몇몇 특정한 실패들에 대한 비판이 섞여 있었다. 하나씩 따져보면 크게 새로울 것 없는 이야기들이었다. 물론 마오는 "소자산계급의 열광"으로 "일부 '좌경' 오류가 상당한 수준으로 자라났다"는 말이 마음에 들지 않았을 것이다. 또 '뒷마당 용광로' 운동은 "실책도 있고 성과도 있다."(실책이 더 많다는 분위기를 풍겼다) 같은 말, "우리는 균형 잡힌 발전과 계획 발전에 관한 사회주의 법칙을 충분히 이해하지 못하고 있다."라는 비판, 티베트 반란 진압이나 진먼도 포격보다 경제 건설 문제를 다루는 데서 덜 성공적이었다는 언급이 거슬렸을지 모른다. 하지만 사실 이 정도의 비판은 마오 자신도 얼마든지 할 수 있었다. 문제는 펑더화이가 한 비판들이 모두 합쳐져서 엄청나게 심각한 결과를 낳았다는 것이다. 마오가 보기에, 펑더화이가 전하고자 하는 메시지는 결국 대약진운동이 이론상 정당화될 수 있을지 몰라도 실제로는 재앙을 몰고 왔다는 것이었다. 펑더화이가 쓴 글은 대약진운동 과정에서 나타난 문제들이 결국은 마오 주석 개인과 관련되어 있다는 논지를 밑바탕에 깔고 있었다. 예를 들어 펑더화이는 "정치가 최고 사령관이다."라는 마오의 주장에 문제를 제기했다.

어떤 동지들은 정치를 사령관 위치에 두는 것이 다른 모든 것을 대신할 수 있다고 본다. 그들은 (그것이) …… 대중이 열정과 창조성을 마음껏 발휘하도록 하여 경제 건설의 속도를 올리는 것이 목표임을 망각하고 있다. (정치는) 경제 원칙을 대신할 수 없으며, 더군다나 경제 사업에서 구체적인 방법을 대체할 수는 없다.[234]

펑더화이의 글에서 마오를 가장 짜증나게 한 것은 그가 감히 스스로 심판자의 자리에 앉으려 한다는 점이었다. 마오가 해서를 칭송한 것은 사실이지만, 정책 오류를 구체적으로 지적하는 것과 '황제를 꾸짖는' 것은 분명 전혀 다른 일이었다.

사흘 뒤인 7월 17일에 당 중앙위원회 사무국은 마오의 지시에 따라 펑더화이의 편지에 '펑더화이 동지의 의견서'라는 제목을 붙이고 인쇄하여 모든 회의 참석자들에게 배포했다. 그러자 회의 참석자들은 대부분 마오가 비록 펑더화이의 견해를 승인하지는 않았더라도 최소한 토론해볼 만한 문제로 인정한 것이라고 받아들였다. 그 뒤 며칠간 당 중앙위원회의 몇몇 다른 위원들이—1930년대 중반 마오의 동맹자였으며 여전히 정치국 후보위원이었던 장원톈을 포함하여—펑더화이의 견해를 지지하는 연설을 했다. 정치국 구성원인 리셴녠과 천윈도 펑더화이의 견해에 동의한다는 의사를 밝혔다. 하지만 많은 사람들은 주저했다.

이 시점에서 마오가 마침내 입을 열었고, 펑더화이는 완전히 곤두박질쳤다.

마오가 말년에 한 연설들이 대부분 그랬듯이, 이번 연설도 두서없이 산만하고 다소 지리멸렬했으며, 주제에서 벗어난 미완의 생각들로 가득했다. 하지만 마오는 두 가지 요점을 분명히 했는데, 모두 불길한 느낌을 주었다. 먼저, 마오에 따르면 펑더화이의 의견서는 과거 리리싼, 왕밍, 가오강이 저지른 것과 같은 정치적 노선의 오류를 보여주는 것이었다. 펑더화이와 그의 지지자들은 '우파'이며, 그 밖에 다른 사람들도 "경계선에 서 있다." 마오는 아직 망설이는 사람들은 어느 편에 설지 빨리 마음을 정해야 할 것이라고 경고했다. 다음으로 마오는 이렇게 오로지 비판만 한다면 공산당 권력은 무너질 것이라고 말했다. 그리고 만일 그런 일이 벌어진다면 자신은 "멀리 떠나 농촌 지역으로 가서 농민들을 이끌고 정부를 타도"하고 새로운 정부를 세울 것이라고 덧붙였다. 여기에다 마오는 무시무시한 위협을 덧붙였다. 펑더화이와 자연스럽게 한편이 될 가능성이 있는 인민해방군의 원수들에게 직접 던진 말이었다. "만일 인민해방군이 나를 따르지 않는다면 나는 다른 곳으로 가서 (새로운) 홍군을 만들 것이오. (하지만) 내 생각에는 인민해방군이 나를 따르지 않을 리 없소."

펑더화이는 마오의 연설이 끝난 뒤 회의장을 나와 자신의 숙소로 돌아갔다. 그는 "매우 무거운 심정으로" 발걸음을 옮겼다고 훗날 회고했다. 그는 식욕을 잃고 그대로 침대에 누워 몇 시간 동안 허공을 바라보았다. 경호원이 의사를 불렀다. 의사는 펑더화이에게 병이 난 것 같다고 말했다. 그러자 그는 이렇게 사실을 알려주었다. "만일 내가 병에 걸렸다면 고칠 수 없는 병일 거요."

루산 회의는 7월 30일에 끝났다. 다음 날 마오는 펑더화이의 운명을 결정하기 위해 정치국 상무위원회 확대회의를 소집했다.[235]

이때 다시 한번 흐루쇼프가 마오가 할 일을 덜어주었다.[236] 흐루쇼프는 예전에 마오에게 핵폭탄 샘플을 보내주겠다고 약속한 적이 있었다. 그 샘플은 6주 전에 중국에 도착하기로 되어 있었다. 하지만 약속된 날 바로 하루 전에 소련은 중국에 핵무기 제조 기술 이전 합의를 취소한다고 통보했다. 소련이 마오에게 핵무기와 제조 기술을 제공한다면 타이완을 둘러싸고 미국과 핵 갈등이 빚어질 경우 소련이 휩쓸려 들어갈 위험이 있다고 판단했던 것이다. 그리고 펑더화이가 '의견서'를 낸 바로 그 주에 흐루쇼프는 중국의 인민공사를 공개적으로 비난했다. 타이완 중앙통신사(CNA)는 흐루쇼프의 발언을 긍정적으로 평가하는 보도를 했고, 마오는 재빨리 기사를 입수하여 회의 참석자들에게 배포했다. 펑더화이와 그의 지지자들이 중국의 적과 직접 내통하지 않았을지는 모르지만, 적을 '객관적으로' 돕고 있음을 보여주는 증거가 아닌가? 게다가 펑더화이나 장원톈 모두 최근에 모스크바에 다녀오지 않았던가?

이렇게 분위기를 만든 상태에서 마오는 동료들을 향해 지금 우리는 반당적 음모에 직면해 있으며 펑더화이와 그의 '군사 클럽'은 저 밖의 어둠 속으로 쫓겨나야 한다고 설득하는 데 어려움이 없었다.[237]

이제 마오 주석이 옳은가 아닌가는 문제가 아니었다. 마오 주석이 틀렸다고 말할 용기가 있는 사람이 한 사람이라도 있는가가 문제였다. 상황에 잘 적응하는 편인 저우언라이가 그런 사람이 아니라는 건 분명했다. 마오와 대결을 피하는 것이 바로 그가 정치적으로 살아남는 데 필요한 기본 전제였다. 류사오치도 저우언라이와 같았다. 게다가 1953년 가오강이 류사오치를 음해했을 때 펑더화이는 가오강의 말에 동조하지 않았던가? 천윈은 병으로 요양 중이어서 회의에 불참했다. 다행스럽게도 덩샤오핑은 며칠 전 탁구를 치다가 다리를 다친 상태였다. 린뱌오는 펑더화이를 증오했으므로 마오가 시키는 대로 할 준비가 되어 있었다. 당의 권력 핵심 가운데 오직 한 사람, 덕망 있는 주더 원수만이 펑더화이를 위해 발언할 만큼 경솔했다(혹은 정직했다고도 할 수 있다). 주더는 일을 온건하게 해결하라고 조언했다. 하지만 이 일로 그는 나중에 자아비판이라는 고통을 겪게 된다. 그 밖에 다른 이들은 모두 일종의 정치적 집단 폭력에 가담했다. 마오 주석의 비서였던 리루이(李銳)는 ― 그도 얼마 안 있어 숙청된다. ― 당시 상무위원회에서 오간 말을 기록해 두었다. 이 기록은 마오가 지배하는 중국에서 지도부에 속한 사람들의 삶은 뱀 구덩이에 빠진 것과 같았음을 보여준다.[238]

마오쩌둥(이하 마오): 당신이 '소자산계급의 열광'을 언급할 때 당신은 중앙 영도 기관을 공격한 겁니다. 그 발언은 성(省)급 지도자들을 겨냥한 것도 아니고 대중을 겨냥한 것도 아니지 않소? 내가 보기엔 그렇소. …… 실제로 당신은 중앙을 공격한 거요. 당신이 이것을 인정할지 모르지만, 아니, 역시 인정하지 않을 것 같군요. 하지만 우리는 당신이 중앙에 반대하고 있다고 생각합니다. 당신은 그 서신을 공개하여 대중의 호감을 얻고 그들을 조직하여 (우리에게 반대하려고) 준비해 온 거요.

펑더화이(이하 펑): '소자산계급의 열광'이라는 말을 쓸 때 …… 그것이 정치적 문제라는 것을 인식해야 했습니다. 하지만 나는 그때 잘 파악하지 못했습니다.

마오: (펑더화이의 말을 끊으며) 이제 그 편지를 공개했고 반동분자

들은 환호를 보내고 있습니다.

펑: 그 편지는 내가 주석에게 개인적으로 보낸 것입니다. …… 편지에 적지 않았습니까? "나의 말이 옳은지 한번 검토해보고, 주석의 의견을 알려주세요." 그 편지를 보낸 건 오로지 나의 의견이 참고할 만한 가치가 있지 않을까 생각했기 때문이었고, 주석이 한번 고려해주기를 바랐던 것뿐입니다.

마오: 그 말은 진심이 아니오. …… 문제가 있을 때마다 당신은 언제나 솔직하지 않았소. …… (당신을 잘 모르는 사람들은) 당신이 솔직하고 정직하고 담대하다고 생각합니다. 당신을 처음 만난 사람은 누구나 그렇게 생각하지요. (하지만 시간이 지나면) 사람들은 …… 당신이 기만적이라는 것을 알게 됩니다. 당신 가슴 깊은 곳에 있는 것은 누구도 볼 수 없죠. 그렇기 때문에 사람들이 당신을 위선자라고 부르는 거요. …… 당신은 우경 기회주의자입니다. (편지에서 당신은) 당 지도부가 제대로 되지 않았다고 말하지 않았소? 당신은 무산계급의 깃발을 빼앗아 가려는 것이오.

펑: 편지는 주석에게 개인적으로 보낸 것입니다. 나는 어떤 (분파) 활동도 하지 않았습니다.

마오: 아니, 당신은 그랬소.

펑전: 소집단 토론에서 당신은 (대약진운동) 기간 중에 일어난 실책들에 모든 사람이 책임이 있으며 거기에는 마오쩌둥 동지도 포함된다고 발언하지 않았습니까? …… 그때 당신은 누구를 공격한 겁니까?

허룽: 당신은 주석에게 매우 뿌리 깊은 편견을 품고 있습니다. 당신이 쓴 편지를 보면 당신에게는 많은 선입견이 있음을 알 수 있습니다.

저우언라이: 당신은 우경 기회주의 입장에 서 있고 당신이 쓴 편지는 당의 일반 노선을 공격하고 있습니다.

마오: 당신은 당을 와해시키려 했소. 그럴 계획도, 조직도, 준비도

있었소. 당신은 우파의 입장에서 당의 올바른 노선을 비판했소. ……
(당신은 옌안 시절을 언급하면서) 내가 당신에게 40일 동안 욕을 퍼부
었다고 했지. 이번에는 아직 20일 더 남았군. 당신도 나에게 40일 동
안 욕을 해야 만족하겠지. 하지만 당신은 이미 내게 충분히 욕을 퍼부
었소.*

평: 주석이 모든 걸 그런 식으로 생각한다면, 나로선 무슨 말이든
하기가 어렵군요. …… (하지만) 자살하지 않을 테니 그건 걱정할 필
요 없습니다. 나는 결코 반혁명 분자가 되지는 않을 겁니다. 아직 들
판에 나가 일할 수 있습니다.

8월 2일, 정치국 상무위원회의 결정을 승인하기 위해 당 중앙위원
회 위원들이 모였다. 펑더화이의 부하인 몇몇 군 지휘관이 그를 옹호
하는 발언을 했다(그리고 그 때문에 곧 숙청되었다). 펑더화이는 창피
를 무릅쓰고 자기 자신을 비하하는 연설을 했다. 그는 마오에게 보
낸 편지가 "어리석은 말을 늘어놓은 것"이었으며 마오의 '고귀한 이
름'을 훼손했다고 말했다. 또 자신이 "극도로 잘못된 개인적 편견"에
서 비롯된 동기에 따라 행동했다고 고백했다.[239] 훗날 펑더화이가 후
회했듯이 이 연설은 무의미한 일이었다.

당 중앙위원회는 결의문을 채택했다. 결의문은 펑더화이가 '우경
기회주의 반당 집단'을 이끈 것, 마오에게 '악독한 공격'을 퍼부은
것, "현 상황을 극도로 비관적으로 말하기" 위해 "일시적이고 부분적
인 결점"에 집중한 것, 1954년 가오강과 '반당 연맹'을 결성한 것, '장

---

* 여기서 마오는 앞서 펑더화이가 한 말에 답을 하고 있다. 펑더화이는 1945년 제7차 당
대회를 앞두고 자신이 비판받았던 것을 — 분명히 '백단대전(百團大戰)'과 관련된 비판이었
다. — 언급했다. 펑더화이는 이렇게 말했다. "당신은 옌안에서 40일 동안 나에게 욕을 퍼
부었습니다. 나는 루산에서 겨우 18일 동안 당신을 욕했을 뿐인데, 당신은 벌써 나를 멈추
려 하는군요."(저자 주)

기간 반당 활동'을 해온 것을 비난했다. 이것만으로 부족했는지, 장원톈을 비롯한 다른 사람들이 이 반당 집단에 포함되었다고 하면서 이들은 "자산계급을 대표하는 인물로서" 지난 국공내전 때 공산당 내부로 침투해 들어왔다고 지적했다.

그다음에 벌어진 일은 말 그대로 모순이었다. 당 중앙위원회가 지적한 죄목을 보면 당에서 축출당하는 것보다 훨씬 무거운 처벌을 내릴 수 있었다(하급 관료의 경우 강제노동수용소에 장기간 보내거나 심지어 처형까지 할 수 있을 정도였다). 하지만 중앙위원회는 '음모자'들이 당원 자격을 유지할 수 있게 해주었을 뿐 아니라, 펑더화이와 장원톈은 정부 직책은 잃었지만 당 정치국의 직위는 그대로 유지할 수 있게 해주었다.[240]

이런 조치는 마오가 오랫동안 견지해 온 '치병구인' 방침의 한 예로 제시되었다.[241] 하지만 인민해방군과 당내에서 펑더화이가 쌓은 명성 때문이었다고 보는 것이 더 적절할 것이다. 아무리 마오라고 해도 혁명 전쟁의 영웅들 가운데 한 명의 명예를 떨어뜨리는 것은 쉬운 일이 아니었다. 펑더화이는 한국전쟁에서 중국인민지원군을 이끌었으며, 청렴함으로 유명한 인물이었다. 그는 금욕주의자였고 도덕적으로 흠잡을 데 없는 사람이었다. 마오는 겉으로는 관대한 태도를 유지하는 수밖에 다른 도리가 없었다. 속으로는 펑더화이의 '기습 공격'에 크게 화가 나서 한동안 진정하지 못했다.

한 달 뒤, 린뱌오가 펑더화이를 대신해 국방부장을 맡았다. 마오는 린뱌오를 1956년부터 펑더화이의 후임으로 염두에 두어 왔다. 린뱌오는 건강이 좋지 않아서 1949년 이후에 공적인 일을 거의 맡지 않았다. 하지만 그는 마오에게 충성을 다하는 사람이었고, 군대에서 펑더화이의 영향력을 제거하겠다는 의지로 업무에 착수했다. 군대는 과거 국공내전 때와 마찬가지로 1950년대와 1960년대에도 마오의 정치 권력을 떠받치는 토대였다. 펑더화이는 중난하이의 거처를 떠나 이후 6년간 베이징 북쪽 외곽 이허위안(頤和園) 내에 있는 한 건물에서 사실상 가택 연금 상태로 살았다. 그는 공식적으로는 정치국 직위를 유지했지만 이후 한 번도 정치국 회의에 참석하지 못했으며 공적인 역할도 전혀 맡지 못했다. 그의 경력은 완전히 끝난 것이었다.

동료들이 펑더화이를 공격한 것은 단순히 개인적인 비겁함이나 정치적 사리사욕 때문이 아니었다. 당 정치국이 이런 식으로 움직인 것은 바로 마오가 그렇게 만들었기 때문이었다.

주석을 비판하는 것이 곧 공산당 지배를 전복하려는 것과 같은 의미일 수는 없었다. 하지만 1949년 이후 주석에 대한 비판은 곧 당에 대한 비판으로 여겨졌다. 심지어 마오는 몇 달 동안 사람들에게 목소리를 내라고 촉구했고 어떤 응징도 없을 것이라고 약속했다. 하지만 막상 자신을 비판하는 사람이 나오자 마오는 참을 수 없었다. 장원톈이 루산 회의에서 한 말 가운데 특히 한 구절이 마오를 화나게 했다. 대약진운동에서 나타난 문제들은 모두 한 가지 근본 원인, 즉 당내 민주주의가 결여된 데서 비롯되었다는 지적이었다. 이것은 곧 단한 사람이 모든 것을 결정한다는 비난이었다. 장원톈은 이렇게 말했다. "만약 누군가 약간 다른 의견을 제시하면, 그 사람은 곧 의심만 일삼는 사람, 사태를 지켜보기만 하는 사람, 혹은 '백기'를 든 사람으로 낙인 찍힙니다. 어째서 그렇습니까? 어째서 부정적 견해는 허용되지 않는 것입니까? …… 도대체 무엇을 두려워하는 것입니까?"[242]

정말 왜 그랬을까? 마오는 분명히 자신이 먼저 비판을 요청해놓고 어째서 받아들이지 못했을까?

펑더화이의 경우에는 특정한 요인들이 작용했다. 권력 핵심부의 긴장이 높아진 상황에서 마오는 자신의 견해를 강화해줄 사람들에게 영향을 받을 준비가 되어 있었다. 펑더화이의 서신을 받은 뒤 마오가 어떻게 대응할지 결정하는 이틀 동안, 캉성과 커칭스(柯慶施)가 바로 그 역할을 했다. 캉성과 상하이 제1서기로서 좌익 성향이던 커칭스 모두 대약진운동의 전면에 나섰으며 기존 정책에 조금이라도 변화가 생기면 피해를 입을 수 있는 처지였다. 마오는 펑더화이가 계획적인 반대 운동을 교묘하게 획책하고 있지 않은지 의심했는데, 캉성과 커칭스가 마오의 의심을 부채질했다. 게다가 감히 마오의 정책을 비판한 사람이 펑더화이라는 사실 자체가 마오로 하여금 더 가혹하게 반응하도록 만들었다. 고집스럽게 독립적인 성격이던 펑더화이는 마오와 마음이 잘 맞는 편이 아니었고 둘은 지난 수십 년간 충돌해 왔다. 펑더화이의 서신이 루산 회의 참석자들에게 배포되던 날 마오는 측근에게 이렇게 말했다. "펑더화이와 관련해서는 원칙이 하나 있지. 그가 공격하면 나 역시 되받아친다는 거야. …… (그 사람과는) 협력이 30퍼센트, 충돌이 70퍼센트지. 지난 31년 동안 그랬어."[243]

하지만 상황을 악화시킨 특정 요인이 없었더라도 마오는 틀림없이 똑같이 반응했을 것이다. 1950년대 말에 마오의 머릿속에서는 '의견 차이'가 곧 '반대'를 뜻했다. 백화운동 당시 지식인들이 의견 차이를 보일 때도 그랬고 공산당 내에서 마오의 의견에 동의하지 않는 사람이 나올 때도 그랬다.

백화운동 이후 마오는 무산계급과 자산계급 간에 벌어지는 계급투쟁이 중국 사회에서 앞으로도 오랫동안 계속될 것이라고 경고했다. 이제 그는 공산당 내부에서도 마찬가지라고 주장했다.

> 루산 회의에서 있었던 투쟁은 계급투쟁입니다. 무산계급과 자산계급이라는 두 주요한 적대적 계급 간에 생사를 건 투쟁의 연속입니다. 이런 종류의 투쟁은 앞으로도 계속될 것입니다. …… 우리 당내에서

앞으로 20년, 어쩌면 50년 동안 이런 투쟁이 계속될 것입니다. ……
모순과 투쟁이 끊임없이 계속될 것입니다. 그렇지 않다면 이 세상은
가치가 없는 것이죠. 자산계급 정치인들은 공산당의 철학이 투쟁의
철학이라고 말합니다. 옳습니다. 단, 투쟁의 형태는 시대에 따라 변합
니다.[244]

이리하여 마오의 말년을 지배할 생각의 토대가 놓였다. 그것은 공
산당 내에 '자산계급'이 있으며 어떤 대가를 치르더라도 이들을 색출
해 쫓아내야 혁명의 순수성이 유지된다는 생각이었다.

백화운동이 반우파운동으로 변하면서 지식인들을 침묵하게 했듯
이, 루산 회의는 펑더화이 숙청으로 이어지면서 당내 동료들을 침묵
하게 만들었다. 일찍이 주더는 상무위원회 회의에서 이렇게 물었다.
"우리 같은 사람이 목소리를 높이지 않는다면 대체 어떤 사람들이
용기를 내어 말할 수 있겠습니까?" 이 질문에 마오 주석이 답한 것
이었다. 이후로 마오가 살아 있는 동안에는 다시는 정치국에서 마오
의 정책에 의문을 제기하는 사람이 없었다.

한편 또 다른 우울한 유사점이 있었다. 반우파운동은 50만 명의
희생자를 냈다. '우경 기회주의'에 반대하는 운동이라는 이름이 붙
은, 대약진운동 비판자들에 대한 투쟁은 이보다 열 배 많은 정치적
희생자를 만들어냈다. 6백만 명이 마오의 정책에 반대했다는 명목으
로 비판과 투쟁의 대상이 되었던 것이다. 이들 중 대부분은 당원이거
나 하급 관리였다. 쓰촨성에서는 기층 간부의 80퍼센트가 축출당했
다. 1957년과 마찬가지로 이번에도 각 지방 당 서기들에게 부하 간
부의 몇 퍼센트를 반드시 숙청해야 한다는 지령이 떨어졌다. 어떤 지
역에서는 간부 개인이 아니라 집단이 숙청되기도 했다. 수만 명이 죽
었다. 일부는 처형되었으며 일부는 '비판 투쟁 대회' 때 공개적으로

받은 모욕과 체벌에 굴복했다. 다시 한번 자살이 줄을 이었다. "모든 사람이 위험한 상태였습니다. 어머니와 아버지, 남편과 아내 사이에도 감히 서로 말을 하지 못했습니다." 어느 성의 제1서기가 한 말이다.[245]

하지만 더 불행한 일이 기다리고 있었다.

이렇게 '우파'로 추정되는 사람들에 대한 공격이 시작되자, 2년 전과 마찬가지로 '좌경' 흐름이 고조되었다. 1959년 전반기에 마오는 대약진운동의 강도를 누그러뜨리려 했지만 갑자기 방향을 바꾸었다. 펑더화이의 주장이 틀렸다는 것을 증명하기 위해서라도 그가 비판했던 정책들을 더 강력한 열정으로 추진해야 했기 때문이다. 또 다시 마오는 엄청난 생산 목표를 언급했다. 그는 세기말이 되기 전에 해마다 철강은 6억 5천만 톤, 곡물은 대략 10억 톤을 생산할 수 있다는 꿈을 꾸었다.[246]

풍요의 꿈을 다시 한번 노래하던 그 순간, 식량 공급이 급격히 악화되었다. 1959년도의 곡물 수확량은 최근 몇 년 사이에 가장 낮은 수준에 머물렀다. 정부는 2억 7천 톤의 곡물을 수확했다고 발표했지만 실제로는 1억 7천만 톤이었다.[247] 이 수치는 20년 뒤에야 공개되었다. 당국은 남부의 장마와 북부의 가뭄이 심했다며 이례적인 기상 상황을 탓했다. 하지만 나중에 중국의 기상학자들이 확인해준 바에 따르면, 그해 기상 조건은 평년과 거의 다름이 없었다. 중화인민공화국 창건 10주년을 축하하는 행사가 진행되던 바로 그해에 헤아릴 수 없이 많은 중국인들이 기아에 허덕였다.* 공산당이 승리한 이후 발생한 기아 사태는 이제까지 특정 지역에 국한된 문제였으나 이번에는 달랐다. 중국 전역에서 수백만 명의 농민이, 혁명이 섬기기로 되어 있었던 바로 그 사람들이 서서히 굶어 죽어 가고 있었다.[248]

이 시점에 갑자기 소련과 관계가 크게 악화되는 사태가 벌어졌다. 상호 긴장 관계에 있었지만 그래도 소련은 주요 국가들 가운데 중국의 유일한 동맹국이었다. 중국은 1959년 봄에 티베트에서 일어난 봉기와 그 뒤를 이은 달라이 라마의 탈출로 인도와 마찰을 빚었다. 8월에 루산 회의가 시작되기 불과 열흘 전에 중국과 인도 국경에서 무력 충돌이 일어나 인도 병사 한 명이 사망했다. 이때 흐루쇼프는 중립의 태도를 분명히 했고 이에 마오는 분노했다. 한 달 후 흐루쇼프는 미국 방문을 성공리에 마치고 돌아와 베이징을 찾았다. 미국에서 그는 중국이 그토록 혐오하는 평화 공존 정책을 굳게 확인하는 성과를 거둔 터였다. 흐루쇼프의 베이징 방문은 겉으로는 중화인민공화국 창건 10년을 축하하기 위해서였지만 실제로는 양국 관계를 정상 궤도에 올려놓으려는 마지막 시도였다. 하지만 그 시도는 애초에 성공할 가능성이 없었다. 인도와 중국의 분쟁에서 중립을 선포한 것 외에도 흐루쇼프가 한 여러 행동, 즉 핵 협력 합의 취소, 미국 제국주의에 보인 유화적인 태도, 타이완 회복은 평화적 수단으로만 가능하다는 주장 따위가 모두 마오에게는 의도적인 배신행위로 보였다.

양측은 사흘간 논쟁을 벌였지만 아무것도 해결되지 않았다.

1956년에 마오의 마음속에는 소련 지도부가 '레닌이라는 칼'을 버렸다는 의심이 싹트기 시작했다. 이제 그 의심이 확신으로 굳어졌다. 스탈린 시절과 마찬가지로 소련은 앞으로도 자국의 이익이 언제나 최우선이고 중국의 이익은 두 번째가 될 것이다. 이제는 이 갈등

---

* 건국 10주년을 기념하기 위해 베이징에서는 대규모 건축 계획이 진행되었다. 톈안먼 광장 확장과 함께 인민대회당, 국가역사박물관, 댜오위타이(釣魚臺) 국빈관, 그 밖에 일곱 개의 다른 대형 건축 사업이 진행되었다. 전국적인 기아 사태에도 불구하고 이 건설 사업들은 계획대로 마무리되었다. 다음 해 마오쩌둥의 출생지인 사오산에서는 3만 명이 굶어 죽었는데 그러는 동안 마오 주석을 위한 화려한 거처가 지어졌다. 기아가 최고조에 달했을 때도 중국의 여러 도시에는 정치국 상무위원회 위원들을 위한 거처가 건설되었다.(저자 주)

1959년 10월 1일 중화인민공화국 창건 10주년을 기념하기 위해 베이징을 방문한 흐루쇼프 소련 서기장과 마오쩌둥.

을 공개할 때가 되었다.[249] 흐루쇼프에게도 이번 중국 방문은 양국
이 갈림길에 들어섰음을 확인하는 계기가 되었다. 흐루쇼프는 마오
가 호전적이고 겉과 속이 다르며 민족주의적인 인물이라고 결론 내
렸다. 형제적 우호 관계를 이룰 수 있는 기반은 이제 더는 존재하지
않았다.

1960년 2월에 모스크바에서 바르샤바조약기구 회의가 열렸을 때,
중국과 소련은 동유럽 사회주의 블록 구성원들이 보는 앞에서 평화
공존 문제를 두고 이견을 드러냈다.[250] 또 4월에 레닌 탄생 90주년
기념일에는 〈인민일보〉에 중국의 이념적 토대를 설명하는 글이 실렸
다. 마오가 직접 수정한 글이었다. 제국주의가 존재하는 한 전쟁은
일어나게 마련이며, 평화로운 경쟁이란 "오래된 수정주의자들과 지
금 그런 입장을 가진 자들이" 지어낸 사기극이라는 내용이었다. 소
련공산당과 중국공산당은 다른 공산당들로부터 지지를 끌어내려고
경쟁했고, 이것은 결국 공개적인 충돌로 이어졌다. 6월에 열린 루마
니아노동당 제3차 당 대회에서 흐루쇼프는 처음으로 마오쩌둥의 이

름을 직접 언급하며 비판했다. 마오는 "극좌파, 극단적 교조주의자, 좌경 수정주의자"로서 스탈린과 마찬가지로 "자신의 이익 외에 다른 이들의 이익에는 전혀 신경쓰지 않은 채 현대 세계의 현실과 완전히 동떨어진 이론을 꾸며내는 자"라는 것이었다. 이 대회에 중국 대표로 참석한 펑전은 똑같은 방식으로 대응했다. 그는 흐루쇼프가 "가부장적이며 자의적이며 폭군 같은" 태도로 행동하고 있으며 비(非)마르크스주의적 견해를 강요한다고 비난했다.

이상하게도 마오와 그의 동료들은 그때까지도 여전히 양당 간 갈등이 그저 이념적 차원에만 국한되며 국가 대 국가의 관계에는 영향을 끼치지 않을 것이라고 확신하고 있었다. 중국공산당 정치국은 양국 관계가 완전히 단절될 가능성은 "비교적 적다"고 판단했다.[251]

그것은 착각이었다.

3주 뒤에 소련 지도부는 중국에 배치한 소련 전문가들을 모두 철수시키고 원조도 모두 중단할 것이라고 중국 측에 통보해 왔다. 이 조치들은 즉각 실행에 옮겨졌다. 공장들은 짓다만 채로 버려졌고, 청사진은 찢겼으며, 연구 조사 계획들은 폐기되었다. 1천4백명에 가까운 소련 전문가들과 그 가족들이 특별 열차를 타고 모스크바로 출발했다.

흐루쇼프의 측근이 주장했듯이 그가 마오를 굴복시키려는 의도에서 이런 조치를 취한 것이었다면, 그것은 심각한 오판이었다. 중국의 지도자들 가운데 인민공사와 대약진운동에 개인적으로 의구심을 품고 있던 이들조차 이제 마오의 정책을 적극 지지하게 되었다. 마오는 항상 중국이 공산주의로 가는 독자 노선을 찾아야 한다고 주장해 왔다. 소련의 배신행위로 이러한 주장이 충분히 정당한 것이었음이 밝혀졌다. 중국이 외세에 의지하는 일은 다시는 없어야 했다.

소련과의 결별은 충격적이기는 했으나 기아 사태에 직접 영향을 끼치지는 않았다. 취소된 계획들 가운데 농업에 관련된 것은 없었기 때문이다.[252] 하지만 간접적으로는 영향이 있었다. 이 일이 마오가 식량 위기에서 딴 데로 관심을 돌리게 만들었던 것이다. 마오는 위신 때문에라도 소련에 진 채무를 예정보다 빨리 갚아야 한다고 고집했다. 그리하여 중국은 약 6억 5천만 루블을—현 시세로 50억 달러에 해당한다.—4년 안에 갚았다. 변제액을 만들기 위해 농민들은 더욱 가혹하게 착취당했다. 심지어 기아가 만연했을 때에도 농민들은 수출 가능한 농산품을 계속 생산해야 했다. 같은 이유로, 중국의 제3세계 원조도 이 기간 내내 유지되었다. 원조 액수는 인민폐(RMB)로 매년 평균 5억 위안—현 시세로 약 16억 달러에 해당한다.—정도였다.[253] 그러한 결정들이 기아 사태를 악화시켰다. 하지만 기아의 근본 원인은 대약진운동 자체였으며, 운동의 끔찍한 영향을 바로잡기 위한 효과적인 대책을 마오가 계속해서 거부한 것도 중요한 원인이었다.

7월이 되자 1960년도 곡물 수확이 전년보다도 나쁠 것이라는 전망이 확실해졌다. 이번에는 날씨도 단단히 한몫을 했다.[254] 전체 경작 면적의 3분의 1을 넘는 1억 에이커(약 40만 5천 제곱킬로미터)의 경작지가 한 세기 이내 최악의 가뭄에 시달렸다. 산둥성에서는 12개의 주요 하천 가운데 8개가 완전히 말라붙었다. 황하조차 수량이 급격하게 줄어들어 몇몇 얕은 곳에서는 사람들이 걸어서 강을 건널 수 있을 정도였다. 전례 없는 상황이었다. 그다음에는 폭우와 태풍이 휩쓸었다. 또 다른 5천만 에이커의 경작지가 홍수로 폐허가 되었다. 굶주림에 시달린 겨울이 지난 후, 농민들은 자연에 맞서 싸울 힘도, 더 결정적으로는 싸울 수단도 없었다. 대약진운동의 광란 속에 모든 것이 무너졌기 때문이었다. 어느 젊은 병사는 이렇게 불만을 터뜨렸다.

"사람들은 너무 배가 고파서 일을 할 수 없고, 돼지들은 너무 굶주려서 서 있지도 못할 정도다. 인민공사 사람들은 이렇게 묻는다. '마오 주석이 우리를 굶겨 죽이려고 하는가?'" 1960년 중국은 굶주림에 허덕였다. 곡물 수확량은 1억 4천3백만 톤에 불과했다. 베이징 근교에서도 사람들은 나무껍질과 풀을 먹었다. 식량 공급이 가장 원활했던 베이징에서조차 사망률이 평소의 2.5배로 올라갔다. 좌파 성향의 당위원회 서기들이 대약진운동을 강력하게 추진했던 안후이성, 허난성, 쓰촨성의 경우, 전 주민의 4분의 1이 굶어 죽었다. 1960년에 2천만 명 이상이 기아로 죽었다. 어느 해보다도 많은 수였다.[255] 루산 회의 이후 개시된 '우경 기회주의에 맞서는 투쟁' 때문에 안 그래도 나쁜 상황이 더 극단적으로 나빠졌다. 1년 뒤 마오는 이렇게 인정했다.

우리가 저지른 오류의 본질은 무엇이었을까요? …… 우리는 펑더화이(와 다른 사람들)에 반대하는 결의안을 현(縣) 단위 이하로는 전달하지 말았어야 했습니다. …… 그 아래 단위에는 오직 …… 좌경에 맞서는 조치만 전파했어야 합니다. …… 결과적으로 수많은 사람이 우경 기회주의자로 비난받았습니다. 이제 우리는 그것이 실수였음을 알게 되었습니다. 진실을 말했던 훌륭한 사람들이 (우파) 심지어 반혁명 분자로 낙인 찍혔던 것입니다.[256]

이것은 궁색한 변명이다. 반(反)우경 투쟁이 지나치게 확대된 것이 문제가 아니었다. 애초에 마오가 그런 운동을 시작한 것이 문제였다. 설령 이 운동이 더 좁은 범위에서 공표되었더라도, 기층 간부들은 마오가 다시 한번 우파에 맞서는 싸움을 시작했다는 것을 알게 되었을 것이다. 1949년 이후 진행된 모든 운동은 어떤 방식이든 결국에는 우파를 겨냥했다. 토지 개혁, 반혁명 분자 타도, 〈우쉰전〉과 〈청궁

비사)를 비판하는 문화 투쟁, 후펑에 대한 비판, 반우파운동, '모험적 전진' 반대자들에 대한 비판, 그리고 최근의 우경 기회주의 비판까지 모두 그러했다. 마오가 '좌경화'에 반대한 사례를 찾으려면 1930년대에 공산당이 리리싼 노선을 둘러싸고 분열되었던 시기나 아니면 국공내전 시기까지 거슬러 올라가야 한다. 당시 마오는 지나치게 엄격한 토지 개혁에 반대했다.

1950년대 말 마오는 제국 체제의 정상에 있었다. 이 체제는 레닌주의적 조직 구조로 강화되었으며, 모든 권력과 특권은 위에서 아래로 흐르게 되어 있었다. 마오 스스로 "마르크스와 진시황의 결합"이라는 말을 했는데, 이는 전체주의의 기반 위에 세워진 법가적 전제주의를 뜻했다.[257] 중국의 한 역사학자는 이렇게 지적했다. 이런 체제 안에서 "모든 관리는 두 얼굴을 한다. 상급자 앞에서는 노예이고 하급자 앞에서는 폭군이다."[258]

대약진운동에서 물러서기를 바랐던 사람들은—이것은 봄에 당 중앙위원회가 촉구한 바였다.—이런 생각을 소리 내어 말할 경우, 자칫 펑더화이의 추종자로 몰려 숙청당할 위험이 있음을 잘 알았다. 식량 부족, 과잉 노동 또는 기아를 인정하는 것은 곧 '우경'으로 여겨졌다. 우경은 맞서 투쟁하고 분쇄해야 할 대상이었다. '기아'라는 말은 누구도 입에 담을 수 없었다. 관리들은 그 대신 '역병'이라는 표현을 썼다(어떤 병인지는 아무도 말하지 않았다).

가장 기초적인 단계인 인민공사, 생산대대, 작업조에서 간부들은 중세적 야만성을 띤 강제력에 의지했다. 식량을 훔쳤다고 의심받는 주민들은 빨갛게 달군 쇠로 얼굴을 지지거나 인분을 강제로 먹이거나 오줌에 흠뻑 젖게 했다. 때려죽이거나 생매장해 죽이기도 했다. 굶주린 아이가 음식을 훔친 경우에도 똑같이 처벌했다.

예외적인 경우도 있었다. 어떤 곳에서는 지역 관리들이 농민이 스스로 식량을 구하는 행위를 묵과해주었다. '구제 농지'라 하여 농민이 자신이 먹을 곡식을 기를 수 있게 해준 것이다. 하지만 대부분 관리들은 자신부터 살아야겠다는 생각에 자신의 권한 아래 있는 농민들을 무자비하게 몰아 붙였다.

중국 역사상 극심한 기아 사태가 일어날 때면 항상 그랬듯이 남자들은 자신의 아내를 팔았다. 물론 사는 사람이 있는 경우였다. 여자들은 누군가가 자신을 사주면 기뻐했다. 팔려 간다는 것은 곧 생존을 의미했기 때문이다. 비적이 다시 나타났다. 식인 행위가 만연했다. 땅에 묻힌 시체를 파내서 먹는 일도 있었다. 1959년에서 1960년으로 이어지는 겨울철에는 땅이 얼어붙어서 파묻지 못한 시체가 길가와 강둑에 널려 있었다. 부랑자들은 그런 시신에서 살을 잘라내어 요리해 먹었다. 부모가 자식을 죽여서 먹는 일도 벌어졌으며 형이나 누나가 어린 동생을 잡아먹기도 했다. 이것도 중국 역사에서 처음 있는 일은 아니었다. 1870년대에 중국 북부에서 기아가 발생했을 때 산시성(陝西省) 인구의 3분의 1이 죽었다. 당시 그곳을 여행하던 기독교 선교사들은 아이들을 끓는 물에 넣어 익혀 먹는 광경을 목격했다.*

모든 단계에서 관리들은 자신의 상급자가 실제 상황을 알지 못하도록 조치를 취했다. 자신부터 살아남기 위해서였다. 구이저우성의 어떤 현에서는 상부 감독관들이 곧 도착할 예정이라는 소식을 접한 당 위원회가 "민병대를 시켜 몸이 아픈 사람들과 보호자가 없는 아이들을 붙잡아 가두어 두고, (굶주린 사람들이 먹어버려) 껍질이 다 벗겨진 나무들을 뿌리째 뽑아버리도록 했다." 안후이성에서는 부종으로 고생하던 주민 3천 명을 외부인들의 눈에 띄지 않게 다 잡아 가두기도 했다.[259] 기아 사태가 벌어진 지역에서 사람들이 탈출하지 못하도록 민병대가 길목을 지켰다. 기아를 언급하는 편지는 중간에 압수되었고 편지를 쓴 사람은 체포되었다. 각 성의 책임자들은 중앙의 지도부를 안심시키는 보고서를 작성해 보냈다. 훗날 진실이 밝혀지자 책임자들은 자신도 하급자들에게 속았다고 거짓말을 했다. 일부 관리들은 이런 살인적인 기만극을 승진을 위한 수단으로 사용했다. 하지만 대부분은 공포심 때문에 사실을 숨겼다. 마오쩌둥의 정책이 실패로 끝나고 있다고 상급자에게 보고하는 것은 너무 위험한 행동이었다.

그런 상황에서도 반우경 투쟁이 진행된 지 1년이 넘어 1960년 10월이 되자 이제 성 지도부의 힘만으로는 엄청난 사망자 수를 감출 수 없는 지경에 이르렀다. 그달에 마오의 고향 사오산에 살고 있던 사촌 두 명이 마오를 만나러 왔다. 그중 한 명인 마오쩌룽(毛澤榮)이 말했다. "주석은 지금 베이징에 있어서 과거 황제들처럼 멀리 떨어져 있습니다. 그래서 어떤 일이 벌어지고 있는지 전혀 모르고 있고요. 지금 모든 것이 혼란 상태이며 사람들은 굶어 죽어 가고 있습니다. 당장 무슨 조치를 취해야 합니다!"[260] 얼마 뒤 10월 21일에 마오

---

* 영국 웨일스 출신 선교사인 티모시 리처드(Timothy Richard)는 산시성에 기아 구호 식품을 가져다주는 과정에서 다음과 같은 기록을 남겼다. "사람들이 자기 집을 일부러 허물고, 아내와 딸을 내다 팔고, 식물 뿌리와 썩은 고기, 진흙, 나뭇잎을 먹는 것을 보아도 이제 아무도 놀라지 않는다. …… 남자들과 여자들이 길가에 힘없이 널브러져 있는 모습, 그러다가 죽으면 굶주린 개와 까마귀가 와서 시신을 파먹는 모습, 어린아이들을 끓는 물에 삶아서 먹는 모습을 보면 온몸이 오싹해진다."(Thompson, Larry Clinton, *William Scott Ament and the Boxer Rebellion*, McFarland, North Carolina, 2009, p. 21) 네덜란드 출신의 역사가 프랑크 디쾨터(Frank Dikötter)는 주로 중국공산당 기록보관소의 자료에 기대어, 농민이 가족을 죽여서 먹는 사례는 거의 없었으며 아주 드문 사례가 지나치게 과장되어 알려진 것이라고 주장했다(*Mao's Great Famine*, pp. 320-323). 디쾨터는 식인 행위가 실제로 일어난 경우는 "국가가 조장한 폭력"에 자극을 받아서 그랬던 것이라고 주장했다. 하지만 실제로 과거에 기아 사태가 일어났을 때 인육을 먹는 일이 널리 발생했다는 사실 때문에 그런 주장에는 신빙성이 없다. 이 문제를 더 깊이 연구한 양지성(楊繼繩)은 심각한 기아 사태가 벌어진 모든 지역에서 인육을 먹는 행위와 시체를 먹는 행위가 나타났다고 주장했다. 그는 안후이성처럼 기아 사태가 매우 심각했던 지역에는 "인육 먹는 행위가 발견되지 않은 마을이 한곳도 없었다."고 썼다(*Tombstone*, pp. 40-46, 141-144, 278-279, 289-290 and 302-304).(저자 주)

는 허난성 신양현(信陽縣)에서 주민 8분의 1에 해당하는 1백만 명이 넘는 사람들이 아사했다는 보고를 받았다.[261] 이 사태를 논의하기 위해 국무원은 긴급회의를 소집했다. 이 자리에서 저우언라이는 "이런 일을 보고한 사람이 단 한 명도 없었다. 중앙 정부는 아무것도 몰랐다."라고 주장했다. 뻔뻔한 거짓말이었다. 8개월 전 당 중앙위원회 감찰부의 고위 간부 한 명이 신양현에서 20만 명에서 30만 명가량이 죽었다는 보고를 올렸다. 그러나 농업 부문을 책임지고 있던 부총리 탄전린은 그 보고서를 묵살했다. 40만 명의 사망을 언급한 두 번째 보고서가 올라왔지만 그것도 탄전린은 묵살했다. 얼마 뒤 류사오치는 60만 명의 죽음을 언급한 보고서를 받고도 별다른 조치를 취하지 않았다.[262] 2월부터 10월까지 국가의 식량창고는 가득 차 있었고 마오의 동료들은 대부분 기아가 어느 정도인지 잘 알고 있었지만 아무런 조치도 취하지 않았다. 굶어 죽어 가는 사람들을 위해 식량 보유분을 방출했다면 1천만 명 이상이 목숨을 건졌을 것이다. 하지만 그들은 그러지 않았다. 왜냐하면 주석이 말하기 전까지는 자신이 책임져야 할 일을 하고 싶지 않았기 때문이다.

이 사건은 '신양 사태'라는 이름이 붙었으며 그때부터 정책은 수정될 수밖에 없었다. 마오도 이제 인정할 수밖에 없었다. "(나라의 3분의 1의 지역에서) 상황이 몹시 나쁘다. …… 나쁜 자들이 권력을 장악하고 사람들을 때려죽이고 있다. 식량 생산은 급락했고 사람들은 굶주리고 있다."[263] 결국 1961년 1월에 이르러 당 중앙위원회는 전면적인 퇴각을 승인했다. 하지만 이 퇴각은 국민 경제에 대하여 "조정(調整), 공고(鞏固), 충실(充實), 제고(提高)"를 시행한다는 8자 방침으로 위장되었다. 가장 열악한 지역에 구호 식량이 수송되었다.[264] 그러나 마오 이하 지도자들은 모두 자신에게 책임이 있음을 인정하지 않았다. 중앙중남국(中央中南局) 제2서기 왕런중(王任重)은 그해 겨울 허난성 상무위원회 회의에서 실책은 각 지역 수준에서 일어났다고 말했다.

　　사람들이 죽어 가는 것을 보고도 곡식을 창고에 넣어 두고 나누어
주지 않은 것, 공동 취사장이 폐쇄되는 것을 보고도 사람들이 각자 집
에서 불을 지펴 음식을 할 수 있게 허락하지 않은 것, 사람들이 들풀
을 채취해 먹거나 기아를 피해 다른 지역을 떠나는 것을 막은 것, 기
아로 불구가 된 사람들이 지팡이를 쓰지 못하게 한 것, 사람을 소나
말보다도 못하게 취급한 것, 사람들을 마음대로 때리고 심지어 죽이
기까지 한 것, 손톱만큼의 인간적인 동정심도 보이지 않은 것. 이런
짓을 한 사람들이 인민의 적이 아니라면 누가 인민의 적입니까? ……
이런 사람들은 자신을 보호하려고 우리의 계급 형제들을 학살했으니,
우리도 똑같이 무자비하게 그들을 죽일 뿐입니다.[265]

　　이렇게 부끄러운 짓을 한 '이런 사람들'은 누구였나? 마오는 이들
을 '계급의 적'이라고 불렀다. 즉 "지주, 토호, 봉건주의의 심부름꾼,
비적, 반동적 비밀결사 및 비밀요원들"이 공산주의 승리와 함께 진행
된 '신민주주의 혁명'을 거치면서도 살아남았으며 이들이 농촌 지역
에서 권력을 차지하는 데 성공했다는 것이었다. 이들의 행동은 "반혁
명 계급을 재건하려는" 시도였다.[266]
　　전혀 설득력이 없는 주장이었다. 심지어 마오 자신도 이 주장을 믿
었다고 생각하기 힘들다. 당시에 '계급의 적'으로 추정된 사람들 가
운데 처형된 사람은 아무도 없었고, '학습'을 수행하면 거의 대부분
원래 직위를 지킬 수 있었기 때문이다. 각 성의 지도자들 대부분은
아무런 처벌도 받지 않았고, 우경 기회주의로 숙청당했던 하급 관리
들도 복권되었다. 결국 펑더화이와 그의 동료들이 당시에 대약진운
동과 관련해 처벌받은 유일한 집단이었다. 마오의 면전에서 그의 계

획이 잘못 입안된 것이며 전국적인 재난을 몰고 올 것이라고 말했던 용감한 사람들만이, 실제로 그런 재난이 닥쳤는데도 불구하고 처벌을 당했던 것이다.

한편 당 지도부의 설명에는 일말의 진실이 담겨 있었다. 당 중앙위원회 특별조사소조는 지역 간부들이 "지주와 국민당의 전술"을 채택했다고 보고했다. 혁명에서 종종 나타나는 일이지만, 새로운 질서를 집행할 책임이 있는 사람들이 자신들이 타도한 구질서의 잔인하고 불명예스러운 방식을 받아들였던 것이다.

하지만 대재앙의 뿌리는 다른 곳에 있었다. 바로 마오가 세운 체제가 그 뿌리였다. 인민공사와 생산대대의 책임자들은 물론이고 현과 성 단위의 관리들도 그런 체제가 아니었다면 결코 그처럼 큰 재앙을 초래할 수 없었다. 마오는 어떤 체제를 만들었던가? 마오와 가장 가까운 동료들마저도 마오가 내린 결정에 의문을 제기할 수 없었다. 마오의 주변 사람들 중에 진행 중인 비극을 완화하는 조치를 마오가 허락하기 전에 취할 수 있는 사람은 아무도 없었다.

대약진운동 기간 내내 그리고 그 뒤로 수십 년간 대재앙의 정확한 규모는 엄격하게 비밀에 부쳐졌다. 각 성에서 인구 통계를 확실하게 파악할 수 있는 권한이 있는 사람은 당 제1서기와 그의 부관, 성장과 부성장, 공안국장까지 모두 다섯 명이었다. 전국 차원에서는 심지어 정치국조차 그런 정보를 알 수 없었다. 오직 정치국 상무위원회 위원들만이 가능했는데 그것도 모두는 아니었다. 1961년에 식량부 부장인 천궈둥(陳國棟)과 다른 두 사람의 상급 관리는 각 성에서 제공받은 상세한 기록을 정리하라는 지침을 받았다. 그들이 계산한 결과 대약진운동으로 인해 중국 전역에서 수천만 명의 인구가 감소한 것으로 나왔다. 보고서는 마오쩌둥과 저우언라이에게만 제출되었다. 저우언라이는 이 보고서를 읽은 뒤 보고서 복사본을 전부 폐기하라

고 명령했다.[267]

약 20년이 지난 1980년 6월, 후야오방은 이 비극적 사건의 규모를 공개적으로 인정하는 첫 번째 중국 지도자가 되었다. 당시 그는 화궈펑(華國鋒, 1921~2008)의 뒤를 이어 당 주석에 오르기 직전이었다. 유고슬라비아 언론인들과 만난 자리에서 후야오방은 2천만 명 이상이 죽었다고 말했다. 하지만 중국 국내에는 이 수치가 보도되지 않았다. 나중에 당 지도부는 1천7백만 명을 조금 밑도는 수치를 발표하도록 승인했으며 그 수치가 지금까지 공식적인 사망자 수이다. 양지성은 당시 중국의 인구 변화와 관련해 이제까지 가장 면밀한 연구를 진행한 연구자이다. 그는 3천6백만 명이라는 사망자 수가 "현실에 근접하지만 여전히 너무 낮은 수치"라는 결론을 내렸다. 또 그는 출생자 수가 4천만 명 감소했다고 덧붙였다. 여성들의 생리가 멈추었고, 부부의 건강 상태가 아이를 낳을 수 없을 정도로 나빴기 때문이었다. 아마도 이것이 정확한 수치에 가장 근접한 것이 아닐까 싶다.[268] 이것만으로도 이미 충분히 끔찍하다.

자신의 망상이 초래한 폐허를 바라보면서 마오는 침울한 심정으로 오랫동안 미루어 온 약속을 이행하기 시작했다. '제2선'으로 물러나겠다는 약속이었다. 대약진운동은 엄청나게 끔찍한 실패로 끝났다. 그가 가슴에 품었던 보편적인 풍요의 꿈은 순수한 공포의 서사시로 변해버렸다. 1960년 말에 이르러 마오는 중국을 경제 대국으로 만들겠다는 생각을 완전히 치워버렸다. 그리고 다시는 관심을 두지 않았다.

14장

불멸의 혁명을 위하여

1961년~1964년

"농민은 자유를 원하지만 우리는 사회주의를 원한다."

MAO
THE MAN
WHO
MADE
CHINA

마오가 저지른 극도의 어리석은 일 때문에 중국의 재부와 인구에 엄청난 출혈이 발생했다. 이후 겉으로나마 어느 정도 정상적인 모습을 되찾기까지 5년이 걸렸다.

회복기의 첫 해에는 인민공화국이 완전히 붕괴하는 것을 막을 비상수단을 찾느라 바빴다.

티베트와 쓰촨성, 서부의 3개 성에서 굶주린 농민들이 반란을 일으켜 인민해방군이 긴급히 투입되었다.[1] 허난성에서는 민병대가 약탈에 나서 강도, 강간, 살인을 저지르고 다녔다. 일찍이 인민공사 내에 일종의 자기방어 수단으로 창설된 부대였다. 농민들은 민병대원들을 '산대왕(山大王, 산적의 대왕)', '호방(虎帮, 호랑이 무리)', '도부수대(刀斧手隊, 칼과 도끼를 들고 폭행을 일삼는다는 뜻)' 따위로 불렀다. 대약진운동의 폐해가 특히 심했던 몇몇 성 가운데 한곳이었던 산둥성에서는 곳곳에서 정부의 권위가 완전히 무너졌다.[2] 류사오치는 지금 중국이 과거 1920년대 초반 소련이 내전 기간에 겪었던 무정부 상태로 빠져들고 있다고 경고했다.[3]

도시에서 식량 부족에 따른 압박을 덜기 위해 도시 주민 2천8백만 명을 농촌 지역으로 이주시켰다. 마오는 이주 작업의 성공을 높이 평가하면서 "벨기에 같은 중간 크기 국가의 주민 전체를 이주시킨 것과 같은" 위업이라고 말했다(그의 계산은 틀렸다. 이주한 주민의 수는 벨기에 인구의 세 배였다). 그렇지만 도시에 남은 주민들을 먹이려면 여전히 막대한 양의 곡물 수입이 불가피했다.* 1961년에 거의 6백만 톤의 밀을 수입했다. 주로 오스트레일리아와 캐나다산이었지만 미국산도 일부 있었다. 미국산 밀은 유럽산으로 위장해 수입했다.[4] 밀 수입량은 1970년대 초까지 같은 수준으로 유지되었다.

이런 실제적 조치를 취하면서 한편으로 류사오치와 그의 동료들은 대약진운동이 기반을 두었던 잘못된 가정들을 재검토하기 시작했다.

이 작업을 진행하는 데 걸림돌은, 언제나 그렇듯 마오쩌둥이었다.

마오는 '제2선'으로 물러났지만 권력을 내놓은 것은 결코 아니었다. 다만 권력을 행사하는 방식이 달라졌을 뿐이었다. 이전에는 마오가 앞장서서 달려 나가면 다른 모든 사람들이 그를 따랐다. 이제 주석은 정치국 상무위원회의 다른 위원들이 선두에 서기를 바랐다. 하지만 오직 마오 자신의 생각과 일치하는 방향으로만 나아가기를 기대했다. 마오가 틀을 잡은 정책에 의문을 제기할 수 있는 사람은 오직 마오 한 사람뿐이었다. 펑더화이는 이것을 비싼 대가를 치르고서야 배웠다. 이제 류사오치와 덩샤오핑의 차례였다. 두 사람은 '제1선'에 서는 위험을 곧 알게 된다. 1961년 3월에 덩샤오핑은 (마오에게 미리 확실하게 동의를 구하지 않고) 남부와 북부의 농업 정책을 다르게 운용해야 한다고 제안했다. 그러자 마오는 이렇게 따졌다. "도대체 어떤 황제가 이런 결정을 내렸다는 거요?"[5]

---

* 1960년 10월, 기아의 규모가 분명해지자 마오는 채식 다이어트를 선언했고 이 사실은 널리 보도되었다. 하지만 훗날 알려진 바에 따르면, 당시에 마오는 콩으로 만든 고기 대용식을 먹었으나 동시에 생선 같은 해산물도 계속 먹었다고 한다.(저자 주)

그 결과 모든 사람이 극도로 몸을 사리게 되었다. 대약진운동 기간에 새로 등장한 인민공사, 공동 식당, 무상 공급 같은 제도에 대해서는 마오 주석의 속내가 확실하게 드러나기 전까지 누구도 감히 의문을 제기할 수 없었다. 1961년 3월에 당 중앙위원회는 공동 식당의 가치를 재차 강하게 확인했다.[6] 하지만 한 달 후 공동 식당이 "생산 발전에 걸림돌이 되고 있으며, 당과 대중의 관계에 해로운 암적 존재"가 되었다는 내용의 보고서를 마오가 지지하자, 그의 동료들은 재빨리 태도를 바꾸었다.[7] 며칠 지나지 않아 당시 허난성에 시찰을 나가 있던 류사오치와 허베이성을 방문하고 있던 저우언라이가 마오의 새로운 노선에 동조하고 나섰다. 덩샤오핑, 펑전, 주더가 재빨리 두 사람의 뒤를 따랐다.[8] 마오가 한 마디 하자 그 영향이 노동수용소에까지 미쳤다. 수감자들은 알루미늄 취사도구를 만들기 시작했다. 공동 식당이 폐지되면서 농촌 가구들은 다시 직접 음식을 조리해 먹어야 했는데, 예전에 쓰던 철제 주방 용품들은 이미 뒷마당 용광로 운동 기간에 녹여 없앤 뒤였다.[9]

5월이 되자 무상 공급제도 사라졌다. 자류지*로 농민들에게 분배해 주는 토지가 늘었다. "더 많은 일에 더 많은 대가"라는 원칙이 회복되었다. "일하지 않는 자 먹지도 말라."는 레닌주의적 구호도 덩달아 부활했다. 대량 기아 사태가 벌어지던 시기에 암울한 경고였다. 대약진운동 기간 동안 금지되었던 농촌 시장과 소상점이 허용되었으며 행상과 노점상도 다시 등장했다. 그달에 열린 당 중앙위원회 공작회의에서 류사오치는 지금의 문제들이 이제까지 정부가 주장해 왔던 것처럼 자연재해 때문이 아니라, 매 단계에서 지도자들의 '결함과 실

자류지(自留地) 1950년대 중반 중국의 농업 집단화 이후 개별 농민이 채소와 기타 작물을 경작할 수 있도록 남겨준 땅. 1958년 인민공사 성립 후 폐지되었다가 1961년에 부활했고, 1962년에 자류지의 허용 면적이 생산대 경작 면적의 5~6퍼센트까지 확대되었다.

책' 때문에 벌어진 것이라고 처음으로 언급했다.[10] 그는 계속해서 이렇게 말했다.

봉건 사회에서는 지주가 농민에게서 곡식을 갈취했습니다. 지금 우리도 농민들에게서 곡식을 갈취해 왔다는 사실이 드러났습니다. …… 지난 몇 년간 일어난 문제의 원인은 비현실적인 곡물 수합 할당량, 비현실적인 추정치, 비현실적인 조달 수치, 비현실적인 작업량 등이었습니다. …… 후난성 사람들은 3할이 천재(天災)이고 7할이 인재(人災)라고 말하고 있습니다. …… 우리의 좌절을 묘사하려고 (열 손가락 가운데) 한 손가락(이라는 비유)을 쓸 수는 없다고 나는 생각합니다. 우리는 정직해야 합니다. …… 당 중앙위원회가 반드시 주된 책임을 져야 합니다.[11]

"열 손가락 가운데 한 손가락"이란 마오가 종종 어떤 좌절을 대수롭지 않은 것으로 치부할 때 쓰는 비유였다. 이 비유를 언급한 것은 주석에 대한 직접 비판에 위험할 정도로 가까이 간 것이었다. 하지만 류사오치는 대약진운동의 정책들은 "완전히 옳았다"고 강조하는 조심성을 보였다. 문제는 정책을 집행하는 방식에 있었다. 마오는 이런 비난에 크게 신경쓰지 않는 모습을 보였고, 심지어 일정 부분 자신의 책임을 인정했다. 그는 중국에서 어떻게 사회주의를 건설할 것인가 하는 문제를 자신이 충분히 깊이 이해하지 못했다고 말했다.

결국 1961년 9월에 마오 주석은 마지막 양보를 단행했다.

여름 동안 당 지도부의 승인 아래 많은 인민공사가 2분의 1 혹은 3분의 1로 분할되어 원래 규모로 되돌아갔다. 관리와 운용을 더 쉽게 하기 위한 조치였다. 9월에 마오는 각 가구에 노동 과업을 부과하고 수확물을 분배하는 (인민공사의) 기본 경영 단위를 축소 조정하기로 결정했다고 동료들에게 통보했다. 몇 개 마을을 하나로 묶은 '(생산)대대'에서 '생산대'로 되돌려야 한다는 것이었다. 생산대는 5~6년 전에 설치되었던 한 마을 단위의 생산합작사에 상응했다. 다른 마을 사람들과 자원을 공유하는 것보다 한 마을의 이웃들과 자원과 대가를 공유하는 것이 농민들의 의욕을 더 증진시킨다는 것을 인정한 것이었다.[12]

이것은 마오가 1958년에 제시했던 원칙들과 거리가 먼 이야기였다. 1958년 당시에 마오는 인민공사의 우수성을 "첫째는 크다는 것, 둘째는 공적 소유라는 것(一大二公)"이라고 설명했다. 그러나 이제 마오가 바랄 수 있는 최선은, 무자비한 기근과 전국적인 사기 저하 속에서 인민공사의 기본 개념만큼이라도 보존하는 것이었다.

하지만 마오 주석의 선제 퇴각은 이번에도 목적을 이루기에 충분하지 못한 것으로 드러났다.

과거에 정책이 죽 끓듯이 너무 자주 바뀌었기 때문에 지방 관리들은 쉽사리 방향을 바꾸려 하지 않았다. 당 정치국에서 지령을 내려도 마찬가지였다. 혹시 풍향이 갑자기 바뀌면 그들은 또다시 우파라고 비난받을 것이 뻔했다.

한편 지방 차원에서만이 아니라 당 정치국에서도 좌파적 정책과 아주 밀접하게 관련되어 있던 급진파들—예를 들어 캉성, 상하이의 커칭스, 쓰촨성의 당 지도자 리징취안(李井泉)—은 대약진운동을 공공연하게 비판하는 일이 벌어지면 정치적으로 위험해질 수 있었다. 당연히 그들은 늑장을 부렸다. 심지어 리징취안은 마오가 직접 공동 식당 제도를 비판한 뒤에도 계속해서 그것을 옹호했다.

이 두 집단은 현실에 떠밀려 이루어진 방향 전환에 대해 마오 주석이 여전히 꽤 모호한 태도를 보이는 데 주목했다. 첫째, 마오는 이전의 정책들이 오류였다는 것을 인정하지 않았다. 기껏해야 누구도 오류로부터 자유로울 수 없다는 정도의 말을 했을 뿐이었다. 둘째, 그해에 수립된 계획들을 보면—상업과 공업을 부흥하고, 과학, 교육, 문화, 예술 분야에서 새로운 노력을 장려하려는 계획들—모두 근본적으로 모호한 측면이 있었다. (사실 마오에게 승인을 받으려면 어쩔 수 없이 모호하게 계획을 짤 수밖에 없었다.) 문제는 이런 모호성 때문에 정치적 판세에 따라 계획이 급진적으로 해석될 수도 있고 온건하게 해석될 수도 있었다는 것이다. 저우언라이는 "한편으로 계급투쟁을 지속하며, 다른 한편으로는 통일전선을 강화하라."라고 관리들에게 지시했는데, 이 말은 새로운 정책들이 언제 급변할지 모르는 불안정한 타협에 근거한 것이었음을 단적으로 보여주었다. 그 지시는 저우언라이도 잘 알고 있었듯이 이념적으로 불가능한 일이었다.[13)]

이런 상황에서 마오의 동료들은 마오가 정해놓은 한도를 조금도 벗어나지 않도록 거듭 조심할 수밖에 없었다.

철강과 석탄 생산량 목표는 1957년 이후 처음으로 그나마 현실을 약간 감안한 수준으로 하향 조정되었다. 산업 노동자들은 다시 상여금을 받게 되었으며 공장 관리자들은 예전 권한을 돌려받았다. 대약진운동 중에 과오가 있었다는 마오의 말은 전략적인 인정이었다. 덩샤오핑, 류사오치, 외교부장 천이는 마오의 말을 자세히 설명했다. (늘 신중한 저우언라이는 그러지 않았다.) 특히 덩샤오핑과 류사오치는 자신들이 방문했던 농촌 지역 농민들의 말을 인용해서 기아는 "3할이 천재이고 7할이 인재"라고 말했다.[14)] 하지만 구체적으로 어떤 과오가 있었는지는 아무도 말하지 않았다. 과오를 저지른 사람이 누구인지는 더욱 굳게 입을 다물었다.

그리하여 답보 상태가 지속되었다.

남은 가을 동안 내내 마오는 '제2선'이라는 자신의 새로운 역할에 걸맞게 침묵을 지켰다. 그의 동료들은 더 강한 현실주의를 주장했지만, 그들이 하는 말은 너무 모호해서 아무도 그들의 말을 신뢰하지 않았다. 하급 관리들은 더 확실한 신호가 오기를 기다리며 함부로 움직이지 않고 가만히 있었다.

경기는 계속 하락했고 12월에도 여전히 반등할 조짐이 보이지 않았다. 안후이성을 비롯해 심각한 타격을 입은 몇몇 성에서 관료들이 이른바 '가정책임제'*를 실험하기 시작했다. 농민들에게 토지를 분배하고 생산 책임을 각 가정에 맡기는 제도였다.[15] 주더는 자신의 고향 쓰촨성을 방문했을 때 농민들이 인민공사를 떠나 자신이 먹을 곡식을 직접 재배하는 것을 보았다. 그는 현재와 같은 극한 상황에서는 이런 방책을 공식적으로 허용하는 것이 어떻겠냐고 물었다. "문건으로 만들어 공식화하지 않더라도 어차피 벌어질 일"이기 때문이었다.[16]

마오는 이런 상황을 보며 농촌 지역의 집단화가 완전히 붕괴할 수도 있다는 공포를 느꼈다.

이렇게 되자 마오는 1962년 1월 중국공산당 중앙위원회 확대공작회의를 베이징에서 소집했다(1월 11일에서 2월 7일까지 열렸다). 보통 이런 회의에는 2백 명에서 3백 명 정도의 고위급 당 간부만 참석했으나, 이번에는 7천 명 넘게 참석했다(그래서 이 회의를 '7천인대회'라 부른다). 중국 전역에서 중앙과 성, 지구, 현의 당 위원회 주요 간부들과 대형 공장, 광산, 군대, 인민공사의 간부들까지 초청해 만든 자리였다.

이렇게 이례적인 회의를 연 목적은 전환점을 만들기 위함이었다. 하지만 마오와, 류사오치를 비롯한 '제1선' 지도부는 서로 생각이 달

가정책임제 중국의 농가 세대별 생산량 도급 제도. '포산도호(包産到戶)'라고도 한다. 할당량(정부 수매)을 초과하는 생산분을 개별 농가에서 자유로이 처분할 수 있도록 공식적으로 허용해준 제도였다.

랐다. 마오는 사회주의적 가치가 무너지는 상황을 막아보자는 생각이었지만, 류사오치 등은 마침내 당이 과거의 실책에서 교훈을 얻고 지방 간부들까지 함께 모인 자리에서 합의된 정책을 바탕으로 새 출발을 할 결정적 순간이 왔다고 보았다. 회의에 참석한 간부들이 합의 결과를 직접 설득력 있게 기층에 전달할 것이었다.

류사오치는 "모든 결정적 순간에" 마오의 정확한 영도가 있었다며 지나치게 후한 찬사를 곁들인 보고 연설로 회의 분위기를 잡으려 했다. 이어서 그는 지난 5월에 자신이 제기했던 것과 같은 내용의 비판을 다소 강도를 낮추어 반복했다. 하지만 시간이 흐르면서 회의의 정치적 분위기가 바뀌었다. 대약진운동이 재앙이었다는 사실이 갈수록 분명해지자, 하급 간부와 중간급 간부들은 국가 지도자들 가운데 누가 이런 재앙을 일으켰는지 책임을 물을 대상을 알고 싶어 했다. 류사오치는 예전에 당 중앙위원회와 상급 간부들로 구성된 엘리트 청중 앞에서 대약진운동을 비판한 적이 있었지만, 지금처럼 각 성에서 올라온 간부 수천 명 앞에서 같은 비판을 행하는 것은 전혀 다른 문제였다. 류사오치는 5월에 그랬던 것처럼 "지난 몇 년간 우리가 행한 사업에서 나타난 결함과 실책의 주된 책임은 당 중앙에 있다."라고 말했다. 그러자 즉시 회의 참석자들은 류사오치에게 책임을 져야 할 지도자들의 이름을 밝히라고 요구했다. 공개회의에서 이런 질문에 분명하게 견해를 밝힐 수 있는 사람은 류사오치를 포함해 아무도 없었다.[17] 하지만 며칠 뒤 소위원회 토론에서 북부 중국의 지도자였던 펑전은 좀 더 직설적으로 나왔다. 그는 당 중앙이란 마오쩌둥, 류사오치, 그리고 정치국 상무위원회의 나머지 구성원들이라고 말했다. 그들 모두 책임이 있는 만큼, 비난도 함께 받아야 한다는 것이었다. 이어서 펑전은 마오쩌둥 자신도 오류에서 자유롭지 못하다고 말했다. '3년 내지 5년 안에' 공산주의로 진입할 수 있다고 말한 사람

1962년 1월 '7천인대회'에 참석한 중국공산당 정치국 상무위원회 위원들. 왼쪽부터 저우언라이, 천윈, 류사오치, 마오쩌둥, 덩샤오핑이다.

이 바로 마오이며, 지금은 폐기된 공동 식당 제도를 만들자는 의견도 마오가 배후에 있었던 것이다. 펑전은 다음과 같이 말했다. 설령 마오 주석이 "단지 1천 분의 1정도만" 오류를 범했다 해도, 그를 비판하지 않는다면 "당에 나쁜 영향을 남기게 될 것이다. …… 주석부터 모든 당 지부의 서기들에 이르기까지 각자 책임질 몫이 있다."[18]

열흘 뒤 마오는 답을 내놓았다.

당 중앙이 저지른 오류는 모두 내게 직접적인 책임이 있습니다. 또한 나는 중앙위원회 주석이므로 간접적인 책임도 일부 있습니다. 나는 다른 사람들 역시 자신의 책임을 회피하지 않기를 바랍니다. 책임은 다른 동지들에게도 있습니다만, 가장 크게 책임을 져야 할 사람은 바로 나입니다.[19]

지극히 형식적인 '자아비판'이었다. 마오는 자신이 저지른 판단착오를 인정하지 않았을 뿐 아니라, 수백만 명의 죽음에 대해 회한을 느끼거나 사과하려는 낌새도 전혀 없었다. 또 그는 자신의 정책이 초래한 재난의 규모가 실제로 어느 정도인지도 언급하지 않았다. 그러는 대신에 마오는 자신의 책임을 축소하려 했고, 모든 단계의 지도자들은 "각자 책임질 몫이 있다"고 지적하면서 다른 사람들에게 자신들이 저지른 실책을 직시하라고 촉구했다.

여러분 가운데 …… 책임을 인정하기 두려운 사람, 대중이 말하는 것을 허용하지 않는 사람, 자신이 호랑이여서 누구도 감히 엉덩이를 건드리지 못할 것이라고 생각하는 사람이 있다면, 이런 태도를 가진 사람은 열이면 열, 모두 다 실패할 것입니다. 사람들은 결국 말할 것입니다. 당신은 정말로 누구도 당신 같은 호랑이들의 엉덩이를 건드리지 못할 거라고 생각합니까? 아니오, 그들은 분명 건드릴 겁니다!

최소한의 수준이긴 했지만 여하튼 마오가 자신의 잘못을 인정하자 회의 분위기가 순식간에 달아올랐다. 마오가 더 말할 필요도 없었다. 이제까지 마오를 신성불가침으로 여겨 온 당원들에게는 마오가 조금이라도 과오를 인정했다는 사실만으로도 충분했다.

다음 1주일 동안 저우언라이부터 덩샤오핑에 이르기까지 호랑이들이 한 마리씩 사람들 앞에 나와 정중한 태도로 자신이 저지른 실책을 자세히 고백했다.[20] 2월 7일 회의가 끝나던 날에는 새로운 분위기가 만들어졌음을 위로는 당 정치국부터 아래로는 각 지역 대표들까지 모두 느낄 수 있었다. 새로운 장이 펼쳐진 것이다. 이제 온건하고 실용적인 정책들을—사실 지난 1년간 서서히 형성된 정책들이었다.—본격적으로 실행에 옮길 수 있는 여건이 마련되었다.

훗날 '7천인대회'라고 불리는 이 회의는 마오에게 무척 불쾌한 경험으로 남았다. 그는 자신을 비판하는 것을 즐기지 않았다. (물론 과거와 선을 긋기 위해서 반드시 필요한 일이라는 점은 인정했다.) 마오는 회의에 참석한 일선 당 간부들이 대약진운동에 극심한 적개심을 보이는 것을 보고 몹시 불쾌했다. 또 청중이 재난이 일어난 이유가 무엇인지 질문하는 것도 몹시 언짢았다. "그들은 종일 불만을 늘어놓고 저녁이면 공연을 보지. 하루 세끼 배불리 먹고 방귀나 뀌고. 그게 그 사람들한테는 마르크스-레닌주의야." 마오는 투덜거렸다.[21] 펑전의 혹독한 비판은 더욱 불쾌했다. 하지만 마오는 이전에 펑더화이 건을 처리했을 때처럼 행동할 수 없었다. 3년 동안 기근과 경제난에 시달리면서 상황이 달라졌기 때문이다. 또한 이 회의에서는 실각한 펑더화이 원수의 복권을 지지하는 실로 우려할 만한 흐름이 나타났다. 펑더화이의 대약진운동 비판이 정당했음이 증명되었기 때문이다. 류사오치는 펑더화이가 혐의를 벗으면 자신의 지위가 위태로워진다는 것을 잘 알았다. 따라서 그는 펑더화이의 귀환을 허용해야 한다는 제안은 어떤 것이든 필사적으로 억눌렀다. 그러나 그는 청중을 이해시키는 방식을 썼다. 펑더화이의 비판은 정확했으나 그가 저지른 실책은 "러시아와 내통한 것"이며 "당 지도부에 맞서 음모를 꾸민 것"이었다고 이해시킨 것이다.[22]

하지만 마오를 가장 크게 걱정하게 만든 문제는 다른 것이었다. 기본적인 사회주의 가치를 재천명하기 위한 노력이 회의에서 전혀 나타나지 않았던 것이다. 마오는 대표들에게 경고했다. "만일 우리나라가 사회주의 경제를 확립하지 못한다면, 우리는 …… 유고슬라비아처럼 될 것입니다. 유고슬라비아는 사실상 자산계급 국가입니다."[23] 하지만 별 반응이 없었다. 경제가 무너진 상황에서 사회주의에 관한 진부한 문구는 청중의 마음에 별다른 감흥을 일으키지 못했다.

그리하여 마오는 회의가 끝나자마자 항저우로 물러나 봄과 초여름까지 머물렀다. 그는 처음으로 류사오치, 저우언라이, 덩샤오핑의 삼두체제가 당과 국가의 업무를 온전히 자신들의 힘으로 처리하도록 내버려 두었다.[24]

한편으로 마오는 뿌루퉁한 상태였다. 자신이 내심 동의하지 않는 정책들에 관여하고 싶지 않았던 것이다. 다른 한편으로 마오는 미리 상황을 살피는 중이었다. 동료들을 이렇게 두면 그들이 과연 어떤 부류의 사람인지 알 수 있을 것이라는 계산이었다. 하지만 이런 행동은 과거에 그가 했던 행동과 비슷한 점도 있었다. 1920년대와 1930년대에 마오는 결정적인 순간에, 자발적으로 혹은 비자발적으로, 정치 일선에서 물러나 시간을 보내면서 기다리다가 자신에게 유리한 상황이 되면 돌아왔던 것이다.

이번에는 그리 오래 기다리지 않아도 되었다.

1962년 3월에 마오는 개인 비서인 톈자잉(田家英)을 자신의 고향 사오산으로 보냈다. 농민들이 어떻게 살고 있는지 직접 보고 오라는 의미였다. 톈자잉은 농민들과 대화를 나누면서 놀라지 않을 수 없었다. 농민들이 이야기하고 싶어 하는 것은 오직 '가정책임제'뿐이었는데 이것은 사실 자신과 마오쩌둥 모두 반대하는 제도였기 때문이다.[25] 농민들의 설명에 따르면 1955년 농업 집단화 이래 곡물 수확량이 해마다 꾸준히 감소해 왔다. 농민들은 개별적으로 농사를 짓는다면 감소 추세를 반전시킬 수 있다고 주장했다. 5월이 되었을 때 톈자잉은 결국 설득당했다. 정치적으로 올바르지 않은 정책이라고 해도 가정책임제는 현재 중국이 처한 급박한 경제 상황에서 생산을 늘릴 수 있는 최선의 방책이자 농민들이 원하는 것이었다.[26] 천윈과 류사오치도 같은 생각이었다. 6월에 열린 서기처 회의에서 덩샤오핑은 쓰촨성의 속담을 하나 인용했다. "검은 고양이든 누런 고양이든 상관없다. 쥐를 잡는 고양이가 좋은 고양이다."[27] 농정 부문을 맡고 있던 덩쯔후이가 가정책임제를 실행에 옮길 국가 차원의 프로그램을 만들었다(그는 일찍이 농업생산합작사 설립을 두고 마오와 충돌한 적이 있었다). 하지만 이미 많은 지역에서 농민들은 앞서 가고 있었다. 그해 여름 중국 전체 농토의 20퍼센트가 개인적 차원에서 경작되고 있었다.[28]

텐자잉이 자신이 알아낸 바를 보고했을 때 마오는 7년 전 덩쯔후이에게 말한 것과 같은 답을 내놓았다. "농민은 자유를 원하지만, 우리는 사회주의를 원한다." "우리가 대중의 말을 완전히 들어줄 수 없는 경우가 있는데" 바로 지금이 그런 경우라고 마오는 텐자잉에게 무미건조하게 말했다.[29]

마오는 때를 기다리면서 몇 주를 더 보냈다. 농촌 상황이 여전히 너무 안 좋았기 때문에 아무리 마오라고 해도 평지풍파를 일으킬 위험을 무릅쓸 수는 없었다. 하지만 7월 초에 이르러 올 여름 수확이 앞선 두 해에 비해 나을 것이 분명해졌다.[30] 이것은 곧 가정책임제에 따르는 사상적 타협 없이도 농업 생산이 회복될 수 있다는 의미였다. 이에 마오는 전격적으로 개입을 결정했다. 마오는 정치국 상무위원회 '제1선' 지도자들에게 통보도 하지 않은 채 베이징으로 돌아왔다. 그리고 과거 옌안 시절 정치비서였던 천보다에게 — 천보다는 이때 정치국 후보위원이자 급진파 지도자였다. — 집단경제(collective economy)를 강화할 중앙위원회 결의문 초안을 작성하라고 지시했다.[31] 마오 주석이 귀환했고 다시 전투에 나섰다는 소식이 전해지자, 마오의 동료들은 각자 총알을 피할 곳을 찾아 뛰기 시작했다.

덩샤오핑은 자신이 '검은 고양이, 누런 고양이'를 언급한 부분을 속기록에서 찾아서 삭제해 달라고 관계자에게 요청했다. 천원은 몸이 아프다며 병가를 신청했다. 그는 이후 15년 동안 별다른 역할을 하지 못하다가 마오가 죽은 다음에야 복귀해 큰 책임을 맡게 된다. 류사오치는 자아비판을 하며 다른 지도자들이 실책을 저지를 때 막지 못했음을 스스로 인정하는 것으로 처벌을 면했다. 심지어 극도로 신중한 저우언라이도 비관주의의 포로가 되었다는 질책을 받았다. 마오는 분노의 목소리를 높였다. "우리는 지난 2년간 곤경과 어두움만 이야기했습니다. 밝은 면을 보는 건 범죄가 되어버렸습니다."[32]

그러나 마오가 언짢았던 것은 사영 농경 때문만이 아니었다. 류사오치가 미국과 소련에 우호적인 태도를 보인 것도 못마땅했다. 그가 이런 입장을 취하게 된 데는 왕자상의 글이 계기가 되었다. 왕자상은 소련 유학파로서 1930년대 말에 스탈린에게 마오쩌둥이 지도자로 적합하다고 설득했던 인물인데, 당시 중국공산당 대외연락부 부장을 맡고 있었다. 왕자상은 지금 중국이 대내적으로 큰 어려움을 겪고 있기 때문에 대외적으로는 복잡한 문제에 말려들지 않도록 해야 한다고 주장했다. 류사오치와 덩샤오핑이 이 의견에 동조했다. 그리하여 1962년 봄에 인도, 소련과 긴장이 완화되는 조짐이 나타나기 시작했고 6월에는 타이완 문제를 둘러싸고 다시 충돌이 일어나지 않도록 하자는 데 미국과 일종의 상호 이해가 성립되었다.[33]

마오는 이 모든 일에서 배신의 냄새를 맡았다.

마오는 자신이 정치 일선에서 물러날 때를 대비해 중국을 이끌 차세대 지도자 몇 명을 선정했고 그들에게 스스로 판단하여 일을 처리하도록 권한을 넘겨주었다. 그런데 그들은 첫 번째 기회가 주어지자마자 곧 두 가지 결정적 사안, 즉 대외적으로 제국주의와 "제국주의의 주구인 수정주의"에 반대하는 것, 그리고 대내적으로 자본주의를 방지하는 문제에서 아무리 좋게 봐준다 해도 엄청난 판단착오를 저질렀다. 나쁘게 본다면 눈앞의 실용적 목적을 위해 원칙 없는 타협에 굴복한 죄를 저지른 것이었다.

마오는 베이다이허에서 열린 당 중앙위원회 공작회의(7월 25일~8월 24일)에 참석해 반격을 개시했다. 그는 가정책임제는 집단경제와 양립할 수 없는 제도라고 주장했다. 따라서 지금 당은 양자택일의 기로에 서 있는 것이었다. "우리는 사회주의의 길을 택할 것인가 아니면 자본주의의 길을 택할 것인가? 우리는 농촌의 집단화를 원하는 것인가, 아닌가?" 이것은 마오가 이미 루산 회의에서 쓴 적이 있는 수법이었다. 그때 마오는 당 중앙위원회 앞에서 펑더화이를 택할 것인지 아니면 마오 자신을 택할 것인지 둘 중 하나를 선택하라고 강요했다. 그에게 중도란 결코 있을 수 없었다.

결국 마오는 농경 방식의 문제를 경제 영역에서 정치 영역으로 옮겨놓는 데 성공했다. 마오는 지난 1월에 그랬듯이 사회주의 경제를 포기함으로써 "색깔을 바꾼" 국가의 예로 또다시 유고슬라비아를 들었다. 마오는 청중에게 계급투쟁은 사회주의 아래에서도 계속되는 것임을 상기시켰다. 그리고 소련에서 볼 수 있는 것처럼 "자산계급이 부활할 수 있다"고 강조했는데, 이것은 중국에서도 같은 일이 일어날 수 있다는 뜻이었다.

한 달 뒤에 열린 당 중앙위원회 제8기 제10차 전원회의에서 마오는 이 주제를 다시 강조했다.

중국에서 …… 반동계급이 부활할 가능성이 있음을 인정해야 합니다. 우리는 경각심을 높여야 하며 젊은이들을 올바르게 가르쳐야 합니다. …… 그렇게 하지 않으면 우리나라 같은 경우는 또다시 반대 방향으로 나아갈 수 있습니다. 따라서 이제부터 우리는 매년 매월 이에 대해 이야기해야 합니다. …… 우리는 이 문제에 관해 좀 더 분명한 마르크스-레닌주의 노선을 따를 수 있도록 해야 합니다.[34]

마오는 청중을 안심시키려는 듯 루산 회의 때 "(펑더화이의) 말썽 때문에 회의가 엉망이 되고 일이 제대로 되지 않았던" 일이 다시 반복되지는 않을 것이라고 덧붙였다.[35] 이때는 수천만 명이 기아로 사망한 직후였으므로 마오조차 지나치게 계급투쟁을 앞세워 경제 회복을 망치는 일이 없도록 주의했다. 그렇지만 한편으로 마오는 우경 기회주의 혹은 훗날 그가 '중국식 수정주의'라고 이름 붙이는 현상이 "국가와 당에" 존재하며 이것을 상대로 싸워야 할 것이라고 분명하게 밝혔다.[36]

중국의 정책을 계급투쟁의 차원이 아니라 경제적 필요에 따라 좀 더 합리적인 기반 위에서 펼치려 했던 류사오치의 노력은 이렇게 짧게 끝나고 말았다.

지난 1월 '7천인대회'에서 마오가 가장 취약한 상태에 있던 때조차 그의 권력을 제한하려고 시도한 사람이 아무도 없었던 것처럼, 이번에도 정치국 구성원 가운데 어느 누구도 마오의 방화광 같은 사상적 충동을 억제하려 들지 않았다. 그 결과 1959년 8월에 루산 회의에서 마오가 처음으로 제기했던 생각, 즉 당내에 자산계급이 출현할 수 있다는 생각이 다시 한번 무대 중앙에 등장했다. 이제 그 생각은 한자 네 자로 이루어진 '반수방수(反修防修)'라는 단순한 구호를 통해 타락한 소련 공산주의에 대한 거부와 명확하게 연결되었다. '반수방수'는 "(국외의) 수정주의에 반대하고 (국내의) 수정주의를 방지하자"는 뜻이었다.[37] 이 치명적인 결합은 앞으로 마오가 사망할 때까지 14년 동안 마오의 생각에 영향을 끼치고 중국 정치를 지배하게 된다.

1962년 가을에 마오는 별다른 어려움 없이 중국의 정책 입안에 새로운 좌파적 경향을 심었다. 그리고 그 새로운 경향은 히말라야 지역에서 처음으로 대외적으로 표출되었다. 이 지역에서는 7월부터 소규모 무력 충돌이 여러 번 발생했다. 인도군이 티베트와 인도의 북동변경특별지역(North-East Frontier Agency, NEFA) 사이에 있는 분쟁 지역에 검문소를 설치하면서부터였다. 10월에 인도 총리 자와할랄 네루는 부주의하게도 "점령당한 인도 영토를 해방시킨다."는 말을 했는데, 이에 마오는 '반동적 민족자산계급의 대표'인 네루에게 확실하게 본때를 보여줄 때가 왔다고 결심했다. 중국은 모두 3만 명에 이르는 병력을 전투에 투입했고 인도군은 완패해 철수했다. 11월 21일, 중국은 일방적으로 휴전을 선포했다. 이때쯤 네루는 서방 국가에 도움을 요청하는 치욕스러운 상황에까지 몰렸다.

충돌 초기 단계에 흐루쇼프는 과거 1959년에 중국과 인도가 다툼을 벌였을 때와 달리 중국에 더 우호적인 입장을 취했다. 사실 이때 흐루쇼프는 쿠바 사태로 위기에 휘말려 있었고 중국의 지원이 필요한 상황이었다. 미국의 중앙정보국(CIA)이 쿠바에 설치된 소련 미사일을 찾아내기 직전이었다. 그러나 일단 쿠바 위기가 진정 국면에 들어서자 소련 지도자는 평상시로 돌아가서 친(親)인도 입장을 취했다. 마오 입장에서 한층 더 역겨운 일이었다. 흐루쇼프는 사회주의 연대를 배신했을 뿐 아니라, 미국에 맞서면서 모험주의와 투항주의를 무분별하게 뒤섞어 썼던 것이다.

1961년 말에 소련이 알바니아와 국교를 단절한 이후로 중소 논쟁*은 소강상태였다. 그러나 1962년 가을에 중국과 인도가 충돌하면서 다시 논쟁이 맹렬히 재개되고 그로부터 1년 후 아홉 편의 공개서한에서 절정에 이르게 된다. 중국공산당은 1963년 9월부터 1964년 7월

중소 논쟁(Sino-Soviet polemics) 국제 공산주의 운동의 원칙과 방법을 두고 중국공산당 지도부와 소련공산당 지도부 사이에서 벌어진 논쟁. 스탈린 사후에 흐루쇼프 등이 스탈린을 비판하고 미국과 평화 공존 노선을 지향하고 나선 데 대해 중국공산당이 '수정주의'라고 격렬히 비판하면서 논쟁이 시작되었다. 주로 현대 세계의 기본적인 모순, 전쟁과 평화, 평화 공존, 무산계급(프롤레타리아) 독재, 스탈린 비판 등이 쟁점이 되었다.

까지 '국제 공산주의 운동 총노선의 논쟁에 관하여'라는 총칭이 붙은 공개서한 아홉 통을 발표한다. 이 공개서한에서 중국은 처음으로 소련공산당을 직접 거론하면서 공격했다(소련도 같은 방식으로 화답했다).[38] 이때쯤 마오는 이제 흐루쇼프로 하여금 견해를 바꾸도록 설득할 희망이 없다고 판단했고, 세계 공산주의 운동이 분열되는 결과로 이어지더라도 중국이 운동의 주도권을 잡아야겠다고 결심했다.[39]

대외적으로 호전적 태도가 강화된 데 발맞추어 국내에서도 호전성에 불이 붙었다.

사적 영농을 금지하는 결정이 내려지면서 1962년 겨울에 지방에서 여러 가지 새로운 사업이 시작되었다. 이런 움직임들은 마오의 공식 승인을 받아 곧 '사회주의교육운동'이라는 이름으로 통합되어 전개된다. 사회주의교육운동은 사회주의의 기본 가치를 재도입하고 일반 대중을 교육해 혁명 정신을 드높이려는 것이었다. 처음에 이 운동의 존재 이유는 단순했다. 농민을 지도하는 지방 당 간부들과 농민들이 여전히 '가정책임제'라는 형태로 나타난 자본주의를 동경한다면, 그런 사람들에게 집단경제의 미덕과 사회주의의 우월함을 재교육할 필요가 있다는 것이었다.

이 운동은 초기에는 간부의 부패와 반사회주의적 행동에 반대하는 형태로 나타났다. 여기서 반사회주의적 행동이란 중매결혼, 풍수설 맹신, 무속 신앙, 불교나 도교의 의례, 조상 숭배 같은 것이었다. 인민공사의 나이 든 구성원들은 집회에서 '억고(憶苦, 힘들었던 일을 생각함)' 발언을 하도록 독려받았다. 젊은 농민들에게 비참했던 과거를 자세히 말함으로써 기근에 시달려도 지금 공산당 치하의 삶이 더 낫다고 설득하라는 것이었다. 당의 선전가들은 새로운 '모범 인간' 유형을 만들어냈다. 인민해방군 병사 레이펑(雷鋒)은 군 생활 내내 동료의 이불 빨래를 대신 하거나, 취사병을 도와 채소를 다듬거

毛主席的好战士——雷锋

중국인민해방군 모범 병사 레이펑을 그린 선전 포스터.

나, 길 건너는 할머니를 도와주는 등 많은 선행을 했다고 한다.* 그의 좌우명은 "이름 없는 영웅이 되는 것은 영예로운 일"이었다. 그렇게 살다가 혁명의 대의를 위해 희생적 죽음을 맞이하는 것이 그의 바람이었다고 한다. 레이펑은 영원히 녹슬지 않는 나사못 같은 존재였다. 그가 남긴 일기에는 마오 주석과 당에 대한 헌신과 충성과 복종의 마음이 담겨 있었다. 역겨울 정도의 비굴함이 느껴지는 구절이다.

---

* 레이펑은 1962년 8월 15일 공무 집행 중에 사고로 순직했다. 그때 그의 나이 22살이었다. 사후에 마오쩌둥을 비롯한 지도자들의 말을 인용한 일기가 발견되면서 모범 병사로 널리 선전되기 시작했다. 특히 마오쩌둥이 1963년 3월 5일에 "레이펑 동지에게 배우자(向雷鋒同志学習)"라고 직접 호소하면서 중국 전역에서 레이펑을 본받자는 운동이 펼쳐졌다.

오늘 아침 나는 잠에서 깨면서 특별히 행복한 마음이었다. 지난밤 꿈에서 우리의 위대한 영도자 마오 주석을 보았기 때문이다. 게다가 오늘은 우리 당 창건 40주년 기념일이다. 오늘 나는 당에 대해 하고 싶은 말이 너무 많고 고마운 일이 너무 많다. …… 나는 이제 막 걸음마를 배우는 어린아이이며 당은 어머니와 같다. 나를 도와주고 나를 인도해주며 내게 걷는 법을 가르쳐준다. …… 사랑하는 당이여, 자상한 어머니여, 나는 영원토록 당신의 충실한 아들로 남아 있을 것입니다.[40]

하지만 사회주의교육운동은 얼마 지나지 않아 '억고' 발표와 레이펑 본받기보다 더 강력한 형태를 띠게 된다. 1963년 2월에 열린 당 중앙위원회 공작회의에서 마오는 수정주의의 출현을 막을 유일한 방법은 계급투쟁뿐이라고 주장했다. 마오는 "(이것만) 확실하게 이해되면 모든 문제가 해결될 것이다."라고 말했다. 이에 따라 새로운 전국 차원의 운동이 공식적으로 시작되었다. 농촌에서는 네 가지 악을 일소한다는 뜻을 지닌 '사청운동(四淸運動)'이 시작되었다. 생산대의 장부, 창고, 재물, 노동 점수까지 네 가지를 조사하여 정리하자는 운동이었다.* 도시에서는 다섯 가지를 반대한다는 '오반운동'이 시작되었다. 횡령, 권한 남용, 투기, 낭비, 관료주의가 그 대상이었다.[41] 3개월 뒤 항저우에서 열린 또 다른 공작회의에서 사회주의교육운동을 위한 공식 계획**이 작성되었다. 이 문건에서 마오는 만일 수정주의로 후퇴

---

* 장부(회계 문제), 창고(곡물 창고의 재고 문제), 재물(재산 축적), 노동 점수를 깨끗이 정리하자는 것을 청장목(淸賬目), 청창고(淸倉庫), 청재물(淸財物), 청공분(淸工分)이라 한다. 노동 점수(工分)는 호조조, 생산합작사, 인민공사에서 구성원의 노동량과 노동 보수를 계산하던 척도로서 노동 시간과 종류에 따라 점수가 주어졌다.
** "당면 농촌 사업에서 약간의 문제에 관한 결정"이라는 제목으로 모두 열 개 조항으로 이루어졌다.

하는 것을 저지하지 못할 경우 어떤 일이 벌어질지를 두고 이렇게 경고했다.

상황이 이렇게 흘러가도록 놔둔다면 머지않아 즉 몇 년 뒤 혹은 10년 뒤 혹은 아무리 멀어도 수십 년 뒤에는 전국적으로 반혁명이 복원되는 것은 불가피합니다. 그렇게 되면 마르크스-레닌주의 정당은 수정주의 정당으로, 파시즘 정당으로 변모할 것입니다. 중국 전체의 색깔이 바뀌는 것입니다. …… 사회주의교육운동은 …… 인간의 재교육을 요청하는 투쟁이며 …… 현재 우리를 격렬하게 공격하고 있는 봉건주의와 자본주의 세력에 대항하는 것입니다. 우리는 이런 반혁명을 시초부터 제거해야 합니다![42]

전투 개시 신호를 보낸 뒤 마오는 또다시 뒤로 물러섰다. 자신이 제기한 새로운 사명을 '제1선' 지도자들이 어떻게 실행하는지 지켜보겠다는 의도였다.

새로운 계획은 다루기 어려운 과제였다. 농촌의 자본주의는 억압해야 했다. 그러나 농촌의 장터와 사영 경작지는 경제 회복을 위해 반드시 필요한 제도였으므로 장려해야 했다. 부패한 간부를 숙청하려면 대중의 비판이 필요했다. 그러나 비판 촉구가 생산에 해로운 영향을 끼쳐서는 안 되었다.

하지만 운동이 진행되면서 이런 사안들은 대수롭지 않은 문제가 되었다. 당 지도자들에게 닥친 더 큰 문제는 운동의 거대한 규모 그 자체였다. 처음에 마오는 늘 하던 대로 자신의 경험에 근거하여 농촌 인구의 약 5퍼센트가 교정 대상이 될 문제를 갖고 있다고 말했다. 하지만 1964년 봄이 되자 마오와 류사오치는 농촌 전체 생산대의 3분의 1이 적대 세력의 통제를 받고 있다고 말했다. 1963년 11월부터

1964년 4월까지 류사오치의 아내 왕광메이(王光美, 1921~2006)가 조사단을 이끌고 허베이성의 타오위안(桃園)에 내려가 5개월을 보낸 뒤, 그곳 당 지부가 '반혁명적 양면 정책'을 집행하고 있으며 당 지부의 서기는 공산당에 침투해 들어온 '국민당 요원'이라는 보고서를 제출했던 것이다. 간부들의 부패가 만연한 것만이 문제가 아니었다. 앞선 10년간 너무 많은 기층 간부들이 이런 저런 정치 운동에 휘말려 숙청되어 더는 의지할 만한 '깨끗한' 현지 지도자를 찾을 수 없는 것도 문제였다. 운동을 감독하기 위해 외부에서 파견된 간부들은 흠 있는 관리들을 숙청하고 나서 마찬가지로 미심쩍은 사람들을 그 자리에 앉힐 수밖에 없다는 사실을 알게 되었다. 달리 교체할 만한 사람들이 없었다.

이런 상황을 타개하기 위해 류사오치는 1964년 9월에 중국 역사상 가장 규모가 큰 농촌 지역 당 조직 숙청을 시작한다.

이 숙청에 무려 150만 명의 당 간부가 동원되었다. 1만 명 혹은 때에 따라 수만 명의 간부들이 한 공작대로 구성되어 미리 선정된 몇 개 현에 파견되었다. 공작대는 거기서 최소한 6개월 동안 머물면서 마치 사람의 물결로 청소를 하듯 마을급 이상 해당 현 지도부를 깨끗이 숙청했다. 이 운동은 경제적 차원의 비리를 대상으로 삼았지만 곧 사상, 정치, 조직 차원까지 숙청 대상이 확대되었다. 어디서나 폭력이 행해졌다. 최초 단계에는 온건한 분위기였는데도 후베이성의 몇 개 현에서 시범적으로 숙청을 시행한 결과 2천 명이 사망했다. 광둥성에서는 자살한 사람만 5백 명에 이르렀다. 그다음부터는 어느 하급 당 간부가 말했듯이 "순식간에 아수라장으로 변했다." 마오가 총애하는 성급 지도자이자 후베이성 제1서기였던 왕런중은 '격렬한 혁명적 폭풍'을 촉구했다. 그 결과 후베이성의 하급 당 지부들은 거의 모두 붕괴했고 권력이 일시적으로 빈농 조직에 넘어갔다. 류사오

치조차 이 격변이 가라앉으려면 5, 6년이 걸릴 것이라고 말했다.[43]

이러한 전망은 계급 폭력의 사도였던 마오쩌둥을 도취시켰을 것이다. 1964년이 끝나 갈 무렵이면 마오와 류사오치는 과거 어느 때보다도 한마음 한뜻인 것처럼 보였다. 하지만 자주 그러했듯이 겉모습은 사실과 달랐다.

마오가 '제2선'으로 물러나겠다는 계획을 처음 밝힌 것은 1950년대 초였다. 이 계획은 부분적으로는 마오가 국가수반으로서 해야 하는 일상 업무에서(마오는 이런 일을 몹시 싫어했다) 벗어나, 장기적인 전략적 사안에 집중하기 위해서였다. 그리고 부분적으로는 마오 자신이 곁에서 이끌어줄 수 있는 동안 자신의 후계자로 추정되는 사람들이 당과 국가를 운영해보는 기회를 주기 위해서였다. 훗날 마오가 말한 바에 따르면, 말렌코프가 실패한 이유는 스탈린이 생전에 말렌코프에게 실제 권력을 행사하지 못하게 했기 때문이었다. 바로 그런 이유에서 마오는 "(류사오치와 다른 이들이) 내가 죽기 전에 자신의 위세를 확고히 하기를 바랐다."[44]

소련이 보여준 잘못된 선례는 그것만이 아니었다. 마오가 보기에 흐루쇼프는 혁명 사업을 이끌어 나가기에 더더욱 자격이 없는 사람이었다. 그는 '스탈린이라는 칼'을 버렸을 뿐 아니라 '레닌이라는 칼'까지 버렸다. 흐루쇼프의 영도 아래 소련은 수정주의 국가가 되었으며 사실상 자본주의를 허용하고 말았다. 마르크스와 레닌의 유산은 함부로 낭비되었다. 마오는 이 모든 것이 스탈린이 혁명을 이어갈 후계자를 제대로 양성하지 못했기 때문이라고 보았다.

1961년까지만 해도 마오는 자신의 혁명 유산을 관리할 사람으로 류사오치를 고른 것이 올바른 선택이라고 굳게 믿었던 것으로 보인다. 류사오치는 인간의 모습을 한 조직 그 자체였다. 그는 가까이 하기 어렵고 위협적으로 보였으며 정말로 친한 친구도 없었다. 외부와 이해관계도 없었고 유머 감각도 거의 없었다. 그는 자신이 지닌 놀랄 만한 에너지를 온통 당에 봉사하는 데 쏟아부었다. 그리하여 그는 사실상 마오가 원하는 것은 무엇이든 실현되도록 만들었다. 류사오 치는 자기 자신과 가족에게 무척 엄격했다. 아무런 특권도 누리지 않았으며 청교도적 공인(公人)으로서 자신을 가꾸었다. 평소 하루에 18시간 업무를 보았으며 절대적일 정도로 확고한 행동 수칙이 있었다. 어느 날 그는 자신이 자정 이후까지 일한 대가로 하루에 1위안을 추가로 더 계산해서 봉급을 받았다는 사실을 알았다. 이 사실을 알게 된 그는 추가로 받은 금액만큼을 자신의 봉급에서 공제해서 한 푼도 남김없이 갚았다.

1961년 9월에 마오쩌둥은 영국의 버너드 몽고메리(Bernard Montgomery) 원수와 회견하는 자리에서 류사오치가 자신의 후계자가 될 것이라고 말했다.[45] 이 발언은 당의 상층부에 널리 알려지도록 조치되었고, 이는 마오가 뒤로 물러나려고 준비하고 있다는 뜻으로 받아들여졌다. 1958년 당헌에 미리 암시된 대로 다음번 공산당 전국 대표대회에서 마오가 명예 당 주석이 되어 물러날 예정이었다.

5월 1일 노동절과 10월 1일 국경절이면 마오와 류사오치의 사진이 똑같은 크기로 나란히 〈인민일보〉에 실렸다. 류사오치의 글은 마오의 글과 나란히 당의 학습 자료로 쓰였다(20년 전 옌안 정풍운동 기간에도 그랬다). 마오의 제안에 따라, 류사오치의 글을 '선집'으로 만들어 출판하는 작업이 시작되었다. 이런 종류의 영예는 이제까지는 마오에게만 부여된 것이었다. 류사오치가 1930년대에 쓴 《공산당원의 수양을 논함(論共産黨員的修養)》은 소책자 형태로 무려 1천8백만 부가 인쇄되었다.[46]

두 사람 사이에 마찰이 전혀 없었다는 뜻은 아니다. 저우언라이는 유연한 성격으로 마오에 대한 충성이 종교가 된 사람이었고 린뱌오는 아첨꾼이었던 반면 류사오치는 독자적으로 생각할 줄 아는 사람이었다. (이것이 애초에 마오가 류사오치를 선택한 이유였다.) 자기 생각대로 행동하는 류사오치의 성향이 이따금 마오의 눈에 거슬렸다. 1947년 토지 개혁이 진행 중일 때 류사오치가 과도하게 좌경적 태도를 취한 것을 마오가 질책한 일이나, 1953년에 류사오치의 독자적 태도를 억제하려고 마오가 가오강을 활용했을 때가 그런 경우였다. 하지만 둘의 관계가 머지않아 틀어질 것임을 짐작케 할 만한 일은 전혀 없었다.

그런데 1962년 봄에 상황이 변하기 시작했다.

'7천인대회'에서 류사오치가 대약진운동을 비판한 것이 한 요인이었다. 하지만 더 중요한 것은 마오가 항저우에 물러나 있던 5개월 동안 류사오치가 충분히 견실하지 못했다는 점이었다. 여러 번의 상무위원회 회의에서, 그리고 한 차례 있었던 중앙위원회 공작회의에서 류사오치는 현 상황이 당이 인정한 것보다 훨씬 더 열악하며 따라서 더 큰 퇴각이 필요하다고 말했다.[47] 경제가 호전되지 않을 때 이렇게 쉽게 겁을 먹는다면―그래서 근본적인 공산주의 가치들을 팔아넘기는 것이나 다름없는 비상조치를 인가한다면―마오가 곁에 없을 때 과연 류사오치가 마오 자신의 정책들을 수호할 것이라고 어떻게 믿을 수 있겠는가? 마오가 몇 달간 뒤로 빠지면서 약간의 재량권을 준 것인데 류사오치는 그 재량권으로 스스로 자신의 목을 조른 셈이었다. 7월에 마오가 베이징으로 돌아온 뒤 두 사람이 나눈 대화에서 둘의 관계에 생긴 변화를 엿볼 수 있다. 이때 마오는 분노를 터뜨리며 류사오치를 비난했다. "당신은 노선을 고수할 수 없소? 왜 상황을 통제하지 못하는 거요? …… (우리 정책의 기본 원칙이) 부정당했고 토지가 분할되고 있소. 그런데도 당신은 아무 일도 하지 않았소! 이런 지경이니 내가 죽은 뒤에는 또 무슨 일이 일어나겠소?" 평소답지 않게 류사오치도 반박했다. "이렇게 많은 사람들이 굶어 죽기까지 주석과 내가 어떤 역할을 했는지 역사가 기록할 것이고, 식인 행위도 앞으로 오래도록 기억될 겁니다!"[48]

이때 드러난 두 사람의 균열은 적당히 가려졌다. 그리고 향후 2년 동안 마오는 판단을 보류하지만, 류사오치에 대한 믿음은 이미 흔들린 뒤였다.

마오는 명예 당 주석을 맡아 뒤로 물러나겠다는 계획을 다시는 입에 올리지 않았다.[49] 그 대신 1963년 1월, 70세가 되던 해의 첫 달에 마오는 자신이 선택한 길로 중국을 움직여 나가겠다는 확고한 결심을 분명하게 보여주는 시*를 한 수 짓는다.

> 많은 일이 기다리고 있어 다급하다
> 천지는 쉼 없이 돌고 시간은 날 듯이 흐른다
> 1만 년을 기다려야 한다면 너무 오래니
> 우리는 아침저녁으로 시간을 다퉈야 한다
> 사해가 용솟음치고 비구름 가득하며
> 다섯 대륙이 흔들릴 정도로 바람과 천둥이 울린다
> 사람을 해치는 모든 벌레를 없애라
> 앞을 가로막을 적은 아무도 없으리니[50]

여기서 '사람을 해치는 벌레'는 흐루쇼프 같은 수정주의자 무리를

---

* 이 시는 〈만강홍, 궈모뤄 동지와(滿江紅·和郭沫若同志)〉이다. 이 책의 저자는 시의 전문이 아니라 일부만 실었다. 본문에 인용된 부분의 원문은 다음과 같다. "多少事 從來急 天地轉 光陰迫 一萬年太久 只爭朝夕 四海翻騰雲水怒 五洲震盪風雷激 要掃除一切害人蟲 全無敵"

1962년 9월 마오쩌둥과 그의 아내 장칭(가운데)이 중국을 방문한 인도네시아 대통령 수카르노 부부를 맞이하고 있다.

가리키는 말이었다. 또 어쩌면 더 가까이 중국 안에 있는 수정주의자들을 슬쩍 곁눈으로 쳐다본 것이었는지 모른다. 아무튼 이 시의 숨은 뜻은 마오 자신을 대신할 사람이 아무도 없기 때문에 다시 한번 자신이 맨 앞에서 이끌고 나가야만 한다는 것이었다.

마오가 류사오치에게 품은 의심은 다른 방식으로도 나타났다.

1962년 여름부터 마오는 대안적 권력 기구를 개발하기 시작했다. 부주석 류사오치, 총서기 덩샤오핑, 덩샤오핑의 부관인 펑전이 통제하는 현재의 당 조직에 대한 견제 세력이 될 것이었다.

25년 전 옌안에서 결혼한 이후 줄곧 무대 뒤에 있었던 마오의 아내 장칭이 처음으로 공적 역할을 맡기 시작했다.[51] 1962년 9월 장칭의 사진이 〈인민일보〉 제1면에 실렸다. 마오가 인도네시아 대통령 아크멧 수카르노(Achmed Sukarno)와 회견하는 자리에 동행한 모습을 담은 사진이었다. 그로부터 3개월 뒤, 마오가 또 다른 공격에 시동을 걸었을 때 장칭은 주석을 대신해 기꺼이 몽둥이를 들 준비가 되어 있었다. 공격 목표는 그간 마오가 즐겨 공격해 온 대상 가운데 하나인 중국의 지식인들이었다. 이번에는 중국의 문화 영역에서 수정주의를 제거한다는 구실을 내세웠다. 마오와 장칭은 부부로서는 관계가 끝난 지 오래였다. 하지만 정치적 측면에서는 달랐다. 장칭은 마오의 명령을 충실하게 따랐다. 장칭의 충성심은 의심할 여지가 없었으며, 마오에게 유익한 존재가 될 수 있다면 어떤 일이라도 할 준비가 되어 있었다. 오랜 세월이 흐른 뒤 장칭은 이렇게 말했다. "나는 마오 주석의 개였습니다. 그가 물라고 하면 누구든 물었습니다."[52] 1963년 4월부터 장칭은 류사오치 휘하의 문화 정치위원들, 그리고 그들이 좋아하는 희곡 작가, 영화 제작자, 역사가, 철학자, 시인, 화가들을 괴롭히기 시작했다. 이때 장칭은 마오의 격려는 물론이고 저우언라이의 은밀한 도움도 받고 있었다. 중국의 지적인 삶이 온통 단조로운 마오주의 색채로 칠해질 때까지 장칭은 공격을 멈추지 않았다. 장칭은 '혁명 모범극(革命樣板戲)' 몇 편의 제작을 주도했고 이를 중국 문화의 마오주의적 모범으로 삼았다.

항상 류사오치와 경쟁하면서 마오의 총애를 받으려고 애썼던 저우언라이가 이제 마오의 중요한 측근이 되었다. 상하이 당 조직의 지도자인 커칭스와 그의 부하 장춘차오(張春橋, 1917~2005)는 보수적인 베이징 당 조직이 반대하는 마오의 정책들을 추진하는 돌격대 역할을 맡았다. 마오의 개인 비서 역할을 하던 천보다 역시 더 큰 역할을 맡기 시작했다. 캉성도 마찬가지였다. 캉성은 덩샤오핑이 지휘하는 서기처의 사정을 염탐했다.[53] 그는 과거 옌안 시절 비밀경찰 수장으로 일하면서 익힌 솜씨를 다시 한번 발휘했다. 가오강의 복권을 시도하는 은밀한 움직임이 있다고 주장하면서 '특별조사조(專案組)'를 조직한 것이다. 조만간 중국 정치에 닥칠 격변을 미리 맛보여주는 듯, 캉성은 수천 명을 신문하고 당 원로 한 명을 숙청했다. 숙청의 근거는 단 하나, 아직 출판되지도 않은 소설이었다. 소설의 무대가 가오강의 옛 근거지인 산시성(陝西省)*이고 소설 주인공이 가오강과 비슷하다는 것이 그 이유였다.

하지만 마오의 부하 가운데 핵심 인물은 역시 린뱌오였다. 1959년 국방부장으로 임명된 이래 린뱌오는 인민해방군을 이념적 엄정함의 보루로 바꾸어놓는 데 전념했다. 사람이 무기보다 중요하다는 마오의 견해가 인민해방군을 통해 구현되도록 린뱌오는 최선을 다했다. 인민해방군 내에선 정치가 항상 "최고 사령관이며, 모든 사업의 영혼이자 보장자"였고, 마오쩌둥 사상은 "오늘날 전 세계에서 정상의 위치에 있으며 …… 현대 사상의 최고봉"이었다.[54] 1960년 《마오쩌둥 선집》 제4권이 출판되자 이를 칭송하는 글을 써서 〈인민일보〉에 주요 기사로 싣도록 한 사람이 바로 린뱌오였다. '7천인대회'에서 대약진운동을 가장 강력하게 변호한 사람도 린뱌오였으며, 그로부터 1년 뒤 마오 주석의 금언을 한 권의 작은 책으로 묶어 사병들에게 암기시키자고 제안한 사람 역시 린뱌오였다. 결국 이 제안에 따라 1964년 마오의 《소홍서(小紅書)》가 나온다. 소홍서는 곧 중국 청년들의 성경이 되었으며, 마오쩌둥 개인숭배의 부적인 동시에 시금석이 되었다. 곧이어 공산당 홍군 시절의 평등주의적 소박함을 되살리기 위한 방법으로 군인의 복장에서 계급장과 각종 표식을 없앴다. 장교는 주머니가 네 개 달린 군복을 입은 것으로 구분할 수밖에 없었다. 일반 사병은 주머니가 두 개였다. 이제 인민해방군은 전 인민의 모범이자,

---

* 당의 부총리였던 시중쉰(習仲勳)이 류즈단의 일생을 소설화한 작품을 승인했다는 이유로 숙청당했다. 1935년 말 마오가 대장정 끝에 바오안에 도착했을 당시에 류즈단과 가오강은 산시성 근거지를 이끌고 있었다. 마오가 죽은 뒤 시중쉰은 복권되었으며 광둥성에 경제특구를 설립하는데 중요한 역할을 했다. 광둥 경제특구는 덩샤오핑의 경제 개혁에서 초기 주요 사업 가운데 하나였다. 시중쉰의 아들이 바로 시진핑이다.(저자 주)

가없는 충성과 헌신과 자기희생의 귀감으로 제시되었다.

1964년 봄까지 마오는 류사오치의 후계자 지위와 관련해 변화의 조짐을 전혀 내비치지 않았다.[55] 마오는 류사오치의 이름이 자신의 이름과 한 묶음으로 등장하는 것을 계속 허용함으로써 두 사람이 '중국의 마르크스-레닌주의'의 대표자라는 사실을 인정했다.[56]

하지만 여름이 되면서 마오의 의심은 더욱 깊어졌다.

마오가 사회주의교육운동과 관련해 자신과 류사오치의 차이를 분명히 깨달은 것이 한 원인이었다. 겉으로는 두 사람의 견해가 통일된 것처럼 보였으나, 사실 이 운동에서 류사오치와 마오는 서로 목표하는 바가 달랐다. 덩샤오핑은 1964년 2월에 스리랑카 외교관과 만난 자리에서 "우리가 하는 일을 마오가 알아차리지 않았으면 좋겠다, 만일 그렇게 되면 마오가 우리 일을 승인하지 않을 것"이라고 말했다.[57] 류사오치는 이 운동을 통해 농촌 지역에서 당을 신뢰할 수 있고 규율 잡힌 조직으로 만들어 정통 마르크스-레닌주의 경제 정책을 강화하는 도구로 쓰고자 했다. 이와 달리 마오는 이 운동을 통해 대중의 에너지를 끌어내고 분출시킴으로써 수정주의와 싸우고자 했다.

마오는 자신과 류사오치의 이런 견해 차이에 대해 곰곰이 생각하다가 1962년 초반에 류사오치가 한 언행을 다시 돌이켜보게 되었다. 류사오치는 7천인대회에서 마오의 '세 개의 붉은 기(三面紅旗)' 즉 사회주의 건설을 위한 '총노선', '대약진운동', '인민공사'에 대해 이렇게 말했다.[58] "우리는 이 세 개의 깃발을 세워 나가는 투쟁을 계속할 것이다. 하지만 여전히 명쾌하지 않은 문제가 몇 가지 남아 있다. 우리는 5년이나 10년 뒤에 우리의 경험을 결산할 것이다. 그때가 되면 결론을 내릴 수 있을 것이다."[59] 몇 달 후, 마오가 항저우에서 돌아왔을 때 류사오치는 마오에게 경고했다. "주석과 내가 한 일을 역사가 심판할 것이오!" 셰푸즈(謝富治, 1898~1972)는 자신이 류사오치에게서 대약진운동 기간 농촌 지역 당 간부들이 농민들에게 저지른 잔혹행위를 조사해 보고서를 작성하라는 지시를 받은 적이 있다고 마오에게 말했다. 셰푸즈에 따르면, "우리가 살아 있는 동안 이 사실을 파헤쳐놓지 않으면 우리가 죽은 뒤 다음 세대에 의해 이 사실이 폭로될 것"이라고 류사오치가 말했다고 한다.[60] 이때 마오는 중국공산당이 소련공산당과 벌이는 논쟁에 깊숙이 관여하고 있었다. 따라서 조금만 더 생각해보면 류사오치의 말은 마오 자신이 사망한 뒤에 중국의 정책 방향을 뒤집을 것이라는 암묵적인 위협으로 해석할 수 있었다. 스탈린이 죽은 뒤 흐루쇼프가 한 일이 바로 그런 일이었다.

마오의 불안감을 부추긴 일은 또 있었다. 장칭이 왕광메이가 타오위안에서 조사한 내용을 담은 보고서를 읽고 나서 마오에게 말했다. "스탈린이 죽은 뒤 흐루쇼프는 비밀 보고서를 작성했습니다. 그런데 여기서는 아직 당신이 죽지도 않았는데 벌써 누군가가 공개 보고서를 작성하고 있네요."[61] 또 캉성은 이렇게 주장했다. 스탈린의 실책은 '반혁명 분자들'을 너무 잔혹하게 탄압한 것이 아니라 충분히 잔혹하게 탄압하지 않은 것이다. 흐루쇼프 같은 인물을 '들추어 파내지' 못했기 때문에 결국 그런 사람들이 스탈린 사후에 그의 명예를 실추시킨 것이다.[62] 이제 마오 앞에 질문이 놓였다. 마오 주석도 똑같은 실책을 범할 것인가?

1964년 7월에는 이러한 생각들이 마오의 머릿속에서 확실히 정리되었던 듯하다. 마오가 승인한, 중국공산당이 소련공산당에 보내는 공개서한의 아홉 번째이자 마지막 편지에서 후계 문제를 논한 구절을 통해 알 수 있다.

무산계급 혁명 사업의 계승자들을 양성하는 문제를 최종적 차원에서 말한다면 …… 당과 국가의 영도를 계속해서 무산계급 혁명가

들이 맡을 것인가 아닌가의 문제이며, 우리의 후손이 마르크스-레닌
주의에 의해 설정된 올바른 길을 따라 행진할 수 있을 것인가 아닌가
의 문제이다. 또 다른 말로는 흐루쇼프의 수정주의가 중국에서 나타
나는 것을 성공적으로 막을 수 있는가 없는가의 문제이다. …… 이
는 매우 중요한 문제이며 우리 당과 국가의 생사를 결정하는 문제이
다.[63]

돌이켜보면, 이 단락을 통해 마오의 정신이 작동하는 방식을 놀랍
도록 선명하게 꿰뚫어볼 수 있다. 하지만 이 글이 발표된 당시에 마
오의 동료들은 여기서 별다른 점을 보지 못했다. 이어지는 단락 역시
흥미롭지만 마오의 동료들은 이 부분에도 특별히 관심을 기울이지는
않은 듯하다. 다음 단락에서 마오는 후계자들이 대중 투쟁을 거쳐
형성될 것이며 "혁명의 큰 바람과 큰 파도 속에" 단련될 것이라고 말
했다.

1964년 10월 흐루쇼프가 실각했다. 그의 권력을 승계한 사람들은
흐루쇼프가 개인의 변덕스러운 기분에 따라 통치했으며, 오랫동안
고통을 받아온 소련 인민들에게 '즉흥적인 엉터리 계획'을 강요했다
고 비난했다. 마오가 자신의 오랜 적수가 마땅한 벌을 받는 것을 보
면서 의식적으로 자신의 경우와 비교해보았는지는 확실하지 않다.
흐루쇼프가 받은 비난이 마오 자신의 통치 스타일에도 적용될 수 있
을지 둘의 유사점을 찾아보았는지는 알 수 없다. 하지만 류사오치와
자신의 목표가 다르다는 것을 이미 파악한 상황에서, 흐루쇼프의 일
은 마오로 하여금 자신도 비슷한 처지가 될 수 있다고 생각하게 만
들었을 것이 틀림없다. 한 달 뒤 흐루쇼프의 후계자들은 양국 간 대
화를 다시 시작해보려는 중국의 시도를 거절한다. 이로써 중소 분열
은 돌이킬 수 없는 상황이 되었으며, 세계 공산주의 운동은 서로 불

균등하며 화해 불가능한 두 편으로 확실하게 분열되었다.

마오는 이제 그 어느 때보다도 혁명의 불멸성은 (사회주의로 가는) 중국만의 길을 구축할 수 있느냐에 달린 문제가 되었다고 주장했다. 중국의 길은 전 세계 어디서나 진정한 혁명가들에게 영감을 줄 것이었다. 이런 생각은 아홉 통의 공개서한에 암시되어 있었다. 그 서한들은 혁명적 지식의 원천이(40년 전 스니블리트가 '메카'라고 불렀던) 모스크바에서 베이징으로 옮겨졌다는 인식을 근거로 삼아 작성되었다. 1964년이 저물 무렵 마오는 자기 삶의 마지막 시간을 모두 바쳐 이루어야 할 최종 목표를 확실히 깨달았다.

마오의 목표는 이제 중국을 부유하게 만드는 것이 아니었다. 그것은 류사오치의 목표였다.

혁명적 열정은 풍요에 반비례한다. "아시아는 영국이나 미국에 비해 정치적으로 더 진보적이다. 아시아의 생활 수준이 훨씬 낮기 때문이다." 마오가 몇 년 전에 쓴 것이다. "가난한 사람들은 혁명을 원한다. …… (미래에) 우리 동방에 있는 국가들은 부유해질 것이다. (서양 국가들의) 생활 수준이 떨어지면 그 나라의 인민들이 진보적이 될 것이다."[64] 마오가 직접 언급하지는 않았지만 이 이야기의 필연적인 결론은 중국이 부유해지면 혁명적 성향이 사라지리라는 것이었다. 이런 말을 내놓고 솔직하게 하는 것은 정치적으로 불가능한 일이었다. 추상적인 이념적 목적을 위해 계속되는 극빈 상태를 감내할 사람은 거의 없기 때문이다. 하지만 실제로 마오는 풍요와 혁명 가운데 혁명을 선택했다.

중국을 '붉은 가치'의 나라로 만들고, 이 나라에서 계급투쟁을 통해 인간의 의식을 변형시키고 혁명의 불멸성을 확립해 장차 전 세계 인민들을 이끌 등댓불로 환하게 빛날 수 있게 하려면 류사오치와 류사오치처럼 생각하는 자들, 그들이 옹호하는 정치적 논리, 이 모두를 확실하게 제거해야만 했다.

물론 다른 요인들도 영향을 끼쳤다. 류사오치와 덩샤오핑이 마오 자신이 동의하지 않은 정책들을 실행하려고 시도했다는 것 때문에 마오는 권력이 자신의 손에서 조금씩 새어 나가고 있다고 느꼈다. 사실 마오의 권력은 조금도 약화되지 않았다. 하지만 이미 '제2선'으로 물러났기 때문에, 마오는 높은 자리에서 다시 아래로 내려와 일상적인 정책 업무에 간여하고 싶지 않았다. 그렇게 간여했던 최근 사례가 대약진운동이었는데 그 운동은 대재앙으로 끝나지 않았던가? 대약진운동의 실패는 여전히 마오의 마음을 괴롭혔다. 사망한 수백만명 때문이 아니라 자신이 틀렸다는 것이 증명되었기 때문이었다. 백화운동의 경우도 마찬가지였다. 대약진운동보다 정도가 덜 하긴 했지만 백화운동 역시 역효과를 낳았고, 그 결과 마오는 반우파운동을 개시할 수밖에 없었다. 마오는 이번에야말로 중국의 지적인 삶과 경제적 삶을 영구히 바꾸어놓고 싶었다. 또한 마오는 자신이 과거에 겪은 실패, 인정하고 싶지 않았던 실책들에 대해 희생양을 찾고 싶었다. 마오의 동료들 중에는 그의 정책에 의구심을 품었고 결국 그것이 정당했던 것으로 밝혀져 마오를 크게 분노하게 만든 이들이 있었다. 마오는 그런 사람들 중에서 희생양을 찾고 싶었다. 한편으로 마오는 이번에야말로 자신의 후계 문제를 확실하게 마무리 짓고 싶었다. 그러나 다른 무엇보다 중요한 목표는 자신의 혁명 유산이 지속되도록 확실히 해 두는 것이었다.

이렇게 특이한 정신 상태에서, 마오는 1964년 11월 말부터 12월에 걸쳐 일련의 최고 지도부 회의에 참석하여 평소보다 한층 더 고집스럽고 별난 언행을 보였다.

11월 26일, 장기 국방 계획을 논의하던 중에 마오는 갑자기 이렇게 말했다. "당신(류사오치)은 제1부주석이지, 하지만 언제 무슨 일이 갑자기 일어날지 몰라. 그렇게 되면 내가 죽은 뒤 당신이 승계할 수 없게 되지. 그러니 지금 바꾸자고. 당신이 주석을 맡아. 당신이 진시황이 되는 거야."[65] 류사오치는 조심스럽게 사양했다. 마오는 계속해서 자신이 더는 이 직책을 수행할 힘이 없으며 자신의 말을 듣는 사람이 아무도 없다고 불평했다. 하지만 류사오치는 그런 말에 크게 신경쓰지 않았다. 2주 뒤에 마오는 당 내부에 자산계급이 출현하고 있으며 그들이 "노동자의 피를 빨아 먹고 있다"고 침울하게 말했다. 이때 처음으로 "자본주의의 길을 가는 권력자 무리(走資本主義道路的當權派)"라는 표현이 등장했다.[66] 다시 12월 20일에 마오는 자신이 아니라 류사오치가 전체 책임을 맡고 있다고 말했다. 이번에 마오는 사회주의교육운동을 언급하면서 운동의 초점을 다시 맞추어야 한다고 주장했다. 부패한 간부나 도둑질하는 농민을 대상으로 할 것이 아니라, 대중 투쟁이라는 정화(淨化)의 불길을 활용하여 당 위계에서 수정주의적 사고의 잔재를 완전히 몰아내는 데 초점을 맞추자는 것이었다. '늑대들'과 '권력을 가진 자들의 무리(當權派)'를 우선 처리해야 한다고 마오는 험악하게 경고했다. '여우들', 즉 잡범들은 나중에 처리해도 괜찮았다.[67]

평소와 다르게 류사오치는 자신의 입장을 고집했다. 그는 일부 지방 당 위원회가 '부패'했다는 마오의 말에 동의했으며 또 부패 관리들의 "후방에 있는 당의 실권자"들을 우선 비판 대상으로 삼아야 한다는 마오의 말에도 동의했다. 하지만 이런 활동은 어디까지나 전체 운동의 맥락에서 진행되어야 하며, 전체 운동은 '수정주의'에 대한 이념적 공격보다 부패 관행을 제거하는 데 일차적으로 초점을 맞추어야 한다고 분명히 밝혔다.

12월 26일 인민대회당에서 마오의 71번째 생일을 축하하는 연회가 열렸다. 이 자리에서 마오는 또다시 불쾌감을 드러냈다. 직접 이름을 거론하지는 않았지만 마오는 류사오치의 견해가 비마르크스주의적이라는 것과 덩샤오핑이 당 서기처를 '독립 왕국'처럼 운영하고 있다고 비난했다. 다음 달이 되자 마오는 더욱 강하게 폭발했다. 5년 전 펑더화이의 도전을 받고 만일 당의 동료들이 펑더화이를 지지한다면 산으로 들어가 새로운 홍군을 만들겠다고 위협하던 때를 연상시키는 분위기였다. 마오는 당헌을 치켜들고 자신도 당원이기 때문에 의견을 발표할 권리가 있다고 차갑게 말했다. 그런 다음 덩샤오핑이 마오 자신을 지도급 회의에 참석하지 못하도록 막고 있으며 류사오치는 자신의 발언을 막으려고 애쓰고 있다고 비난했다. 더욱 위협적이었던 것은 마오가 지난 1962년에 류사오치를 비롯한 상무위원회 위원들과 '가정책임제'를 두고 논쟁을 벌였던 일을 새삼스럽게 다시 끄집어냈던 것이다. 마오는 그 논쟁은 '일종의 계급투쟁'이었다고 선언했다. 이제 새로운 투쟁이 다가오고 있으며 그 투쟁의 주된 과제는 "자본주의 길을 가는 당내 지도자들을 교정"하는 것이었다.

이 자극적인 표현은 1965년 1월에 발행된, 운동을 위한 새로운 지침서에도 들어갔다. 표현에 미묘한 변화가 있었다. '당권파(當權派)'라는 말이 '장권자(掌權者)'로 바뀐 것이다.* 이 문건의 초안에는 이런 변절자 공산주의자가 심지어 중앙위원회에서도 발견될 수 있다고 분명히 적혀 있었다. 하지만 마오의 심중을 기민하게 파악한 저우언라이는 해당 문구를 "중앙위원회 각 부문"이라고 수정하는 데 성공했다.[68]

류사오치는 물론이고 지도부의 다른 대부분 사람들은 마오의 발언을 심술궂은 노인의 투덜거림 정도로 여겼다. 낡아 가는 거석(巨

---

* '당권파'는 현재 공산당 안에서 권력을 행사하는 사람들의 무리라는 뜻이다. '장권자'는 권력을 공식적으로 혹은 비공식적으로 장악하고 있는 사람이라는 뜻이다. 전자가 직설적이고 구체적인 표현인 데 비해 후자는 간접적이고 우회적이다.

石) 같은 존재인 그 노인은 지금도 여전히 불꽃을 일으킬 수는 있지만 갈수록 과거에 자신이 품었던 혁명의 꿈에 갇힌 수인으로 변해가고 있었다. 위기는 지나간 듯 보였다. 하지만 류사오치의 운명은 이미 정해졌다.[69] 이제 마오가 할 일은 류사오치를 처리할 적절한 수단을 찾는 것뿐이었다.

15장

'문화 없는' 문화대혁명

1965년~1968년

"조반유리, 모든 반란에는 이유가 있다."

MAO
THE MAN
WHO
MADE
CHINA

1965년 2월 마오는 장칭을 상하이로 파견했다. 장칭이 맡은 과업은 사상적 도화선을 놓는 일이었다. 때가 되면 마오가 그 도화선에 불을 붙일 것이고 그럼으로써 마침내 중국은 '무산계급 문화대혁명'이라 불리는 대혼란 속으로 빠져들 것이었다.[1]

마오는 이번 폭풍을 촉발하는 장치로 명나라 관리 '해서'를 이용했다. 그는 이미 6년 전에 당원들에게 해서를 본받으라고 말한 적이 있었다.[2] 펑더화이는 마오의 말을 곧이곧대로 받아들인 덕분에 숙청의 고통을 겪었다. 하지만 해서를 내세운 선전 사업은 계속되었고 1959년과 1960년에는 마오의 지침을 더 잘 설명하기 위해 여러 편의 작품이 제작되었다. 그중 하나가 유명한 학자인 우한(吳晗, 1909~1969)이 쓴 경극 형식의 역사극 〈해서파관(海瑞罷官)〉이었다. 그런데 장칭을 비롯한 마오의 측근 몇 명이 우한의 희곡이 사실은 펑더화이를 비유적으로 옹호하는 작품이라고 주장했다.[3] 마오는 원래 우한의 작품을 좋아해서 이런 비난에 별다른 관심을 보이지 않았다. 하지만 우한이 쓴 다른 글을 읽은 뒤에 태도가 달라졌다. 명나라를 세운 주원장이 자신의 정치 권력을 강화하기 위해 불충이 의심되는 자들을 죽여버린 일을 비난하는 글이었다.[4] 마오는 본래 주원장과 자신을 비교하기를 좋아했다. 그래서 주원장에 대한 비판이 마치 마오 자신에 대한 비판처럼 느껴졌다. 1965년 초에 이르러 마오는 마침내 우한의 작품을 활용할 어떤 방법이 있을 것이라는 생각을 하게 된다.

우한은 그저 한 명의 역사가가 아니었다. 그는 베이징 시 부시장을 맡고 있었고 베이징 시장 펑전이 그의 후견인이었다. 펑전은 중국 공산당 베이징 위원회 제1서기이자 당 중앙위원회 서기처 후보서기였다. 서기처는 중국공산당 산하 전국 조직의 핵심 부서였다. 많은 공산당 최고 지도자들이 그러했듯이 펑전 역시 인간관계가 넓지 않은 외로운 사람이었으며 그러한 고립 때문에 그는 더욱 취약한 상황에 놓여 있었다.

마오는 우한에 대한 공격이 곧 펑전의 왕국을 쪼개는 정치적 쐐기가 될 것임을 깨달았다. 그리고 펑전 뒤에는 류사오치가 있었다.

상하이에 간 장칭은 야오원위안(姚文元, 1931~2005)이라는 급진적 좌익 언론인 한 명을 동원했다. 그는 반우파운동 때 자산계급 지식인들을 타격하는 망치 역할을 하면서 마오의 눈에 처음 띄었다. 작업은 극비리에 진행되었다. 장칭의 지시를 받은 야오원위안은 병이 났다고 거짓말을 하고는 요양소에 들어가 우한의 희곡을 '독초'라고 비난하는 1만 자의 글을 작성하기 시작했다.[5]

글 쓰는 일은 여름 내내 진행되었다. 이 원고는 초고만 무려 열 번을 다시 썼는데, 그중 세 번은 마오가 직접 손을 댔다.[6] 원고는 혁명 모범극의 녹음본이 담긴 상자 안에 숨겨져 상하이에서 마오에게로, 다시 마오에게서 상하이로 전달되었다.[7] 글이 최종적으로 완성된 것은 8월이었다. 하지만 마오는 석 달을 더 기다렸다. 그는 좀 더 신중을 기하기 위해, 이미 권좌에서 쫓겨나 1959년부터 베이징에서 가택연금 상태에 있던 펑더화이를 군사 관련 낮은 직위에 임명해 쓰촨성으로 보내버렸다.

1965년 11월 10일, 펑전과 우한 모두 베이징 밖으로 여행을 떠나 자리를 비운 때 야오원위안의 글이 마침내 상하이의 신문 〈문회보(文匯報)〉에 실렸다. 마오의 지침에 따라 글 어디에도 펑더화이의 이름은 언급되지 않았다. 그것은 훗날을 위해 아껴 두었다. 그 대신 야오원위안은 우한이 작품에서 해서가 농민층을 지지하는 모습을 묘사함으로써 개인 영농을 지지하는 여론을 조장한다고 비난했다(이것은 물론 과거에 마오와 류사오치가 논쟁을 벌인 사안이었다). 그렇기 때문에 이 희곡은 "무산계급 독재에 대항하는 자산계급의 투쟁이며 …… 이 희곡의 영향력은 막대하며 그 독은 광범위하게 퍼지고 있다. 만일 그 독을 깨끗이 제거하지 않으면 인민의 대의를 해칠 것"이라고 야오원위안은 주장했다.

야오원위안의 공격을 받은 베이징 당 위원회에서는 큰 소동이 일어났다.

특정 개인에 대한 인신공격은 그해 초에 당 선전부가 내린 지침에 따라 금지되어 있었다. 도대체 누가 이런 기사가 상하이의 신문에 게재되도록 허가했는지 알 길이 없었다. 펑전은 베이징으로 귀환하자마자 〈인민일보〉를 포함해 베이징의 모든 언론에 이 기사와 관련된 보도를 하지 않도록 지시했다. 며칠 뒤 해당 기사를 소책자 형태로 배포하려는 시도가 있었으나 펑전이 금지했다. 이 상황을 본 마오는 훗날 펑전의 베이징 통제가 너무 완벽해서 "바늘도 뚫지 못하고 물 한 방울 스며들지 못할 정도"였다고 말했다.[8]

이 단계에서 마오는 그냥 출판 지시를 내리기만 해도 원하는 바를 이룰 수 있었다. 하지만 마오는 아직 손에 쥔 패를 다 내보이고 싶지 않았던 모양이다. 그 대신에 마오는 언제나 자신을 위해 조정자 역할을 해주는 저우언라이를 내세웠다. 11월 28일 저우언라이는 베이징에서 회의를 소집했다. 펑전 측은 야오원위안이 '모욕과 협박'을 동원했다고 비난했다. 저우언라이는 문학 문제에서 올바른 접근 방식은 "비판과 반(反)비판의 자유를 보장하는 것"이라는 결론을 내렸다.[9] 이런 요지의 발행자 설명을 붙이기로 하고 설명 문안은 저우언라이가 직접 검토했다. 드디어 이틀 뒤 〈인민일보〉 문학 면에 야오원위안의 글이 실렸다.

바늘 한 개가 마침내 철옹성을 뚫고 들어간 것이다.

상하이에서 야오원위안의 글이 발표되던 바로 그날, 마오는 양상쿤을 해임한다고 발표했다. 양상쿤은 수십 년 전 쭌이 회의 참석자였으며 당의 원로로서 당 중앙위원회 판공청 주임을 맡고 있었다. 해임 당시에는 사유가 언급되지 않았지만 몇 달 뒤 그 사유가 마오의 동료들에게 전달되었다. 양상쿤이 1961년에 마오의 기차에 비밀 도청 장치 설치를 승인한 것이 이유였다.[10] 하지만 마오는 이미 4년 전에 그 사실을 알았으며 그동안 아무런 조치도 취하지 않았다. 이제 와서 이런 조치를 취한 것은 당내 통신과 보안의 중심인 판공청을 마오가 좀 더 믿을 만한 사람에게 맡기려 한다는 것 외에 다른 설명은 있을 수 없었다. 양상쿤의 후임은 왕둥싱(汪東興)이었다. 체구가 땅딸한 왕둥싱은 '8341부대'라고도 알려진 중앙경위단을 이끌었다. 중앙경위단은 당 지도자들을 경호하는 책임을 맡은 부대였다. 왕둥싱이 마오 주석 가까이에서 근무한 것은 20년이 넘었으며 마오에 대한 충성심은 의심의 여지 없이 확고했다.

다시 4주 뒤 고위급 당 간부 뤄루이칭이 숙청당했다. 그의 경력은 1930년대 장시성에서 시작되었다. 몇 년 전 린뱌오를 국방부장에 임명할 때, 마오는 뤄루이칭을 린뱌오 아래 총참모장으로 임명했다. 하지만 린뱌오와 뤄루이칭은 인민해방군을 전문적인 군사 집단으로 만들 것인가 아니면 정치적 집단으로 만들 것인가를 두고 의견이 달랐다. 뤄루이칭은 린뱌오가 건강을 지키려면 "좀 더 많은 시간을 휴식하는 데 써야 할 것"이라고 말했는데, 이는 현명하지 못한 발언이었다. 이 일은 정치국 상무위원회 확대회의에서 논의되었다. 회의에서 몇몇 사람은 뤄루이칭이 자신을 밀어내려 했다는 린뱌오의 주장에 의심을 드러냈다. 하지만 회의 참석자들은 이 일을 그냥 없던 일로 하는 대신 따로 '조사조(調査組)'를 설치하기로 결정했다. 저우언라이, 덩샤오핑, 펑전이 조사조를 이끌었고, 얼마 지나지 않아 뤄루이칭은 사임했다.[11]

1965년 12월 중순에 이르자 마오의 고위급 동료들은 이 일련의 사건들이 무엇을 의미하는지 파악하려고 안간힘을 썼다. 마오 주석은 4년 전에 저지른 과오를 구실 삼아 당 원로인 양상쿤을 해임했다. 또다른 원로 뤄루이칭의 숙청은 마오 자신이 시작하지는 않았지만 그렇다고 반대하지도 않았다. 이것은 린뱌오의 편을 들어주는 행동이었다. 또 마오 주석은 베이징 당 조직에 대한 전면 공격으로 발전할 수도 있고 아닐 수도 있는 문학 운동을 격려했다.

류사오치는 도박을 할 수 없었다. 그는 마오의 부하라면 누구나 지니고 있는 민감한 자기 보호 본능에 따라 11월 말부터 펑전과 거리를 두기 시작했다. 류사오치는 어떤 정치 폭풍이 닥친다 해도 자신에게는 영향이 없도록 해야겠다고 결심했다.[12]

이러한 긴장된 분위기 속에서 마오는 두 번째 패를 꺼냈다.

크리스마스 직전에 마오는 항저우에서 천보다, 그리고 공산당 기관지 〈홍기(紅旗)〉의 급진 성향 인물 몇 명과 대화를 나누다가 야오원위안의 글이 핵심을 놓쳤다고 말했다(마오 자신이 야오원위안의 글을 뒤에서 조종했음을 여전히 밝히지 않은 상태였다). 그는 우한의 희곡에서 정말로 문제가 되는 부분은 제목의 마지막 두 글자, 즉 '해서파관'의 '파관(罷官)'이라고 말했다. "명나라 가정제(嘉靖帝)는 해서를 관직에서 파면했고, 우리는 펑더화이를 파면했지. …… 펑더화이가 바로 해서란 말이오."[13] 이 발언은 앞으로 우한 사건이 문학 문제라기보다 정치 문제로 간주될 것임을 의미했다는 점에서 중요했다.

1966년 1월은 별다른 사건 없이 지나갔다. 마오의 발언은 외부에 공개되지 않았다. 심지어 정치국에도 알려지지 않았다. 한편 천보다의 수하 간부 한 명이 글을 써서 처음으로(누가 처음 주장했는지는 확실하게 밝히지 않고) 우한이 펑더화이의 복권을 노리고 있었다는 충격적인 주장을 내놓았다. 펑전과 당 선전부에서 펑전의 편에 섰던 사람들은 이 글이 출판되지 않도록 조치했다. 하지만 펑전이 우한에 대한 공격을 완전히 막기에는 역부족이었다. 2월에 더 나쁜 소식이 전해졌다. 린뱌오가 권유해서 장칭이 봉건적, 자본주의적 사고를 몰아내는 운동을 위해 인민해방군 문예 공작 부문에서 일하게 되었다는 소식이었다.[14] 이런 움직임은 우한을 비판하는 운동이 한 단계 더 강력하게 추진될 것임을 암시했다.

이 시점에서 베이징 시장 펑전은 비록 늦은 감이 있었지만, 주도권을 다시 잡기 위한 필사적인 시도를 감행했다.

펑전은 18개월 전부터 당 중앙위원회의 '5인소조(五人小組)'라는 조직을 이끌어 왔다.[15] 5인소조는 마오가 문예 부문에서 수정주의와 싸우기 위해 만든 조직이었다. 펑전의 제안에 따라 5인소조는 이념적 논쟁이 벌어졌을 때 이를 처리하는 새로운 지침을 승인했다. 이후 '2월제강(二月提綱)'이라고 알려지는 지침은 일단 "마오쩌둥 사상과 자산계급 사상 사이에 …… 대투쟁"이 벌어지고 있다고 단언했다. 그리고 우한이 정치적 과오를 저질렀다고 인정했다. 하지만 이 지침은 저우언라이가 지난 11월에 주장한 바와 마찬가지로, 학술상의 논쟁은 정치적 수단이 아니라 반드시 학문적 수단으로 해결해야 한다고

주장했다.[16)]

2월 8일 펑전을 비롯한 5인소조는 비행기를 타고 우한으로 가서 마오에게 2월제강을 보고했다. 마오 주석은 명확하게 지지하지도 않았지만 그렇다고 반대하지도 않았다. 마오는 펑전에게 우한을 '반당 분자'라고 생각하는지 물었으며, '파관'의 의미에 대한 우려를 다시 한번 드러냈다. 하지만 만일 우한과 펑더화이가 조직적으로 연결되어 있다는 증거가 나타나지 않는다면, 그 역사가(우한)는 계속 부시장 직책을 수행해도 좋을 것이라고 마오는 덧붙였다.[17)]

펑전은 이번 폭풍을 잘 이겨냈다고 스스로 만족해하며 베이징으로 돌아왔다.

뤄루이칭은 상황이 달랐다. 몇 주 동안 계속 비판 투쟁 대회에 시달렸던 그는 3월에 건물 3층에서 뛰어내려 자살을 시도했다. 소식을 들은 동료들은 조롱 섞인 반응을 보였다. 류사오치는 이렇게 말했다. "자살을 시도하려면 기술이 좀 필요하지. 그러니까 머리는 무겁고 다리는 가벼워야 해. 그런데 뤄루이칭은 머리가 아니라 다리 쪽이 먼저 땅에 떨어졌네." 덩샤오핑도 거들었다. "뤄루이칭은 여자가 다이빙하듯 뛰었군(다리가 먼저 땅바닥에 닿았다는 뜻이다). 막대사탕처럼 몸을 던졌어." 마오는 한마디만 했다. "그것 참 한심하군."[18)]

3월에는 펑전 문제에 진전이 없었다. 마오 주석은 저우언라이와 덩샤오핑에게 펑전이 베이징을 '독립 왕국'처럼 운영하고 있으며, 〈인민일보〉는 '반(半) 마르크스주의 신문'이 되고 말았다고 불평했다.[19)]

한편 펑전이 알았더라면 훨씬 더 크게 우려했을 일이 있었다. 장칭과 인민해방군이 문예 관련 좌담회를 진행한 뒤에 작성한 강령성(綱領性) 문건을 마오가 승인한 것이다. 문건에는 다음과 같은 구절이 있었다. "1949년 이후 줄곧 마오 주석의 사상과 정반대로 대립하는 한 갈래의 반당적이고 반사회주의적인 '검은 노선(黑線)'이 우리를 억압해 왔다."[20] 여기에 따르면 1964년 7월부터 문예 부문을 책임져 온 펑전에게도 책임이 있었다. 정치국 후보위원 루딩이(陸定一)가 이끌던 중앙위원회 선전부도 마찬가지였다. 더 넓게는 1949년 이후의 문예 전반에 비판을 가할 수 있었다. 이 문건에서 처음으로 기존의 문화적 가치들을 대대적으로 부정할 가능성이 분명히 언급되었다.

다음 수를 쓰기 전 마오는 3월 말까지 기다렸다. 류사오치가 한 달 일정으로 아시아 순방에 나서기를 기다린 것이다. 마오의 다음 수는 '2월제강' 비판이었다. 그는 2월제강이 "계급 간 전선을 모호하게 만들었기" 때문에 비판받아 마땅하다고 말했다. 우한을 비롯하여 우한과 사고방식이 비슷한 지식인들은 학자 파벌(學閥)이며, 당내 파벌(黨閥)이 그들을 보호하고 있다고 힐난했다. 펑전의 5인소조뿐 아니라 당 중앙위원회 선전부도 해체해야 한다고 마오는 주장했다. 그는 선전부를 '염라대왕의 궁전(閻王殿)'이라고 불렀다. 심지어 마오는 베이징 당 위원회 역시 해체해야 한다고 말했다.[21]

마오의 견해는 캉성을 통해 정식으로 서기처 회의에 전달되었다. 덩샤오핑이 주관하는 회의였으며 4월 9일부터 12일까지 열렸다.

캉성은 펑전이 우한 사건을 처리하는 데서 저지른 '오류'들을 일일이 지적했다. 천보다는 펑전이 지난 1930년 이래 정치 노선에서 어떤 '죄행'을 저질렀는지 일일이 언급했다. 이 사안은 정치국 상무위원회에 올려서 결정하기로 했다.[22] 그러는 사이 2월제강은 정식으로 무효화되었고, 펑전 쪽 인물인 루딩이는 이상한 사건에 휘말렸다. 루딩이의 아내가 린뱌오의 아내인 예췬(葉群)을 비방하는 익명 편지를 썼다가 발각된 것이었다. 편지는 예췬이 원래 몸가짐이 헤픈 여자였으며 린뱌오를 기만했다는 내용이었다. 이 사건이 벌어진 다음에 열린 정치국 회의에서 참석자 각자의 의자에는 린뱌오가 직접 쓴 쪽지가

하나씩 놓여 있었다. 아내와 결혼했을 때 그녀는 '순결한 처녀'였다
는 내용이었다.[23] 이것이 바로 문화혁명 직전 중국 최고 지도부의 정
치 현실이었다.

열흘 뒤 류사오치가 아시아 순방 마지막 방문지인 버마에서 돌아
왔을 때 항저우로 곧바로 오라는 지시가 내려와 있었다. 마오가 펑
전의 운명을 선고할 정치국 상무위원회 회의를 항저우에서 소집했던
것이다. 회의에서 마오는 류사오치에게 펑전과 그의 일당은 숙청당
해 마땅하며, 다음 달 베이징에서 열릴 정치국 확대회의에서 류사오
치가 직접 평결을 내려야 한다고 알렸다. 마오 자신은 그 회의에 참
석하지 않을 것이었다.

정치국 확대회의는 5월 4일에 시작되어 3주 이상 계속되었다.

상하이의 급진파 수장 장춘차오와 천보다의 제안에 따라 캉성이
검사 역할을 맡았다. 캉성은 '펑전-루딩이-뤄루이칭-양상쿤 반당 집
단'의 존재는 당 중앙위원회 내에서 이미 수정주의가 출현했음을 보
여주는 증거라고 주장했다. 그리고 이것은 16개월 전 사회주의교육
운동에 관해 토론하는 자리에서 마오가 예언한 바였다. 캉성은 반당
집단의 구성원은 반드시 공개적으로 비판당하고 모든 직책에서 해임
되어야 한다고 말했다.[24] 저우언라이는 이 네 명이 "자본주의의 길을
갔다"고 비난했다.[25] 린뱌오는 지나칠 정도로 사건의 심각성을 강조
했다. 그는 이 사건에서 '화약 냄새'가 나며 "살인, 권력 장악, 자본주
의의 재건을 수반하는 쿠데타의 가능성이 확실히" 보인다고 주장했
다.[26] 마오가 사실로 믿었는지 아닌지 여부와 상관없이, 이러한 주장
은 정치적 긴장을 높이는 데 쓸모가 있었다.[27] '일당'이 숙청된 뒤 수
도 베이징의 보안 조치가 강화되었다. 적어도 이것은 혁명적 혼란이
본격적으로 시작될 것에 대비하는 합리적인 예방 조치였다.

5월 16일에 정치국 확대회의는 중앙위원회 통지(이른바 '5·16통지')

를 승인했다. 표면상 이 통지는 2월제강이 의혹을 사고 있기 때문에 그것을 대체한다는 내용을 담고 있었다. 하지만 실제로는 '무산계급의 문화(를 발동하기 위한) 대혁명', 즉 문화혁명의 시작을 알리는 최초의 공식적 신호탄이었다. 한 달 동안 준비해 온 이 통지문은 마오가 최소한 일곱 차례에 걸쳐 내용을 수정했다. 통지문은 당면한 가장 중요한 정치적 쟁점은 "문화혁명에 대한 마오쩌둥 동지의 노선을 실천에 옮길 것인가 아니면 그 노선에 저항할 것인가?" 하는 문제라고 선언했다. 펑전과 그 일당만 배신자가 아니었다. "자본주의의 길을 가는 권력자 무리"(주자파走資派)가 존재하며 이들을 반드시 제거해야 한다고 통지문은 언급했다.

우리 당에 숨어 들어온 자산계급 대표자들은 …… 사실 반혁명적 수정주의자들이다. 때가 되면 그들은 권력을 찬탈할 것이며 무산계급 독재를 자산계급 독재로 변형할 것이다. 이들 가운데 몇몇은 이미 우리에게 발각되었다. 하지만 아직 다른 사람들이 더 있다. 어떤 사람들은 여전히 우리의 신뢰를 받고 있으며 우리의 후계자로 양성되고 있다. 흐루쇼프와 같은 인간들이 우리 바로 곁에 둥지를 틀고 있는 것이다. 모든 직급의 당 간부는 이 점에 특별히 관심을 기울여야 할 것이다.[28]

펑전의 '5인소조'를 폐지하고 '중앙문화혁명소조'(줄여서 '문혁소조')로 대체한다는 발표가 났다. 새로운 소조는 천보다가 조장을 맡았고 장칭과 장춘차오가 부조장, 캉성이 고문을 맡았다. 이 밖에 왕리(王力), 야오원위안 등이 조원으로 들어갔다. 펑전과 그의 동료들은 이제 어둠 속으로 내던져졌다. 어떤 사람은 수감되었고 어떤 사람은 가택 연금에 들어갔다. 중앙특수조사조(中央專案照査組)가 설치되

1966년 5월 문화혁명을 이끌 조직으로 '중앙문화혁명소조'가 창설되었다. (사진 왼쪽부터) 장칭, 천보다, 캉성, 장춘차오가 이 조직의 핵심 인물이었다.

어 이들의 '반당 행위'를 조사하기 시작했다.[29]

이리하여 1966년 5월 중순에 마오는 자신이 공들여 준비한 대격변의 광대한 목표에 대해 공산당 전체를 대상으로 신호를 보냈다. 그것은 사회주의 대의를 배신하려고 계획 중인 '주자파'를 권력의 자리에서 제거하는 것이었다. 마오는 대격변을 지휘할 사령부로 문혁소조를 설치했다. 문혁소조는 정치국을 비롯해 당의 정식 명령 체계를 우회하도록 되어 있었고, 마오가 1962년부터 규합한 급진적 인사들로 이루어진 '오점형'* 조직이었다. 린뱌오는 여기에 포함되지 않았다. 그를 위한 계획은 따로 있었다. 그러나 마오가 도대체 왜 이런 방식으로 이 운동을 시작했는지, 또 운동의 최종 결과가 어떻게 될지는 누구도 확실하게 몰랐다. 마오의 최측근조차 알지 못했다. 장춘차오와 캉성 같은 사람들도 훗날 그 당시에 마오가 "우리 바로 곁에 둥지

오점형(五點形) 다섯 개의 점을 배열하여 그중 넷은 사각형의 꼭짓점에, 하나는 중심부에 위치하는 형태를 말한다. 가운데 점은 마오쩌둥, 주변에 있는 네 개의 점은 천보다, 장칭, 장춘차오, 캉성을 가리킨다.

를 틀고 있는 흐루쇼프 같은 인간들"을 언급했을 때 그것이 류사오치를 지목하는 말인지 전혀 짐작하지 못했다고 시인했다.[30] 마오의 최측근도 몰랐다면 류사오치가 어떻게 짐작이나 할 수 있었겠는가?

마오는 왜 이렇게 기만적이고 복잡한 방식으로 일을 진행했을까? 마오 자신이 관련되었다는 사실을 부인해야 할 경우를 고려한 것이 한 가지 이유였다.

만일 우한에 대한 첫 공격이 실패하면 마오는 장칭의 지나친 열정 탓이라고 변명할 수 있었을 것이다. 장칭은 문예 방면에서 공적 역할을 맡고 있었으므로 확실한 희생양이 되어줄 것이었다. 펑전에게 최후의 일격을 가하는 역할을 류사오치에게 맡긴 데서도 마오의 신중함을 확인할 수 있다. 그러는 동안 마오 자신은 멀찌감치 떨어져 있었다. 이런 식으로 당 지도부가 직접 펑전을 처리하게 하면, 훗날 지도부의 다른 사람들이 펑전이 부당하게 박해를 당했다고 불평할 수 없으리라는 계산이 깔려 있었다.

하지만 더 근본적인 이유도 있었다.

1959년에 자신의 지도력을 두고 충돌이 일어났을 때(이때가 마지막 충돌이었다) 마오는 그것을 자신에 대한 신임 투표로 전환함으로써 나머지 정치국원들을 휘두를 수 있었다. 당시 마오의 적수였던 펑더화이는 본래 성격이 거칠고 저돌적인 늙은 군인이었으며 그의 날카로운 혀는 친구보다 적을 더 많이 만들었다. 그런 인물을 당의 안정을 위협하는 세력으로 묘사하는 것은 비교적 간단한 일이었다. 하지만 객관적으로 보았을 때 이번에 마오가 취한 조치들은 근거가 대체로 몹시 허술했을 뿐 아니라 심지어 근거가 아예 없는 것도 있었다. 마오는 류사오치와 덩샤오핑을 숙청하고자 했다. 류사오치는 마오 다음가는 명성을 누렸고, 덩샤오핑은 총서기였다. 두 사람은 마오의 정책을 노골적으로 반대한 적이 없었고, 당 지도부에서 거의 모든 원로 세대의 지지를 받고 있었다. 만일 공개적이며 진솔한 토론을 거친다면, 마오가 두 사람을 축출할 근거를 찾아서 동료들을 설득할 가능성은 전혀 없었다.

정면 공격이 불가능했기 때문에 마오는 자신이 가장 잘 아는 유격 전술에 기댔다. 마오는 "전쟁은 정치이며, 정치는 다른 수단으로 행하는 전쟁"이라고 쓴 적이 있었다. 류사오치는 마오의 행동이 더 큰 충돌의 서막이라고는 전혀 짐작하지 못했다. 그는 그저 마오가 문화에 대혁신을 일으키는 새로운 운동을 시작하려고 서두르고 있으며, 그 길에 펑전이 방해가 되는 모양이라고 생각했을 뿐이었다.

이때 만일 지도부가 힘을 모아 마오를 멈추게 했다면 장차 자신들에게 닥칠 대재난을 방지할 수 있었을지 모른다. 하지만 그러려면 마오에게 정면으로 맞서야 했다. 정치국 상무위원회 회의에서 마오에게 반대하면 된다. 하지만 그런 싸움을 벌일 만큼 배짱 있는 사람이 없었다.

루산 회의에서 펑더화이를 추락시켰던 (당 지도부의) 비겁함과 이기주의는 1966년에 더욱 두드러졌다. 또 린뱌오가 강력하게 추진한 마오 개인과 마오의 글을 신성화하는 작업이 예상을 뛰어넘는 높은 경지에 이르러, 마오를 직접 반대한다는 것은 꿈도 꿀 수 없는 일이 되었다. 한편 어떤 경우에도 마오는 무슨 일이든 결코 운에 맡기지 않았다.

항저우 회의에 참석하기 전날 밤까지 류사오치는 외국에 있었다. 이것은 곧 누군가가 원했다 해도 마오에게 맞서는 저항 세력을 조직할 시간이 없었음을 뜻한다. 게다가 곧이어 베이징에서 열린 정치국 회의는 마오의 지시에 따라 그가 엄선한 지지자 60명이 추가로 참석하면서 규모가 커졌다. 이 60명에게는 투표권이 없었지만, 이들이 참석했다는 사실 하나로 정치국 회의에서 합리적인 토론이 불가능해졌다.

하지만 당 지도부는 과거 운동들과 비교할 때 이번 운동에 심상치 않은 조짐이 있다는 것은 포착했다.

5월 16일 통지문은 당내에 '수정주의 노선'이 있다고 언급했다. 이 말은 곧 공산당 초기 시절에 있었던, 리리싼과 왕밍 같은 이들에 맞선 서사시적 투쟁을 상기시켰다. 그리고 과거에 일어났던 어떤 혁명보다 "위대한 혁명, 더 심오하고 더 복잡하며 더 힘든" 혁명을 예고했다. 저우언라이는 이 혁명이 "지방보다는 중앙을, …… 낮은 단계보다는 높은 단계를 타격 목표"로 삼고 있다고 경고했다.[31] 논쟁의 언어는 점점 더 극단적이 되었고 감정적으로 격해졌다. 정치적 견해를 진술하기보다 군중을 자극해 광란의 상태로 몰아가려는 의도가 보였다. 처음부터 개인적인 동기와 정치적 동기가 불가분하게 뒤섞여 있었다. 이런 경향은 마오가 장칭을 비롯해 사적으로 믿을 수 있는 측근 무리를 활용함으로써, 또 린뱌오가 자신의 아내인 예췬에게 도움을 구함으로써 더욱 두드러졌다.

5월에 일어난 또 다른 사건에 주의를 기울였더라면 류사오치는 마오가 꾸미고 있던 음모를 알아차릴 수 있었을지 모른다.

야오원위안이 새로이 논쟁적인 글을 발표했다.* 이번에는 우한뿐 아니라 두 사람의 동조자를 공격했다. 한 사람은 덩퉈였다. 한때 〈인민일보〉 편집장을 지낸 덩퉈는 1957년에 마오에게서 '백화운동'을 제대로 선전하지 않는다는 이유로 맹비난을 받은 적이 있었다. 다른 한 사람은 소설가인 랴오모사(廖沫沙, 1907~1990)였는데 그는 1960년대 초부터 〈전선(戰線)〉이라는 잡지에 매주 한 차례씩 풍자 칼럼을 썼다.

---

* 1966년 5월 10일 〈해방일보〉와 〈문회보〉에 야오원위안이 쓴 두 편의 글이 각각 "삼가촌을 평함", "'삼가촌찰기'의 반동적 본질"이라는 제목으로 실렸다.

문제가 된 칼럼의 제목은 '삼가촌찰기(三家村札記)'였다. 야오원위안은 칼럼난에 실린 글들이 유서 깊은 중국 전통인 '지상매괴'* 방식으로 풍자와 은유를 통해 마오를 비난했다고 주장했다. 그것은 이솝우화의 방식이기도 했다.[32]

야오원위안의 주장은 터무니없는 비난이었음이 거의 확실하다. 물론 이런 이야기를 듣고 돌이켜보면 〈왕도와 패도(王道與覇道)〉라든가 〈건망증(健忘症)〉(건망증을 '절대 안정'이 유일한 치료제인 정신질환으로 묘사했다) 같은 글을 마오를 염두에 두고 썼다고 할 수도 있지만, 당시에 이런 식으로 생각한 사람은 아무도 없었다. 〈해서파관〉이 펑더화이를 변호하려고 쓴 작품이라고 억지를 부린 것과 마찬가지였다. 실제로 이 글들은 조금도 의심할 여지 없이 하급 관리들을 풍자한 것으로, 관리들의 어리석음 때문에 '3년간의 천재(天災)'라고 에둘러 표현된 경제난이 더 악화되었다는 내용이었다.

하지만 야오원위안의 글이 노리는 바는 다른 데 있었다.

만일 정치국원 펑전이 마오 주석의 문화 정책에 반대하는 "반당적이고 반사회주의적인 검은 노선"을 자리 잡게 할 수 있었다면, 그리고 만일 한 무리의 당 소속 작가들이 4년 동안 아무런 처벌도 받지 않고 베이징에서 간행되는 신문 지상에서 주석을 풍자할 수 있었다면, 마오가 당을 이끌도록 책임을 맡긴 사람 즉 류사오치는 이런 일들을 막기 위해 왜 아무것도 하지 않았나?

답은 둘 중 하나일 수밖에 없었다. 류사오치가 능력이 없거나 아니면 마오의 반대자들과 한통속이거나.

지상매괴(指桑罵槐) 뽕나무를 가리키며 홰나무(회화나무) 욕을 한다는 뜻. 상대방을 직접 비난하기가 곤란할 경우에 제3자를 비난하는 것처럼 보이게 하여 간접적으로 상대방을 비난하는 것을 뜻한다.

이렇게 사전 작업을 마치고 마오는 다음 단계로 넘어갔다.

5월 14일 캉성은 아내인 자오이어우(趙軼歐)를 베이징대학으로 보내 철학부의 당 총지서기(總支書記)를 맡고 있는 급진적 선동가 녜위안쯔(聶元梓)를 만나게 했다.[33] 자오이어우는 녜위안쯔에게 당 고위급의 지원이 있을 것이라고 확실히 약속했고, 열흘 뒤에 녜위안쯔와 지지자들은 베이징대학 총장 루핑(陸平)을 고발하는 대자보를 썼다. 루핑이 문화혁명에 관한 마오의 지침을 실행하지 못하게 억압하고 있다는 내용이었다. 대자보는 5월 25일 대학 식당 외벽에 붙었는데, 9년 전 '백화운동'이 한창일 때 많은 벽보가 붙었던 곳이었다. 대자보는 학생들과 교수들에게 "수정주의의 온갖 통제와 모든 음모를 무너뜨리고 온갖 귀신과 모든 흐루쇼프식의 반혁명 수정주의자들을 견결히, 철저히, 깨끗이, 모조리 제거하고 사회주의 혁명을 끝까지 철저하게 전진시키자."라고 호소했다.[34]

루핑이 서기로 있었던 베이징대학 당 위원회는 강력하게 대응하기로 결정했다. 이튿날 아침 수백 장의 대자보가 붙었는데 대부분 녜위안쯔 그룹을 공격하는 글이었다.

6월 1일에 약속했던 '고위급의 지원'이 도착했다.

마오가 직접 나서서 녜위안쯔의 대자보를 칭찬하고 라디오 방송으로 중국 전역에 그 내용을 보도하라고 지시했다. 천보다가 이틀 전에 장악한 〈인민일보〉는 베이징대학을 '반당, 반사회주의의 완고한 보루'라고 지칭하면서 루핑을 '검은 무리(黑幇)'의 우두머리로 지목했다.[35] 녜위안쯔는 하루아침에 유명 인사가 되었다. 지지의 뜻을 밝히는 전보가 전국 각지에서 쇄도했다. 베이징 시내의 다른 대학 학생들은 베이징대학으로 녜위안쯔를 만나러 몰려왔으며 각자 자기 대학의 완고한 당 위원회를 어떻게 다루어야 할지 조언을 구했다.

베이징 시내의 중등학교 학생들은 당 엘리트층의 자녀들이 주도하는 가운데—이 학생들은 부모에게서 정치적 대격변이 진행 중이라는 소식을 들었다.—대학생들보다 빨리 움직였다.

5월 말, 칭화대학 부속중학에 다니던 한 진취적인 학생이—이 학생의 이름은 알려지지 않았다.—'홍위병(紅衛兵)'이라는 새로운 용어를 만들었다.[36] 이렇게 시작된 혁명적 운동은 베이징 시내 각급 학교에 들불처럼 확산되었다. 운동은 마오를 맹목적으로 칭송하는 움직임과 함께 불타올랐으며, 마오를 향한 칭송은 날이 갈수록 과장되고 기이해졌다. 그런 칭송은 5월 18일에 린뱌오가 정치국 확대회의에서 행한 연설에서 시작되었다. "마오 주석은 천재입니다. …… 그가 쓴 단 하나의 문장은 우리가 쓴 1만 문장보다 훌륭합니다."[37] 〈인민일보〉가 뒤를 이었다. "마오 주석은 우리 가슴속에 빛나는 붉은 태양이다. '마오쩌둥 사상'은 우리 생명의 근원이다. …… 누구든 감히 그에게 반대하는 자는 철저히 색출해 제거해야 한다." 마오의 저술은 "황금보다 귀하며 …… 그 문장 하나하나는 전투의 북소리이며 그가 하는 말 한마디 한마디는 진리다."[38]

마오가 녜위안쯔의 대자보를 지지한 지 이틀이 지난 6월 3일, 펑전과 숙청된 그의 '검은 부하(黑手)'들을 대신할 새로운 베이징 당 위원회가 지명되었다. 곧 새로운 당 위원회를 지지하는 의례적인 시위들이 조직되었는데, 시위 참가자들은 기대만큼 뜨거운 열기를 보여주지 못했다. 펑전이 경질된 이유가 여전히 비밀에 부쳐져 있어 당혹감을 느낀 이들이 많았기 때문이다. 열흘 뒤 정부는 학생과 교원들이 계급투쟁에 매진할 수 있도록 모든 학교와 대학을 (심지어 유치원까지) '잠정적으로' 폐교한다고 공포했다.

류사오치와 덩샤오핑은 경악과 곤혹스러움을 느끼면서 사태를 지켜보았다.

봄이 지나는 동안 앞으로 반(反)수정주의 마녀사냥이 얼마나 잔혹하게 추진될지 미리 경험할 수 있었다. 자살 시도로 다리가 부러진 뤄루이칭은 보통 과일을 시장으로 옮길 때 쓰는 광주리에 담긴 채 비판 투쟁 대회 자리에 끌려 나왔다.[39] 야오원위안의 글이 발표된 뒤 덩퉈는 자살했다. 1주일도 채 지나지 않아, 이번에는 마오의 비서였던 톈자잉의 차례가 왔다. 그는 자신이 우한에 반대하는 투쟁을 방해했다는 고발을 접하고 자살했다.[40] 자살은 중국의 정치 운동에서 오래전부터 흔한 일이었다. 하지만 1954년 가오강이 자살한 뒤로 이때까지 당의 고위급 간부가 자살한 경우는 없었다. 덩퉈와 톈자잉의 죽음은 많은 사람들 눈에 불의에 저항하는 전통적인 중국 지식인(士)의 모습으로 비쳤다. 정치적 지배층 내부에서 이런 비참한 일이 벌어지는 동안 각 대학과 학교에서는 폭풍이 휘몰아쳤다.

류사오치와 덩샤오핑은 9년 전 백화운동을 목격했을 뿐 아니라 젊은 시절 학생 선동가로 활동한 경험이 있었기 때문에 학원 소요가 얼마나 빨리 전국으로 확산될 수 있는지 잘 알았다. 게다가 이번에는 천보다가 불길을 더 높이 타오르게 할 자극적인 기사들을 계속 발표하고 있었다. 이 일은 마오의 승인을 받은 것이 분명했다. 이런 상황에서 보통 당이 취하는 대응책은 외부에서 공작조를 투입해 결함 있는 당 위원회를 숙청하고 재건하는 것이었다. 이미 임시로 베이징대학에 이런 조치를 적용하기도 했다. 하지만 이것이 마오 주석이 원하는 대응인지는 누구도 확신할 수 없었다.

류사오치를 비롯한 '제1선' 지도자들은 더는 감당할 수 없었다.

마오는 여전히 항저우에 있었다. 지난해 11월 이후 그는 베이징에 돌아오지 않고 있었다. 류사오치는 마오에게 전화를 걸어 주석이 베이징에 돌아와 진행 중인 운동을 직접 맡아 달라고 요청했다. 마오는 남쪽에 조금 더 머물겠다고 답한 뒤, 현 상황은 류사오치를 비롯한 동료들이 적절하게 판단하여 다루어야 한다고 말했다. 며칠 뒤 류사오치와 덩샤오핑은 비행기를 타고 항저우로 향했다. 마오에게 직접 지침을 받기 위해서였다. 그들의 질문에 마오는 같은 대답을 내놓았다. 여기에 덧붙여 공작조를 투입하는 것도 배제할 필요는 없다고 분명하게 말했다. 하지만 "공작조를 투입하든 안 하든 너무 조급하게 투입해서는 안 될 것"이라고 덧붙였다.[41] 마오의 말은 모호했는데, 일부러 그렇게 표현한 것이었다.

여하튼 마오의 지침을 근거로 하여, 베이징을 비롯한 대도시에서 당 간부들과 공산주의청년단 단원들로 구성된 공작조가 대학 등 고등 교육 기관으로 파견되었다. 이들은 각 교육 기관에 가서 질서를 회복하고 운동을 통제하라는 지시를 받았다.[42]

이러한 상의하달식 접근은 정통적인 방식이기는 했지만, 당시 〈인민일보〉나 다른 신문에서 매일같이 쏟아내던 자극적인 권고와는 전혀 맞지 않았다. 또 그것은 학생들의 진정한 불만을 제대로 인식하지 못한 대처였다. 문화혁명 직전의 대학들은 지난 백화운동 때 '우파'가 제기했던 문제가 여전히 그대로 남아 있는 상황이었다. 심지어는 대부분 문제들이 더욱 악화된 상태였다. 당 간부들이 대학에서 '학자파벌'처럼 행동하고 있다는 마오의 비난은, 바로 그런 자들이 저지르는 전횡 때문에 고통받고 있던 학생들에게서 반향을 일으켰다. 능력 없는 학교 간부들이 보호를 받았으며 독창성은 억압되었고 패거리주의와 연고주의가 만연했다. 1930년대와 마찬가지로 여전히 기계적인 암기가 교수법으로 선호되었다. 암기 학습이 다른 방식보다 정치적으로 덜 위험했기 때문이었다. 공산당원과 공산주의청년단 단원들은 편하고 보수도 좋은 일자리를 배정받았다. 아직 경제가 어려웠기 때문에 좋은 일자리는 매우 적었다.

며칠 지나지 않아 충돌이 일어났다. 공작조들은 항의하는 학생들을 '반당, 반사회주의 분자'로 몰았다. 여기에 답하여 급진적 학생들은 공작조를 이미 축출된 대학 당 위원회와 한통속인 '흑방 분자(黑幇分子)'라고 불렀다. 6월 말에 이르자 대학에서 강제로 쫓겨난 공작조가 40여 개에 이르렀다. 이에 대응해 류사오치는 수천 명의 학생들을 '우파'로 낙인찍고 학생 지도자들을 향한 비판 투쟁 대회를 조직했다. 급진적 학생들을 지지하는 교수들은 반혁명 분자로 구금되었다.[43]

지금 돌이켜보면, 류사오치와 덩샤오핑이 마오의 의도를 어떻게 그렇게 잘못 판단할 수 있었는지 이해하기 힘들다.

하지만 당시 마오가 세운 계획은 너무 엄청난 것이었기에 그의 적수뿐 아니라 동조자들조차 도저히 짐작할 수 없었다. 대중의 힘을 분출시켜 당을 공격하게 한다는 것은 당시 다른 정치국원들에게는 아예 믿을 수조차 없는 일이었다. 베이징대학의 급진파 학생들은 비판 투쟁 대회를 열고 총장인 루핑을 비롯한 60여 명의 '흑방 분자들'을 강제로 무릎 꿇렸다. 그들의 머리에는 우스꽝스러운 고깔모자를 씌우고 얼굴에는 검댕을 바르고 옷은 찢어발기고 몸통에는 대자보를 가득 붙였다. 학생들은 그들을 주먹으로 갈기고 발로 찼으며 머리를 잡아당겼다. 그러고 나서 그들을 밧줄로 묶어 시내 거리를 행진하게 하여 모욕을 주었다. 이 일을 두고 류사오치뿐 아니라 천보다와 캉성도 이것은 '반혁명적 사건'이며 주동자들은 반드시 엄벌에 처해야 한다고 주장했다.[44]

마오가 자신의 패를 감추고 있는 동안, 사람들은 각자 현 상황을 나름대로 이해하려고 노력했다. 류사오치와 덩샤오핑이 보기에 현 상황은 '백화운동'의 불길한 반복이었다. 즉 "뱀을 자기 굴에서 나오도록 꾀어냄으로써" 자본주의적 사상을 지닌 사람을 노출시키려는 것이었다. 동시에 그런 자들에게 기만당하는 젊은이들에게 교훈을 주려는 것이었다. 천보다와 캉성은 마오가 류사오치의 힘을 억제하려 한다고 이해하기 시작했다. 하지만 두 사람은 그것을 정책을 급진화하려는 새로운 노력의 일환으로 보았을 뿐, 당 제도를 무너뜨리기 위한 맹공격의 출발점이라고는 생각하지 못했다.

이들 모두가 진실을 알게 되는 날이 곧 다가왔다.

7월 8일, 우한에 있던 마오가 장칭에게 긴 편지를 썼다.

천하에 큰 혼란이 일어난 뒤에야 천하가 잘 다스려질 수 있소. 7, 8년 뒤에 다시 큰 혼란이 시작될 거요. 그러면 우귀사신*이 스스로 튀어나오게 되어 있소. 그들은 자신이 지닌 계급 본성 때문에 튀어나오지 않을 수 없을 거요.* …… 나 자신에게 약간 의문이 들기는 하지만, 대체로 다음과 같은 상황인 것 같소. 산에 호랑이가 없으면 원숭이가 왕이 되는 법. 그리하여 내가 그런 왕이 된 것 같소. …… 내게는 호랑이의 기질도 있고(이것이 주된 측면이오), 원숭이의 기질도 있소(이것은 부차적인 측면이오). 이미 (당신에게) 한나라의 육가가 황충에게 쓴 서신의 몇 구절을 인용한 적이 있소. "무엇이든 키가 큰 것은 쉽게 구부러진다. 무엇이든 흰 것은 쉽게 더럽혀진다. 노래가 어려우면 부를 수 있는 사람이 적다. 사람이 유명해지면 그 명성에 걸맞게 살아가기가 힘들어진다." 마지막 두 문장은 나의 상황을 정확하게 말해주고 있소. …… 검은 무리가 당과 나를 타도하려고 시도하고 있소. …… 현재 우리의 임무는 우파를 타도하는 것이오(최소한 그중 일부는 타도해야 하오. 왜냐하면 완전히 타도하는 것은 불가능하니까). …… 7, 8년

우귀사신(牛鬼蛇神) 우귀는 소의 머리를 한 귀신, 사신은 사람 얼굴에 뱀의 몸을 한 귀신인데, 온갖 잡귀나 악인을 가리키는 말이다. 원래 불교에서 저승을 지키는 귀졸(鬼卒)인 우두아방(牛頭阿傍)과 철사(鐵蛇)에서 비롯되었다고 한다. 문화혁명 기간 동안에 '우파', '반혁명파' 등 타도 대상을 가리키는 표현으로 쓰이곤 했다.

* 이 편지의 첫 부분은 유명하므로 원문을 소개한다. "天下大亂 達到天下大治 過七八年又來一次 牛鬼蛇神自己跳出來 他們爲自己的階 級本性所決定 非跳出來不可"

뒤에 또 한 차례 우귀사신을 쓸어내는 운동을 벌여야 할 거요. 그리고 미래에도 여러 차례 이런 일이 반복될 것이오.[45]

마오가 놓은 덫이 작동하려 하고 있었다. 대약진운동 이후 그는 원숭이의 교활함을 품고 기회를 엿보았다. 이제 다시 호랑이가 될 시간이 왔다.[46] 25년 전 옌안에서 그가 캉성에게 말한 그대로였다. "과일이 익어 가고 있어. 아직 익지도 않았는데 따면 안 되지. 과일은 익으면 저절로 떨어지게 되어 있어."

7월 16일, 마오는 우한 근처 양쯔강에서 1시간 5분 동안 헤엄을 쳤다. 이때 그는 강물을 따라 약 15킬로미터를 흘러 내려갔다. 자신에게 이만한 활력이 있다고 과시한 것이었으며 정치 일선에 다시 뛰어드는 것을 상징적으로 표현한 것이었다. 72세의 마오 주석이 수영을 하는 사진은 중국 전역의 신문에 실렸고 극장에서 뉴스 영화로 상영되었다.[47]

이틀 뒤 마오는 류사오치에게 미리 알리지 않은 채 베이징으로 돌아왔다.

그날 밤 마오는 국가주석 류사오치가 방문하겠다는 것을 거절함으로써 재차 모욕을 준 다음, 천보다와 캉성과 함께 별실에서 이야기를 나누었다.

얼마 지나지 않아 마오는 류사오치에게 대학에 공작조를 투입한 것은 잘못이었다고 말했다. 이번엔 장칭이 베이징대학에 가서 급진적 학생들에게 말했다. "반란에 가담하지 않는 사람은 누구든 옆으로 비켜나시오! 혁명을 원하는 사람은 우리와 함께 일어섭시다!" 천보다는 루핑을 비판한 군중의 비판 투쟁 대회는 사실 반혁명적인 것이 아니라 혁명적인 사건이었다고 선언했다. 7월 24일, 마오는 공작

1966년 7월 16일 당시 73세였던 마오쩌둥은 양쯔강에서 물살을 헤치고 1시간가량 수영하는 모습을 공개해 자신의 건재함과 정치 일선 복귀를 알렸다.

조를 모두 철수시키라고 지시했다. 그러면서 류사오치의 정책은 '정치적 지향의 오류'라고 지적했다. 이틀 뒤 문혁소조원들은 베이징사범대학에 가서 집회를 열고 학생들에게 "모든 장애를 극복하고, 자신의 의식을 해방하고, 전면적인 혁명을 끝까지 수행"하라고 촉구했다.[48]

7월 29일, 베이징의 교사와 학생 1만여 명이 인민대회당에서 열린 집회에 참석했다. 이 자리에서 류사오치는 공작조가 저지른 오류와 관련해 자아비판을 했다. 하지만 그의 말에서는 날카로운 분노가 느껴졌다. 마오가 자신을 일부러 곤경에 빠뜨렸음을 뒤늦게 알아차렸던 것이다. "여러분은 우리에게 이 (문화)혁명을 어떻게 수행해야 하느냐고 묻습니다. 솔직히 말해서 우리도 모릅니다. 당 중앙의 많은 동지들도 모르고 공작조의 많은 조원들도 모른다고 나는 확신합니다." 그렇기 때문에 결과적으로 "심지어 여러분이 아무런 잘못을 저지르지 않았더라도 누군가가 여러분이 잘못을 저질렀다고 말하게 됨니다." 그에 앞서 연설을 한 덩샤오핑과 저우언라이는 지난달에 저지른 오류를 두고 "늙은 혁명가들이 새로운 문제들을 만난 것"이라고 설명했다. 저우언라이는 "우리는 (그와 같은 새로운 문제들에) 익숙지 않다."라고 말했다. 이때 두 사람은 몰랐지만 무대 곁에 있는 방에서 마오가 연설을 듣고 있었다. 마오의 주치의가 전한 바에 따르면, 이때 마오는 "늙은 혁명가들이라고? 그보다는 늙은 반혁명가들이라고 하는 게 낫지!"라며 비웃었다고 한다. 집회가 끝날 무렵에 마오가 무대에 등장하자 청중은 열광하며 환호를 질렀다. 무대 위에 덩샤오핑과 류사오치가 있었지만, 마오는 여봐란듯이 두 사람을 본척만척했다.[49]

8월 1일, 마오는 당 중앙위원회 전원회의를 소집했다. 거의 4년 만이었다. 소집 목적은 '무산계급 문화대혁명'이 어떤 정치적, 이념적 기반 위에서 진행되어야 할지 승인하기 위해서였다.[50] 류사오치는 정치 보고를 하면서 공작조의 접근 방식에 실수가 있었음을 재차 인정했다. 하지만 그는 이전과 마찬가지로 이러한 실수가 불명확성의 결과로 발생한 것이지(마오가 불명확한 입장을 보였다고 암시한 것이다) 노선에 근본적인 오류가 있었기 때문은 아니라고 주장했다. 류사오치의 보고 이후 진행된 논쟁을 보면, 그의 견해에 공감하는 사람들이 많았음을 분명히 알 수 있다.

이런 상황에 부딪히자 마오는 사흘 뒤인 8월 4일에 정치국 상무위원회 확대회의를 소집했다. 여기서 그는 공작조 파견을 과거 군벌들과 장제스가 학생 운동을 탄압했던 일에 비유했다. 마오는 류사오치와 덩샤오핑의 이름을 말하지는 않았지만 분명 이 두 사람을 지목해 그들이 '탄압과 테러'를 저질렀다고 말했다. "지금 이 자리에도 '우귀사신'이 있소." 류사오치는 자신이 베이징을 맡은 상황에서 벌어진 일이므로 모든 책임을 질 준비가 되어 있다고 말했다. 그러자 마오는 조롱조로 말했다. "당신은 베이징에서 독재를 한 거요. 참 잘했군!"[51]

마오의 이 자극적인 발언은 곧 참고 자료로 만들어져 배포되었다. 7년 전 루산 회의에서 마오가 펑더화이를 비판하는 연설을 했을 때처럼 회의 참석자들은 모두 깜짝 놀라 얼어붙었다. 그날 저녁 마오는 중난하이에서 학생 공작조 한 팀을 만났는데, 그 자리에서 이렇게 말했다. "내가 실책을 저질렀습니다. 여러분은 나의 실책을 폭로해도 됩니다. 나를 당에서 쫓아내도 되고, 직책에서 물러나게 해도 됩니다. …… 사령부를 포격하는 것은 옳은 일입니다."[52]

다음 날(8월 5일) 마오는 이 구절을 제목으로 넣어 문건을 하나 작성했다. 그 문건은 바로 〈사령부를 포격하라 – 나의 대자보(炮打司令部 – 我的一張大字報)〉였다. 대자보의 내용을 보면, 과거 두 차례 자신과 반대 입장에 섰던—1962년에 사적 영농과 관련해서, 1964년에는 사회주의교육운동과 관련해서—일부 '중앙 영도 동지들'이 6월 중순부터 50여 일 동안 문화혁명에 저항했으며 자산계급 독재를 수립하려 했다는 것이었다. "이들은 시비(是非)를 뒤엎고 흑백(黑白)을 뒤섞어놓았다. 이들은 혁명가들을 포위하고 탄압했으며 자신의 의견과 다른 의견을 압박했다. 이들은 백색 테러를 자행하고 자본주의를 칭송했으며 무산계급을 모욕했다. 이 얼마나 지독한 일인가!" 대자보의 제목은 이런 마오의 공격을 더욱 강화하는 역할을 하였다. 구체적으로 이름을 언급하지는 않았지만 '영도 동지들'이 공산당 내부에 자산계급의 사령부를 형성했음을 "사령부를 포격하라"라는 제목으로 암시했던 것이다.[53]

마오의 대자보를 본 류사오치는 며칠 전부터 희미하게 들었던 불길한 느낌의 정체를 확인할 수 있었다. 즉 마오 주석은 지금 류사오치 자신을 제거하려 하고 있었다.

이렇게 류사오치의 몰락이 가시화되자, 덩샤오핑을 필두로 하는 정치국 내 류사오치의 동맹자들, 그리고 당 중앙위원회 내 지지자들은 모두 숨을 죽인 채 자신들에게도 도끼가 떨어지기를 기다렸다. 하지만 그런 일은 없었다. 마오는 여전히 신중하고 치밀했다. 마오의 지시에 따라 천보다, 캉성, 공안부장 셰푸즈, 그리고 그 밖의 급진적 대변인들은 류사오치 한 사람에게 공격을 집중했다. 회의에 참석한 사람들은 대부분 류사오치가 무엇을 잘못했다는 것인지 이해할수 없었다. 하지만 류사오치를 변호하려고 나서는 사람은 아무도 없었다. 대장정 출발 이후 32년 동안 누구도 마오와 싸움을 시작해 승리한 적이 없었다. 1966년 8월, 마오는 당 지도부와 중국 전체에 엄청난 혼란을 일으키고 있었다. 마오가 이렇게 큰 힘을 발휘하고 있는 상황에서 그와 싸움을 시작할 사람은 더더욱 없었다.

바로 전날 마오는 다롄으로 비행기를 보내, 그곳에서 가족과 피서 중이던 린뱌오를 데려오도록 조치했다. 저우언라이는 공항에 나가 린뱌오를 마중했고 차를 타고 베이징 시내로 들어오는 동안 현재 상황을 간략하게 설명했다. 마오는 직접 린뱌오를 맞았고 그에게 류사오치를 대신해 당의 부주석을 맡게 될 것이라고 통보했다. 린뱌오는 이렇게 빠른 승진에 어떤 위험이 따르는지 잘 알았기 때문에 건강이 좋지 못하다는 핑계로 제안을 거절하려고 했다. 하지만 마오의 결심은 이미 확고했다.[54]

8월 8일, 당 중앙위원회는 순순히 만장일치로 성명을 하나 통과시켰다. 마오가 직접 마무리 손질을 한 이 성명은 '16조(十六條)'라는 이름으로 널리 알려진다.* 이 성명은 향후 3년간 중국 전체를 집어삼킬 '큰 혼란'의 청사진이었다.

* 원래 명칭은 "무산계급 문화대혁명에 관한 중국공산당 중앙위원회의 결정문"인데 줄여서 '16조'라고 불렸다.

성명에 따르면 문화혁명은 "사람들의 영혼 깊은 곳을 건드리는 위대한 혁명"이고 "누구도 막을 수 없는 거대한 조류"로 자본주의 사상과 봉건 사상을 격파할 것이며, "마오쩌둥 사상의 위대한 붉은 깃발"로 대표되는 "무산계급 세계관"을 확립할 것이었다. 이것은 아래로부터의 혁명이며 이 혁명을 통해 대중은 스스로 해방할 것이고 "낡은 사상, 낡은 문화, 낡은 풍속, 낡은 습관"에 반대할 것이다. "대중을 믿고, 대중에게 의지하고, 대중의 주도권을 존중하고, 두려움을 떨쳐라. 혼란을 두려워하지 말라."라고 마오는 성명을 통해 당에 촉구했다. 마오는 1957년에도 같은 말을 했다. 하지만 이번에 마오가 앞세우는 돌격대는 '혁명적 청년들', '대담하고 용감한 개척자들'이었다. 이들에게 주어진 과제 역시 백화운동 때 마오가 동원한 자산계급 지식인들의 과제와 달랐다. 투쟁 대상은 과거처럼 관료주의에 물든 당 간부들의 나태와 오만이 아니라 "자본주의의 길로 나아가는 모든 권력자"였다.[55]

아직 마오는 류사오치가 이런 권력자들의 우두머리라고 공개적으로 말할 준비가 되어 있지 않았다. 하지만 중앙위원회 표결로 새로운 정치국 상무위원들을 선발한 결과—후보 명단은 원래 규정상 당의 조직부에서 작성하는 것이었으나 이번에는 마오의 은밀한 지침에 따라 장칭이 작성했다.—류사오치는 서열 2위에서 8위로 밀려났다. '제1선'과 '제2선'은 사라졌다. 린뱌오만 당 중앙위원회 부주석으로 불리게 되었으며, 마오의 부재나 유고시 그의 권한을 대행할 수 있는 유일한 부관이 되었다. 총리인 저우언라이는 예전과 마찬가지로 서열 3위를 유지했다. 하지만 건강이 안 좋은 천윈이나 주더와 마찬가지로 이제는 그저 상무위원회 구성원일 뿐이었다. 정치국의 새로운 구성원으로 마오의 급진파 동맹자인 천보다, 캉성, 광둥성 지도자 타오주(陶鑄)가 들어왔다. 타오주는 펑전이 갖고 있던 서기처 주임 직책을 물려받았다. 덩샤오핑은 류사오치와 친밀한 관계였으나 서열 7위에서 6위로 한 단계 올라섰다.[56] 하지만 덩샤오핑의 처리는 조금 뒤로 미루어 둔 것뿐이었다.

당 중앙위원회 전원회의가 시작된 8월 1일, 마오쩌둥은 직접 서신을 써서 칭화대학 부속중학의 홍위병들에게 '열렬한 지지'를 보냈다. 이 학교는 홍위병 운동이 시작된 곳이었다. "반동파에 맞서서 반란을 일으키는 것은 정당한 일이라고 여러분은 말했습니다. 나는 여러분을 열렬히 지지합니다."[57] 이때까지 홍위병 운동은 수도 베이징에 국한되었으나 이 서신이 계기가 되어 전국으로 확산되었다.

2주 뒤 톈안먼 광장에서 열리는 집회에 참석하려고 전국 각지에서 1백만 명의 홍위병이 베이징으로 모여들었다. 멀리 쓰촨성과 광둥성에서 온 이들도 있었다. 이번 집회는 열 차례에 걸쳐 열릴 대규모 집회의 첫 번째였다. 8월 17일 자정 무렵에 중고등학교 학생들과 대학생들의 대열이 차례로 창안로(長安路)를 행진하기 시작했다. 학생들은 혁명가를 부르며 붉은 비단으로 만든 깃발과 마오 주석의 초상화를 든 채 행진해 톈안먼 광장에 자리를 잡았다. 마오는 정확히 해가 뜨는 시각에 맞추어 학생들 앞에 모습을 드러냈다. 오전 5시가 조금 지난 시각에 마오는 자금성에서 걸어 나와 잠시 동안 군중과 직접 어울렸다. 그런 다음, 톈안먼 위에 설치된 임시 무대로 올라가 홍위병 대표들과 인사를 나누었다.[58]

호전적 분위기를 높이기 위해 마오는 다른 정치국 위원들과 마찬가지로 인민해방군의 녹색 군복을 입었다. 마오가 군복을 입은 것은 1950년 한국전쟁 때 군대를 파견한 이후로 처음이었다.

집회는 마오 찬가인 〈동방홍〉으로 시작되었다. 천보다와 린뱌오가 연설을 해서 군중의 열기를 드높였다. 그들은 마오를 "위대한 영도

1966년 8월 전국 각지에서 베이징 톈안먼 광장으로 모여든 홍위병들(위), 그리고 당시 집회에서 홍위병들을 격려하는 마오쩌둥과 공산당 지도자들.

자, 위대한 교사, 위대한 조타수, 위대한 사령관"이라고 칭송했다. 그런 다음 베이징의 어느 중학에 다니는 한 여학생이—홍군에서 장군을 지낸 사람의 딸이었다.[59]—마오에게 다가와 그의 옷소매에 홍위병 완장을 채우고 핀으로 고정했다. 이 광경을 본 젊은이들은 광란의 함성을 내질렀다. 마오는 아무 말도 하지 않았다. 그럴 필요가 없었다. 다음은 당시 어떤 젊은이가 고향에 보낸 편지다.

오늘 굉장한 소식을 하나 전합니다. …… 나는 오늘 제일, 제일, 제일, 제일 경애하는 마오 주석을 보았습니다! 동지들이여, 나는 마오 주석을 보았습니다! 오늘 나는 너무 기뻐서 심장이 터져버릴 것 같습니다. 우리는 춤을 추고 노래를 불렀습니다! 우리 가슴속의 붉은 태양을 이렇게 직접 뵙고 나서 나는 흥분 상태로 베이징 시내를 미친 듯이 뛰어다녔습니다. …… 나는 그분을 똑똑히 볼 수 있었습니다. 그분은 정말 인상적인 모습이었습니다. …… 동지들이여, 이런 순간을 내가 어떻게 묘사할 수 있을까요? …… 오늘밤 내가 어떻게 잠들 수 있겠습니까? 나는 오늘을 내 생일로 삼기로 작정했습니다. 오늘, 나는 새로운 삶을 시작합니다![60]

절정에 오른 종교적 열광과 같은 흥분이 거리마다 넘쳐흘렀다. 독립적으로 생각할 줄 아는 소수의 사람들은 이 성스러운 익살극의 실체를 꿰뚫어보았다. 몇 주 뒤 한 학생은 다음과 같이 썼다. "문화대혁명은 대중 운동이 아니다. 총을 든 한 사람이 대중을 조종하는 것이다."[61] 하지만 대다수는 그러지 못했다. 마오는 정치적 고지를 공략할 새로운 유격대를 발견했다. 중국의 젊은 한 세대 전체가 절대적인 복종심을 품은 채 마오를 위해 죽고 죽일 준비가 되어 있었다.

그리고 그들은 실제로 사람을 죽이기 시작했다.

8월 18일 첫 집회가 있고 나서 며칠 안에 일이 벌어졌다. 첫 희생자들 가운데에는 소설 《인력거꾼(駱駝祥子)》과 희곡 《찻집(茶館)》으로 유명한 작가 라오서(老舍)도 있었다. 그는 다른 문화계 인사 30여 명과 함께 트럭에 실려 베이징 시내의 공묘(孔廟)로 끌려갔다. 학생들은 이들의 머리털을 '음양' 방식으로 깎아버렸다(머리의 반쪽은 면도칼로 완전히 밀어버리고 나머지 반쪽은 그냥 두었다). 또 얼굴에 먹물을 끼얹고, '우귀사신'이라고 쓴 팻말을 목에 걸었다. 그런 다음 무릎을 꿇리고 홍위병들이 작대기와 가죽 허리띠로 마구 때렸다. 67세의 라오서는 곧 정신을 잃었다. 라오서는 다음 날 새벽이 되어서야 집으로 돌아올 수 있었다. 그가 입은 옷은 피에 젖은 채 말라붙어 아내가 가위로 잘라낼 수밖에 없었다. 다음 날 새벽 라오서는 자금성에서 멀지 않은 얕은 호수에 몸을 던져 스스로 목숨을 끊었다.[62]

라오서보다 덜 유명한 수천 명이 비슷한 운명에 처했다. 베이징 주택가에서 홍위병이 최소 한 명 이상 때려죽이지 않은 곳은 한 구역도 없었다. 8월 말의 나흘 동안 베이징 교외의 한 작은 마을에서는 생후 6주밖에 안 된 아기부터('반동 가족'의 자식이라는 이유였다) 80대 노인에 이르기까지 모두 325명이 살해당했다.[63]

온순하고 이상주의적이던 어린 학생들이 빠른 속도로 복수의 화신으로 변하는 모습을 보며 나이 든 사람들은 충격을 받았다. 하지만 사실 그렇게 놀랄 일은 아니었다. 1949년 이후에 성장한 젊은 세대는 국공내전도, 그것이 초래한 고난도 기억할 수 없었다. 그들은 앞선 세대와는 확연히 달랐다. (세계 다른 나라들도 마찬가지였다. 미국에서 일어난 민권운동과 반전운동, 프랑스에서 1968년 5월에 발생한 상황, 체코슬로바키아의 프라하에서 일어난 '인간의 얼굴을 한 공산주의' 운동에서 등장한 젊은이들도 그랬다.) 이 젊은이들은 부모 세대의 가치관에 대한 좌절감, 그리고 부모 세대가 대변하는 체제를 전복하고자 하는 혁명적 열정을 공유하고 있었다.[64] 일찍이 1965년 1월에 펑전은 정치국 동료들에게 그들의 자녀들이 다니는 학교에는 잔잔한 수면 아래 폭력성이 커지고 있으며 그것은 '무차별적 투쟁'의 형태로 폭발할 수 있다고 경고했다.[65] 마오가 문화혁명을 추진하는 데 이용했던 에너지가 바로 그 폭력성이었다. 마오는 그것을 중국인의 '투지'로 인식했다.[66]

과거 역사에서 얼마나 여러 번 평화로운 학교가 불과 몇 시간 만에 정치적 흥분으로 달아오른 용광로로 바뀌었는가? 1919년 5·4운동 때 그랬으며 다시 40년 뒤 백화운동 때 그러지 않았던가? 이번에는 특히 중국에서 가장 힘 있는 인물인 마오쩌둥이 직접 방향을 제시했다. 마오는 '16조'에서 혁명이란 "한 계급이 다른 계급을 타도하는 폭력적 행동"이라고 규정했다.[67] 린뱌오는 젊은이들에게 '파사구(破四舊)', 즉 '낡은 사상, 낡은 문화, 낡은 풍속, 낡은 습관'의 '네 가지 낡은 것'을 파괴하라고 강력히 촉구했다. 공안부장 셰푸즈는 경찰에게 간섭하지 말라고 지시했다.

> 홍위병이 사람을 죽이면 처벌해야 하는가? 내 견해로는 만일 사람들이 살해당하는 일이 벌어진다면 그것은 그들의 일이다. 우리 일이 아니다. …… 만일 대중여 나쁜 사람들을 극도로 증오한다면 우리는 그들을 막을 수 없다. 우리가 고집한다고 해서 바뀌는 것은 아무것도 없다. …… 인민의 경찰은 홍위병 편에 서야 한다. 그들과 협력하고 공감해야 하며 그들에게 정보를 제공해야 한다. 특히 '다섯 검은 무리(흑오류黑五流)'에 대한 정보를 제공해야 한다. 지주, 부농, 반혁명 분자, 악질분자, 우파 분자가 그런 무리들이다.[68]

이렇게 직설적으로 말하는 것은 드문 일이었다. 하지만 8월 22일 마오가 승인한 중앙 지령문에도 "학생들의 운동을 억압하기 위해 경찰을 동원하는 것은 엄격하게 금지"하라고 쓰여 있었다.[69] 한편 세푸즈가 내린 지시는 과거 마오가 내린 지시와 별반 다르지 않았다. 1949년 공산당이 승리한 직후 마오는 다음과 같이 선언했다. "경찰과 법원을 포함한 ······ 국가 기관은 한 계급이 다른 계급을 억누르기 위한 도구다. 폭력을 위한 ······ 도구인 것이다."[70]

폭력, 혁명, 권력은 마오에게 기독교의 삼위일체와 같은 것이었으며, 마오는 평생 동안 바로 이 세 가지를 통해 자신의 정치적 이상을 실현하고자 분투했다.

1960년대에 폭력은 1926년의 후난성 농민 운동, 1930년대 장시성의 '토지조사운동', 1940년대와 1950년대 토지 개혁 때와 같은 쓸모가 있었다. 마오의 이름을 걸고 사람을 고문하고 살해한 홍위병들은—마치 지주를 때려죽인 농민들처럼—돌이킬 수 없을 정도로 확실하게 마오주의의 대의를 위해 헌신하고 있었다. 푸젠성의 홍위병이었던 컨링은 당시 16살의 중등학교 학생으로서 어떻게 홍위병 활동에 입문했는지 이렇게 회고했다.

예순이 넘은 천(陳) 선생님은 고혈압으로 고생하고 있었다. 선생님은 교실 2층으로 끌려가서 ······ 주먹과 빗자루로 맞았다. ······ 여러 번 기절했지만 그때마다 찬물을 부어 다시 깨웠다. 몸을 거의 움직일 수 없는 지경이 되었고 발은 유리와 가시에 긁혔다. 선생님은 소리쳤다. "왜 나를 죽이지 않는가? 나를 죽여라!" 여섯 시간 동안 이런 일이 계속되었다. 마지막으로 학생들은 항문에 막대기를 꽂으려고 했다. 선생님은 정신을 잃고 쓰러졌다. 그게 마지막이었다. 찬물을 끼얹었지만 깨어나지 않았다. 너무 늦은 것이다. ······ 학생들이 한 명씩 달아나기 시작했다. 그들도 조금 무서웠던 것이다. 그들은 ······ 학교 의사를 불렀다. …… 결국 의사가 사망 진단서를 작성했다. "급작스러운 고혈압으로 인한 사망." …… (그의 아내가) 황급히 달려왔다. 사망 원인에 동의하지 않으면 시신을 내주지 않겠다고 하자 동의하고 시신을 갖고 갔다. …… 그날 밤 나는 온갖 악몽에 시달렸다. 아침에 다시 용기를 내 학교에 갔다. 학교에서는 또다시 이런 식의 고문이 계속되었다. …… 그렇게 열흘 정도 지나자 나는 그런 일에 익숙해졌다. 피투성이 시체를 보거나 비명을 들어도 별로 불편하지 않았다.[71]

자산계급과 관련 있는 교사들, '민주당파'에 속한 사람들, '흑오류'에 해당하는 사람들―나중에 배신자와 간첩을 포함해 '흑칠류(黑七類)'로 확대된다. 그리고 여기에 자본가와 '냄새나는 지식 분자'를 추가해 다시 '흑구류(黑九類)'로 확대된다.―이런 사람들이 '유력한 용의자'로서 당연히 첫 번째 공격 목표가 되었다. 종종 공격 목표를 정하는 데 당 위원회가 도움을 주었다. 당 위원회는 이렇게 함으로써 학생들의 포격에서 벗어나려 했다. 얼마 지나지 않아 경찰, 군 내부의 동조자들이 협조하면서 살해 행위가 체계적으로 이루어졌다.

며칠에 한 번씩 운동장에 교사 몇 명이 끌려와 공개 총살을 당했다. …… 어떤 교사들은 산 채로 땅에 묻혔다. 저편에 있는 건물 옥상에서는 네 명의 교사가 끌려와 폭발물 위에 앉혀졌는데 그들은 강제로 폭발물에 불을 붙여야 했다. 엄청난 굉음이 들려왔고, 그 자리엔 아무도 없었다. 다리와 팔의 일부가 나무에 걸려 있었고 지붕 위에 (흩어져 있었다.) …… 모두 1백여 명의 (교사와 직원이) 살해당했다.[72]

청소년들 입장에서는 자신들 위에 군림하던 권위자를 물리적으로 파괴하는 것이야말로 낡은 질서를 타파하는 작업을 가장 상징적으로 보여주는 것이었다. 마오가 '조반유리(造反有理, 모든 반란에는 정당한 이유가 있다)'라는 지침을 처음 낸 것은 1939년 12월이었다. 당시 그는 딩링과 왕스웨이 같은 작가들에게 당 내부 사업을 비판하고 들추어내라고 격려했다. 이 지침은 이제 〈인민일보〉 1면에 대문짝만 하게 실렸으며, 홍위병들은 이것을 자신들의 구호로 삼았다.[73] 홍위병들은 희생자를 죽이지 않는 경우에는 공개적으로 굴욕을 주어, 누구도 마오가 주도하는 특별한 변화에 무관심할 수 없게 만들었다. 베이징의 극장과 공원에서 개최된 '인민 투쟁 대회'처럼[74] 홍위병의 폭력 행사는 징벌적 기능뿐 아니라 교육적 기능도 수행했다.

머지않아 혁명은 혁명의 자식을 잡아먹기 시작했다.

학생 반란자들은 먼저 계급 경계를 따라 분열되었다. 노동자, 농민, 군인의 자녀들이 한편이 되고, 이보다 덜 바람직한 계급 출신 자녀들이 한편이 되어 서로 싸웠다. 그다음에는 분파에 따라 분열되었다. 각 성과 전국 차원에서 서로 다른 정치적, 군사적 세력이 반란자들의 개별 그룹을 조종하기 시작하면서 반란자 내 각 분파 사이에 투쟁이 시작되었다. 이제 폭력은 내부를 향했다. 가을 중반에 접어들면서 많은 홍위병 부대에 '교화소'라든가 '구류중심(拘留中心)'이 설치되었다. 부대에서 다루기 힘든 구성원들을 잡아넣고 교화시킨다든지, 적대 세력에게 벌을 주는 곳이었다. 15살의 가오위안이라는 소년은 친구가 다른 학생들에게 고문을 당한 뒤 상황을 이렇게 회고했다.

몇 명은 밧줄로 묶인 채 바닥에 누워 있었다. 또 몇몇은 천장에 매달려 있었다. …… 쑹잉(17살 소녀)이 가장 충격적이었다. 그녀는 바닥에 의식을 잃고 쓰러져 있었다. 주변에는 피가 흥건하게 고여 있었다. 바지는 벗겨져 있었고 윗옷이 찢겨 가슴이 다 드러났다. 매를 너무 많이 맞아서 온몸이 자줏빛이었다. …… 고문자들은 쑹잉의 질

(膣) 안으로 더러운 양말과 나뭇조각을 밀어 넣었다. 피가 엄청나게 쏟아졌다.

또 다른 소년 쭝웨이는 침대 위에서 죽어 가고 있었다. 가오위안 은 급히 학교 의사를 불러왔다.

의사가 소년의 바지를 가위로 잘라내고 그 안을 보더니 흠칫 놀랐 다. 나는 다가가서 쭝웨이의 다리를 보았고 의사가 놀란 이유를 알았 다. 다리에는 연필 크기의 구멍이 수없이 뚫려 있었고 구멍 주위의 살 은 마치 돼지고기를 다져놓은 것 같았다. 피와 고름이 상처에서 흘러 나오고 있었다. "도대체 뭘로 이렇게 만든 거야?" 의사는 혼자 중얼 거렸다. 방을 둘러보고 나는 답을 찾았다. 난로에 쓰는 부지깽이였 다.[75]

그해 가을에 사망한 사람들 중에는 톈안먼 광장에서 마오쩌둥을 보고 흥분해서 고향으로 격정 어린 편지를 부친 젊은이도 있었다. 그 편지를 쓰고 3주도 채 지나지 않은 어느 날, 그는 심하게 구타당해 그 충격으로 자살했다.[76]

문혁소조는 홍위병 내부에서 벌어지는 살인을 막아보려 했으나 성의를 보이지는 않았다. 마오는 그다지 걱정하지 않았다. 과잉 행동 이 불가피하다고 보았기 때문이다.

사실 홍위병 지도자들의 행동은 과거에 마오 자신이 한 행동에 비 해 심하지 않았다. AB단 숙청이나 푸톈에서 '반혁명 분자의 제압'을 명령했던 일과 별반 다를 바 없었다. 그것이 반대 세력이나 변절자들 을 다루는 최선의 방법은 아니었지만 어느 정도는 필요한 일이기도 했다. 심지어 '대혁명 폭풍'의 바람직한 한 부분이 될 수도 있었다.

마오 세대가 30년 전에 그러했듯이, '젊은 장수들'은 이런 폭풍을 통과함으로써 후계자로 단련될 수 있었다.

문화혁명을 중국 혁명 초기 단계에 비유하는 것은 우연히 비슷한 상황이 벌어졌다는 뜻이 아니다. 마오나 그의 젊은 추종자들 양쪽 모두에게 문화혁명은 부분적으로 마오가 권력을 향해 투쟁하던 영광스러운 나날을 재현하려는 시도였다.

8월 말, 마오 주석은 대장정에서 영감을 얻은 '대교류운동(大交流運動)'을 개시했다. 홍위병들에게 전국을 무료로 여행할 수 있는 기차표를 지급해 그들이 전국을 돌아다니며 문화혁명의 복음을 전파하도록 하려는 것이었다. 한편 지방의 젊은이들이 베이징에 와서 마오가 주재하는 홍위병 집회에 참가해 열의를 얻어 가는 것도 운동의 목적 가운데 하나였다.[77] 이 운동으로 수백만 명의 젊은 중국인이 마오의 고향인 사오산, 징강산에 세워진 최초의 홍군 근거지, 그 밖에 다른 혁명 유적지들을 방문했다. 혁명 선배들의 경험을 다시 한번 연출하기 위해 도보로 이런 여행을 하는 경우도 많았다.[78]

'네 가지 낡은 것'에 맞서는 투쟁 역시 20세기 초 5·4운동이 일어나기까지 10년간 중국에서 일어났던 구문화 타파 운동과 비슷했다.

젊은 시절에 마오와 동료 학생들은 만주족의 상징인 변발을 잘라버렸다. 홍위병들은 "홍콩 스타일의 머리 모양, 홍콩 스타일의 옷, 카우보이 바지, 윙클피커즈(1950년대에 유행한 끝이 뾰족한 구두), 하이힐"을 배격하는 전쟁을 선포했다. 한 그룹이 표현했듯이 이 전쟁의 목적은 "자본주의로 이어지는 구멍을 모조리 틀어막고, 수정주의를 길러내는 모든 부화기를 박살내는" 것이었다. 긴 머리나 파마머리를 잘못된 머리 모양이라면서 길거리에서 자르는 일도 벌어졌다. 50년 전 천두슈는 전통적 고문(古文)을 현대식 대화체인 백화문(白話文)으로 바꾸자는 '신문화운동'을 벌여 언어의 변화를 가져왔다. 문화혁명에서는 이름을 바꾸는 '운동'이 일어났다. 낡은 '봉건적' 느낌을 주는 상점 간판은 새로운 이름으로 바꾸어 달았다. 웨이둥(衛東, 마오쩌둥을 보위하자는 뜻), 한뱌오(捍彪, 린뱌오를 보위하자), 융거(永革, 영원한 혁명) 등이 새로 붙여진 이름이었다. 자녀의 이름을 홍룽(紅榮, 붉은 영광), 샹둥(向東, 마오쩌둥을 향함) 같은 이름으로 바꾸기도 했다. 소련 대사관 앞길은 수정주의에 반대한다는 뜻에서 '판슈루(反修路)'로 바뀌었으며, 1921년에 미국 록펠러 재단이 세운 병원은 제국주의에 반대한다는 뜻에서 '판디의원(反帝醫院)'으로 바뀌었다.

　홍위병들은 심지어 교통 신호등의 붉은색을 '멈춤'이 아니라 '통과'를 뜻하는 것으로 바꾸려 했다. 하지만 저우언라이가 나서서 붉은색이 사람들의 시선을 더 잘 끌기 때문에 '멈춤'의 뜻으로 두는 것이 좋겠다고 하여 신호등은 그대로 두었다. 홍위병이 자금성에 있는 고대 조각품을 깨부수려고 도끼를 들고 나타났을 때 그곳을 지키도록 경찰 병력을 보낸 사람도 저우언라이였다. 다른 역사 유물은 이보다 운이 나빴다. 중국 전역에서 성문과 사원이 파괴되고 옛 무덤이 훼손되었다. 동상(銅像)과 공예품은 녹여버렸으며, 회교 사원과 수도원을 파괴했고, 그림과 불경도 훼손했다. 또 홍위병들은 승려와 비구니들에게 강제로 수도 생활을 그만두게 했다. 공자의 탄생지인 산둥성 취푸가 특히 심각한 피해를 입었다. 취푸는 젊은 시절 마오가 베이징에서 창사로 돌아가는 여행 중에 들러서 크게 찬탄했던 곳이었다. 1천 개가 넘는 비석이 파괴되었으며 2천 개의 무덤이 훼손되었다.[79]

　과거에 마오 세대는 공적인 신앙 장소를 수색하는 데 만족했지만 (마오는 사람들이 스스로 적당한 때가 왔다고 판단했을 때 알아서 행동에 나설 것이라고 주장하며 반대했다)[80] 홍위병은 개인 주택까지 수색했다. 1966년 가을 동안 베이징 전체 주택의 4분의 1에서 3분의 1에 해당하는 주거지가 홍위병에게 수색당했다. 골동품, 서예 작품, 그림, 도자기, 오래된 사진, 유명 작가의 원고, 과학 연구 기록 등 모든 것이 수색 대상이었다. 이런 물품들은 압수당하거나 도난당하거나 혹은 현장에서 파괴당했다. 상하이의 경우, 수색 결과 32톤의 금, 150톤의 진주와 수정 공예품, 450톤의 금은 보석류, 6백 달러가 넘는 미국 화폐가 압수되었다. 이 과정에서 심각한 범죄 혐의를 받은 사람들은 보통 '흑오류'에 속하는 사람들이었는데 이들은 주거지를 압류당하고 도시 밖으로 추방당했다. 이보다 가벼운 혐의를 받은 사람들은 물건을 빼앗기는 데 그쳤다. 심지어 화분을 가꾸는 것, 새장에서 새를 기르는 것, 개와 고양이를 기르는 것(마오가 직접 비판한 적이 있다)까지 봉건주의의 잔재로 비난받았다.[81]

책은 특별히 지정된 공격 목표였다. 학생 시절 마오는 이렇게 말한 적이 있다. "당송 시대 이후에 나온 문집과 시집은 모두 불태워야 한다."(그가 좋아하는 《홍루몽》이나 《수호지》도 포함된다) "과거가 현재를 억압"하고 있으며 혁명의 본질은 "옛것을 새것으로 교체하는 것"이라는 이유에서였다.[82]

1917년의 마오는 단지 제안을 했을 뿐이지만, 1966년의 홍위병은 실천에 옮겼다.

중국 전역에서 도시의 중앙 광장에 사원, 도서관, 책방, 개인 주택에서 압수해 온 책이 무더기로 쌓였다. 9월 초 샤먼에서 벌어진 일을 컨링은 다음과 같이 회고했다.

아주 다양한 물건이 산더미처럼 쌓여 있었다. 나무로 만든 조상의 위패, 국민당 시절의 지폐, 화려한 색채의 중국 전통 의상 …… 마작패, 화투, 외국산 담배 …… 하지만 대부분은 우상(偶像)과 책이었다. 시 도서관에서 빼내 온 책들이 가득 쌓여 있었는데, 황색 서적, 흑색 서적, 유독(有毒) 서적들이었다. 대부분 손으로 제본한 책이었다.《금병매》,《삼국지연의》,《요재지이》 등이 불길을 기다리고 있었다. 오후 6시가 조금 지나 등유 50킬로그램을 부은 다음 불을 붙였다. 불길이 높이 치솟아 건물 3층 높이에 달했다. …… 불은 사흘 밤낮이 지나서야 꺼졌다.[83]

얼마 뒤부터는 오래된 책을 수거해 펄프로 재활용했다. 이렇게 해서 송나라와 명나라의 많은 독특한 책들이 영원히 사라졌다.

과거 젊은 시절의 마오 세대와 50년 뒤 홍위병들이 인습 타파에서 보인 가장 큰 차이점은 무엇인가? 젊은 시절 마오 세대는 유교 전통의 속박으로부터 스스로 해방하기 위해 반란을 꾀했다. 그 결과 모든 새로운 사상, 새로운 유행, 새로운 사회적 신조에 관한 자유로운 사고가 폭발적으로 전파되고 허용되었다.

홍위병은 1960년대에 약간이나마 남아 있던 자유를 흔적까지 싸그리 없애고 새로운 마오주의 정통 교리를 강제했다. 새로운 정통 교리는 과거의 어떤 정통 교리보다 엄격했다. 홍위병의 목적은 2천 년 전 진시황이 그랬던 것처럼 분서갱유(焚書坑儒)였으며, 옛것을 완전히 소멸시킴으로써 마오의 말처럼 '한 장의 흰 종이' 상태로 중국을 바꾸는 것이었다. 그리고 그 흰 종이에 '마르크스주의-레닌주의-마오쩌둥 사상'의 성스러운 말씀이 새겨질 것이었다.

네 가지 낡은 것을 없앤 뒤 생긴 공백을 채우기 위해 '네 가지 새로운 것(四新)' 즉 '새로운 사상, 새로운 문화, 새로운 전통, 새로운 습관'이 고안되었다.[84] 사실상 이것은 다른 모든 것을 배제하고 마오와 그의 사상만 존중하겠다는 것이었다. 이제 마오는 존경의 대상이 아니라 신앙의 대상이었다.

매일 아침 각 직장에서는 사람들이 열을 맞추어 서서 마오의 초상화를 향해 세 번 고개 숙여 인사를 했다. 그런 다음 그날의 업무에 대해 묵묵히 마오에게 '가르침을 청하는 시간'을 가졌다. 업무가 끝나면 사람들은 똑같은 행사를 치르면서 그날 하루 성과를 마오에게 보고했다. 홍위병들은 희생자들에게 마오에게 용서를 빌라고 강요했다. 식사 전에는 마오에게 감사 인사를 올려야 했다. 도시의 철도역에서는 승객들이 플랫폼에서 '충성의 춤'을 추어야 기차에 오를 수 있었다. 농촌 지역에는 '충성 돼지'가 있었는데 이런 짐승들도 마오의 천재성을 인정한다는 뜻에서 충(忠) 자를 낙인으로 찍었다. 마오의 연설, 강연, 지시 등에서 중요 부분을 발췌해 만든 《마오쩌둥 어록》은 붉은색 표지 때문에 《홍보서(紅寶書)》혹은 《소홍서(小紅書)》라고 불렸는데, 서점에 마오의 책이 도착하면 판매를 시작하기 전에 특별 의식을 치렀다. 홍위병들은 마오쩌둥의 말을 암기했으며 옷에 마오쩌둥 배지를 가득 달고 다녔다. 전화 교환수는 "마오 주석 만세!"라고 첫인사를 한 다음 전화를 받았다. 업무 편지를 쓸 때는 앞머리에 마오의 금언을 한마디 굵은 글씨로 적은 다음에 내용을 적었다. 마오의 금언이 담긴 《소홍서》에는 기적을 일으키는 힘이 있다고 여겨졌다. 신문에는 의료인들이 《소홍서》의 힘을 빌려 장님과 귀머거리를 치료할 수 있다는 기사가 실렸다. 사지가 마비된 사람이 마오쩌둥 사상에 의지해 다시 팔다리를 쓸 수 있게 되었다는 기사도 있었다. 심지어 마오쩌둥 사상이 죽은 사람을 되살렸다는 이야기까지 실렸다.[85]

이런 광경이 중국 역사상 처음 나타난 것은 아니었다. 마오 자신도 학생 시절에 매일 아침 공자의 초상화 앞에서 고개를 숙여 절했다. 1920년대 국민당 당원들은 회의를 시작하기 전에 반드시 쑨원의 초상화에 고개 숙여 인사했다. 장제스도 이런 의식을 정착시키려고 노력했지만 성공하지 못했다. '충성의 춤'은 1천2백 년 전 당나라 조정에서 시행된 적이 있었다. 글을 쓸 때면 숭배의 뜻에서 황제의 글귀를 항상 맨 위에 넣었으며 다른 어떤 사람의 글보다 더 큰 글씨로 썼다(이런 관행 때문에 19세기에 서구 열강과 끊임없이 외교상 다툼이 있었다).

아이러니하게도 마오는 자신이 바라는 새로운 세상을 세우기 위해 자신의 뿌리로, 자기 사상의 기반으로, 천자(天子)가 지배하던 시절의 옛 중국으로 돌아갔다(마오를 가리키는 '우리 가슴속의 붉은 태양'은 곧 '천자'라고 볼 수 있다). 일종의 황제 체제를 구축함으로써 그 무한한 권력을 혁명적 목표에 활용해 붉은 유토피아를 건설할 수 있을 것이었다.

1966년이 저물 무렵이면 중국 전체가 마오의 발걸음에 맞추어 행진하고 있었다.

마오의 황제 같은 지위, 마오 신격화, 홍위병의 광신적 행위가 합쳐져 누구도 감히 마오에게 반대할 수 없을 만큼 호전적이고 위협적인 분위기가 만들어졌다. 마오 주석은 잔뜩 고무되었다. 자신의 73세 생일날(1966년 12월 26일) 그는 "전면적 내전이 전국적으로 전개되고 있음"에 축배를 들자고 제안했다.[86] 저우언라이는 모든 당 지도자들이 반드시 따라야 할 새로운 지도 원칙을 이렇게 요약했다. "마오쩌둥 사상에 부합하는 것은 무엇이든 옳고, 마오쩌둥 사상에 부합하지 않는 것은 무엇이든 잘못된 것이다."[87]

당 전체를 보나 중앙위원회를 보나 급진파는 사실 소수였다. 대부분 관리들은 자신의 위치를 위협할 수 있는 새로운 격변을 두려워했다. 마오는 이런 상황을 냉철하게 잘 알고 있었다. 그는 이미 7월에 회의적인 말투로 이렇게 반문했다. "만일 여러분 자신을 태워버릴 수 있는 불길에 처음 불을 붙이라고 하면 여러분은 그렇게 하겠습니까? 결국 자기 자신이 불에 탈 텐데 그렇게 하겠습니까?"[88] 그래서 마오

마오쩌둥의 사진을 들고 베이징 거리를 행진하는 홍위병들. 문화혁명 시기에 마오는 존경의 대상이 아니라 숭배와 신앙의 대상이 되었다.

는 새로운 혁명 전위로 청년들을 택했던 것이다.

1966년 9월 말이 되면, 홍위병에 의해 확산된 테러는 일선 교사로부터 점차 고위급 교육 관료와 당 위원회 쪽으로 중심이 옮겨졌다. 처음 몇 달간 중등학교 학생들이 폭력과 파괴를 주동했다면 이제는 대학생들이 좀 더 정치적인 목표를 겨냥해 공격하도록 선동되었다. 류사오치와 덩샤오핑은 공식적으로는 기존의 높은 지위를 유지하고 있었다. 10월 1일 국경절에 류사오치는 국가주석의 자격으로 마오 바로 곁에 서 있었다. 마오는 녹색 군복을 입고 군중을 향해 손을 흔들었다. 그때 함께 연단 위에 있었던 시드니 리튼버그에 따르면, 류사오치의 눈은 "공포에 질려 있었다"고 한다.[89] 얼마 뒤 '자산계급 반동 노선' 비판을 골자로 하는 중앙위원회 공작회의가 열렸을 때 류사오치와 덩샤오핑은 둘 다 자아비판을 했다. 덩샤오핑은 자신을 한껏 낮추었다. 그는 자신이 지금 마오가 '자산계급 반동 노선'이라

부르는 노선을 따른 적이 있다고 기꺼이 인정했다. 하지만 류사오치는 그러지 않았다. 그는 자신이 '원칙에서 실책, 노선에서 실책'을 저질렀을 뿐이라고 말했다. 이것은 상당히 난해한 표현이었으며 따라서 류사오치는 자신의 죄를 인정하지 않는다는 비난을 피하기 어려운 상황이 되었다. 또한 덩샤오핑은 문화혁명은 중국이 '수정주의와 자본주의 복귀'로 빠져들지 않도록 방지하는 운동이라고 칭송했지만, 류사오치는 그러지 않았다.[90]

자신이 승리하고 있다고 느낄 때면 종종 그러했듯이, 마오는 유화적인 제스처를 보이려고 했다. 공작회의를 매듭짓는 연설에서 그는 자신이 일으킨 대혼란에 대해 일종의 사과를 표했다.

노장 동지들이 현 상황을 잘 이해하지 못하는 것은 당연합니다. 너무 짧은 시간에 너무 급박하게 상황이 진행되었습니다. 나 자신도 온 나라가 혼란에 빠질 줄은 예견하지 못했습니다. …… 이런 혼란을 일으킨 사람이 나이므로 여러분이 다소 쓴소리를 한다고 해도 충분히 이해할 수 있습니다. …… (하지만) 일단 일어난 일은 이미 일어난 것입니다. …… 분명 여러분은 약간 오류를 저질렀습니다. …… 하지만 그 오류는 시정하면 됩니다. 그러면 되는 것 아니겠습니까? 누가 여러분을 타도하겠다고 했습니까? 나는 그런 일을 원한 적이 없습니다. 홍위병들도 아닙니다. …… 여러분은 이 관문을 통과하기 힘들어하고 있습니다. 나도 마찬가지입니다. 여러분이 불안하다면 나도 마찬가지입니다. 나는 여러분을 탓하지 않습니다.[91]

또 마오는 류사오치와 덩샤오핑은 공개적으로 행동했기 때문에 펑전과 같은 부류가 아니라고 말했다. "만일 그들이 오류를 저지른 적이 있다면, 그들이 변하면 됩니다. …… 변하기만 하면 아무 문제가 없을 것입니다."[92] 그러나 마오의 관대함은 겉모습일 뿐이었다. 이미 베이징 중심가에 류사오치를 '중국의 흐루쇼프'라고 맹렬히 비난하고 덩샤오핑은 류사오치의 충실한 추종자라고 고발하는 벽보가 나붙었다. 11월에는 두 사람이 했던 자아비판의 내용이 공개되어 전국으로 배포되었다.[93]

그때쯤이면 마오는 정치적 세력 균형에 자신이 원하는 대로 결정적인 변화를 일으키려면 홍위병의 힘만으로는 부족하다는 것을 깨달았다. 8월까지만 해도 마오는 "몇 달만 혼란이 지속되면" 대부분의 성급 당 지도자들이 몰락할 것이라고 자신 있게 말했다.[94] 하지만 이제는 그런 일이 이루어지려면 시간이 훨씬 더 오래 걸릴 것이 분명해 보였다.

홍위병은 계급 기반을 확대하라는 지시를 받았다. 홍위병의 초기 구호 가운데 "아버지가 영웅이면 아들은 호걸이고, 아버지가 반동이면 아들은 망나니다(老子英雄兒好漢 奴子反動兒混蛋)"라는 구호가 있었다. 이제 이 구호는 봉건적 태도보다 나을 것 없는 '역사적 관념론'이라고 비판받기 시작했다.[95] 그동안 운동에서 배제되었던 수백만 명의 젊은이들은 공산당 위계의 전통적인 '붉은 계급'에 별로 호감이 없었다. 하지만 이제부터 이 젊은이들도 급진파의 대의에 힘을 보탤 수 있게 되었다.

'주자파'를 압박하는 데 충분히 열정적이지 못하다고 판단되는 급진파 지도자들이 숙청되었다. 다른 급진파들에게 좀 더 열성을 보이라고 촉구하는 메시지였다. 왕런중은 후베이성의 좌파 지도자였으며 마오가 직접 문혁소조 부조장으로 선발한 인물이었다. 그런 왕런중이 숙청의 첫 희생자가 되었다. 홍위병들 사이의 '경험 교류'를 억압했다는 죄목이었다. 그다음은 당에서 마오, 린뱌오, 저우언라이 다음으로 서열 4위인 타오주가 물러났다. 그는 '류-덩 노선의 충실한 추종자'로 지목되어 비판받았다. 문화혁명에 대한 타오주의 견해는 마오가 보기에 너무 편협했으며, 또 타오주는 류사오치와 덩샤오핑을 변호하려 노력했다. 그런 행동은 홍위병의 눈에 '완고한 황제 보위파(보황파保皇派)'이자 '두 얼굴을 가진 고위급 인물'이 할 행동이었다. 허룽 원수 역시 정치국원이었는데 펑전과 동맹을 맺고 있다는 혐의를 받았다. 심지어 80세의 주더 역시 마오의 무산계급 노선을 계속해서 반대한 '늙은 돼지'이자 '흑색 지휘관'이라고 대자보를 통해 비난받았다.[96) 당 서열에서 이들보다 약간 낮은 위치에 있던 중앙위원회 위원 수십 명이 홍위병의 비판 투쟁 대회에 끌려 나가 고깔모자를 쓰고 언어적, 신체적 수모를 당했다.*[97)

결국 12월에 마오는 문혁소조가 쓰촨성에 있던 펑더화이를 소환하는 것을 허락했다. 소환된 펑더화이는 군부대에 억류되어 류사오치, 덩샤오핑과 어떤 관계인지 신문받았다.

표적을 정하는 데는 어느 정도 사적인 요인도 작용했다. 예를 들면, 천보다는 타오주에게 오래전부터 악감정이 있었고, 장칭은 왕런중에게 모욕을 받은 일이 있었으며, 허룽의 아내와 린뱌오의 아내 예췬은 옌안 시절부터 사이가 좋지 않았다. 정치적 이해관계 역시 영향을 끼쳤다. 린뱌오는 허룽과 주더 같은 원로들을 제거해야 자신이 인민해방군을 장악할 수 있다고 생각했다. 마오가 직접 이런 체포

---

* 홍위병의 다른 행동과 마찬가지로 고깔모자를 씌우는 것도 중국의 오랜 관습 중 하나였다. 일찍이 1927년 후난성 농민 운동의 양상을 묘사하면서 마오가 고깔모자 씌우는 관습을 언급한 적이 있었다. 다시 10년 뒤 1937년경에는 중국의 언론인 두중위안(杜重遠)이 일본과 전쟁 중에 타이위안(太原)에서 일본에 협조했다는 혐의를 받은 사람들이 처한 곤경을 묘사하면서 고깔모자를 언급했다. "각각의 부역자들은 높은 종이 모자를 썼는데, 모자에는 그 사람의 이름, 인적 사항, 부역 행위의 내용이 크게 적혀 있었다. 이들은 자동차나 수레에 실려 길거리를 지났고 집행자들은 엄청나게 큰 북을 치면서 행진했다. …… 거리에는 사람들이 가득 모여서 행렬을 구경했는데 모두 입을 모아 부역자들에게 고함을 치고 욕을 했다." 1960년대에 마오의 적수들이 받은 대우도 이와 같았다.(저자 주)

조치의 주도권을 잡은 경우는 거의 없었다(그랬기 때문에 나중에 그가 만일 원한다면 이런 체포 조치를 비난할 수 있었다). 급진주의자들이 스스로 판단하여 체포하도록 놔두었다. 거의 모든 경우에 잠재적인 동기는 똑같았다. 상하이의 급진파 장춘차오는 이렇게 설명했다.

문화혁명은 늙은 사람들을 끌어내리는 것입니다. 한 사람도 빼놓아서는 안 됩니다. 주더, 천이, 허룽, 이들 가운데 괜찮은 사람은 없습니다. …… 주더는 큰 군벌일 뿐입니다. 천이는 늙은 기회주의자일 뿐입니다. …… 허룽은 토비입니다. …… 남겨 두어야 할 자가 누가 있습니까? 아무도 없습니다![98]

이들은 모두 문화혁명이 파괴하고자 하는 '낡은 사상'을 대표하는 사람들이었다.

그해 겨울 마오는 급진파 쪽에 또 하나의 치명적인 무기를 제공했다.

홍위병 운동이 확대됨에 따라 전투적인 노동자들이 조반파(造反派)를 결성하기 시작했다. 각 작업 단위의 당 위원회에 쌓인 개인적인 불만이 조직 결성의 원인이 되는 경우가 많았다. 11월 초 상하이에서 31살의 젊은 직조공 왕훙원(王洪文, 1935~1992)이 주축이 되어 상하이의 급진적 노동자 집단들을 조정하고 조직화할 '노동자혁명조반총사령부(工人革命造反總司令部)'(줄여서 '조반총사령부')를 결성했다. 하지만 상하이 시의 당 위원회가 이 새로운 조반파 조직을 승인하지 않자 왕훙원은 베이징으로 대표단을 파견하기로 했다. 당 위원회가 대표단이 탄 열차가 상하이를 벗어나지 못하도록 방해하자 노동자들이 철길 위에 드러누웠고 그 때문에 철도 운행이 30시간 이상 중단되는 사태가 벌어졌다. 문혁소조 부조장 장춘차오가 문제 해결을 위해 급파되었다. 그는 곧 이 새로운 사령부의 요구 사항을 들어주었으며 상하이의 제1서기 차오디추(曹荻秋)에게 공개적인 자아비판을 지시했다. 마오는 장춘차오의 조치를 승인했고, 이제 모든 상업, 공업 및 정부 시설에서 일하는 노동자들은 대중 조직을 만들 권리가 있다고 선언했다. 1주일 뒤 이 권리는 시골의 빈농과 하급 중농에게까지 확대되었다. 이로써 원칙적으로 중국에 사는 거의 모든 사람이 조반파를 만들 권리, 다른 지역의 조반파와 경험을 교류할 권리, 대자보나 비판 투쟁 대회를 통해 노장 간부를 공격하거나 다른 조반파를 공격할 권리를 지니게 되었다.[99]

이렇게 준비 작업을 완료한 뒤, 마오는 문혁소조에 류사오치와 덩샤오핑에 맞서는 운동을 강화하라는 지시를 내렸다. 장춘차오는 12월 18일 오후 칭화대학의 홍위병 지도자 콰이다푸(蒯大富)를 만나 마오의 지시를 전달했다. "당 중앙의 이 두 사람은 …… 아직 항복하지 않고 있다. …… 그들을 공격하라! 그들을 고통스럽게 하라! 적당히 중도에 그만두지 말라!"[100]

다음 주말에 학생 수천 명이 확성기를 단 자동차를 앞세우고 베이징의 주요 상업 지역 거리를 행진했다. 학생들은 류사오치와 덩샤오핑 타도를 요구하는 대자보를 수없이 붙였다. 장칭은 당시 칭화대학 학생이던 류타오(劉濤)에게 아버지 류사오치를 타도하는 운동에 참가하라고 설득했다(류타오는 류사오치와 전처 사이에서 난 딸이었다). 이 제안을 거부할 경우 '혁명적 성의'가 부족한 것으로 보일 것이라는 경고도 곁들였다. 1967년 1월 3일 류타오와 남동생이 서명한 대자보 "류사오치의 혐오스러운 영혼을 보라!"가 중난하이 내부에 붙었다. 홍위병 조직은 즉시 대자보 내용을 전하는 문건을 다량 제작하여 전국에 발송했다. 같은 날 '홍기단(紅旗團)'이라고 불린 조반파 구성원 30여 명이 류사오치의 집에 난입했다. '홍기단'은 마오쩌둥의 격려를 받아 당 중앙위원회의 여러 기관에서 일하는 젊은 사무원과 호위병들이 만든 조직이었다. 이들은 45분 동안 류사오치를 직접 비판하고 《소홍서》를 낭송하도록 강요했다. 덩샤오핑과 타오주, 그리고 그들의 가족도 비슷한 고초를 겪었다. 심지어 주더까지 집에서 끌려나와 모욕을 당했다. 이때 마오가 끼어들어 주더에 대한 공격을 멈추라고 명령했다. 마오는 쑨원의 미망인 쑹칭링을 비롯해 비공산당 인사 몇 명을 이런 공격으로부터 보호해준 적이 있었다.

사흘 뒤 홍위병은 또다시 공격을 감행했다. 이번에는 류사오치의 아내인 왕광메이에게 전화를 걸어 딸 핑핑(平平)이 —두 사람의 딸이었다.— 교통사고를 당했으며 곧 수술을 해야 하므로 병원으로 빨리 오라고 거짓말을 했다. 급히 병원으로 달려간 왕광메이는 자신을 기다리던 칭화대학 조반파 학생들을 발견했다. 이들은 왕광메이를 강제로 대학 교정으로 끌고 가 비판 투쟁 대회를 열었다.

한편 7개월 전 펑전과 동료들을 조사하기 위해 설치된 중앙특수조사조는 마오의 허가를 받아 왕광메이의 과거를 조사하는 특별 팀을 구성했다. 왕광메이는 부유한 집안 출신이며 미국 선교사가 중국에 세운 학교에서 교육받았다. 마오에게서 정치 보안의 책임을 부여받은 캉성은 이러한 출신 배경이 왕광메이가 미국 스파이였음을 입증할 수 있는 증거라고 보았다. 얼마 뒤에 특수조사조가 하나 더 만들어졌다. 이 조사조는 류사오치가 1920년대 장제스가 지배하는 백색 지역에서 지하 당 조직 지도자로 일할 때 공산주의의 대의를 배신한 적이 있음을 증명하기 위해 움직였다.

왕광메이를 병원으로 유인한 사건이 있은 지 1주일 후 마오는 류사오치를 마지막으로 자신의 거처이자 집무실인 '국향서옥'으로 초청했다.

마오는 자신이 거둔 승리에 흡족해서 그 기분을 만끽하고 싶었다.

마오는 우선 류사오치의 딸 핑핑의 건강을 물었다(마오는 그 사건이 완전히 조작이었다는 사실을 잘 알았다). 그러고는 옛날 일들을 회상하는 대화를 하려고 했다. 류사오치는 마오에게 모든 공직에서 사임하겠다고 말했다. 그는 가족과 함께 옌안이나 고향인 후난성으로 돌아가서 농민으로서 인민공사에서 살 수 있게 허락해 달라고 요청했다. 마오는 아무 대답도 하지 않았다. 그저 잠자코 앉아 담배만 계속 피워댈 뿐이었다. 류사오치가 자리에서 일어나 떠나려고 하자 마오는 이렇게만 말했다. "학습을 잘하시오. 몸을 잘 보살피시오." 닷새 뒤인 1967년 1월 18일 류사오치가 마오쩌둥, 저우언라이 등 다른 정치국 위원들과 통화할 수 있는 특별 전화선이 끊겼다. 이로써 류사오치는 완전히 고립되었다.

하지만 덩샤오핑과 류사오치는 다른 최고 지도자들이 당한 치욕은 겪지 않았다. 다른 최고위층 인사들은 베이징 곳곳에 있는 운동경기장이나 체육관에서 열린 군중집회에서 공개적으로 비판 투쟁 대회를 겪어야 했다. 당시에 펑전을 비롯한 베이징 당 위원회 위원들의 모습을 촬영한 뉴스 영화가 남아 있다. 그들은 '반혁명 수정주의자'라고 쓴 플래카드를 목에 걸고 차가운 땅바닥에 서 있거나 무릎을 꿇고 있었다. 홍위병이 그들의 머리털을 잡아 뒤로 당기면서 군중을 향해 고개를 숙이도록 강요했으며 1만 명 이상의 군중이 그 모습을 보며 증오의 함성을 질렀다. 펑전은 1966년 한 해 동안 이런 비판 투쟁 대회에 53번이나 나가야 했다. 쓰촨성에 있다가 12월 말에 베이징으로 연행된 펑더화이는 류사오치, 덩샤오핑과 어떤 관계인지 신문을 당했고 마치 처형장에 끌려가는 죄수처럼 각종 비난 문구가 쓰인 포스터를 몸에 붙인 채 트럭 짐칸에 실려 베이징 시내를 돌아다녀야 했다. 펑더화이와 장원톈이 톈안먼 광장에 도착하자, 홍위병들이 두 사람을 에워쌌다. 그들은 두 사람에게 무릎을 편 채로 서서 상반

1966년 9월 홍위병들이 헤이룽장성의 공산당 지도자 리판우(李範五)를 비판 투쟁 대회에 소환해 강제로 머리를 깎는 등 모욕하고 있다.

신을 최대한 앞으로 숙이게 한 다음, 두 팔을 뒤로 꺾어 세우는 이른바 '제트기 자세'를 취하게 해 장시간 고통을 주었으며 구타와 욕설을 퍼부었다. 중국 각 지방 도시들에서도 이와 유사한 비판 투쟁 대회가 열려 당 지도자들을 표적으로 삼았으며 종종 이보다 더 폭력적으로 진행되었다.[101]

마오가 설립을 승인한 노동자 조직들도 이전의 학생들과 마찬가지로 곧 경쟁하는 분파들로 쪼개졌다. '혁명 조반파'는 모든 기존 권력 구조의 타도를 목표로 삼았던 반면, '무산계급 혁명파'는 당의 영도를 좀 더 급진적인 형태로 바꾸어 유지하려 했다.

상하이의 '조반총사령부'는 베이징 문혁소조의 지원을 받아 상하이의 보수적 경쟁 조직인 '상하이 적위대'와 폭력적인 권력 투쟁을 벌이기 시작했다. '상하이 적위대'는 상하이 당 위원회로부터 암묵적인 지지를 받고 있었다. 1966년 12월 30일 상하이에서 수만 명의 노동자가 하루 종일 간헐적으로 당 위원회 건물 주변 거리에서 폭력적으로 충돌했다. 파업 사태가 속출했다. 항구는 완전히 마비되어 1백 척이 넘는 외국 선박이 하역 작업을 하지 못했다. 철도 운행도 중단되었다. '상하이 적위대' 수만 명이 나서서 남북 간선 철도를 봉쇄했기 때문이다. 이들은 자신들의 주장을 베이징에 직접 제기할 권리를 요구했다. 대약진운동이 불러온 기아를 피해 농촌으로 송출되었던 노동자들은 도시로 돌아올 권리를 달라고 요구하기 시작했다. 1967년 1월 3일—이날은 베이징에서 류사오치 부부 비판 운동이 한 단계 더 치열하게 벌어지기 시작한 날이다.—왕훙원이 이끄는 조반파가 상하이의 주요 신문들을 하나씩 접수하기 시작했다. 이날 〈문회보〉를 접수하고 이틀 뒤에는 당 기관지 〈해방일보〉를 접수했다.

이 시점에 마오가 직접 개입했다. 마오는 '새로운 정치 권력 기구'를 세워 상하이 당 위원회를 대체하라는 지령을 낸 뒤, 지령문을 장춘차오와 야오원위안이 직접 상하이로 갖고 가도록 조치했다. 이로써 힘의 균형이 결정적으로 조반파에 유리하게 기울었다. 이틀 뒤인 1월 6일, 십만 명이 중앙 광장에 모여 집회를 열었고 '조반총사령부'는 상하이 시 정부 안에 있는 '혁명 조반파'가 일상적인 업무 책임을 넘겨받을 것이라고 선언했다.

이리하여 1월에 상하이에서 벌어진 '탈권(奪權)' 즉 '권력 탈취'는 다른 지역에서 따라야 할 모범이 되었다. 마오는 상하이에서 벌어진 '1월탈권'을 "한 계급이 다른 계급을 뒤엎은 위대한 혁명"이라고 높이 평가했다. 또 마오는 속담을 인용했다. "백정 장 씨가 죽었다고 해서 우리가 반드시 털이 섞인 고기를 먹게 되는 것은 아니다."[102] 지역의 당 위원회가 타도되어도 나라는 잘 굴러갈 것이라는 뜻이었다. 다음 3주에 걸쳐 전국적으로 베이징, 안후이성, 광둥성, 헤이룽장성(黑龍江省)을 포함해 일곱 개의 성과 도시들에서 조반파가 권력을 탈취했다.

하지만 문제가 하나 있었다. 기존 당 위원회를 내모는 것은 쉽게 실행할 수 있었지만, 그 자리에 어떤 기구를 새로 세울지가 문제였다.

마오도 조반파들도 이 문제는 깊이 생각하지 못했다. 기존 상하이 당 위원회를 몰아낸 뒤 장춘차오는 이제는 경쟁자가 된 홍위병 집단들과 혁명 분파들의 도전을 물리치는 일에 골몰했다. 장춘차오는 인민해방군 부대의 지원을 받아 2월 5일에야 겨우 '상하이 인민공사' 설립을 선포할 수 있었다.[103]

이런 조치를 취하면서 장춘차오는 마오가 자신을 확고하게 지지하고 있다고 믿었다. 며칠 전 천보다가 전화를 걸어 마오 주석이 베이징 인민공사 설립을 승인하려고 하는 참이며 상하이도 베이징과 같은 조치를 취해야 할 것이라고 말했기 때문이다.[104] '16조'에는 "파리코뮌의 경우처럼, 보통선거 제도를 통해"[105] 당과 대중 사이에 다리 역할을 할 지역 권력 기구를 설립해야 한다는 내용이 분명히 있었다. '인민공사'는 대약진운동 기간에 출현한 '새로 태어난 것들(新生事物)' 가운데 가장 중요한 것으로서 중국 혁명의 독창성을 상징했다. 1958년 마오 자신이 "도시와 마을을 포함해 …… 모든 것이 인민공사라는 이름으로 불릴 날"이 언젠가 올 것이라고 언급한 바 있었다.[106]

하지만 예상하지 못했던 일이 벌어졌다. 마오 주석이 마음을 바꾼 것이다. 다른 도시와 성은 상하이의 사례를 따르지 말라는 지시가 떨어졌다. 장춘차오와 야오원위안은 베이징으로 불려가 마오에게 직접 설명을 들었다.

여러 가지 문제가 일어나고 있소. 당신들이 그런 문제를 생각해보았는지 의문이 드는군. 만일 중국 전역에 인민공사가 세워진다면 '중화인민공화국'이란 이름도 '중화인민공사'로 바꾸어야 하지 않겠소? 그렇게 되면 다른 나라들이 우리를 승인할까? 영국이나 프랑스는 우리를 승인하겠지만 아마도 소련은 승인하지 않을 것 같군. 그렇게 되면 여러 나라에 나가 있는 우리 대사들은 어떻게 하지?[107]

이런 논리는 사실 말이 안 되는 것이었고, 마오도 잘 알았다. 국명을 바꾸어도 중국의 국제 관계에 변화가 생기지는 않을 것이었다. 그렇지만 이 논리는 홍위병들에 의해 널리 유포되었고, '인민공사' 형태의 권력 기관이 불가능한 이유로 곧 널리 받아들여졌다. 이 논리는 불가항력을 암시했다. 이에 따르면 마오가 무엇을 선호하든 간에 외적인 제약 때문에 인민공사는 불가능했다.

하지만 현실은 좀 달랐다. 상하이 지도자들의 움직임은 마오로 하여금 심연을 들여다보게 만들었다. 그리고 그는 자신이 본 것을 좋아하지 않았다.

자유선거와 제한 없는 정치 활동을 보장한 파리코뮌에 기반을 둔 체제는 곧 대중이 스스로 통치하도록 허용하는 것이었다. 이것은 "대중을 믿고 대중에게 의지하라"는 마오 자신이 내린 명령의 토대가 되는 논리였으며, 사실상 문화혁명 전체의 토대가 되는 논리이기도 했다. 하지만 그러면 당은 어디로 가야 하는가? 마오가 장춘차오에게 말한 그대로였다. "어쨌든 당은 필요하오! 중심은 있어야 할 것 아니오? 그것의 이름이 무엇이든 간에."[108] 진정한 자유선거는 비현실적인 이상이었다. 지도자들을 다 없애고 "모든 것을 타도한다"는 것은 진보적인 것처럼 보일지 모르지만, 실제로는 반동적인 것이며 결국 '극단적인 무정부주의'로 이어질 것이었다.[109]

10년 전 백화운동을 갑자기 탄압하기 시작할 때 그랬던 것처럼, 어쩌면 마오는 갑자기 겁이 났는지도 모른다. 그는 나중에 가서 "기만 적 겉모습에 당혹한 상태였다"는 둥 너무 섣부르게 행동했다는 둥 변명했지만 사실은 겁이 났던 것이다.[110]

갑작스러운 방향 전환의 이유로 정치인으로서 마오의 노련함을 들기도 한다. 나이가 들었어도 마오의 정치 감각은 조금도 무뎌지지 않았다. 겉보기에 문화혁명이 그야말로 광란으로 빠져드는 것처럼 보였을지 모른다. 하지만 마오는 각 단계마다 세심하게 주의를 기울였다. 그는 처음부터 파괴 다음에는 재건이 있을 것이라고 분명하게 말했다. 1966년 7월 마오는 '대혼란'이 결국은 '대평화'로 이어질 것이라고 말했다.[111] 바로 이런 이유로 그는 앞에 나서지 않고 항상 뒤에 머물러 있었다. 더러운 일은 모두 다른 사람이 하도록 했다. 그렇게 때를 기다리고 있다가, 적당한 시기가 되면 옛 당이 불타고 남은 잿더미 위에 새로운 당을 건설하고 생존자들을 다시 모으고 복권시킬 준비를 하고 있었다. 허룽이나 펑더화이 같은 희생자들도 마오의 그런 역할에 기대를 걸었다. 오직 마오만이, 그가 마음이 바뀌었을 경우에, 자신들을 구원해줄 힘이 있다는 것을 그들은 잘 알았다. 마오의 이름을 걸고 끔찍한 일들이 수없이 자행되었지만 마오는 무결하다고 믿는 것이 마오에게나 희생자들에게 모두 이로웠다.

노련함 때문이었는지 혹은 두려움 때문이었는지, 아니면 두 가지가 적당히 뒤섞여 작용한 것인지 알 수는 없지만, 그 결과는 '상하이 인민공사'라는 비현실적인 생각이 폐기된 것이었다.

문화혁명은 이제 루비콘강에 다다랐다. 혁명은 방향을 잃었으며, 혁명을 고취한 이상들은 돌이킬 수 없을 정도로 오염되었다. 마오의 제안에 따라 장춘차오는 '상하이 시 혁명위원회'라는 새로운 권력 기구를 세웠다. 혁명위원회는 대중 조직의 대표, 인민해방군 장교, 노장 당 간부들로 구성되는 '삼결합(三結合)' 방식을 추구했다. 40년 전에 가을 추수 봉기 이후 도시와 마을들에 세운 임시 공산주의 행정 기관에도 '혁명위원회'라는 같은 이름을 쓴 적이 있었다.

마오가 정치적 수완을 발휘하여 외교적 압력을 이유로 들면서 운동의 방향을 바꾸었지만 모든 사람이 다 속아넘어간 것은 아니었다. 곳곳에 혁명위원회가 설립되면서 홍위병 가운데 극좌파들은 '자본주의 복권'이 진행 중이라는 암울한 경고를 했다.[112] 물론 대부분의 중국인들은 그렇게 생각하지 않았다. 1967년 2월 이후로 마오는 이념적으로 퇴각하기 시작했고, '주자파'에 맞선 투쟁은 점차 노골적인 권력 투쟁의 양상을 띠어 갔다. 그리고 과도한 급진적 혼란으로부터 경제와 국가 안보 부문을 격리하는 조치가 취해졌다.

상하이 탈권이 마오의 '붉은 가치의 나라'를 향한 꿈에 장기적으로 끼친 영향에도 불구하고, 탈권의 즉각적이고 가시적인 결과는 혁명적 폭력의 소용돌이에 새롭고 강력한 자극제가 되었다.

각 성에서 홍위병과 조반파 노동자들이 성 당 위원회를 타도하려는 노력을 전보다 몇 배 강화했다. 산시성(山西省)과 윈난성의 당 제1서기들은 스스로 목숨을 끊었다. 안후이성의 지도자 리바오화(李葆華)는 베이징으로 끌려와 비판 투쟁 대회에서 고초를 겪었다.[113] '무산계급 혁명파'에게 권력을 탈취하라고 촉구하는 주석의 새로운 지령이 발표되었다. 중난하이 서문 밖에는 군중이 모여들어 류사오치와 덩샤오핑을 비롯한 중앙의 당 지도자들을 끌어내야 한다고 주장했다. 석탄부장인 장린즈(張霖之)는 홍위병이 머리에 60킬로그램이나 되는 철제 모자를 씌우고 구타해 사망했다.[114]

한편 지금까지 문화혁명의 대혼란에서 멀리 떨어져 있었던 인민해방군도 서서히 늪에 빠져들기 시작했다.[115] 1967년 1월, 마오는 전군문화혁명소조(全軍文化革命小組) 조장인 류즈젠(劉志堅)의 해임을 승인했다(류즈젠은 문혁소조 부조장이기도 했다). 이 일을 신호탄으로 삼아 류사오치의 '자산계급 반동 노선'을 따르는 군 내부 지지자들을 색출하는 작업이 시작되었다. 하지만 이 작업은 오래 지속되지 않았다. 이 일로 마오 주석이 향후 8개월 동안 씨름할 딜레마가 여실히 드러났기 때문이다. 군대도 민간과 똑같은 원칙에 따라 문화혁명에 참여하도록 해야 하는가, 아니면 전쟁 대비와 군대 규율 유지를 최우선으로 할 것인가?

류즈젠은 7년간 옥살이를 하는데, 중국 곳곳에 있는 군관학교의 사관생도들이 해당 지역 군사령관들에게 공격적 행동을 하지 않도록 단념시키려 한 것이 문제가 되었다. 이런 일을 하면서 류즈젠은 군사위원회의 일상 업무를 총괄하는 예젠잉의 지지를 확보했으며 천이, 녜룽전, 쉬샹첸 등 인민해방군 원수 세 사람에게서 지지를 받았다. 장칭과 천보다가 보기에는 류즈젠은 물론이고 그를 지지한 다른 원수들은 모두 "문화혁명을 방해"한 것이었다.

마오는 명확한 입장을 밝히지 않았다. 한편으로 그는 인민해방군을 향해 호소했다. "진정한 무산계급 좌파가 도움을 요청하면 …… 적극적으로 지지하라." 다른 한편으로 그는 "어떤 개인이든 조직이든 간에 인민해방군의 기관을 공격하는 것", "가택을 자의적으로 수색하는 것", 그리고 '인민들 간의 모순'을 해소하려고 무력을 사용하는 것을 금지하는 당 중앙의 지령문을 승인했다. 지령문의 내용은 모호했다. 하지만 큰 불만을 품을 위험이 있던 각 군관구(軍管區) 사령관들에게는—이들 가운데 상당수는 대장정부터 마오와 함께 싸운 동료들이었다.—상당히 힘을 주는 지령이었다. 그달 초 난징 군관구에서는 사령관인 쉬스유(許世友) 장군이 만일 홍위병이 더 문제를 일으키면 발포 명령을 내리겠다고 경고한 일이 있었다. 또 다른 장군 푸충비(傅崇碧)는 산속으로 들어가서 홍위병을 상대로 전쟁을 벌이겠다는 무시무시한 발언을 하기도 했다. 급진파를 통제하라는 마오의 발언을 접한 중국 전역의 인민해방군 장교들은 질서를 회복할 수 있는 근거라고 환영하면서 받아들였다. 한편 마오가 언급한 다른 부분, 즉 "좌파를 지지하라"는 말은 조용히 무시했다.

신장 지역에 주둔해 있던 인민해방군의 어느 연대장은 스허쯔(石河子)라는 곳으로 군 병력을 보내 그곳의 급진파를 진압했고 그 과정에서 수백 명의 부상자가 나왔다. 쓰촨성에서는 군관구 사령부가 1주일 동안이나 홍위병과 노동자들에게 포위되어 있었는데, 군대가 강력하게 대응하여 결국 10만 명의 조반파를 체포했고 그들을 비좁은 감방에 수개월 동안 가두어 두었다. 티베트와 접해 있는, 먼 칭하이성에서는 급진파가 지방 당 기관지 신문사에서 "권력을 탈취"하고 기자들을 살해하는 일이 벌어졌다. 이에 해당 군관구 사령관은 병력을 파견해 신문사를 포위했다. 급진파가 투항하기를 거부하자 사령관이 공격을 명령해 결국 170명 이상이 사망했고 비슷한 수의 사람들이 부상당했다. 우한에서도 당 기관지 신문사에서 "권력을 탈취"하는 비슷한 사건이 벌어졌는데, 약 1천 명의 급진파가 억류되었다가 그중 일부는 정식으로 구속되었고 나머지는 공개적으로 자백을 한 뒤에 석방되었다. 그밖에 일곱 개 성에서 이와 비슷한 사건이 벌어졌다.

이런 일련의 사건들은 '2월진압'이라고 부르게 되는데, 이와 더불어 '2월역류(二月逆流)'라고 불리는 상황이 전개된다. 2월 10일에 마오는 타오주의 숙청을 두고 장칭과 천보다를 크게 질책했는데, 이로써 그는 무심코 2월역류를 촉발하게 되었다. 마오가 타오주의 숙청을 승인한 것은 사실이었다. 하지만 그는 자신에게 먼저 상의하지 않고 장칭과 천보다가 선수를 친 것을 질책했다. 마오는 천보다를 '기회주의자'라고 비난했고 장칭에게는 "야심은 많지만 무능력하다"고 공격했다. 타오주를 보호하려 했던 린뱌오도 마오에게 상황을 빨리 알리지 않았다는 이유로 질책을 받았다. 당 원로들의 숙청과 관련해 불만을 품고 있던 정치국 내 보수파(천이, 녜룽전, 쉬샹첸, 예젠잉 등 네 명의 군 원수와 몇몇 부총리들)는 이 일을 마오가 급진파의 과잉 행동에 마침내 인내심을 잃었음을 보여주는 신호라고 판단했다(이것은 결국 잘못된 판단으로 드러난다). 일찍이 1월에 열린 중앙군사위원회 회의에서 관련 주제가 논의되었을 때, 예젠잉은 장칭, 천보다 같은 문혁소조 성원들과 논쟁을 벌이다가 탁자를 세게 내리칠 정도로 격분했다. 2월 11일에는 저우언라이가 주재하는 '상황 보고 회의'가 열렸는데,* 쉬샹첸과 천이의 지원을 받은 예젠잉은 무정부 상태라는 위험이 다가오고 있다고 재차 경고했다. 예젠잉은 물었다. "상하이 인민공사라는 것이 선포되었는데, 그러면 이제 공산당이나 군대는 없어도 된다는 건가?" 대답하는 이가 아무도 없었다.[116]

닷새 뒤인 2월 16일에 상황 보고 회의가 다시 열렸을 때는 부총리 탄전린이 장춘차오와 한바탕 설전을 벌였다. 마오의 오랜 동지인 탄전린은 1927년 징강산 근거지에서 구성된 첫 번째 '노동자·농민·병사 소비에트'의 주석을 맡았던 사람이다.

"여기도 대중, 저기도 대중!" 탄전린은 분노했다. "당의 영도는 필요 없다는 말이군. 당신은 대중이 스스로 해방하고 스스로 교육하고 혁명도 스스로 한다고 주장하고 있어. 이게 대체 무슨 말인가? 이건 탁상공론일 뿐이야!" 그는 계속 말했다. "40년 동안 혁명에 몸 바친 원로 간부들의 집에 갑자기 함부로 쳐들어가서 …… 그들의 자제들까지 사방으로 흩어지게 했어. …… 이번 일은 당 역사상 가장 잔혹한 투쟁이야."[117] 천이가 여기에 더 세게 불을 지폈다. 천이는 류사오치와 덩샤오핑, 펑전이야말로 옌안 시절부터 마오의 가장 강력한

---

* 저우언라이가 주재하는 가운데 정치국 일부 위원들, 국무원과 군사위원회 지도자들, 중앙문화혁명소조 성원들이 모여 당과 정부의 실무를 논의했다.

지지자였다고 지적하면서, 지금 마오 주석이 권력을 쥐여준 사람들이 결국에는 마치 흐루쇼프가 스탈린을 배신했듯이 마오를 배신하고 말 것이라고 말했다.[118] 탄전린은 분노하며 선언했다. "이런 상황이 올 줄 알았더라면 나는 혁명에 참여하지 않았을 것이다. …… 절대로 마오 주석을 따르지 않았을 것이다!"

다음 날 탄전린은 린뱌오에게 천보다와 장칭, 그 밖의 문혁소조 성원들을 비난하는 편지를 썼다.

그들은 너무나 잔인합니다. 말 한마디면 한 생명이 그대로 없어집니다. …… 지금 우리 당은 고칠 수 없을 정도로 추합니다. …… 그들은 아주 작은 잘못 하나만 저질렀어도 사람을 낭떠러지로 떠밀어버립니다. 그런데 과연 그들이 책임질 수 있을까요? 나는 그렇게 생각하지 않습니다. …… (저우언라이) 총리는 너그러운 사람입니다. …… 그는 끝까지 인내하며 기다릴 수 있습니다. …… 하지만 우리는 얼마나 오래 기다려야 합니까? 모든 원로 간부가 (낭떠러지로) 떨어질 때까지 기다려야 합니까? 안 됩니다. 안 됩니다. 절대로 안 됩니다![119]

마오는 처음에는 이런 비난을 그저 '노병의 큰소리(老兵放炮)' 정도로 생각하고 넘어가려고 했다. 하지만 천이의 통렬한 비판을 전해 듣고 나서 마오는 다르게 대응하기로 결정했다.[120] 6개월 전에 임명된 정치국 위원은 모두 21명이었다. 그 가운데 네 명(류사오치, 덩샤오핑, 타오주, 허룽)이 이미 타도되었다. 또 다른 네 명(천윈, 둥비우董必武, 류보청, 주더)은 활동 중지 상태거나 중립이었다. 이런 상황에서 남은 13명 가운데 일곱 명이 최근 며칠 동안 문화혁명에 반대 입장을 밝힌 것이었다.

2월 18일 한밤중에 마오는 예젠잉과 또 다른 두 명의 비판자를 소환했다. 재정부를 맡은 리셴녠과 국가계획위원회를 맡은 리푸춘이었다. 또 마오는 저우언라이와 다른 두 명의 급진파를 불러들였다.

"당신들이 원하는 당의 영도라는 게 뭐요?" 마오는 심술 사나운 노인처럼 짜증을 내며 물었다. 그는 차라리 왕밍을 다시 불러오는 게 어떻겠냐면서, 아니면 미국인들이나 러시아인들에게 중국을 다스리라고 하지 그러느냐고 목소리를 높였다. 그리고 만일 그들이 류사오치나 덩샤오핑을 복권시키고자 한다면, 자신은 징강산으로 돌아가서 다시 유격전을 시작하겠다고 말했다. 이것은 마오가 8년 전 루산 회의에서 했던 것과 똑같은 위협이었다. 하지만 지금은 격분하는 모습을 보이긴 했지만—훗날 캉성은 마오가 이렇게 크게 화를 내는 것을 본 적이 없다고 회고했다.—다소 연극적인 측면이 있었다. 마오는 최후통첩을 하고 화를 버럭 내면서 방에서 나갔다.[121]

사실 마오는 예젠잉 등이 제기한 세 가지 근본적인 문제에—당의 역할, 군의 역할, 노장 당 간부의 역할—상당히 공감했다. 2주 전에 마오는 상하이 조반파가 내세운 "모든 것을 의심하고 모든 것을 타도하자."는 원칙을 비난했다.[122] 그는 이미 '삼결합' 원칙에 따라 새로운 혁명위원회가 구성되어야 한다는 입장을 밝혔고 여기에는 문화혁명의 '시험을 통과한' 노장 당 간부가 포함되어 있었다. 이 원칙은 지방뿐 아니라 당 중앙에서도 유효했다. 또 마오는 군 지휘관들의 충성도를 지나치게 시험해서는 안 된다는 것을 잘 알았다. 마오는 군 원수들을 지나치게 밀어붙이고 싶지 않았다. 심지어 탄전린 장군마저 결국에는 용서를 받았다. 탄전린은 장칭을 중국 역사에서 손꼽히게 잔혹한 여성인 당나라 측천무후에 비유해 장칭을 화나게 했다.

다음 달 내내 이 노장들은 밤새도록 진행되는 학습회에 출석해 문혁소조 구성원들에게 자신들의 오류를 비판받아야 했다. 거리에서는 홍위병이 그들을 타도하라고 외쳤다. 하지만 타오주나 허룽과 달리

이들은 숙청되지 않았다. 4월 말에 마오는 '단결회(團結會)'를 열어 그들 모두를 불렀고, 그들이 '비밀 음모'를 꾸민 것은 아니라는 사실을 강조하면서 그들의 상한 마음을 달래주려고 노력했다.[123]

그럼에도 불구하고 노장들의 행동은 영향을 남겼다.

지난 6개월 동안 명목상 존재했던 정치국은 1967년 2월 이후 완전히 작동을 멈추었다. 마오는 만에 하나라도, 정치국 성원의 과반수가 단결하여 자신에게 반대하는 행동을 할까 봐 우려했던 것이다.[124]

이와 동시에 노장 간부들을 비판하는 대자보 운동이 크게 일어나 군의 최고위급 지휘관들이 수세에 몰렸으며 강경 좌파가 다시 새롭게 힘을 얻기 시작했다. 이제는 마오 자신이 '2월진압'을 통해 질서를 회복하려 했던 군 지도자들의 조치가 과잉 반응이었다고 확신했다. 당시 열성적으로 좌파를 진압했던 장교들은 — 칭하이의 사령관을 포함하여 — 극우 분자로 비난받고 군법회의에 회부되었다. 린뱌오도 이전에는 사령관들이 급진파의 소요를 진압하는 데 찬성했으나 이제는 입장을 바꾸어 "총으로 무장한 류-덩 노선"이라고 비난하기 시작했다.[125] 4월 1일 마오는 "대중 조직을 임의로 낙인찍는 것"을 비난하는 지령을 냈다. 종전까지 군부대들은 '반동분자'를 제압하거나 혹은 최소한 군 자신을 보호하기 위해 총을 사용해도 좋다는 지시를 받은 상태였다. 이때 '반동분자'란 거의 모든 조반파 단체에 다 적용할 수 있는 표현이었다. 하지만 이제는 어떤 경우에도 급진파를 상대로 무기를 써서는 안 된다는 명령이 내려졌다.[126]

분파 간 폭력이 급증했다. 다량의 무기가 탈취당했는데, 그중에는 베트남까지 철도로 수송 중이던 무기도 있었다. 양쯔강 상류 이빈(宜賓)에서는 수만 명이 전투를 벌였다. 충칭에서는 경쟁 분파들이 대공포로 서로 상대방 진지를 공격하기도 했다. 창사에서는 미사일이 사용되었다. 당시에 13살 소년이었던 량헝(梁恒)은 갑자기 그런 전투의

한복판에 놓였다고 한다.

정전에 대비해 등유를 사러 밖에 나왔다. …… 그때 갑자기 기관총을 든 오륙십 명의 사람들이 '후난일보(湖南日報)' 정문 앞을 지나 내 쪽으로 달려왔다. 검은 옷을 입은 키 작은 사람이 '청년호위대'라고 쓴 깃발을 들고 있었다. 이는 (급진적) 분파인 '상강풍뢰(湘江風雷)' 안에 있던 소집단의 이름이었다. …… 내가 있던 곳까지 거의 왔을 때 그들은 총을 쏘기 시작했다. 길 저편 먼 곳을 조준하고 있었다. ……

모습이 보이지 않는 적도 강력하게 대응했다. …… 깃발을 든 남자가 총에 맞아 쓰러지더니 마치 납으로 만든 공처럼 굴러갔다. 하지만 깃발은 땅에 떨어지지 않았다. 다른 사람이 깃발을 잡아 높이 치켜들었다. 그 남자는 계속 앞으로 성큼성큼 걸어갔다. 그도 곧 총에 맞아 쓰러졌다. 다른 남자가 다시 깃발을 들고 계속 전진했다. ……

결국 …… 사람들은 가장 가까운 대피소로 후퇴했다. …… 거기에는 다른 '호위대' 사람들이 트럭과 들것을 갖고 대기하고 있었다. …… 다치지 않은 사람들은 급히 총탄을 장전했다. 큰 나무 상자를 부수고 총탄을 꺼냈는데 그 과정에서 끝이 뾰족한 긴 총탄이 땅에 떨어져 여기저기 수북이 쌓였다. ……

그러는 사이 트럭에 실려 있던 빛나는 검은 포 3문을 땅 위로 내렸다. 조반파 사람들은 병사들에게 포를 쏘는 법을 가르쳐 달라고 했다. 병사들은 거절했다. …… 결국 그들은 포를 쏘아보기로 했다. 세 번을 발사했지만 모두 포탄이 엉뚱한 곳으로 날아갔다. …… 그 모습을 보고 나는 약간 우스운 생각이 들었다. 하지만 나중에 …… 한 노동자가 내게 자신이 기관총 쏘는 방법을 몰라서 1미터 앞에 있던 가장 친한 친구를 죽였다고 말해주었다.

그때 '탕 대장'이라는 젊은이가 도착했다. 그는 넋이 나간 듯한 표정이었는데 허리띠에 권총을 두 자루 차고 호위병 몇 명을 대동했다. "빨리, 빨리!" 그는 미친 듯이 소리쳤다. "후퇴, 후퇴⋯⋯." 병사들은 줄지어 트럭에 탔다. 환자와 붕대와 피가 섞인 대열이었다. 트럭 엔진이 급하게 울리더니 그들은 이내 사라졌다. ⋯⋯

도시는 하루 종일 그렇게 요동쳤다. 그날 저녁 하늘이 묘한 주황색으로 물들었다. ⋯⋯ 다음 날 우리는 알게 되었다. (급진파인) '창사청년' 조직이 (보수파인) '노동자연맹'을 공격하면서 대공 미사일을 발사해 '5월 1일 광장'에 있던 건물이 파괴된 것이었다. 가로 하나를 차지하고 있던 4층짜리 큰 건물이 완전히 불타버렸다.[127]

지난겨울 마오가 축배를 들자고 했던 '전면적 내전'이 현실이 되었다. 바로 이 시점에서 린뱌오는 마오의 암묵적 지지를 받아, (공산당 권력의 최종 보증인이라 할 수 있는) 군의 안정성이 지나치게 위협받고 있다는 결론을 내렸다. 린뱌오는 자신의 의도를 명확히 드러내기 위해 한 사건에 개입했다. 다른 상황이었다면 아주 이상하게 보일 법한 행동이었다. 5월 13일 공군 소속 예술단 공연이 있었다. 이 예술단의 몇몇 여성 무용수는 마오의 침대를 종종 방문하는 이들이었다. 그런데 이날 장칭과 관련 있는 급진파 사람들에 의해 공연이 폭력적으로 중단되었다. 이틀 뒤, 린뱌오는 부상자들과 결속을 과시하려고 한 무리의 상급 장교들을 병원으로 보냈다. 린뱌오와 군 지휘관들이 문혁소조에 뒤로 물러나라는 경고의 뜻을 담아 보인 행동이었다. 이 사건은 상처를 남겼다. 모두 겉으로는 문화혁명에 헌신한다는 명분을 내세운 가운데, 린뱌오의 군대 분파와 장칭의 민간인 급진파가 권력 투쟁을 시작한 것이다.[128]

여름이 시작될 무렵, 마오 주석은 두 달 동안 지방 시찰에 나섰다. 문화혁명이 어떻게 진행되고 있는지 자신의 눈으로 직접 보기 위해서였다. 첫 번째 도착지는 우한이었다. 여기서는 보수파와 급진파가 무장 투쟁을 벌이고 있었다. 보수파 노동자 집단은 '백만웅사(百萬雄師)', 즉 백만 명의 영웅이란 이름이었으며 우한 군관구 사령관인 천짜이다오(陳再道)의 지지를 받고 있었다. 급진파는 '공인총부(工人總部)', 즉 노동자 총사령부란 이름이었으며 지난 2월진압 때 지도자들이 체포되어 구금된 상태였다. 양측의 무장 충돌은 계속되었고 6월에는 대규모 전투가 벌어져 1백 명이 넘는 사람이 사망하고 3천여 명이 부상당했다.

마오가 우한에 도착한 사실은 비밀에 부쳐졌으며 경호가 크게 강화되었다. 마오는 동호(東湖)라는 영빈관에 머물렀는데 이 건물을 관리하는 인원은 마오가 도착하기 하루 전날 전원이 교체되었다. 반혁명 분자가 침투해 있을지도 모른다는 우려 때문이었다.

지역 지도자들과 이틀간 협의한 끝에, 7월 18일 월요일에 마오는 천짜이다오가 오류를 저질렀으며 공개 자아비판을 해야 한다고, 그렇지만 사령관 직책은 그대로 유지한다고 결론을 내렸다. '공인총부'는 좌파 조직의 핵심으로 인정해야 하며 '백만웅사'는 '공인총부'와 단합을 이루도록 촉구한다는 것도 마오가 내린 결론이었다. 어쨌든 두 집단 모두 노동자들이며 따라서 근본적인 이해의 충돌은 있을 수 없다고 마오는 말했다.[129] 이런 결정 내용을 그날 밤 문혁소조 선전조장인 왕리가 공식적으로 발표했다. 왕리의 발표 내용을 요약해 거리의 확성기로 주민들에게 널리 알렸는데, 그 내용에는 '백만웅사'가 보수파 집단이라는 언급이 들어 있었다. 다음 날 공안부장인 셰푸즈는 해당 군관구의 당 위원회에 출석해 좀 더 자세히 설명했다.

천짜이다오는 마오의 결정을 받아들였다. 하지만 마오 주석이 직접 내린 결정이라는 사실을 몰랐던 '백만웅사'는 이를 거부했다.

그다음 날인 20일 밤, '백만웅사'를 지지하는 수천 명이 군 트럭과 소방차들을 징발해 대열을 지어 군관구 사령부로 행진한 다음 왕리에게 직접 대화에 나서라고 요구했다. 왕리가 나타나지 않자 이들은 왕리가 머무는 영빈관 건물로 쳐들어갔다. 하지만 군중은 마오 주석이 불과 1백 미터 정도 떨어진 곳에 머물고 있다는 사실을 전혀 몰랐다. 지역 연대에서 군복을 입은 병사들까지 지원을 나온 상태였다. 군중은 왕리가 머물던 방에 난입해 그를 끌어내 차에 태우고 비판 투쟁 대회로 데리고 갔다. 왕리는 심하게 매를 맞고 한쪽 다리가 부러졌다. 이후 사흘 밤낮 동안 수십만 명의 '백만웅사' 성원들과 그 지지자들이 완전무장을 한 많은 병사들과 함께 세력을 과시하며 거리를 행진하고 다녔다. 이들은 왕리와 셰푸즈를 해임할 것과 문혁소조 급진파를 타도할 것을 요구했다.

마오는 전혀 위험에 노출되지 않았다. 설사 그렇게 되었더라도 크게 신경쓰지 않았을지 모른다. 석 달 전 마오는 군중이 원한다면 중난하이에 쳐들어와도 괜찮다고 측근에게 말해 놀라게 한 적이 있었다.[130]

한편 급진파에게 이번 사태는 하늘이 준 기회였다. 그들은 이번 기회에 군 내부에 존재하는 보수파를 완전히 무너뜨릴 전국적 운동을 벌일 수 있다고 생각했다.

장칭은 우한 사태를 완전한 반란으로 규정했다. 마오는 목요일 이른 아침 비행기를 타고 상하이로 갔다. 1959년에 정치국이 사고의 위험을 막기 위해 마오 주석의 비행을 금지한 규칙을 생애 처음이자 마지막으로 어긴 것이었다. 마오는 만일 천짜이다오가 진짜로 반란을 일으키려 했다면 자신이 무사히 우한을 빠져나오지 못했을 것이라며 장칭의 생각을 비웃었다. 그렇지만 군인들이 소란을 피워 급작스럽게 출발할 수밖에 없었다는 사실은 몹시 불쾌하게 여겼다.

왕리는 다음 날 자유의 몸이 되었고 셰푸즈와 함께 비행기를 타고 베이징으로 돌아왔다. 베이징에서 두 사람은 영웅 대접을 받았다. 보수파와 급진파 양측을 적당히 만족시켜주어야 했던 린뱌오는 톈안먼 광장에서 1백만 명이 참가하는 집회를 주재했다. 여기에는 당 지도부 전체가 초청되었다(군 원수들은 초청되지 않았고 이 사실을 모든 사람이 의식했다). 집회에서 린뱌오는 우한 군관구가 "당 중앙의 대표자를 포위하고 납치하고 구타하는 야만적이며 파시스트 같은 방법을 감히 사용했다."라고 비난했다.

천짜이다오는 베이징으로 소환되어 사령관 직위를 박탈당했다. 하지만 마오의 지침에 따라 반혁명 분자로 지목되지는 않았다. 사관 후보생 수천 명이 천짜이다오를 비판 투쟁 대회에 끌고 가야 한다고 몰려왔을 때, 베이징 위수 부대 사령관 푸충비는 천짜이다오를 그가 머물던 영빈관 엘리베이터 안에 피신시켰다(1층과 2층 사이에 엘리베이터를 멈추게 하고 그 안에 숨겼다). 천짜이다오는 두 시간 동안 피해 있다가 군중이 물러난 뒤에 밖으로 나왔다. 하지만 '백만웅사'는 그렇게 운이 좋지 못했다. 급진파 적대자인 '공인총부'가 대대적인 보복에 나서 우한에서만 노동자 6백 명이 사망했다. 후베이성 전역에서 구금당하거나 구타당하고 불구가 되거나 사망한 사람이 18만 4천 명에 달했다.[131]

마오는 고민에 빠졌다. 그는 군 내부의 좌파 세력이 너무 약한 것이 아닌지 걱정스러웠다. 다른 한편으로 그는 군 지도부를 너무 강하게 밀어붙이면 안 된다는 것도 잘 알았다.

우한 사건 이전에 이미 마오는 노동자와 학생의 무장을 저우언라이에게 제안한 적이 있었다. "어째서 (그들을) 무장시킬 수 없는가? 나는 그들이 무장해야 한다고 보오."[132] 저우언라이는 신중을 기해 아무런 행동도 취하지 않았다. 그 후 마오는 상하이에 도착했고 린뱌오에게 "군 내부에 있는 한 줌 (주자파를) 끌어내자"고 촉구했다.

사실 이 표현은, 왕리가 승리자의 모습으로 베이징에 귀환한 것과 관련해 린뱌오의 아들인 린리궈(林立果)가 며칠 전 〈인민일보〉에 실은 글에서 쓴 표현이었다.[133] 얼마 뒤에 장칭은 문장으로 공격하고 무력으로 지키자는 뜻의 '문공무위(文攻武衛)'라는 구호를 내걸었고, 곧 급진파는 이 구호를 무장 투쟁을 정당화하는 논리로 받아들였다.[134] 8월 4일, 마오는 장칭에게 개인적으로 보낸 편지에서 한 걸음 더 과격한 방향으로 나아갔다. 장칭은 마오의 편지를 상황 보고 회의에서 공개했다. 마오는 편지에서 군의 대다수가 보수적 노동자 집단을 지지하고 있으므로 반드시 좌파를 무장시켜야 한다고 썼다. 그리고 노동자들이 무기를 훔치는 것은 "심각한 문제가 아니다"라고 썼다. 대중은 자신의 손으로 직접 법을 집행해야 한다는 것이었다.[135]

분위기가 달아오르는 가운데 당 기관지 〈홍기〉는 8월 1일 홍군 창건 40주년을 기념하는 논설을 실었다. 이 논설은 국가의 가장 중요한 다음 과업이 군 내부에 있는 주자파에 맞서는 투쟁임을 분명히 했다.[136]

이 글을 읽은 마오는 마음을 바꾸었다.

'상하이 인민공사'가 선포되자 마음을 바꾸었던 것과 같은 맥락이었다. 다시 한번 문화혁명은 루비콘강을 만났고, 다시 한번 마오는 퇴각 명령을 내렸다.

이러한 방향 전환을 마오는 변증법으로 설명하기를 좋아했다. 마오는 어떤 일(사물)이든 그 전개가 극에 달하면 반드시 반전이 일어난다는 뜻을 지닌 '물극필반(物極必反)'이라는 말을 즐겨 썼다. 1967년 2월에 마오는 공산당 지배라는 원칙을 보존하기 위한 조치를 취했다. 향후 자신이 그 원칙을 재건하기를 바랄 때를 대비한 조치였다. 그로부터 6개월이 지난 지금, 당의 위계질서는 사실상 거의 무너진 상태였고 마오는 하나 남은 권력 기관인 인민해방군을 보존하는 것이 가장 긴급한 일임을 인식했다. 이번에 마오가 잠시 숨을 고르기로 결정한 이유는 무정부 상태에 대한 두려움 때문이 아니라, 가능성을 탐색하는 정치인의 본능 때문이었다. 지난겨울부터 마오는 급진적 행동주의와 군대의 안정성 사이에서 둘의 균형을 두고 곡예를 하면서 급진파의 대의를 극단으로 밀어붙였다. 이제 마오는 균형의 축을 다시 반대 방향으로 과감하게 밀어붙여야 할 때라고 판단했다.

8월 11일에 마오는 "군 내부에 있는 한 줌 (주자파를) 끌어내자"는 정책은 "전술적으로 부적절하다"는 말을 베이징에 전했다. 이 말이 베이징에 전해지자마자 린뱌오와 장칭은 불에 덴 듯 그 정책에서 황급히 손을 뗐다. 며칠 뒤 마오는 〈홍기〉 논설을 베이징으로 돌려보냈는데 그 위에 '독초'라는 치명적인 두 글자를 휘갈겨 썼다.[137] 그 논설은 〈홍기〉의 편집인 린제(林杰)와 문혁소조의 선전 일꾼 관펑(關鋒)이 쓰고 천보다가 승인한 글이었다. 열흘 뒤 '베이징외국어대학'의 홍위병들이 베이징 주재 영국 대리판사처(代理辦事處)를 공격하는 사건이 벌어졌다. 이 학교는 외교부 산하 교육 기관이었으며, 홍콩에서 공산당 언론인들이 체포된 데 따른 보복성 공격을 감행한 것이었다. 당시 저우언라이는 24시간 쉬지 않고 업무를 보았는데 그 주일에 가벼운 심장마비를 겪었다. "이런 식으로 계속된다면 과연 그 끝은 어디일까?" 저우언라이는 당시 인민해방군 총참모장 대리를 맡고 있던 양청우에게 이렇게 물었으며, 그를 상하이에 있는 마오에게 보내 현 상황을 보고하도록 했다. 저우언라이가 판단하기에는 이번 대리판사처 공격에 영향을 준 사람은 왕리와 문혁소조 성원인 치번위(戚本禹), 관펑이었다. 몇 주 전 왕리는 외교부에서 연설을 했는데 그곳에 있는 급진파 사람들에게 노장 간부들 특히 외교부장 천이를 반대하는 입장을 좀 더 확고하게 취하라고 촉구했다. 왕리는 천이의 이름을 분명하게 언급하면서 그를 비난했다. 관펑과 치번위는 외교부의 '소심함'을 비판한 적이 있었다. 마오는 이런 상황이 마음에 들지 않았다. 영국 대리판사처가 불타기 전에 버마, 인도, 인도네시아의 대사관에도 불미스러운 일이 벌어졌는데, 이 모든 사건은 중국이 국제적 책무를 다하지 못하는 모습을 보이는 것이라고 마오는 생각했다. 이에 마오는 외교부에서 행한 왕리의 연설이 "엄청나게 큰 독초"였다고 하며, 문화혁명을 망가뜨리고 있는 왕리와 관펑을 당장 체포하라고 명령했다. 마오가 직접 이런 지시를 내리는 일은 매우 드물었다. 치번위는 재능 있는 논객이었으며 마오는 그가 쓴 역사 관련 글을 좋아했다. 치번위는 일단 체포는 면했으나 향후 그의 행동은 감시 대상이 되었다.[138]

우한 사건, 군대 내 주자파 비판 운동의 좌절, 좌파에 의한 외교부 장악, 이 모든 일이 빠르게 잇달아 일어났다. 이 때문에 마오는 규율 잡힌 세력으로서 군대의 역할은 무슨 수를 써서라도 보호해야겠다는 결심을 하게 되었다.

2월에 '상하이 인민공사'에 대한 지지를 철회하면서 마오는 외교 관계를 고려해야 한다는 이유를 댔다. 가을에는 군대를 보호하기 위해 새로운 장치를 동원했다.

그리하여 급진파의 '과잉 행동'은 '5 · 16집단'이라는 잘 알려져 있지 않은 극좌 조직의 책임이라고 비난받았다. 사실 이 집단은 아예 허구는 아니었다. 같은 이름을 쓰는 약 40명으로 구성된 홍위병 소집단이 그해 봄에 베이징강철대학(北京鋼鐵學院)을 중심으로 만들어졌다. 이 소집단은 저우언라이 총리를 '2월역류'의 '막후 조종자'라고 공격하는 대자보를 통해 자신들의 존재를 알렸다.[139] 다른 급진파 집단도 이들과 비슷한 주장을 했다. 이런 급진파들의 행동은 장칭과 추종자들에게서 무언의 지지를 받았는데, 장칭은 이미 저우언라이를 자신의 정치적 야심에 방해가 되는 장애물로 보고 있었다.[140] 마오는 처음에는 저우언라이가 공격받는 것을 내버려 두었다. 그러다가 몇 주 뒤에 천보다에게 지시하여 저우언라이가 마오 주석의 '무산계급 사령부'의 일원이라는 발표를 하도록 했다. 그제야 선동이 멈추었다. 하지만 8월에는 '5·16집단'이 존재하지도 않았을 뿐 아니라, 나중에 이 집단의 지도자들로 지목되는 왕리나 관펑 같은 고위급 인사들과는 아무런 접점이 없었다. 그러나 이런 사실 관계는 전혀 상관이 없었다. 중요한 것은 '5·16집단'이 대표하는 관념이었다. 1967년 9월에 마오는 이 집단이 '음모적 반혁명 분파'이며 '말할 수 없이 사악한 목적'을 품고 있다고 언급했다.[141] 이후로 '5·16'이라는 말은 정치적 이견을―그러한 이견이 실재하거나 의혹일 뿐이거나 상관없이―아예 표현할 수조차 없게 만드는 만능 무기가 되었다.

그 무렵 마오 주석은 '좌파의 무장'이라는 문제에 대해서도 입장을 바꾸었다.[142]

조반파의 무기 탈취를 금지하고, 군대는 자기방어를 위해 발포해도 좋다는 내용의 지령이 발표되었다. 마오의 지시에 따라 장칭은 연설을 하나 했다. 장칭은 무장 투쟁을 비난하면서, "군 내부에 있는 한 줌 (주자파를) 끌어내자"는 생각은 좌파를 함정에 빠뜨리려고 우익 분자들이 놓은 '덫'이라고 주장했다. "우리는 인민해방군을 비방해선 안 됩니다. …… 그들은 우리 인민의 자녀들입니다." 군 지휘관들의 문제가 완전히 해결된 것은 아니었지만 1967년 초부터 인민해방군 목 위에 걸려 있던 위험은 사라졌다.[143]

1967년 봄, '2월역류'에 대한 반발로 급진파의 군대 공격만 급증한 것이 아니었다. 류사오치와, 그가 대변한다고 일컬어지던 자본주의 사상을 향한 비판에도 새로운 단계가 시작되었다.

시작은 1967년 4월 1일 〈인민일보〉에 실린 긴 글이었다. 이 글의 저자는 치번위였다. 제목은 '애국주의인가 매국주의인가'였으며 마오가 직접 검토했다. 이 글은 "자본주의의 길을 가는 당내 최고 권력을 가진 자"라고 류사오치를 직접 가리킴으로써(아직 류사오치라는 이름을 대놓고 쓰지는 않았다) 류사오치를 향한 비난의 수위를 한 단계 높였다. 문화혁명 때 쓰인 다른 많은 논설과 마찬가지로 이 글도 주제가 몹시 모호했다. 이 글은 청나라 광서제 때를 배경으로 하여 1950년에 제작된 영화를 다루었다. 마오는 이 영화가 의화단 봉기를 폄하했기 때문에 매국주의적이라고 평했던 반면 류사오치는 좋은 영화로 인정했다고 한다.[144] 이 글이 주장하는 바는, 홍위병처럼 의화단도 혁명적 존재였기 때문에 류사오치가 이 영화를 지지한 것은 그가 저지른 배신행위의 전형적인 예라는 것이었다. 4월 6일 중난하이 내 조반파인 '홍기단'이 또다시 류사오치의 집으로 쳐들어갔다. 1월 이후 처음 있는 공격이었다. 조반파는 치번위가 고발한 내용과 관련해 류사오치를 신문했다. 다음 날 국가주석 류사오치는 집 밖에 대자보를 하나 써서 붙였다. 배반의 의도는 전혀 없었다는 내용이었다. 하지만 몇 시간 뒤 누군가가 대자보를 떼어냈다. 4월 10일에는 아내인 왕광메이가 칭화대학으로 끌려가 수천 명의 홍위병 앞에서 비판 투쟁 대회 무대에 섰다. 왕광메이는 강제로 비단 드레스를 입고 비단 스타킹을 신고 하이힐을 신었다(왕광메이가 인도네시아를 공식 방문했을 당시의 옷차림을 비난하는 의미였다). 또 탁구공 여러 개를 끼워 만든 목걸이를 거는 모욕을 당했다. 이것은 왕광메이가 자산계급 취향을 지니고 있음을 비난하는 상징적 행동이었다.[145]

언론은 계속 맹공을 퍼부었다. 5월에는 류사오치가 쓴 《공산당원의 수양을 논함》이 "반마르크스주의, 반레닌주의, 반마오쩌둥 사상의 큰 독초"라고 비난했다. 마오도 직접 이 책이 "기만적 작품이며 유심론(唯心論)적이고 마르크스-레닌주의에 반대하는 책"이라고 말

1967년 4월 국가주석 류사오치의 아내 왕광메이가 칭화대학 홍위병들에게
끌려와 무대 위에서 굴욕을 당하고 있다.

했다.[146)

절정은 7월이었다. 마오가 우한으로 출발하기 하루 전, 베이징건
축공업대학(北京建築工程學院)의 홍위병들이 문혁소조의 지원을 받
아 중난하이 서문 밖에 '류사오치 체포 전선 지휘부(揪劉前線指揮部)'
를 세웠다. 확성기를 설치한 차량 수십 대에서 밤낮없이 마오주의 구
호가 울려 퍼졌다. 7월 18일에는 수십만 명이 거리에 모여 류사오치
가 '끌려 나올 때'까지 단식하겠다고 선언했다. 그러나 그들이 바라
는 일은 일어나지 않았다. 마오가 분명히 금지했기 때문이다. 하지만
그날 저녁 중난하이의 '홍기단'은 당 지도부 거주 구역에서 성토회를
열었다. 류사오치와 왕광메이는 그 자리에 나가 두 시간 동안 아무
말도 못하고 때로는 허리를 깊이 숙여 절을 하면서 고발자들의 말

을 들어야 했다. 당시 마오를 담당하던 의사들은 두 사람이 매를 맞고 발길에 걷어차이는 모습, 이를 중앙경위단이 지켜보기만 하고 조금도 제지하지 않는 모습을 목격했다. 류사오치의 윗옷은 이미 찢겨 있었고 사람들이 그의 머리칼을 잡고 이리저리 흔들었다. 2주 반 뒤 이 과정이 다시 반복되었다. 부부는 강제로 몸을 앞으로 숙이고 두 팔을 뒤로 뻗는 이른바 '제트기 자세'를 취했다. 류사오치는 또다시 '매국적 죄행'을 신문당했다. 덩샤오핑 부부와 타오주 부부도 이들과 비슷하게 모욕당했다.

이것은 이들보다 지위가 낮은 당 간부들이 겪은 일에 비하면 약한 편이었다. 하지만 류사오치는 이미 70세 노인이었다. 그런 노인이 홍위병의 대자보 앞에 강제로 무릎을 꿇어야 했고 조반파는 그의 머리카락을 잡아당기고 머리를 땅에 처박았다. 류사오치는 왼쪽 다리를 다쳤고 나중에 홍위병에게 양팔을 붙잡혀 거처로 돌아왔을 때는 얼굴이 퉁퉁 부어오르고 푸르스름한 잿빛으로 변해 있었다.[147]

8월 7일 류사오치는 마오에게 국가주석에서 사퇴하겠다는 편지를 썼다.

답장은 오지 않았다. 곧이어 류사오치는 가족과 헤어져야 했다. 왕광메이는 감옥에 수감되었고 자녀들은 농촌으로 보내져 노동을 하게 되었다. 성토회는 더 열리지 않았다. 그때부터 류사오치는 거처에서 홀로 연금 상태에 들어갔다. 중앙특수조사조는 이제 류사오치를 정식으로 해임하는 데 필요한 배신의 '증거'를 수집하는 작업에 박차를 가했다.

문화혁명을 구성하는 여러 운동의 흐름이 점점 더 복잡해지면서 중앙특수조사조가 갈수록 중요해졌다. 특수조사조는 저우언라이가 주재했으며, 마오 주석에게 직접 보고했다. 하지만 실제로는 캉성의 개인 왕국과 같았다. 홍위병과 조반파 노동자 부대가 혁명의 보병 역할을 맡고, "좌파를 지지하라"는 구호 아래 급진파의 수적 열세를 보완하는 역할을 인민해방군이 맡았다면, 어떠한 경우라도 '무산계급 독재'가 승리할 수 있도록 날카로운 칼끝을 제공하는 것은 바로 캉성의 정치경찰이었다.

중앙특수조사조의 업무 영역은 처음에는 펑전과 그의 동료들에 대한 조사였지만, 1967년 봄부터 류사오치와 왕광메이 조사로 확대되고 그다음부터는 아주 급속한 속도로 확대되었다.

캉성이 처음 만들어낸 몇몇 사건 가운데 하나가 이른바 '61인 반역자 집단' 사건이었다. 1930년대에 국민당에 의해 베이징에서 투옥되었다가 석방된 공산당 고위 간부 61명에게 반역 혐의를 씌운 것이다. 여기에 재정부장 보이보와 조직부장 안쯔원(安子文)이 포함되었다. 1936년 당시 북부 지역을 담당하는 화북국(華北局)을 이끌었던 류사오치는 당의 최고 지도자인 장원톈과 (마오를 비롯한) 나머지 정치국 위원들의 동의를 얻어, 투옥된 당원들을 석방시키기 위해 당 조직과 관계를 끊는 것을 허용했다. 이 일은 1945년 제7차 당 대회에서 검토한 적이 있었고 그때 이미 류사오치가 올바르게 조처한 것으로 결론이 난 사건이었다.

캉성이 처음 이 사건을 다시 짚어보자고 제안했을 때 마오는 이의를 제기했다. 하지만 1967년 2월이 되자 마오는 망설임에서 벗어났다.[148] 한 달 뒤, 문혁소조는 61명의 간부를 '반역자 집단'으로 낙인찍고 이들이 자유를 얻으려고 "당을 배신했다"고 고발하는 지령문을 승인했다.[149] 마오, 저우언라이, 캉성, 당 최고 지도부의 나머지 사람들 모두 이런 고발이 터무니없는 조작이라는 사실을 잘 알았다. 하지만 일반 당원들 사이에서 류사오치의 신뢰를 떨어뜨리고, 그의 주요 지지자들을 제거하는 데는 유용했다.

스탈린과 달리 마오는 희생자들이 어떻게 처리되는지 지저분한 세부 내용에까지 관심을 보이지 않았다. 캉성은 마음대로 자유롭게 희생자들을 처리할 수 있었다. 그는 홍위병의 폭력과 훈련받은 신문 전문가의 세련된 고문을 자유자재로 혼합해 썼다. 보이보는 고문받은 내용을 기록으로 남겼다. 신문지 조각에 글을 쓴 다음, 감방에 조각들을 흩어놓은 것이다. 그는 박해자들이 그 조각들을 모아 보존할 것이라고 예상했고, 그 예측은 정확했다. 보이보는 훗날 정치의 풍향이 바뀌었을 때 자신이 쓴 기록이 박해자들이 지은 죄를 고발하는 데 쓰이기를 바랐다.

나는 오늘 또 한 차례 심하게 맞았다. 내 몸은 온통 상처투성이다. 옷은 누더기가 되었다. 한번은 어지러워 몸을 두어 번 움직였더니 곧장 몽둥이가 날아왔다. …… 그리고 계속 발길질을 당했다. …… (또 한번은) 내 팔을 등 뒤로 당겨 비튼 다음 '제트기 자세'를 시켰다. 다리를 벌리고 상체를 아래로 최대한 내린 다음, 머리는 치켜든 채 꼼짝 못하게 했다. 그런 다음 한 사람씩 돌아가면서 머리카락을 잡아당기고 발로 차고 몽둥이로 때렸다. …… 나는 이제 펜을 똑바로 잡을 수도 없다. 이 상태에서 어떻게 자백서를 쓰겠는가?[150]

특수조사조가 두 개 더 만들어졌다. 펑더화이와 허룽을 조사할 팀이었다. 1967년 7월에 펑더화이는 심하게 맞아서 갈비뼈 네 개가 부러졌다. 마오를 공격하는 음모를 꾸몄다는 자백을 강요하며 구타한 것이었다. 허룽은 의료적 처치를 받게 해 달라는 요구를 거절당해 결국 당뇨 합병증으로 사망했다.[151]

다른 사람들에 대한 조사도 진행되었다. 1920년대와 1930년대 공산당 지하 조직에 관한 조사였다. 허베이성 동부 지역에서는 8만 4천 명이 체포되었는데 그중 처형당하거나 고문으로 죽거나 자살한 사람이 2,955명에 달했다. 광둥성에서는 체포된 사람이 7천2백 명이었고 이 가운데 부성장(副省長)을 포함해 85명이 구타로 사망했다. 상하이에서는 6천 명이 감금당했다. 이들은 대부분 과거에 국민당과 협력했다는 혐의를 받았으며—공산당과 국민당이 통일전선을 이루고 있었던 만큼 이런 혐의는 매우 쉽게 유죄판결을 받을 수 있었다.—이들의 약 절반은 반역자로 낙인찍혔다. '보이보 등 61인의 반역자 집단'과 유사하지만 좀 더 규모가 작은 '반역자 집단'이 신장에서 색출되었다. 동북 지방에서는 더 기가 막힌 이야기가 조작되었는데, 고위급 군 장교들이 옛 만주 지역의 군벌인 장쉐량의 '잔존 지지자들'이며 린뱌오를 공격하려는 음모를 꾸몄다는 혐의를 받고 숙청되었다. 윈난성에서는 "반역자를 색출"하는 조사를 진행한 결과 1만 4천 명의 당 간부가 처형당했다. 하지만 가장 특이한 상황은 네이멍구자치구에서 벌어졌다. 35만 명이 체포되었고 8만 명이 너무 심하게 맞아 영구적인 장애를 입었으며 1만 6천 명 넘게 사망했다. 이 지역의 지도자이며 정치국 후보위원이던 우란푸(烏蘭夫)가 중국공산당과 경쟁할 수 있는 '검은 당(黑黨)'을 결성하려 했다는 것을 증명하기 위한 조사 과정에서 이렇게 많은 사람이 희생되었다.[152]

이상의 사건 중 어느 것도 사실이 아니었다. 모든 사건이 고문으로 끌어낸 자백에 기댄 것이거나, 별개의 사건들을 이것저것 엮어서 피해망상증적 의심의 그물망을 짠 것이었다. 새로운 '전면적 내전'을 수행하면서 마오는 과거 내전 시기의 논리와 방법으로 돌아갔다. 적에게 포위당한 홍군 근거지에서 광기 어린 피의 숙청을 진행하는 동안 썼던 관행으로 돌아간 것이다. 새로운 유토피아 건설을 준비하기 위해 '붉은 중국'을 정화하는 수단으로 또다시 공포가 동원되었다.

1967년 가을 문화혁명의 폭풍과도 같았던 첫해가 드디어 끝나 가고 있었다. 류사오치는 이제 완전히 몰락했다. 그의 동맹자들 역시 숙청당했다. 캉성이 펼친 그물은 점점 더 넓어져서 류사오치 지지자들을—실제 지지자든 그렇게 추정되는 사람이든—모두 쓸어 담아 제거했다. 홍위병과 조반파 노동자 부대는 전국 각지에서 노장 당 간부들의 통제력을 파괴해버렸다.

마오는 정치 운동에서 '투쟁, 비판, 개조'의 3단계 방식을 적용했다. 투쟁의 시간은 지나갔고 비판 단계는 진행 중이었다. 하지만 이제 마오는 '개조'를 우선시하기 시작했다. 옛것을 치우고 새것을 들여놓는 작업이었다.

온 나라가 혼란스러웠고 군과 비밀경찰, 경제 관련 기관을 빼고는 모든 주요 제도가 사실상 완전히 파괴되었다. 이런 상황에서 새롭게 무엇인가를 세운다는 것은 말처럼 쉽지 않았다. 1967년 9월 마오는 지방을 순시하면서 지령을 하나 냈다. 서로 경쟁 관계에 있는 여러 홍위병 분파나 노동자 분파들은 앞으로 단결하여 '대연합'을 이루라는 내용이었다.[153] 베이징과 상하이에서는 상당히 빠른 시일 안에 이 지시가 이행되었다. 다만 대학 내 홍위병 분파들은 격렬한 충돌을 계속했다. 베이징과 상하이를 제외한 다른 지역에서는 군대에 중립을 유지하라는 명령이 내려진 가운데 홍위병 조직들이 베이징으로 대표단을 파견했다. 베이징에서 여러 대표단은 문혁소조의 감시 아래 서로 의견 차이를 해소할 때까지 협상을 하라는 지시를 받았다.

단결의 분위기를 고양하기 위해 서로 대립하는 분파들을 더는 '급진'이나 '보수'로 표현하지 않았다. 그 대신 각 지역마다 특유의 명칭이 사용되었다. 안후이성의 경우, '호파(好派)'와 '비파(屁派)'라는 이름이 붙었다. 급진파는 각 성의 권력 탈취(탈권)가 '좋은 것(好)'라고 주장했던 반면, 보수파는 '방귀(屁) 정도의 것'이라고 반박했기 때문이다. 장칭이나 캉성 같은 고위급 지도자가 직접 개입했는데도 안후이성의 각 분파가 최종 합의에 이르기까지는 14개월이 걸렸다. 1967년 가을까지 겨우 일곱 개의 성에서만 '혁명위원회' 설치에 성공했다. 다른 성에서는 홍위병의 여러 단체와 대중 조직들이 계속 논쟁을 벌였다. 어느 분파가 혁명위원회에 참여할지, 그리고 각 성의 과거 당 간부들 가운데 누가 자신들이 지지할 수 있는 '혁명적 간부'의 자격을 지니고 있는지를 따지는 논쟁이었다.[154]

한편 마오 주석이 질서 유지를 명령함에 따라 그 명령에 힘을 싣기 위해, 극좌 '5·16집단'에 반대하는 운동이 크게 확대되었다. 겨울이 되자, 치번위가 체포되었고 이미 체포된 왕리와 관펑과 함께 '5·16집단'을 막후에서 지휘한 세 명의 '검은 손(黑手)' 중 하나로 여겨졌다. 이때부터 향후 4년간 '5·16 분자' 혐의를 받은 사람이 무려 1천만 명에 이르렀으며, 3백만 명 이상이 박해를 받았는데 이는 전체 성인 도시 인구 25명 가운데 1명에 해당하는 비율이었다.[155] 왕리의 영향력이 가장 컸던 것으로 추정된 외교부의 경우에 외교관과 관리 약 2천 명 가운데 절반이 넘는 인원이 '5·16'의 이름으로 숙청되었다.[156] 이 숙청 운동은 규모가 너무 커서 자연히 군대가 나서서 조사 업무의 주요 부분을 맡을 수밖에 없었다. 한편 군은 이 숙청 운동과 동시에 시작된 '계급대오정비운동(清理階級隊伍)'에서도 주도적인 역할을 맡았다. 이 운동의 목적은 새로 출범한 혁명위원회의 지도자들에게 그들이 정치적으로 적대적이라고 간주하는 사람들을 억압할 명분을 제공하는 것이었다. 이런 조사 사건들은 캉성이 지휘하는 중앙특수조사조의 사건과 중복되는 경우가 많았다. 특히 네이멍구자치구, 허베이성, 윈난성이 그랬다. 네이멍구의 경우에는 너무 많은 사람들이 죽음을 당했기 때문에 혁명위원회의 주석과 제1부주석이 과도한 열성이라는 죄목으로 체포되기도 했다. 가장 정확하다고 평가되는 추산에 따르면, 이 운동이 지속된 2년 동안 최소한 3천6백만 명이 조사를 받았으며 75만에서 150만 명이 죽음을 당했다. 이 가운데 상당수는 이른바 '강요된 자살'이었다. 그리고 죽음을 당한 사람의 수와 거의 같은 수의 사람들이 부상을 입고 장애인이 되었다. 사람들이 가장 흔하게 뒤집어쓴 죄목은 '적의 첩자(敵特)', '악성 분자(壞分子)', '신생 반혁명 분자(新生的反革命分子)' 따위였다.[157]

한편 문화혁명의 여러 활동과 직접 관련된 죄를 지은 사람들은 새로운 공안 규정에 따라 구금되었다. 새로운 규정에 따르면 마오나 린뱌오를 비난한 사람, 좀 더 확대해서 다른 급진파 지도자들을 비난한 사람까지 반혁명 범죄를 저지른 것으로 여겨졌다. 이 새로운 규정은 원래 1967년 1월에 선포되었으나, 1967년 말에 질서를 회복하려는 노력이 시작되면서 본격적으로 적용되었다.

탄압의 무기를 다양하게 갖추고 있었지만 마오 주석은 모든 것을 자기 뜻대로 할 수는 없었다. 극좌 '5·16집단'을 탄압하는 운동이 벌어지자 여기에 고무된 보수파들이 문혁소조가 추진하는 정책 일부에 의문을 제기하고 나섰다. 중국의 대사와 고위급 외교관 91명이 '2월역류' 동안 비난받은 온건파 정치국 위원들을 지지하는 내용의 대자보에 서명을 했다. 한 홍위병 집단도 같은 행동을 했다. 마오가 '베이징 혁명위원회' 위원장으로 임명한 셰푸즈는 극단적 좌경이라는 비난을 받았다. 상하이와 쓰촨성의 급진파 지도자들도 이와 유사한 비난을 받았다.[158]

마오의 반격은 예상치 못한 부분에서 시작되었다.

1968년 3월 21일, 장칭과 캉성은 '2월역류'에 대한 "판결을 역전"시키려는 '어떤 사람들'이 있다는 발언을 하였다.[159] 그다음 날 세 명의 고위급 장성이 '심각한 과오'를 저질러 직위에서 해임되었다고 발표되었다.

해임된 세 명은 양청우, 푸충비, 위리진(余立金)이었다. 양청우는

2년 전 뤄루이칭이 불명예스럽게 물러난 뒤 그 후임으로 마오가 총참모장 대리에 임명한 장군이었다. 양청우는 대장정 중에 등장한 몇몇 영웅 가운데 한 명이었다. 젊은 대대장으로서 그가 거둔 두 번의 위대한 승리, 다두하 도하 작전과 라쯔커우 돌파 작전은 인민해방군의 전설이 되었다. 푸충비 베이징 위수 부대 사령관은 우한 사건 이후 천짜이다오를 보호해준 적이 있었다. 위리진은 인민해방군 공군 정치위원이었다. 이 세 명이 지목된 이유는 분명하지 않다. 양청우와 푸충비는 장칭의 기분을 상하게 했다는 증거가 있으며, 특히 양청우는 마오의 기분을 거스른 적이 있었다고 한다. 린뱌오도 이 두 사람이 제거되기를 바랐을 것이다. 린뱌오는 군에 대한 장악력을 점차 강화하는 중이었고 양청우는 린뱌오의 기준에 따르면 지나치게 독립적인 사고방식을 지닌 자였다. 위리진은 린뱌오의 핵심 동맹인 우파셴(吳法憲) 공군 사령관과 사이가 안 좋았다. 양청우의 후임으로 황융성(黃永勝)이 인민해방군 총참모장으로 임명되었다. 그는 광저우 군관구 사령관이었으며 린뱌오가 그의 후견인이었다. 황융성은 공군 사령관 우파셴, 해군 정치위원 리쭤펑(李作鵬), 인민해방군 병참부장 추후이쭤(邱會作)와 마찬가지로 대장정 이전부터 린뱌오 휘하에서 복무한 사람이었다.

숙청 작업이 정확히 어떻게 진행되었는지와 상관없이, 마오가 어떤 이유로 이 숙청을 시작했는지는 분명했다. 그는 우파에 맞서는 새로운 운동을 정당화해줄 희생양이 필요했다. 그는 외교부 보수파와 그 지지자들이 제기하는 비난에 단호하게 반박할 필요가 있었으며, 곧 군대가 광범위한 진압 작전을 펴서 홍위병 및 조반파 노동자 부대가 자행하는 폭력 행위를 종식시킬 예정이었기 때문에 좌파를 안심시킬 필요가 있었다. 마오가 지난 8월에 인민해방군은 정치 투쟁과 거리를 두어야 한다고 결정한 이후, 마오의 동료들은 후속 조치를 마음 졸이며 기다리고 있었다. '양(청우), 위(리진), 푸(충비)' 세 장군이 "올바른 판결을 역전시키려는 우경 바람(우경번안풍右傾翻案風)"을 조장했다는 죄목으로 숙청된 것은 드디어 그때가 왔음을 알려주는 신호였다.

1968년 여름, 마오는 산시성(陝西省)과 광시좡족자치구(廣西壯族自治區)에 질서 회복을 위한 조치를 단행했다. 당시 산시에서는 전면적 내전이 벌어졌으며, 광시에서는 성도인 난닝의 일부가 분파 간 전투로 완전히 폐허가 되었고 베트남으로 보내는 지원 물자 가운데 중화기를 약탈당하는 일까지 벌어졌다.[160] 각 분파 간 전투를 멈추기 위해 외부의 군 병력이 투입되었으며 7월 3일에는 마오 주석이 폭력 행위를 즉시 중단하라는 지시를 내렸다. 난닝의 경우에는 군대가 승리를 선언할 때까지 다시 5주라는 시간이 걸렸으며 난닝 시의 거리는 문자 그대로 피로 물들었다. 체포된 조반파 2천3백 명은 공개 처형되었다. 폭력 행위가 특히 심했던 현들에는 군사관제위원회가 설치되어 반항하는 자들을 처벌하도록 했다. 위원회는 무차별 살육 행위를 적발했으며, 광시 일부 지역에서는 정치적인 의미로 인육을 먹는 일까지 일어났음을 알아냈다. 배신자로 의심되는 사람들을 살해하고 시신의 일부를 먹어버렸던 것이었다. 40년 전 광둥성 하이루펑 지역에서 펑파이 추종자들이 '인육 연회'를 열어 적을 살해하고 그 고기를 먹었던 것과 같은 종류의 사건이었다.[161] 이때 참여하지 않는 동료는 '가짜 동지'로 낙인찍혔다. 결국 광시에도 8월 20일에 혁명위원회가 설립되었으며, 과거 광시 제1서기를 지냈던 웨이궈칭(韋國清)이 위원장으로 임명되었다.

또 인민해방군은 중고등학교와 대학교에서 규율을 재확립하는 일도 맡았다. 더불어 각급 학교에 '노동자 선전대(工宣隊)'가 파견되어 지난 2년 동안 학생들이 조반 운동에 참여하면서 중단되었던 학교수업을 정상화할 준비를 했다.

이 조치와 관련해 또 다른 괴상한 사건이 일어났다. 광시에서 일어난 사건만큼 끔찍하지는 않았지만 그 일 못지않게 인간 본연의 모습을 보여주는 사건이었다.

7월 말 마오는 3만 명에 달하는 '노동자 선전대'와 '해방군 선전대'를 베이징 시내 대학들로 파견했다. 당시 베이징에서는 칭화대학을 비롯한 몇몇 대학교에서 급진파 홍위병들이 여전히 무기를 내려놓지 않고 싸우고 있었다. 칭화대학 학생들은 저항했다. 선전대 다섯 명이 살해당했으며 1백 명 이상이 부상당했다. 8월 5일에 마오는 칭화대학에 파견한 선전대를 지지한다는 뜻으로 망고 한 바구니를 선물로 보냈다. 며칠 전 중국을 방문한 파키스탄 대표단이 마오에게 선물한 것이었다. 마오가 보낸 망고들은 마치 《예기》에 규정된 절차를 따르는 듯한 극진한 태도로 다루어졌다. 《예기》는 기원전 5세기에 편찬된 고전인데, 여기서 주장하는 원칙들은 문화혁명 과정에서 철폐하려는 것들이었다. 마오가 보내준 망고는, 부처의 치아나 예수가 매달렸던 십자가의 못 같은 성유물처럼 여겨지고 숭배되었다. 시간이 지나 망고가 반쯤 썩자, 사람들은 밀랍으로 망고를 감싸 보존했다. 또 망고 '복제품'이 만들어져 다른 조직들에 배포되기도 했다.[162]

7월 27일에 칭화대학에서 벌어진 싸움은 홍위병의 마지막 분투였다. 다음 날, 마오는 베이징 홍위병 지도자 다섯 명을 인민대회당으로 불렀다. 마오는 학생 대표들에게 '검은 손(黑手)' 하나가 그들을 억누르려 한다고 말했다.* 그리고 그 '검은 손'은 바로 자신이라고 덧붙였다. 홍위병의 폭력은 너무 많은 사람을 적으로 만들었다고 마오는 말했다. 이제 선택의 시간이 되었다. 군의 통제에 따르든지 아니

---

* 칭화대학 홍위병 대표 콰이다푸는 7월 27일 학교로 들어온 노동자 선전대가 혁명을 좌절시키려고 온 것이며 그 뒤에 '검은 손'이 있다고 주장한 적이 있었다.

면 자발적으로 해산하든지 선택해야 했다.[163]

학교가 다시 정상적으로 운영되기 시작했고 이것은 민간의 안정을 되찾는 데에도 도움이 되었다. 하지만 지난 2년 동안 졸업하지 못하고 홍위병으로 전국을 돌아다니면서 시간을 보낸 수백만 청년들의 문제가 남아 있었다.

문화혁명 이전에도 도시 지역에는 청년 실업이 심각했고 이에 따라 학교를 졸업한 청년들이 자발적으로 농촌 지역으로 가곤 했다.[164] 문화혁명이 시작된 이후 구직은 더 어려워졌다. 공업 생산은 1967년 한 해 동안 14퍼센트나 감소했고 다음 해에는 5퍼센트 더 줄었다.[165]

이에 따라 1968년 가을, '하향운동(下鄕運動)'이 더욱 확대되어 부활했고 이번에는 강제성을 띠었다. 향후 2년간 모두 5백만 명의 학생이 농촌 지역으로 보내졌다.[166] 이 운동과 나란히, 수백만 명의 당 간부와 지식인들에게 도시를 떠나 농촌 지역의 '5·7간부학교(五七干校)'에 가서 살라는 명령이 내려졌다. 이 학교의 명칭은 1966년 5월 7일 마오가 린뱌오에게 보낸 서신에서 농민들 사이로 들어가 노동과 학습을 겸하여 행하면 어떻겠느냐고 한 데서 비롯했다.[167] 사실 대부분 농민들은 새로 농촌에 오는 사람들을 그다지 반기지 않았고 오히려 부담스러워했지만, 그것은 별로 중요한 문제가 아니었다. 마오가 보기에 '5·7간부학교'는 여러모로 좋은 해결책이었다. 이념적 측면에서 보면, 도시와 농촌의 벽을 허문다는 마오의 이상을 실현해주는 운동이었다. 정치적 측면에서 보면, 도시의 유약한 생활로 점점 퇴락해 가는 '새로운 계급'인 관료층에게 육체 노동을 강제함으로써 혁신적 태도를 불러일으킬 수 있는 운동이었다.[168] 사회적 측면에서 보면, 홍위병 출신과 홍위병의 희생자들을 모두 도시 지역에서 제거하는 효과가 있었다.

여기서도 군대가 핵심 역할을 했다.

하향한 젊은이들 중 많은 수가 변경 지역에서 군대가 운영하는 농장에 머물며 일했다. 또 군 장교들이 간부학교에서 '계급대오정비' 작업을 감독했다. 모든 정부 부처, 공장, 신문사에 군의 선전 공작조가 배치되었다.

하지만 인민해방군의 지배적 지위가 가장 뚜렷하게 드러나는 곳은 각 성의 행정 부문이었다. 새로이 구성된 혁명위원회를 보면 구성원 절반이 인민해방군 장교였으며, 홍위병이 3분의 1에 미치지 못했고 노장 당 간부는 20퍼센트밖에 없었다. 각 성의 실질적 행정부 역할을 하는 상무위원회는 구성원의 거의 4분의 3이 군인이었다.[169] 기층 단위로 내려가면 군이 차지하는 비중은 더 컸다. 다른 성에 비해 혼란이 보통 수준을 넘어서지 않았던 후베이성의 경우에 현 단위의 혁명위원회들 가운데 인민해방군 장교가 위원장을 맡는 경우가 98퍼센트에 이르렀다.[170] 실질적으로 중국의 대부분이 군의 통제 아래 놓였다.

하지만 이것은 나라가 무정부 상태로 떨어지는 것을 막는 데 따른 대가였다. 사회 구조가 너무 심각하게 파괴되어 다른 대안이 없었다.

1968년 9월 초, 중국의 29개 성 가운데 마지막으로 티베트와 신장에서 혁명위원회 설립이 선포되었다. 문혁소조는 "전국이 붉은색으로 완성되었다(全國山河一片紅)."라고 선언했으며 이틀 뒤 대중 집회에서 저우언라이는 이렇게 공표했다. "우리는 자본주의의 길을 가려고 했던 한 줌 권력자들의 음모를 완전히 분쇄했다."[171] 이로써 마오가 4년 전부터 준비를 시작했던 정치적 대단원을 위한 무대가 마침내 세워졌다.

1968년 10월 13일, 당 중앙위원회, 달리 표현하면 이 기관에 아직 남아 있던 사람들이 베이징에 모여 제8기 제12차 전원회의를 시작했다. 원래 구성원 가운데 3분의 2가 넘는 사람이 숙청되어 사라졌으며 살아남은 사람 가운데 출석한 정위원은 40명밖에 되지 않았다. 이는 회의 정족수에도 미치지 못하는 인원이었다. 이런 상황을 바로잡기 위해 회의에 출석한 19명의 후보위원 가운데 10명을 정위원으로 승격시켰다. 그리고 새로 형성된 혁명위원회의 인민해방군 장교들과 지도자들 74명을 포함시켜 회의를 확대했고 이들에게 — 당헌에 어긋나는 조치였지만 — 표결권을 주었다.

전원회의는 세 가지 주요 안건을 처리해야 했다. 첫째 류사오치 타도를 비준하는 것, 둘째 마오의 새로운 후계자로 린뱌오를 지명하는 것 — 이것은 이미 1966년 8월 린뱌오가 유일한 부주석이 되고 1967년 11월에 마오가 분명하게 언급함으로써 기정사실이 되었다. — 셋째 '2월역류'와 그 후속편인 '우경번안풍'을 공식적으로 비난하는 것이었다.

특히 류사오치를 비난하는 첫 번째 안건이 중요했다. 류사오치 관련 조사를 맡은 특수조사조를 직접 책임진 사람은 장칭이었다. 장칭은 세 권의 두툼한 책으로 된 증거 자료를 제시했다. 증거 자료는 모두 고문으로 끌어낸 자백에 기댄 것이었으며, 류사오치가 1925년 창사, 1927년 우한, 1929년 선양, 이렇게 최소한 세 차례에 걸쳐 국민당을 위해 공산당을 배신했다는 혐의 사실을 입증하는 내용이었다. 40년 전에 벌어진 배신행위를 증명하기 위해 캉성 휘하의 조사원은 2만 8천 명을 신문했다. 이들 대부분은 신문당한 뒤 반혁명 분자로 투옥되었다. 검토한 문건도 4백만 건이 넘었다. 1929년에 류사오치와 함께 체포된 멍융첸(孟用潛)이 핵심 증인이었다. 그는 1주일 밤낮을 취조당했고 결국 류사오치와 자신이 구금 중에 배신자가 되었다고 자백했다. 멍융첸은 얼마 뒤 정신을 차리고 '자백'을 취소하겠다고 했지만 이것은 은폐되었다.

장칭 자신도 증거가 빈약하다는 사실을 잘 알았고, 그리하여 보고서에서 또 다른, 좀 더 최근에 있었던 류사오치의 배신행위를 나열했다. 류사오치는 '미국의 비밀 첩자인 왕광메이'와 공모했고, 홍콩의 CIA에 '귀중한 정보'를 보냈으며, '마오 주석의 무산계급 혁명 노선'에 반대했다는 것이었다. 장칭은 이런 혐의를 뒷받침하는 증거는 나중에 공개하겠다고 말했다. 하지만 증거는 결코 공개되지 않았다.

이런 정황인데도 전원회의는 "류사오치를 당에서 영원히 축출"할 것, 류사오치가 "반역자, 배신자, 노동 운동 방해자이며…… 제국주의와 현대 수정주의와 국민당 반동분자들의 주구"이므로 모든 직책에서 해임할 것을 의결했다. 하지만 표결 결과는 만장일치가 아니었다. 저우언라이, 천이, 예젠잉을 비롯한 노장 지도자들은 오랜 동지를 비난하는 표결에 얌전하게 손을 들어 찬성했다.[172] 그러나 중앙위원회 위원인 한 나이 많은 여성이 이 엉터리 연극에 협조하기를 거부하고 기권했다. 얼마 뒤 이 여성 위원은 숙청당했다.

마오의 후계자로 린뱌오를 지명하는 것 역시 승인되었다. 이번에는 반대표가 없었다.[173]

심각한 견해 차이가 드러난 것은 세 번째 안건이었다. 정치국 온건파를 어떻게 처리할 것인가 하는 문제였다. 저우언라이는 마오의 투견 역할을 맡았다. 문화혁명 기간에 그가 이런 역할을 맡은 것은 이번이 처음도 아니고 마지막도 아니었다. 저우언라이의 공격 대상은 군 원수들만이 아니었다. 그는 국무원 내 자신의 동맹자인 천윈, 리셴녠, 리푸춘을 출세 제일주의를 택했으며 마오 노선에 반대 입장을 취했다고 공격했다. 마오는 이런 정치 연극에 뛰어났으며, 이번에 저우언라이가 극의 첫 장면을 맡았던 것이다. 장칭과 캉성은 둘 다 온건파 지도자들의 역할을 축소하려고 결심한 사람들이었고, 마오가 기대했던 역할을 잘 수행했다. 전원회의가 소집단 토론으로 진행되자 두 사람은 린뱌오의 동의를 구한 다음, 자신들의 지지자들에게 노장 간부에 대한 총공세를 벌이도록 지시했다. 주더 장군은 징강산 시절부터 마오의 영도에 반대해 온 '늙은 우익 기회주의자'라고 면전에서 비판당했다. 천원은 대약진운동을 반대했다는 비난을 들었고, 네 명의 군 원수들(천이, 녜룽전, 쉬샹첸, 예젠잉)은 '2월역류'를 촉발시켰으며 또 류사오치, 덩샤오핑, 타오주에 대한 판결을 뒤집으려고 획책했다는 비난을 들었다.

이렇게 무대가 꾸며지자, 마오가 나서서 타협적인 태도를 보일 수 있었다. 마오는 노장들이 다만 자신들의 의견을 표현하는 권리를 행사했을 뿐이라고 말했다. 덩샤오핑은 류사오치와 같은 범주가 아니라는 말도 덧붙였다.[174)]

마오는 덩샤오핑에 대해서는 문화혁명 초기부터 위와 같은 견해를 고수해 왔다. 1967년의 어느 시점에는 덩샤오핑을 당 지도부에 복귀시킬 생각을 잠시 하기도 했다. 같은 해에 캉성은 덩샤오핑의 과거를 조사하는 특수조사조를 구성하자고 제안했지만 마오가 거절했다. 마오는 허룽 문제를 조사하는―이 조사는 상대적으로 의미가 적었다.―조사조 구성에는 찬성한 바 있었다. 지금 마오는, 류사오치만이 아니라 덩샤오핑도 당에서 축출해야 한다는 문혁소조의 제안을 묵살하고 있었다. 덩샤오핑을 그대로 둔 것은 미래를 위해 보험을 들어 두는 것과 같은 의미였다. "이 작은 남자는 …… 그의 앞에 멋진 미래가 기다리고 있습니다."라고 마오는 외국인 방문객에게 말한 적이 있었다. 문화혁명 때 덩샤오핑은 단 한 번도 이름이 거론되거나 공식적으로 비판당한 적이 없었다. 마오는 덩샤오핑의 능력이 다시 필요해질 때를 대비해 그를 예비로 남겨 두고 싶어 했다.[175)]

6개월 후, 1969년 4월 베이징에서 중국공산당 제9차 전국대표대회가 개최되어 문화혁명이 승리를 거두고 종결되었음을 확인했다. 이번 당 대회에서도 마오는 지난번 중앙위원회 전원회의 때와 마찬가

지로 신중한 입장을 취했다.[176)]

'2월역류'에 가담했던 당 지도자들 가운데 (린뱌오에 의해 확고하게 거부된) 탄전린을 제외한 모든 사람이 중앙위원회 위원직을 그대로 유지했으며 예젠잉과 리셴녠은 정치국에 다시 임명되었다. 정치국은 점차 제 기능을 회복했다. 세 명의 원로 주더 원수, 지금은 두 눈이 다 먼 독안룡 류보청 원수, 마오 외에 유일하게 살아 있는 공산당 창립 멤버인 둥비우는 모두 정치국 직위를 보전했다. 난징 군관구 사령관 쉬스유와 선양 군관구 사령관 천스롄(陳錫聯)은 이번에 처음으로 정치국에 들어왔다.

어떤 의미에서 이 일곱 명은 정치적 안정을 위한 무게중심 역할을 했다.

실질적 권력의 중심은 정치국 상무위원회였는데 1966년 이후 구성원에 변화가 없었다. 상무위원회는 마오쩌둥, 마오의 '친밀한 전우(親密戰友)'로 불리던 린뱌오, 저우언라이, 천보다, 캉성으로 구성되었다. 실질적 권력의 또 다른 중심은 당 지도부 내에서 린뱌오와 장칭이 각각 이끄는 두 급진파 그룹이었다. 장칭은 상하이의 지도자인 장춘차오와 야오원위안, 공안부장 셰푸즈의 지지를 받았다. 이들 모두 정치국 정위원이 되었다. 린뱌오가 이끄는 그룹은 아내인 예첸과 네 명의 장군, 즉 황융성, 우파셴, 리쭤펑, 추후이쭤로 이루어졌다. '상황 보고 회의'는 기능이 정지되었으며 문혁소조 역시 5개월 뒤 해체된다.

제9차 당 대회 이후 정치국 회의는 종종 이른바 '임시 공작회의'의 형태로 열렸다. 그럴 경우에 노장 간부들은 회의에서 배제되었다. 하지만 이렇게 온건파에게 일정한 자리를 할애하는 마오의 결정에는 중요한 의미가 있었다. 단순히 관용의 마음을 과시한 것이 아니었다. 마오는 자신이 1945년 제7차 당 대회에서 했던 것처럼 공산주의 정치체제를 구성하는 서로 다른 이익집단들을 모두 대변할 수 있는 연합을 빚어내려고 했던 것이다. 지금은 급진파가 우세하지만, 주더와 류보청(그리고 저우언라이는 더욱 그렇다) 같은 사람들을 지지하는 정치 세력에는 린뱌오와 추종자들이 도저히 손을 댈 수 없다는 것을 마오는 충분히 잘 이해하고 있었다. 50년 동안 정치적 폭풍의 한가운데 있었던 마오는 달걀을 모두 같은 바구니에 담아서는 안 된다는 것을 배웠다.

더 근본적인 이유도 있었다.

공식적으로 문화혁명은 엄청난 성공을 거두었다. 마오쩌둥은 마르크스-레닌주의를 "한 차원 높은, 완전히 새로운 단계로" 끌어올렸으며 "제국주의는 완전한 붕괴로 향해 가고 사회주의는 전 세계적 승리를 향해 가는 시대"를 위한 지도 철학을 만들어냈다는 칭송을 받았다. 마오의 금언은 이제 중국인의 뇌리에 깊이 박혀 매일 일상의 대화에서 마치 과거 유가 경전의 금언과 같은 지위를 누리게 되었다. 제9차 당 대회에서는 계급투쟁이 "사회주의의 모든 단계를 관통하는 (당의) 기본 노선"이라고 확인했으며, 미래 세대는 "무산계급 독재 아래 계속 혁명"이라는 대전제를 확고히 하고 정책을 수행해야 한다고 규정했다.

하지만 3년간의 혼란 끝에 성취한 것은 정말 무엇이었나?

류사오치는 이제 완전히 숙청되었다. 덩샤오핑은 가택 연금을 당했고 펑더화이는 수감되었다. 허룽은 수감되어 있다가 1969년 여름에 사망했다. 1968년에 열린 제8기 제12차 전원회의에서 마오가 허룽은 "더는 보호받을 수 없다"고 발언하자, 허룽을 돌보던 의사들은 이 말을 허룽의 죽음을 앞당기라는 신호로 받아들여 의도적으로 엉뚱한 처방을 내렸다.[177] 타오주 역시 몇 개월 뒤 사망했다. 그 이하 수십만 명의 당 간부가 면직되었으며 그중 상당수가 투옥되었다. 약

1백만 명이 죽음을 맞았다. 여기에다 '5·16' 분자 숙청과 계급대오정비운동으로 반혁명 분자로 색출되어 죽음에 이른 사람들까지 포함하면, 1백만 명이라는 사망자 수는 두 배 이상으로 늘어난다.[178] 외적으로 표출된 자산계급 사상과 행태는 완전히 분쇄되었다.

마오는 류샤오치 자리에 린뱌오를 세웠다. 한편으로는 린뱌오가 더 나은 후계자라고 볼 수 있었다. 그는 류샤오치보다 열 살 가까이 젊었다. 하지만 린뱌오는 몸이 너무 자주 아파서, 심지어 마오가 '영원 건강(永遠健康)'이라는 다소 경멸적인 별명으로 부른 적이 있을 정도였다.[179] 린뱌오는 신경병으로 땀을 엄청나게 흘리는 일이 잦았다. 마오의 신경쇠약과 유사한 병이었다. 하지만 그에겐 마오에게는 없는 건강염려증이 있었다. 린뱌오는 사람 만나는 것을 싫어했다. 외국인 대표단을 꼭 만나야 할 때면 온몸이 땀에 흠뻑 젖곤 했다. 1940년대 초에 린뱌오는 소련에서 치료받은 적이 있었는데 그때 모르핀에 중독되어 완전히 벗어나지 못했다. 또 그는 햇빛을 싫어해서 사무실 창문에 항상 블라인드가 내려져 있었다. 그는 바람이 불 때면 밖에 나가지 않으려고 했다. 여름이든 겨울이든 실내 온도는 항상 섭씨 21도를 유지해야 했다.

당시 최고 지도부에서 다른 사람과 친구 관계를 맺는 사람이 드물긴 했지만 린뱌오는 이해가 가지 않을 정도로 다른 사람과 친밀한 교류가 없었다. 그는 베이징 서북쪽 지역인 마오자완(毛家灣)의 저택에서 엄중한 경호를 받으며 사실상 외부와 단절된 채 살았다. 집에 누가 방문하는 것은 아예 허락하지 않았으며 다른 사람 집을 방문하는 일도 없었다. 심지어 부하 장교조차 직접 만나기를 거절하는 경우가 자주 있었다. 서류를 직접 읽기를 거부하고 비서가 먼저 읽은 다음에 구두로 요약해주도록 했다. 요약 설명도 하루에 30분 이상을 넘지 않도록 했다.

개인적인 특이 사항이 많았지만 린뱌오가 마오의 후계자가 되는데 걸림돌이 되지는 않았다. 당 주석의 역할은 행정이 아니라 전략에 관한 것이었기 때문이다. 마오가 보기에 린뱌오의 최고 장점은 1928년 징강산에서 처음 만난 뒤로 지금까지 마오 자신에게 완벽하게 충성스러운 추종자였다는 점이었다. 린뱌오는 지적 능력이 뛰어났다. 마오의 부하들 가운데 유일하게 린뱌오만이 중요한 연설을 할 때 역사적 사실을 적절하게 인용할 줄 알았다(이를 위해 린뱌오는 따로 조사 팀을 고용했다). 연설을 하면서 주석을 칭송하는 데 푹 빠진 경우가 아니면 린뱌오는 어느 누구보다도 마오의 견해를 명료하고 설득력 있게 잘 설명할 수 있었다. 정치적으로 린뱌오는 국공내전에서 활약한 가장 탁월한 지휘관으로 명성을 얻었다. 이념적인 면에서는 '마오쩌둥 사상'의 가르침을 독실하게 따랐다.

그러나 린뱌오는 카리스마 있는 지도자가 아니었고 따라서 탄탄한 뒷받침이 필요하다는 것을 마오도 분명히 알았을 것이다.

여기에 문제가 있었다. 제9차 당 대회가 열리는 인민대회당 단상에 앉아 참석자들을 둘러본 마오는 분명 1천5백 명의 대의원 가운데 거의 4분의 1 이상이 인민해방군 녹색 제복을 입고 있음을 알아차렸을 것이다.[180] 새로이 구성된 중앙위원회 역시 3분의 1 이상이 군인이었다. 노장 당 간부는 5분의 1도 못 되었다. 신참들은 정치적으로나 이념적으로 건전했지만 이들이 밀어낸 제1세대 지도자들만큼 능력을 갖춘 사람은 매우 적었다.

중국 전체를 두고 볼 때 문화혁명의 성공 여부는 더욱 의문스러웠다. 계급대오정비운동 때문에 농촌 지역에서는 폭력 사태가 분출했다. 각 지역 간부들이 진짜 적뿐 아니라 적으로 의심되는 사람들까지 숙청하고 죽일 기회를 잡았기 때문이었다. 하지만 문화혁명 자체는 기본적으로 도시에서 나타난 현상이었다. 중국의 6억 농민 중 많

마오쩌둥과 린뱌오. 마오는 류사오치를 숙청한 뒤 1969년에 자신의 '친밀한 전우' 린뱌오를 공식적으로 후
계자로 선포했다.

은 이들에게 문화혁명은 "마음을 건드리기"는커녕 ─ "마음을 건드린
다(觸及靈魂)"는 것은 문화혁명의 선전 구호였다. ─ 저 멀리 도시에
서 벌어진 요란한 소동의 소문을 듣는 것일 뿐이었다.

겉으로 보기에 이제 중국은 집단적으로 소유된 회색 건물들의 바
다, 집단화된 농장들의 바다, 푸른 무명천으로 만든 똑같은 옷들이
넘실거리는 바다였다. 밝은 색상이라고는 건물에 내걸린 붉은 깃발
과 어린아이들이 입는 옷뿐이었다. 장식품은 어떤 종류든 모두 금지
되었다. 문화 활동은 대폭 축소되어 장칭이 제시한 여덟 편의 '혁명
모범극'만 남았다. 시장도 가판도 행상인도 없었다. 심지어 자전거조
차 검은색으로 칠해졌다.

하지만 개인주의적 사고를 완전히 뿌리 뽑는 것은 ─ 마오의 표현
에 따르면 '무산계급 사상 혁명'을 완수하는 것[181] ─ 훨씬 어려운 작
업이었다.

1966년에 마오는 문화혁명을 '7년 내지 8년에 한 번씩' 반복해서
시행해야 국가의 혁명 열정을 항상 새롭게 할 수 있으며 자산계급적
퇴행을 막을 수 있다고 썼다. 이제 1969년 4월에 그는 과업이 아직
완수되지 않았으며 '몇 년 뒤' 모든 것을 다시 처음부터 한 번 더 시
행할 필요가 있을 것 같다고 말했다.[182]

마오는 문화혁명이 자신의 원래 목표에 미치지 못했음을 한 번도 인정하지 않았다. 그렇지만 마오처럼 매사에 의문을 품고 변증법적 사고를 하는 사람이 공포와 잔인함, 고통의 산고 끝에 태어난 새로운 '붉은 가치의 나라'가 쓸모없이 천박하다는 사실을 제대로 보지 못했으리라고는 믿기 어렵다. 문화혁명은 중국이 지닌 최악의 본능을 집단적으로 드러내도록 만들었다. 심지어 린뱌오도 비공식적인 자리에서 문화혁명을 '문화 없는 혁명(沒文化革命)'이라고 일축한 적이 있었다.[183] 하지만 마오의 관심은 다른 데 있었다. 혁명은 (사교 모임의) 만찬이 아니라고 그는 즐겨 말했다. 최우선으로 중점을 두어야 할 것은 계급투쟁이 영원히 계속되도록 하는 것이었다.

그 목적을 달성하기 위해 중국은 인간 정신을 가두는 거대한 감옥이 되었다. 낡은 세계는 완전히 분쇄되었다. 하지만 마오가 그 빈자리에 놓을 것은 공허한 '붉은' 미사여구밖에 없었다.

결국 그 빈자리는 소련의 도움으로 채워졌다. 소련이 의도한 바는 아니었다.

1968년 8월 20일 밤, 소련군이 체코슬로바키아를 침공해 '프라하의 봄'을 압살하고 체코의 개혁파 공산 정부를 무너뜨렸다.[184] 침공을 정당화하기 위해 소련의 브레즈네프 서기장은 어디서든 사회주의 체제가 위협당할 때는 소비에트 블록의 모든 국가들에게 이를 방어할 의무가 있다고 주장했다. 이 주장은 '브레즈네프 독트린'이라고 불렸는데 공식적으로 유럽 지역에 한정되는 것이었다. 하지만 마오가 보기에 이것은 소련이 중국을 침공할 수 있는 근거였다.

이듬해 봄, 마오는 선수를 치기로 마음먹었다.

지난 수년 동안 중국과 소련 국경선 부근에서 우발적으로 작은 충돌이 계속 일어났다. 하지만 1969년 3월 2일에 발생한 무력 충돌은 사전에 철저하게 계획된 것이었다. 3백 명의 중국 병사가 흰색 위장복을 입고 어둠을 틈타 얼어붙은 우수리강을 건너 전바오섬(珍寶島)에 도착했다. 이 섬의 러시아 이름은 다만스키섬이었다. 이 섬은 소련의 시베리아 지역 주요 도시인 하바롭스크에서 남쪽으로 240킬로미터 지점에 있었으며, 소련과 중국 간에 소유권 분쟁이 있었다. 중국 병사들은 각자 눈 속에 개인 참호를 파고 들어가 매복 공격을 준비했다. 다음 날 아침 중국은 이 섬을 향해 약간의 병사를 이동시켰다. 소련의 반응을 끌어내기 위한 미끼였다. 중국군의 이동을 확인한 소련군은 정찰대를 보내 중국 병사들의 이동을 저지하게 했고, 그러자 잠복해 있던 중국 병사들이 일제히 발포했다. 소련은 보충 부대를 투입했고 중국 병사들은 결국 퇴각했다. 이 과정에서 소련 측은 죽거나 부상당한 병력이 30명이 넘었다. 같은 장소에서 2주 뒤 다시 전투가 벌어졌다. 이번에는 규모가 더 컸고 소련은 60명, 중국은 수백 명의 사상자가 발생했다. 세 번째 충돌은 3월 17일에 발생했는데, 이 충돌은 당시에는 공식적으로 발표되지 않았다. 이 충돌에서 소련은 전차와 대포까지 동원했다.[185]

마오의 계획은 놀랄 만큼 단순했다. 만일 소련이 중국의 주적(主敵)이 된다면, "나의 적의 적은 친구"라는 원칙에 따라 미국이 중국의 잠재적 동맹이 될 것이다. 비록 현재 미국이 중국의 또 다른 동맹인 베트남과 중국 남부 국경선 근처에서 잔인하고 파괴적인 전쟁을 치르는 중이었지만, 어쨌든 마오의 계획은 그러했다.[186]

전바오섬 충돌은 새로 당선된 미국 대통령 리처드 닉슨에게 중국의 외교 정책 우선순위가 근본적으로 변하고 있음을 납득시키려는 중국의 장기적 노력의 첫걸음이었다. 마오의 의도를 몰랐던 소련은 군사적 압력을 강화하여 중국을 협상 테이블로 끌어내려 했다. 하지만 이 계획은 오히려 마오가 노리는 바대로 소련과 중국의 충돌이 더 격화되는 결과를 낳았다. 그해 봄과 여름에 걸쳐 중소 국경 분쟁은 몇 배로 크게 증가했다. 모스크바는 바르샤바조약군이 개입할 수 있으며 핵무기를 사용할 수도 있다고 강력하게 암시했다(이는 1958년 타이완 해협 사건 때 미국이 핵무기 공격을 내세워 위협했던 것과 똑같은 행동이었다). 소련 정부는 몽골 지역에서 대규모로 군비 증강을 시작했다. 중국 정부는 국방 예산을 30퍼센트 늘렸다. 8월에는 민간 방위 계획이 베이징과 다른 주요 도시에서 시작되었고 수백만 명의 주민이 동원되어 방공호를 팠다. 핵 공격에 대비하려는 것이었다.

이런 과정을 통해 정치적 의도를 충분히 드러낸 마오는 그리 내키지 않는다는 태도를 적절히 보인 다음, 9월에 저우언라이와 소련 총리 알렉세이 코시긴(Aleksei Kosygin)이 회담을 여는 데 동의했다. 이 회담은 마치 과거 중국이 오랑캐들을 성 안으로 들어오지 못하게 했던 시절을 상기시키듯, 베이징 공항에서 진행되었다. 두 사람은 국경선을 현 상태로 유지하기로 하고, 국경 협상을 속개하며 더는 군사 충돌이 없도록 하자는 데 합의했다.

이리하여 위기가 종식되었다.

중소 국경 분쟁으로 딱 알맞은 정도의 호전적 분위기가 조성되었고, 이것은 곧 제9차 당 대회를 위한 멋진 배경이 되었다. 중국 전체 인구의 절반에 이르는 4억 명의 중국인이 '새로운 차르' 즉 소련에 반대하는 각종 시위에 참가했다. 좀 더 장기적으로 보면, '소련의 수정주의적 사회제국주의*'를 격렬히 비난함으로써 전 중국의 에너지를 하나로 모을 수 있는 새로운 정치적 구심점이 생겼던 것이다(20

사회제국주의(social-imperialism) 사회주의 기치를 내건 국가 간에 주권 평등, 내정 불간섭 등 원칙을 무시하고 무력으로 자기 의사를 타국에 강요하는 것을 가리킨다. 1968년 소련이 체코슬로바키아를 침공했을 때 중국의 마오쩌둥이 소련을 '사회제국주의'라고 강하게 비난했다.

여 년 전 한국전쟁 때 반미 수사가 중국에 활기를 불어넣어주었던 것과 비슷하다).

또 중소 위기는 마오가 몇 가지 미진했던 일들을 마무리하는 데도 도움이 되었다. 10월 중순에 린뱌오는 '경계경보'를 발하고 1백만 명의 병력을 소련의 가상 공격에 대비해 동원했다.[187] 완전히 허황된 이야기는 아니었다. 국경 지대의 갈등이 완화되긴 했지만 중국이 최근 처음으로 지하 핵실험에 성공하면서 소련이 중국 핵 시설에 국부 공격을 감행할 수 있다는 우려가 생겼다. 훗날 마오 자신이 주장한 것처럼 당시에 그가 소련이 베이징에 보복 폭격을 가할 수 있다고 정말로 믿었는지는 다른 문제이다. 하지만 이런 상황은 마오에게 당의 노장 지도자들을 지방으로 분산 배치할 구실을 주었다. 베이징에서 당 지도부 전체를 대피시킨다는 구실이었다. 그리고 동시에 (실권한 지 3년 된) 류사오치와 덩샤오핑을 수도에서 제거하기에 좋은 구실이기도 했다.

덩샤오핑은 아내와 함께 장시성으로 보내졌다. 그곳에서 그는 철저한 감시 아래 군 막사에 살면서 근처 트랙터 수리 공장에서 시간제로 노동을 했다. 베이징대학에 다니고 있던 덩샤오핑의 큰아들 덩푸팡(鄧樸方)은 그해에 홍위병 고문자들에게서 벗어나려고 3층 건물에서 뛰어내렸다가 척추를 다쳐 하반신 마비가 되었다.* 하지만 덩샤오핑은 마오에게 보호를 받고 있었다. 중앙위원회 판공청 주임 왕둥싱은 마오에게서 덩샤오핑 가족이 그런대로 괜찮은 생활을 할 수 있게

---

* 세월이 흐른 뒤 덩푸팡은 저자와 한 인터뷰에서 이렇게 회고했다. "(급진파) 몇 명이 나를 억류하고 일종의 감옥 같은 곳에 가두었습니다. 나는 미래가 없다고 느꼈습니다. 그들은 나를 두들겨 패서―당시에 물리적 박해는 흔한 일이었습니다.―결국 나 스스로 내 목숨이 조금도 중요하지 않다고 느끼게 만들었습니다. 그래서 나는 (내가 붙잡혀 있던) 건물(의 꼭대기)에서 일부러 뛰어내렸습니다. 그 순간에는 …… 내가 불구가 될지 아닐지는 정말 조금도 관심이 없었습니다."(저자 주)

하라는 지시를 받았다. 덩푸팡을 비롯해 덩샤오핑의 자식들은 얼마 뒤 아버지의 거처로 와서 같이 살 수 있게 되었다.[188)

류사오치는 1968년 여름 폐렴에 걸린 이후 병상에 누워 있었다. 당에서 제명되었다는 소식을 들었을 때 그는 "갑자기 많은 땀을 흘렸으며 호흡 곤란과 구토 증세를 보이기 시작했다." 그러고는 입을 닫고 다시는 말을 하지 않았다. 너무 오래 병상에 누워 있어 온몸에 욕창이 생겼으며 음식물을 넘기지 못해 정맥 주사를 통해 영양분을 공급받았다. 머리숱은 점점 줄었고 이제 백발이 되었는데 2년 동안 이발을 하지 못해 길이가 30센티미터나 되었다. 마오의 지시에 따라 그는 10월 17일 중난하이에서 들것으로 실려 나가 비행기로 중부 지역 도시인 카이펑으로 옮겨졌다. 그는 카이펑 당 위원회 본부에 있는 빈 건물의 지하실에 수용되었는데, 그곳엔 난방 시설이 없었다. 류사오치는 또다시 폐렴에 걸렸지만 병원에서 치료받고 싶다는 요청을 거부당했다. 잔인하고 긴 고통 끝에 류사오치는 자신의 토사물과 배설물로 뒤덮인 침대 위에서 천천히 죽어 갔다. 사망일은 1969년 11월 12일로 마오가 류사오치 비판 운동을 개시한 지 거의 4년이 되는 날이었다. 그의 시신은 지프차 뒤에 실려 화장터로 옮겨졌다. 그리고 류사오치라는 이름이 아니라 가짜 이름으로 화장되었다.[189)

마오 주석이 류사오치를 죽이라고 직접 지시한 것은 아니었다. 허룽과 타오주, 몇 년 뒤 감옥에서 죽은 펑더화이까지, 이 죽음들 가운데 어느 것도 마오가 직접 지시한 적은 없었다.

하지만 마오가 그런 죽음들을 막기 위해 손가락 하나 까딱하지 않은 것도 사실이다.

16장

물러선 거인

1969년~1976년

"새 중국 건설과 문화혁명, 이것이 내가 한 두 가지 일이다."

MAO
THE MAN
WHO
MADE
CHINA

류사오치가 죽고 6주 뒤 마오쩌둥은 76번째 생일을 맞이했다. 마오는 담배를 심하게 피웠으며 호흡기 질환을 앓았지만 그 외에는 건강했다. 당시 마오의 주치의는 1년 동안 다른 곳에 머물다 돌아왔는데, 마오가 여전히 많은 젊은 여성의 시중을 받았고 이따금 침실로 "셋이나 넷, 심지어 다섯 명의 젊은 여성을 동시에" 불러들였다고 전한다.[1]

나이가 들어 감에 따라 마오는 변덕이 심해졌고 속마음을 종잡을 수가 없었다. 그는 아랫사람들이 자신과 똑같이 생각하기를 기대했다. 미리 알아차리지는 못하더라도 적어도 다르게 생각하지는 말아야 했다. 지난 20년 동안 그 시험에 불합격한 주요 희생양만 해도 가오강, 펑더화이, 류사오치, 덩샤오핑, 타오주가 있었다. 하지만 마오 주석의 본심을 알아내는 일은 점점 더 어려웠다. 마오는 어떤 정책을 극한까지 밀고 가다가 갑자기 방향을 바꾸었다. 1967년 상하이 인민공사나 인민해방군 내 '주자파' 숙청 문제가 그랬다(이런 일이 벌어지면 마오의 지지자들은 아주 난감한 상황에 빠졌다). 게다가 마오는 과거보다 더 자주 자신의 속내를 의도적으로 은폐했고, 다른 사람의 반응을 보기 위해 마치 고대 그리스의 델포이 신탁처럼 수수께끼 같은 말로 자신의 생각을 감추었다.

마오의 집무실 '국향서옥'에서는 병적인 의심이 뿜어져 나오기 시작했다. 당시 정치국의 한 급진파 인사는 이렇게 기억했다. "마오의 말년에는 아무도 그를 신뢰하지 않았다. 우리는 매우 드물게 그를 만났으며 …… 직접 대면할 때면 우리는 그가 오류라고 지적할 만한 잘못된 말을 할까 봐 두려움에 떨었다."[2]

결국 마오의 모든 동료들은 신하 같은 신세가 되었고 그에 걸맞게 처신했다.

이러한 처세에 가장 능한 자는 저우언라이였다. 1969년 3월 마오가 장칭을 새로 구성되는 정치국에서 제외하겠다고 결정하자, 저우언라이는 족벌주의의 모습을 보이고 싶지 않았던 주석의 의중을 꿰뚫어 보고, (예천과) 장칭을 정치국 후보 명단에 올렸다. 제9차 당 대회 때 마오가 마르크스-레닌주의를 '창조적으로' 그리고 '천재적으로' 발전시켰다고 말한 사람도 저우언라이였다. 이는 새로운 당헌 초안에 포함되었으나 마오가 삭제한 표현이었다. 저우언라이의 판단은 정확했다. 마오는 단지 공산당의 공식 규약에 들어가는 것이 적당치 않다고 생각했을 뿐이며, 골수 당원들이 모인 자리에서 자신을 기쁘게 하기 위해 그러한 표현을 넣어 연설하는 것은 전혀 문제로 여기지 않았다.[3]

하지만 정확하게 판단하는 것만으로는 부족했다. 마오는 의심이 너무나 많아져서 끊임없이 측근의 충성을 확인해야 안심했다.

저우언라이가 살아남을 수 있었던 이유는 주석의 신임을 얻기 위해서라면 그 누구라도 배신했기 때문이다. 저우언라이의 수양딸은 홍위병에게 끌려가 고문을 받았고, 감옥에 갇혀 학대당하다가 죽었다. 그러나 그는 딸을 보호하기 위한 아무런 조치도 취하지 않았다. 정치보다 가족을 우선한다는 비난을 받을지도 모른다고 합리적으로 판단했기 때문이었다. 문화혁명 시절 덩샤오핑을 가장 혹독하게 비판한 당 지도자는 장칭이나 캉성이 아니라 저우언라이였다('특수조사조' 보고서에 첨부된 의사록을 보면 알 수 있다).[4] 중앙문화혁명소조에 제출한 문건을 보더라도, 저우는 유난히 혹독하게 원로 간부들의 잘못을 비판했다.[5] 심지어는 몇 년을 동고동락하며 친근하게 지낸 개인 호위병도 장칭이 특별한 이유 없이 적대시하자 주저 없이 바로 버렸다. 저우의 부인 덩잉차오는 그 호위병이 체포되어야 한다고 주장하기까지 했다. 이유는 간단했다. "우리는 그자를 편애하는 모습을 보이고 싶지 않습니다."[6]

1960년대 말 문혁소조는 그보다 10년 전의 정치국에 비하면 훨씬 더 지독한 독사들이었다.

문화혁명 자체가 비도덕적이었기 때문에 정직의 희미한 흔적조차 남기 어려웠지만, 확실히 장칭의 존재 자체가 상황을 더욱 악화시켰다. 중년에 이른 장칭은 천박했고 복수심에 불탔으며 전적으로 자기중심적이었다. 장칭은 과거 배우로서의 일들이 외부에 알려질까 봐 젊은 시절 자신에게 친절했던 자들을 거의 모두 추적하여 감옥에 가두었다.[7] 장칭은 언젠가 천보다가 마오에게 비판을 받고 자살을 고민하는 것을 알고서는 그의 면전에 대고 크게 웃으며 이렇게 말했다. "해보시오! 해보시오! 당신이 자살할 용기가 있을까?"[8] 캉성은 과거에 마오와 장칭이 맺어지도록 도왔고 덕분에 큰 이득을 봤지만, 그녀를 위험하고 신뢰할 수 없는 사람으로 여겼다. 린뱌오는 장칭을 몹시 싫어했으며, 어느 날 마오자완에서 회의를 하다가 너무나 화가 나서 부인 예췬에게 (그러나 장칭은 듣지 못하도록) 소리쳤다. "저 여자 꺼지라고 해!"[9] 심지어 마오조차 장칭에 대한 인내심을 잃었다. 하지만 장칭은 저우언라이와 마찬가지로 마오에게 쓸모가 있었다. 그리고 다른 사람들에게도 그녀는 마오와 직접 닿을 수 있는 통로였기 때문에 도움이 되었다. 상하이의 급진파들은 마치 거머리처럼 장칭에게 달라붙어서는, 그녀가 저우언라이의 힘을 약화시키려 할 때마다 행동 대원으로 활동했다. 이들보다는 정도가 약하기는 하지만 캉성이나 셰푸즈도 마찬가지였다(그러나 캉성은 얼마 뒤 태도를 바꾼다).

1969년 이전까지 이들의 개인적 적대감은 '주자파'를 분쇄하고 급진적 대의를 고취하기 위한 큰 투쟁에 가려져 표면화되지 않았다.

그러나 중국공산당 제9차 전국대표대회에서 개인적 증오는 정책 문제로 비화되어 나타나기 시작했다. 린뱌오는 당 대회를 앞두고 생산 증진과 생활 수준 향상에 중점을 둔 보고서를 작성하고자 했다. 천보다는 린뱌오의 생각에 기초하여 보고서 초안을 작성한 뒤 마오에게 제출했다. 마오는 보고서의 주요 메시지가 문화혁명의 지속 필요성이어야 한다고 고집하며, 천보다의 초안을 거부했고 대신 장춘차오에게 새로운 초안을 준비하도록 지시했다. 린뱌오는 장춘차오의 초안을 받았지만 거들떠보지도 않았으며 서명하기를 계속 거부했다. 훗날 장춘차오는 당 대회에서 린뱌오가 보고서 내용에 동의하지 않음을 드러내려고 일부러 성의 없게 읽었다고 비난했다.[10)]

장칭과 린뱌오는 정치국 내부에서 서로 엇비슷한 지지를 받고 있었다. 겉으로 보기에는 린뱌오가 더 강했다. 그는 중국 전체를 통제하는 인민해방군의 통솔자였기 때문이다. 반면에 장칭은 모든 것을 장악한 마오의 아내였다. 그러나 린뱌오는 주석이 항상 아내의 편을 들지는 않았으므로 장칭의 특수한 지위는 확실한 이점이 아니라고 여겼다.

두 사람은 정책에 관한 뚜렷한 견해 차이가 없었기 때문에 — 린뱌오가 문화혁명에 대해 어떻게 생각했는지는 알 수 없으나, 그는 그것을 입 밖에 낼 정도로 아둔하지는 않았다. — 오로지 권력을 놓고만 경쟁했다. 마치 옛날 궁정 암투를 벌이듯 그들은 오로지 마오 주석의 호감을 사기 위해 경쟁했다. 그 결과 향후 2년간 일련의 사건들이 벌어지며, 그 과정에서 마오가 자신의 사후에도 정책이 보존될 수 있도록 엄청난 노력을 기울인 계획들이 모두 허물어지고 만다.

시작은 너무나 단순했다. 류사오치가 불명예스럽게 죽자 국가주석 자리는 공석이 되었다. 1970년 3월 마오는 문화혁명 이후 정치 조직을 전반적으로 재구성하기 위해 헌법을 개정한다는 지침을 발표했다. 국가주석직을 폐지하고 국가주석의 의례적 기능을 입법권을 지닌 전국인민대표대회 상무위원회로 이관하는 내용이 담겼다. 마오의 지침은 먼저 정치국에서 승인된 뒤 중앙위원회 공작회의에서 통과되었다.

린뱌오는 정치국 회의에 출석하는 일이 드물었는데, 헌법을 개정하는 이 일련의 회의 때도 마찬가지였다. 그런데 5주 뒤인 4월 11일 그는 마오에게 서신을 보내 개정 헌법에 관한 결정을 재고해야 할 뿐 아니라 마오가 국가주석이 되어야 한다고 주장했다. 그렇게 하지 않으면 "인민의 심리에 부합하지 않는다"는 것이 이유였다. 다시 말해 마오가 중국 혁명의 상징으로서 국가의 모든 영예를 차지해야 한다는 의미였다. 다음 날 마오는 린뱌오의 제안을 거절하며 정치국 회의에서 이렇게 발언했다. "나는 그 직책에 다시 오를 수 없습니다. 이 제안은 적절하지 않습니다." 그리고 4월이 지나기 전 또다시 마오는 국가주석에 오를 생각이 없다고 반복했다.[11]

한편 마오는 린뱌오의 제안을 매우 이상하게 여겼다.[12]

왜냐하면 린뱌오의 성격과 너무나 어울리지 않는 행동이었기 때문이다. 저우언라이가 충성심을 종교처럼 떠받드는 사람이라면, 린뱌오는 철저히 수동적인 사람이었다. "수동적으로 행동하고, 수동적으로 행동하고, 한 번 더 수동적으로 행동하게." 친구 타오주가 몰락하기 전 린뱌오에게 찾아와 조언을 구하자 그가 해준 말이었다.[13] 린뱌오는 몹시 신중하여 '건설적 제안을 하지 말자'를 자신의 행동 지침으로 공식화할 정도였다(제안자가 결과도 책임을 져야 하기 때문이었다). 린뱌오는 제9차 당 대회에서 이렇게 말하기도 했다. "언제나 모든 중요한 문제와 관련하여, 마오 주석께서는 항상 방향을 정해주십니다. 우리는 그저 그분의 발걸음을 따라 맡은 일을 하면 됩니다."

마오의 정치적 촉각을 자극한 이유는 더 있었다. 은둔을 즐기던 린뱌오 원수가 마오의 '친밀한 전우이며 후계자'가 되자, 점점 자신감에 차서 행동했던 것이다. 심지어 마오의 한 측근은 그의 태도를 '자만심'이라고 표현하기도 했다. 린뱌오의 변화는 마오의 눈에도 띄기 시작했다. 한번은 화가 나서 마오가 이렇게 말하기도 했다. "(그가) 방귀를 뀌면 마치 황제의 칙령이라도 공포된 것같이 야단법석이란 말이야."[14] 지난 10월 소련과 충돌이 발생하자 린뱌오가 인민해방군에 '경계경보'를 내린 것도 우려스러운 점이었다. 이 사건은 적어도 인민해방군의 통제권이 얼마나 쉽게 마오의 손아귀에서 빠져나갈 수 있는지 보여주었다.[15] 또한 마오는 지방 순시 동안 군복 입은 사람들이 무척 많은 것을 보고 놀랐다. "어째서 온 사방에 군인들이 있는가?" 마오는 계속 불만스럽게 중얼거렸다. 물론 그는 이유를 너무나 잘 알고 있었다. 질서를 유지하기 위해 인민해방군을 활용한다는 결정을 내린 게 바로 마오 자신이었기 때문이다. 그러나 마오는 돌아가는 상황이 마음에 들지 않았다. 게다가 린뱌오가 천보다와 급격히 가까워진 것도 문제였다. 당 서열 5위인 천보다는 문혁소조 동료들과 사이가 틀어지자 린뱌오와 예천을 가까이했다. 마오는 본능적으로 이런 식의 동맹 관계를 의심했다.[16]

그리하여 마오는 헌법 개정에 관한 린뱌오의 주장에 일부러 불분명한 태도를 취했다. 마오는 이 사안에 관한 토론을 즉각 중지시킬 수 있는ㅡ그에게는 아주 쉬운 방법이었다.ㅡ단호한 입장을 표명하는 대신, 일부러 의심의 꼬리가 이어지도록 내버려 두었다.[17] 이는 마오가 즐겨 쓰는 방식이었다. 그는 동료들이 결정을 내리지 않을 수 없는 상황을 만든 다음, 뒤로 물러나서 그들이 어느 쪽으로 움직이는지 관찰하곤 했다.

린뱌오는 계속 자기주장을 고수했다. 린뱌오가 주장을 굽히지 않자 국가주석 문제는 5월과 7월에 다시 제기되었다. 그러나 마오는 또다시 반대 의사를 밝혔다. 벌써 네 번째였다.[18]

이쯤 되자 이 사안은 정치국으로 번져 린뱌오를 지지하는 쪽과 장칭을 지지하는 편의 싸움과 얽힌다. 천보다의 지지를 받은 우파셴은 개정 헌법에 마오가 마르크스-레닌주의를 '창조적', '전면적', '천재적'으로 발전시켰다는 구절을 넣어야 한다고 주장했다. 린뱌오는 《소홍서》 서문에 이 표현을 사용했지만, 마오는 당헌에다 넣는 것을 반대한 적이 있었다. 우파셴은 마오가 자화자찬하고 싶어 하지 않는다는 점을 이유 삼아, 그가 성취한 이론적 공헌을 과소평가하는 것은 옳지 못하다고 목소리를 높였다. 이에 처음에는 반대하던 캉성과 장춘차오는 우파셴의 왜곡된 논리에 겁을 먹었다. 다음 날 우파셴의 제안은 통과되었다.[19]

마오는 속마음을 겉으로 드러내지 않았다. 개인숭배는 류사오치를 몰아내기 위해 온 나라를 동원할 때 사용한 매우 유용한 수단이었다. 하지만 류사오치가 무너진 마당에 더는 쓸모가 없었다. 그런데 왜 린뱌오는 이를 계속 이어가려 하는가? 혹시 그의 이론적 '천재성'과 사상을 강조하고 그에게 국가수반 직무를 바쳐 영예롭게 하려는 것은, 실제로는 그를 실권 없는 상징적 윗자리로 보내려는 시도가 아닌가? 주석의 마음에는 의심이 짙어지기 시작했다.

물론 다소나마 의심할 만한 근거도 있었다. 류사오치의 실각과 함께 폐기되기는 했으나, 원래 후계 구상은 마오가 중국공산당 명예 당 주석이 되는 것이었다. 마오가 국가주석이라는 명예직을 얻고 원로 정치인으로 물러나는 방안은 틀림없이 린뱌오에게 합리적 대안으로 보였을 것이다.

하지만 이는 린뱌오가 직접 제안할 수 있는 일이 아니었다. 마오 스스로 천명하는 경우가 아니라면 큰 재앙이 떨어진다는 것을 국방 부장은 너무나 잘 알았다. 하지만 마오가 애매모호하게 반응하자, 린뱌오는 지금은 마오가 거절하고 있지만 결국에는 중국에서의 특별한 지위를 강조하는 높은 자리를 받아들일 것이라고 짐작했다. 저 우언라이의 행동에서 볼 수 있듯이, 이따금씩은 마오가 직접 말하는 바를 그대로 믿기보다는 원하는 바를 알아차려서 행하는 편이 더 좋을 수 있기 때문이었다.

하지만 린뱌오가 계산에 넣지 못한 것이 있었다. 마오는 '제2선'으로 물러나려던 첫 번째 시도에서 너무나 뼈아픈 경험을 했던 탓에, 그와 비슷한 제안을 도저히 받아들일 수 없었다는 점이다.

결국 린뱌오는 몹시 잘못된 정치적 판단을 한 셈이었다.

1970년 8월 23일 루산에서 중앙위원회 전원회의가 개최되었고 린뱌오는 기조연설을 했다. 공교롭게도 루산은 11년 전 린뱌오의 전임자인 국방부장 펑더화이의 경력이 끝난 곳이기도 했다.

린뱌오가 연설할 개략적인 내용은 사전에 마오에게 승인을 받았다. 린뱌오는 먼저 의례적으로 마오 주석을 찬양한 다음, 새로운 헌법에 마오의 특별한 업적을 강조하는 적절한 조치가 이루어져야 한다고 주장했다.[20] 그리고 다시 한번 마오의 '천재성'을 들먹였다. 이를 듣고 마오가 언짢았는지는 확실하지 않지만, 어쨌든 아무 말도 하지 않았다. 린뱌오의 연설문은 마오의 동의를 얻어 회담 자료로 참석자들에게 배포되었다.[21]

다음 날 전원회의가 소집단 토론으로 넘어가자, 린뱌오의 지지자들은 '천재성' 표현을 핵심 주제로 삼았다.

폭탄을 터뜨린 것은 천보다였다. 천보다는 '천재성'에 반대하는 '특정인'이 있다고 말하며, 그가 중국의 지도 이념인 '마오쩌둥 사상'을 폄하하려 획책하고 있다고 발언했다. 참석자들이 도대체 그가 누구냐고 묻자 천보다는 장춘차오를 지목했다.

천보다 정도의 지위가 높은 당 간부가―그는 마오, 린뱌오, 저우언라이, 캉성과 함께 다섯 명으로 구성된 상무위원회 위원이었다.―이러한 말을 한다면, 매우 심각한 비난이었다. 천보다는 계속해서 "어떤 반혁명 분자들은" 마오가 국가주석 자리를 거절할지도 모른다는 사실에 "너무나 기뻐서 춤을 출 정도"라며 자극적인 말들을 내뱉었다. 한바탕 소동이 일어났다. 천보다 무리는 마오와 린뱌오가 각각 국가주석과 국가부주석이 되어야 함을 주장하고, "당내의 야심가(장춘차오)"가 활개 치는 것을 경계하는 문건을 작성했다. 또한 그들은 이 야심가를 "권력에 굶주린 음모가, 지독한 반동분자, 그리고 정말로 반혁명적인 수정주의자"라고 비난했다.

이날의 사건은 훗날 장칭이 '글자 싸움'이라고 칭한 것처럼 마치 황제의 신하들이 궁정 안에서 말다툼하는 정도로 볼 수도 있었다.[22] 하지만 마오의 눈에는 훨씬 더 심각한 의미를 내포한 싸움이었다. 천보다는 분파 싸움을 개시함으로써, 장칭의 동맹자이자 마오가 자신의 정치 진영에서 주요한 인물로 여긴 자를 타도하려 했다. 어째서 이러한 일이 일어났는가? 뒤에 숨어서 조종하는 자는 누구인가? 여러 대의원이 연달아 나와서 천보다가 "부주석 린뱌오의 연설을 좀더 확실하게 이해할 수 있도록" 개입해준 것을 칭송하자, 배후가 쉽게 짐작되었다. 게다가 마오는 그동안 국가수반 문제를 두고 린뱌오가 보인 행동에 대해 이미 깊은 의심을 품고 있던 터였다. 이제 마오는 천보다의 공격 뒤에 어떤 음모가 있다고 추측했다.

사실 천보다의 공격은 정치적인 이유만큼이나 개인적인 이유가 컸다. 천보다는 1년 전 제9차 당 대회 때 자신이 작성한 린뱌오의 보고서가 마오에 의해 거절된 데 대해 장춘차오를 깊이 원망했다. 그래서 '천재성' 문제가 자신의 경쟁자 장춘차오를 공격할 수 있는 절호의 기회라고 생각했다. 린뱌오 그룹의 다른 사람들도 ― 우파셴, 황융성, 리쭤펑, 추후이쭤 ― 이번 일을 장칭과 그 추종자들의 힘을 약화할 수 있는 하늘이 준 기회로 여기고서, 앞다투어 장춘차오를 공격했다. 하지만 이때 장춘차오 비판에 동참한 사람들 중 상당수는 왕둥싱처럼 마오에게 절대적으로 충성하는 자들이었다. 1927년 후난성 추수 봉기 때부터 마오와 함께한 지난 군관구 사령관 양더즈(楊得志, 1911~1994)는 훗날 다음과 같이 서술했다.

모든 사람이 장춘차오를 미워했다. 그래서 우리는 그를 심하게 비판했다. 장춘차오는 너무나 불안하고 초조하여 담배를 연거푸 피워댔다. 그의 앞에 놓인 재떨이는 매일 담배꽁초로 가득 찼다. 우리는 곤경에 빠진 그를 보고 몹시 즐거웠다. 문화혁명 이후 처음으로 가슴속 분노를 마음껏 표출할 수 있는 기회였기 때문이다.[23]

바로 이것이 마오의 입장에서는 가장 최악이었다. 1970년의 루산은 1959년의 루산을 재연하고 있었다. 1959년에는 펑더화이와 그의 지지자들이 대약진운동의 과오를 비판했다. 그리고 11년 뒤 천보다의 공격은 전원회의에 참석한 대의원 상당수가 문화혁명에 관해 1959년과 똑같은 감정을 품고 있음을 드러냈다. 중앙위원회의 거의 절반이 군인이었다. '당이 군을 지배한다'는 오래된 원칙이 도전받고 있었다. 장칭과 장춘차오 그리고 그들의 추종자들은 비록 단점이 있였지만 그래도 문화혁명의 정책들을 계속 추진하리라고 믿을 수 있는 자들이었다. 그러나 린뱌오는 이제 신뢰할 수 없는 인물이 되었다.[24]

8월 25일 오후 마오는 상무위원회 확대회의를 소집하여 천보다가 당내 단결을 파괴했다고 책망했다. 또한 천보다의 행동에 토대가 된 린뱌오의 연설을 더는 논의하지 말라고 지시했다. 마침내 마오는 6개월 만에 그가 국가주석을 맡는 데 동의할지도 모른다는 추측에 답을 내놓았다.[25] 1주일 뒤 정치국 회의에서는, 1937년부터 자신을 곁에서 보좌하고 자신의 사상을 전파하는 데 중심 역할을 한 천보다를 두고 그가 "기습 공격을 개시"하여 "루산 회의를 산산조각 내려고" 했으며 마르크스-레닌주의가 아닌 "소문과 궤변"을 일삼는 "정치적 사기꾼"이라고 비난했다.[26] 마오의 지시에 따라 천보다는 삼엄한 경비로 유명한 베이징 교외 친청 감옥에 수감되었다. 2개월이 지나자 공산당 내에서는 천보다를 "반당파, 가짜 마르크스주의자, 출세주의자, 음모자"라고 비난하는 선전 운동이 시작되었다.[27]

린뱌오는 공식적으로는 전혀 타격을 입지 않았다.

하지만 마오의 마음속에 싹튼 의심의 씨앗은 점점 자라나, 마치 린뱌오가 마오에게 직접 맞선 것처럼 교활하고도 확실하게 둘 사이를 갈라놓았다. 그러나 마오는 두 번째 승계 계획마저 좌절되는 것을 딱히 바랄 이유가 없었다. 그는 국방부장이 스스로 상황을 타개할 방법을 찾기를 기다리며―훗날 마오는 오히려 린뱌오를 "보호했다"고 말했다.[28]―그에게 특별한 조치를 취하지 않았다. 린뱌오는 방법을 찾을 수 있었다. '천재성'이나 '국가주석' 문제를 제기한 데 대해 자아비판을 하거나, 장춘차오를 향해 계파적 공격을 가한 천보다에게 (혹은 부인 예췬에게) 모든 책임을 뒤집어씌우면 그만이었다. 아마도 저우언라이라면 그렇게 했을 것이다. 그리고 마오가 기대한 바도 그러한 행동이었을 것이다. 하지만 그는 마오의 후계자로서 자신의 지위를 지나치게 자신했던 것인지, 아니면 당 지도부에 불신의 분위기가 팽배해서 그랬던 것인지, 그렇게 행동하지 않았다.

이것은 린뱌오가 내린 두 번째로 잘못된 판단이었다.

10월 예췬과 우파셴이 자아비판서를 작성하여 제출했지만 마오의 반응은 냉담했다. 그는 두 사람 모두 형식적으로만 잘못을 인정하며 그저 자신들의 '낮은 이해 수준'을 탓하고 있다고 말했다. 마오는 그들의 자아비판서 여백에 분노의 감정을 표현했다. 예췬의 글에는 "내가 하는 말은 듣지 않으면서 천보다가 나팔을 불면 즉시 춤을 춘다."라고 썼으며, 우파셴에게는 "올바르고 떳떳한 태도가 없다."라고 적었다.[29]

이때쯤 마오는 린뱌오의 힘을 조금씩 무너뜨리기 시작한다. 그는 자신의 방식을 "모래를 섞어 넣고, 돌을 던지고, 담장의 주춧돌을 파내는" 전략이라고 묘사했다.

11월 마오는 우파셴이 수장으로 있는 공산당 군사위원회 공작조에 두 사람을 새로이 포함시켰다('모래 섞어 넣기').[30] 그다음 달 베이징 군관구 당 위원회는 저우언라이의 주재 아래 공작회의를 개최하여 천보다를 "배신자, 간첩, 출세주의자"로 낙인찍었고('돌 던지기'), 군관구 사령관과 정치위원을 천보다 편으로 지목하여 해임했다('담장의 주춧돌을 파내기').

그러나 마오의 의심은 그치지 않았다. 다음 해 3월 예췬과 우파셴이 다시 자아비판서를 제출했지만, 마오는 여전히 부족하다고 평했다. 황융성, 리쭤펑, 추후이쭤 세 명의 장군도 결국 자아비판서를 제출했다. 그러나 이들도 마오의 마음을 돌릴 수는 없었다. 마오는 그들이 "천보다의 해적선을 너무 오랫동안 타고" 있던 나머지 진실을 털어놓는 데 6개월이나 걸렸다며 불같이 화를 냈다.[31]

그해 겨울 마오는 의미심장한 결정을 하나 더 내린다. 린뱌오의 첩자 역할을 할까 봐 인민해방군 출신 여성을 자기 근처에 오지 못하도록 한 것이다.[32]

권력의 핵심부를 제외하면 누구도 뜻밖의 일이 벌어지고 있음을 짐작조차 할 수 없었다. 마오와 가까운 저우언라이나 장칭조차 마오가 얼마나 심각하게 린뱌오 문제를 생각하는지 알지 못했다.[33] 일반 인민은 물론이며 심지어 당 중앙위원회 사람들까지도 여전히 국방부장 린뱌오를 '친밀한 전우이며 후계자'로 여겼다.[34] 네 명의 장군이 곤경에 빠졌다는 것 역시 정치국 사람들 말고는 아무도 알지 못했다. 그들은 직책을 그대로 유지하고 각자 평상적 직무를 수행했다.

하지만 린뱌오는 자신의 미래를 예감한 듯했다. 1971년 3월 그는 병적일 정도로 우울해했다. 같은 달에는 당시 25살의 나이로 공군 고위직에 있었던 린뱌오의 아들 린리궈가 동료 장교 몇 명과 함께 아버지의 입지를 보호할 방안을 비밀리에 의논하기 시작했다. 린뱌오는 아무래도 이들의 모임을 몰랐던 것 같다. 하지만 비밀 모임에서 작성된 문건을 보면 마오의 정치술에 관한 매우 정확한 분석이 담겨 있는데, 여기에는 린뱌오의 견해가 확실히 반영되어 있다.

그(마오)는 오늘은 이 사람을 이용하여 저 사람을 공격하고, 내일이 되면 저 사람을 이용하여 이 사람을 공격한다. 오늘은 듣기 좋고 달콤한 말로 사람들을 꾀어내고 내일은 그들에게 날조된 죄를 뒤집어씌워 죽게 한다. 그가 오늘 초대하여 대접한 손님들은 내일이면 그의 감옥에 갇힐 것이다. 지난 수십 년의 역사를 되돌아볼 때, 그가 처음에 지지한 자들 가운데 나중에 정치적으로 사형선고를 받지 않은 자가 누가 있는가? …… 그가 데리고 있던 비서들은 모두 자살하거나 체포되었다. 그가 가까이 지낸 몇몇 친밀한 전우나 신임한 측근들 역

시 결국에는 감옥으로 끌려갔다.[35]

비밀 모임에서는 마오를 미 공군이 북베트남군에 사용한 장거리 폭격기 B52에 비유했다. B52처럼 마오도 매우 높은 곳에서 폭탄을 투하했기 때문이었다.

린리궈와 동료들이 내린 결론은 아직은 국방부장 린뱌오의 지위가 위협받고 있지 않으며, 마오가 죽은 뒤 절차에 따른 승계가 이루어질 가능성이 가장 높다는 것이었다. 그렇지만 그들은 마오가 죽기 전에 린뱌오가 권력을 잡는 경우를 검토했으며, 그 만약을 위해 대략적인 비상 계획을 수립했다. 비상 계획의 명칭은 '571계획(五七一工程)'이었다(중국어로 '오칠일五七一'의 발음은 '무력 봉기武起義'의 발음과 비슷하다). 그러나 그들은 모두 비상 계획이 설령 성공하더라도 '매우 비싼 대가'를 치러야 하기 때문에 가능한 한 피해야 한다는 데 일치된 의견을 보였다.[36]

여하튼 이러한 논의가 벌어지고 있었다는 사실은—설사 린뱌오가 모르고 있었더라도—린뱌오 진영에 매우 깊은 불안감이 있었음을 말해준다.

1971년 4월 말이 되자 상황은 더욱더 린뱌오에게 불길한 방향으로 흘러갔다. 마오의 승인 아래 저우언라이는 네 명의 장군과 예췬을 불러, 그들이 '파벌 활동'을 벌이고 '정치 노선의 오류'를 범한 혐의가 있다고 통보했다.[37] 인민대회당에 있던 린뱌오의 붓글씨가 쓰인 현판들이 조용히 사라졌다.[38] 이와 동시에 마오는 장칭과 동맹자들에게 선전과 인사를 각각 담당하는 중앙위원회의 핵심 부서들을 통제할 수 있는 권한을 부여함으로써 새로운 권력 기반을 마련해주었다.[39]

1971년 한 해 동안 린뱌오는 점점 더 위축되었다. 그는 업무 수행조차 중단했고 점점 더 이상하게 행동했다. 5월 1일 노동절 행사에도 건강이 나쁘다는 이유로 불참하려 했다. 결국 저우언라이의 설득으로 마음을 바꾸지만 마오보다 늦게 행사 현장에 도착함으로써 큰 결례를 범했다. 그날 마오는 지각한 린뱌오에게 화가 나 아는 척도 하지 않았다.[40] 그달 하순 마오는 저우언라이에게 군사위원회 공작조 전원을 이끌고 린뱌오에게 가서 최근 동향에 관해 보고하라고 명했다. 그는 베이다이허 해변의 별장에 머물고 있었다. 저우언라이의 이야기를 전해 들은 린뱌오는 한마디만 했다. "우리는 종종 파종도 하지 않은 것을 수확합니다." 저우언라이가 있는 그대로 마오에게 보고했는지는 확실하지 않다. 다만 린뱌오를 보호해주려고 노력한 흔적은 있다. 린뱌오가 공작조와의 회의 때 장군 네 명을 비판했다고 보고한 것이다. 얼마 지나지 않아 마오는 중앙위원회 공작회의를 소집했다. 마오는 그 자리에서 린뱌오가 자아비판을 하리라고 기대했다. 그랬다면 긴장된 국면이 해소되었겠지만 린뱌오는 고집스럽게 침묵을 지켰다.[41]

결국 마오는 불가피하게 린뱌오와 충돌할 수밖에 없다고 마음먹었다.

7월에 마오는 저우언라이에게 말했다. "(장군들의) 자아비판은 완전한 가짜요. 루산에서 일어난 일은 아직 끝나지 않았소. 근본적인 문제는 전혀 해결되지 않았지. 여기에는 음흉한 계획이 있소. 그들 뒤에 누군가가 있소."[42] 다음 달, 마오는 전용 특별 열차를 타고 우한으로 떠났다. 이후 몇 주간 지방을 돌며 각 지역의 정치 및 군사 지도자들에게 지지를 얻기 위해 연속해서 회의를 열었다. 어디를 가든 마오가 전달한 메시지는 하나였다. 루산 회의에서 본격적인 노선 투쟁이 시작되었으며, 이는 과거에 류사오치, 펑더화이, 왕밍과 벌인 투쟁과 기본적으로 동일하다는 것이었다. 마오는 말했다. "어떤 자가 국가주석이 되려고, 당을 분열시키려고, 권력을 탈취하려고 안달이 났습니다." 과거와 다른 점이 있다면 아직 결론이 나지 않았다는 점뿐이었다. 그렇다면 앞으로 어떻게 해야 하는가? 마오는 스스로 질문을 던진 뒤 스스로 답했다. "린뱌오 동지가 …… 어느 정도 책임을 져야 합니다." 마오가 보기에 린뱌오 무리 중에는 개조할 수 있는 자도 있지만 개조할 수 없는 자도 있었다. 마오는 냉담한 어조로 언급했다. 과거의 경험으로 보건대 "원칙, 노선, 방향과 관련하여 앞장서 중대한 오류를 범한 사람은 개조하기 어려울 것입니다."[43]

마오의 발언이 린뱌오 귀에 들어간 때는 마오가 순시를 떠난 지 무려 3주가 지난 9월 6일 밤이었다. 이 사실은 린뱌오가 동맹을 맺은 지방 군 지휘관들이 얼마나 적었는지를 알 수 있게 한다.[44]

이후 엿새 동안 너무나도 기상천외한 일들이 벌어졌다.[45]

린뱌오는 자식들 결혼에 굉장히 신경을 많이 썼다. 문화혁명 기간에 그는 아들 린리궈의 짝을 찾으려고 셰푸즈에게 베이징과 상하이에서 용모 단정한 여고생을 찾아 달라고 요청했다. 마치 황실에서 첩을 구하기 위해 좋은 집안의 젊은 여성을 찾는 일과 비슷했다. 수백 명의 후보자를 면담한 끝에 린리궈는 인민해방군 가무단 출신의 젊은 여성과 약혼했다. 딸 린리헝(林立衡)의 남편감을 구하는 데도 같은 절차를 거쳤다. 린리헝이 선택한 남자를 어머니 예췬이 반대하자, 딸이 자살을 시도하기도 했다. 여하튼 이제 린리헝의 남편감이 결정되어 며칠 뒤 약혼식이 치러질 예정이었다.

부주석 린뱌오는 자신의 정치적 운명이 끝나 가고 있던 때, 가족에게 온 정신을 쏟고 있었다.

9월 7일 오후 린리궈는 린리헝에게 마오가 지금 아버지를 숙청하려 한다고 이야기했다. "우리의 운명을 가만히 기다리기보다는 투쟁하는 것이 …… 더 나아." 깜짝 놀란 린리헝이 반박했다. "(마오는)

하늘을 맑게 만들 수 있고 맑은 하늘을 다시 어둡게 만들 수 있어. 그는 누구든 숙청할 수 있기 때문에 어느 누구도 감히 그에게 맞서 투쟁하려 하지 않아." 이에 린리궈는 자신이 아직 아버지에게 말을 꺼내지는 않았으나 아버지가 광저우로 내려가서 대항 정부를 따로 세우는 것이 유일한 방법인 것 같다고 이야기했다. 이후 나흘 동안 린리헝은 린뱌오의 호위대에 어머니와 오빠가 아버지 모르게 음모를 꾸미고 있다고 몇 번이나 경고했다. 그러나 가족들 사이가 너무나도 나빴기 때문에 ─ 린리헝과 예췬이 서로 증오하는 사이라는 것은 잘 알려진 사실이었다. ─ 누구도 린리헝의 말을 믿어주지 않았다. 9월 8일 린리궈는 베이징으로 돌아가 '맹세를 나눈 형제들'('571계획'을 함께 논의한 동료 장교들)에게 아버지 린뱌오가 그날 아침에 썼다는 글을 보여주었다. 자신의 지지자들에게 보내는 메시지였다. "린리궈와 저우위츠(周宇馳) 동지의 명령에 따라 행동하도록" 할 것. 저우위츠는 린리궈의 동료였다. 이 글이 진짜인지, 아니면 린리궈가 아버지의 필적을 위조하여 쓴 것인지는 알 수 없다. 그러나 설령 진짜라고 해도 내용이 너무 모호한 탓에 다양한 해석이 가능했다.

여하튼 이 메시지에 따라 린리궈와 동료 장교들은 마오를 암살할 방법을 논의하기 시작한다. 그들이 생각하기에 가장 성공 확률이 높은 방법은 마오의 전용 열차를 공격하는 것이었다.

여러 가지 계획이 고려되었으나 대부분은 어린이 만화에나 나올 법한 유치한 것들이었다. 화염 방사기를 사용하거나, 대공포를 수평으로 발사하거나, 선로 옆 기름 저장고를 폭파시키거나, 암살자가 권총으로 쏘아 죽이는 방법 따위였다. 그러나 음모 가담자들은 이 말도 안 되는 계획 가운데 어느 것 하나 실행에 옮기지 않았을 뿐 아니라, 사실상 실제로 아무런 준비도 하지 않았다.

겉으로 보이는 것과는 달리 린뱌오는 마오를 상대로 결코 음모를 꾸미지 않았다. 오히려 마오가 린뱌오의 목을 조르고 있었다.

린리궈가 베이징에 도착한 지 몇 시간이 지나지 않아, 마오 주석은 인민해방군 공군 본부 내에 수상한 움직임이 있다는 보고를 받았다. 마오에 대한 경호가 즉시 강화되었다. 잠시 후 마오는 항저우를 출발해 상하이로 향했다. 본래 마오는 상하이에서 며칠 머물려고 계획했지만, 9월 11일 토요일 아침 난징 군관구 사령관 쉬스유를 접견한 뒤에 즉시 베이징으로 출발했다. 마오가 탄 특별 열차는 중간에 한 번도 쉬지 않고 달려 12일 일요일 오전 베이징 남쪽에 있는 펑타이(豐臺) 역에서 멈췄다. 그곳에서 2시간 동안 그는 새로 지명된 베이징 군관구 사령관 리더성(李德生)을 만나 지방 군 사령관들에게 한 이야기를 반복했다.

그 시각 린뱌오는 울고 있는 예췬과 함께 베이다이허의 거처에서 진행된 딸의 약혼식에 참석하고 있었다.

린리궈는 마오가 서둘러 베이징으로 돌아왔다는 소식을 듣고 동료들과 황급하게 향후 방안을 논의했다. 그들이 생각한 최상의 방책은 린뱌오가 다음 날 광저우로 이동하는 것이었다. 즉시 린리궈는 공군의 트라이던트 비행기 한 대를 베이다이허로 보내라는 명령을 내렸고, 8시 15분경 비행기가 베이다이허에 도착했다. 이때 마오는 중난하이로 들어오고 있었다.

그날 저녁 린뱌오와 그의 가족은 막 약혼식을 올린 딸 부부와 그들의 친구들과 함께 영화를 보며 시간을 보낼 예정이었다.

그러나 린뱌오는 쉬겠다며 자신의 방으로 들어가버렸다. 린리궈는 린리헝에게 "상황에 따라 다롄이나 광저우나 홍콩으로" 온 가족이 떠나야 한다고 말했다. 그리고 얼마 안 돼서 린리헝은 심부름꾼 한 명이 전하는 이야기를 들었다. 예췬이 린뱌오에게 광저우로 가야 한다고 설득했으나 '린뱌오는 아무 말도 하지 않았다'는 것이었다. 어머니와 오빠가 아버지를 강압적으로 설득하고 있다고 생각한 딸은 몰래 집 밖으로 나와, 린뱌오를 담당하는 경호대장에게 상황을 알렸다. 그는 이번에는 딸의 말을 믿어주었고, 베이징에 보고하겠다고 약속했다. 린리헝이 집으로 돌아와보니 아버지는 이미 잠자리에 든 뒤였다.

그때 저우언라이는 인민대회당에서 열린 회의에 참석하고 있었는데, 급한 연락이 왔다는 말에 밖으로 나와 전화를 받았다. 전달된 소식은 현재 베이다이허에 당국의 허락을 받지 않은 공군 비행기가 한 대 도착했으며, 린뱌오의 딸이 알린 바에 따르면 국방부장은 아마도 그의 의지에 반해 어떤 알지 못하는 장소로 갈지도 모른다는 것이었다.

저우언라이는 즉시 인민해방군 공군 사령관 우파셴에게 연락을 취해 그 비행기가 이륙하지 못하게 하라고 지시했다.

이 소식은 곧 베이다이허에 전해졌고 린리궈와 예췬은 계획이 탄로 난 것을 알았다. 아마도 그때 그들은 가장 가까운 국경 지역으로―이는 북쪽의 몽골이나 소련을 의미한다.―즉시 가야 한다고 결정했던 것 같다. 린뱌오가 새로운 계획을 알았는지는 불확실하다. 왜냐하면 당시 그는 독한 약을 복용한 데다 수면제까지 먹은 상태였기 때문이다. 예췬은 저우언라이의 의심을 풀기 위해 그에게 전화를 걸어 가족이 다음 날 다롄으로 가려고 한다고 거짓말했다. 그날 자정, 린뱌오의 방탄 리무진이 별장에서 출발해 호위대의 저지선을 뚫고 공항으로 전속력으로 달려갔다. 이 과정에서 린뱌오의 경호대장이 달리는 차에서 뛰어내리고 총에 맞아 부상당하는 일이 발생했다.[46)]

저우언라이의 명령에도 불구하고 트라이던트 비행기에는 연료가 공급되었으며 린뱌오, 예췬, 린리궈, 공군 장교 한 명, 리무진 운전기사가 올라탔다. 그리고 자정이 막 지난 9월 13일 12시 32분, 비행기는 표지등을 모두 끈 채 칠흑 같은 어둠이 깔린 활주로를 달려 이륙했다.

저우언라이는 중국 전역에 비행기 운행을 금지했다(이 조치는 이틀 동안 지속되었다). 그리고 나서 그는 마오에게 상황을 보고했다.

린뱌오의 비행 탈출을 둘러싼 여러 해결되지 않은 의문 중 하나는, 어째서 왕둥싱의 말을 따라야 할 중앙경위단이 그들을 막으려는 시도를 하지 않았느냐는 것이다. 12일 저녁 9시 15분경 린리헝은 베이다이허를 담당한 중앙경위단 소속 사령관 장훙(張宏)에게 연락을 취해, 어머니와 오빠가 아버지에게 떠나기를 강요하고 있다고 전했다. 이후 세 시간 동안 장훙의 부대는—명백히 중국 정부의 지시에 따라—개입을 거부했다. 또한 장훙은 린리헝에게 '중앙(마오)'이 바라는 바는 그녀가 자신의 가족들과 함께 떠나는 것이라고 이야기하기도 했다. 린리헝은 그 이유를 알아낼 수 없었다. 또 다른 이상한 점은 린뱌오의 비행기가 활주로를 떠나는 동안 마오가 취한 행동이다. 아마도 저우언라이는 베이다이허에서 일이 벌어진 12일 오후 11시가 넘었을 즈음에는 마오에게 상황을 전했을 것이다. 비행기는 13일 오전 12시 30분경 공항을 벗어났다. 보고가 이루어지고 실제 탈출이 일어난 결정적인 시간 동안 마오가 어떻게 대응했는지는 알 수 없다. 알려진 마오의 첫 반응은 저우언라이와 함께 있는 중에 공군 사령관 우파셴의 전화가 왔을 때였다. 우파셴은 린뱌오의 비행기가 현재 몽골을 향해 가고 있으며, 이 비행기를 격추시켜야 할지 물었다. 마오는 담담한 어조로 이렇게 답했다. "하늘은 비를 내리게 되어 있고, 과부는 재취를 하게 되어 있네. 막을 수 없는 일이지. 가도록 내버려 두게."[47]

오전 1시 50분 비행기는 중국 영공을 벗어났다.*

1971년 9월 13일에 비행기로 중국을 탈출한 린뱌오 일행은 원인 모를 사고로 몽골에 추락해 전원 사망했다. 사건 직후 사진을 보면 비행기는 형체를 알아보기 어려울 정도로 파손되었다.

　마오는 신변 보호를 이유로 인민대회당으로 이동했다. 오전 3시 그는 그곳에서 정치국 회의를 열어 자신이 베이징으로 돌아왔으며 린뱌오가 도주했다는 놀라운 소식을 전달했다.

　그로부터 30시간 뒤였다. 잠자리에 든 저우언라이는 몽골 울란바토르의 중국 대사가 보낸 소식에 잠이 깼다. 내용은 몽골 외무부가 공식 항의문을 발표했는데, 중국 공군의 트라이던트 비행기 한 대가

---

* 비행기는 산하이관에서 이륙하여 처음에는 서쪽으로 비행했지만 얼마 지나지 않아 북쪽 국경 지역으로 방향을 바꾸었다. 아마도 탑승자들이 저우언라이가 중국 영공을 봉쇄했다는 것을 알고서 몽골 쪽으로 방향을 바꾸었다는 설명이 가능하다. 그러나 린뱌오의 경호 대장이 반복해서 증언한 바에 따르면, 린뱌오는 공항으로 가던 도중 소련의 이르쿠츠크까지 얼마나 시간이 걸리느냐고 물었다고 한다. 하지만 이는 조작된 증언일 가능성이 있다. 여하튼 소련으로 가겠다는 결정이 내려진 시점이 언제이건 상관없이, 비행기가 북쪽을 향했다는 사실 하나만으로도 마오는 린뱌오가 도망치려던 곳이 소련이었으며, 그 이유는 그가 미국과의 관계 개선에 반대했기 때문이라고 설명할 수 있었다. 물론 이를 뒷받침해줄 증거는 전혀 제시된 바 없다. 보통 린뱌오는 외교 문제에 관여하지 않았다. 외교는 마오와 저우언라이의 소관이었다. 그러나 한 가지 흥미로운 사실이 있다. 외교 정책에 별 관심이 없던 린뱌오가 당시 흥미를 느낀 몇 안 되는 외교 문제들 가운데 하나가 바로 곧 다가올 닉슨 미국 대통령의 중국 방문이었다는 것이다. 닉슨의 방문 계획이 발표된 것은 7월이었다.(저자 주)

월요일 새벽 이른 시각 몽골의 영공을 침범했으며, 운두르칸(Undur Khaan) 마을 근처에 추락하여 탑승객 아홉 명 전원이 사망했다는 것이었다. 소련의 과학 수사 전문가들이 시체들의 신원을 확인했으며 인근에 매장했다.

현장 조사 결과, 비행기는 초원 지대에 비상 착륙을 시도했으나 기체가 뒤집어지고 화재가 발생한 것으로 밝혀졌다. 낮은 고도로 비행한 것으로 보아 아마도 연료가 바닥난 것이 원인으로 추정되었다. 하지만 한 가지 이상한 점이 있다. 비행기가 이륙하기 직전, 우파셴은 산하이관의 관제탑에 직접 전화를 걸어 비행기 조종사 판징인(潘景寅)에게 어떠한 상황에서도 절대로 이륙하지 말라고 명령을 내렸다. 판징인은 그러겠다고 맹세했으나, 잠시 뒤 비행기는 이륙했다. 비행기는 전파 탐지를 피하기 위해 300미터 고도를 유지했고 무전기도 꺼버렸다. 이는 상식적으로 생각했을 때 판징인이 린뱌오와 한패였음을 의심하게 한다. 그러나 판징인은 사후에 혁명 열사로 공식적으로 인정받았다. 그렇다면 판징잉이 어떤 식으로든 비행기 추락 사고에 공헌했으며, 그로 인해 린뱌오의 탈출을 막았다는 것일까? 그러나 설령 판징잉이 고의로 사고를 냈다고 하더라도, 어떻게 중국 정부가 이를 알 수 있는가? 답은 찾을 수 없었다.

마오는 권력을 잡은 뒤 당 지도자를 여럿 숙청했지만 오직 린뱌오만이 저항을 시도했다. 펑더화이와 류사오치는 얌전히 자신의 운명을 받아들였고 최후까지 당에 헌신적 자세를 굳게 지켰다. 두 사람은 자기 자신을 방어하려 하지 않았으며 반격을 꾀하지도 않았다. 심지어 가오강도 결국에는 자살함으로써 일종의 반항을 했다고 할 수 있지만, 처음에는 순순히 자신의 잘못을 인정했다.

린뱌오는 달랐다. 그는 마오가 중국의 고대 병법 '삼십육계(三十六

計)’ 중 ‘최후이자 최선’이라고 부른 줄행랑을 택했다. 린뱌오는 자신을 낮추지도 않았으며 마오의 뜻에 복종하지도 않았다.

주석이 받은 충격은 엄청났다.

마오의 주치의는 마침 마오 곁에 있다가 저우언라이가 린뱌오의 도주 사실을 마오에게 처음 알렸을 때 마오의 얼굴이 큰 충격으로 일그러지는 것을 목격했다.[48] 린뱌오 사건의 최초 위기가 지나가고, 국방부장의 동맹자들이 구속되자—동맹자들 가운데에는 불운한 네 장군 우파셴, 리쭤펑, 추후이쭤, 황융성이 포함되었다. 그들은 다른 사람들과 마찬가지로 아무것도 모르고 있었다.—마오는 심한 우울감에 고통받으며 병석에 누웠다. 거기에 고혈압과 폐질환이 겹쳐 거의 2개월 동안 침상에서 일어나지 못했다. 언제나처럼 원인은 신경성 질환이었다. 그러나 마오는 이번만큼은 과거처럼 쉽사리 회복하지 못했다. 11월에 그는 북베트남 총리 팜반동을 접견했는데, 중국인들은 텔레비전 화면에 비친 마오가 너무나 늙어버린 것을 보고 크게 놀랐다. 두 어깨는 축 처졌으며, 힘없는 노인이 그러하듯 발을 질질 끌며 겨우 걸음을 옮겼다. 두 다리는 마치 흔들거리는 나무 막대기처럼 보였다.

1972년 1월 천이가 사망했다. 마오는 장례식이 거행되기 두 시간 전에 참석을 결정했다. 측근들은 영하의 추위가 마오의 좋지 않은 건강 상태에 해가 될까 봐 참석을 만류했지만, 그는 고집을 피웠다. 측근들의 말이 옳았다. 장례식이 진행되는 동안 줄곧 서 있어야 했던 탓에, 한동안 마오는 다리가 심하게 후들거려 제대로 걸을 수 없는 지경이 되었다.

그달에는 마오가 심장마비를 일으켰다는 소문이 널리 퍼졌다. 실제로는 울혈성 심부전증을 앓았는데, 마오가 적절한 의료 처치를 거부하여 증상이 더 나빠진 탓이었다.[49] 그러나 문제의 근원은 여전히 정치에 있었다. (린뱌오의 도주 사건이 있기 전에) 마오는 8월과 9월 초에 린뱌오와 대결을 위해 준비하고 있었지만 구체적으로 어떻게 해결할지는 결정짓지 못한 상태였다. 그저 정치국 내에서 린뱌오의 지위를 강등하는 것으로 마무리될 수도 있었다. 혹은 1959년 펑더화이처럼 당내에서 비판을 가하되 형식상 당 지도부에는 남겨 둘 수도 있었다. 아니면 숙청해버릴 수도 있었다. 마오의 준비가 상당히 조심스러웠던 것을 보면 가능한 선택지였음이 분명하지만, 여론에 끼치는 영향 면에서는 가장 바람직하지 못한 방법이었다. 그런데 린뱌오가 도주를 함으로써 마오의 손에서 주도권을 빼앗아버린 것이다.[50]

린리궈의 활동이 밝혀짐에 따라 어떤 의미에서는 마오가 좀 더 쉽게 일을 처리할 수 있었다.

마오가 위협을 직감하고 필요한 예방 조치를 시행했는데도, 젊은 공군 장교들의 계획은 린뱌오 도주 사건이 일어난 뒤에야 드러났다. 그들의 모의는 유치한 수준이긴 했지만, 발각된 덕분에 린뱌오를 배신자로 낙인찍고 그가 쿠데타를 일으키려 했다고 비난하는 데 쓰일 수 있었다.

린뱌오 사건은 10월 중순부터 당의 관료들에게 알려졌고, 그다음 전체 인민을 대상으로 하여 각 공장과 작업조 모임에서 이야기되었다.[51]

사람들은 쉽게 설득되지 않았다. 비록 중국인들이 성향상 인내심이 많고 쉽게 믿었지만 또다시 마오의 최측근 동료가 악인으로 밝혀졌다는 폭로는 무리가 있었다. 류사오치는 '노동 운동의 방해자이며 배신자'였고, 천보다는 '가짜 마르크스주의자'였으며, 이제 린뱌오는 '반혁명적 야심가'였다. 이들은 모두 수십 년 동안 마오의 곁에 있었으나 갑자기 줄줄이 숨어 있던 적으로 드러났다. 그렇다면 사람을 판단하는 마오의 능력은 어떻게 평가해야 하는가? 마오는 백화제방

운동과 반우파운동을 거치며 지식인들의 신임을 잃었다. 문화혁명의 혼란과 공포는 당 관료 집단과 인민 수천만 명의 신망을 앗아갔다. 린뱌오 사건은 최후의 일격이었다. 1971년 이후 중국에서는 냉소주의가 만연했다. (모두는 아니지만) 오직 젊은층과 극심한 혼란으로 이득을 본 자들만이 마오가 제시하는 혁명적인 새 세상의 도래를 믿고 있었다.

병과 정치적 실패가 한꺼번에 닥쳐오자 마오는 크게 절망했다. 1945년 가을 장제스와 대결 국면에서 스탈린에게 배신당한 이후로는 처음으로 그는 모든 것을 그만두고 싶은 마음이 들었다. 1972년 1월의 어느 날 오후, 마오는 중앙위원회의 일상적 업무를 맡고 있던 저우언라이에게 자신은 더는 버틸 수 없으니 모든 것을 인계하겠다는 놀랄 만한 선언을 하기도 했다.[52] 1945년 마오가 극심한 우울증에 빠졌을 때 그를 구원해준 이는 중국 내전을 중재하기 위해 마셜 사절단을 파견한 미국 대통령 트루먼이었다. 그리고 이번에도 한 미국인이 좌절에 빠진 그를 구원해주었다. 마오에게나 중국 인민에게나 린뱌오의 운명은, 이 미국인의 등장이 만들어낸 훨씬 더 놀랍고 상상을 초월하는 한 사건으로 빠르게 잊혔다. 그는 지난 20년 동안 중국과 철저한 적대 관계에 있던 미국에서 처음으로 베이징을 공식 방문한 리처드 닉슨 대통령이었다.

1969년 3월 중국과 소련은 전바오섬에서 군사 충돌을 벌인 이후 이듬해 봄과 여름 내내 긴장 관계를 이어갔다. 그리고 미국은 이들의 상황을 관심 있게 지켜보았다. 사실 그 이전부터 미국의 일부 정치인들은 공산 중국과 좀 더 생산적인 관계를 맺어야 한다고 주장했다. 1년 전쯤 닉슨은 중국을 '분노에 찬 고립 상태'에서 벗어나도록 해야 한다고 글을 썼고, 이를 자신의 대통령 취임 연설에서 다시 한

번 반복했다. 미국, 소련, 중국의 삼자 관계를 형성해야 한다는 주장은 계속 있었다. 하지만 중국과 소련의 국경 충돌이 전쟁으로 번질 수도 있다는 공포감이 일 때까지는, 아무도 상황이 어떻게 전개될지 알지 못했다.[53]

1969년 7월부터 양국은 조심스럽게 상대방에게 신호를 보내기 시작했다. 미국은 미국 시민의 중국 여행 금지 조치를 완화했다. 사흘 뒤 중국은 중국 영해에 요트를 타고 잘못 들어온 미국인 두 명을 풀어줬다. 8월에는 미국 국무장관 윌리엄 로저스(William Rogers)가 미국이 "의사소통 통로를 열기 위해 노력하고" 있다고 공개적으로 발언했다. 루마니아와 파키스탄은 비공식적인 메시지를 중계해 달라는 요청을 받았다. 10월 중국과 소련의 긴장이 다소 완화되자 닉슨 대통령은 좀 더 확실한 태도를 취했다. 한국전쟁 이후 상징적 의미에서 타이완 해협을 순찰하던 미 해군 구축함 두 척이 철수할 것이라고 중국 정부에 알린 것이다.

마침내 헨리 키신저(Henry Kissinger)가 '복잡한 미뉴에트'라고 표현한 두 나라의 외교 교섭이 시작되었다(21개월 뒤 키신저는 1949년 이후 미국 관리로는 처음으로 베이징을 방문했다).

교섭이 이루어지는 동안 희극적인 장면이 벌어지기도 했다. 폴란드 바르샤바 주재 미국 대사 월터 스토셀(Walter Stoessel)은 연회장에서 만난 중국 대사와 대화하고 싶어 다가갔다. 그러나 아무런 사전 지침 없이 미국인과 접촉하는 것이 두려웠던 중국 대사는 뒤로 물러서더니 계단 아래로 뛰어 도망쳤다. 비극적인 일도 있었다. 중국 정부는 미국에 호의를 보이려고 첩자 혐의를 받아 중국 감옥에서 15년 동안 복역하고 있던 미국인 사업가를 곧 석방할 예정이었다. 그러나 이를 알지 못했던 그 미국인은 석방 일을 얼마 안 남기고 옥중 자살했다. 협상이 실패할 뻔도 했다. 1970년 미국이 캄보디아를 침공하자

1970년 10월 1일 중화인민공화국 국경절 행사에 초대받아 마오와 함께 사진을 찍은 에드거 스노. 이것은 마오가 미국에 보내는 우호의 메시지였다.

양국 정부는 6개월 동안 접촉을 중단했다. 상호 오해도 있었다. 1970년 10월 1일, 저우언라이는 중국을 여행하고 있던 에드거 스노 부부를 국경절 행사에 초청하여 톈안먼 연단 위에서 마오쩌둥과 사진을 찍도록 배려했다. 이는 어떤 외국인도 누리지 못한 영광이자 전례 없는 일이었다. 그러나 키신저는 훗날 이렇게 회고했다. "유감스럽게도 중국이 우리에게 보여준 행동은 너무나 간접적이어서 우리 서양 사람의 무딘 신경으로는 도저히 포착할 수 없었다." 그는 한참 뒤에야 마오쩌둥이 이때 전달하려고 한 메시지가 무엇이었는지 깨달았다. 마오는 미국과 대화하는 것을 개인적으로 지지하고 있다는 신호를 보낸 것이다.

마오의 간접적인 의사 전달은 한 번 더 있었다. 12월 마오는 스노와 대담하는 자리에서 2개월 전 닉슨 대통령이 한 말을 언급했다. "만일 내가 죽기 전에 꼭 하고 싶은 일이 하나 있다면 중국을 방문하는 일입니다." 그 대답으로 마오는 스노에게 말했다. "나는 닉슨과 이야기하고 싶습니다. 그가 여행자 자격이든 대통령 자격이든 상관없습니다." 대담이 끝난 뒤 중국 정부는 대화 내용을 기록한 공식 문건을 스노에게 주면서 문건 공개를 몇 개월 늦추어 달라고 요청했다. 이때 마오는 스노가 백악관에 문건 사본을 전달하기를 기대했다. 하지만 스노는 그렇게 하지 않았다. 다시 한번 마오의 간접적인 메시지가 통하지 않은 것이다.[54]

그리하여 마오는 다음 해 봄에 아무리 둔감한 미국인이라 해도 도저히 모를 수 없도록 자신의 뜻을 분명하게 표현했다.

1971년 3월 중국 탁구 대표팀은 일본 나고야에서 열린 세계선수권대회에 참가했다. 이는 중국 선수들이 여러 해 만에 외국을 여행한 것이었다. 4월 4일, 이 대회에 참가한 19살의 캘리포니아 출신 미국 대표팀 선수가 중국 선수에게 베이징에 한번 가보고 싶다는 의례적인 말을 건넸다. 미국 선수의 발언은 당국에 보고되어 저우언라이를 거쳐 다음 날 마오쩌둥에게까지 전달되었다. 두 사람은 반응을 보이지 않기로 의견을 모았다. 하지만 그날 밤 마오는 수면제를 먹고 자려다가, 갑자기 수석 간호사를 불러 졸음에 취한 목소리로 지시를 내렸다. 외교부에 전화를 걸어 미국 선수들을 즉시 중국으로 초청하라는 것이었다.*

훗날 '핑퐁 외교'라고 불린 이 사건은 당시 전 세계를 놀라게 했다.

미국 선수단은 중국에서 열렬한 환영을 받았다. 저우언라이 총리는 직접 인민대회당에서 이들을 맞이했으며, 이들의 방문이 두 나라

---

* 나중에 밝혀진 바에 따르면, 저우언라이는 처음부터 미국 탁구 팀 초청에 찬성했다. 그러나 그는 마오의 승인을 얻어내기 위한 최선의 방법은, 외교부가 미국 초청은 아직 시기상조라는 의견서를 제출하는 것이라고 판단했다. 마오는 그러한 관료적 조심성을 접하면 분명히 짜증을 내며 외교부의 의견을 거부할 것이라고 예상한 것이다. 마오는 그의 예상대로 반응했다.(저자 주)

의 관계에 새로운 장을 열어 "우리의 우정을 재개"하는 계기가 될 것이라고 말했다.

3개월 뒤 키신저가 중국을 방문했다. 그의 여행은 철저하게 비밀리에 진행되었다(파키스탄을 방문 중이던 키신저는 갑작스러운 복통을 핑계로 병원에 입원한 뒤 중국으로 건너왔다). 키신저가 귀국한 뒤, 닉슨은 의기양양하게 텔레비전에 출현하여 중국과 고위급 회담이 진행되고 있으며 자신이 다음 해 중국을 방문할 예정이라고 발표했다. 그해 10월 키신저는 세부 사항을 논의하기 위해 다시 한번 중국을 찾았으며—이번에는 방문 사실을 널리 알리고 선전했다.—닉슨의 방문 때 발표할 '상하이 공동성명'의 원칙에 합의했다. 상하이 공동성명은 닉슨 대통령의 중국 방문이 이루어낸 가장 큰 업적이자, 20세기 말과 21세기 초까지 중국과 미국의 관계를 결정한 중요한 합의였다.

키신저의 첫 번째 방문 때 마오는 린뱌오 사건에 전력하고 있었고, 두 번째 방문 때는 우울증으로 침상에 누워 있었다. 그렇지만 마오는 양국이 "러시아인들이나 서명할, 의미도 없고 지킬 마음도 없는 진부한 내용"을 합의하지 않도록 엄격한 지침을 내렸으며, 그 덕분에 상하이 공동성명에 실질적인 힘이 실렸다. 공동성명에는 양국의 입장 차이가 '명확하게, 때로는 노골적으로' 명시되었지만, 이로써 소련의 패권에 대항하는 공통의 이해가 강조되었다.[55] 오직 타이완 문제만 결정되지 않은 채로 남겨 두었다.

미국은 타이완 해협 양안의 모든 중국인이 중국은 오직 하나뿐이며 타이완은 중국의 일부라고 주장하는 것을 인지한다. 미국은 이 입장에 이의를 제기하지 않는다. 미국은 타이완 문제를 중국인들이 스스로 평화적으로 해결하는 데 관심을 두고 있음을 재확인한다.[56]

키신저가 두 번째 중국 방문을 마치고 귀국길에 올랐을 때, 유엔 총회는 중국의 대표로 타이완을 추방하고 중화인민공화국을 승인하는 표결을 진행하고 있었다. 전후(戰後) 정치의 시대가 막을 내리는 순간이었다.

1972년 1월, 닉슨의 중국 방문과 관련한 외교적 준비가 모두 마무리되었다.

하지만 이 극적인 사건의 중심인물이 모습을 드러내지 않고 있었다. 마오는 건강 상태가 악화되었지만 의사의 치료를 계속 거부했다. 닉슨이 도착하기 3주 전인 2월 1일에야 비로소 치료를 받아들였으나, 곧 기력을 잃고 쓰러졌으며 의식을 잃었다. 그다음 날에는 감염된 폐에서 올라온 점액이 기도를 막는 사태까지 벌어졌다. 항생제와 곧 중국이 '가장 높이 평가하는 적'을 만난다는 기대감이 그를 죽음의 위기에서 구했다. 하지만 목의 붓기가 빠지지 않아 말을 잘 할 수가 없었으며, 체액이 증가해 몸 전체가 부어 의복과 구두를 새로 맞춰야 했다. 닉슨이 도착하기 1주일 전부터 비서들은 마오가 자리에서 일어났다 앉았다 하거나 왔다 갔다 걸어 다닐 수 있도록 도왔다. 몇 개월 동안 침대에 누워 있었기 때문에 근육 운동이 필요했던 것이다.[57]

마침내 기다리던 날이 왔고 마오는 무척 초조해했다. 그는 전화기 옆에 앉아 닉슨 대통령이 공항에 도착해 저우언라이의 영접을 받는 모든 상황을 보고받았다. 닉슨이 탄 차가 차량 통행이 금지되어 텅 비어버린 베이징 거리를 통과해 국빈관인 댜오위타이로 가는 동안에도 보고는 계속되었다. 닉슨과 마오의 접견은 예정에 없었다. 하지만 마오는 닉슨을 바로 만나고 싶다는 의사를 표했다. 저우언라이의 제지로 닉슨은 일단 휴식을 취하고 점심 식사를 먹을 수 있었다. 하지만 곧 닉슨과 키신저는 붉은 기로 장식된 고급 자동차 행렬에 실려 그들을 애타게 기다리는 마오가 있는 중난하이로 향해야 했다. 키신저는 당시의 광경을 벅찬 감정으로 다음과 같이 기록했다.

마오의 서재는 …… 사방에 모두 책장이 놓여 있었고 그 책장에는 원고가 빼곡했다. 책상과 방바닥에는 책이 널려 있었다. 그곳은 세계에서 가장 인구가 많은 나라를 다스리는 막강한 권력자의 접견실이라기보다는 학자가 몸을 숨기고 공부하는 장소처럼 보였다. …… 갑작스러운 호출을 제외한다면, 아무런 의식이나 절차가 없었다. 마오는 그저 거기에 서 있었다. …… 내가 이제까지 만난 어떤 사람보다도, 어쩌면 샤를 드골을 제외해야 할지 모르지만, 마오는 원초적이고 집중적인 의지력을 강하게 발산하는 사람이었다. 그는 붙박인 듯 가만히 서 있었고 곁에 선 한 여성이 그가 똑바로 서 있도록 도와주었다. …… 그는 방 안의 모든 사람을 압도했다. 대부분의 국가에서 최고 지도자의 위엄을 높이기 위해 과장하는 화려함 때문이 아니었다. 그에게서 주위를 압도하려는 엄청난 욕구가 거의 실재한다고 느껴질 정도로 강하게 뿜어져 나왔기 때문이다.

닉슨 대통령의 묘사는 이보다 무덤덤하다. 하지만 그 역시 키신저가 '역사와의 만남'이라고 표현한—30년 전 옌안에서 시드니 리튼버그가 사용한 표현과 거의 비슷하다.—이 대면에 강렬한 인상을 받은 것만은 분명했다.

마오는 두 손을 내밀어 닉슨의 손을 잡았고 1분 가까이 놓지 않았다. 한 사람은 세계 최강의 경제력과 군사력을 토대로 국제 자본주의의 성채를 지켰다. 다른 사람은 8억 명이 사는 혁명적 공산 국가에서 감히 누구도 도전할 수 없는 권력을 쥐고 있었다. 게다가 그의 사상은 자본주의 타도를, 그것이 어디에서 출현하든지 간에 요구했다.

그다음 날 〈인민일보〉에 실린 사진은 중국과 전 세계에 세계적 힘

1972년 2월 21일 미국의 닉슨 대통령과 마오쩌둥이 베이징에서 역사적인 만남을 가졌다. 닉슨은 미국의 국가 수장으로서는 처음으로 중국 대륙에 발을 디뎠다.

의 균형이 완전히 변화했음을 선포했다.

두 정상의 만남은 당초 계획된 간단한 예방 수준을 넘어 한 시간 이상 지속되었다. 마오는 우익 지도자들이 더 예측 가능하기 때문에 그들을 대하는 것이 훨씬 편하다고 말해 닉슨을 깜짝 놀라게 했다. 닉슨은 미국과 중국에 가장 큰 위협은 상대가 아니라 소련이라는 점을 강조했다. 외교술에 능통한 키신저는 마오가 평범한 대화를 나누며 별로 상관없어 보이는 말 속에 그의 생각을 담아내는 것을 보고는 큰 감명을 받았다. 그는 이렇게 표현했다. "뚜렷한 약속은 회피했지만 하나의 의미를 전달하고 있었으며 …… 그것은 마치 벽 위를 스쳐 지나가는 그림자와 같았다." 만남이 길어짐에 따라 저우언라이는 마오가 지치지 않을까 걱정하기 시작했다. 닉슨은 마오 주석이 기관지 염증에서 회복 중이라는 이야기를 미리 들었던 터라, 저우언라이가 시계를 여러 번 쳐다보자 자리에서 일어났다.

이후 교섭은 사실상 김이 좀 빠진 상태에서 진행되었다. 닉슨과 저우언라이는 중국과 미국의 관계에 관한 세부 사항을 열심히 조율했지만, 이미 회담의 분위기는 마오와 닉슨의 만남에서 결정되었기 때문이다.

마오에게 닉슨의 방문은 하나의 승리였다. 미국 못지않게 중국과 역사적으로 중요한 관련을 맺은 나라들도 닉슨의 뒤를 따랐다. 일본 총리 다나카 가쿠에이가 일본과 중국의 수교를 위해 방문했으며, 영국 총리 에드워드 히스(Edward Heath)도 중국을 찾았다. 하지만 서방 세계의 최고 지도자인 미국 대통령이 자금성으로 걸음을 하여 공통의 적에 대한 공동의 관심이라는 일종의 조공을 들고 온 순간보다 마오의 일생에 더 중대한 의미를 띤 사건은 없었다. 1949년 마오는 중국이 서방의 강국과 관계를 설정하는 데 결코 서두르지 않을 것이라고 천명했다. 우선 '집안 정돈'을 하고 그다음에 중국이 적당한 시기가 되었다고 판단하면 그때 그들이 원하는 나라를 받아들일 것이라고 말했다. 오랜 세월 동안 서방의 지도자들은 공산 중국을 고립시키려고 애썼기 때문에 마오의 주장은 그저 공허한 핑계로밖에 들리지 않았다. 하지만 결국 그들 가운데 가장 힘 있는 자가 베이징으로 찾아와 상호 동등한 입장에 기반한 협조를 요청했다. 이제 중국은 정말로 우뚝 일어선 것이다. 전진의 기쁨을 만끽할 순간이었다.

하지만 동시에 이는 엄청난 후퇴의 순간이기도 했다.

이미 닉슨은 대통령에 당선되기 1년 전에 이 후퇴의 의미를 지적했다. 그는 미국이 "세계 혁명의 진원지가 아니라 발전하는 거대한 국가"로서 중국과 긴밀한 관계를 맺어야 한다고 주장했다.[58] 실제로 그렇게 되었다. 마오는 지정학적 필요성 때문에 — 소련의 팽창 욕구를 억제하기 위한 공동 전선의 필요성 때문에 — 미국에 문을 열었다.

마오는 소련이 중국을 공격했을 때, 미국이 '의도적이든 아니든 간에' 방관할까 봐 불안해했다.[59] "두 나라가 진창에 빠지도록 내버려 두자. ...... 그러면 소련을 그저 등 뒤에서 손가락으로 쿡 찌를 수 있게 된다." 미국이 이렇게 마음먹으면 어떡할 것인가? 하지만 마오는 이렇게 결론지었다. "우리는 나쁜 놈을 상대하여 싸우는 데 힘을 모을 수 있다." 협력의 대가는 마오가 꿈꾸어 온 이상의 폐기였다. 새로운 붉은 '중앙의 국가', 즉 전 세계 혁명가들이 희망과 열정을 끌어낼 수 있는 원천으로서 중국을 향한 꿈은 이제 사라졌다. 그 대신 혁명이 아닌 생존을 지향하는, 세력 균형을 위한 냉정한 정책이 자리를 차지했다.

닉슨과 접견하는 자리에서 마오는 스스로 이를 인정하며 말했다. "나 같은 사람들은 마치 거대한 대포처럼 큰 소리를 냅니다. 예를 들면 이렇습니다. '전 세계는 단결하여 제국주의를 쳐부수어야 한다.'" 이 대목에서 마오와 저우언라이는 크게 웃음을 터뜨렸다.[60]

물론 마오는 평소 논리대로 모든 발전은 모순에서 출발하며 후퇴 없는 전진은 없다고 설명함으로써 자신을 합리화하는 것이 가능했다. 그렇지만 후퇴는 분명한 사실이었다. 1960년대 그는 중국이 스스로 모범을 보임으로써 전 세계적 혁명의 고조를 촉발할 것이라고 즐겨 말하곤 했지만, 이는 이제 돌이킬 수 없을 정도로 심하게 훼손되고 말았다.

승계 계획의 좌절과 지정학적 이해관계로 인한 혁명의 퇴색만이 문화혁명과 그 정책에 구멍을 낸 요인은 아니었다.

1971년 가을에 마오는 중부 지역을 순회하며 지방 군사 지휘관들의 지지를 끌어내려고 노력했다. 당시 회합에서 그는 아주 불만스럽게 아직도 부당하게 숙청당한 원로 간부들이 복권되지 않았다고 지적했다.[61] 린뱌오가 죽고 2개월이 지난 11월에는 원수들을 비롯한 몇 몇 사람들이 '2월역류'에 휘말려 맹렬하게 비난받은 일은 잘못이라고 말하며, 그들은 단지 "린뱌오와 천보다를 반대한" 자들이라고 평했다. 1972년 1월 천이의 장례식에 참석한 마오는 다시 한번 과거 원로 간부들의 숙청이 자신과 무관하다는 취지의 발언을 했다. 그해 말에는 허룽에 대한 탄압이 "잘못된 일"이라고 질책하기도 했다.[62]

이러한 변화에 고무되어 저우언라이는 행정부를 재조직하고 경제 생산을 회복하려는 노력을 전면적으로 개시했다.

저우언라이의 입지는 과거 어느 때보다도 강력했다. 운송과 산업 발전을 저해한 파벌 싸움도 마침내 끝이 났다. 상무위원회 구성원 다섯 명 가운데 린뱌오는 죽었고 천보다는 수감되었으며 캉성은 암에 걸려 투병 중이었다. 이제 남은 사람은 저우와 마오뿐이었다. 하지만 어떤 의미에서 이러한 상황은 저우에게 대단히 위험했다. 마오는 자신에게 너무 가까워진 자들을 공격하는 사람이었기 때문이다. 저우는 마오와의 밀접한 관계가 야기할 수 있는 위험을 잘 알았다.[63] 린뱌오가 죽고 얼마 되지 않았을 때였다. 당 정치국 위원 지덩쿠이 (紀登奎)가 몹시 우울해하는 저우를 보고 그의 기분을 북돋워주기 위해 몇 마디 하자 저우는 퉁명스럽게 대꾸했다. "자네는 아직 모르고 있네. 아직 끝난 게 아닐세!" 언젠가 또다시 마오의 후계를 둘러싼 투쟁이 시작될 것이라는 뜻이었다.* 하지만 분명히 당시 상황은, 병마에 시달린 나머지 절망적인 심정으로 모든 것을 넘기겠다는 마오의

---

* 그해 여름 저우언라이는 마오에게 자신의 충성심을 확실하게 보이고 후계자 후보로 자신이 고려되는 데 대해 분명한 사양의 뜻을 전하기 위해 매우 긴 자아비판서를 작성했다. 이 비판서에서 그는 과거 노선 투쟁을 벌일 때 자신이 "심각한 실수들"을 저질렀다고 인정했고, 만일 "더 심각한 잘못을 범하는" 일이 발생한다면, 모든 공직에서 물러나야 마땅할 것이라고 말했다. 그리고 이렇게 덧붙였다. "저는 최고 지도자가 될 수 없으며 오직 조력자만 될 수 있을 뿐입니다."(저자 주)

갑작스런 발언을 논외로 치더라도, 저우에게 매우 유리했다. 린뱌오의 실각으로 인해 장칭을 비롯한 급진파는 수세적인 자세를 취했다. 중국의 유엔 가입과 닉슨의 중국 방문은 실용 정책이 성과를 거둘 수 있음을 증명해주었다. 저우는 5월에 한 정기 건강 검진에서 암 진단을 받자 더욱더 결심을 굳혔다.[64] 지금이 중국의 진보에 자신의 자취를 남길 수 있는 마지막 기회라고 느꼈기 때문이다. 저우언라이에게는 이 나라를 질서 있고 균형 잡힌 발전의 길로 조금씩 밀어붙이면 인민이 좀 더 풍요롭고 행복한 미래를 누릴 수 있으리라는 신념이 있었다.

저우언라이는 린뱌오 비난 운동을 이용하여 극좌적 정책과 사상을 총공격하는 전략을 택했다. 이는 공식적으로 '수정주의를 비판하고 사업 방식을 바로잡는 운동(批修整風)'으로 불렸다. 4월 〈인민일보〉가 첫 포문을 열었다. 원로 간부들을 '당의 가장 귀중한 자산'으로 규정하며 이들이 복권되어 적당한 직책을 맡아야 한다고 주장한 것이다.[65] 경제 분야의 원로 천원이 다시 대중 앞에 모습을 드러냈다 (하지만 현명하게도 건강을 핑계로 삼아 일을 재개할 수 없다고 말했다).[66] 다시 한번 전문성이 강조되었다. 베이징의 어느 라디오 방송국은 영어 교육 방송을 내보내기 시작했다. 1966년 이래 처음으로 중국 학생들이 외국 유학을 떠났다.[67] 저우언라이는 외교부가 여전히 좌경적 태도를 바꾸지 못했다고 비난하기도 했는데, 이때 그는 만일 극좌적 경향을 저지하지 못하면 결국 우경주의가 재등장할 것이라는 기발한 논리를 내세웠다.[68]

하지만 변화의 바람이 아무리 요란스럽게 불어도, 마오가 저우언라이를 공개적으로 지지하지 않고 있다는 사실을 숨길 수는 없었다.[69] 국외적으로 실용주의를 택하는 것과 국내적으로 문화혁명의 정책을 무너뜨리는 것은 전혀 다른 문제였다. 1972년 12월 마오는 추가 지나치게 한쪽으로 기울었다고 판단했다.

결정적 계기는 2개월 전 〈인민일보〉 전면에 실린 무정부주의를 공격하는 기사였다. 글의 주제는 원로 간부 탄압, 당의 역할 훼손, '대혼란'의 낭비와 파괴였는데—이를 극좌주의의 죄상이라고 설명했다.—이는 익히 들어본 문제 제기였다. 그러나 논조는 문화혁명이 상징하는 모든 것을 점증적으로 겨냥했다. 게다가 신문에는 저우언라이를 지지하는 무리들이 '우리가 좌파를 철저하게 비판하지 않으면 우파가 반드시 돌아온다'는 주제로 정치 운동을 제안하는 내용도 있었다. 이에 마오는 반대 입장을 분명하게 표명했다. 12월 17일 마오는 린뱌오의 오류가 '형식적으로는 좌경'이지만 '실제로는 우경'이었다고 평가해야 하며, 린뱌오 자체도 극우적 인물로서 음모와 분열과 배신을 꾀했다고 말했다. 결국 극좌주의를 비난하는 것은 "좋은 생각이 아니었다."

이틀 뒤 저우언라이의 행동을 보면, 그가 어떤 종류의 사람인지 알 수 있다.

저우언라이는 자신의 종전 발언을 부인하고 마오가 린뱌오에게 내린 새로운 판단을 그대로 반복함으로써, 〈인민일보〉 내에 있는 자신의 불행한 동맹자들이 늑대에게 공격당하도록 내버려 두었다.[70]

이때부터 비판 운동은 급변했다. 본래 저우언라이는 문화혁명 때 배태된 정책들을 저지하려고 계획했으나, 이제 급진파들은 린뱌오를 희생양 삼아 문화혁명의 과오를 모두 뒤집어씌우기 시작했다. 1973년 1월 〈인민일보〉 새해 사설은 새로운 노선을 자세하게 설명하며, 문화혁명이 "무산계급 독재를 공고히 하고, 자본주의의 부활을 막고, 사회주의를 건설하는 데 매우 필요했고 시의적절했다."라고 높이 평가했다.[71]

하지만 마오는 자신의 입장을 완전히 뒤집지는 않았다.

추가 지나치게 한쪽으로 기울었을지는 몰라도, 완전히 반대 방향으로 기울게 할 상황은 아니었다. 마오의 주장에 따라 원로 간부의 복권이 계속 진행되었다. 그는 앞으로 남은 4년의 생애 동안 거의 정신분열증 환자처럼 근본적으로 모순적인 과업에 몰두한다. 바로 자신의 급진적인 '열망'과 국가의 미래가 더 예측 가능하고 덜 고통스러워야 한다는 절실한 '필요성' 사이에서 불안정한 균형을 유지하는 일이었다.

저우언라이가 예측한 대로 승계 문제에서 갈등이 발생했다.

1972년에 마오는 린뱌오의 빈자리를 어떻게 메울까 고민했지만 선택의 폭이 넓지는 않았다. 한때 절망에 빠져 저우언라이를 후계자로 고려하기도 했으나, 그는 너무나 나이가 많았고 너무나 온건했으며 결정적으로 너무나 약했다. 게다가 저우언라이는 자신이 후계자로 거론되는 데 강한 거부감을 보이고 있었다. 또한 〈인민일보〉의 부편집장 왕뤄수이의 말마따나 마오는 마음속으로는 저우를 좋아하지 않았던 것 같다. 왕뤄수이는 10월 문제적 기사를 게재하는 데 주도적 역할을 했는데, 마오가 내린 12월 17일 결정을 보고는 그러한 판단을 내렸다. 장칭은 충성스러운 급진파였지만 (권력욕, 오만함, 허영심, 무능력 탓에) 거의 모든 사람에게 미움을 샀으며, 마오도 이 점을 잘 알고 있었다. 사람을 이끄는 능력이 천보다 부류와 비슷했던 야오원위안은 선전 일꾼에 어울리는 자였다. 젊은 정치국 위원들 중에 유일하게 가능성이 있는 자는 장춘차오였다. 그는 55세였다. 문화혁명에 대한 장춘차오의 충성심은 의심할 여지가 없었고 지도자의 자질도 충분했다. 게다가 마오가 그를 린뱌오 후계자로 한 번 언급한 적도 있었다.

하지만 마오의 선택은 장춘차오가 아니었다.

1972년 9월 마오는 상하이에 있던 장춘차오의 수하 왕훙원을 베이징으로 불렀다. 그는 약 6년 전 '노동자혁명조반총사령부'를 조직하여 문화혁명 최초의 '권력 탈취 운동'이 전개되도록 공작한 자였다.

왕훙원은 당시 중앙위원회 위원이었으며 키가 크고 체격이 좋았고 39살의 나이로 젊은이다운 진지함을 갖추고 있었다. 그는 가난한 농사꾼 집안에서 태어났고 한국전쟁에 참전했으며 귀국한 뒤에는 방직 공장에서 일했다. 마오가 보기에 이러한 경력은 왕훙원이 농민, 노동자, 군인이라는 가장 훌륭한 사회적 배경 세 가지를 겸비하고 있음을 의미했다. 왕훙원은 왜 자신이 베이징으로 불려 왔는지 알지 못했으므로, 마오가 직접 자신을 접견하여 자신의 삶과 생각에 관해 자세하게 물어보자 어리둥절했다. 여하튼 이때 왕훙원은 마오에게 매우 좋은 인상을 준 듯하다. 마오는 왕훙원에게 마르크스, 엥겔스, 레닌의 전집을 공부하라고 지시했다. 왕훙원은 교육을 많이 받지 못한 탓에 마오의 과제를 수행할 만한 역량이 부족했으며, 이로 인해 무척 지겨운 시간을 보냈다. 또한 마오의 밤낮이 뒤바뀐 생활 습관에 적응하기 힘들어했다. 그래서 상하이의 고향 친구들에게 전화를 걸어 자신의 생활이 무척 지겹다고 불평하기도 했다.[72] 여하튼 마오의 79번째 생일이 이틀이 지난 12월 말, 베이징 군관구 당 위원회 회의가 개최되었고, 이 자리에서 저우언라이와 예젠잉은 왕훙원을 "주석께서 관심을 보이시는 젊은이"라고 소개했다. 덧붙여 앞으로 이러한 젊은 세대를 당 중앙위원회 및 군사위원회의 부주석 직위까지 승진시키는 것이 주석의 의도라고 말했다.[73]

단순히 마오가 변덕을 부린 것은 아니었다. 류사오치와 린뱌오에게는 공산당 전체를 움직일 만한 힘이 있었지만, 장춘차오에게는 그러한 힘이 없었다. 또한 장춘차오는 급진적 파벌주의에 너무 깊게 관여했기 때문에(장칭과도 너무 가까웠다) 당의 주류 집단에 충성을 이끌어낼 수 없었고, 설령 일부 온건파가 그와 함께하려고 해도 그의 태도가 너무나 분파적이어서 일을 도모하기가 어려웠다.

왕홍원은 외부인이자 복병이었다. 그는 주로 베이징에서 멀리 떨어진 곳에서 활동했기 때문에 장춘차오같이 파벌 싸움으로 인한 결점이 없었다.

1973년 5월 왕홍원은 권력의 다음 단계로 올라섰다. 마오의 지시에 따라 정치국 회의에 참석하기 시작한 것이다. 이때 신참자 두 사람도 함께했는데, 화궈펑과 우더(吳德, 1913~1995)였다. 화궈펑이 마오의 눈에 든 시기는 그가 마오의 고향인 샹탄현에서 당 서기를 맡고 있던 1950년대였다. 문화혁명 이후 화궈펑은 후난성 당 위원회 제1서기로 임명되었고, 린뱌오 사건을 조사하는 위원회에 포함되어 베이징으로 올라왔다. 우더는 셰푸즈가 암으로 죽은 뒤 그의 뒤를 이어 베이징 당 위원회 제1서기를 맡고 있었다. 둘 다 왕홍원보다 나이가 많았는데, 화궈펑은 51세였고 우더는 60세였다. 그들은 왕홍원과 마찬가지로 문화혁명의 수혜자였지만 분파의 경계선을 넘어 지지층을 확보할 수 있을 만큼 충분히 중도적이었다. 마오는 자신의 첫 번째 계획이 좌절될 경우를 대비해 그들을 예비해 두었다.

이제 마오는 새로운 권력 구도를 완성하기 위한 마지막 퍼즐 한 조각만을 남겨 두었다.

4월 12일에 캄보디아 국가원수 노로돔 시아누크(Norodom Sihanouk)를 환영하는 연회가 인민대회당에서 열렸다. 참석자 중에는 키가 작고 다부지게 보이는 몸집에 얼굴이 둥글고 드문드문 흰머리가 보이는 한 남자가 있었는데, 마치 베이징에서 한 번도 쫓겨난 적이 없는 사람처럼 보였다. '당내 두 번째 주자파'로 불린 덩샤오핑이었다. 그는 한 달 전에 복권되어 부총리를 맡고 있었다.[74]

덩샤오핑은 69번째 생일을 앞두고 있었고 왕홍원보다는 나이가 거의 두 배 많았다. 덩샤오핑이 복귀할 수 있었던 이유 중 하나는 저우언라이가 암에 걸렸기 때문이었다. 저우언라이를 대신할 사람이 필요했던 것이다. 또 다른 이유는 지난 8월 덩샤오핑이 마오에게 아주 적절한 호소문을 보낸 데 있었다. 덩샤오핑은 문화혁명이 "괴물을 찾아내는 거대한 거울"이었으며, 이를 통해 린뱌오나 천보다 같은 사기꾼을 색출할 수 있었다고 썼다. (그리고 지나가는 말처럼 자신은 이제 복귀하고 싶다고 말했다.) 또한 덩샤오핑은 눈치 빠르게 문화혁명 중에 내려진 '판결을 역전시키는' 행위는 결코 시도하지 않을 것이며, 절대로 장칭을 공격하지도 않겠다고 약속했다.[75] 하지만 덩샤오핑의 복귀가 가능했던 가장 근본적인 이유는 따로 있었다. 마오는 왕훙원의 승계가 성공하려면 누군가의 도움이 반드시 필요하다고 판단했던 것이다. 마오의 구상은, 우선은 왕훙원이 당을 맡고 덩샤오핑이 정부를 맡아 함께 일하다가, 젊은 왕훙원이 10년 내지 15년 뒤에 경험과 식견을 갖추고 나면 홀로 중국을 통치하는 것이었다. 마오는 잘 알고 있었다. 덩샤오핑은 인민해방군을 통제할 힘이 있었지만 왕훙원은 힘이 없었다. 덩샤오핑은 정부를 운영할 수 있는 능력이 있었지만 왕훙원은 능력이 없었다. 하지만 마오가 죽기 전까지 왕훙원이 당을 맡을 수 있을 정도만큼만 성장해준다면, 왕훙원의 젊음과 문화혁명의 가치에 대한 충성도를 고려할 때 마오의 사후에도 그의 사상적 유산이 계속 유지될 가능성이 가장 높았다.

이러한 목적에 따라 중국공산당 제10차 전국대표대회에서는 왕훙원이 중심 역할을 맡게 되었다. 제10차 당 대회는 1973년 8월 24일부터 28일까지 개최되었는데, 완전히 베일에 싸인 채 이상할 정도로 간략하고 형식적으로 치러졌다.* 왕훙원은 선거준비위원회 주임을 맡았다(저우언라이와 장칭은 부주임이었다). 또한 새롭게 개정된 당헌을 공식적으로 제안하는 역할을 했다(새 당헌에서는 린뱌오를 마오의 후계자로 명시하는 구절이 삭제되었다). 마오가 너무 쇠약하여 투표함까지 걸어가지 못한다는 이유로, 마오가 기표한 용지를 투표함에 집어넣는 일도 왕흥원의 몫이었다(참석자들은 이러한 행동이 상징하는 바를 모르지 않았다). 그뿐만 아니라 새롭게 구성된 당 정치국에서는 당 안팎의 놀라움을 불러일으키며 당 서열 3위에 올랐다. 이는 마오와 저우언라이 다음가는 서열이었으며 부주석 직위에 오른 것이었다.[76]

덩샤오핑은 중앙위원회에는 복귀했지만 정치국은 아직이었다. 그는 여전히 시험을 치르는 중이었다. 마오는 덩샤오핑이 어떻게 행동하는지를 보고 나서, 그에게 더 높은 지위를 부여할지 결정하고자 했다.

마오는 급진파와 원로 간부의 조화를 통해 자신의 사후 중국이 통치될 수 있도록 새롭게 계획했고, 이 구상을 제10차 당 대회 때 공식화했다. 정치국과 상무위원회는 장칭 조직과 저우언라이와 예젠잉을 대표로 하는 원로 간부 조직이 거의 동등한 세력을 차지하며 균형을 이루었다. 덩샤오핑뿐 아니라 다른 저명한 원로들도 중앙위원회에 다수 복귀했다. 그중에는 '2월역류' 사건으로 장칭과 충돌했던 탄전린, 숙청에서 자신은 살아남았지만 수만 명의 지지자를 잃은 네이멍구의 지도자 우란푸, 쭌이 회의 때는 마오를 지지했지만 1960년대 초 미국과 소련에 온건한 정책을 주장했다가 마오와 충돌한 왕자샹이 있었다.[77]

그해 가을 마오는 덩샤오핑과 왕흥원에게 지방 순시를 지시했다. 두 사람이 어떻게 함께 일하는지 보기 위해서였다. 순시 이후 덩샤오

---

* 매우 급하게 소집된 1249명의 대의원들은 사람들의 주목을 피하기 위해, 중난하이와 인민대회당을 연결하는 지하 통로를 통해 당 대회가 열린 인민대회당으로 이동했다. 대회 준비가 너무 급속하게 이루어진 탓에, 당 대회 직후에 개최된 중앙위원회 전원회의에서는 뒤늦게 상하이 대표 다섯 명이 참석자 명단에서 누락되었음이 확인되었다. 이들은 급작스레 한밤중에 일어나 비행기를 타고 베이징으로 와야만 했다. 그 가운데 한 명은 바지가 한 벌밖에 없었는데 마침 세탁 중이어서 미처 말리지 못하고 그대로 입고 와야 했다. 그의 동료들은 그에게 '젖은 바지'라는 별명을 붙여주었다.(저자 주)

1974년 4월 유엔 총회에 중국 대표단 단장으로 참석한 덩샤오핑이 총회 연설에서 '삼개세계' 이론을 주창하고 있다.

핑은 평소 직설적인 습관대로 마오에게 군벌주의가 발흥할 위험이 있다고 보고했다. 29개 성 가운데 22개 성의 당 위원회가 제1서기를 현직 군인에게 맡기고 있다는 이유였다.[78]

마오도 같은 결론을 내렸다. 그는 제10차 당 대회에서 중앙위원회의 군인 수를 절반으로 감축한 데 이어, 1973년 12월에는 여덟 개 군관구의 사령관을 교체하는 명령을 내렸다. 또한 정치국과 군사위원회 구성원들에게 통보하길, 향후 군사 사업과 정치 사업 사이에 책임을 분명하게 구분해야 하며, 이제부터는 "재능이 비범한" 덩샤오핑이 정치국과 군사위원회에 모두 참석할 뿐 아니라, 인민해방군 총참모장 직무를 수행할 것이라고 했다.[79]

다음 해인 1974년 4월 마오는 유엔에 파견할 중국 대표단 단장으로 덩샤오핑을 낙점했다. 덩샤오핑은 유엔 총회에 참석하여 이른바 '삼개세계(三個世界)' 이론을 제시했는데, 이는 마오가 국제 정세에 관해 내놓은 최신 견해였다. 주된 내용은 초강대국인 미국과 소련이 '제1세계'를 이루고, 두 나라 이외의 산업 국가는 공산주의든 자본주

의든 구분 없이 '제2세계'를 이루며, 나머지 개발 도상국들은 '제3세계'를 구성한다는 것이었다.[80]

2개월 뒤 저우언라이는 건강이 매우 안 좋아져서 장기간 입원하여 암 치료를 받아야 하는 상태가 되었다. 이에 마오는 왕훙원에게 정치국의 일반 업무를 맡겼으며 정부 업무는 덩샤오핑이 책임지도록 했다.

이로써 1974년 6월, 마오는 자신의 사후에도 자신의 사업을 이어나갈 두 사람의 정치 연합을 완성했다. 하지만 그들의 연합은 여전히 매우 임시적이었다. 덩샤오핑은 정치국에 복귀한 지 겨우 6개월밖에 되지 않았으며, 왕훙원은 오로지 마오 때문에 정치적으로 존재할 수 있었다. 여하튼 마오가 이미 두 번이나 실패한 후계 구도가 취약하기는 하지만 하나의 합의를 이루어 자리를 잡았다.

그러나 얼마 지나지 않아 이 승계 계획도 모래성처럼 쉽게 허물어지고 만다.

새로운 후계 구도의 치명적인 결점은 급진주의와 합리성을 향한 마오의 모순적 욕구가 촉발하는 긴장에 있었다. 1973년과 1974년처럼 마오가 직접 진두지휘하는 동안에는 마오의 사상적 모순을 반영하는 두 경쟁 집단이 비록 불안한 형태이지만 협조 체제를 유지하며 함께 일할 수 있었다. 하지만 마오가 체력이 떨어지면서 현장에서 직접 권위를 과시할 수 없게 되자, 두 집단은 점차 갈라져 끊임없이 파벌 싸움을 벌였다.

마오는 왕훙원과 덩샤오핑이 파벌 싸움을 압도하는 정치력을 발휘하기를 기대했지만 실제로는 두 사람 모두 싸움에 휘말렸다.

이러한 상황은 늘 그렇듯이 마오쩌둥 자신이 초래한 것이었다. 1973년 5월 마오는 중앙위원회 공작회의에서 '공자 비판 운동'을 개시하자고 제안했다(물론 2천5백 년 전 죽은 그 '공자'를 말한다). 린뱌오의 아들 린리궈가 마오를 진시황에 비유한 것이 발단이었다. 사실 대체로 마오는 그 비유를 기꺼이 받아들였다. 그해 가을에는 시를 하나 지어 자신이 진시황의 계승자임을 자부하기도 했다.

> 태우고 묻는 일은 논의를 필요로 한다
> 고대의 용은 죽었으나 그의 제국은 살아 있다
> 허나 유교의 고매한 사상은 쭉정이만 남지 않았는가[81]

마오는 린뱌오와 그 동맹자들이 (진시황을 반대했으므로) 공자의 추종자이자, 공자가 숭앙한 봉건체제의 숭배자라고 비난했다. 그러나 공자 비판 운동은 다른 의미도 있었다. 공자와 린뱌오를 연결함으로써, 그는 '뽕나무를 가리키며 홰나무 욕을 하는' 중국의 오래된 전략을 사용하려 했다. 새로운 비판 운동의 실질적 목표는 공자도 아니었고 린뱌오도 아니었다. 문화혁명이 야기한 손상을 회복하려 애씀으로써 마오쩌둥의 우려를 산 저우언라이였다. 과거 마오가 어림잡아 30퍼센트라고 평가한 문화혁명의 단점은 제10차 당 대회에 이르러 완전히 사라졌다. 강조점은 오직 70퍼센트의 장점과 성과를 잘 보존하는 데 있었다.[82] 당시 당 대회에서 채택된 공산당 당헌에는, 새로운 문화혁명이 "앞으로 여러 차례 일어날 것"이라고 기술되었고 "7년 내지 8년에 한 번씩 우귀사신이 (다시) 튀어나올 것"이라는 마오의 경고가 인용되었다.

공자와 저우언라이의 관련성이 공개적으로 인정된 적은 없다. 하지만 지난여름 마오는 왕홍원과 장춘차오와 대화하며 분명한 암시를 주었다. 공자를 비판해야 할 필요성을 언급한 뒤, 요즘 외교부가 '중요한 문제'를 자신과 의논하지 않는다고 불평하며, 이러한 상황이 계속 이어진다면 "수정주의가 발생할 수밖에 없다"고 말한 것이다.

외교부는 저우언라이의 소관이었다. 그리고 1년 전 저우는 외교부가 극좌적이라며 비판한 적이 있었다. 마오는 그 사실을 결코 잊지 않았다. 6월부터는 급진파와 마오까지 나서서 저우언라이가 외교 문제를 처리하는 방식에 비판의 목소리를 높였다.[83]

병에 더해 이러한 공격까지 받자 저우언라이의 힘은 더욱더 약화되었다. 1973년 11월 키신저는 여섯 번째 중국 방문에 나섰는데, 그 때 저우가 "그의 성격에 맞지 않게 머뭇거리는" 것을 느꼈다. 과거에 그가 보여준 촌철살인의 말과 번뜩이는 재치가 사라진 것이다. 훗날 키신저가 남긴 기록에 따르면, 당시 두 사람이 타이완 문제를 놓고 회담을 하던 중에, 미국이 타이완과 공식적으로 관계를 단절하지 않더라도 중국은 미국과 관계를 정상화할 뜻이 있다는 인상을 처음으로 받았다고 한다(키신저는 다음 날 마오와의 만남에서도 같은 인상을 받았다).[84] 하지만 그의 오해였다. 마오는 늘 그렇듯이 간접적으로 자신의 의중을 내비쳤는데, 소련은 이런 식의 외교 관계를 용인하지만 중국은 그렇게 하지 않겠다는 이야기였다.[85] 그러나 저우는 타이완과 평화적인 해결이 배제된 것은 아니며, 장래에 소련이 중국에 미사일 공격을 가할 경우를 대비해 워싱턴과 베이징 사이에 조기 경보를 위한 핫라인을 설치할 수도 있다고 발언했다. 그다지 논란거리가되는 말은 아니었지만, 무슨 이유에서인지 마오는 저우의 이 발언들을 문제 삼아 그에게 강하게 압력을 가했다. 어쩌면 마오는 자신에게 먼저 허락을 구하지 않고 미국과 좀 더 긴밀한 군사 협조를 논의한 일에 화가 났을지도 모른다. 타이완에 대한 저우의 언급이 지나치게 타협적이라고 생각했을 수도 있다. 아니면 1년 전 저우가 극좌주의에 대해 비판 운동을 벌인 이후 마오가 자신의 불만을 드러낼 기회를 노리고 있었을지도 모른다. 또 다른 가능성은 질투였다. 마오는 외국인들이 닉슨 대통령의 중국 방문과 중국과 소련의 화해 움직임을 주로 저우의 공로로 평가하는 데 기분 나빠했기 때문이다.

키신저가 중국을 떠난 바로 그날, 주석은 저우에게 정치국 회의를 소집하라고 명했고 그 자리에서 직접 입장을 해명하라고 지시했다. 회의가 열리자 장칭은 저우가 '우경번안적 투항주의'를 범했다고 비난했다. 저우는 그러한 비난은 받아들이지 않았지만, 키신저와 한 협상에서 "충분한 노력을 하지 않았다"는 점과 "수정주의적 사고방식"의 오류를 범한 점은 인정했다. 이후 3주 동안—12월까지 계속되었다.—저우는 매일같이 정치국 확대회의에 참석하여 비판을 당했다. 주동자는 마오였다. 그는 급진파뿐 아니라 외견상 저우의 동맹자들과 심지어 덩샤오핑까지, 저우를 비난하는 데 동참하도록 시켰다. 외교부에서 '독립 왕국'을 조성하고 있다거나, 소련이 침공해 오면 기꺼이 '괴뢰 황제' 역할을 맡을 작자라는 비난이 가해졌다. 한술 더 떠 장칭은 저우가 "마오 주석을 대신하고 싶어 안달이 났다"고 목소리를 높였다(당시 저우의 병세가 심각한 상태였음을 감안하면 터무니없는 혐의였다). 또한 류사오치와 린뱌오에 대한 비판 운동과 마찬가지로, 저우를 상대로 전면적인 노선 투쟁을 펼쳐야 한다고 주장했다.

이때 마오가 개입했다. 그는 저우언라이와 왕훙원을 불러, 마오를 대신하려고 안달이 난 사람은 장칭이 유일하다고 말했다. 또한 저우언라이가 오류를 범한 것은 사실이나 기회를 주어야 하며, '40~50분' 정도 자아비판을 하면 될 것이라고 제시했다. 이에 저우언라이는 일곱 시간 동안이나 비굴할 정도로 심하게 속죄했다.[86]

얼마 지나지 않아 총리는 외교 업무에서 완전히 손을 뗐다(그의 직무는 덩샤오핑이 이어받았다).[87] 그리고 이제까지 당내 이론가들의 학술적 토론으로 진행된 비림비공운동(批林批孔運動), 즉 '린뱌오와 공자에 대한 비판 운동'은 1974년 1월을 기점으로 전국으로 확대되어 전개되기 시작했다. 마오의 입장에서 비림비공운동의 목적은 수정주

의와 투쟁하고 문화혁명의 성취를 보존하는 것이었다. 하지만 장칭
과 급진파 동맹자들에게는 저우언라이의 입지를 약화시킴으로써, 마
오 사후에 자신들이 주된 지도적 역할을 할 수 있도록 준비하는 것
이었다.[88)]

비림비공운동은 터무니없는 역사적 상징과 빈정거림이 가득했으
며, '조류에 거슬러 가자'는 구호 아래 저우언라이의 정책들에 대한
자질구레한 공격이 뒤따랐다. 예를 들면, 학문 수준을 강조하는 새
정책에 저항하기 위해, 시험을 본 한 학생이 아무것도 쓰지 않고 백
지를 내는 식의 상징적 사건들이 발생했다. 목적은 7년 전 마오가
'조반유리'를 언급하여 홍위병을 움직인 것과 마찬가지로 새로운 혼
란을 촉발하려는 것이었다. 왕훙원은 기대라기보다는 희망을 담아
비림비공운동을 '제2의 문화혁명'이라 칭했으며, 장춘차오는 '제2의
권력 탈취 운동'이라 불렀다.[89)] 그러나 사실상 권력 탈취라 할 만한
사건은 거의 없었으며 정책도 크게 바뀌지 않았다. 인민들과 일반 당
원들은 급진파가 끝도 없고 이해할 수도 없는 정치 운동을 계속 벌
이는 데 싫증이 나 있었다. 하지만 일부 지역에서는 무장 충돌이 발
생했으며, 파벌 투쟁 탓에 일부 철도망이 마비되기도 했다. 그중 가
장 우려스러웠던 사태는 당시 중국과 베트남 사이의 군사적 긴장이
높았던 시기였는데도 군대 지휘 계통이 크게 혼란스러워진 것이었
다.[90)] 마오는 비림비공운동을 통해 저우언라이의 체면을 깎아내리는
한편, 인민해방군에 대한 당의 통제권을 강화하고자 했다. 마침내 군
이 정치에서 멀어져 막사로 돌아가고, 다시 당이 전적으로 국가를 통
치한다는 입장으로 돌아선 것이다. 물론 린뱌오의 실제 지지자들이
나 지지한다고 추정되는 자들을 완전히 제거하는 부수적인 목적도
있었다. 그러나 항상 그렇듯 장칭은 또다시 너무 지나치게 행동했다.
3월 20일 마오는 장칭에게 다음과 같은 질책의 글을 보냈다.

여러 해 동안 당신에게 많은 충고를 했지만 당신은 대부분 다 무시했소. 그러니 우리가 자꾸 만난다 한들 무슨 이득이 있겠소? …… 나는 80세가 되었고 중병을 앓고 있지만 당신은 아무런 관심도 없구려. 지금은 당신에게 많은 특권이 있지만 내가 죽고 나면 당신은 어떻게 할 거요? …… 잘 생각해보시오.[91)

마오가 자신의 건강이 나쁘다고 고백한 것은 그답지 않은 일이었다. 그러나 2년 전 닉슨을 접견한 이래로, 마오의 건강은 계속 악화되어 그때보다 체중이 10킬로그램 넘게 줄었다. 여윈 어깨 위로 옷이 헐렁하게 늘어졌으며 몸 전체가 축 처졌다. 마오는 아주 작은 행동을 하는데도 극심한 피로를 느꼈다. 제10차 당 대회에 참석할 때는 산소 탱크가 늘 따라다녔다. 3분 거리의 인민대회당까지 가는 자동차 안에도, 인민대회당 내 전용 집무실에도, 심지어 그가 연설을 할 경우를 대비하여(실제로 연설하지는 않았다) 연단 곁에도 산소통이 준비되었다. 입에서는 계속 침이 줄줄 흘러나왔다. 목소리는 작아지고 쉰소리가 났다. 이제는 마오와 가까운 사람조차 그가 무슨 말을 하는지 거의 알아들을 수 없었다.[92)

키신저는 마오가 떠오른 생각을 표현하려 할 때 얼마나 애를 써야 했는지 다음과 같이 묘사했다. "그는 입에서 한 단어가 나올 때마다 무척 힘들어했다. 성대에서 억지로 짜내듯이 말을 했다. 한마디를 하고 나면 한참 동안 힘을 모아야 했고, 충분히 힘을 모은 뒤에야 비로소 신랄한 몇 마디를 내뱉을 수 있었다."[93)

마오는 눈에도 문제가 생겼다. 백내장 진단을 받았다. 1974년 여름에는 시력을 거의 상실해 얼굴 앞에 손가락을 갖다 대야 겨우 알아볼 정도였으나, 1년 뒤 수술을 받아 오른쪽 눈은 약간 회복되었다.[94)

몸이 약해지자 마오는 점점 더 외부와 격리되었다. 3년 전 그는 똑똑하지만 다소 오만한 장위펑을 개인 비서로 고용했다. 장위펑은 1960년대 초 18살의 나이로 마오의 전용 특별 열차에서 승무원으로 일하며 마오와 친밀한 관계를 맺었는데, 이때쯤에는 마오의 최측근 비서가 되어 큰 영향력을 행사했다. 그녀는 마오의 시력이 나빠지자 마오에게 정치국 문건을 큰 소리로 읽어주었다. 또한 마오가 무슨 말을 하는지 아무도 알아들을 수 없는 지경이 된 뒤에는, 마오의 지시 사항을 전달하는 역할을 맡았다. 마오가 딱딱한 음식을 씹어 먹을 수 없게 되자 음식을 먹여주었으며, 세수하고 몸을 씻는 일도 도와주었다.[95]

마오는 신체적으로 허약해졌지만 정치적 힘만큼은 여전히 막강했다. 마오의 힘은 이후 몇 개월 동안 덩샤오핑과 왕훙원을 다루는 데서도 확인할 수 있다.

마오로서는 불쾌하고 짜증 나는 일이었지만, 상하이에서 불러들인 젊은 피후견인 왕훙원은 당 지도부에서 독자 세력을 확보하지 못한 데다 어리석게도 (그의 배경을 고려하면 예상 가능한 일이지만) 장칭을 비롯한 급진파와 행동을 같이했다.

1974년 7월 17일 정치국 회의에서 마오는 아내에 대한 불만을 또다시 토로했다. 그는 저우언라이와 예젠잉을 자신의 좌우에 앉히고는 잠시 두 사람의 손을 잡은 뒤, 급진파를 향해 목소리를 높였다. "이러한 종류의 비판 운동을 다시는 행하지 마시오." 또한 그는 장칭에 관해 말했다. "그녀는 나를 대표하는 것이 아닙니다. 그녀는 그녀 자신만을 대표할 뿐입니다." 그러고는 장칭을 쳐다보며 충고했다. "두 공장을 그만 돌리시오. 철강 공장과 모자 공장 말이오. 함부로 다른 사람에게 큰 모자를 씌우지 마시오. …… 다른 사람들도 당신에 대해 이러저러한 의견이 있소." 마지막으로 그는 왕훙원과 다른

1974년 3월 25일 마오쩌둥이 중국을 방문한 탄자니아 초대 대통령 줄리어스 니에레레를 만나고 있다. 극도로 쇠약해진 마오의 모습이 눈에 띈다.

급진파 사람들에게 '네 명의 작은 파벌'을―이는 훗날 '4인방'이라는 익숙한 칭호를 얻게 된다.―형성하지 말라고 경고했다.[96]

그 이후 마오는 베이징을 떠나 우한, 창사, 항저우에서 여름과 가을을 보냈다.

이때쯤 마오의 주치의들은 주석이 여러 질병에 더해―욕창, 폐렴, 심장 질환, 혈액 내 산소 결핍증을 앓았다.―루게릭병에 걸린 것을 알았다. 이는 목구멍과 호흡 계통에 마비를 일으키는 신경계 질환으로 불치병이었다. 의료진은 마오가 길어야 2년 정도 더 생존할 것으로 예측했다.[97]

주석에게는 진단 결과를 알리지 않았다. 그러나 마오는 자신이 갈수록 약해지는 것을 느끼며, 후계 구도 조정을 서둘러야 함을 분명하게 인식했다.

마오는 마음을 결정하자 신속하게 수를 놓았다.[98]

8월이 되자 마오는 7월 정치국 회의 때 그가 암시한 바를 구체화했다. 비림비공운동을 종결지은 것이다. 마오는 군의 정풍 사업이 만족스럽게 진행되었다고 판단하며 이렇게 선언했다. "이제부터는 단결과 안정을 강조하십시오. 움직여야 할 때입니다. 문화혁명은 벌써 8년 동안이나 계속되었습니다. …… 당 전체와 군은 단결해야 합니다."

덩샤오핑에 대한 시험은 끝났다. 마오가 희망한 대로 그는 비림비공운동을 ─ 그의 속마음이 어땠는지는 알 수 없으나 ─ 지지하며, 과거의 동료들이 수정주의적 태도를 보였다고 맹렬하게 비난했다. 저우언라이와는 일정한 거리를 두었다. 심지어는 6월에 저우가 병원에 입원했는데도 한 번도 병문안을 가지 않았다. 왕홍원과 장칭과도 좋은 관계를 유지했다. 한번은 장칭의 입에서 덩샤오핑이 "나에게 매우 친절하다"는 말이 나오기도 했다. 10월 4일 마오가 덩샤오핑을 제1부총리로 지명함으로써 사실상 저우언라이의 후계자로 만들었을 때도 장칭은 이를 지지했다.

그러나 2주 뒤 두 사람은 충돌했다. 발단은 외국의 기술을 수입하는 문제였다(이미 마오는 자립이라는 기본 원칙을 보완하기 위해 외국 기술의 도입을 승인했다). 10월 14일 장칭은 정치국에 문건 하나를 돌렸다. 표면적으로는 교통부를 비판한 내용이었지만, 실질적으로는 저우언라이를 겨냥한 것이었다. 그가 외국산 선박을 수입하는 정책을 지지했다는 이유였다. 장칭은 덩샤오핑이 자신을 지지해줄 것이라 여기고서, 그에게 입장을 분명하게 밝히라고 몰아붙였다. 두 사람의 대립은 훗날 마오가 표현한 대로, "두 강철 공장"의 싸움이었다. 양쪽 모두 절대로 양보하지 않았다. 덩샤오핑은 처음에는 잠자코 앉아 장칭의 길고 호된 비난을 참고 들어주었지만, 결국은 장칭이 앞으로도 계속 이런 식으로 행동하면 정치국은 작동할 수 없을 것이라고 말한 뒤 나가버렸다. 다음 날 왕훙원은 비행기를 타고 창사로 날아가 마오를 만났다. 그는 마오에게 자신이 장칭, 장춘차오, 야오원위안을 대표하여 왔으며, 다른 정치국 위원들은 이 사실을 모른다고 말했다. 그러고는 자신이 은밀히 방문한 이유를 밝혔다. 덩샤오핑과 저우언라이의 활동이 우려스럽다는 것이었다. 또한 장춘차오가 덩샤오핑보다 정부를 이끌어 갈 자격이 있으며, 저우언라이는 병을 핑계삼아 물러났지만 지난 1970년 루산 회의 때처럼 권력을 탈취하려는 분위기를 조성하며 비밀리에 다른 원로 당 지도자들과 음모를 꾸미고 있다고 주장했다.

만일 이때 주석의 후계자가 자신이 바보임을 입증하려 한 것이라면, 그는 더할 나위 없이 완벽하게 성공했다. 왕훙원은 마오에게 신랄하게 질책당했고 앞으로는 장칭의 말에 속지 말라는 경고를 받고 쫓겨났다.

이후 2개월 반 동안 마오의 부인은 적어도 세 번은 남편을 설득하려고 시도했다. 덩샤오핑은 골칫거리이며 마오가 힘을 실어주어야 할 사람은 바로 자신의 측근들임을 알리기 위해서였다. 그러나 장칭의 지극한 노력은 오히려 마오의 결심을 더욱 단단하게 만드는 결과를 낳았다. 마오는 덩샤오핑을 제1부총리로 지명한 데 이어, 당 부주석과 군사위원회 부주석으로 낙점했으며, 인민해방군 총참모장 직책도 부여하기로 결심했다. 마오는 장칭이 너무 야심이 많을 뿐 아니라, 당 주석을 맡고 싶어 한다고 짐작했다. "장막 뒤에서 내각을 조직하지 마시오. 너무나 많은 사람이 당신을 증오하고 있소." 반면에 덩샤오핑은 "특출한 능력과 확고한 사상적 관점"을 지니고 있다고 칭찬했다.[99]

마오의 결정은 1975년 1월 초 중앙위원회 전원회의에서 확정되었다. 저우언라이가 마지막으로 주재한 회의였다.[100] 이날의 회의는 하

나의 분수령이 되어, 이때부터 저우언라이나 왕훙원이 아니라 덩샤오핑이 지도부 회의를 진행했다.[101]

이때쯤 마오는 왕훙원에게 완전히 실망했다.

마오가 지도부 연합체에 관한 생각을 완전히 포기한 것은 아니었다. 그러나 상하이의 급진파 젊은이는 핵심적인 역할을 할 수 없었다. 왕훙원은 충분히 똑똑하지도 않았고 별로 개성이 강하지도 못했다. 그해 겨울 마오는 왕훙원에게 말했다. "덩샤오핑이 자네보다 정치에서나 이념에서나 더 강하네." 장칭은 고려 대상조차 아니었다. 11월 장칭은 마오에게 자아비판서를 보냈다. "저는 머리가 명석하지 않으며, 객관적 상황을 정확하고 현실적으로 다루지 못합니다."[102] 마오도 동의하는 바였다. 장칭은 충성스러웠지만 마음 내키는 대로 행동했으며, 거칠고 오만하고 무능하여 사람을 짜증나게 했다. 언젠가 마오는 헨리 키신저와 환담하는 자리에서 그를 당황하게 한 적이 있다. 중국은 가난한 나라지만 "우리가 넘치도록 많은 것이 바로 여자입니다." 그러니 만일 미국이 중국 여자를 좀 수입하겠다고 하면 자신은 기분이 아주 좋을 것이며, 중국 여자들이 미국을 엉망진창으로 만들테지만 중국은 평화로울 거라고 했다.[103] 1975년 1월, 마오는 만일 장칭이 후계 구도 내에서 어떤 역할이라도 맡는다면, 자신의 승계 계획을 완전히 무너뜨릴 것이라고 냉철하게 판단하고 있었다.[104]

남은 사람은 장춘차오였다. 애당초 마오가 왕훙원을 발탁한 이유는 장춘차오가 미덥지 않아서였다. 하지만 누군가는 덩샤오핑을 견제하는 세력이 되어야 했다. 12월 그는 불만족스러운 어조로 이렇게 말했다. "당 중앙에는 이들밖에 없다. 그러므로 이들이 단결해야 한다."[105] 그리하여 마오는 장춘차오를 제2부총리이자 인민해방군 총정치부 주임에 임명했다.

제9차 당 대회에서 문화혁명의 활동 국면에 종지부를 찍은 지 5년 만에 새로운 정부의 구성과 국가 주요 직책에 대한 조정이 완성되었다.* 이제야 마오는 비림비공운동의 혼란 탓에 침체되어 있던 경제에 관심을 돌릴 수 있었다. 그는 다시 한번 수정주의의 위험을 우려하며 레닌의 말을 인용했다. "소규모 생산은 자본주의를 탄생시킨다. …… 매일, 매시간, 끊임없이."[106] 마오의 발언에 따라 농민의 자류지와 농촌 장터에 대한 단속이 강화되었다. 하지만 마오는 "단결, 안정, 발전"을 분명하게 우선시했다. 마오의 지지 아래, 저우언라이는 "금세기 내 농업, 공업, 국방, 과학 기술을 전면적으로 현대화하여 나라 경제를 세계의 선두로 끌어올린다."라는 덩샤오핑의 계획을 전국인민대표회의에 제출했다.[107] 2월이 되자 사실상 새로운 제1부총리는 정부 수반의 역할을 저우언라이에게서 넘겨받았다. 그의 뒤에는 2월부터 새로이 구성된 당 군사위원회의 상무위원회를 이끈 리셴녠과 예젠잉이 있었고, 몇몇 중도파 사람들도 그를 받쳐주었는데, 그 가운데 한 명이 바로 화궈펑이었다. 이들은 이때부터 10개월 동안 저우언라이가 제출한 청사진을 구체화하는 데 함께 노력했다.[108]

그러나 마오가 품은 모순적인 욕구, 즉 문화혁명의 본질적 정당성을 강조하고 그 유산을 강화하려는 욕망과 문화혁명의 지나쳤던 면을—이른바 30퍼센트의 실수—교정하려는 바람은 근본적으로 충돌할 수밖에 없었다. 정치국은 극명하게 반대되는 두 진영으로 갈라졌다. 한쪽은 덩샤오핑이 이끄는 세력으로, 원로 간부들(그리고 약간의 중도파 인물들)의 지지를 받았다. 다른 쪽의 지도자는 장칭이었으며, 그녀는 마오의 부인이었기에 아무도 함부로 건드릴 수 없었다. 이 와중에 그해 겨울 마오는 또 하나의 이념 운동을 개시했다. 이는

---

* 유일한 예외는 국가주석 자리였다. 새로운 헌법은 국가주석 직책을 폐지했으며, 국가수반의 기능을 전국인민대표대회 의장의 업무로 이관했다. 전국인민대표대회 의장은 1975년 1월부터 주더가 맡아 18개월 뒤 주더 본인이 사망할 때까지 유지했다.(저자 주)

경제 개발을 강조하는 새로운 정책을 견제하려는 의도에서 출발한 '무산계급 독재 이론 학습' 운동이었다.[109] 덩샤오핑은 이 운동을 군 개혁을 심화할 기회로 삼았다. 당시 마오가 군 내부에 "비대, 해이, 자만, 낭비, 타성"의 폐해가 심각하다고 질책했기 때문이다. 그러나 급진파는 저우언라이를 공격할 수 있는 또 다른 좋은 기회로 여겼다. 그들은 저우언라이에게 이른바 우경번안인 '경험주의'의 굴레를 뒤집어씌웠다. 이는 35년 전 옌안 시절에 마오가 저우에게 가한 비난과 같았다.[110] 야오원위안은 경험주의야말로 현재의 '주된 위험'이라고 선언했으며, 장춘차오는 새로운 이념 운동의 '핵심적인 연결 고리'로 설명했다. 장칭은 4월 초에 열흘 동안이나 '오늘날 가장 큰 적'이 경험주의라고 주장하는 일련의 연설을 했다. 또한 그녀는 이 문제를 정치국 전체가 나서서 다루자고 요구하기도 했다.[111] 이는 마오가 볼 때 너무 지나쳤다. 6개월 전 외국의 기술 도입을 둘러싼 논쟁 때와 마찬가지로, 장칭의 행동은 당 지도부를 둘로 갈라놓을 위험성이 컸다. 4월 23일 마오는 교조주의가 경험주의만큼이나 나쁘며, 진짜로 문제인 수정주의는 교조주의와 경험주의를 모두 포함한다고 지적했다. 그리고 다음과 같이 덧붙였다. "마르크스-레닌주의를 진정으로 이해하는 사람은 많지 않습니다. 어떤 사람들은 자신이 그러한 사람이라고 생각합니다만, 사실은 그렇지 않습니다."[112]

1975년 5월 3일 마오는 항저우에서 베이징으로 돌아오자마자 정치국 회의에 참석했으며, 자신의 입장을 반복했다. 이는 마오가 생전에 마지막으로 주재한 회의였다. 다시 한번 마오는 정치국 구성원들이 다 있는 데서 급진파가 '4인방'을 형성하고 있다고 질책했으며, 그들의 행동을 과거 자신의 적수였던 왕밍의 행위에 비유했다. 또한 불길하게도 천보다를 숙청하기 직전 루산 회의 때 말한 것을 반복했다. "마르크스주의를 택하시오. 수정주의를 택하지 마시오. 단결하시오. 분열하지 마시오. 공명정대하시오. 음모나 위계를 꾸미지 마시오."[113]

1975년 여름은 급진파에게 최악의 시기였다.

5월 말과 6월을 통틀어, 장칭과 세 동맹자는 마오의 지시에 따라 정치국 회의에서 자아비판을 반복했다.[114] 이때쯤 마오는 3년 전에 장칭이 자신의 허락도 없이 미국의 페미니스트이자 중국학자인 록산 위트케(Roxane Witke)와 대담을 했고, 이를 토대로 록산이 책을 쓰고 있다는 사실을 알게 되었다. 마오는 크게 노여워하며 소리쳤다. "장칭은 우매하고 무지하다. 장칭을 정치국에서 당장 끌어내라! 나는 이제 장칭과 갈라서겠다."[115] 그때 암에 걸려 죽음이 임박했던 캉성은 마오의 말을 곧이곧대로 받아들여, 8월 마오에게 서신을 하나 썼다. 1930년대 상하이에서 장칭과 장춘차오가 국민당 첩자로 일한 증거를 발견했다는 내용이었다. 하지만 캉성의 편지를 마오에게 전달할 용기가 있는 사람은 아무도 없었다. 캉성은 머지않아 죽었고, 마오는 그의 편지를 결국 전달받지 못했다.[116]

하지만 장칭은 기가 죽지 않았다. 오로지 자신과 급진파만이 마오의 사후에도 문화혁명의 불길을 살릴 수 있음을 마오 못지않게 잘 알고 있었기 때문이다. 욕설을 퍼부을지언정 마오는 여전히 장칭을 필요로 했다.

8월 급진파는 마오의 우연한 발언 하나를 근거로 삼아 덩샤오핑의 현대화 계획이 '무산계급 노선'과 배치된다는 것을 보이려고 시도했다. 그해 여름 몇 주 동안 마오 주석은 좋아하는 소설인 《수호지》를 다른 사람이 읽어주는 것을 들으며 시간을 보냈다. 소설은 '양산박의 108호걸'이라는 산적 무리의 모험을 담은 이야기인데, 마지막에 우두머리 송강(宋江)이 자신을 돌보아준 조개(晁蓋)를 배신하고 황제의 사면을 받아들이는 대목이 나온다. 당시 마오는 송강이 바로 수

정주의자이며 이 책의 가치는 투항주의를 묘사하는 데 있다고 평했다.[117]

마오의 평을 구실로 삼아 학문적인 난해한 글들이 쏟아져 나왔는데, 경제 질서 회복을 위한 덩샤오핑의 노력이 자본주의에 대한 투항이자 문화혁명을 배신하는 행위임을 암시하는 내용이었다. 이 비판 운동은 한 달 뒤 한 회의에서 절정에 달했다. 그날 장칭은 이렇게 말했다. "송강은 결국 조개를 배신했습니다. 마오 주석을 배신할 자가 있을까요? 저는 있다고 봅니다!"[118]

마오는 이날의 연설문을 받아 보고 그 위에 이렇게 휘갈겨 썼다. "쓰레기! 엉뚱한 소리!" 그러고는 연설문의 배포를 금지했다.[119]

그해 말이 될 때까지 덩샤오핑과 저우언라이 그리고 두 사람의 동료들은 새로운 비판 운동의 진짜 의미를 짐작하지 못했다.[120] 저우언라이는 자신이 주요 대상이라고 생각했다. 9개월 전 키신저와 대담 직후 투항주의라는 공격을 받았기 때문이었다. 덩샤오핑은 자본주의 부활을 반대하는 맹비난이 또 한 차례 부는 데 지나지 않는다고 생각했으며, 동료들에게 "일이 잘못될 것"이라 생각할 만한 이유가 전혀 없다고 말했다. 하지만 두 사람 모두 확실히 알 수는 없었다. 생의 마지막 단계에 다다른 마오는 속마음을 헤아리기가 너무나 어려워서 그와 가장 가까운 사람들조차 종종 그의 뜻을 알아차릴 수가 없었기 때문이다.

돌이켜 보건대, 그해 초 급진파에 대한 마오의 비판이 여름 내내 그들을 잠잠하게 만들었던 탓에, 덩샤오핑이 지나치게 자신만만했던 것 같다. 하지만 상황은 아주 미세하게 변하고 있었다.[121]

한두 가지 징후가 있었다.

우선 장칭이 마오의 신임을 완전히 잃었다는 소문이 퍼졌다. 덩샤오핑이 소문을 낸 것인지는 확실하지 않지만, 그의 통제력이 미치는 동안 소문이 나돈 것만은 사실이었다. 또한 덩샤오핑은 장칭의 9월 연설을 앞장서서 마오에게 전달했다. 마오는 장칭의 연설을 두고 그녀가 "방귀를 뀌는 것"이라고 무시했으나, 두 사건 모두 서로 단결하라는 마오의 촉구를 무시한 채 덩샤오핑과 장칭이 다시 다투기 시작했음을 드러냈다.[122]

하지만 결정적 요인은 당시 34살의 마오위안신이 제공했다. 그는 마오쩌민의 아들로 마오에게는 조카였다. 마오는 아들 마오안잉이 한국전쟁에서 죽은 뒤 마오위안신을 자신의 집으로 데려와 키웠다. 문화혁명 기간에 마오의 조카는 정치적으로 크게 성장했다. 중국 동북 지역의 랴오닝성(遼寧省)에서 조반파 지도자로 활동했으며, 이후 선양 군관구의 정치부 주임을 맡았다. 1975년 9월 27일 마오위안신은 마오를 만나 덩샤오핑이 추진하는 정책에 관해 온갖 비판을 늘어놓았다. 중국을 세계 자본주의 체제 속으로 통합하려고 혈안이 되었다. 국내의 물자 부족 현상을 무시한 채 수출만 촉진한다. 반(反)수정주의 투쟁을 해야 할 판에 경제 발전을 강조하고 있다. 문화혁명 중 각 지역에서 두각을 나타낸 당 급진파 인물들을 숙청하고 있다. 덧붙여 마오위안신은 자신의 큰아버지에게 이렇게 말했다. 좀 더 일반적으로 말하자면 덩샤오핑은 "전혀 문화혁명의 업적을 언급하지도 않고, 류사오치의 수정주의 노선을 비판하지도 않습니다." 마오는 그저 듣기만 할 뿐 아무런 반응을 보이지 않았다. 하지만 2주 뒤 그는 자신의 조카를 정치국에 자신의 지시를 전달하는 연락관으로 임명했다. 마오의 건강이 악화됨에 따라 필요한 역할이었다.[123]

이때쯤이면 덩샤오핑도 정치적 분위기가 변화하고 있음을 감지했다. 그는 고위급 간부들에게 이렇게 말했다. "어떤 사람들은 …… 구질서를 (우리가 대변한다고) 말하고 있습니다. …… 그들 좋을 대로 말하라고 내버려 둡시다. …… 최악의 상황이라고 해봐야 여러분들이 또다시 타도되는 것이겠지요. 두려워하지 마세요. 여러분들이 일을 잘했기 때문에 타도의 대상이 된다면, 그것은 가치 있는 일입니다!"[124]

이때 칭화대학에서 논쟁이 하나 불거졌다. 온건파가 장칭의 동맹자였던 칭화대학의 당 서기에게 문화혁명 이전에 시행된 교육 활동을 복구하라고 공격한 일이 발단이었다. 그들은 마오가 문화혁명이 지닌 30퍼센트의 오류를 교정하자고 촉구했던 발언을 근거로 삼았다. 마오는 교육 분야에 특별히 관심이 많았으며, 칭화대학은 급진적 표본이었다. 그런데 덩샤오핑은 마오에게 주석의 지지를 요청하는 온건파의 두 서신을 전달함으로써 현명하지 못한 처신을 하고 말았다. 10월 19일 주석은 자신의 확고한 입장을 밝혔다. "서신의 숨은 동기가 불순하다." 두 노선 사이에 투쟁이 있으며 "창끝은 …… 나를 향하고 있다." 그리고 마오는 덩샤오핑이 온건파 편을 들고 있다는 불길한 언급도 덧붙였다.

마오가 과격한 반응을 보이자 모든 사람들이 놀랐다. 하지만 아직 덩샤오핑이 심각한 상황에 처했다는 징조는 없었다. 마오는 자신의 목적이 오직 "오류를 교정하여 당의 단결을 회복하려는 것"이라고 강조했다. 그러나 무엇인가 벌어지고 있다는 징조는 발견할 수 있었다. 그달 마오의 보좌진들이 주석이 잠을 이루지 못하고 짜증을 내는 모습을 자주 목격했던 것이다.[125]

문제의 근원은 덩샤오핑이 문화혁명 정책을 유지하려는 의지가 있는지 마오가 의심하기 시작했다는 것이었다. 하지만 승계 문제를 다시 거론하는 것은 마오로서는 정말로 원치 않는 일이었다. 마오는 이제 너무 늙었고 너무 아팠으며 남은 시간이 너무나 적었다.

11월이 되면서 덩샤오핑의 지위는 점점 약화되었다. 주석의 요청에 따라, 마오위안신은 덩샤오핑과 개인적으로 만나 그에게 자신의 오류를 인정하라고 설득했다. 그러나 덩샤오핑은 이를 거절했다. 2주 뒤 마오는 정치국에 문화혁명의 업적과 과오를 정리하는 정식 결의문을 작성하라고 지시했다. 결의문 작성의 책임자로는 덩샤오핑을 낙점했다. 그러나 다시 한번 그는 거절의 뜻을 밝혔다.[126]

왜 덩샤오핑이 거절했는지 그 이유는 확실하게 알 수 없다. 그는 분명 마오가 자신에게 안전한 출구를 제시하고 있음을 알았을 것이다. 그러나 아마도 결의문 작성이 보장하는 어떠한 이득보다, 엄청난 격변기에 일어난 모든 복잡한 사건들을 판정함으로써 부담해야 할 정치적 위험이 너무 크다고 판단했을지 모른다. 더 그럴듯한 설명은 이제 마오의 목숨이 끝나 가는 마당에 자신이 근본적으로 반대한 문화혁명의 가치를 공개적으로 인정할 수는 없다고 생각했다는 것이다. 문화혁명을 비난하지 않겠다고 약속하는 것과 문화혁명이 옳다고 공개적으로 선언하는 것은 전혀 다른 문제였기 때문이다.

덩샤오핑은 최대한 부드러운 방식으로 거절의 의사를 전달했다. "나는 도원(桃園)에 살고 있었기에, 위(魏)나라와 진(晉)나라는 물론이거니와 한나라가 있었다는 것조차 몰랐습니다." 이는 4세기 중국의 시인 도연명(陶淵明)이 쓴 《도화원기》의 유명한 이야기였다(기원전 3세기 진秦나라의 유민들이 어느 고립된 숲속으로 숨어 들어갔고, 그곳에서 그들의 자손들이 수백 년 동안 외부와 완전히 격리된 채 살았다. 어느 날 한 어부가 길을 잃어 이들의 마을에 도착했는데, 마을의 한 주민이 어부에게 지금이 어느 시대인지 모른다는 의미로 위와 같은 말을 했다). 그리고 1주일 전 마오가 원로 간부들이 현 상황을 잘 이해하지 못하는 것을 옹호하기 위해 인용한 구절이기도 했다. 덩샤오핑은 이 비유를 통해 문화혁명 기간 자신은 상황을 알 수 없는 처지였음을 드러내고자 했다. 하지만 얼마 뒤 마오는 조카에게 이렇게 말했다. "당의 고위급 동지들 가운데 …… 문화혁명을 대하는 두 가지 태도가 있음을 알고 있어. 하나는 불만이고, 다른 하나는 …… 부정이지."[127]

마오가 이제 조금만 더 나아가면, "주자파가 여전히 자본주의의 길을 가고 있다."는 급진파의 주장을 공식적으로 승인해줄 수 있는 상황이었다.[128] 12월에 덩샤오핑은 정치국 회의에서 다소 미온적인 자아비판을 두 차례 행했고, 이후 마오에게 면담을 요청했으나 거절당했다. 두 사람은 다시는 만나지 못했다. 마오는 덩샤오핑의 문제가 "적대적이지는 않다"고 말하며, 그가 여전히 개선될 수 있다고 했지만, 주석은 이제 확실하게 깨달았다. 이후 역사가 증명해주는 바이지만, 덩샤오핑은 마오의 유산을 맡길 수 있는 사람이 아니었다. 마오는 정치국에 다음과 같이 통지했다. "문화혁명에 불만을 품고 …… 문화혁명에 보복하길 원하며, 올바른 판결을 역전시키려는 자들이 있다."[129] '우경번안풍'을 공격하는 새로운 운동의 신호탄이었다. 주요 목표는 물론 덩샤오핑이었다.[130]

1975년 말, 언론에서는 새로운 노선의 전조가 보이기 시작했고 덩샤오핑은 그가 담당한 대부분의 책무를 박탈당했다.[131] 마오의 승계 계획이 또다시 좌초된 것이다. 왕흥원은 부러진 갈대 같은 신세였으며, 덩샤오핑은 혼자 마음대로 하도록 놔둔 결과 신뢰할 수 없는 사람으로 드러났다.

이때 저우언라이가 사망했다.

오래도록 일어나리라 예상된 많은 사건들이 그러하듯, 저우언라이의 죽음은 심각하고도 즉각적인 결과를 초래했다. 정치적으로는 새 총리 선출을 더는 미룰 수 없게 되었다. 정서적으로는 대중의 엄청난 애도의 물결을 불러일으켰다. 문화혁명 이후로 사람들은 진짜 감정을 억누른 채 냉소주의라는 제방을 쌓아 두고 살았는데 갑자기 그둑이 무너져버린 듯했다. 대중의 슬픔은 그들이 저우언라이 개인과

1976년 1월 8일 암으로 투병 중이던 중국 총리 저우언라이가 사망했다는 소식이 알려진 뒤 중국 전역에서 애도의 물결이 일어났다. 사진은 인민영웅기념비가 있는 톈안먼 광장으로 저우언라이의 초상화를 운반하는 베이징 시민들의 모습이다.

그가 대변한다고 인식된 가치관과 그가 추진한 정책을 지지하고 있음을 보여주는 것이었다. 그러므로 정부가 애도의 감정을 무시하려면 큰 위험을 무릅써야 할 상황이었다. 1976년 1월 9일 저우언라이의 사망 소식이 라디오와 텔레비전을 통해 전해지자, 베이징 시민들은 톈안먼 광장의 인민영웅기념비*에 화환과 흰 종이로 만든 꽃을 가져왔다. 이틀 뒤 화장을 위한 영구 행렬이 지나갈 때는 1백만 명의 시민이 길가에 나와 저우언라이에게 마지막 인사를 했다.

마오는 저우에게 개인적 호감을 느낀 적이 전혀 없었고 그의 죽음 앞에서도 눈물을 흘리지 않았다. 중난하이의 직원들에게는 저우의

인민영웅기념비(人民英雄紀念碑) 중국 근현대의 혁명 과정에서 희생된 인민들의 삶을 기념하기 위해 1958년 톈안먼 광장에 세워진 높이 약 38미터의 기념비. 기념비 정면에는 "인민 영웅들은 영원불멸하다"는 마오쩌둥의 친필이 새겨져 있으며, 후면에는 마오쩌둥이 기초하고 저우언라이가 쓴 비문이 새겨져 있다.

죽음을 애도하는 뜻의 검은 완장을 차지 말라는 명령이 떨어졌으며, 전체 인민들에게도 같은 지시를 내리려는 움직임이 있었다. 저우의 시신을 일반에 공개하는 공식적인 의례도 없었다. 외국 정부에는 조문 사절을 보내지 말라는 통지가 보내졌다. 언론 보도 역시 최소화했으며 공장과 작업 단위에서 가능하면 추모 행사를 열지 말라는 지침이 내려졌다.[132]

추도식은 1월 15일 인민대회당에서 열렸다. 덩샤오핑은 추도사를 하도록 허락받았지만 이를 마지막으로 그해 그는 인민들 앞에 더는 모습을 드러내지 못하게 된다. 마오는 추도식에 참석하지 않았다. 그는 마오위안신에게 말했다. "나와 총리 사이의 간극을 메울 수는 없다." 덧붙여 그를 추도하는 움직임은 "(자본주의) 복귀를 은폐하는 수단"에 불과하다고 말했다. 마오는 자신의 생각을 정치국에 전달하도록 지시했다.[133]

마오는 이제 저우언라이의 후계자를 임명해야 했다. 중국 인민들은 물론이고 전 세계 사람들 모두가 새로운 비판 운동의 시작을 몰랐기 때문에, 덩샤오핑이 당연히 새로운 총리로 임명되리라고 기대했다. 좀 더 상황을 잘 알고 있던 급진파들은 장춘차오에게 희망을 걸고 있었다.

그러나 마오는 덩샤오핑도 장춘차오도 선택하지 않았다.

1월 21일 마오쩌둥은 마오위안신에게 화궈펑을 임명할 것이라고 알렸다.[134]

당시 많은 사람이 몹시 놀라운 조치라고 여겼지만 사실은 그렇지 않았다. 마오는 왕홍원이 기대에 못 미칠 경우를 대비해 이미 1971년에 화궈펑을 예비했다. 화궈펑은 2년 뒤 정치국에 들어왔고, 마오는 1975년 1월에 그를 12명의 부총리 가운데 한 명으로 임명했다. 화궈펑은 온화하고 침착한 성격이었고 행정가의 능력을 보여주었으며 동

료들과 사이좋게 지내는 재주도—중국공산당 최고 지도자 가운데
는 몹시 드문 재주였다.—있었다. 또한 전해 11월 마오의 지시하에
화궈펑은 덩샤오핑을 비판하는 회의를 주재했는데, 회의 내내 중립
적 태도를 견지함으로써 마오에게 강한 인상을 남겼다. 왕훙원이나
덩샤오핑과 달리 화궈펑은 파벌 싸움에 휩쓸리지 않을 수 있다는 것
을 보여주었기 때문이다.

그렇지만 마오는 조심스럽게 움직였다. 2월 3일 화궈펑의 승진이
공식적으로 발표되었지만, '대리 총리'라는 꼬리표가 붙어 있었다.
여전히 덩샤오핑이 공식적인 제1부총리였다. 그를 '반성할 줄 모르
는 주자파'라고 비난하는 운동이 전면적으로 진행되었지만, 그를 주
된 목표로 명시하는 공개적인 언급은 없었다. 게다가 마오는 덩샤오
핑의 사안이 린뱌오나 류사오치와는 근본적으로 다르다고 분명하게
지적하기도 했다.[135] 화궈펑, 덩샤오핑, 급진파 모두 여전히 마오의
후계 구도 안에서 한 부분을 차지했다. 물론 이제 덩샤오핑은 기껏해
야 보조적 역할을 수행할 수밖에 없는 처지였다. 1976년 초 마오는
어떻게 이들을 후계 구도 안에서 구체적으로 배치할지 결정하지 못
한 채 몇 개월을 흘려보냈다.[136]

그해 봄 아마도 덩샤오핑은 과거의 일이 다시 한번 반복되는 듯한
느낌을 받았을 것이다. 문화혁명 초기 그는 명목상으로는 정치국 상
무위원회 구성원이었지만 급진파에게 맹렬한 공격을 받았으며, 마오
의 속내는 도통 알 수 없을 뿐 아니라 때로는 희롱하는 듯한 태도로
덩샤오핑의 운명을 손아귀에 쥐고 있었다. 하지만 그때와는 중요한
차이가 하나 있었다. 1966년 마오는 여전히 기력이 왕성했고 중국을
완전히 바꾸는 거대한 격변을 총지휘하고 있었지만, 1976년 마오는
죽음을 눈앞에 두고 있었다.

마오는 정신만큼은 멀쩡했다. 그러나 그의 신체적 건강은 2월에

들어서자 급격하게 또다시 악화되었다. 이제는 누가 옆에서 붙잡아 주지 않으면 일어설 수 없었다. 몸의 오른쪽 일부가 마비되었고 말도 거의 하지 못했다.

같은 달 다시 중국을 방문한 닉슨 대통령은 마오에 관해 이렇게 기록했다. "마오가 앓는 소리를 내며 힘들게 겨우겨우 한마디씩 하는 것을 바라보는 것은 고통스러웠다."[137] 장위펑은 마오의 입술 움직임만 보고 그가 무슨 말을 하려는지 알아차릴 수 있었다. 하지만 그것조차 불가능할 만큼 건강이 좋지 않은 날에는 마오가 종이 위에 몇 글자 휘갈겨 썼고, 그제야 장위펑은 주석의 뜻을 이해할 수 있었다.[138] 그녀는 마오와 같이 보낸 마지막 설날을 다음과 같이 감동적으로 묘사했다.

방문객도 없었고 가족도 오지 않았다. 마오 주석은 일생의 마지막 춘절(春節)을 곁에서 일하는 사람들과 함께 보냈다. 묵은해의 마지막 날 저녁 식사는 내가 숟가락으로 떠서 먹을 수 있도록 도와드렸다. 주석은 손을 쓸 수가 없었다. 입을 열어 음식을 삼키는 것조차 힘들어했다. 나는 침대에서 소파로 주석이 자리를 옮기는 것을 도와주었다. 한참 동안 주석은 아무 말도 하지 않고 소파 뒤에 머리를 기대고 앉아 있었다. …… 갑자기 멀리서 폭죽 소리가 들려왔다. 마오 주석은 쉰 목소리로 나지막하게 자신을 위해 폭죽을 터뜨려 달라고 말했다. …… 얼마 뒤 정원에서 폭죽이 터졌고 그 소리를 들은 주석의 늙고 지친 얼굴에는 가냘픈 미소가 피어났다.[139]

마오의 죽음이 멀지 않았다는 것을 안 덩샤오핑은 강경한 태도를 견지했다. 1966년 가을에 그는 자신의 오류를 인정했고 전면적인 자아비판을 했다. 그러나 이제는 자신을 비난하는 자들에게 경멸적인 반응을 보였다. 그해 3월 덩샤오핑은 자신을 비판하기 위한 정치국 회의에 참석했지만, 보청기를 꺼버리고는 상대방이 무슨 말을 하는지 몰라 답변할 수 없다고 말했다.[140]

마침내 정치적 교착 상태를 깨부순 것은 마오가 항상 역사를 움직이는 진정한 영웅들이라고 칭찬하면서도 너무나 자주 무시했던 인민이었다. 그들은 더는 문화혁명 이전의 그 인민들이 아니었다. '반란을 일으켜라(造反)'와 '조류에 거슬러 가라(反潮流)'는 구호를 수없이 반복하여 들어온 덕분에 그들은 결국 과거 세대가 보인 권위에 대한 맹목적 복종의 전통을 타파해버렸다.

지겨운 선전 활동, 감동이 없는 정치 운동, 읽을 가치가 없는 기사들이 넘쳐나는 시대에 저우언라이는 진정한 민중의 영웅이었다. 더구나 그는 정부의 강압 때문이 아니라 그의 노력과 성의로 민중의 가슴에 새겨졌기 때문에 더욱더 소중한 영웅이었다. 1976년 봄, 저우의 장례식을 다루는 언론의 무성의한 태도와 너무나 짧은 공식적인 추모 기간은 중국 전역에 분노의 감정을 들끓게 했다. 결국 3월 말이 되자, 죽은 이들을 추모하는 청명절(4월 초)에 저우언라이를 기리려는 자발적 운동이 일어났다.[141] 이에 급진파들은 저우언라이가 화장되어 묻혀 있는 묘지를 폐쇄하고 각종 추모 활동을 공식적으로 금지하는 예방 조치를 지시했다.

일촉즉발의 상황에 불을 붙인 것은 상하이의 〈문회보〉 신문이었다. 3월 25일자 제1면에 저우언라이가 주자파였다고 해석하는 기사가 실린 것이다.[142]

양쯔강 주변의 몇몇 도시에서 시위가 벌어졌다. 난징에서는 수백 명의 학생들이 장춘차오를 비난하고 마오의 첫 번째 부인 양카이후이를 기념하는 구호를 벽에 붙였다. 양카이후이를 끌어낸 것은 명백하게 장칭을 겨냥한 비난이었다. 구호는 신속하게 제거되었고 학생들은 "반혁명을 복원하려 한다"는 비난을 받았다. 관영 언론은 난징 사건을 보도하지 말라는 지시를 받았다. 그러나 학생들은 멈추지 않고 열차와 시외버스에 페인트로 구호를 휘갈겨 썼다. 3월 31일 학생들이 시위를 일으켰다는 소식이 베이징에 알려졌다. 베이징에서는 톈안먼 광장을 무대로 비공식적 추모 활동이 한창 진행 중이었다. 이때부터 고인에 대한 추모사와 추모시는 점점 더 과격하게 변하여 "미치광이 여황제" 장칭과 그녀의 동맹자인 "늑대와 승냥이들"뿐 아니라 심지어 마오까지 넌지시 비난했다. 베이징 시 당국은 더는 헌화하지 말라고 고지했지만 시민들은 무시했다. 4월 4일 일요일 청명절이 되자, 수천 개의 꽃다발이 작은 산을 이루어 인민영웅기념비 기단을 사방에서 뒤덮고도 20미터 높이 가까이 쌓였다. 그날 무려 2백만 명이 톈안먼 광장을 방문한 것으로 추정되고 있다.

그날 저녁 정치국 회의가 열렸다.

1949년 이후 처음으로 공산당이—그리고 공산당의 지도자 마오쩌둥이—민중의 도전을 받고 있었다. 덩샤오핑도 회의에 출석했지만 아무런 발언도 하지 않은 것으로 보인다. 베이징 시장 우더는 청명절 기간이 끝날 때까지 상황을 그대로 두고, 그 이후에 꽃다발 더미를 바바오산(八寶山) 군 묘지로 옮기는 방안을 제안했다. 장칭은 극도로 분노를 표출하며, 우더가 '덩샤오핑의 독'에 감염되었다고 비난했다. 이날의 정치국 회의는 화궈펑의 미온적인 동의 아래, 대중의 추모 행동을 "덩샤오핑에 의해 (준비된) 반혁명적 사건"으로 규정했고 톈안먼 광장의 꽃다발 더미를 없애라는 명령을 내렸다. 마오와 의논된 사항은 아니었다. 이때 그가 얼마나 기력이 쇠했는지를 보여주는 증거라 할 수 있다. 하지만 다음 날 아침 일찍 마오는 조카에게 보고를 받았다. 마오위안신은 덩샤오핑에게 직접적인 책임이 있다고 계속 주장했지만 마오는 받아들이지 않았다. 마오는 위기를 처리하는 지침을 내렸다. 이 사건은 사실상 '반혁명 사건'이고, 이를 강제로 진압하되 총기를 사용해서는 안 되며, 덩샤오핑의 역할을 계속 조사하라는 것이었다.

그때쯤 화가 나고 반항적인 수만 명의 사람들이 인민대회당 밖에 모여들었다. 그들은 꽃다발을 제자리에 돌려놓으라고 요구했다. 시간이 지날수록 분위기는 험악해졌다. 경찰차 한 대가 뒤집어지고 자동차 몇 대에 불이 붙었다. 공안국이 지휘 본부로 사용한 건물도 불이 났다. 저녁 6시 30분 우더는 확성기로 군중에게 해산을 촉구했다. 많은 사람이 흩어졌지만 통제할 수 없는 1천 명의 사람들은 계속 남아 있었다. 세 시간 뒤 갑자기 거대한 조명등이 켜지고 군악이 울려 퍼졌고, 경찰과 군인이 돌격하여 남아 있던 다수의 사람들을 체포했다.[143]

이틀 뒤 마오쩌둥의 최종 결정이 내려왔다.

톈안먼에서 벌어진 사건은 '반혁명 사건'으로 규정되었으며 덩샤오핑은 모든 직위를 박탈당했다. 장칭은 덩샤오핑의 공산당원 자격을 박탈해야 한다고 주장했지만 마오는 거절했다. "향후 행동을 관찰"할 필요가 있기 때문에 그의 당원 자격은 유지되어야 한다는 이유였다.[144] 마오는 왕둥싱에게 지시하여 덩샤오핑을 베이징의 옛 외국 공관 구역의 안전 가옥으로 보냈다. 덩샤오핑은 그곳에서 고립된 채로 3개월을 보냈다. 하지만 그는 급진파의 공격으로부터는 안전했다. 물론 덩샤오핑의 지지자들도 그가 어디에 있는지 몰랐다.[145] 마오는 덩샤오핑이 훗날 유용한 역할을 할 수 있으리라는 희망을 완전히 버리지 않은 듯했다.

가장 중요한 결정은 화궈펑을 총리로 확정하고 동시에 당의 제1부주석으로 지명한 것이었다. 마오는 드디어 마음을 굳혔다. 화궈펑은 마오가 마지막으로 지명한 후계자가 되었다.

3주 뒤 1976년 4월 30일, 마오는 직접 종이에 여섯 글자를 휘갈겨 써서 자신의 새로운 후계 구도를 완전하게 공식화했다. "네가 일을 맡았으므로 나는 안심한다(你辦事我放心)." 훗날 화궈펑은 이를 근거로 자신이 정당한 후계자임을 계속 주장했다.[146]

다음 4개월은 마오가 사망하기를 기다리는 시간이었다.

5월 12일 마오는 싱가포르 총리 리콴유(李光耀)와 잠시 회견한 뒤, 경미한 심장마비를 일으켰으나 곧 회복했다. 2주 뒤에는 파키스탄 총리 줄피카르 알리 부토(Zulfikar Ali Bhutto)를 몇 분간 접견했는데, 몹시 피곤해했고 정신이 나갔으며 눈은 반쯤 감고 있었다. 이후 마오는 외국 지도자들과 직접 만나지 않기로 결정했다.[147]

6월로 추정되는 어느 날, 마오는 화궈펑과 장칭을 비롯한 몇몇 정치국 구성원들을 자신의 침상으로 불렀다. 마치 유언을 남기는 것처럼 말했다.

> 나는 일생에 걸쳐 두 가지 일을 했소. 첫 번째는 장제스와 수십 년간 싸워 결국 그를 몇 개 안 되는 섬으로 쫓아낸 일이오. …… 우리는 베이징으로 진격했고 자금성까지 점령했지. …… 우리의 이 업적을 부인하는 사람은 별로 없소. …… 두 번째는 여러분도 잘 알고 있을 것이오. 문화혁명을 시작한 일이지. 지금은 문화혁명을 지지하는 사람은 별로 없고 반대하는 사람만 많소. 하지만 아직 이 일은 끝난 것이 아니오. 다음 세대까지 반드시 물려주어야 하오. 어떻게 물려줘야 할까? 평화 속에서 물려줄 수 없다면, 혼란 속에서라도 그래야 하오. 이 일을 잘 처리하지 못하면 피를 많이 흘려야 할 것이오. 그대들이 어떻게 할지는 오직 하늘만이 알고 있소![148]

그달 말 마오는 다시 한번 심장마비를 일으켰다. 이전보다 훨씬 정도가 심각했다. 그는 대부분의 시간 동안 절반쯤만 의식이 있었고 혼수상태에 빠졌다가 회복하기를 반복했다. 이때부터 그는 어떠한 정치적 역할도 수행할 수 없었다. 7월 6일에는 89세의 나이로 주더가 사망했다. 3주 뒤에는 탕산(唐山)에서 대지진이 일어나 최소 25만 명이 사망했다. 베이징 역시 흔들렸다. 물론 마오는 자신의 주변에서 어떤 일이 일어나고 있는지 전혀 알지 못했지만, 그는 근처의 좀 더 현대적이고 내진 설계가 되어 있는 건물로 옮겨졌다.

마오의 생명은 하루하루 꺼져 갔다. 마오는 문화혁명의 유산이 아무런 손상 없이 보존되리라는 환상을 품지는 않았지만, 마음속으로는 그렇게 바랐다. 그러나 머리로는, 문화혁명의 흔적 일부가 살아남을지라도 자신이 꿈꾼 본질적인 이상향은 자신의 죽음과 함께 영영 사라지고 말 것이라는 것을 알고 있었다.

장칭의 오만하고 어리석은 행동이 그런 상황이 실제로 벌어지도록 이끌었다.

마오가 구상한 구도는 급진파에게 대단히 유리했다. 급진파의 주요 적수였던 덩샤오핑은 이미 제거되었다. 덩샤오핑의 동맹자 중 가장 지위가 높은 예젠잉은 아직 국방부 부장이었으나 군사위원회의 일상 업무조차 통제하지 못했다. 정치국 상무위원회의 네 자리 가운데 두 자리를 이미 급진파가 차지하고 있었으며, 당 중앙위원회에서도 많은, 어쩌면 과반수의 지지를 확보하고 있었다. 그리고 급진파와 화궈펑 사이에는 본질적으로 충분한 공동의 이해관계가 있었으므로, 이를 바탕으로 삼아 협력했다면 최소한 원로 간부 집단을 압도하는 임시적 타협 구도를 만들 수 있었을 것이다.

하지만 장칭과 장춘차오는 스스로의 힘과 자만심에 판단력이 흐려져 전략적 동맹을 짜는 데 아무런 관심을 기울이지 않았다. 장칭은 자신이 공산당 주석 자리에 오를 수 있다고 믿었다. 마치 2천 년

1976년 9월 9일 마오쩌둥이 83세를 일기로 사망했다. 사진은 9월 18일 톈안먼 광장에서 거행된 장례식에 참석한 당과 국가 지도자들이다. (왼쪽부터) 예젠잉, 화궈펑, 왕훙원, 장춘차오, 장칭이다.

전 한고조 유방의 뒤를 이어 그의 부인 여태후*가 권력을 잡은 것처럼, 자신이 마오의 뒤를 잇는 '붉은 여제'가 되리라고 생각했다. 장칭은 장춘차오를 총리로 앉히고 왕훙원을 국가주석에 임명하려고 했다.[149] 이러한 계획을 추진하는 데 화궈펑은 방해자일 뿐이었다. 장칭은 화궈펑을 "말렌코프와 같은 부류의 순진한 인물"이라고 경멸했다.[150] 1976년 여름 내내 장칭은 화궈펑의 권력 기반을 약화시키려고 안간힘을 썼다. 마오쩌둥은 장칭의 행동을 알지도 못했고 제지하지도 못했다.

그러자 화궈펑은 장칭의 반대파에 가담했다. 7월 장칭은 "한나라의 배신자들"과 "외국인의 노예들"이 "나라를 팔아먹고 있다"고 비난했으며, 장춘차오는 협박조로 정치국 내에 '자산계급'이 들어와 있

여태후(呂太后, 기원전 ?~기원전 180) 한고조 유방의 부인. 유방 사후 실질적 권력자로 군림하면서 잔인한 행동을 많이 한 것으로 악명이 높지만, 한나라의 초기 권력 구도를 정착시킨 공로가 있다고 평가되기도 한다.

다고 말했다. 이에 화궈펑은 장칭과 주요 동맹자들을 제거할 방안을 중앙경위단을 이끈 왕둥싱과 함께 논의했다. 예젠잉 역시 녜룽전을 비롯한 원로 군 장성들과 비슷한 논의를 나누었다.

논의는 서로 다른 두 갈래에서 나왔으나 결국 도달한 결론은 같았다. 예젠잉은 이렇게 표현했다. "쥐를 때려잡고 싶어도 곁에 있는 소중한 그릇을 깰까 두렵다." 그들은 마오가 살아 있는 한, 아직 어떤 행동도 취할 수 없었다.[151]

9월 2일 마오는 또 한 번 심한 심장마비를 일으켰다.[152] 9월 8일 저녁, 정치국 위원들은 마오가 누워 있는 방으로 갔다. 그들은 줄지어 천천히 마오의 침상을 지나쳤다. 예젠잉이 막 방을 나가려고 할 때 장위펑이 그를 불러 세웠다. 마오가 눈을 뜨고 예젠잉의 손을 잡더니 무엇인가 말을 하려 했다. 하지만 그의 입에서는 거친 숨소리만 나올 뿐이었다.[153] 세 시간 뒤 자정이 막 넘은 9월 9일 새벽, 결국 이 위대한 정신은 고개를 숙였다. 심장박동 측정기가 정지선을 그렸다. 마오쩌둥이 죽은 것이다.

마오의 유산

마오의 서거 소식이 베이징 라디오 방송으로 전해졌을 때 나타난 반응은 충격과 불안이었지 비탄은 아니었다. 저우언라이가 사망했을 때와 같은 감정의 분출은 없었다. 거인의 소멸은 개인적 상실감으로 이어지지 않았다.

하지만 역사에서 하나의 사건이 단번에 깔끔하게 마무리되는 경우는 매우 드물다. 마오쩌둥도 해결되지 않은 문제를 남기고 떠났다.

마오가 사망한 지 정확히 4주가 되던 10월 6일 저녁, 화궈펑은 왕홍원, 장춘차오, 야오원위안에게 중난하이의 화이런탕(懷仁堂)으로 오라는 통지를 보냈다. 정치국 상무위원회 회의에 참석하라는 것이었다.[1]

왕홍원이 가장 먼저 도착했다. 그는 자신을 기다리고 있는 화궈펑과 예젠잉을 발견했다. 왕홍원이 문으로 들어서는 순간, 병풍 뒤에 숨어 있던 남자 넷이 뛰어나와 그를 체포했다. 왕둥싱이 지휘하는 중앙경위단 병사들이었다. 화궈펑은 왕홍원에게 짧은 문건을 읽어주었다. "당신은 반당 반사회주의 동맹에 가입했으며 …… 당 영도권을 탈취하고 권력을 잡으려 했다. 당신의 죄상은 심각하다. 철저한 조사를 위해 당 중앙은 당신을 체포한다." 잠시 후 장춘차오와 야오원위안도 같은 방식으로 체포당했다. 한 시간 뒤 장칭은 중난하이의 자기 거처에서 체포되었다. 장칭은 마오가 죽기 직전에 측근들과 함께 중난하이로 돌아와 있었다. 장칭이 끌려 나갈 때 여자 고용인 한 명이 그녀에게 침을 뱉었다는 말이 사람들 사이에 돌았다.

이 숙청이 결정된 것은 약 4주 전이었다. 마오가 사망하고 3일 뒤인 9월 12일에 화궈펑은 한 가지 사실을 알게 되었다. 당 중앙위원회 판공청 당직실과 별도로 왕훙원이 자신이 직접 관리하는 '당직실'을 새로 설치했으며, 성(省) 이하 각급 단위 당 위원회 지도자들에게 앞으로 당 중앙에 보내는 모든 연락 사항은 새 당직실을 통하라는 지시를 내렸다는 것이었다. 화궈펑은 전혀 보고받지 못한 일이었다. 화궈펑은 당연히 이것을 급진파가 권력을 장악하기 위해 세운 계획의 첫 단계라고 해석했다. 9월 말에 화궈펑, 리셴녠, 왕둥싱, 우더, 예젠잉은—이 다섯 명이 이후 벌어진 일의 주동자였다.—논의 끝에 급진파를 중앙위원회 표결로 직위에서 해임하는 것은 너무 위험한 일이며 강제력을 쓸 필요가 있다고 결론을 내렸다. 예젠잉은 10월 10일에 일을 진행하고자 했으나 급진파가 선제공격을 할지도 모른다는 소문이 퍼지면서(나중에 밝혀진 바로는 사실이 아니었다) 거사일이 앞당겨졌다.[2]

네 명 가운데 누구도 저항을 시도하지 않았다. 이들이 체포된 뒤 소요 사태도 전혀 일어나지 않았다. 마오가 죽은 지 한 달도 못 되어 그의 위대한 실험은 끝이 났다.

마오는 이미 1960년대 초에 이런 상황이 벌어질지 모른다는 두려움을 느꼈으며, 그때 처음으로 류사오치를 의심하기 시작했다. 하지만 당시만 해도 마오는 설령 중간에 차질이 생기더라도 공산주의는 반드시 최종 승리를 거둘 것이라 확신했다. 마오는 당 중앙위원회 회의에서 이렇게 말했다. "만일 우리의 자식 세대가 수정주의에 찬성

마
오
쩌
둥
2
·
500

한다면, 명목상 여전히 사회주의를 택하고 있다 해도 그것은 사실상 자본주의입니다. 하지만 그런 일이 벌어지면 분명히 우리의 손자들이 들고일어나 반란을 일으킬 것이고 그 아버지들을 타도할 것입니다. 왜냐하면 (그렇게 하지 않으면) 대중이 만족하지 않을 것이기 때문입니다."[3] 하지만 이렇게 말하고 4년이 지난 뒤 1966년에 마오는 덜 낙관적이었다. 만일 자신이 죽은 뒤에 우파가 권력을 잡는다면 그 정권은 단명할 가능성이 '매우 높다'고 마오는 썼다. "우파는 내가 한 말을 이용해 아마도 잠시 동안 힘을 과시할 것입니다. 하지만 좌파가 다시 내 말을 이용하여 우파를 타도할 것입니다."[4] 하지만 노년에 이르러 마오는 이 정도의 자신감조차 잃어버렸다.

마오의 통찰은 놀라웠다. 그가 죽고 2년 동안 정말로 '말의 전쟁'이 벌어졌던 것이다. 당의 원로 간부들은 마오 주석의 이념적 유산을 장악하려고 시도했다. 화궈펑과 왕둥싱을 필두로 하는 문화혁명의 수혜자들은 마오의 저술을 이용해 이러한 원로들의 도전을 물리치려 했다. 화궈펑은 덩샤오핑의 복권을 최대한 미루었으나 결국 막지 못했고, 덩샤오핑은 '명목상 사회주의'이지만 다른 모든 측면에서 자본주의적인 국가를 건설하기 시작했다. 마오는 오래 전부터 덩샤오핑을 정확하게 판단하고 있었다. 그 당시에는 말도 안 되는 비난처럼 보였지만, 사실 덩샤오핑은 언제나 '주자파'였다. 덩샤오핑은 그렇게 할 수 있는 위치에 오르자마자 마오가 세운 사회주의 체제를 해체하고 그 자리에 마오가 자산계급 독재라고 여겼을 법한 체제를 세우기 시작했다. 공산당 안에 실제로 '자산계급'이 있었던 것이며, 정말로 중국의 '정치적 색깔이 바뀌었다'.

마오가 한 가지 잘못 예측한 것은 대중의 반응이었다. 자본주의에 맞서 반란을 일으키기는커녕, 절대 다수의 중국인이 덩샤오핑의 정책을 열렬히 환영했다.

'자본주의의 길'은 이제 경멸적인 표현이 아니다. 이것은 번영을 앞에 놓고 이념을 뒷자리에 놓겠다는 뜻이다. 그 결과는 비할 데 없이 빠른 경제 발전이었다. 전문가와 기업가 엘리트 집단이 탄생했고 그들의 욕망과 그들이 누리는 삶은—휴대전화부터 고급 외제 승용차까지—점점 더 홍콩, 싱가포르, 타이완 같은 자본주의 국가의 엘리트들과 구분할 수 없게 되었다. 새로운 부가 조금씩 위에서 아래로 흘러 내려가면서, 기회와 함께 불평등도 생겨났다. 부정부패와 범죄율이 치솟고, 마약 중독, 에이즈, 매춘도 급격히 늘고 있다. 놀랍도록 짧은 시간 안에 중국은 보통의 다른 나라들이 안고 있는 문제의 대부분을 얻었으며, 동시에 많은 즐거움과 자유를 누릴 수 있게 되었다.

덩샤오핑은 톈안먼 광장과 그 주변에서 시위를 벌이는 수백 명의 학생들을 학살하라고 지시했고 이 때문에 서구 자유주의자들의 환상은 깨져버렸다. 하지만 이전 시대에 자행된 엄청난 공포 정치를 맛본 중국인이 두 시대를 비교한다면 두말할 나위 없이 덩샤오핑을 선택할 것이다.

정치 투쟁에서 패배한 사람들은 이제 과거처럼 망각 속으로 사라지지 않았다. 화궈펑과 왕둥싱은 덩샤오핑과 충돌했지만 명예롭게 은퇴했다. 장칭은 판결을 받은 뒤에도 장기간 입원이 여러 차례 허용되었다. 그녀는 수감 생활과 가택 연금, 입원을 반복하다가 1991년 스스로 목숨을 끊었다. 장칭의 동맹자였던 야오원위안은 15년간 수감되었다가 풀려난 뒤 상하이의 옛 집으로 돌아가는 것을 허락받았다. 천보다와 다른 문화혁명의 유명 인사들, '5·16집단'의 지도자들도 야오원위안과 마찬가지로 자유를 얻었다. 중국이 민주주의 국가가 된 것은 아니다. 하지만 더 활기차고 너그러운 나라가 되었다. 자유의 아주 작은 숨결마저 덮어버렸던 마오쩌둥 시대의 공포의 장막이 일부 걷힌 것이다.

마오가 한 많은 일이 되돌려지거나 암묵적으로 비난을 받았지만, 마오의 뒤를 이어 중국을 통치하는 지도자들은 여전히 그의 역사적 역할을 두고 분명한 판결을 내릴 수 없었다. 중국공산당 중앙위원회는 1년 넘게 토론을 거친 끝에 1981년에 결의문을 채택했다. 그 내용을 보면, "마오의 업적을 우선 평가해야 하며 실책은 부차적"이고 그 비율은 "업적(功)이 7이라면 실책(過)은 3"이라고 되어 있다. 이 비율은 과거에 마오가 스탈린을 평가할 때 쓴 것이기도 하다. 1978년에 천윈이 한 평가가 더 적절했다. "만일 마오 주석이 1956년에 서거했더라면 그의 업적은 영원불변했을 것이다. 1966년에 서거했더라면 과오는 있지만 여전히 위대한 인물이었을 것이다. 하지만 주석은 1976년에 서거했다. 아, 무슨 말을 할 수 있겠는가?"[5] 여하튼 '공칠과삼(功七過三)'이라는 평가는 공산당의 필요에 부합하는 것이었다. 여기에 근거해 덩샤오핑은 공산당 지배의 정당성에 대한 도전을 허용하지 않으면서 마오의 정책 가운데 마음에 들지 않는 것들을 폐기할 수 있었다.

마오에 대한 평가에서 현실 정치적 측면은 제쳐 두더라도, 중국을 중세적 마비상태에서 끌어내 근대 국민국가의 모습을 갖추도록 밀고 나간 강력하고 거대한 존재를 평가하는 것은 만만찮은 일이다.

마오와 동시대를 살았던 루스벨트나 처칠, 드골의 업적은 그들 자신과 능력, 지위 면에서 동등한 사람들과 비교된다. 심지어 스탈린조차 레닌이 이룩한 성과를 기반으로 삼았다. 마오의 삶은 훨씬 더 큰 무대 위에서 펼쳐졌다. 그는 전 인류의 거의 4분의 1에 해당하는 사람들에게 이론의 여지 없는 지도자였다. 마오가 휘두른 권력의 크기는 중국 역사상 가장 막강했던 황제 몇 명과 비교할 수 있으며, 그의 시대에 일어난 변화는 너무 압축적이어서 서양에서 수백 년에 걸쳐 이루어진 것이 중국에서는 한 세대 안에 완결되었다. 마오가 살아 있는 동안 중국은 반(半)식민지에서 강대국으로 도약했으며, 수천 년간 지속된 경제 자립 국가에서 사회주의 국가로 변모했다. 또 제국주의 침탈의 피해자에서 유엔 안전보장이사회 상임이사국이 되었으며, 수소폭탄과 첩보위성, 대륙간탄도미사일을 갖추게 되었다.

마오는 여러 특별한 재능을 지닌 사람이었다. 그는 미래를 내다보는 통찰력이 있었고, 정치 전략가이자 군사 전략가로서 천재였으며, 철학자이자 시인이었다. 외국인들은 비웃을지 모른다. 당시(唐詩) 번역으로 유명한 아서 웨일리(Arthur Waley)는 마오의 시를 두고 기억에 남을 만한 인색한 평가를 내렸다. 그에 따르면, 마오가 쓴 시는 "히틀러의 그림만큼 나쁘지는 않지만, 처칠의 그림만큼 좋지도 않다." 또 중국 예술과 문화를 연구한 한 서양 학자는 마오의 붓글씨를 이렇게 평가했다. "독창적이라는 점이 매우 인상적이며, 오만에 가까운 자기 중심주의를 마음껏 뽐내고 있다. …… (하지만) 서예의 공식적인 규율을 완전히 무시하고 있으며 …… 근본적으로 정확한 표현력이 없다."[6] 하지만 중국인들은 서양인들의 평가에 동의하지 않는다. 마오의 붓글씨와 마찬가지로 마오의 시 역시 당대의 고통받고 불안한 영혼을 포착하고 있다고 평가한다.

이러한 재능에 덧붙여, 마오는 섬세하면서도 쉽사리 굴복하지 않는 굳센 정신을 지녔고, 경외심을 불러일으키는 카리스마와 무서울 정도의 영리함을 갖춘 사람이었다.

린뱌오의 아들은 마오를 통렬히 비판했다. "오늘은 듣기 좋고 달콤한 말로 사람들을 꾀어내고 내일은 그들에게 날조된 죄를 뒤집어 씌워 죽게 한다." 이것은 2천 년 전에 살았던 역사가 사마천이 중국의 시조 황제들 가운데 가장 위대한 인물인 진시황을 평가한 말과 거의 같다. "진왕(진시황)은 맹금(猛禽)과 같다. …… 그는 덕이 부족한 데다 호랑이나 이리 같은 마음을 품고 있어 난관에 처하면 쉽게 자기 자신을 낮추어 다른 사람 아래에 들어가지만 일단 뜻을 이루면 쉽게 남을 잡아먹는다. …… 진왕이 천하에서 뜻을 이루면 천하 백성이 모두 그의 노예가 될 것이다."[7]

마오는 중국의 각 왕조 역사를 거의 외울 정도로 잘 알았다. 마오가 자신과 비교할 수 있는 선대 황제로 진시황을 꼽은 것은 결코 우연이 아니었다. 중국 역사를 통틀어 가혹한 통치의 대명사로 두려움과 비난의 대상이 된 사람이 진시황이었다. 마오는 자유주의적 지식인들에게 이렇게 말한 적이 있다. "여러분은 우리가 마치 진시황처럼 행동하고 있다고 비난합니다. 틀렸습니다. 우리는 진시황을 백 번은 더 넘어섰습니다. 만일 여러분이 우리의 통치를 진시황의 잔혹한 통치에 비유한다면 우리는 즐거운 마음으로 동의할 겁니다. 단, 여러분은 그런 비유를 충분히 자주 하지 않았다는 점에서 오류를 범했습니다."[8]

마오는 적대자를 죽이는 것은—혹은 단순히 마오 자신의 정치적 목표에 동의하지 않는 사람들을 죽이는 것도—불가피할 뿐 아니라 더 큰 정치 운동을 전개하는 데 필요 불가결한 일이라고 생각했다.

마오가 어떤 사람을 물리적으로 제거하라고 직접 지시하는 경우는 아주 드물었다.* 하지만 마오는 통치하는 동안 세계 역사상 다른 어떤 나라의 지도자보다 더 많은 자국민을 죽음으로 내몰았다.[9]

마오가 진행한 정치 운동 가운데 중요한 것만 꼽더라도, '반혁명분자 진압 운동', '삼반운동', '오반운동', '반우파운동', '우경 기회주의자에 대한 운동', '사회주의교육운동', '문화혁명', '5·16분자에 대

---

* 적대자로 추정되는 사람들을 색출하고 처형하는 일에 마오가 직접 관여한 것은 장시성 근거지에서 1930년에서 1931년까지 기간에 한정된다. 옌안 정풍운동 당시 마오는 '간부는 죽이지 말 것'이라는 지침을 내렸다. 하지만 캉성이 당내 적대자들을 자살로 몰아가는 것을 제지하지 않고 묵인했다. 마오는 이런 방식을 중화인민공화국의 최고 지도자 역할을 하는 동안 계속 활용했다.(저자 주)

한 운동', '계급대오정비운동'이 있다. 이런 운동 과정에서 발생한 희생자들과, 그 밖에 토지 개혁 과정에서 나온 희생자, 대약진운동이 불러온 기근의 희생자를 모두 합하면 이보다 많은 희생자를 낸 역사적 재난은 제2차 세계대전밖에 없다.

비교 삼아 보면, 스탈린 통치기에 쿨라크 청산의 희생자들과 노동수용소에서 죽은 인텔리겐치아를 모두 합하면 1천2백만 명에서 1천5백만 명 정도다. 히틀러의 홀로코스트로 죽은 사람은 이 수치의 절반 정도다.

마오쩌둥과 스탈린과 히틀러의 사례에서 유사점을 찾는 것은 나름 설득력이 있지만, 사실 중요한 점 하나를 놓치고 있다. 스탈린은 자신을 가로막는 사람들을 제거하는 작업을 아주 세밀한 부분까지 신경쓰며 진행했다. 대숙청 기간에 소련의 비밀경찰 내무인민위원회(엔카베데NKVD)는 체포하여 처형할 고위급 관리 수천 명의 명단을 작성했고 스탈린과 몰로토프가 명단에 일일이 서명했다. 히틀러의 '최종 해결책'은 유대인 전부를 가스실에서 말살하려는 목적에서 고안된 방법이었다. 유대인의 유전적 계통이 히틀러 자신이 새로이 건설할 아리안족 세계 질서를 더럽힌다는 이유에서였다.

마오가 추진한 정책으로 죽은 사람들 가운데 압도적 다수는 기근의 피해자들이었다. 기근은 결코 그가 의도한 것이 아니었다. 나머지 6백만에서 7백만 명 정도의 사망자들은 중국을 변화시키려는 마오의 서사시적 투쟁에서 발생한 잔여물, 혹은 파편이었다.

이러한 설명은 희생자들에게 위로가 못 된다. 또 마오의 사회 변혁 노력이 초래한 지독한 고통을 줄여주지도 못한다. 하지만 이런 설명에 따르면 마오는 다른 20세기 폭군들과 다른 범주로 분류된다. 법은 모살(謀殺), 살인(殺人), 과실치사(過失致死)*를 각각 중요하게 구분한다. 마찬가지로 정치에서도 국민에게 엄청난 고통을 안겨준 지도자에게 책임을 물을 때 의도와 동기를 따져서 단계적 차등을 둘 수 있다.

스탈린은 피치자들이 어떤 행동을 했는가(또는 할 것 같은가)에 신경을 썼다. 히틀러는 그 사람이 누구인가, 즉 피치자 개인의 종족 정체성에 신경을 썼다. 마오는 피치자들이 어떤 생각을 하는가에 신경을 썼다.

중국의 지주들은 계급으로서 존재가 지워졌다(그리고 이 과정에서 많은 지주가 살해당했다). 하지만 독일에서 유대인이 겪은 일처럼 한 종족으로서 말살된 것은 아니었다. 자신의 정책 때문에 수백만 명이 죽음으로 내몰렸을 때에도 마오는 사상 개조의 효과와 구원의 가능성을 끝까지 믿었다. 마오는 "사람의 머리는 (베어내면 또 자라나는) 부추가 아니다. 한번 잘라내면 다시는 생기지 않는다."라고 말했다.[10]

그러한 유혈과 고통을 대가로 치르고 얻은 것은 무엇인가?

마오는 장제스에게 승리한 것과 문화혁명을 개시한 것이 자신이 이룬 두 가지 주요 업적이라고 스스로 평가했다. 이러한 평가는 앞선 질문에 충분한 답이 되지 못한다. 왜냐하면 그가 의도했던 것과는 다른 결과가 나왔기 때문이다. 장제스에게 승리함으로써 마오는 한 세기 동안 분열되었던 중국을 다시 통일했으며 주권을 회복했다. 하지만 문화혁명을 통해 마오는 중국 인민에게 이념적 열정을 과다 투여함으로써 오히려 무감각해지게 만들었다. 이 면역성은 이후 몇 세대를 지나도 사라지지 않을 것이었다. 마오는 마지막까지 자신의 혁명적 꿈에 사로잡혀 있었다. 이것이 그의 비극이면서 동시에 그의 위대함이었다. 공자는 중용과 조화를 가르쳤지만 마오는 끝없는 계급

---

* 모살은 사전에 계획하여 의도적으로 사람을 죽이는 것이고, 살인은 사전 계획이나 의도성이 약하고 충동적으로 사람을 죽인 경우이다. 과실치사는 죽일 의사는 전혀 없었지만 행동의 결과 사람을 죽게 한 경우이다.

투쟁을 설파했다. 그 가르침이 마오 자신은 물론이고 중국 인민 누구도 벗어날 수 없는 우리가 될 때까지 그는 멈추지 않았다. 그는 중국을 유교가 지배하던 과거로부터 해방시켰다. 하지만 그가 약속했던 찬란한 붉은 미래는 아무것도 잉태되지 않는 연옥으로 밝혀졌다.

마오가 태어날 즈음에 시작되었던 국가적 각성의 과정은 이제 막을 내렸다. 이 과정은 19세기 중국의 개혁가들이 서구와의 충돌에 반응해 중국 사회를 과거 2천 년 동안 부동자세로 얼려 두었던 신념 체계에 도전하면서 시작된 것이었다.

마오 이후 새로운 황제는 나타나지 않았다. 인간적으로 실수를 저지를 수도 있는 지도자, 다른 나라와 비교해 더 좋지도 더 나쁘지도 않은 지도자들이 이어지고 있다. 맹목적인 신념과 이념은 죽었다. 사람들은 스스로 생각하기 시작했다. 낡은 세계는 완전히 분쇄되었지만, 새로운 세계는 아직 완성되지 않았다. 혼란스러운 한 세기를 보내고 나서 이제 중국은 새로운 출발을 할 준비가 되었다.

혁명은 새로운 것을 공들여 건설하는 일보다 낡은 것을 파괴하는 일과 더 관련이 있다. 마오는 자신보다 덜 이상적이면서 더 실제적인 사람들이 마오 자신은 결코 달성할 수 없었던 빛나는 미래를 세울 수 있도록 장애물을 없애고 길을 터주었다. 이것이 바로 마오의 유산이다.

중국 역사에서 급진적인 전제 정치가 이후 장기간에 걸친 평화와 번영의 시기로 이어진 경우가 두 차례 있었다. 기원전 3세기에 진시황은 봉건적 제후국들을 통일했지만 그의 왕조는 겨우 15년간 지속되었다. 하지만 그가 닦아놓은 길 위에 한나라가 섰고 한나라는 이후 4백 년 동안 중국 고대 문명의 황금시대를 열었다. 기원후 6세기와 7세기 초 사이에 수나라는 남북조 시대의 혼란과 분열을 끝내고 중국을 다시 통일했다. 수나라는 39년밖에 지속되지 못했다. 하지만 그다음에 당나라가 들어서 중국은 3백년에 걸친 두 번째 황금시대를 맞았다.

마오는 27년 동안 지배했다. 그가 믿었던 것처럼 정말로 과거가 현재를 비추는 거울이라면, 21세기에 마오의 독재가 길을 열어준 중국의 세 번째 황금시대가 나타날까?

아니면 결함 있는 거인으로 기억되는 것이 마오의 운명일까? 중국에서 과거 수천 년 동안 오직 소수의 사람들만이 달성할 수 있었던 놀라운 규모의 근본적인 변화를 가져왔으나, 끔찍한 대가를 치렀고, 결국에는 자신이 시작한 일을 완수하는 데 실패한 사람으로 기억될 것인가?

중국에서 역사는 천천히 만들어진다. 아마도 언젠가 마오가 드리운 그림자가 더 작게 느껴지는 날이 올 것이다. 그의 이름은 더 멀리, 덜 위협적인 과거로 물러날 것이며, 그리하여 국가의 체제를 세운 다른 정치인들의 명단에 합류할 것이다. 그 명단에는 근대 러시아의 기초를 마련한 표트르 대제가 있고, 노예 소유주이자 인본주의자였던 조지 워싱턴이 있다. 나폴레옹은 어느 프랑스 지식인이 표현했듯 "프랑스 역사에서 가장 위대한 범죄자"였는지 모른다. 올리버 크롬웰은 우상 파괴자였으며 국왕 살해자였다. 이 밖에 다른 정치인이 몇 명 더 있다. 하지만 마오가 세운 체제는 대부분 서양인들이 바라는 것보다 더 오래 지속될 것이다. 아시아에서는 수천 년 동안 시장 경제의 요소들과 권위주의적 체제가 공존해 왔다. 확실히 중국은 변화할 것이다. 하지만 세계의 나머지가 기대하는 것과는 다를 것이다.

현대 중국 정치와 마오쩌둥 딜레마

2015년 11월, 중국의 국가주석 시진핑(習近平)과 타이완의 총통 마잉주(馬英九)가 싱가포르의 샹그릴라 호텔에서 만났다(호텔의 이름은 두 사람의 만남과 잘 어울렸다*). 그들의 회담은 1949년 분단 이후 양국 정상의 첫 만남이라는 의미도 있었지만, 그 이상의 더 중요한 의미도 있었다.

1925년 마오쩌둥과 장제스는 광저우에서 만났다. 중화민국의 초대 총통 쑨원이 사망한 직후였다. 훗날 공산당 주석에 오르는 마오쩌둥은 당시 국민당 선전부장 대리이자 국민당 중앙집행위원회 후보위원이었다. 한편 장제스는 국민당군 사령관이었으며 쑨원의 후계자 자리를 노리고 있었다. 당시 두 사람이 같은 편이었다는 점 외에는 구체적으로 관계가 어떠했는지 확실하게 알려진 바가 없다. 공산당과 국민당은 북방 군벌에 대항하는 연합 세력을 이루고 있었고, 마오는 그의 초기 당 활동 시기에 종종 그러했듯 자신의 당과 관계

---

* 샹그릴라(Shangrila)는 영국의 작가 제임스 힐튼(James Hilton)의 소설 《잃어버린 지평선》에 등장하는 상상 속의 도시이다. 히말라야 산중에 위치하며 평화와 조화 속에 모든 사람이 풍요롭게 사는 이상향이다.

가 매우 나빴다. 이로부터 20년이 흐른 뒤 두 사람은 다시 대면했다. 피비린내 나는 국공내전을 끝낸 직후였다. 여전히 마오는 장제스보다 힘이 약했다. 당시에 찍은 사진을 보면, 마오쩌둥은 세련된 장제스 옆에서 무척 긴장한 기색이 역력하고, 자신이 호랑이 굴속에 들어와 있음을 분명하게 의식하고 있는 듯하다. 2015년의 상황은 정반대였다. 시진핑은 여유롭고 편안한 모습으로 마치 체셔 고양이* 같은 미소를 지었던 반면, 작은 체구의 마잉주는 사진 기자들의 요청에 따라 시진핑과 악수하는 장면을 끝도 없이 연출하면서, 뜻깊은 자리에 있게 된 데서 느끼는 무한한 기쁨과 곧 잡아먹힐 것 같은 불안함을 동시에 내비쳤다.

비슷한 풍경 속에 본질적인 차이도 있었다. 1925년과 1945년의 만남에서 마오쩌둥과 장제스는 서로를 달가워하지 않았다. 대의를 위해 협조하기는 했지만 중국의 지배권을 놓고 경쟁하는 관계였기 때문이다(그런데도 두 사람이 연합할 수 있었다는 사실은 시진핑과 마잉주가 회담을 여는 데 좋은 선례가 되었다). 또한 마오쩌둥과 장제스는 1925년과 1945년 두 차례 모두 당의 지도자 자격으로 만났다. 그러나 2015년 시진핑과 마잉주는 서로를 정식 직함으로 부르지 않고 '선생(先生)'이라 부름으로써 엄연한 현실을 회피하려 했지만, 국가의 지도자 자격으로 회담을 했다(두 나라 모두 상대를 공식적으로 인정하지 않는다). 이러한 점에서 볼 때 싱가포르 회담은 단순히 과거의 반복이 아니라, 완전히 새로운 국면의 시작이었다.

시진핑의 대담성이 돋보이기는 했지만, 그는 여전히 마오쩌둥이 구상한 계획을 따르고 있었다. 1972년 마오쩌둥은 리처드 닉슨 미국 대통령과 회담할 때 타이완 문제는 그리 시급한 문제가 아니라고 언

체셔 고양이(Cheshire cat) 영국의 작가 루이스 캐럴(Lewis Carroll)의 동화 《이상한 나라의 앨리스》에 등장하는 고양이. 잇몸을 드러내며 히죽히죽 웃는 모습으로 유명하다.

급했다. 중국은 기다릴 각오가 되어 있으며 조만간 재통일될 것이라는 이야기였다. 이 점에서 마오는 장제스와 달랐다. 태평양전쟁 중 장제스는 스탈린의 압력에 굴복하여 몽골의 독립을 인정했지만 마오는 타이완의 독립은 절대로 넘어설 수 없는 '빨간 선'이라고 선언했다. 오늘날 싱가포르 회담이 개최되었는데도, 중국의 이러한 입장에는 여전히 변화가 없다.

마오가 죽은 지 40년의 세월이 흘렀다. 그러나 여전히 마오가 설정한 근본적인 정책 방향이 중국을 이끌고 있다. 우리는 이 사실을 잘 알아차리지 못하는 경우가 많다. 예를 들어 중국 정부는 남중국해 거의 전역의 영유권을 주장하며 그 근거로 유명한 '9단선'*을 제시하는데, 이는 최근에 고안된 개념이 아니다. 저우언라이가 범위를 정했으며, 1953년 한국전쟁이 끝난 뒤 마오가 공식적으로 승인한 개념이다.[1] 1974년 1월, 마오의 지도로 9단선 개념에 현실성을 부여하기 위한 첫 번째 조치를 이루어졌다. 중국군이 베트남군과 해상 교전을 벌인 끝에, 하이난(海南)섬에서 남쪽으로 300킬로미터 떨어진 파라셀 제도*를 점령한 것이다. 당시 마오 주석은 중국이 초강대국의 위상을 내세우지 않는다고 말했지만, 동남아 지역에서 종주국 행세를 하는 일은 멈추지 않았다. 물론 마오의 행보는 조심스러웠다. 스탈린이 죽은 다음에야 '9단선'을 공개적으로 발표했고, 헨리 키신저와 레 주언(黎筍)이 평화 협정을 맺어 미군의 베트남 불개입 원칙이 공식화된 이후에야 파라셀 제도를 장악했다. 어느 정도는 마오쩌둥의 중국이

9단선(九段線) 중국이 남중국해 해상에 임의로 정한 경계선. 중국, 타이완, 필리핀, 베트남, 말레이시아 등에 둘러싸인 남중국해는 아시아와 태평양을 잇는 해상 무역의 중심이다. 이에 중국은 9단선을 근거로 삼아 남중국해의 영유권을 주장하고 있으며, 이 때문에 주변국과 분쟁이 계속 발생하고 있다.
파라셀(Paracel) 제도 중국 하이난섬 남동쪽 남중국해에 있는 섬의 무리. 산호초 제도이다. 인접 국가인 중국과 베트남의 분쟁 지역이며, 중국은 시사(西沙)로 부르고 베트남은 호앙사(黃沙)로 칭하고 있다. 파라셀은 영어식 표기이다.

힘이 부족한 탓이었다. 그러나 그때와는 비교할 수 없을 정도로 세력이 커진 지금도, 시진핑은 중국 해안선으로부터 수백 킬로미터 떨어진 산호초에 인공섬을 건설하여 주변 해역을 중국 영역으로 만드는 사업을 매우 조심스럽게 추진하고 있다. 마오쩌둥처럼 시진핑과 그의 동료들은 지극히 장기적인 관점에 따라 움직이고 있으며, 그렇기 때문에 한 정권의 집권 기간이 짧은 미국이나 필리핀 같은 동남아 국가들은 효과적으로 대응하기가 무척 어렵다. 시진핑의 계산은—마오가 타이완에 대해 계산한 것과 유사하다.—단기적으로는 중국의 팽창으로 인해 불만이 생길지라도, 결국 중국이 아시아에서 지배적인 위치를 차지함에 따라 종래의 '팍스 아메리카나(pax Americana, 미국에 의한 평화)'는 '팍스 시넨시스(pax Sinensis, 중국에 의한 평화)'로 대체될 것이며, 이때 중국의 주변국과 경쟁국은 이러한 상황 변화에 적응할 수밖에 없으리라는 것이다. 최근 시진핑의 공세에 미국이 보이는 미온적인 반응을 고려한다면, 과연 누가 시진핑의 계산이 틀렸다고 자신 있게 말할 수 있겠는가? 경제적인 세력 균형이 변화함에 따라 미국과 미국의 보호를 받는 아시아의 국가들은 중국과의 장기적인 싸움에서 이길 수 없으며, 미국도 내심 이를 잘 알고 있다.

물론 마오가 상상한 중국의 미래는 이러한 것이 아니었다. 그는 중국이 아시아와 궁극적으로는 전 세계에 이념적 모범을 보임으로써 지도적 역할을 수행하기를 희망했지만, 그가 우려한 대로 그의 후계자들은 자본주의를 받아들였다. 그러나 형태는 바뀌었어도 목표는 동일하다. 시진핑에게나 마오에게나 중국이 짊어져야 할 운명은 아시아를 이끌고 세계의 미래를 설계하는 데 일조하는 것이기 때문이다. 그러한 역할을 이념적 선도국으로서 수행하든 경제 대국으로서 수행하든, 그것은 그리 중요한 문제는 아닐 것이다.

1976년 마오쩌둥이 죽은 뒤 몇 개월 동안 어느 누구도, 아무리 상상력이 풍부한 자라도, 중국이 향후 40년 동안 경험할 놀라운 부흥을 예측할 수는 없었다(중국의 발전은 인류 역사상 그 속도와 규모에서 타의 추종을 불허한다).[2]

만일 오늘날 중국이 세계의 공장이자 세계 제2의 경제 대국임을 인정한다면, 이는 마오의 후계자들이 감행한 과감한 도박이 성공한 덕분이다. 그들은 공산당이 모든 정치적 권력을 독점한다는 전제 안에서 시장의 힘이 자유롭게 작동하도록 풀어줌으로써 민간 기업과 상업이 성장하고 중국이 세계 경제에 통합되면 중국 인민의 삶이 바뀔 수 있으리라 판단했다. 통치자와 피치자는 무언의 사회 계약으로 연결되었다. 그것은 공산당의 정치 권력에 도전하지 않는 한 인민들은 최대한 자유롭게 살아갈 수 있다는 약속이었다. 오늘날 중국의 주요 도시에 거주하고 있는 중국인들은 돈만 있으면 자신의 집을 소유할 수 있고 외국 여행을 나갈 수도 있으며 자식을 외국 대학에 유학 보낼 수 있다. 어떤 소비재 물건이든 구입할 수 있으며 일할 장소와 살 장소를 마음대로 정할 수 있다. 또 외국 책을 읽을 수도 있고 외국 영화를 볼 수도 있다(종종 서방에서 정식으로 영화가 개봉되기도 전에 중국에서 해적판이 판매되는 경우도 있다). 바꾸어 말하면, 지금의 중국인들은 한 세대 전만 해도 결코 상상할 수 없었던 방식으로 살고 있으며, 그들의 삶은 세계의 다른 선진국 국민들과 조금도 다르지 않다.

물론 모든 것이 낙관적이지만은 않다. 당연히 어두운 면도 존재한다. 공개적으로 자기 의견을 표현할 수 있는 자유는 엄격하게 제한되어 있다. 법치라는 개념도 없다. 부정부패가 만연해 있다. 중국의 시골에 가보면, 마치 마오쩌둥 시대나 옛날 왕조 시대처럼 지역 관리들이 농민들을 함부로 대하고 아무 거리낌 없이 착취하는 모습을 곳곳에서 목격할 수 있다.

그러나 전체적인 그림은 긍정적이다. 한 세기 만에 처음으로 중국인들은(세계 인구의 5분의 1) 평화롭고 안정된 환경에서 살고 있다. 그들은 오늘보다는 내일의 삶이 더 나으리라는 희망을 품을 수 있고, 전쟁이나 정치적 격변으로 인해 모든 것이 사라지고 말 것이라는 두려움 없이 미래를 위한 계획을 세울 수 있다. 이는 서구에서는 당연하게 여겨지는 것이지만, 중국에서는 완전히 새로운 경험이다.

그렇다면 이러한 체제를 세운 마오쩌둥의 위상은 어떠한가?

마오의 거대한 초상화는 지금도 자금성 너머의 거대하고도 텅 빈 톈안먼 광장을 내려다보고 있다. 광장 남쪽 끝에 자리 잡은 '마오쩌둥 기념관' 앞은 매일 아침 중국 각지에서 올라온 사람들로 붐빈다. 그들은 줄지어 현대판 황제의 묘에 잠든 마오쩌둥의 방부 처리된 시신에 경의를 표한다.

중국의 화폐에는 마오의 초상이 그려져 있다. 마오가 온 생애를 통해 저지하고자 한 자본주의 경제의 혈액 속에 그가 살아 있는 것이다(이제 중국의 화폐는 미국의 달러화, 유럽의 유로화, 영국의 파운드화, 일본의 엔화와 마찬가지로 국제적인 준비 통화가 되었다). 베이징에서 남쪽으로 약 1,600킬로미터를 가면 후난성 중부의 곡창 지대에 위치한 사오산이 나온다. 사오산은 마오쩌둥이 태어난 곳인데, 이제는 일종의 순례지가 되었다(중국 정부는 이러한 장소 순례를 '홍색 관광'이라 부른다). 중국인 방문객들은 마오의 부모의 묘소 앞에서 향불을 피우고, 마오의 동상 앞에서 고개 숙여 인사하고, 플라스틱 물병이나 도금된 석고 흉상 같은 싸구려 기념품을 구입한다. 마치 프랑스 루르드*의 상점 주인들이 독실한 가톨릭교도들에게 돈을 버는 것과 비슷하다. 같은 목적으로 여러 관광지가 개발되었다. 사오산에서 남쪽으로 더 내려가면 마오가 유격대 지휘관 활동을 시작한 징강산의 산중요새지가 나온다. 남서쪽 방향에는 여러 차례 좌절 끝에 마오의 정치 권력이 다져지기 시작한 쭌이가 있다. 중국의 서북 지역에는 태평양 전쟁 기간에 공산당 지휘 본부가 있던 옌안이 있다. 베이징 남쪽에는 시바이포(西柏坡)가 있다. 마오가 국민당군과 어떻게 최후의 전투를 치를지 항상은 아니지만 대체로 올바르게 작전을 구상한 장소이다. 공산당은 이 일련의 전투를 승리로 이끌어 마침내 중국의 패권을 차지했다.

오늘날 중국 사람들이 품고 있는 마오의 이미지는—중국공산당이 모두가 받아들여야 한다고 규정한 이미지를 뜻한다.—톈안먼 광장에 누워 있는 마오의 시체가 그러하듯, 방부 처리된 미라의 모습으로 잘 보존되어 있다. 죽은 마오는 일본인들이 잘 쓰는 표현대로 '국보'이다. 중국인들은 이 국가의 보물을 감상할 수는 있지만 절대로 건드려서는 안 된다.

마오쩌둥의 시대를 평가하는 정통 견해는, 1981년 6월 중국공산당 제11기 중앙위원회 제6차 전원회의 때 채택된 '인민공화국 창설 이래 우리 당 역사의 몇몇 문제에 관한 결의문'에 서술되어 있다(원칙적으로 중국의 모든 저술가는 이 결의문 내용을 따라야 한다). 50페이지가 넘는 결의문의 약 4분의 3은 공산당의 "빛나는 성공 …… 성취 (그리고) 올바른 노선"과 그 속에서 마오쩌둥이 수행한 지도적 역할을 화려한 문장으로 설명한다. 나머지 부분은 마오쩌둥이 범한 잘못을 다루고 있으나, 그 심각성을 최소화하는 방향으로 기술하고 있다. 1957년의 '반우파운동'은 "전적으로 올바르며 반드시 필요"했지만 "너무나 광범위하게 시행되었으며 …… 불행한 결과를 야기"했다고 설명한다. 1년

루르드(Lourdes) 프랑스 남부의 도시. 1858년 성모 마리아(루르드의 성모)가 발현했다는 이야기가 퍼지면서 가톨릭 성지가 되었다. 세계 각국의 수많은 가톨릭교도들이 순례하는 장소로 유명하다.

뒤에 벌어진 1958년의 '대약진운동'에 관해서는 "경험과 …… 경제 발전 법칙에 대한 이해가 부족"했으며, "자의적인 지휘 활동, 허풍스러운 태도 …… 그리고 마오쩌둥 동지를 비롯한 많은 동지가 …… 자신들의 성공에 자만했고 (또한) 신속한 결과를 내려고 조급"했다고 지적한다. 그리고 그 결과 "경제적 어려움이 초래되었으며 나라와 인민에게 심각한 손실"이 발생했다고 인정한다. 하지만 이러한 표현은 1958년부터 1962년까지 역사상 최악의 기근으로 수천만의 중국인이 죽어 간 사실을 전달하기에는 너무나 완곡한 표현이다. 심지어 전체적으로 보면 이 시기에도 당의 성공이 '압도적'이며 잘못은 부차적이라고 주장하기도 한다.

실책을 보지 못하거나 적당히 무마하는 것은 용납할 수 없다. 그러한 행동 자체가 실책일 뿐 아니라 더 나쁘고 더 많은 실책을 야기할 것이다. 그러나 결국은 우리의 성취가 …… 가장 중요하다. (이러한) 성취를 간과하거나 부정하는 것 역시 매우 심각한 잘못이다.

1981년 결의문에서 제일 강력한 비판을 받은 것은 문화혁명이다. 문화혁명은 "총체적이며 매우 장기적으로 지속된 심각한 실수"라고 서술되었다. 문화혁명은 실제로는 1966년부터 1969년까지 일어났지만, 중국의 공식 역사 기록은 1976년까지로 규정한다. 이는 마오쩌둥 인생의 마지막 10년을 유감스럽지만 일시적인 일탈로 정리하기 위함이었다. 결의문은 마오가 "잘못된 테제들"에 기반하여 "시작하고 추진한" 문화혁명이 "인민공화국 창설 이래 가장 심각한 퇴보와 손실을 초래"했다고 선언했다. 대약진운동이 초래한 사망자 수를 생각하면 이러한 서술은 의문을 자아낸다. 그러나 결의문을 작성한 이들이 바로 대약진운동의 주동자였고, 그때에는 별다른 피해 없이 살아

남았던 반면에 문화혁명에서는 큰 피해를 입었다는 사실을 고려하면 충분히 이해가 가는 설명이다.

이후 결의문의 내용은 대체로 마오가 말년에 보인 좌파 사상들이 "귀중한 정신적 자산이자 지도적 이념"인 '마오쩌둥 사상'과 전혀 관련이 없으며, "명백하게 불일치"한다고 강조한다. 마오 주석은 단지 "착각에 사로잡혀" 있었고, 이를 그의 부인 장칭과 그의 후계자로 지명된 린뱌오가 이끈 "반혁명 패거리"가 악용했을 뿐이라는 것이다. 그리하여 결의문은 다음과 같이 결론짓는다. 거대한 격변에 대한 "주요한 책임은 사실상 마오쩌둥 동지가 질 수밖에 없다. 하지만 이는 이 위대한 무산계급 혁명가가 범한 하나의 잘못에 불과하며 …… 중국 인민은 항상 마오쩌둥 동지를 그들의 친애하는 위대한 지도자이자 스승으로 여기고 있다."

35년이 지난 지금도 이것이 중국의 공식적인 입장이다.

오늘날의 시각에서 보면, 이 결의문은 난해한 논리와 이중적 사고를 너무나 노골적으로 표현하고 있다. 그러나 1981년 당시에는 어느 쪽도 편들지 않는 세심한 균형감이 낳은 결과였다. 공산당원들은 질서를 좋아한다. 그들은 역사를 상자 속에 담아 두는 것을 선호한다(불행하게도 일부 학자들조차 그러한 버릇을 가지고 있다). 마오 사후에 중국의 새로운 최고 지도자가 된 덩샤오핑은 과거를 넘어 미래로 나아가려면 마오쩌둥 시대를 정리하는 '통일된 견해'를 수립하는 것이 필수적이라고 판단했다. 마오쩌둥 역시 1945년 공산당 중앙위원회 주석에 오른 직후, 이전까지의 당내 투쟁을 정리하는 '당 역사에 관한 결의문'을 통과시키는 데 몰두했다. 그리하여 두 사람이 만든 1945년 결의문과 1981년 결의문은 마오가 권력을 잡은 시기 전체를 떠받치게 되었다. 두 결의문의 목적은 모두 당내 대립적인 분파들을 화해시키는 것이었다. 1945년에는 마오가 최후의 승자가 되긴 했지만 장기간 계속된 당내 분파 싸움을 진정시킬 필요가 있었고, 1981년에는 마오와 가까웠으며 그의 기억을 잘 보존하고 싶은 사람들과(덩샤오핑도 그들 중 한 명이었다) 마오의 잘못을 좀 더 강하게 비판하려는 사람들을 화해시킬 필요가 있었다.

그런데 1981년 결의문이 나온 배경에는 몹시 우려스러운 고려 사항이 하나 더 있었다. 그것은 추가 한쪽으로 너무 기울지도 모른다는 위기감이었다. 마오쩌둥의 잘못을 비판하는 것으로 모자라서, 그가 창조한 체제를 반대하는 운동이 전국에서 일어나 공산당 지배 체계를 전복하려 들면 어떻게 할 것인가?

결의문이 발표되기 2년 전인 1979년 이른바 '베이징의 봄'*에, 본인은 과거 홍위병으로 활동했으며 부친은 인민해방군 총후근부* 간부인 웨이징성(魏京生)이 등장해 '민주주의, 다섯 번째 현대화'*라는 제목의 대자보를 내붙였다. 웨이징성은 비판의 대상을 고르는 데 아무런 제한을 두지 않았다. 마오쩌둥을 두고는 "허풍 떠는 폭군", 덩샤오핑은 "정치 사기꾼"이라고 불렀으며 중국 인민은 당이 선전하는 것처럼 나라의 주인이기는커녕 사실상 노예 신세에 불과한 "늙은 황소"라고 비판했다.

여기 중국의 오래된 속담 두 가지가 있다. '그림의 떡으로 굶주린 배를 채운다(畫餅充饑)'와 '매실을 생각하며 갈증을 해소한다(望梅止渴)'가 그것이다. 옛날 중국 사람들은 잘못된 현실을 조롱하며 풍자할

베이징의 봄 덩샤오핑 집권 초기인 1978년 말부터 1980년까지 베이징과 상하이 등 주요 도시에서 '민주화 운동'이 일어난 시기를 가리키는 말.
총후근부(總後勤部) 인민해방군 내 병참을 담당하는 총부서.
* 덩샤오핑은 1970년대 말 자신의 경제 정책으로 '4대 현대화'를 내걸었다. 이는 본래 저우언라이가 창안한 것이며 공업, 농업, 국방, 과학 기술의 현대화를 의미한다. 웨이징성은 이 '4대 현대화'에 더해 다섯 번째 현대화로 민주주의를 제시한 것이다.

수 있었다. …… 하지만 지난 수십 년간 중국의 인민은 '위대한 조타수'를 추종하며, 공산주의의 이상을 '그림의 떡'으로 삼고 (당의 노선을) '매실'로 삼아, 늘 허리띠만 졸라매고 나아갔을 뿐이다. 30년은 하루같이 지나갔고 우리에게는 한 가지 교훈만 남았다. 마치 우리는 물속에 비친 달을 보고 진짜라고 착각하여 건져 올리려 한 원숭이와 같았던 것이다(猴子撈月). …… 독재를 통해 인간의 평등한 권리를 달성한다는 마르크스 사회주의의 실험은 지난 수십 년간 계속되었다. 우리의 현실은 이 실험이 전혀 성공적이지 못함을 여러 차례 보여주었다. '다수에 의한 독재'란 몽상에 불과하다. 독재는 독재일 뿐이다. 집중된 권력은 소수의 손에 떨어지기 마련이다.

웨이징성처럼 과거 홍위병이었으나 현실에 환멸을 느낀 자들과 마오쩌둥의 희생자들이 낳은 자녀들 가운데, 과연 얼마나 많은 사람이 이러한 견해에 동의했는지는 알 수 없다. 필시 아주 적은 수에 불과했을 것이다. 그러나 당 지도자들은 언젠가 마오가 말한 대로 "작은 불씨 하나가 들불이 될 수 있다."는 신념을 품고 자란 자들이었다. 그들 중 다수는 1919년 5·4운동을 통해 당시 지배 이념이었던 유가 사상이 도전받는 상황을 똑똑히 봤다. 또한 그로부터 50년 뒤에는 또 다른 청년 운동이, 이번에는 최상위 지배층의 지원을 받아 문화혁명이라는 이름으로 중국 전체를 혼돈 속으로 빠뜨리는 것을 직접 경험했다. 그러한 일이 1980년대에 다시 발생할 확률은 극히 낮았다. 당시의 중국 인민은 한 생애에 걸쳐 너무나 많은 혼란을 겪었기 때문이다. 그러나 이때 웨이징성의 주장 중 일부가 1989년 6월 4일 톈안먼 사건* 때 다시 제기되었다는 사실을 고려하면, 당시 당 지도자들의 우려가 전적으로 터무니없었다고는 말할 수 없을 것이다. 여하튼 그들은 국가 체제를 위협하는 위험 요소를 가만히 두고 볼 수 없었다. 결국 웨이징성을 비롯한 다수의 민주주의 운동가들이 체포되었고 장기간의 금고형을 선고받았으며, 그들이 불을 지핀 이념 논쟁은 1981년의 결의문을 통해 확고한 자물쇠가 채워졌다. 이때부터 누구도 당이 허용하는 비판의 한계를 몰랐다고 핑계 댈 수 없었다.

그러나 중국에서 영원히 변치 않는 것은 없다.

1981년 결의문은 여전히 중국공산당의 과거 역사에 관한 불변의 진리이지만 조용히 재해석되었다. 1978년 중국공산당 제11기 중앙위원회 제3차 전원회의에서 덩샤오핑은 비공개 연설을 통해 마오가 "70퍼센트는 잘했고 30퍼센트는 잘못했다."고 규정했지만, 점차 중국의 텔레비전과 영화 속에서는 99퍼센트 잘했고 기껏해야 1퍼센트 잘못했다는 식으로 묘사되었다. 마오쩌둥의 어린 시절, 대장정, 해방전쟁(국공내전)을 주제로 하여 마오를 신격화하는 프로그램이 연속으로 방송되었다. 마오와 그의 동료들은 중국판 '원탁의 기사들'처럼 우애를 나누었고, 용맹스럽기가 아서왕 전설의 등장인물들을 능가했다. 1949년 이후의 '혼란과 좌절'은 간과되거나 대부분은 완전히 배제되었다. 대중 매체가 전하는 중국의 역사 속에 '반우파운동', '대약진운동', '문화혁명'의 자리는 없었다. 망각의 늪으로 사라져버린 것이다. 오늘날 이러한 사건들은 대학의 역사 강의에서조차 다루어지지 않으며, 고등학교 교실에서 사라진 지는 이미 오래되었다. 가정에서 대화 주제로 오르는 일도 거의 없는데, 심지어 이 사건들 때문에 큰 피해를 입은 가족도 마찬가지이다. 덩샤오핑은 과거의 공포스러

---

* 이 책에서 언급되는 '톈안먼 사건'은 두 가지이다. 하나는 1976년 1월 당시 총리였던 저우언라이가 죽자, 그를 추모하려는 민중들이 4월 4일 청명절을 기해 톈안먼 광장에서 시위를 벌이면서 일어난 사건이다. 다른 하나는 1989년 4월 당시 총서기 후야오방(胡耀邦)이 죽자, 그의 명예 회복과 민주화를 바라는 민중들이 마찬가지로 톈안먼 광장에서 시위를 벌였고 6월 4일 군이 무력 진압을 한 사건이다. 두 사건 모두 정부 당국의 무자비한 탄압으로 인해 시위에 가담한 다수의 사람들이 죽거나 다쳤다.

운 사건을 파헤치는 것보다 밝은 미래를 건설하는 일이 우선시되어야 한다고 주장했다. 대부분의 중국인들은—특히 나이가 많은 사람들은—이에 동의한다. 과거는 과거다. 바꿀 수가 없다. 지금 우리는 훨씬 더 좋은 삶을 누리고 있다. 왜 과거를 되돌아보아야 하는가?

하지만 어떤 통제 체계도 완벽할 수는 없다. 특히나 중국처럼 거대하고도 저항적인 나라에서는 불가능하다. 수천 년간 자신의 목숨을 걸고 황제에게 직언을 한 강직한 학자들이 존재했고, 그들의 독립적 사고의 전통이 계속해서 이어진 나라가 바로 중국이다. 망각의 늪에도 금지된 지식이 스며들 수 있는 작은 틈이 있는 법이다.

작은 틈은 다양한 모습으로 나타날 수 있다. 중국 정치 지형에 변화의 바람이 불면, 짧게나마 좀 더 개방적인 순간들이 나타난다. 2004년 '당대 중국 연구소(當代中國硏究所)'가 우리에게 손을 내밀었을 때가 바로 그러한 순간이었다. 당시 나는 독일과 프랑스가 공동 출자하여 설립한 방송국 '아르테(Arte)'의 중국 역사 다큐멘터리 제작에 참여하고 있었는데, '당대 중국 연구소'의 소장 주자무(朱佳木)가 내게 마오쩌둥의 과거 최측근들과 면담하는 것을 허용해주었던 것이다(주자무는 마오쩌둥 사후 최고 권력자였던 덩샤오핑에 이어 두 번째로 당 서열이 높은 천윈의 비서실장을 역임한 자였다). 그리하여 나는 마오쩌둥의 아들 마오안잉의 부인 류쑹린, 마오쩌둥의 손녀 쿵둥메이(孔東梅), 손자 마오신위(毛新宇)와 저우언라이의 가족들, 류사오치의 가족들 그리고 마오를 가까이에서 수행한 직원들인 개인 호위병, 심부름꾼, 간호사, 의사 등등과 이야기를 나눌 수 있었다. 우리가 다큐멘터리 제작에 사용한 문서고 자료 중에는 문화혁명 당시를 찍은 특별한 영상이 있었다. 마오의 정치국 동료들이 '비판 투쟁 대회'에서 홍위병에게 공개적으로 굴욕당하고 맞는 모습이 담긴 영상이었다. 1981년 결의문에 따르면, 이런 영상을 보는 것은 당연히 허용되어야 했으나 20년이 흐른 그때에는 그렇지가 않았다. 중국의 문화 사업을 관장하던 고위급 관리들은 화면 속 문화혁명의 진실을 접한 뒤 큰 충격에 빠졌고 몹시 당황했다. '아르테' 방송국과 공동으로 작업하던 중국의 방송국 사장은 병을 핑계로 대고 6주나 병원에 입원해버렸다. 다큐멘터리 방송이 불러올 여파를 피하기 위해서였다.

방송 이후의 상황은 대단히 의미심장했다. 아무런 여파가 '없었던' 것이다.

몇 개월 뒤 나는 어느 학회에서 그 문제의 방송을 시청한 중국의 최고위급 관료 한 사람과 마주쳤다. 그는 나를 한편으로 끌고 가더니, 자신과 동료들이 왜 내가 그 이야기를 꺼냈는지 잘 알고 있으며, 나의 역사적 해석에 대해서도 전혀 이의가 없다고 말했다. 그들에게는 미안한 말이지만, 나는 그들이 그런 말을 할 위치에 있지 않다는 것을 너무나 잘 알았다. 다큐멘터리가 방송된 지 얼마 지나지 않아 중국 내에서는 중국어 해설이 추가된 해적판 DVD가 유통되기 시작했다. 잘 팔렸던 것 같다. 왜냐하면 10년이 지난 지금도 팔리고 있기 때문이다. 그런데도 당의 선전부도 경찰도 아무런 통제 조치를 취하지 않고 있다.

외국에 사는 중국인들의 반응도 흥미로웠다. 마지막 방송이 방영된 직후 마련된 인터넷 토론장에는 프랑스와 독일 대학으로 유학 온 수백 명의 중국 학생들이 참여했다. 온라인상에서 그들은 그동안 자신들이 전혀 모르고 있던 중국의 과거사에 관해 토론했다. 한 젊은 중국인 여성은 다음과 같이 말했다.

우리는 마오쩌둥이 죽은 뒤에 태어난 중국인으로서 너무나 많은 것을 침묵하고 있으며, 그 결과 우리 역사에 무지하게 되었다. 우리의 부모들은 자신이 살아온 생애를 이야기하지 않는다. 의도적으로 과거를 망각해버린 것이다. 나는 다큐멘터리를 보고 큰 충격을 받았다. 왜냐하면 역사적으로 유명한 인물들의 생생한 모습을 난생 처음 보았기 때문이다. 이들은 나의 할아버지, 할머니와 나이가 비슷하거나 약간 더 많으며, 일부는 아직도 생존해 있는데도 말이다. 이는 내게 놀라운 경험이다. 오늘 내가 본 것을 언젠가 우리 중국의 인민도 볼 수 있기를 희망한다.

이 일화를 다소 길게 서술한 이유는, 이 일화가 마오쩌둥의 유산을 어떻게 다루어야 하는가에 관한 중국 정부의 딜레마를 압축적으로 보여주기 때문이다. 1981년 결의문은 양날의 칼이다. 한편으로는, 대중 매체가 마오 주석을 무조건 칭송해야 했기 때문에, 결과적으로 1970년대 중반 이후에 태어난 대부분의 중국인들은 그들의 부모 세대가 경험한 혼란상을 알 수 없게 되었다. 마치 지금 20대의 중국인들이 1989년 톈안먼 광장에서 정부가 젊은 학생들에게 총격을 가했다는 사실을 모르는 것과 마찬가지이다. 그러한 사건들은 하찮은 일이 되었으며 중국 정부는 이러한 상황이 앞으로도 지속되기를 바라고 있다. 그러나 다른 한편으로는, 1981년의 결의문 덕분에 마오쩌둥 시대에 관한 역사적 연구가 정당화되었다(이러한 연구는 마오가 살아 있을 때에는 사실상 금지되었다). 따라서 눈에 크게 거슬리지만 않는다면, 외국 다큐멘터리의 해적판 DVD나 중국 학자들의 연구 결과나 벼룩시장에서 판매되는 문화혁명 시절의 기념품 같은 것들은 대개 허용되고 있다.

마오쩌둥이 죽은 이후 20년 동안 수많은 회고의 글과 마오쩌둥의 연설문 모음집과 중국공산당 중앙위원회의 문건들이 출판되었고, 중국 혁명 기간의 주요 사건들에 관한 중국 역사가들의 연구 결과가 발표되었다. 가장 민감한 내용들은 당 지도층에게만 허용되었지만,

대부분은 누구나 볼 수 있도록 공개적으로 출판되었다. 이러한 새로운 자료들 덕분에 1999년 이 책의 초판이 나올 수 있었다. 이후에도 자료는 홍수처럼 쏟아져 나왔다. 여전히 중국공산당의 중앙 문서고는 소수의 당내 연구자들에게만 공개되지만—문서고의 많은 부분은 이들에게조차 폐쇄되어 있다.—지방의 문서고는 조심스럽기는 하나 중국과 외국의 역사가들에게 자료를 공개하기 시작했다.

엄격한 당의 통제 아래 중국의 대중 매체가 전하는 과거사의 '단순한 이미지'와 연구자들의 저술과 전문 학술지에서 볼 수 있는 '상세한 설명'은 극명한 대조를 이룬다.

물론 연구서는 출판 부수가 한정되어 있고, 시내 서점이 아닌 전문 서점에서만 구입할 수 있다. 또한 보통은 사실 관계 서술에만 집중할 뿐, 그 속의 숨은 의미는 독자에게 맡기는 방식을 취한다. 그렇더라도 이제는 접근 가능한 정보의 양 자체가 풍부해졌다. 이러한 정보들은 얼마 전만 하더라도 극비로 취급되었으며, 누설할 경우 감옥에 가야 할 위험이 따랐다. 변화가 일어난 데에는 시간의 경과라는 요인이 작용했다. 아마도 30~40년 전이라면 이러한 역사적 설명들은 당내 투쟁의 무기로 활용되었을 테지만, 하나둘 잠재적인 경쟁자들이 사망함에 따라, 덜 민감하게 받아들일 수 있게 된 것이다. 이제 중요한 문제는, 과거 당 지도자들과 그 추종자들의 명성을 복원하고 보존하는 일이다. 중국 각 지역의 정치인들은 중국 혁명의 성공과 관련하여, 과거의 역사가 마오쩌둥만 부각했다면 앞으로는 지방의 영웅들이 기여한 몫을 정당하게 평가해주기를 요구하고 있다. 이에 발맞춰 각 지방의 역사가들은 지역의 문서고 자료를 활용하여 그 지역의 역사를 기술하고 있으며,—이는 역사가들의 후원자를 만족시키는 동시에 당 역사 연구 분야에서 그들의 명성을 높이는 길이다.—그 결과물을 각 지방의 출판사들은 대개 베이징의 눈치를 보지 않고 출간하고 있다.

이는 어떤 측면에서 보면 중국 정치 체제의 변화를 반영하는 것으로 간단하게 설명할 수 있다. 덩샤오핑은 마오쩌둥의 최측근들이 내보인 이념적 급진성을 배격하기 위해 '사실을 토대로 삼아 진리를 탐구한다(實事求是)'는 구호를 내세웠다. 중국공산당이 아무리 이중적인 언어를 잘 구사한다 하더라도, 실사구시의 기치에 따라 역사가들이 사실을 탐구하려는 시도까지 막을 수는 없었다. 하지만 더 중대한 이유도 있었다. 기원전 2세기에 한(漢)나라의 위대한 학자 사마천(司馬遷)이 (투옥과 성기 절단이라는 고통을 겪으며) 최초의 중국 통사를 저술한 이래로, 중국의 역사가들은 거의 2천 년이 넘는 세월 동안 역사를 현재를 비추어 미래로 안내하는 '거울'로 인식했다. 그리고 1981년의 결의문 자체가 그러한 원칙을 재확인해주었던 것이다. 당국이 마오쩌둥 시대 연구를 정당하다고 인정하자, 당연하게도 공산당 내부나 외부에서 활동하던 역사가들이 이 틈으로 빠르게 몰려들었다. 그리고 이때부터 중국의 학자들은 허용되는 연구 범위를 확장하기 위해 노력했다. 물론 여전히 '출입 금지 구역'이 있다. 마오쩌둥이 정책을 추진할 때마다 적극적으로 호응하고 지원한 저우언라이의 역할, 1950년대 정치 운동에서 덩샤오핑의 과오, 마오와 그의 심술궂은 부인 장칭의 공모 관계 따위가 바로 예외적인 주제들이다.

그렇다면 왜 이러한 역사적 개방성은 지도층에게만 국한되는가? 왜 중국 정부는 절대다수의 중국 인민에게는 마오쩌둥을 성스럽고 결코 건드려서는 안 되는 이미지로 각인하려 고집하는가?

그 대답은 마오쩌둥 사후 중국 정치 체제의 근본적 성격에서 찾을 수 있다. 1990년대 이래로 혹은 그 이전부터, 중국공산당은 단지 명칭에서만 공산주의를 내세우고 있을 뿐이다. 그렇다면 어떻게 중국

공산당의 권력 독점이 합리화될 수 있을까? 1981년의 결의문은 마르크스-레닌주의 주장을 표명했다. "사회주의(이는 공산주의로 읽어야 한다), 오직 사회주의만 중국을 구할 수 있다." 이러한 주장이 설 자리를 잃었을 때, 어떻게 일당 체제를 유지하는 것이 정당화될 수 있을까?

이러한 이단적인 생각에 관해 중국공산당이 권력 유지의 명분으로 내놓은 답변은 크게 두 가지이다. 하나는 중국의 해안 지방뿐 아니라 내륙 지방의 생활 수준을 향상시킬 수 있는 당의 능력이다. 다른 하나는 당의 역사이다. 중국공산당은 마오쩌둥의 지도 아래 중국의 1백 년이 넘는 혼란과 모욕의 시대를 종결하고 인민의 민족적 자부심을 회복시킴으로써, 1949년 중국을 통치할 수 있는 권리를 획득했다고 주장한다(이는 마오가 죽은 이래로, 정치 이념이 호소력을 상실한 시대에 중국을 한데 뭉치게 한 '민족주의'를 조심스럽게 암시하고 있다). 번영, 민족주의, 마오쩌둥 혁명의 전설. 이 세 기둥이 바로 중국의 정치 권력을 떠받치고 있는 것이다. 현재까지 중국 정부는 경제적 충격을 방지하는 데—바꾸어 말해 '번영'을 지속하는 데—대단히 훌륭한 성과를 거두고 있다. 가령 1997년 아시아 금융 위기나 다시 10년 뒤 '대침체'* 시기에 그러했다. 수출 주도형 성장에서 소비형 경제로 전환하는 과제는 좀 더 어려울 수도 있으나, 중국이 앞선 다른 나라들보다 잘 해내지 못하리라 추측할 근거는 전혀 없다. 또한 '민족주의'는 중국이 일본을 상대로 사용하는 수사법에서 보이듯, 항상 통제를 벗어날 위험이 있지만 지금까지는 일정한 한계 내에서 잘 관리되고 있

대침체(Great Recession) 2000년대 후반에 일어난 세계적인 경제 침체. 2007년 미국의 주요 금융 기관들은 신용 등급이 낮은 저소득층을 대상으로 주택자금을 빌려주는 '비우량주택담보대출'이 회수 불능의 위기에 빠지자 연쇄적으로 파산하기 시작했다. 미국의 이러한 금융 위기는 세계 금융 시장에도 악영향을 끼쳤고, 결과적으로 전 세계적인 경제 침체가 2008년 후반기부터 2009년 전반기까지 이어졌는데, 이를 일컬어 '대침체'라고 부른다.

는 편이다. 그러나 국가 설립에 관한 전설은 이와 전혀 다른 문제이다. 이 전설을 잘못 건드렸다가는 판도라의 상자가 열릴 위험이 크며, 그 결과는 지금 권력자들에게 전혀 도움이 되지 않을 수 있다.

중국의 지도자들은 이러한 위험에 대단히—어쩌면 지나칠 정도로—민감하다. 왜냐하면 1945년 옌안 시절의 마오쩌둥이나 1981년의 덩샤오핑 모두 자신의 미래 구상과 모순되는 전임자들의 정책을 비난함으로써 권력의 길을 내디뎠기 때문이다. 중국에서 과거는 현재와 매우 긴밀하게 연결되어 있으며, 과거는 현재의 거울로 사용될 뿐 아니라 정치적 무기로도 활용된다. 게다가 이 무기는 어느 편에 유리하게 작용할지 정확하게 예측할 수가 없다. 상하이에 있는 화둥 사범대학의 교수 샤오옌중(蕭延中)은 중국 내 마오쩌둥 연구를 "중국 인민의 마음 상태뿐 아니라 중국의 정치, 경제, 사회의 변화를 보여 주는 풍향계"라고 칭한 바 있다.[3] 중국공산당 지도부가 과거 역사에 관해 얼마나 개방적인가를 보면, 그들이 당대의 경제 및 정치 개혁을 지지하는지 혹은 부정하는지를 알 수 있다.

과거 역사에 관한 중국 정부의 조심성은 놀라울 정도이다. 10년이 넘도록 서구에서는 중국 당국에 자금을 모두 부담할 테니 마오쩌둥에 관한 영화 제작을 허가해 달라고 요청하고 있다. 영화는 리처드 애튼버러(Richard Attenborough)의 명작 〈간디〉와 비슷하게 제작될 계획이었다. 마오의 권력 쟁취와 장제스가 이끄는 국민당과의 투쟁 서사시가 중심을 이루고, 1949년 공산당의 승리가 대미를 장식하는 내용이었다. '중국 영화 합작 제작 공사(中國電影合作製片公司)'의 담당자들은 마오쩌둥 영화 제작에 큰 관심과 열성을 보였다. 그러나 공식적인 사업 승인 문제가 대두하자 아무도 나서는 사람이 없었다. 누구도 책임을 지려 하지 않았던 것이다. 상부에 보고가 된 이후에도 반응은 똑같았다. 최고위층조차—마오쩌둥 말년에 일어난 논란의 여지가 있는 사건들을 비껴갔는데도―마오쩌둥 영화가 초래하기 마련인 일종의 논란을 극구 피하고 싶어 했다.

그리하여 오늘날 중국에서는 마오쩌둥 연구에 관한 기묘한 타협이 유지되고 있다. 중국의 학자들은 어느 정도까지는 자신의 연구를 추진할 수 있는 관용적인 자유를 부여받고 있다. 반면에 이에 관해 중국 인민, 곧 마오쩌둥 시절에 '대중'으로 불린 일반인들은 완벽히 차단되어 있다.

물론 마오의 이미지를 건드리지 못한다고 해서, 전혀 활용하지 못한다는 의미는 아니다.

1979년 웨이징성을 비롯한 몇몇 사람들은 대자보를 붙여 공산당 통치 종식과 다당제 도입을 요구했을 뿐 아니라, 예술과 문학에 대한 당의 독점적 해석을 비난했다. 이에 덩샤오핑은 중국 인민이 고수해야 할 '4항 기본 원칙' 즉 '사회주의의 길, 인민민주독재, 공산당 지배권, 마르크스주의-레닌주의-마오쩌둥 사상'을 선포했다. 이는 마오쩌둥이 문화혁명 이전에 주창한 가치들을 의도적으로 강조한 것이었다. 4년 뒤 덩샤오핑은 또다시 '마오쩌둥 사상의 증진'을 강조하며, 이른바 '정신적 오염'을 반대하는 운동을 개진했다. 이때 '정신적 오염'이란 "부패하고 퇴폐적인 자산계급의 이념과 …… 공산당 지배권에 대한 …… 불신을 확산"하는 풍조라고 규정되었다.

이후 중국 내 자유주의의 목소리가 지나치게 커질 때면, 공산당 지도부는 마치 새를 쫓는 허수아비처럼 '마오주의'를 꺼내서 사람들에게 겁을 주는 데 사용했다. 1987년 중앙위원회 총서기 후야오방을 공격한 '자산계급 자유화' 반대 운동이 그러했다(1989년 5월 후야오방의 사망을 계기로 학생들의 저항이 시작되었고 결국 6월 4일에 톈안먼 사건으로 이어졌다). 1990년대에는 덩샤오핑의 후계자 장쩌민(江澤民)이 이미 10년 전에 시작된 '새로운 사회주의 정신문명' 운동을 재추진했다. 이에 따라 1960년대에 유명했던 마오주의의 모범적 인물들이 다시 등장하여 중국의 젊은 세대들의 본보기로서 널리 선전되었다. 대표적으로는 자신이 마오쩌둥 주석의 위대한 구상 가운데 존재하는 "녹슬지 않는 나사못"이라고 자부한 군인 레이펑이 있었다. 1990년대면 이미 마오가 죽은 지도 많은 시간이 흘렀기 때문에 과거에 대한 향수가 일어나기에 충분했다. 개인숭배의 원래 형태는 사라졌지만, 청두(成都)나 선양(瀋陽)을 비롯한 일부 도시의 중앙 광장에는 여전히 (그리고 지금도) 실물 크기의 마오쩌둥 동상이 마치 앞으로 나아갈 길을 가리키듯 한 팔을 뻗은 채로 서 있었다(심지어 신장웨이우얼 지역의 카스喀什에도 마오쩌둥의 동상이 있는데, 반항적인 위구르 사람들에게 과거 혁명 시대를 상기시키려는 목적이었다). 택시 기사들은 차의 앞 유리에 마오의 작은 초상화가 들어간 부적을 매달아 놓았으며, 베이징에서는 마오의 부적 덕에 사고를 면했다는 소문이 계속 유포되었다. 마오의 고향 후난성에 가면, 지역의 관료들이 한겨울 주석의 생일날에 꽃이 활짝 핀 적이 있다는 이야기를 들려주기도 했다.

예술가들도 등장했다. 스신닝(石心寧)은 가상적이고 초현실적인 배경 속에 마오를 그려 넣는 창작물로 유명했는데, 대표적으로는 마오쩌둥이 체 게바라(Che Guevara)의 장례식에 참석한 장면과 1945년 얄타에서 열린 미·영·소 3거두의 회담에 참여한 장면을 그린 작품이 있다. 많은 사람이 스신닝의 작품을 수집했으며, 그 가운데는 마오쩌둥의 딸 리민도 있었다. 수이젠궈(隋建國)는 마오가 즐겨 입던 옷을 형상화한 기념비적인 작품을 창작했다. 그는 마치 미국의 예술가 앤디 워홀의 뒤를 잇듯, 마오의 이미지에 반어와 풍자를 곁들여 그를 21세기의 아이콘으로 만들어냄으로써 명성을 얻었다. 이제 그의 작품은 전 세계의 유명 예술품 소장 목록에 포함될 정도이다. 시민들이 조직한 자발적인 모임은 주말이면 공원에서 기운찬 혁명가를 불렀다. 모임에는 노인뿐 아니라 젊은이들도 참여했으며, 흡사 캠프파이어를 하는 보이스카우트를 연상케 하는 열정을 내뿜었다. 혁명가의 노랫말은 사람들을 둘러싼 물질주의적이고 황금만능주의적인 현실에 대한 일종의 해독제였다. 친숙하고 구성진 가락은 더 단순했고 더 평등했던 과거를, 부정부패가 있다 해도 금전적인 이유가 아니라 정치적인 문제였고 아이를 낳고 싶은 만큼 낳을 수 있었으며 비록 제한적이지만 교육과 의료는 무상이었던 그 시절을 떠올리게 했다.

이러한 마오쩌둥 숭배의 분위기를 이용하여 정치적 목적을 달성하려 한 자가 공산당 지도층에 있었다. 바로 보시라이(薄熙來)이다. 그는 중국의 원로 정치인 보이보의 아들인데, 보이보는 덩샤오핑이 이끈 보수적 당 지도자 조직인 '8대 원로' 중 한 사람이었다(그가 2007년 98세의 나이로 죽으며 '8대 원로' 정치는 끝이 났다). 보시라이 가족은 족벌 정치와 무자비함으로 유명했다. 보시라이는 아버지의 도움 덕에 당시 중국공산당 최고 지도자 장쩌민의 측근을 이용하여 충칭(重慶)의 당 서기가 되었다. 충칭은 중국에서 가장 큰 도시였고 주변 지역까지 합하면 약 3천만 명의 주민들이 사는 곳이었다. 보시라이는 이 지위를 발판 삼아 당의 최고 권력 기관인 정치국 상무위원회(당시는 아홉 명으로 구성되었으나 현재는 일곱 명이다)에 진출하려는 야욕을 품었다.

보시라이는 이른바 '붉은 문화 운동'*과 관련되어 자주 언급되지만, 그 운동의 창시자는 아니었다. 단지 이미 몇 년 전에 시작된 현상을

붉은 문화 운동(唱紅) 충칭에서 보시라이가 시작한 정치 운동. 보시라이는 충칭의 당 서기 시절 '공산당을 예찬하고 범죄를 척결하자'는 창홍타흑(唱紅打黑)을 주창했다. 그중 '창홍'은 혁명가를 부르고, 고전을 읽으며, 공산당의 역사를 이야기하고, 공산당의 메시지를 전하는 것을 목표로 한 문화 운동이다.

자신의 목적에 맞게 적극적으로 활용했을 뿐이었다. 충칭 시는 혁명가를 부르는 '홍가대(紅歌隊)' 결성을 핵심 정책으로 삼았다. 시의 간부들은 마오주의 부활을 추진하라는 강한 압력을 받았다. 또한 보시라이는 2009년 중화인민공화국 창설 60주년을 기념하기 위해, 문화혁명 당시 마오주의의 경전으로 활용된 《소홍서(小紅書)》에서 마오의 금언을 발췌하여 시민들에게 메시지를 배포했다(충칭의 시민 중 휴대전화가 있는 1천3백만 명이 그의 메시지를 받았다). 마오의 동상들이 새롭게 건립되었고, 문화혁명 시절의 가극과 발레도 극장에서 다시 공연되었다.

중국 전역에서 마오쩌둥의 업적을 칭송하는 영상과 방송이 폭발적으로 증가했으며, 특히 중국공산당 창설 90주년을 맞이한 2011년에는 절정을 이루었다.[4] 100주년이 되는 2021년에 이 중국 체제의 창설자에 대한 한층 더 거대한 칭송의 물결이 일더라도 전혀 놀라운 일은 아닐 것이다. 반세기 전 심리학자이자 역사가인 로버트 제이 리프턴(Robert Jay Lifton)은 다음과 같이 예언한 바 있다. "중국의 지도자들이 마오쩌둥의 이미지에 관해 향후 어떠한 태도를 취할지 예측할 수는 없다. 그러나 설령 지나친 숭배 풍조에서는 한 발짝 물러난다 하더라도, 적어도 얼마 동안은 주석의 이미지에 높은 가치를 부여하리라고 믿을 만한 충분한 이유가 있다. …… 최근까지 인민의 정신을 강력하게 통제한 정부가 갑자기 그만둘 것이라고 생각하기란 쉽지 않기 때문이다."[5]

보시라이가 마오주의 신화를 단순히 말로만 활용한 것은 아니었다. 그는 충칭에서 평등주의 정책을 추진했으며 도시와 농촌의 빈부 격차 문제를 해소하려고 노력했다. 이를 단적으로 보여주는 정책이 바로 거주권 허가에 관한 이른바 '후커우 제도'* 개혁이었다. 또한 보시라이는 주민들의 시위를 탄압하는 대신에 개방된 원탁 토론회를 조직했다. 저렴한 주택을 건설하기 위한 대대적인 사업도 개시했으며 사회 보장 제도의 확충을 추진했고 범죄를 무자비하게 단속했다. 그러나 그의 정책 수행 방식은 논란을 많이 일으켰으며 때로는 불법적이기까지 했다. 게다가 그는 다른 많은 중국의 지도자처럼 대단히 부패했다. 더 중요한 사실은 당 동료들이 보기에 그는 몹시 오만하고 독단적이며 집단적 정책 결정 과정을 무시했다. 따라서 그들의 권력을 유지하는 데 보시라이는 잠재적인 위협 요인이 되었다. 2012년 보시라이를 위해 일한 영국의 한 사업가가 독극물로 살해당하는 이상한 사건이 벌어졌고, 휘하의 공안국장 왕리쥔(王立軍)이 가까운 미국 영사관으로 망명을 요청하는 일이 일어났다. 그리고 이러한 사건들은 결국 보시라이가 몰락하는 데 단초가 되었다. 시진핑은 상무위원회 내 지지 세력을 규합했고, 결국 그가 공산당 지도자로 임명되기 11일 전 보시라이는 당에서 축출되었다. 2013년 보시라이는 종신형을 선고받았으며 이후 친청(秦城) 감옥에 갇혔다. 그곳은 마오의 부인 장칭이 1991년 스스로 목숨을 끊기 전에 한동안 갇혀 있던 감옥이다. 보시라이의 후견인이었던 저우융캉(周永康)은 정치국 상무위원회 위원이었는데도, 보시라이 몰락의 여파로 숙청되었다. 정치국 상무위원회 위원이 숙청된 것은 약 40년 전 이른바 '4인방 사건' 때 장칭의 동료들인 왕훙원과 장춘차오가 처단된 이래로 처음 있는 일이었다.

하지만 여기서 이야기가 끝난 것은 아니었다. 중국에서는 이렇게

후커우 제도(戶口制度) 중국의 주민등록제도. 중국인은 태어나면서 부모의 후커우(호적)를 물려받는데, 이를 변경하려면 정부의 허가가 필수적이다. 후커우는 농촌 후커우와 도시 후커우로 나뉘며, 일반적으로 도시 후커우를 가진 사람이 농촌 후커우로 변경하는 것은 쉬운 반면, 그 반대의 경우는 거의 불가능하다. 이로 인해 중국인은 어떤 후커우를 가졌는가에 따라 의료 복지, 교육 기회, 세금 납부, 재산권 행사 등에서 큰 격차가 생겼다. 보시라이는 충칭의 당 서기로 있을 당시, 충칭에서 일하는 농촌 지역 출신들에게 후커우를 발급함으로써 그들이 충칭의 복지 혜택을 받을 수 있도록 했다.

쉽게 이야기가 끝나는 법이 없다.

보시라이가 투옥된 이후, 시진핑은 자신의 경쟁자가 이용한 수법을 그대로 자신의 것으로 만들었다. 그해 겨울 마오쩌둥 탄생 120주년 기념행사를 거창하게 준비했으며, 70년 전 옌안에서 마오가 정한 문학과 예술의 지침 노선을 다시 부활시켰고, 이념적 해이를 비판하는 대대적인 운동을 개시했다. 2013년 11월 당 중앙위원회는 "현재 이념적 상황"이라는 제목의 지령문을 냈다. 여기에는 당원들이 마치 역병처럼 피해야 할 일곱 개의 중대 범죄가 열거되었다.[6] 다섯 개는 서구에서 수입된 사상인 입헌 민주주의, 인권, 시민사회, 경제적 신자유주의, 출판의 자유였다. 여섯 번째는 당의 '개혁 개방' 정책에 저항하는 신마르크스주의자를 겨냥한 것이었다. 마지막 일곱 번째 범죄는 역사적 허무주의로 묘사된 '잘못된 이념 경향'이었는데, 마오쩌둥의 실책을 강조함으로써 중국공산당의 역사적 정통성을 침해하려는 행위를 가리켰다. 마오쩌둥처럼 시진핑 역시 소련공산당의 힘이 약화된 데는—그리고 결국 소련공산당이 붕괴되고 소련이 해체된 데는—1956년 니키타 흐루쇼프가 스탈린의 잘못을 폭로한 비밀 연설이 발단이 되었다고 생각했다. 중국 혁명에서 마오는 단지 레닌의 역할만이 아니라 스탈린의 역할도 수행했다. 그리고 더 깊은 차원에서 보면, 오늘날 시진핑이 이끄는 중국이라는 거대한 제국의 초대 황제의 역할도 하고 있다. 마오의 이미지를 조금이라도 손상시키면 전체 체계가 무너질지도 모른다. 시진핑이나 그의 동료들 누구도 그러한 위험을 묵과하지는 않을 것이다.

시진핑이 마오의 기억을 보존하려는 이유는 또 있다. 1978년 덩샤오핑이 시작했고 현재 시진핑이 계속 추진하는 경제 개혁 정책을—비판자들은 이를 '중국식 자본주의'라고 조롱한다.—당원들과 중국의 인민들이 모두 열렬히 지지하는 것은 아니다. 당내 좌파들은 개혁 정책 자체와 이로 인한 부정부패가 과거 마오쩌둥이 주창한 모든 것에 대한 배신이라고 생각한다. 그래서 그들은 부패가 강력하게 통제되지 않는다면 공산당이 결국에는 권력을 잃을 것이라는 시진핑의 경고에 박수갈채를 보내지만, 그 경고가 단지 병의 증상만 공격할 뿐 원인을 건드리지 않는다고 불만스러워한다. 비록 오늘날 공산당 좌파의 영향력은 1980년대와 1990년대에 비해 작아졌으나, 만일 향후 중국이 위기 상황을 마주하게 된다면 마오가 물려준 당의 초기 원칙을 방기해버렸다는 명분으로 시진핑 반대 세력이 규합할지도 모른다. 이러한 맥락에서 본다면, 마오쩌둥의 이미지는 그것이 제공하는 보호력을 유지하기 위해 끊임없이 애지중지해야 하는 부적과 같다고 볼 수 있다.

이와 동시에 시진핑은 덩샤오핑의 권력 견제 장치를 허물기 시작했다. 1980년 덩샤오핑은 향후 누구도 마오쩌둥처럼 어마어마한 권력을 갖지 못하도록 미약하나마 견제와 균형을 제도화했다. 그해 덩샤오핑은 〈인민일보〉에 이렇게 썼다. "만일 (통치) 체제가 건전하면 나쁜 사람들의 행동을 제한할 수 있다. 그런데 체제가 건전하지 못하면 좋은 사람들의 노력을 방해할 뿐 아니라 그들을 나쁜 방향으로 몰아갈 수 있다." 그래서 덩샤오핑은 당을 국가로부터 분리했고, 군이 정치에 개입하지 못하도록 조치했으며, 마침내는 사법부에 더 큰 힘을 실어주었다. 물론 마지막 조치는 그의 말년에 완전히 부정되었으며, 덩샤오핑이—1943년 마오쩌둥과 마찬가지로—상무위원회의 모든 결정을 승인하거나 부결하는 권한을 행사했다. 그렇더라도 덩샤오핑의 후계자들, 장쩌민과 후진타오(胡錦濤)는 집단 통치 원칙을 대체로 준수했다.

그러나 시진핑의 방식은 매우 달랐다. 그가 싱가포르에서 마잉주와 회담함으로써 심지어 덩샤오핑조차 시도하지 않은 화해의 행동을 취한 것이 가장 분명한 신호였다. 이는 맥락이 다르기는 하지만 1971년 마오쩌둥이 다른 사람들의 반대를 물리치고 미국 탁구 팀을 중국으로 초대한 것과 유사한 행동이었다. 시진핑은 자신이 주도하는 '특별위원회'를 통해 당, 정부, 군대의 공안 및 경제 개혁을 다룸으로써 강력한 중앙집권적 내부 통제를 이루고 있다. 또한 그는 1949년 이래 가장 대규모로 인민해방군의 구조 조정을 개시했다. 그리하여 시진핑은 마오쩌둥의 말대로 "모든 권력이 나오는 총구"가 당뿐만 아니라 자신에게 충성하도록 만들었다. 이 역시 마오쩌둥이 사용한 방식을 반복한 것이라고 본다면, 위대한 지도자 마오쩌둥의 이미지를 변함없이 잘 간직해야 할 중대한 이유가 시진핑에게 하나 더 있는 셈이다.

서방 연구자들의 마오쩌둥 평가

마오쩌둥이 서거한 뒤로 10여 년 동안 중국은 서구 사회에서 전반적으로 긍정적인 평가를 받았다. 더불어 그 중국을 세우고 후계자들에게 물려준 마오의 삶도 암암리에 좋은 평가를 받았다. 그 기간 동안 중국은 덩샤오핑의 영도 아래 자유주의 경제를 조심스럽게 받아들이기 시작했다. 정치적 통제는 여전히 엄격했지만—1979년에 '민주의 벽' 운동이 탄압을 받았으며 웨이징성을 비롯한 반체제 인사들이 장기간 금고형을 선고받았다.—가까운 미래에 중국이 좀 더 민주적인 나라가 될 것이라는 기대가 서구에서 싹텄다. 이러한 기대는 부적절한 것이었지만 널리 받아들여졌다.

사실 서양인들이 품은 기대가 완전히 잘못된 것은 아니었다. 지난 40년 동안 중국 인민은 중국 역사상 가장 큰 자유와 가능성을 누렸다. 덩샤오핑이 중국을 개방하여 외국인들의 관광을 허용한 이후, 중국을 방문한 서양인은 수백만 명에 이르렀으며 이들 대부분은 자신이 본 풍경에 매료되었다. 그러나 지금까지 종종 그래왔듯이, 서구 여러 국가들과 여론은 기대치가 너무 높았다. 중국은 5천 년의 기록된 역사 가운데 아주 미약하게라도 민주주의에 가까운 체제를 경험한 적이 한 번도 없었다. 그런 나라가 갑자기 불과 수십 년이라는 짧은 시간 안에 유럽이 수백 년에 걸쳐 이룩한 변화를 달성할 수 있으리라고 내다본 것은, 아무리 지구화와 인터넷의 시대라고 해도 지나치게 무리한 기대였다. 중국에는 "이기면 고관대작이고 패하면 산 채로 뜨거운 물에 삶긴다"는 오래된 격언이 있다. 오늘날 중국 당-국가 체제의 정상에서 벌어지는 권력 투쟁을 보면 이 격언은 여전히 유효하다. 최근 보시라이와 저우융캉의 사례가 이를 증명해준다. 하지만 다행스럽게도 오늘날 이 격언은 다만 비유로 쓰일 뿐이다.

1989년 6월 4일, 꿈이 사라지고 현실이 드러났다. 그날 덩샤오핑의 명령에 따라 인민해방군이 학생들이 주도한 시위를 진압했다. 톈안먼 광장과 주변 지역에서 수백 명 혹은 수천 명의 사망자가 발생했다(정확한 사망자 수는 여전히 논란이 있지만 대량학살은 분명 아니었다). 서구 사회는 충격과 실망에 휩싸였다. 하지만 이미 중국은 서구 사회가 그리 오래 배척할 수 없는 나라가 되어 있었다. 2년 뒤 덩샤오핑은 시장경제를 향한 움직임을 한층 더 강화했고, 서구 여러 나라는 일제히 안도의 한숨을 내쉬었다. 마르크스에 따르면, 자유 시장 체제를 도입하는 것은 결국 부르주아 중산층과 부르주아 정치 제도(즉 민주주의)의 출현으로 이어질 것이다. 이것은 곧 중국이 결국 서구 세계가 정당하게 교류할 수 있는 나라가 된다는 뜻이었다.

그러나 중국의 상황은 이러한 기대와 다르게 흘러갔다. 중국에 중산층이 등장한 것은 사실이지만 부르주아 정치 제도는 나타나지 않았다. 여전히 공산당이 중국의 정치적 삶과 사상 영역에서 강철 같은 통제력을 유지하고 있다. 톈안먼 사건이 발생한 지 10년 뒤, 공산당의 권력 독점에 대항하는 또 다른 도전이 나타났다. 이번에는 파룬궁(法輪功)이라는 이름의 집단이었는데, 종교 단체의 외피를 두른 전통적 의미의 비밀결사였다. 이 집단도 무자비하게 탄압당했다.

2천 년대 중반에 이르러 중국에 대한 서구의 여론, 특히 미국의 여론이 미망에서 깨어난 것은 그다지 놀랄 일이 아니다. 2005년 봄에 뉴욕을 방문했을 때 이 변화를 피부로 확실히 느꼈다. 당시 ABC 방송국의 저녁 뉴스 앵커는 피터 제닝스(Peter Jennings)였는데, 그는 내게 중국에 관한 영화를 만들고 싶다고 말했다. 제목을 'The Enemy(적)'라고 붙일 생각이라는 말에 나는 깜짝 놀랐다. 내가 'The Challenger(도전자)'나 'The Rival(경쟁자)'이 적절하지 않겠냐고 조심스럽게 제안하자 제닝스는 아니라고 잘라 말했다. 미국인들이 중국을 '적'으로 바라보기 시작했다는 것이었다. 그의 말이 옳았다. 그해에 실시된 여론조사를 보면, 미국인의 35퍼센트가 중국을 잠재적 적대 세력으로 여기고 있었다. 10년 뒤 이 비율은 54퍼센트로 올라갔다.

존 폼프릿(John Pomfret)은 중국에서 공부했으며 〈워싱턴포스트〉의 베이징 특파원으로 5년간 일했다. 그는 미국인들이 중국을 대하는 태도가 점차 부정적으로 바뀌고 나아가 적대적으로 변하는 과정을 지켜보았다. "중국이 풍기던 매력은 이제 완전히 사라져버렸다."라고 그는 썼다.[1] 중국도 이런 변화를 주시하고 있었다. 《중국의 꿈(中國夢)》(2010년)이라는 책을 쓴 인민해방군 강경론자 류밍푸(劉明福) 대령은—시진핑은 자신의 영도를 표현하는 구호로 이 책의 제목을 활용하기도 했다.—다음과 같이 말했다. "워싱턴은 13억 인민을 적으로 보고 있다. 워싱턴이 중국을 적으로 보고 있다는 사실 자체가 결국에는 중국을 미국의 적으로 만들어버릴 것이다."[2] 그로부터 다시 6년 뒤 중국 문제에 정통한 논평가이자 베이징의 인민대학(人民大學)에서 강의를 하고 있는 프란체스코 시스치(Francesco Sisci)는 이렇게 썼다. "베이징의 분위기가 변했다. …… 30년 전 (중국의) 지도자들은 미국이 거대한 반소(反蘇) 전략의 일환으로 중국을 지원하는 데 관심이 있다고 생각했다. 지금은 많은 지도자들이 미국이 중국의 성장을 멈추거나 지연시키는 데 관심이 있다고 생각한다. 중국이 성장하면 미국의 '세계 지배'에 도전장을 낼 수 있기 때문이라는 것이다. 중국과 미국에서는 서로를 향한 불길한 자기실현적 예언이 계속 표출되고 있다. 상대에게 품은 의심이 태평양 양안을 오가며 계속 강화되고 있다."[3] 2012년 미국 대통령 버락 오바마가 발표한 '피봇 투 아시아(Pivot to Asia)' 정책(미국의 관심 축을 아시아로 옮기겠다는 것이었다)은 이 같은 양국의 새로운 기류를 반영한 것이었다. 사실 당시 미국은 국제 관계에서 위기를 느끼고 있었다. 러시아가 다시 힘을 얻어 일어서고 있었고, 중동 지역에서는 이슬람 원리주의가 대두하고 있었다. 하지만 장기적인 관점에서 볼 때, 미국이 제2차 세계대전 이후 고수해 온 세계 패권국의 자리를 지킬 수 있을 것인가 하는 문제는 주로 아시아 지역 특히 앞으로 중국과 맺을 관계에 따라 결정될 것이 분명했다.

역사 서술이 집필 시점의 사회적, 정치적 맥락에 영향을 받는다는 것은 지극히 당연한 이야기다.

제2차 세계대전 종전 이후 중국을 대하는 미국의 태도는 매카시 부류가 일으킨 논쟁,* 그리고 한국전쟁으로 발생한 악감정에 물들었다. 역사도 이런 분위기에 맞추어 서술되었다. 장제스는 좋은 사람이고 마오쩌둥과 그의 동료들은 나쁜 사람이라는 식이었다. 미국인의 중국 여행이 금지되었으며, 미국 역사학자들 가운데 공산주의자들의

---

* 1950년 2월 9일, 미국 위스콘신주 상원의원 조지프 매카시는 '누가 중국을 잃어버렸나?(Who Lost the China?)'라는 제목의 연설(중국을 미국이 잃어버린 물건인 양 취급하는 오만한 표현이었다)에서 미국 국무부 내에 205명의 공산주의자가 있다는 폭탄 발언을 했다. 사회 각 분야에 '빨갱이' 첩자들이 암약 중이며, 그런 자들 때문에 미국이 중국을 공산주의에 빼앗겼다는 주장이었다. 이 연설을 계기로 삼아 미국에서 현대판 마녀사냥이라 불리는 반공 선풍이 불었다.

권력 장악에 관심을 보이는 사람은 소수에 불과했다. 그중에 벤저민 슈워츠가 있었다. 슈워츠는 1951년에 〈중국 공산주의와 마오의 등장〉이라는 논문으로 하버드대학에서 박사학위를 받았다.* 이 논문에서 그는 프롤레타리아보다 농민층에게 의지하는 독특한 유형의 마르크스-레닌주의를 마오가 창조했다고 주장했다. 10년 뒤 찰머스 존슨은 그런 주장을 좀 더 확장해 《농민 민족주의와 공산주의 권력》이라는 책을 썼다.** 하지만 이들은 예외적인 경우였다. 1950년대와 1960년대에 중국 연구는 대부분 냉전 체제의 이념적 풍조가 미국보다 약했던 유럽에서 진행되었다. 그러던 중 1963년 런던에서 미국인 스튜어트 슈람이 《마오쩌둥의 정치 사상》이라는 책을 출판했다.*** 마오의 저술을 영어로 옮긴 선집 가운데 첫 번째 책이었다. 3년 후 슈람은 획기적인 마오쩌둥 전기를 출간했는데,**** 이 책은 반세기가 지난 지금까지도 꾸준히 읽히고 있다. 이 무렵 정치적 맥락이 변화하기 시작했다. 중소 분쟁과 문화혁명이 일어나면서 '붉은 중국'에 대한 관심이 크게 높아졌고, 때마침 서구 세계 전반에 걸쳐 새로운 지적 환경이 조성되었다. 전후 출산율이 높았을 때 태어난 이른바 '베이비부머' 세대가 성인이 되었는데, 이들은 부모 세대와 전혀 다른 가치관과 열망을 지니고 있었다. 그 결과 미국에서는 베트남전쟁과 관련해 새로운 급진주의 물결이 일어나 1930년대와 1940년대 마오가 펼친 유격전과 당시 미군이 베트콩과 벌이는 전투를 비교하는 연구가 폭발적으로 쏟아져 나왔다.[4] 장제스와 마오쩌둥이 1년 사이에 모두 세상을 떠난

---

* Benjamin Schwartz, *Chinese Communism and the Rise of Mao* (PhD dissertation, Harvard University, 1951)
** Chalmers Johnson, *Peasant Nationalism and Communist Power* (Stanford University Press, 1962)
*** Stuart Schram, *The Political Thought of Mao Tse-tung* (Praeger, 1963)
**** Stuart Schram, *Mao Tse-tung* (Penguin, 1966)

뒤 회고록 성격의 글이 엄청나게 쏟아져 나왔으며 문서보관소가 점차 개방되기 시작했고 중국과 타이완에서 역사 연구에 대한 정치적 제한이 완화되었다. 차츰 중국과 서구 학자들 사이에 한 가지 견해가 폭넓게 공유되기 시작했다. 즉 마오의 통치에는 심각한 결함이 있었지만, 한편으로 경제 발전을 위한 탄탄한 기반을 구축했으며 중국을 다시 한번 세계무대의 주역으로 만들었다는 것, 따라서 전체적으로 보아 중국에 긍정적인 영향을 끼쳤다는 것이었다.

이런 아늑한 합의는 2005년 두 영국인 저술가 즉 장룽(張戎)과 남편 존 헬리데이가 공동으로 저술한 《마오: 알려지지 않은 이야기》(이하 《마오》)가 출간되면서 깨졌다.* 이 책은 마오쩌둥에 관해 이전까지 나온 모든 저술이 잘못되었다고 지적하면서 시작한다.

책이 출판된 시점이 절묘했다. 이제 중국은 아득히 먼 곳에 있는 이국적인 땅, 홍위병과 황제의 고관대작들이 사는 신비한 나라가 아니라, 미국의 세계 지배에 도전장을 낸 경제 대국이었다. 이러한 현대 중국을 창조한 사람, 그가 남긴 유산이 중국 지도부에 의해 은밀히 계속 유지되고 있는 사람의 신화를 뒤엎기에 이보다 좋은 때가 어디 있단 말인가. 장룽은 인터뷰에서 이렇게 말했다. "우리의 이야기는 완전히 다르다. 마오를 우리처럼 설명한 사람은 아무도 없다. …… 사람들은 마오를 쳐다보기는 했지만 그의 진면목은 보지 못했다." 다른 연구자들은 마오와 그의 지배 체제의 본질을 이해하지 못했다는 것이 두 사람의 주장이었다.

장룽은 이 책 이전에 《대륙의 딸》을 출간하면서 세계적인 유명 인사가 되었다.** 자신의 가족이 중국 혁명 동안 겪은 일들을 자서전 방식으로 쓴 책이었다. 1920년대부터 마오가 죽을 때까지 중국 사회

---

* Jung Chang and John Haliday, *Mao: The Unknown Story* (Knopf, 2005). 한국어판은 황의방 외 옮김, 《마오: 알려지지 않은 이야기들》 (까치글방, 2006)

의 변화상을 섬세하게 그려낸 이 책은 세계적 베스트셀러가 되기에 충분했다. 1937년에 출간된 에드거 스노의 《중국의 붉은 별》이후*** 서구의 일반 독자들에게 중국을 이만큼 쉽고 흥미롭게 소개한 책은 없었다. 하지만 이 책을 읽은 중국인들은 그만큼 감동을 받지는 않았다. 그들은 장룽의 아버지가 쓰촨성 당 위원회 선전부에서 일한 고위급 간부였다는 데 주목했다(이 책에서 선전부는 '홍보부'라고 매우 점잖게 표기되었다). 선전부는 대약진운동 기간 중에 해당 지역 매체들이 마오쩌둥의 정책을 홍보하도록 만드는 책임을 진 부서였는데, 당시는 쓰촨성에서 약 8백만 명의 농민이 기아로 사망한 때였다. 중국 각 성의 주민 수와 사망자 수에 대비해볼 때 두 번째로 높은 사망률이었다. 대약진운동이 낳은 이 끔찍한 결과가 널리 퍼지지 않도록 검열하는 책임도 선전부에 있었다. 그 후 장룽의 아버지는 다른 많은 고위 관료들처럼 문화혁명 기간 중 끔찍한 고초를 겪었고 결국 사망했다. 장룽은 아버지의 죽음이 마오 때문이라고 비난했다.

《대륙의 딸》은 전 세계 37개 언어로 번역되어 1천2백만 부 이상 판매되는 엄청난 성공을 거두었으며, 이 성공을 바탕으로 하여 《마오》가 출간될 수 있었다. 장룽의 유명세와 훌륭하게 기획된 마케팅에 따른 밴드왜건 효과가 어우러져서 비전문가 독자들이 앞다투어 찬사를 쏟아냈으며, 그 결과 이 책은 출간 즉시 대성공을 거두었다. 비평가들은 '센세이션을 일으킨 책', '정치인을 다룬 현대의 전기물 가운데 가장 강력하고 흥미롭고 놀라운 책', '매혹적인 초상화'라고 극찬했으며, 이 책 덕분에 중국 역사를 보는 시각이 영원히 바뀌었다고

** Jung Chang, *Wild Swans: Three Daughters of China* (Simon and Schuster, 1991). 한국어판은 황의방 외 옮김, 《대륙의 딸》(까치글방, 2006)
*** Edgar Snow, *Red Star Over China* (Left Book Club, 1937). 한국에서는 1985년 신흥범에 의해 번역, 출간되었으나 곧 판매 금지되었다. 지금은 홍수원·안양노·신흥범 공역, 《중국의 붉은 별》(두레, 2013)이 있다.

평가했다.

이러한 최상급의 찬사는 한 가지 점에서는 옳았다. 지난 10년 동안 이 책이 끼친 영향, 그리고 이 책이 불러일으킨 논쟁의 열기는 아무리 강조해도 지나치지 않을 만큼 컸다. 19세기 중반 프랑스의 석학인 스타니슬라스 쥘리앵(Stanislas Julien, 1797~1873)과 기욤 포티에(Guillaume Pauthier, 1801~1873)가 충돌한 이후로 중국학과 관련해 이처럼 활발한 논쟁이 벌어진 적은 없었다. 쥘리앵과 포티에는 중국 고전의 이런저런 측면을 상대방이 "흉측하게 왜곡"했다고 수십 년간 서로 혹평을 퍼부었다. 하지만 학술 연구의 기준으로 보았을 때 《마오》는 부족한 점이 많다. 분명히 이 책은 매우 의미 있는 작품이다. 그러나 장룽의 숭배자들이 생각하는 것과 다른 의미에서 그렇다.

조지 오웰은 소설 《1984》에서 "2 더하기 2는 4라고 말하는 것"이 사람의 첫 번째 의무인 때가 있다고 말했다. 하지만 이것은 그리 쉬운 일이 아니다. 장룽과 그의 남편의 경우에는 《대륙의 딸》이 수백만 독자들에게 큰 즐거움을 선사했다는 사실 때문에 더욱 그러한 의무를 충족하기가 어려웠다. 하지만 한 책의 장점이 다른 책의 단점을 덮어줄 수는 없다. 1936년에 에드거 스노가 《중국의 붉은 별》을 쓴 이유가 마오의 공산주의 대의를 선전하려는 것이었다면, 장룽과 핼리데이가 《마오》를 쓴 이유는 마오를 악마화하려는 것이었다.

나보다 앞서 이 문제에 뛰어든 많은 사람들이 발견했듯이 마오쩌둥 평가라는 주제는 장룽의 명성만이 아니라 그 밖에 여러 이유로 많은 위험이 도사린 일종의 지뢰밭이었다. 중국 연구 분야에서 권위 있는 학술지인 〈차이나저널(China Journal)〉은 2007년에 특별호를 내어 《마오》에 대한 학술적 (그리고 대체적으로 부정적인) 평가를 진행했다. 또 '공산당 근거지' 연구로 잘 알려진 역사학자 그레거 벤튼(Gregor Benton)은 이 문제와 관련해 2010년 전 세계 전문가들의 글을 묶은

《마오는 정말로 괴물이었나?》라는 책의 공동 편집자 역할을 맡았다.* 장룽의 책에 대한 이들의 평가 역시 비판적이었다. 벤튼은 장룽과 핼리데이가 "마오 숭배자들이 저지른 실책을 반대 방향으로 똑같이 되풀이했다."라고 썼다. 여기서 '마오 숭배자들'이란 1960년대와 1970년대에 극좌파로 활동한 사람들을 가리킨다(아이러니하게도 존 핼리데이도 그들 중 한 명이었다).[5] 50년이 지난 지금, 그의 입장은 정반대로 바뀌었다. 무한한 칭송이 욕설로 바뀐 것이다.

마니교적 이분법으로 역사를 읽는 이 책에서 마오쩌둥은 태어난 순간부터 죽는 순간까지 악의 화신이었던 것으로 묘사된다. 실제로 장룽은 직접 이렇게 서술했다. 자신이 수행한 모든 연구와 조사 결과를 통틀어 마오쩌둥에 관해 긍정적으로 볼 만한 것을 '단 하나도' 발견하지 못했다고 말이다. 이런 인식 위에서 장룽은 중국 고사에 나오는 '삭족적리(削足適履)'와 같은 일, 즉 신발에 맞추어 사람의 발을 칼로 깎아내는 일을 했다.

몇 년간 좌익과 우익의 이데올로그들은 공산주의 중국에 대한 자신의 특정한 견해를 담은 책을 소규모로 출판해 왔다. 이 책이 그런 헤아릴 수 없이 많은 중국 비판 서적들 가운데 하나였다면 별로 문제가 되지 않았을 것이다. 하지만 《마오》는 영어권의 많은 독자들에게 현대 중국의 창설자에 관한 결정적인 서술로 받아들여졌다. 앞으로 세계적으로 점점 더 중요한 역할을 맡을 운명을 지닌, 세계의 양대 초강대국 가운데 한 나라에 대한 일반 대중의 견해가 형성되는데, 그리고 일정 정도는 그 나라에 대한 정치적 인식이 형성되는데 영향을 끼쳤다. 특히 미국에서 그러했지만, 이 책은 세계의 우익들에게 모든 혁명 운동은 결국 피비린내 나는 독재로 이어진다는 것을 보

* Gregor Benton and Lin Chun(eds.), *Was Mao Really a Monster?*: *The Academic Response to Chang and Halliday's Mao*: *The Unknown Story* (Routledge, 2010)

여주는 증거로 환영받았다. 소련 공산주의는 흐루쇼프와 솔제니친이 그 신뢰성을 훼손했으며 결국 고르바초프가 끝을 냈다. 이제는 중국 공산주의 차례였다. 미국 대통령 조지 W. 부시는 잠들기 전에 이 책을 읽는다고 하면서, 이 책을 통해 자신이 "폭군 마오가 얼마나 잔혹했는지 …… (그리고) 그가 수백만 명의 사람을 죽였다는 것을" 알게 되었다고 감사하다고 했다. 마오 통치기에 그렇게 많은 사람이 죽었다는 사실을 아마도 부시 대통령은 그때까지 잘 몰랐던 모양이다. 냉전은 끝났다. 하지만 마오가 창설했고 여전히 마오의 유산을 간직하고 있는 그 나라는 이제 미국을 경제적으로 위협하고 있다. 장룽의 책은 아시아에서 미국의 지배에 도전장을 내민 새롭게 떠오르는 잠재적 거대 적대 세력이라는 서사에 완벽하게 들어맞았다.

오해하지 말기 바란다. 마오는 분명히 폭군이었다. 그는 무자비하고 잔인하고 횡포했으며 상대방을 완전히 지배하고야 말겠다는 거의 초인적인 의지를 지닌 인물이었다. 그가 그런 폭군이었다는 점은 분명하게 말해 둘 필요가 있다. 이 점은 사실 관계를 굳이 왜곡하지 않더라도 충분히 설득력 있게 제시할 수 있다. 또한 분명히 말해 두어야 할 것은, 초기에 서구에서 나온 공산주의 중국에 관한 많은 서술들이 마오 체제의 어두운 면을 대충 얼버무리고 넘어갔다는 사실이다. 하지만 마오는 단순히 '폭군'이라는 말로 설명할 수 있는 사람이 아니었다. 중국 정치와 중국 역사에 정통한 미국 학자 엘리자베스 페리(Elizabeth J. Perry)는 이렇게 말했다. "만약 그것이 전부라면, 마오가 자신의 명령을 따르도록 강제할 수단을 갖기 오래 전에 벌써 수백만 명의 중국인들을 자신의 혁명 성전을 위해 희생하도록 설득하는 놀라운 능력을 발휘한 것을 어떻게 설명할 것인가? 그리고 마오가 죽은 지 30년도 더 지난 지금까지도 수많은 평범한 중국인들(특히 사회적 약자들) 사이에서 마오 주석과 그의 업적에 대한 향수가 분출하는 것을 어떻게 설명할 것인가? 마오의 카리스마가 발휘하는 호소력은 …… 거대한 혁명 전통의 일부이며, 그 혁명 전통은 지금도 여전히 중요한 의미가 있고 때때로 놀라운 방식으로 중국인들의 삶에 반향을 일으키고 있다."[6]

장룽의 책이 출간되고 10년이 더 지난 현재 시점에서 돌아보면《마오》를 극찬한 전문가들이 어째서 이런 점을 전혀 생각하지 못했는지 이해하기 힘들다. 어떤 책의 저자가 자신이 다루는 실존 인물이 어떤 생각을 했는지 항상 잘 아는 것처럼 쓰거나, 대상을 악한으로 그리면서 그런 측면을 만회할 수 있는 인물의 특질을 아예 언급하지 않거나, 또는 대상 인물이 누구도 부정할 수 없는 성공을 거두었을 때 그에 대해 제대로 설명하지 않는다면, 전문가가 아니더라도 무언가 잘못되었다고 충분히 알아차릴 수 있다. 《마오》에는 마오의 아내 장칭이 급진주의 입장을 취하게 된 이유가 성적인 좌절감 때문이었다고 주장하는 부분이 있다. 또 "보스가(즉 마오 주석이) 수백만 명의 죽음을 보류하기만 해도 (마오의 측근들은) 참 좋은 날이라고 생각했던 것으로 보인다." 같은 주장도 있다. 이런 주장들은 전문 지식을 동원할 필요도 없이, 누가 보아도 신뢰하기 어렵지 않은가?[7] 그러나 장룽의 접근 방식에 문제가 있음을 인정하는 사람들조차 그런 것들은 이 책의 장점에 비하면 대수롭지 않은 문제라고 서둘러 언급하곤 했다.

사실《마오》에는 훨씬 더 심각한 결함이 있다.

그레거 벤튼이 중국공산당의 희생양 만들기 방식을 이렇게 묘사한 적이 있다. "구체적인 혐의들은 …… 날조되었으며, 모든 혐의는 어떤 식으로든 잘못된 것이었다. …… 그들은 모든 상황에서 그의 실책을 찾아내어 그를 전혀 믿을 수 없게 만들려고 했다. 그리고 그가 저지른 실책들은 잘못된 노선을 따른 당연한 결과라고 설명했다."
벤튼의 지적에 따르면, 이것은 1930년대 스탈린의 '전시 재판(show
trial)' 이후 중국에 수입된 방식이라고 한다.[8] 장룽과 핼리데이가 자
신들의 책에서 마오를 다룬 방식이 바로 이와 같다고 할 수 있다.

　2천 년도 더 전에 로마의 웅변가 키케로는 역사가에게 이렇게 충
고했다. "Ne quid falsi dicere audeat, ne quid veri non audeat.(거
짓을 감히 말하지 말고, 진실을 감히 숨기지 말라.)" 지금 여기서 장룽과
핼리데이의 책에서 (중립적인 용어를 쓰자면) 누락된 것들 혹은 '허위
진술들'을 자세히 설명할 생각은 없다. 그런 문제점들은 대부분 이미
다 지적되었으며, 또한 어떤 경우든 그런 것들을 일일이 설명한다면
독자들은 엄청나게 따분해질 것이다. 그렇긴 하지만 몇 가지 사례를
살펴보는 것은 《마오》의 문제를 이해하는 데 도움이 될 것이다.

　장룽이 《마오》에서 '폭로'했다고 주장하는 몇 개의 주요한 사안 가
운데 하나는, 1935년 대장정 기간 중에 다두하의 주요 도하 지점인
루딩에서 ― 장제스는 루딩에서 공산당 군대를 완전히 궤멸하고자 했
다. ― 쇠사슬 다리를 사이에 두고 홍군과 국민당군이 벌인 전투에
관한 것이다. 장룽과 핼리데이는 이 전투가 아예 벌어진 적이 없다
고 주장했다. 그들의 주장에 따르면, 이 전투 이야기는 "아마도 ……
영웅적 행위가 일어나기에 적절한 장소로 보였기 때문에" 마오가 꾸
며낸 신화에 불과하다는 것이다. 그들이 가장 중요하게 언급한 근거
는 93세 할머니의 발언인데, 이 할머니의 가족은 문제의 다리 근처에
서 두부 가게를 운영하고 있었다. 장룽이 1997년에 인터뷰를 했을 때
할머니는 산발적인 총성만 기억할 뿐 실제 전투는 기억하지 못했다
고 한다. 어떤 사건이 벌어지고 60년 뒤에 이루어진 인터뷰는 신뢰도
가 떨어진다는 사실은 굳이 강조할 필요도 없지만, 내가 특히 관심
을 두는 이유는 장룽이 그곳을 방문하기 5년 전에 나도 그곳에 갔기

때문이다. 거기서 나는 어느 60대 후반 남성과 인터뷰를 했고 그것을 기록해 두었다. 그는 당시에 열 살이었는데, 다른 두 소년과 함께 강둑에 몸을 숨긴 채 그때 벌어진 전투를 처음부터 끝까지 지켜보았다고 말했다. 나는 그의 이야기에 신빙성이 있다고 생각했다. 왜냐하면 그의 묘사는 당시 중국에서 널리 받아들여지던 에드거 스노의 설명과 전혀 달랐기 때문이다. 스노는 《중국의 붉은 별》에서 홍군 병사들이 양손으로 번갈아 가며 쇠줄을 붙잡고 전진했다고 묘사했다. 그러나 나와 인터뷰했던 남자는 홍군 병사들이 다리 위를 기어서 전진했다고 말했고, 지금 중국 역사가들도 이 묘사가 정확하다는 데 동의하고 있다. 또 장룽은 어느 중국 신문에 실린 현지 박물관 큐레이터의 인터뷰를 인용했는데, 기사에 따르면 큐레이터는 국민당 군대가 다리를 불태워버리려 한 적이 없었다고 말했다. 그런데 내가 그 큐레이터와 인터뷰를 했을 때 그는 이와 정반대로 말했다.

루딩 전투가 결코 일어난 적이 없었다는 또 다른 증거로 장룽은 영국 저술가 로버트 페인(Robert Payne)이 펑더화이와 1946년에 한 인터뷰를 인용한다. 장룽이 인용한 바에 따르면, 펑더화이는 그 인터뷰에서 "불타는 다리라든가 전투에 대해 단 한마디도 하지 않았다." 하지만 펑더화이가 쓴 회고록을 보면 이 전투에 대해 상당히 길게 서술했다. 또 로버트 페인 역시 자신이 공산당 근거지를 여행한 기록을 담은 《붉은 중국으로의 여행》에서 이 전투에 대해 길게 이야기했다.* 그러나 장룽은 이 책을 언급하지 않았다. 장룽은 이렇게 결론을 내렸다. "이 신화의 정체를 폭로하는 데 가장 강력한 증거는 …… 이 전투로 인한 부상자나 사망자가 전혀 없었다는 사실이다." 그러나 류빙룽(劉秉榮)은 《홍1방면군기실(紅一方面軍紀實)》에서 — 이 책은 2003

* Robert Payne, *Journey to Red China* (Hyperion Press, 1947)

년에 출간되었으며 홍군 제1방면군의 역사를 총괄적으로 다룬 모두 네 권으로 구성된 역사서이다.—당시 이 공격 작전에서 22명으로 이루어진 홍군 전위 부대 가운데 세 명이 사망했다고 밝혔다. 장룽은 이런 진술보다 저우언라이의 호위병이 한 말을 인용하기를 더 좋아한다. 그 호위병은 당시 사망자가 전혀 없었다는 말을 '우연히' 들었다고 했는데, 이것은 사실 당시에 홍군이 천하무적임을 선전하려고 일부러 널리 퍼뜨린 이야기였다.

루딩 전투가 아예 없었다는 증거는 이 정도가 전부다. 면밀하게 검토해보면 어느 것 하나 확실한 것이 없다. 이 전투가 실제로 일어난 것이라는 증거들을 생각해보면, 장룽은 너무 많은 증거를 무시했다. 예를 들면 오토 브라운처럼 그 시대를 살았던 사람들의 진술을 들 수 있다. 코민테른 정치국의 자문관으로 중국공산당에 파견되었던 브라운은—그는 확실히 마오쩌둥에게 적대적인 증인이라고 할 수 있지만—이 전투에 대해 분명히 말했다. 당시 루딩 전투를 이끌었던 지휘관 양청우의 증언도 장룽은 무시했다. 또 장룽은 이 전투가 벌어진 직후에 전투 상황을 보도한 국민당 측 신문들, 국민당 군대 문서보관소의 문건들, 루딩교를 지키라고 지시한 장제스의 전보도 무시했다.

나는 장룽과 핼리데이가 이 특정한 사건을 어떻게 다루었는지 차근차근 살펴보았다. 그들의 책 전반에서 찾아볼 수 있는 선별적인 자료 채택의 실상을 이 사례가 잘 보여주기 때문이다. 그들은 자신의 논지에 불리한 증거라면 그것이 신빙성이 있건 없건 간에, 컬럼비아 대학의 정치학자 앤드루 네이선(Andrew Nathan)이 표현하듯 "진공청소기로 청소하듯 없애버렸다." 마오쩌둥이 좋게 인식될 수 있는 근거 자료는 모두 누락해버린 것이다.

장룽과 핼리데이는 인용문을 다룰 때에도 똑같은 태도를 취했다.

《마오》 앞부분에서 그들은 마오가 스물네 살의 학생이던 시절에 프리드리히 파울젠의 《윤리학 체계》 중국어 번역서를 읽으면서 그 책 여백에 적어놓은 메모를 인용한다. 마오가 쓴 한 구절을 인용하면서 장룽은 이런 결론을 내린다. "마오는 책임과 의무의 모든 제약을 회피했다. (마오는 이렇게 써놓았다.) '나와 같은 사람들은 오직 자기 자신에 대한 의무밖에 없다. 우리는 다른 사람에게는 아무런 의무가 없다.'*" 여기에 먼저 번역 실수가 보이는데, 마오가 중국어로 쓴 구절은 '나와 같은 사람들(people like me)'이라는 뜻이 아니다. 마오는 '일반적인 사람들'을 가리킨 것이다.** 하지만 진짜 심각한 문제는 다른 데 있다. 앞서 인용한 구절 뒤에 마오가 쓴 글을 장룽이 인용하지 않은 것이다. 바로 이어서 마오는 곤경에 빠진 다른 사람들을 돕는 것이 '자기 자신에 대한 의무'의 핵심이라고 적었다. 마오는 계속해서 다음과 같이 설명했다.

> 만일 내가 위험에 빠진 어떤 사람을 보고도 그를 구하려 하지 않는다면, 설사 구하지 않는 것이 특별히 잘못된 행동으로 간주되지 않는다 하더라도, 내가 옳은 행동을 했다고 진심으로 믿을 수 있을까? 나는 아니라고 생각할 것이다. 바로 그 사실 때문에 그를 구하는 것이 나의 의무가 되는 것이다. 우리가 위험에 빠진 사람을 돕는 이유는 자신의 마음을 평안하게 하기 위해서다.

장룽의 인용이 과연 부적절한 것일까, 아닐까? 독자들이 판단하기 바란다. 그러나 여하튼 이 인용은 분명히 사실을 왜곡했다. 《마오》

---

* 장룽이 마오의 글이라고 인용한 부분의 영어 원문은 다음과 같다. "People like me only have a duty to ourselves; we have no duty to other people."
** 따라서 이 구절은 "우리는" 혹은 "사람은" 정도로 옮길 수 있다.

전반에 걸쳐 마오쩌둥이 한 말은 그 말을 근거로 삼아 마오를 비난할 수 있는 경우에만 채택되었다. 달리 표현하면, 어느 중국학 연구자의 말처럼 '공격용 무기'로 활용하기에 적절한 뉘앙스를 지닌 영문으로 번역할 수 있는 경우에만 인용되었다.[9] 장룽은 앞서 다룬 마오의 메모 가운데 또 한 구절을 언급했다. 영웅의 행동은 "깊은 골짜기에서 몰아쳐 올라오는 폭풍과 같으며, 발정 난 색광(色狂)이 연인을 찾아 배회하는 것과 같다."라고 마오가 썼다는 것이다. 하지만 실제로 마오가 중국어로 쓴 구절을 좀 더 적절히 번역하면 이렇다. "(영웅의 행동은) 깊은 골짜기에서 몰아쳐 올라오는 강한 바람과 같으며, 사랑하는 이를 향한 억누를 수 없는 욕망, 결코 멈출 수 없는 힘과 같다." 물론 같은 중국어 문장이라도 번역자에 따라 얼마든지 다르게 옮길 수 있다. 하지만 이것은 그런 문제가 아니다. '발정 난 색광(sex-maniac on heat)'이나 '배회하다(prowling)'에 해당하는 말은 마오가 쓴 중국어 원문에서 찾을 수 없다.[10] 장룽은 중국어 원문과 함께 또 다른 여러 자료를 인용했는데 그중 하나가 《권력을 향한 마오의 여정(Mao's Road to Power)》 1권이었다. 그 책에는 스튜어트 슈람이 이끄는 팀이 행한, 이 구절의 가장 신뢰할 만한 영어 번역이 실려있다. 따라서 장룽은 분명히 이 중국어 구절이 어떻게 표현되어야 하는지 알고 있었을 것이다. 그런데도 그는 "마오쩌둥은 성적으로 타락한 사이코패스"라는 자신의 논지에 부합하는 번역을 택했던 것이다.

이 책의 전부가 날조이고 왜곡이라는 이야기가 아니다. 앤드루 네이선은 이 책을 '플라스틱과 옥(玉)'의 혼합물이라고 묘사한 바 있다. 이 책에는 흥미롭고 독창적인 내용들이 숨겨져 있다. 문제는 어떻게 그런 것들을 알아볼 수 있는가이다. 예를 들어보자. 이 책에는 마오의 두 번째 부인 양카이후이의 일기를 그대로 인용했다고 주장하면서 옮겨놓은 구절이 있다. 그런데 그 구절에 이러한 각주가 달려 있다. "이 구절은 내가 어느 문서보관소에서 해당 문건을 읽은 뒤 기억을 더듬어서 다시 쓴 것이기 때문에 정확하지 않을 수 있다." 무슨 말인가? 어느 문서보관소라니? 우리는 양카이후이가 작성한 문건한 뭉치가 1972년에 발견되었음을 알고 있으며, 또 그것이 베이징의 중앙 문서보관소에 소장되어 있다는 것, 그리고 고위급 당 연구자들만 해당 문건을 열람할 수 있다는 것을 알고 있다. 사실 양카이후이 문건의 존재가 처음 서구에 알려진 것은 내가 쓴 이 책의 초판을 통해서였다. 외국인은 중앙 문서보관소 입장을 허가받을 수 없으며, 하물며 양카이후이 문건이 소장된 제한 구역은 더더욱 불가능하다. 대부분의 중국인 연구자들 역시 그러하다. 장룽은 도대체 어디에서 이 문건을 직접 보았다는 것일까? 혹시 내 경우처럼 공산당 고위 간부가 열람을 허락해준 것일까? 이렇게 양카이후이의 일기를 두고 이런 저런 의혹을 품게 되면, 장룽이 마오쩌둥의 맏아들 마오안잉의 비공개 일기 내용이라면서 인용한 것들은 얼마나 신뢰할 수 있을까? 장룽이 마오안잉의 아내 류쑹린이 겪은 일들을 다루는 방식에서도 경고음이 울린다(책에서 장룽은 류쑹린을 그녀가 쓰던 다른 이름 쓰치思齊로 지칭한다). 다음은 마오안잉이 한국전쟁에서 사망한 사실을 류쑹린이 어떻게 알게 되었는지 장룽이 서술한 내용이다.

마오안잉의 젊은 과부는 (남편이 죽었다는 소식을) 2년 반이 넘는 기간 동안 누구에게도 듣지 못했다. 결국 그녀가 마오쩌둥에게 물었고 그제야 마오가 말해주었다. …… 그동안 그녀는 마오쩌둥과 꾸준히 만났고 주말과 휴가를 함께 보냈지만, 마오는 아무런 슬픈 기색을 보이지 않았으며 무언가 잘못되었다는 눈치조차 주지 않았다. 그는 심지어 마오안잉이 여전히 살아 있는 것처럼 아들에 관해 농담을 하곤 했다.[11]

《마오》에서는 이 이야기를 마오가 자식 일에 무관심했다는 증거로 다룬다. (하지만 펑더화이의 기록에 따르면 마오는 안잉이 죽었다는 소식을 듣고 엄청난 충격을 받았다고 한다. 그때 펑더화이는 마오와 함께 있었다. 그러나 장룽은 펑더화이의 기록을 무시한다.) 하지만 이 일화에서 마오에게 중요한 사람은 마오안잉이 아니라 류쑹린이었다. 나는 2005년에 류쑹린과 인터뷰를 했다. 그때 그녀는 장룽이 서술한 것과 기본적으로 같은 이야기를 했지만, 그 이야기에 완전히 다른 의미를 부여했다.

지금 돌이켜보면 마오 주석이 정말 많이 힘드셨겠다는 생각이 듭니다. 왜냐고요? 마오 주석은 안잉이 희생했다는 것을 이미 알고 계셨지만 …… 제 앞에서는 별다른 일 없이 모든 것이 평소와 같다는 태도를 유지하셨죠. 마오 주석은 안잉이 어렸을 적에 있었던 일들을 재미나게 이야기해주셨고 저도 안잉에 대해 기억나는 일들을 이야기했습니다. 그럴 때 그분은 아마 엄청나게 힘드셨을 겁니다. 나이 많은 노인이 아들을 잃는다는 것, 그건 너무 잔인한 일입니다. …… 안잉의 사망 소식을 접한 뒤, 그분은 리인차오와 예쯔룽에게(두 사람은 각각 마오의 경호대장과 비서였다) 제게 그 소식이 전해지지 않도록 하라고 지시하셨습니다. 제가 너무 어려서 견뎌내지 못할 거라고 생각하셨던 거죠.

사실 이것은 너무나 이해하기 쉬운 상황이다. 마오쩌둥은 살아남은 자녀들 가운데 안잉에게 가장 큰 희망을 품고 있었다. 큰 슬픔이 닥쳤을 때 사람들이 자주 보이는 최초의 반응은 부인(否認)이다. 아들의 죽음을 접한 뒤 마오가 택한 대응 전략이 바로 부인이었다. 며느리를 보호한다는 명분으로 그는 자신의 고통을 통제하려 했다. 어쨌든 근거가 무엇이든 간에 무관심은 그의 대응 전략이 아니었다.

결국 《마오》에서 서술된 내용은 아무리 사소한 것이라도 곧이곧대로 믿기 어렵다는 결론을 피할 수 없다. 나는 이 책 속에 '옥(玉)' 같은 부분이 당장 뚜렷하게 눈에 보이는 것보다 더 있을 것이라고 생각한다. 그러나 '옥'이든 '플라스틱'이든 모두 악감정으로 겹겹이 싸여 있기 때문에, 이 책의 주장들을 하나하나 따로 떼어 일일이 검증해보기 전에는 어떤 것이 '옥'이고 어떤 것이 '플라스틱'인지 말하기 어렵다.*

---

* 《마오》와 비교하기에 상당히 적절한, 그리고 지금은 기억하는 사람이 별로 없는 선례가 있다. 1910년에 영국의 동양학자 에드먼드 백하우스(Sir Edmond Backhouse)는 《서태후 치하의 중국(China under the Empress Dowager)》이라는 책을 다른 사람과 공동 저술했다. 이 책의 내용은 황궁의 재무관 경선(景善)이라는 사람이 쓴 일기에 기반을 두었다고 했다. 오랫동안 이 책은 청나라 연구에서 최고 권위를 지닌 서적으로 유럽 학술계에서 인정받았다. 그리고 이후 20년 동안의 군벌 시대를 바라보는 서구의 시각에도 큰 영향을 끼쳤다. 학술지 〈동아시아 역사(East Asian History)〉는 이 책에 대하여 당시 여러 신문에 '칭송의 거대한 물결'이 일어났다고 회고했다. "어디에서나 비평가들은 동료들에게 뒤지지 않으려는 듯 이 책을 향해 과장된 찬사를 퍼부었다. 아무리 높이 치켜세워도 부족한 듯했다." 30년 뒤에 경선의 일기 자체가 위조품이었음이 밝혀졌다. 오늘날 옥스퍼드대학 출판부에서 펴낸 《영국 인명 사전(Dictionary of National Biography)》에서 에드먼드 백하우스의 항목을 찾아보면, 다음과 같이 기록되어 있다. "(그의) 원고에는 작은 진실들이 많이 담겨 있었을 수도 있다. …… 그러나 이제 우리는 확실하게 안다. 그가 말하거나 쓴 것 가운데 어느 한 단어도 신뢰할 수 없다는 것을." 태양 아래 새로운 것은 없다고 했던가. 2013년에 장룽은 서태후의 전기를 출판했다.〔Jung Chang, *Empress Dowager Cixi* (Knopf, 2013) 이 책의 한국어판도 있다. 이종인 옮김, 《서태후》, 책과함께, 2015 – 옮긴이〕 오늘날 서태후는 몽매하고 반동적인 지배자로 그려지는데, 역사가들로서는 드물게 만장일치에 이른 경우이다. 장룽은 여기에 반대 의견을 냈다. 서태후는 실제로 위대한 인물이었으며 진보적인 여성이었다는 것이다. 장룽의 서태후 전기에 대해 서평을 쓴 몇 안 되는 전문가 중에 다트머스대학의 패멀라 크로슬리(Pamela Crossley) 교수가 있다. 크로슬리는 〈런던 북 리뷰(London Book Review)〉에 기고한 서평에서 《마오》에서 발견되는 문제들이 이 책에서도 발견된다고 지적했다. "저자가 근거로 제시한 자료들을 살펴보면, 많은 수가 간접 자료이거나 막연하게 힌트를 주는 것이거나 혹은 전혀 신뢰할 수 없는 것이다. …… 서태후의 훌륭함에 관한 장룽의 주장은 장룽 자신의 공상 속에서 생겨난 것으로 보인다. 또 장룽의 주장은 우리가 실제로 중국에서 벌어진 일이라고 알고 있는 것들과 거의 아무런 관련이 없다. …… 서태후를 예카테리나 여제나 대처 총리 같은 인물로 다시 쓰는 작업은, 환상에 불과한 우상을 얻고 그 대가로 역사적 상식을 내주는 형편없는 흥정일 뿐이다." 장룽은 서태후를 존경했고 마오를 증오했다. 장룽이 쓴 두 책 모두 개인적인 십자군전쟁의 산물로 이해된다.(저자 주)

시간이 갈수록 중국학 연구자 집단은 이 책을 더 적절히 평가하게 될 것이다. 그들이 쓴 작품의 진실성 여부와 상관없이 장룽과 핼리데이가 중국학 분야에 지대한 공헌을 했다고 옹호할 수도 있다. 그리고 실제로 학계의 많은 연구자들이 그렇게 이야기했다. 장룽과 핼리데이의 책 덕분에 역사가들이 이제까지 확실하다고 믿어 온 것들, 특히 그중에서도 잘못 믿어 온 것을 재검토할 수 있게 되었기 때문이다.

《마오》가 출간되고 10년 넘게 흘렀고 이제 중국학 분야에서 이 책은 더는 열띤 토론의 대상이 아니다. 대부분의 중국학 연구자들은 새로운 주제로 넘어갔다. 하지만 어쩌면 그들은 너무 빨리 옮겨 갔는지 모른다. 이 책을 둘러싸고 벌어진 논쟁은 여러 중요한 문제들을 제기했다. 그중에 미하엘 쉔할스(Michael Schoenhals)가 《마오는 정말로 괴물이었나?》에 대해 쓴 짧지만 신랄한 서평에서 제기한 문제도 있었다. 스웨덴 출신의 중국사학자인 쉔할스는 하버드대학의 로더릭 맥파쿼(Roderick MacFarquhar)와 더불어 서구에서 으뜸가는 문화혁명 연구자로 인정받고 있다. 쉔할스가 쓴 서평을 조금 길게 인용하겠다.

기고자 A는 "합당한 이유 없이 50년간 집단 고문, 살해, 파괴를 일삼은 체제"를 묘사한 이 책(장룽의 《마오》)이 어째서 궁극적으로 환영할 만한 '폭로'인지 서술하고 있다. 하지만 동시에 그는 이 책이 "확인할 수 없거나 …… (혹은) 추측에 근거한 것이 자명하거나, 정황 증거이거나 …… (일부는) 허위"인 자료들에 기반했기 때문에, 이 책은 마오쩌둥의 삶에 대한 "가능하기는 하지만 그다지 개연성이 없는" 서술이라고 평가했다. 기고자 B도 비슷한 맥락의 논리를 구사한다. 그는 이 책이 "허세와 …… 과장과 …… 빈약한 학문적 태도"로 점철되어 있더라도 "해당 주제에 관한 정보를 광범위하게 잘 정리해놓았다"

라고 평가한다. 기고자 C는 이 책이 "객관적인 학문적 태도에서 나온 저술"이 아니라는 것을 서슴없이 지적하고 나서, 그러나 "혁명가로서 마오의 명성에 해가 될 수도 있는 모든 정보를 마치 진공청소기로 빨아들이듯이 완전히 모아놓은 것"이라고 평가했다. C가 내놓은 결론은, "모든 사실이 누적되어서 만들어진 그림은 설득력이 있고, 내가 보기에 대단히 파괴적인 힘을 지니고 있다. 이 책은 중화인민공화국의 혁명적 기원에 대한 우리의 역사적 그림을 영원히 바꾸어버릴 수 있다."는 것이었다. 마지막으로, 기고자 D는 이 책에서는 분명하게 확인된 새로운 '사실들'도, 주류 중국학에서 제기되는 '문제들'에 대한 논의도 찾을 수 없다고 인정한다. 하지만 그는 이 책에 대해 찬사를 아끼지 않는다. 마오쩌둥이 "인류 역사상 가장 끔찍한 범죄자들 가운데 한 명이라는 것을 폭로"했다는 것이다.*

쉰할스가 제기하는 의문은 이것이다. 중국학 분야에서 손꼽히는 이 저명한 연구자들이 왜 이 책에서 가치를 찾으려고 스스로 곤경에 빠졌는가 하는 점이다. 아무리 좋게 봐줘도 신뢰할 수 없는 방식으로 서술되었다고 그들 스스로 평가한 책에서 말이다. 쉰할스는 그 이유를 '정치적 올바름'에서 찾았다.

장룽과 핼리데이의 책에 대한 평가와 '정치적 올바름'을 연관 지어 생각할 때 내 머릿속에 특별히 떠오른 것은 다음 네 가지이다. 첫째, 주류 중국학 연구자들이 느끼는 죄의식이다. 이제 돌이켜보니 자신들이 마오의 혁명에 수반된 너무도 분명한 잔학 행위에 지나치게 관

* 이 인용문에서 '기고자 A'는 앤드루 네이션이고, '기고자 B'는 시안교통리버풀대학의 중국학 교수 데이비드 굿맨(David S. G. Goodman)이다. '기고자 C'는 UC버클리대학 정치학과의 로웰 디트머(Lowell Dittmer)이다. '기고자 D'는 펜실베이니아대학의 역사학자 아서 월드론(Arthur Waldron)이다.(저자 주)

용적이었다고 느끼는 것이며, 따라서 (비록 잘못된 동기에서 출발한 것이지만) 좀 더 솔직하게 발언하고 나선 사람들을 비판하기가 불편한 것이다. 둘째, 일반 대중에게 독재와 인권 침해를 연상시키는 체제의 창설자를 옹호하기가 망설여지는 것이다. 셋째, 비중 있는 사회적 지위를 차지하는 사람들이 흔히 그러하듯이―대학 교수도 포함된다.―그 사회의 정치인 및 일반인 사이에 형성되고 있는 일정한 합의 사항으로부터 너무 동떨어진 입장을 표명하지 않으려 하는 것이다. 중국 그리고 중국과 관련된 모든 것은 과거보다 더 면밀하고 적대적인 조사를 받아야 한다는 것이 현재 서구 사회의 정치인과 일반인 사이에 나타나는 인식이다. 넷째는 '공정한' 사람으로 보이고 싶은 욕망이다. 이것은 마지막으로 거론하지만 결코 가장 덜 중요한 요인이 아니다. 특히 마오쩌둥에 대해 상당히 많은 글을 쓴 학자들은 장룽의 책을 비판하는 것이 자칫 학문적 저술로서는 도저히 바랄 수 없는 상업적 성공을 거둔 책을 시기한 결과로 비칠까 봐 우려하기도 했다.[12]

하지만 분명히 다른 요인도 있다. 어째서 이 책이 여론 주도층과 일반 대중에게 그토록 큰 호응을 얻었는지는 여전히 설명되지 않고 있다. 오스트레일리아의 중국학자 제레미 바르메(Geremie Barmé)는 이 책이 '공포의 시대에 안성맞춤'이었다고 썼다.[13] 부시 대통령의 시대는 이미 지나갔지만, 중국이 강대국으로 떠오르는 데 대한 서구의 우려는 여전하다. 그리고 그런 우려에 상응하는, 중국의 정치 체제와 그 체제를 만들어낸 중국 역사에 대한 편견 역시 확실하게 남아 있다.

사회 분위기와 지적 풍조가 변한 것도 한몫을 했다. 수정주의가 크게 유행하고 있다. 지금 이 단어는 (프랑스, 독일과 달리) 영어권에서는 과거의 부정적인 뉘앙스 대신 새롭고 긍정적인 느낌을 얻었다. '홀로코스트'에 의문을 제기하는 것은 여전히 지나친 일로 여겨지지만,* 이것은 아주 예외적인 경우이다. 그 밖에 다른 모든 주제가 수정주의의 만만한 비판 대상이 되었다. 정통에 도전하는 것이 그 자체로 중요한 일이 되었다. 지금은 어떤 설명도, 한 논평가가 "지겹고 오래되고 표준적인 설명"이라고 부른 정통적 설명보다 좋게 평가된다. 심지어 그 지겹고 오래된 설명이 가장 믿을 만한 경우라도 그렇다. 역사가는 이름을 떨치려면 무언가 새로운 것을 내놓아야 한다. 역사가만 그런 것이 아니다. 최근 들어 주류 과학 저널에 실렸다가 출판된 다음에 '게재 취소'되는 논문이 기하급수로 늘고 있다. 해당 논문의 데이터가 엉터리이거나 조작되었다는 의혹, 또는 표절이라는 의혹 때문이다. 이런 일이 벌어지는 주된 원인 중 하나는 "사람들의 이목을 확실하게 끌 새로운 발견을 발표해야 한다는 압력"이라고 한다.[14]

정통에 도전하는 일이 쉽게 용인되는 이유는 무엇일까? 서구 사회 전반에 걸쳐 정치적, 학문적 기성 권위에 대한 불신이 커졌고, 그 불신이 '표면적 설명 뒤에 숨겨진 진실'이 있고 이를 권위자들이 감추고 싶어 한다는 믿음을 부추기고 있기 때문이다. 아서 월드론이 〈코멘터리(Commentary)〉에 쓴 기고문에서 동료 중국학 전문가들을 비난했을 때 그는 바로 이런 현실을 염두에 두었던 것으로 보인다. 이 글에서 월드론은 동료들이 "혹시라도 인간적이고 배려심 깊은 지도자라는 (마오에 대한) 환상을 훼손하지 않도록" 마오가 저지른 악행의 증거를 '후안무치하게' 숨겼다고 비난했다.

이 모든 요소보다 더 심각한 문제가 있다. 영국의 역사학자 노먼

---

* 제2차 세계대전 중 나치 독일이 자행한 대학살로 5백만에서 6백만 명의 유대인이 살해당한 것으로 추정된다. 그러나 수정주의 관점에서, 나치 독일의 원래 목적이 유대인 절멸이 아니라 추방이었다든지, 집단수용소의 목적도 살해가 아니었다든지, 죽은 유대인이 알려진 것보다 훨씬 적다든지 하는 이설(異說)을 제기하는 연구자도 있다.

데이비스(Norman Davies)는 그 문제를 이렇게 표현했다.

역사는 너무 복잡하다. 과거는 너무 크고, 너무 많다. 그래서 신화
가 만들어진다. 이 무시무시하고 복잡하기 짝이 없는 혼돈을 누군가
간단하고 직설적으로 설명해주기를 사람들이 바라기 때문이다.

복잡한 문제에 단순한 답을 찾고 싶어 하는 욕망은 사실 새로운
것이 아니다. 그러나 20세기 하반기 그리고 특히 지난 20년간, 이런
욕망은 더욱 커졌다. 아마도 이것은 근래에 '지식의 민주화'라는 좀
더 긍정적인 변화의 과정에서 나타나는 약간의 부정적인 측면일 것이
다. 더 넓게 보면, 우리가 현대의 삶을 영위하는 방식과도 관련이
있는 것 같다. 우리는 더 많은 것을 더 작은 공간에 밀어 넣으려고
한다. 모든 선택이 그러하듯, 여기에는 대가가 따른다. 방송 진행자
들은 되도록 단순한 어휘를 사용하고, 책과 신문에 실리는 글은 압
축적이다. 정보는 다른 프로그램 중간에 갑자기 화면에 등장하는 긴
급 뉴스나 헤드라인, '트윗(tweet)'의 형태로 전달된다. 간결함은 강
점일 수 있다. '하이쿠(俳句)'의 아름다움을 생각해보라. 하지만 오늘
날 짧은 글의 목적은 간결함이 아니라, 사람들의 짧은 주의 집중력
을 만족시키려는 것이다. 사람들은 엄청나게 많은 정보량에 압도되
고 있다. 쏟아지는 정보를 정리해 사람들이 다룰 수 있도록 해야 한
다. 조금 더 폭넓은 대중에게 자신의 주장을 전하기 위해 연구자들
은 생생하고 쉬운 표현을 쓰고 싶은 유혹을 느낀다. 이것이 꼭 나쁜
일은 아니다. 공연히 어려운 전문 용어를 쓰는 것보다는 확실히 낫
다. 그러나 쉽고 직설적인 글에 학술적 깊이를 더하기는 어려우며,
그런 글을 쓸 때는 사실과 의견을 분리해서 서술하기도 힘들다.[15]
다른 어떤 나라보다도 중국은 간단한 공식으로 축약하기 어려운

나라다. 그러나 전문가들끼리 보는 출판물을 제외하면, 중국의 현대사는 지금 너무 자주 바로 그런 방식으로 서술되고 있다. 복잡한 사실 관계를 극단적으로 단순화하고, 종이를 오려 만든 것처럼 깊이 없이 얄팍하게 그리면서 독자들이 한입에 삼킬 수 있도록 쉽게 서술하는 것이다.

이러한 평가가 너무 가혹해 보일지 모르겠다. 그렇다면 2015년 〈뉴욕타임스〉에 실린 어떤 기사의 첫 부분을 인용해보겠다. 기사는 단도직입적으로 주장한다. "20세기 전체주의 체제에서는 스탈린, 히틀러, 마오와 같은 폭군들이 희한한 정치 이념을 내세워 수백만 명의 사람을 살해했다."[16] 이 글은 두 명이 함께 쓴 것이었는데 이들은 저널리스트가 아니라 둘 다 인정받는 교수였다. 파리정치대학(Institut d'Études Politiques de Paris)의 세르게이 구리예프(Sergei Guriev)와 캘리포니아대학의 대니얼 트리스먼(Daniel Treisman)이었다. 장룽의 논리가 결국 뿌리를 내린 것이다. 마르크스주의와 나치즘이 동전의 양면이 되었다. 스탈린, 히틀러, 마오는 모두 괴물이며, 그 사실 외에 다른 것은 논할 필요가 없어졌다.

마치 공생 관계인 것처럼, 마오쩌둥의 이미지가 점점 더 어두워지는 동안 그의 최대 경쟁자였던 장제스에게는 새로운 빛이 비추었다. 1970년대 말이 되자 중화인민공화국은 미국의 소련 견제 전략에 따라 사실상의 파트너가 되었으며, 미국 내 장제스 지지자들의 목소리는 잠잠해졌다. 이른바 '차이나 로비(China Lobby)'에 속한 사람들은 루스벨트와 트루먼의 배신행위가 없었다면 장제스가 승리했을 것이라고 주장했으나 아무런 성과를 거두지 못했다. 이들은 루스벨트와 트루먼이 "중국내전 중 결정적인 시기에 정치적 지지와 물자 지원을 철회함으로써 장제스를 배신"했다고 주장했다. 이들이 실패한 데는 바버라 터크먼의 베스트셀러 《바람에 맞선 모래》가 어느 정도 영향을 주었다.* 터크먼은 이 책으로 1971년 퓰리처상을 받았다. 이 책에서 그는 국민당이 권위주의적이었고, 무능하고 부패했으며, 대중기반이 없었고, 공산당과의 투쟁에 너무 집착해 힘을 소진하는 바람에 패배했다고 주장했다. 터크먼에 따르면, 장제스 군대는 체제 자체를 바꾸지 않고는 개혁이 불가능했는데 장제스는 그럴 생각이 없었다. 따라서 스틸웰 장군의 영웅적인 노력에도 불구하고 미국은 승리할 수 없었다는 것이다.(조지프 스틸웰은 루스벨트 대통령이 장제스의 지원 요청에 따라 1942년에 '중국-버마-인도 전구戰區'의 미군 총사령관으로 파견한 인물이었으며 장제스와의 불화로 1944년에 교체되었다.) 한편 타이완에서 20년간 장제스의 독재적이고 때로 잔혹한 통치가 지속되자 이것을 본 미국의 여론 주도층 대부분이 터크먼의 주장에 동의하는 쪽으로 기울었다.[17]

하지만 장제스에 대한 이러한 평가 역시 너무 한쪽으로 치우친 것이어서 약간의 조정이 필요했다. 1980년대와 1990년대에 토머스 로스키(Thomas Rawski)와 줄리아 스트라우스(Julia Strauss) 같은 연구자들은 장제스가 전쟁 이전에 진행한 근대 국가 제도 건설 작업은 서구 연구자들의 평가보다 잘 진행되었으며, 장제스 정부가 모든 부문에서 부패한 것은 아니었다고 주장했다.[18] 그러나 장제스에 대한 지배적인 통설을 체계적으로 공격한 첫 번째 주요 저술은 2003년에 출판된 한스 판 더 벤의 《중국의 전쟁과 민족주의, 1925~1945》였다.** 판 더 벤은 터크먼의 주장을 반박하면서 스틸웰 신화를 효과적

---

* Barbara Tuchman, *Sand Against the Wind: Stilwell and the American Experience in China* (Macmillan, 1971)
** Hans van de Ven, *War and Nationalism in China, 1925~1945* (Routledge Curzon, 2003)

으로 무너뜨렸다. 스틸웰은 잘못된 군사 전략을 추진했으며, 중국과 중국인을 전혀 이해하지 못했고, 따라서 그의 존재는 미국이 지원하기로 약속했던 장제스의 전쟁 수행 노력에 도움이 되기는커녕 오히려 방해가 되었다고 주장했다. 판 더 벤은 장제스가 스틸웰보다 훌륭한 전략가였다고 평가했다. 1932년 일본군이 상하이를 공격한 이후, 장제스는 현대적 군대를 만들려는 노력을 시작했으며, 또한 잘 훈련된 관료와 견실한 경제 기반을 갖춘 중앙집권적 국가를 건설하려는 노력을 시작했다. 문제는 이 노력이 너무 미약했으며 또 너무 늦게 시작되었다는 점이었다고 판 더 벤은 평가했다. 국민당이 — 공산당이 아니라 — 일본과 전쟁으로 심각한 타격을 받는 동안, 장제스는 자신의 군대를 완벽하게 장악하지 못함으로써 무력해졌다. 당시 국민당 군대의 충성심은 여러 갈래로 나뉘어 있었다. 각 부대는 공식적으로 국민당 소속이었지만 개별 군벌의 지배 아래 있었다. 그러한 상황에서 장제스는 결코 무능하지 않았고 오히려 기대보다 훨씬 잘해냈다고 판 더 벤은 결론을 내렸다. 하지만 장제스는 현대전에서 싸울 수 있는 장비를 제대로 갖추지 못했으며 그의 정권은 전쟁을 치르면서 힘이 너무 약해져서 1945년쯤이면, 혹은 이미 그 이전에, 이후 이어질 내전에서 마오에게 승리할 확률이 심각하게 낮아진 상태였다고 판 더 벤은 주장했다.[19]

판 더 벤의 책이 나온 같은 해, 조너선 펜비는 《총통: 장제스와 그가 잃어버린 중국》이라는 책을 냈다.* 이 책은 거의 30년 만에 나온 본격적인 장제스 전기였으며, 1949년 이전 장제스의 통치에 대해 처음으로 균형 잡힌 평가를 내린 책이었다고 할 수 있다. 펜비는 군사적 측면에 주로 관심을 두었던 판 더 벤보다 장제스에 대해 비판적

---

* Jonathan Fenby, *Generalissimo: Chiang Kai-shek and the China He Lost* (The Free Press, 2003)

인 입장을 취했지만, 장제스를 철저하게 부정적으로 평가한 이전 연구자들의 견해를 강하게 반박했다는 점에선 판 더 벤과 같았다. 펜비는 장제스가 "반동적인 권위주의자이며 동포들의 삶에 대해 큰 배려를 하지 않았고 …… 무능한 행정가였으며 …… 부패와 부도덕한 행동을 묵인했고 …… 좁은 시야로 인해 미국인들과 충돌했고 그 결과 너무도 중요한 동맹자들을 잃었다."고 썼다. 그렇지만 장제스가 중국을 통일하는 데 성공한 것을 그는 높이 평가했다. "비록 중국의 통일이 장제스의 최대 적수가 활약할 수 있는 발판을 만들어주었지만" 그래도 통일을 이룬 것은 평가해야 한다는 것이다. 또 펜비는 1930년대에 장제스는 현대적인 산업, 재정, 통신을 위한 기반을 마련했으며, 그가 없었다면 완전히 지리멸렬하게 분열되었을, 허약하나마 일본군에 대항할 수 있는 연합 세력을 구축하는 데 성공했다고 주장했다.[20]

2009년에는 제이 테일러의 《총통: 장제스와 현대 중국을 위한 투쟁》이 출판되어,* 장제스에 대한 평가가 다시 좀 더 긍정적인 쪽으로 변화했다. 이 책은 장제스의 통치에 대해 조심스러우면서도 섬세한 평가를 시도했다. 테일러는 일본 패망 이후 장제스가 보여준 지도력은 한마디로 '재앙'이었으며 때때로 "믿기 어려운 도덕적 무지와 타락에 이르는 극단적인 행동들"을 용인했다며 그를 비판했다. 그러나 다른 한편으로 장제스는 "현대화한 신유교주의자"로서 그의 목표는 중국을 "조화롭고, 안정되고 번영하는 사회"로 만드는 것이었다. 오늘날 이 점에 이의를 제기하는 학자는 거의 없다. 펜비가 주장했듯이, 국민당의 패배라는 낙인이 장제스 정부가 거둔 진정한 성공을 가려버렸다. 하지만 테일러는 여기서 한 걸음 더 나아간다. 테일러는

---

* Jay Taylor, *The Generalissimo: Chiang Kai-shek and the Struggle for Modern China* (Harvard University Press, 2009)

장제스 자신이 의도했든 의도하지 않았든 간에 "타이완이 역동적인 민주주의 국가로 발전하는 데 필요한 무대를 마련"했다고 썼다. 그리고 최종 분석을 통해 "21세기에 중화인민공화국을 인도할 비전은 마오쩌둥의 것이 아니라 장제스가 품었던 비전"이라고 주장했다.[21] 테일러의 책에서 이 주장의 근거를 찾을 수는 없다. 그렇더라도 장제스를 민주주의자가 될 가능성이 있었던 인물로 보는 테일러의 해석은 널리 인정받고 있는 듯하다. 2014년에 로버트 캐플런(Robert Kaplan)은 미국의 외교 전문지 〈포린폴리시(Foreign Policy)〉에 쓴 글에서 "전투에서 이긴 것은 마오쩌둥이지만, 전쟁에서 승리한 것은 장제스"라고 주장했다.[22]

아이러니하게도 장제스의 명예 회복을 지지하는 움직임이 중국 본토에서 일어나고 있고 타이완에서는 반대하는 움직임이 일고 있다.

오늘날 재통일을 염두에 두고 있는 중국 정부는 장제스를 본래 존경할 만한 인물인데 나쁜 조언자들 때문에 잘못된 길을 간 것으로 그리고 있다. 한 중국 역사학자의 말에 따르면, 장제스는 "일본에 저항한다는 결심이 조금도 흔들리지 않았던 민족주의자이자 애국자"였다.[23] 지난 수십 년 동안 중국은 1949년 혁명을 과거 역사와의 완전한 단절로 보았는데, 지금은 역사의 연속성을 강조한다. 마오쩌둥의 정권은 국민당이 행한 개혁을 바탕으로 하여 건설된 것으로 묘사되고, 다시 국민당은 청나라 말기의 개혁을 바탕으로 하여 건설된 것으로 그려진다.[24] 반면에 타이완에서는 장제스의 폭압 통치로 인해 생긴 상처가 아직 아물지 않았으며 중국 통일이 그다지 인기가 없어서인지, 장제스에 관한 기억은 그다지 언급되지 않는다.

장제스가 진보적이었으며 그의 패배는 부당한 일이었다는 새로운 서사는 장룽과 존 핼리데이 같은 저술가들뿐 아니라 역사학계의 몇몇 주류 연구자들도 받아들였다. 후버연구소의 레이먼 마이어스

(Ramon Myers)는 만일 마셜 장군과 트루먼 대통령이 1946년 6월에 만주 지역에서 휴전을 강요할 것이 아니라 전적으로 장제스를 지지했더라면, 국민당은 린뱌오 군대를 격파했을 것이고 계속 진격하여 중국 전체를 차지했을 것이라고 주장했다. 아서 월드론도 이 의견에 동의했다. 하지만 당시의 첩보와 1946년 이후 계속 나오고 있는 역사적 증거들은 다른 이야기를 들려준다. 그 시대에 관한 연구에서 저명한 학자인 해럴드 태너(Harold Tanner)는 이렇게 말했다.

"만일 미국이 기꺼이 그렇게 할 의지가 있었다고 해도, 근본적으로 결함 있는 전략을 추구하는 군대와 정치 투쟁에서 승리가 불가능하다고 판명된 정부에 무제한적 군사 원조를 해서 실패를 성공으로 바꿀 수는 없었을 것이다."[25] 사실 트루먼의 정책은 미국을 외국의 내전에 휘말리지 않도록 해주었다. 이후 (베트남, 이라크, 아프가니스탄 같은 나라에서) 벌어진 사건들을 보면 미국은 그런 상황에서 승리하는 데 서툰 편이다.

역사의 수레바퀴가 이제 완전히 한 바퀴를 돌아 원래 자리로 돌아왔다. 60년 전에 있었던 "누가 중국을 잃었는가?" 논쟁이 다시 시작된 듯하다. 매카시 상원의원이 틀림없이 무덤 속에서 미소 짓고 있을 것이다.

프랑크 디쾨터는 지난 10년간 마오쩌둥과 중국 혁명에 관한 저술로 이 분야에 큰 영향을 끼친 연구자이다. 그는 수정주의 패러다임이 제시하는 두 논지, 즉 장제스는 괜찮은 지도자였으나 부당하게 비방을 당했다는 것, 그리고 마오와 그가 세운 전제정은 근본적으로 끔찍한 것이었다는 논지를 옹호한다.

디쾨터는 처음부터 자신의 색깔을 명확하게 드러냈다. (그의 저술들을 주제의 역사적 선후 관계에 따라 나열했을 때) 첫 번째 책은 《마오

이전의 중국: 개방의 시대》였고, 두 번째는 《해방의 비극: 중국 혁명의 역사》, 세 번째는 《마오의 대기근: 중국 참극의 역사》였다. 이 시리즈의 마지막 책, 《문화 대혁명: 중국 인민의 역사》는 2016년에 출판되었다.* 디쾨터의 주장을 요약하면 다음과 같다. 장제스가 통치하던 시기의 중국은 '세계와 교류라는 측면에서 황금시대'였으며,[26] 장제스가 마오의 군대에 패배한 것은 미국의 배신과 중국공산당에 대한 소련의 엄청난 원조가 주된 원인이었고 장제스 정부의 부정부패는 단지 미미한 원인이었다. 그리고 장제스 패배 이후 들어선 공산주의 체제의 기반은 오직 "치밀하게 계산된 공포정치와 체계적인 폭력"뿐이었다. 마오가 집권한 후 첫 10년은 "20세기 역사에서 최악의 폭정의 하나였으며, 최소한 5백만 명 이상의 민간인들을 죽음으로 내몰고 그보다 훨씬 많은 사람들을 불행하게 만들었다." 두 번째 10년은 대약진운동과 문화혁명 시기였는데, 이 시기는 이전 시기보다 훨씬 더 비참했으며 결국 대학살로 정점을 찍었다. 디쾨터가 묘사했듯이, 마오는 "생의 끝자락에서 사적인 원한을 갚으려는 노인"처럼 중국을 지옥불로 밀어 넣었다.

디쾨터는 《마오》의 두 저자가 빠졌던 함정에 빠지지는 않았으나, 기본적인 생각은 그들과 같았다. 디쾨터의 책 《해방의 비극》은 1948년 린뱌오가 지휘하는 부대가 창춘을 5개월 동안 포위 공격했던 상황을 생생하게 묘사하면서 시작된다. 여기서 16만 명의 민간인이 아사한 것으로 디쾨터는 추정한다. 이 전투는 국공내전 중에 벌어진 가

---

* Frank Dikötter, *China before Mao: The Age of Openness* (University of California Press, 2008); *The Tragedy of Liberation: A History of the Chinese Revolution 1945-1957* (Bloomsbury Press, 2013); *Mao's Great Famine: The History of China's Most Devastating Catastrophe, 1958-1962* (Walker & Company, 2010); *The Cultural Revolution: A People's History, 1962-1976* (Bloomsbury Press, 2016). 이 네 권 가운데 두 번째부터 네 번째까지는 한국에서 '인민 3부작'이라는 타이틀로 출판되었다(고기탁 옮김, 열린책들, 2017년). 본문에서 책 제목은 한국어판 제목을 따랐다.

장 끔찍한 사건 가운데 하나였으며, 인민해방군 중령 장정룽이 쓴 《설백혈홍》에 생생하게 묘사되어 있다.* 《설백혈홍》은 이 작전에 대한 공식 역사 기록에 의문을 제기하는 책 중 하나인데, 1980년대 후반 중국에서 짧게 나타났던 개방의 시기에 출판되었다. 그 당시 린뱌오는 포위 작전 중에 굶주림에 시달리던 창춘 주민들의 도시 탈출을 허락하지 않았다. 도시를 지키는 국민당 군대의 식량 공급에 추가로 압력을 가하려는 조치였다. 장제스는 국민당 수비대의 항복을 허락하지 않았으며, 그 부대에 어떤 일이 닥쳐도 상관없다는 태도를 보였다. 내전은 가장 끔찍한 전쟁이다. 정의상 거의 민간인과 군인의 구분을 지워버리기 때문이다. 창춘에서 벌어진 참상 덕분에 베이징을 비롯한 다른 도시들은 저항하지 않고 공산당 군대에 항복했다. 항복한 다른 도시의 주민들이 생존했다는 사실이 과연 창춘에서 희생된 주민들의 고통을 정당화할 수 있을까? 이와 비슷한 질문들이 제2차 세계대전 중 드레스덴이나 도쿄에 가해진 연합군의 소이탄 폭격, 그리고 히로시마와 나가사키에 투하된 원자폭탄과 관련해 종종 제기된다. 이런 공격 덕분에 전쟁이 일찍 종결된 것이 아닐까? 아니면, 이런 공격은 불필요했던가? 사람들의 의견은 분분하다. 마찬가지로, 창춘의 민간인 사망에 가장 책임이 큰 사람은 누구인가? 국민당 군대의 사병들을 먹이려고 민간인들을 굶긴 국민당 장군들인가? 항복을 금지한 장제스인가? 아니면, 민간인들이 도시를 떠나지 못하도록 한 공산당 군대인가? 양편 모두에게 어느 정도 책임이 있었다고 생각할 수 있다.

디쾨터는 이런 문제도, 맥락도 언급하지 않는다. 1920년대부터 중국은 계속해서 전쟁을 치렀다. 1930년대에 장제스는 일본군의 진격

---

* 張正隆, 《雪白血紅》, 解放軍出版社, 1989.

을 막기 위해 황하의 거대한 제방을 일부러 파괴했다. 그때 죽은 사람 수가 50만 명이 넘었으며 ― 창춘에서 죽은 사람의 세 배다. ― 또 훨씬 더 많은 사람들이 굶주림에 시달렸다. 일본과 전쟁 기간 중에 사망한 중국인은 최대 2천만 명으로 추산된다.[27] 일본군은 융단폭격을 퍼부었으며, 공산당 유격대가 시골에서 아무런 지원도 얻지 못하게 하려고 "모두 죽이고, 모두 불태우고, 모두 약탈한다"는 정책을 실시했다.* 창춘에서 벌어진 잔학 행위는 단순히, 또는 주로, 인간 생명에 대한 마오의 무자비하고 무관심한 태도를 보여준 일이라고 할 수 없다. 이것은 한 세기 전 아편전쟁과 함께 시작된 ― 아편전쟁은 그때까지 외국과 교역에 문호를 열지 않았던 중국 시장을 강제로 열기 위해 서구 열강에 의해 자행된 전쟁이다. ― 일련의 유혈 사태 가운데 한 차례의 참사였다. 더 긴 관점에서 본다면, 이 사건은 중국 역사를 통틀어 자주 일어난 내전, 왕조 간 전쟁, 반란들 가운데 한 차례의 참사였다고 할 수 있다.

이전에 닫혀 있던 중국 각 지방의 문서보관소들을 활용했다는 점에서 디쾨터의 연구 작업은 특히 가치가 있다.[28] 그런 문서보관소에는 지방 관리들이 중앙에서 내려보낸 지령에 어떻게 반응했는지를 보여주는 흥미로운 자료들이 보관되어 있다. 그리고 많은 경우에 중앙에서 내려온 지령문의 복사본도 보관되어 있는데, 해당 문건의 원본은 베이징 중앙 문서보관소에서 여전히 비공개 상태로 있다. 하지만 디쾨터가 발췌해 인용한 글은 대부분 길이가 매우 짧다. 따라서 《해방의 비극》과 《마오의 대기근》 내용 가운데 일부는 세심하게 읽어야 하며, 정확한 의미를 파악하기 위해 문장 하나하나를 자세히 분석해야 하는 경우도 종종 있다. 문건은 대부분 지방 관리들이 저

* '삼광(三光) 정책'이라 한다. '殺光, 燒光, 搶光'이 그 내용이다.

지른 월권행위를 자세히 다루는데, 나중에 당이 조사하고 처벌한 것들이다. 하지만 이 점이 항상 불분명하게 서술되어 있다. 예를 들면, 《해방의 비극》에서 디쾨터는 안후이성 서부 지역에서 진행된 토지 개혁에 관해 덩샤오핑이 보고한 내용을 인용하는데, 지방의 당 지도부가 농민들이 고발한 지주와 그의 친척들을 사형시키는 경우가 끝도 없이 늘어나는 상황이 묘사되어 있다. 그러나 덩샤오핑이 이런 무차별적 사형 조치를 찬성한 것이 아니라 오히려 비난했다는 사실은 마지막 문장에 가서야 — 게다가 행간을 조심스럽게 읽어야 — 분명해진다.[29]

당혹스러운 실수들도 보인다. 디쾨터는 1950년대 초 '진압 반혁명(鎭壓反革命)' 운동 중에 마오쩌둥이 할당량을 지정하는 상황을 그리면서 "(사형에 따른) 사망률이 1천 명당 두 명에 도달하면, (그 다음에는) 사람들에게 종신형을 선고해야 한다."라는 마오의 말을 인용한다. 한편 중국인 역사가 양쿠이쑹(楊奎松)은 동일한 문건을 이렇게 번역해 인용했다. "1천 명당 한 명의 비율을 초과해도 되지만 너무 많이 초과해서는 안 된다. 일반적으로, 1천 명당 두 명이라는 비율이 새로운 목표로 채택되어서는 안 된다. 이 범죄자들 가운데 많은 사람들은 종신형에 처할 수 있다."[30] (강조는 저자가 추가한 것이다.)

이런 것을 괜한 트집 잡기라고 주장할 수도 있다. 아무리 훌륭한 책이라도 사실 관계 서술에서 실수는 나오게 마련이다.[31] 그러나 디쾨터가 저지른 실수들을 살펴보면 희한하게도 일관성이 있다. 그 실수들은 모두 마오와 동료 지도자들을 비난하는 디쾨터 자신의 논거를 강화하는 데 도움이 되었다.[32]

마오쩌둥과 그가 세운 체제에 대한 일반인들의 인식이 형성되는데 《마오의 대기근》보다 큰 영향을 끼친 것은 장룽과 핼리데이의 《마오》뿐이다. 《마오의 대기근》은 대규모 기아 사태의 참상, 농민들을 두려움에 떨게 한 지방 관리들의 잔인함, 재난 소식이 외부로 나가지 못하게 막은 강력한 통제, 그리고 마오쩌둥과 류사오치, 저우언라이 등 당 지도부가 이런 재난이 불러온 고통에 적절히 대처할 준비가 전혀 안 되어 있었던 상황을 생생하게 그려냈다. 대기근 시기의 일상화된 참담함을 디쾨터는 훌륭하게 그려냈다. 이전 저술들과 마찬가지로 이 책도 인용문의 길이가 보통 대단히 짧았다. 이 결점은 그의 주요한 협력자인 저우쉰이 2012년에 펴낸《중국의 대기근 1958~1962: 문헌을 통해 본 역사》*에서 일부 보충되었다. 여기서 저우쉰은 디쾨터가 지칭한 문건 가운데 상당수를 선택하여 긴 발췌문을 제공했다.

《마오의 대기근》의 가장 큰 문제점은 마오와 그의 동료들이 왜 그렇게 행동했는지 제대로 된 설명을 전혀 제시하지 않았다는 점이다. 왜 그들은 대중 동원이 풍요의 시대를 이끌 것이라고 믿었을까? 그들은 실제로 그렇게 믿었다. 마오는 모든 사람이 배불리 먹을 정도로 많은 곡물이 생산될 것이라고 믿었으며 그러고 나서도 엄청난 양의 곡물이 남을 것이라고 믿었다.[33] 기근이 발생했다는 소식이 처음 전해졌을 때, 그들은 왜 심각하게 받아들이지 않았을까? 왜 저우언라이는 기근의 심각성이 확실해진 뒤에도 피해를 줄이려는 노력을 전혀 하지 않았을까?

공산당 지도자들의 정책을 그저 "말도 안 되는 헛소리 …… 망상에서 비롯된 변덕"이라고 일축하는 것은 이런 의문에 대한 답을 찾는 데 별 도움이 되지 않는다.[34] 디쾨터는 공산당 지도자들이 "폭력을 찬미"했으며 "인간 생명에 대해 냉혹한 무관심"을 보였고, "사상자 수에 개의치 않고" 전쟁의 논리를 택했다고 주장했다.[35] 이런 주장은 어느 정도는 의심할 필요도 없이 옳다. 그러나 그가 이 책에서

---

* Xun Zhou, *The Great Famine in China, 1958–1962: A Documentary History* (Yale University Press, 2012)

마오쩌둥 2
·
572

제시한 사례 하나는 조금 다른 그림을 보여준다. 공산당 정치국의 원로 지도자였던 리셴녠은 온갖 고초를 겪은 강인한 인물이었다. 그는 대장정의 마지막 시기에 회족(回族) 기병대의 공격을 받아 자신이 이끌던 부대가 궤멸당하는 고초도 겪었다. 하지만 백만 명 이상이 굶어 죽은 허난성의 어느 현을 방문했을 때, 그는 슬픔이 북받쳐 그만 눈물을 흘리고 말았다. "내가 이끌던 서로군(西路軍)의 패배는 지극히 잔혹한 일이었지만 그때도 나는 눈물 한 방울 흘리지 않았다. 그런 나도 광산현(光山縣)에서 일어난 참상을 보고는 도저히 견딜 수 없었다."[36]

디쾨터는 "이러한 죽음들이, 부실하게 집행된 어설픈 경제 계획의 의도치 않은 결과라는 견해가 널리 퍼져 있다."라고 소개하면서 이 견해가 옳지 않다고 주장한다.[37] 그러나 디쾨터 자신이 인용한 문서보관소의 문건들 대부분이 바로 이 견해가 정확하다는 것을 보여준다.[38] 또 그는 "사실상 농촌 지역은 마치 문둥병자들이 사는 곳처럼 외부와 격리되었다." "마오 주석에게 전달되는 정보는 모든 단계에서 왜곡되었다."라고 서술하였다.[39] 이 두 가지 진술 모두 당시 기록으로 확인된다. 시간이 지나 결국 농촌의 실상이 밖으로 알려졌고, 당 중앙은 조사조를 파견했으며,—이미 시기를 놓쳤지만—정책은 바뀌었다.

《마오의 대기근》에 따르면 이 비극의 책임은 모두 "공포와 폭력이 기반"인 공산주의 체제에 있다.[40] 하지만 이 책에 기록된 것과 같은 참상과 관료들이 자행한 고문은, 19세기 중국에 왔던 서양 선교사들이 남긴 기록, 중국의 봉건 왕조 시대에 작성된 형벌에 관한 문헌들, 국민당이 통치하던 시기의 기록에서도 발견된다. 시어도어 화이트(Theodore White)는 1941년부터 1943년 사이에 발생한 허난성 기근에 관해 썼다. 이때 농민이 약 3백만 명 정도 사망한 것으로 추정되는데, 이것은 대약진운동 시기에 허난성에서 발생한 사망자 수와 어느 정도 비슷하다. 이곳을 마오가 방문했을 때, 지역 국민당 간부들이 연회를 열어 대접해주었는데, "닭고기, 소고기, 남방개*, 설탕을 입힌 세 종류의 떡"이 나왔다고 한다. 그러나 농촌 지역에 나가 보니 전혀 다른 광경이 눈앞에 펼쳐졌다고 한다.

우리가 보는 앞에서 농민들이 죽어 가고 있었다. 길가에서, 산속에서, 기차역 옆에서, 자신의 진흙집에서 그리고 논밭에서 죽어 갔다. 그런 와중에 정부는 마지막까지 한 푼이라도 더 세금을 뜯어내려 했다. …… 어떤 항변도 통하지 않았다. 먹을 것이 없어 느릅나무 껍질을 벗겨 먹던 농민도 종자로 쓰려고 마지막까지 남겨놓았던 곡물을 세금징수원 사무실에 갖다 바치는 수밖에 다른 도리가 없었다.[41]

허난성 기근 소식을 충칭의 어느 신문사가 보도했을 때, 장제스 정부가 생각해낸 유일한 대응책은 해당 신문사에 3일간 업무 정지 명령을 내리는 것이었다. 2년 뒤 일본이 일명 '일호 작전'*을 개시할 즈음에는 허난성 주민들이 장제스 정권을 그야말로 맹렬히 증오하고 있었다. 주민들은 외국 침략군에 맞서 중국인을 보호한다는 국민당 군대를 공격해 병사들의 무기와 식량을 탈취하고 장교들을 살해했다. 이런 경험이 있었기에 수억 명에 이르는 중국인들이 디쾨터가 '해방의 비극'이라고 부르는 상황을 환영했던 것이다. 이전에 경험한 것에 비하면, 공산당 통치는 그리 나쁘게 보이지 않았다. 중국인 소

남방개(water chestnut) 물속에 사는 덩이줄기 식물. 밤과 비슷하게 생겼으며 달달하고 부드럽고 아삭한 느낌을 주어, 고급 식재료로 쓰인다.
일호 작전(一號作戰) '대륙타통작전(大陸打通作戰)'이라고도 부른다. 중일전쟁 막바지인 1944년 4월부터 12월까지 중국 대륙에서 행해진 일본군 최후의 대규모 공격 작전이었다.

설가 류전윈(劉震云)은 전쟁 중 허난성에서 발생한 기근을 다룬 소설을 썼는데, 그 작품을 원작으로 삼아 에이드리언 브로디와 팀 로빈스가 출연한 영화가 만들어졌다.* 류전윈은 기근을 겪고 살아남은 자신의 할머니에게 그 시절과 관련해 무엇을 기억하는지 물었다. 할머니는 자세한 답을 주지 않았다. "그해에 뭐 특별한 게 있었나? 사람들은 언제나 굶어 죽었는걸."[42] 공산당이 집권하기 전, 장제스가 중국을 통치하던 시기를 '황금기'라 부르기도 하는데 '황금기'에 관해서는 이쯤에서 그만 살펴보기로 한다.

대약진운동 기간 중 공산당 간부들은 주민들에게 야만적인 처벌을 가했다. 하지만 그들이 새롭게 무엇인가를 발명해낸 것은 아니다. 시체 먹기, 인육을 먹는 풍습, 여자와 어린아이를 내다 파는 행위, 이 모든 것이 다 예전부터 있었다. 물론 그런 일들이 1950년대와 1960년대까지 지속되었다는 사실은 마오 정권의 엄청난 수치다. 그러나 마치 공산당이 그런 행위들을 창조한 것처럼 주장하는 것은 더없이 어리석은 일이다.**

디쾨터가 보기에 마오쩌둥은 겉으로 "국민의 복지를 걱정하는 자애로운 지도자"인 척하는 폭군이었으며 그러는 동안 "중국은 지옥으로 떨어졌다."[43] 디쾨터는 1959년 3월 25일 상하이에서 마오가 최고위급 지도자들과 회의하는 도중에 한 발언이 명백한 증거라고 보았다. 회의에서 마오는 먼저 곡물 생산량이 지난 1년 동안 "엄청나게 증가했음"을 확인한 다음, 동료들에게 이 풍성한 수확량의 3분의 1을 징발해야 한다고 촉구했다. 이전까지 4분의 1을 징발하던 것보다 늘린 것이다.[44] 그러고 나서 마오는 다음과 같이 말했다고 한다. "먹

---

* 해당 소설은 《一句頂一萬句》(武漢: 長江文藝出版社, 2009)이며, 이 소설을 바탕으로 하여 2016년에 제작된 영화는 〈Someone to Talk To〉이다. 한국어 번역판도 출판되었다(김태성 옮김, 《만 마디를 대신하는 말 한 마디》, 아시아, 2015).

을 것이 충분하지 않으면 사람들은 굶어 죽는다. 인민 절반이 배를 채울 수 있도록 나머지 절반은 죽도록 놔두는 것이 낫다." 디쾨터는 이 구절을 문자 그대로 해석하여, 마오가 대약진운동이 확실히 완수될 수 있도록 중국 인구의 절반을 굶어 죽게 내버려둘 준비가 되어 있었다고 주장한다.[45]

당시에 마오의 발언을 모두 정확히 기록한 문건을 보지 않더라도, 디쾨터의 주장을 의심할 만한 이유는 충분하다. 먼저, 만일 모든 지도자들이 풍성한 수확을 확신했다면 왜 마오나 다른 누군가가 광범위한 기근이 발생할지 모른다고 예상했던 것일까? 다음으로, 마오의 발언이 포함된 원래 문건의 일부를 저우쉰이 자신의 책에 실었는데, 그것을 보면 디쾨터의 주장과 달리 마오의 발언은 농업에 관한 연설이 아니라 공업 관련 토론 도중에 갑자기 나온 것이었다.[46] 저우쉰이 인용한 바에 따르면, 마오는 공업 투자는 반드시 목표를 정해야 하고 정밀해야 한다면서 그 이유는 "자원을 고루 배분하면 대약진운동을 그르치게 될 것이기 때문"이라고 말했다. 그런 다음에 마오는 비교 삼아 예를 들었는데, 그 예가 바로 기근 때 다른 사람들이 살아남

** 이 부분에서, 세계에서 두 번째로 인구가 많은 나라 인도의 경우를 살펴보는 것도 좋으리라. 노벨상 수상자인 인도의 경제학자 아마르티아 센(Amartya Sen)은 이렇게 말했다. "중국에서 기근 때문에 발생한 초과사망률이 어마어마하게 높았지만, 인도에서 평상시 통상적인 빈곤 때문에 발생하는 사망자의 수를 알면 중국의 경우는 그리 놀랄 일이 아니다. ······ 중국에서 수치스런 몇 해 동안 발생한 사망자 수를, 인도는 (매년 사망자 수를 더해서) 8년에 한 번씩 초과한다."(다음 기고문에서 판카지 미슈라Pankaj Mishra가 인용한 말이다. "Staying Power: Mao and the Maoists", *New Yorker*, December 20, 2010). 인도 정부가 자체적으로 계산하여 인정한 바에 따르면―실제보다 낮게 추산되었을 가능성이 있다.―오늘날 인도 어린이의 39퍼센트가 영양부족에 따른 비정상적 신체 발육을 보이고 있으며, 이 어린이들이 굶어 죽을 확률은 대부분의 아프리카 국가보다 높다.(*Global Nutrition Report*, 2015). 이런 이야기를 한다고 해서, 마오쩌둥과 그의 동료들이 벌인 일이 덜 끔찍해지는 것은 아니다. 하지만 우리는 그런 끔찍한 일이 공산당이나 중국에서만 벌어지는 특이한 현상이 아니며, 또한 지나간 과거의 일만도 아니라는 점을 다시 한번 상기하게 된다.(저자 주)

으려면 "절반의 사람들이 죽는 것"을 허용해야 한다는 것이었다. 마오의 정신은 종종 옆길로 샜다. 불합리한 추론을 낳을 수도 있는 문제의 발언을 논리적으로 설명해보면, 마오는 공업 프로젝트 가운데 어떤 것들은 지원을 끊어야 다른 사업이 진행될 수 있다는 주장을 입증하기 위해 이전에 있었던 곡물 수확에 관한 토론에서 이런 비유적 표현을 끌어온 것이었다. 지금 우리는 바로 이것이 실제로 마오가 뜻한 바였음을 알고 있다. 디쾨터의 책이 나온 이후 당시의 토론이 어떠했는지를 보여주는 정확한 중국어 기록 전문이 입수되었고, 그 기록을 보면 마오는 위의 발언에 앞서 이런 말을 했다. "우리가 계획을 완수하기를 바란다면 프로젝트의 수를 크게 줄여야 한다. 주요 프로젝트가 1,078개가 있는데 이를 500개로 단호히 줄여야 한다."[47] 흥미롭게도 이 구절은 디쾨터와 저우쉰의 서술에서 누락되어 있다. 더 면밀히 살펴보면, 마오가 당시 곡물 징발량을 대폭 늘리라고 지시했다는 디쾨터의 주장 역시 근거가 없다.[48] 당시 겨울에서 초봄까지 다른 모든 기록된 마오의 발언들을 살펴보면, 농민에게 가하는 압력을 '덜고' 불필요한 고통을 '피하는' 것이 중요하다는 데 초점을 맞추고 있었음을 알 수 있다. 바로 전년도 11월에 마오는 대중 동원이 절제되지 않으면 "반드시 중국 인구의 절반이 죽을 것"이라면서 위의 발언과 놀랍도록 비슷한 표현을 써서 경고했다. 이 경고를 했던 연설에서 마오는 마지막으로 다음과 같이 말했다. "사망자가 안 생기도록 하는 것을 원칙으로 하라."[49]

상하이에서 마오가 한 말이 곧바로 유출되면서 그 내용을 알게 된 일부 성 지도자들과 기층 간부들이 어떤 투쟁에서든 사망자가 생기게 마련이며 이를 받아들여야 한다고 주장했다는 것은 사실이다.[50] 마오의 발언 내용은 원래 '극비'로 지정되어 30여 명의 회의 참석자에게 문건의 형태로 배포되었는데 해당 문건에는 "회의가 끝난 뒤 반환할 것"이라고 적혀 있었다. 한편 당시에 마오가 어처구니없는 자기 기만에 빠져 있었으며, 마오 자신이 '우경 기회주의'를 통렬히 비판한 것이 뒤이어 발생한 도를 넘는 행위들과 무관하다고 착각했던 것도 사실이다. 하지만 그렇다고 해서 마오가 대규모 기아 사태의 가능성을 용인하거나 환영했다는 것을 의미하지는 않는다. 기아로 가장 큰 고통을 겪은 지역에서 나온 증거를 포함해 입수 가능한 모든 증거들은 이와 정반대 이야기를 들려준다.

이제까지 나는 장룽과 핼리데이의 《마오》와 프랑크 디쾨터의 저술들, 특히 《마오의 대기근》에 대해 상당히 길게 서술했다. 그 이유는 이 책들이 이례적으로 큰 영향을 끼쳤기 때문이다. 어쩌면 두 저술을 하나로 묶어서 다루는 것은 부당할지 모르겠다. 디쾨터의 저술에는 새로운 정보가 많이 담겼으나, 《마오》는 근본적으로 반론이 목적이기 때문이다. 하지만 두 책은 공통점이 있다. 두 책 모두 서술 대상으로 삼은 시대에 대한 균형 잡힌 해설을 제공하기보다, 그 시대를 기소하는 데 필요한 논지를 제공하기 위해 시작되었다는 점이다.

내가 쓴 이 책의 초판이 1999년에 나온 이후 새로 진행된 연구들은 대부분 좀 더 전통적인 성격을 띠었다. 해당 시대의 문건들을 바탕으로 한 학술 연구들 덕분에 중국 혁명에 대해, 그리고 혁명에서 마오가 맡은 역할에 대해 기존 지식의 공백 부분이—전부는 아니라도—상당 부분 채워졌다. 그런 학술 연구들이 전체 그림을 바꾼 것은 아니다. 하지만 엄청나게 많은 미세조정을 가능하게 해주었다. 많은 세부 사항들을 새로 알게 되었고 역사적 오류들을 바로잡을 수 있었다. 마치 오래된 초상화를 복원할 때 먼지와 때, 사후에 개칠된 부분을 벗겨내어 예상치 못했던 부분을 드러내면서 동시에 훼손되지 않은 본래 윤곽은 그대로 두는 것과 같다. 이 개정판을 쓰면서 나는 마오의 행동을 새롭게 해석할 수 있게 도와주는 참신한 자료들을 추가했는데, 그러면서 이미 충분히 영웅 서사시인 이야기를 더 길게 늘이지 않으려고 최선을 다했다.

지난 20년간 특히 대약진운동과 문화대혁명이 중국과 서구 양쪽에서 모두 중요한 연구 주제로 떠올랐다.

대약진운동 연구에서는 양지성(楊繼繩)이 탁월한 성과를 냈다. 그는 대약진운동을 다룬 책 《묘비》(전 2권)를 2008년 홍콩에서 출간했으며, 다시 4년 뒤 이 책을 개정하고 축약하여 같은 제목의 영문판으로 냈다.* 양지성을 소련의 솔제니친과 비교하는 경우가 많은데 타당한 평가이다. 그의 책을 읽은 사람들은 마치 자신과 자신의 가족이 마오가 촉발한 끔찍한 상황 속에서 종종 말로 표현할 수 없이 잔인하게 삶이 파괴된 수백만 명과 함께 그 상황을 견뎌야 했던 것처럼 느꼈다. 중국에서나 서구에서나 이런 수준에 이른 작가는 거의 없다.

디쾨터는 양지성의 책을 매우 인색하게 평가하면서 무시했다. 그에 따르면 《묘비》는 "단순히 (여기저기서 가져온) 글 뭉텅이들을 연결한 것으로서 …… 때때로 잡탕처럼 보인다. …… 귀중한 문건들이 상관없는 일화들과 아무렇게나 뒤섞여 있다."[51]

하지만 양지성은 맨 위의 마오로부터 아래로는 기층 단위의 소조 지도자들에 이르기까지 비극을 일으킨 다양한 행위자들이 연결된 책임성의 사슬을 판독해 책임 소재를 명확히 밝히려고 애썼다. 또 양지성은 이상을 추구했든, 이기주의였든, 냉소적인 이유였든, 두려움 때문이었든 그들을 그렇게 행동하도록 만든 여러 동기를 가려내려고 노력했다. 그 결과 우리는 무슨 일이 벌어졌는지 알게 되었을 뿐 아니라 그런 일이 왜 일어났는지도 알게 되었다. 양지성이 최초로 이런

---

* 楊繼繩, 《墓碑 - 中國六十年代大饑荒紀實》(天地圖書, 2008); Yang Jisheng, *Tombstone: The Untold Story of Mao's Great Famine* (Allen Lane, 2012)

일을 시도한 것은 아니다. 프레더릭 티위스와 워런 순이 그들의 획기적인 저술《재난으로 가는 길》*에서 이미 그런 작업을 시도한 바 있다. 또 앨프리드 챈은《마오의 성전(聖戰)》에서 대약진운동 첫해인 1958년에 집중하면서 마오의 개인적 책임을 다른 지도자들의 책임과 비교해 살펴보았다.** 하지만 양지성은 그물을 더 넓게 펼쳤다. 그는 정치적 분석을 하면서 동시에 기근의 희생자들이 겪은 일을 더없이 생생하게 그려냈다.

어떤 면에서 양지성은 장룽과 비슷한 어린 시절을 보냈다.(양지성은 1940년에 태어났고 장룽은 1952년생이다.) 두 사람의 아버지들은 모두 마오의 통치기에 사망했으며, 두 사람 모두 처음에는 이 체제의 열렬한 지지자였다가 나중에 생각을 바꾸었다. 양지성이 3개월 된 아기 때부터 그를 길러준 양아버지(실제로 삼촌이었다)는 1959년 4월 후베이성에서 기아로 죽었다.

그러나 두 사람의 유사점은 여기까지다. 양지성은 장룽처럼 복수를 하려고 책을 쓴 것이 아니었다.《묘비》서문에 썼듯이 그의 목적은 "(나처럼) 기만당한 사람들을 위해 역사적 진실을 회복하려는" 것이었다.[52] 그는 이 재앙이 특히 중국의 전체주의 체제가 낳은 결과라고 보았다. 그것은 황제의 통치에 레닌주의를 접목한 체제였다. 양지성은 이렇게 썼다. "마오쩌둥이 이 틀을 만들었다. (혹은) 엄밀히 말하면 그는 (이 틀의) 계승자이자 (이 틀을) 발전시킨 사람이다. ……(그러나) 마오 자신도 어느 정도는 (이 틀의) 피조물이다. …… 이 체제의 틀 안에 있었기에, 마오도 얼마간은 자기 뜻대로 행동할 수 없

---

* Frederick Teiwes and Warren Sun, *The Road to Disaster: Mao, Central Politicians, and Provincial Leaders in the Unfolding of the Great Leap Forward, 1955~1959* (M. E. Sharpe, Armonk, 1999)
** Alfred Chan, *Mao's Crusade: Politics and Policy Implementation in China's Great Leap Forward* (Oxford University Press, 2001)

었다. 이런 체제에 맞설 힘은 누구에게도 없다. 심지어 마오에게도."
양지성의 판단에 따르면, 피치자도 일부 책임이 있다. '제국적 사고'
라는 천 년의 전통에 사로잡힌 피치자들은 "자신들의 지도자들을 숭
배했고 권위를 떠받들었으며 고난 앞에 순종했다." 양지성은 "아주
공평하게 말해" 우리는 "대약진운동의 어처구니없는 참상 뒤에 인민
의 진정한 열망이 있었음"을 인정해야 한다고 썼다.[53]

양지성은 인간의 나약함과 그릇된 충성심을 인정한다. 또 비록 결
함이 있지만 마오의 이상에 진정성이 있었다는 점도 인정한다. 정
확히 바로 이런 점 때문에 그가 중국공산당과 공산당 지도자들, 당
이 세운 체제에 쏟는 비난이 더 큰 힘을 발휘한다. 디쾨터에게 마오
의 중국은 끝없이 이어지는 공포의 목록일 뿐이다. 모든 사람이 끔찍
하게 행동하고 모든 것이 암울하다. 양지성은 올곧은 관리들도 있었
음을 지적한다. 예를 들어, 큰 피해를 입은 산둥성 어느 현의 당 서기
왕융칭이 그랬듯이, 상부 지시를 적당히 무시하고 농민들이 작물을
길러 먹을 수 있게 허용함으로써 자신이 관리하는 지역에서 굶어죽
는 사람이 없도록 노력한 관리들이 있었다는 것이다.[54] 디쾨터는 기
근의 희생자들을 하나하나 열거했다. 하지만 양지성은 숫자 뒤에 숨
은 "피로 물든 인간 드라마"를 썼다.[55]

접근 방식이 이렇게 달랐던 이유는 부분적으로는 디쾨터와 장룽이
아이러니하게도 모두 서구의 관점에서 글을 썼기 때문이라고 할 수
있다. 이것은 두 사람의 책이 엄청난 인기를 얻은 이유이기도 했다.
두 사람은 역사의 "무시무시하고 복잡하기 짝이 없는 혼돈"을 서양
인들이 이해할 수 있는 방식으로 설명하려고 노력했다.

양지성은 중국인으로서 책을 썼다. 그는 자신이 묘사한 혐오스러
운 일들을 직접 겪었다. 그는 그 혐오스러운 일들에 휘말린 사람들이
왜 그런 식으로 판단했는지 이해하지만, 중국 당국이 자기 잇속만 챙

기려고 내놓는 공식적인 무죄 증명은 거부한다. 양지성의 책은 디쾨터, 장룽의 책과 마찬가지로 중국에서 금지되었다. 그러나 그의 책은 근본적으로 과거의 고통을 대하는 (서양인이 아니라) 중국인의 태도를 반영하고 있다.

소설가 류전원의 할머니는 장제스 치하에서 굶어 죽는 일이 일상이었다고 기억했다. 류전원은 다음과 같은 사실을 알게 되었다. "기근을 겪고 살아남은 희생자들과 그들의 후손들은 모든 기억을 …… 망각 속으로 쫓아버렸다. …… 수 세기 동안 그토록 많은 고초를 겪은 후에, 중국인은 (풍자적이고 냉소적인) 해학과 과거의 많은 부분을 통째로 망각하는 것이 비극에 대처하는 비결임을 배웠다."[56] 덩샤오핑이 1981년에 택한 방법도 이와 같았다. 그때 덩샤오핑은 과거의 참상을 파헤치는 것보다 풍요로운 미래를 건설하는 일을 먼저 해야 한다고 주장했다. 결과를 예측할 수 없는 상황에서 공산당의 과거 기록을 끄집어내는 것보다 미래를 바라보는 편이 그에게 정치적으로 유익했다.

'상관없는 일화'일지 모르지만 이쯤에서 나의 개인적인 이야기를 풀어놓는 것을 너그럽게 보아주기 바란다. 내 아들의 중국인 할머니, 그러니까 내 아내의 어머니는 지난 수십 년 동안 베이징에서 살아 왔다. 어머니는 여러 세대가 작은 뜰을 공유하는 건물에 살고 있는데, 이웃 사람들은 문화혁명 때 그녀와 그녀의 아이들을 '흑오류'라고 비난했던 사람들이다. 아내의 아버지는 1957년에 '우파'로 지목되어 시골로 보내져 1976년에 마오가 죽을 때까지 농민으로 살았다. 2년 후인 1959년에, 그때는 대약진운동으로 기근이 한창 심할 때였는데, 어린 학생이던 둘째 아들이 배고프다고 불평했다는 이유로 체포되었다. 이후 둘째 아들은 노동수용소에서 25년을 보냈다. 넷째 아들은 1975년에 반혁명 분자로 지목되어 처형당했다. 어머니는 자살을 시도했지만 살아남았다. 오늘날 이 모든 이야기는 금기이다. 가족 간 합의에 따라 누구도 그 일들을 언급하지 않는다. 해묵은 상처를 왜 다시 끄집어내는가? 어쨌든, 다른 수백만 명에게도 비슷한 일이 벌어졌다. 이제 와서 바꿀 수도 없는 고통스러운 일들을 무엇 때문에 들먹일 건가? 마오가 죽은 후에 등장한 새로운 중국에서, 과거에 고통을 겪었던 희생자들은 오래전 자신들을 박해했던 사람들보다 자신들이 더 잘 살아 왔다는 데서 조심스럽게 어떤 만족감을 느낄 뿐이다.

이제 마오의 통치기에 있었던 두 번째로 중대한 사건으로 시선을 돌려보자. 극좌 정책이 시행된 10년, 그리고 이보다 약간 짧게 지속된, 마오가 1966년에 시작한 이른바 '대동란(大動亂)'에 관한 이야기이다.

대약진운동처럼 문화혁명도 지난 15년 동안 많은 새로운 연구의 주제가 되었다. 홍콩에서는 쑹융이(宋永毅)와 그의 동료들이 문화혁명 관련 기록에 대한 거대한 데이터베이스를 구축했다. (이들은 반우파운동과 대약진운동에 대해서도 유사한 성격의, 더 작은 규모의 데이터베이스를 구축했다.) 중국 본토에서는 당국이 문화혁명 시기 전체가 망각되기를 원한다는 것을 분명히 했다. 이미 1991년에 공산당은 이른바 '공개적인 재평가'를 종결할 것을 요구했다.[57] 이에 따라 본토 역사가들의 새로운 연구들은 대부분 외국에서 출판되었다. 서구에서 출간된 책들 중에서는 네 권의 책에, 꽤 진부한 표현이지만 '획기적'이라는 말을 붙일 수 있을 듯하다. 앞으로 이 주제와 관련해 글을 쓸 때 반드시 고려해야 할 텍스트들이기 때문이다. (여기서 나는 마오의 역할을 직접 다룬 책만 언급하겠다. 문화혁명이라는 거대한 사건의 다른 측면을 다룬 책이 결코 덜 흥미로운 것은 아니나, 그런 책은 여기서 다루지 않는다.)

로더릭 맥파쿼와 마이클 쉰할스가 공저한 《마오의 마지막 혁명》은 앞으로 당분간 이 시대에 관한 가장 믿을 만한 개요로 남을 것으로 보인다.* 균형 잡혀 있는 꼼꼼한 조사를 바탕으로 삼아 쓰인 이 책은, 수십 년에 걸친 관찰과 숙고를 거쳐 서서히 완성되었다. 특히 쉰할스는 베이징과 상하이의 벼룩시장을 샅샅이 뒤져서 버려진 경찰 서류와 홍위병 문건들을 찾아냈다.

'획기적'이라고 할 만한 두 번째 책은 프레더릭 티위스와 워런 순이 함께 쓴 《마오 시대의 끝: 문화혁명 종결기의 중국 정치, 1972~1976》이다.** 이 책은 마오의 생애 마지막 4년에 초점을 맞추고 있는데, 이 시기는 마오의 통치 기간 중 가장 설명이 부족한 부분이다. 당시에 장칭이 이끄는 극좌파, 덩샤오핑이 이끄는 실용주의자들, 그리고 중도파에 해당하는 문화혁명의 수혜자들(화궈펑이 이끌었다)까지 세 집단 간에 경쟁이 벌어졌다. 이 경쟁은 기력은 쇠했지만 의지만큼은 여전히 굳건했던 마오가 주의 깊게 지켜보는 가운데 진행되었다. 맥파쿼와 쉰할스는 당시 권력 투쟁 주변에서 서서히 자라난 신화들을 말끔히 정리했으며, 이용할 수 있는 기록들이 여전히 단편적이라는 한계에도 불구하고 대단히 복잡했던 그 상황을 썩 잘 설명했다. 이 책에서 문서보관소 자료들을 다루는 방식은 매우 모범적이어서, 장룽과 핼리데이, 디쾨터의 방식과 극명한 대조를 보인다.

세 번째 책은 진추의 《권력의 문화: 문화혁명과 린뱌오 사건》이다.*** 이 책은 더 짧은 기간에 초점을 맞추었는데, 1969년에 열린 제9

---

* Roderick MacFarquhar and Michael Schoenhals, *Mao's Last Revolution* (Harvard University Press, 2006)
** Frederick Teiwes and Warren Sun, *The End of the Maoist Era: Chinese Politics During the Twilight of the Cultural Revolution, 1972–1976* (M. E. Sharpe, Armonk, 2007)
*** Jin Qiu, *The Culture of Power: The Lin Biao Incident in the Cultural Revolution* (Stanford University Press, 1999)

차 당 대회 때부터 2년 뒤 린뱌오가 탈출을 시도한 때까지를 다룬다. 저자인 진추는 우파셴의 딸이며, 적절한 제목이 돋보이는 이 책은 진추 자신의 박사학위 논문에 기반을 둔 것이었다. 여기서 저자는 1971년 9월 린뱌오를 죽음으로 이끈 비밀스러운 사건들을 단연코 훌륭하게 설명한다. 또 이와 별개로, 당시 중국 권력 최상층에 속했던 십여 명(과 그 가족들)의 사적인 관계와 불화에 대해 내부자만이 지닐 수 있는 통찰을 제공한다. 장뤼크 도미나크가 저술한 《마오, 그의 측근 그리고 측근들의 음모》*도 마오의 주변 인물들로 이루어진 사적이면서 정치적인 연합의 역할과, 그들 내부에서 벌어진 충돌을 탐색한다. 하지만 이 책은 좀 더 폭을 넓혀서 1949년부터 마오가 사망하는 시점까지 권력의 최정상 바로 아래 단계의 지배 엘리트를 구성한 수백 명의 고위 관료들 간의 관계를 다룬다.

네 번째 책은 가오원첸이 쓴 《만년(晚年)의 저우언라이》**이다. 이 책은 출판 즉시 상당한 파장을 일으켰으며, 평가하기가 좀 더 까다롭다. 이 책은 곧이어 영어로도 출판되었는데, 영어판에는 "저우언라이: 최후의 완벽한 혁명가"라는 다소 냉소적인 제목이 붙었다.*** 가오원첸은 중국공산당 중앙문헌연구실에서 14년간 연구원으로 일했으며, '저우언라이 생애 연구 소조(周恩來生平研究小組)'의 부조장 직위에까지 올랐다. 1993년에 미국으로 이주하기 전에 그는 자신에게 열람이 허락된 문헌들에 관한 메모를 몰래 연구소 밖으로 내갔다. 《만년의 저우언라이》는 저우언라이의 쉽게 파악하기 어려운, 야누스 같은 성격을 처음으로 면밀히 분석한 책이었다는 점에서 중요하다.

---

* Jean-Luc Domenach, *Mao, sa cour et ses complots* [Mao, his court and its conspirations] (Fayard, Paris, 2012)
** 高文謙, 《晚年周恩來》, [Zhou Enlai's Later Years] (Mirror Books, Hong Kong 2003).
*** Goa Wenqian, *Zhou Enlai: The Last Perfect Revolutionary* (Public Affairs, 2007)

이 책에 따르면 저우언라이는 대단한 매력과 철저한 무자비함을 겸비한 사람이었다. 자신을 겸허하게 낮추는 그의 능력은 만년에 이르러 점점 더 강박적으로 변해 갔다. 한편으로 그는 지도자로서 훌륭한 자질을 지닌 사람이기도 했다. 특히 이 책은 저우언라이와 마오의 복잡한 관계를 잘 보여준다. 저우언라이는 주인을 섬기는 종, 황제를 최측근에서 보필하는 우두머리 환관의 역할을 맡았다. 중국어판에는 새로운 자료가 매우 많이 담겼으나 오류도 많았다. 영어판은 중국어판의 축약본이었는데, 저우언라이의 초기 경력과 문화혁명을 개략적으로 다룬 글이 새로 추가되었다. 그러나 아쉽게도 이 글은 이해력이 특히 떨어지는 고등학생들을 대상으로 쓴 글처럼 보인다. 영어판 번역자가 미국식 구어체를 쓴 것은 전혀 도움이 되지 않았다. 영어판을 읽는 독자들은 문화혁명이 "장씨(장칭)와 마오가 운영하는 구멍가게(mom-and-pop shop)에 불과했다."라는 표현을 읽게 되고, 마오가 마치 알 카포네처럼 말하는 장면을 보게 된다. "이 친구(장춘차오)는 말이야, 2년간 더 지켜봐야겠어. …… 2년 뒤에 내가 그만두면, 자네가 이어서 관리하도록 해."[58]

이런 번역은 바보 같아 보이는 것은 물론이고, 조녀선 스펜스가 평가한 것처럼 많은 측면에서 신기원을 열었고 중요한 부분들에서 생생한 현실감이 느껴지는 이 책의 가치를 떨어뜨린다.[59] 가오원첸은 이 책에서 저우언라이가 자신의 정치적 계획을 실행하기 위해 중요한 회의의 속기록을 수정하는 모습을 그렸다. 이것은 문서보관소의 원본 기록을 잘 아는 사람만이 가능한 서술이다. 또 그는 저우언라이의 아내 덩잉차오가 임신했던 사실도 서술하고 있다. 이 사실은 나중에 다른 자료들에 의해서도 확인되었는데, 저우언라이의 최측근 중에서도 소수만 알았을 것이다.[60] 이 책의 마지막 장에서는 저우언라이의 병과 죽음을 다루는데, 이 부분은 감동적이면서 동시에 마오의 생애 마지막 몇 년 동안 마오의 측근들이 한치 앞을 내다볼 수 없는 상황에서 느낀 끔찍한 불안을 고스란히 전해준다. 그러나 다른 몇몇 부분, 특히 1970년 루산에서 열린 중앙위원회 전원회의와 린뱌오의 몰락을 다룬 부분 등은 내용이 혼란스럽고 모순이 있으며 때로 완전히 잘못 서술되기도 했다. 이유가 무엇이었든 간에, 가오원첸은 마땅히 더 솔직했어야 했는데 그러지 못했다. 마오의 최측근 그룹에서도 개인적으로 가까웠던 몇 사람, 특히 왕둥싱은 자기 잇속만 차리는 듯한 저우언라이의 행동에 훨씬 더 비판적이었다.[61] 아마도 그런 점이 마오가 저우언라이를 그렇게 경멸하는 태도로 대한 진짜 이유였는지 모른다.

지난 10년간 출간된 마오쩌둥 전기 가운데 중요한 책이 셋 있다. 셋 다 (최소한 초판에서는) 영어가 아닌 다른 언어로 쓰였다. 알렉산더 판초프의 《마오: 진실된 이야기》는 2007년에 러시아어로 처음 출간되었고 이어서 스티븐 레빈에 의해 번역되고 다시 편집되어 영어로 출간되었다.* 제목이 암시하듯, 이 책은 장룽과 핼리데이의 《마오: 알려지지 않은 이야기》에 반격하는 의미가 있었다. 심지어 표지 디자인까지 비슷했다. 다만 판초프의 책은 바탕에 칙칙한 녹색 대신 붉은색을 썼으며, 음험한 느낌을 주는 캐리커처가 아니라 온화한 모습의 마오 사진을 실었다. 책의 첫 문장을 보면 곧 저술 방향을 알 수 있다. "역사적 인물은 객관적인 전기를 쓸 가치가 있다."[62] 이 책에는 마오의 젊은 시절과 관련해 중국 본토에서 새롭게 연구된 내용이 포함되어 있는데, 이와 별개로 이 책의 최대 강점은 저자인 판초프가

---

* Alexander Pantsov and Steven Levine, *Mao: The Real Story*, (Simon and Schuster, New York, 2012). 이 책의 한국어판도 출간되었다. 심규호 옮김, 《마오쩌둥 평전》, 민음사, 2017.

러시아국가문서보관소의 중국 부문에 접근할 수 있었다는 점에 있다. 그곳에는 소련공산당과 코민테른이 수집한 중국공산당 관련 문헌들과 마오를 비롯한 중국 지도자들의 개인 정보 파일이 상당량 보관되어 있다. 그 덕분에 마오가 권력을 장악하는 과정과 중국 지도부 내의 관계를 보여주는 주요 사건들을 더 명쾌하게, 그리고 러시아의 독특한 관점에서 — 여기에는 장점과 단점이 모두 있다. — 볼 수 있게 되었다.[63]

다음으로, 프랑스의 중국학자 알랭 루가 저술한 권위 있는 전기 《원숭이와 호랑이: 마오, 중국의 운명》이 있다.* 이 책은 서구의 언어로 쓰인 마오 전기 중에서도 특히 그의 삶을 균형 잡힌 시각에서 포괄적으로 잘 그려낸 저술로 꼽힌다. 이 책은 학문적이면서도 재미있게 읽을 수 있는데, 독자들에게 마오와 그가 살았던 시대에 대한 정밀한 판단과 평가를 제공한다. 저자는 프랑스의 훌륭한 중국학 전통 위에서, 공식적인 것과 비공식적인 것, 학술적인 것과 시정에 떠도는 잡설에 이르기까지 광범위한 중국 자료들을 수집 분석하고 꼼꼼히 검증하는 과정을 거쳐 각각의 자료에 적절한 비중을 두었다. 1,100페이지에 이르는 전체 분량 가운데 200페이지를 차지하는 주석만으로도 이 책은 가치가 충분하다고 말할 수 있다. 슬프게도 아직 영어로 번역되지 않았는데 아마 분량이 너무 많기 때문일 것이다.

그런데 심지어 알랭 루의 책보다 분량이 많고, 최소한 지금까지는 대부분 서구 독자들이 접하기 어려운 마오쩌둥 전기가 있다. 중국어로 쓰였으며, 여러 책으로 구성되어 모두 합하면 약 3천 페이지에 이르는 이 전기는 두 명의 선도적인 공산당 역사가 진충지와 팡셴즈에

---

* Alain Roux, Le Singe et le Tigre: Mao, un destin chinois [The Monkey and the Tiger: Mao, a Chinese Destiny] (Larousse, Paris, 2009)

의해 출간되었다.* 팡셴즈는 문화혁명 때 숙청되기 전까지 마오의 개인 서고를 맡았던 인물이다. 이 책 서문에서 논한 것처럼, 저자들은 마오의 전반적인 역할에 대해 당이 내린 공식적인 해석에 충실해야 한다는 제약이 있었다. 하지만 이 책에는 중앙 문서보관소의 미공개 자료들에서 발췌한 상당량의 인용문을 포함해 새로운 정보가 풍부하게 실렸다. 그리고 저자들은 특정한 부분이 누락되긴 했지만, 마오의 정치 경력과 관련해 매우 상세하고 믿을 만하며 때로는 비판적인 묘사를, 항상 명백하지는 않지만, 종종 암시적으로 전달하는 데 성공했다. 이런 모든 과정을 거쳐 저자들은 오늘날 중국에서 마오에 대해 서술될 수 있는 것과 없는 것이 무엇인지 꿰뚫어볼 수 있는 소중한 통찰을 제공한다.

엄밀하게 말해 마오의 전기라고 할 수는 없으나 반드시 언급해야 할 저술이 있다. 마오쩌둥이 1949년 이전에 쓴 글들을 영어로 번역한 스튜어트 슈람의 기념비적인 번역 시리즈 《권력을 향한 마오의 여정》이다.** 대표적인 마오 연구자였던 슈람은 프로젝트가 완성되는 것을 보지 못하고 2012년에 세상을 떠났다. 1995년에 시리즈 첫째 권이 나온 뒤로 지금까지 여덟 권이 출간되었으며, 1912년부터 1945년 제7차 당 대회 시기까지 마오가 쓴 글들이 담겼다. 앞으로 두 권이 더 출간되면 시리즈가 마무리될 예정이다. 이 시리즈의 책들에는 슈람 자신을 비롯해 스티븐 에이버릴(Stephen Averill), 리먼 반 슬라이크(Lyman van Slyke), 티모시 치크(Timothy Cheek) 등의 학자들이 쓴 서론 격의 글이 실려 있는데, 각 글은 그 자체로 마오의 삶을 다룬 전기물이라고 볼 수 있을 정도이다. 마오의 정신이 작동한 방식에 관

---

* 金冲及, 《毛澤東傳(1893~1949)》, 中央文獻出版社, 北京, 1996; 金冲及, 逄先知, 《毛澤東傳(1949~1976)》, 中央文獻出版社, 北京, 2004.
** Stuart Schram, *Mao's Road to Power* (M. E. Sharpe, Armonk, NY)

심이 있는 사람이라면 누구에게나 이 시리즈는 필수적인 자료일 뿐 아니라 무척 재미있는 읽을거리다.

마오의 생애에서 특정 시기에 집중하는 학문적 저술도 여럿 나왔다. 이런 책의 목록을 만드는 일은 주관적인 작업이 될 수밖에 없지만, 엘리자베스 페리가 쓴 《안위안: 중국 광산의 혁명 전통》과 스티븐 에이버릴이 쓴 《고지의 혁명: 중국의 징강산 근거지》가 특히 눈에 띈다.* 이 책들은 마오가 정치 경력을 쌓기 시작한 상황, 엄청나게 복잡한 사회적, 문화적 환경을 다방면에서 생생하게 보여준다. 페리는 비밀결사들, 노동력을 갈취하는 자들, 노동자들, 전통적 엘리트들, 부패한 (그리고 진보적인) 지도자들을 그려냈다. 이런 사람들 사이에서 활동하면서 마오쩌둥, 리리싼, 류사오치는 "낯선 개념들을 익숙한 그릇에 담아 전달"하려 노력했다. 이 과정에서 그들은 사회주의 사상을 지역 관습, 토속 신앙, 민속 의례와 엮어맸다. 10년 뒤 마오쩌둥은 이 경험을 '마르크스주의의 중국화'로 공식화했다. 스티븐 에이버릴은 징강산을 연구하는 데 25년을 보냈으며, 그가 2004년에 사망한 뒤에 동료들이 《고지의 혁명》이라는 훌륭한 저술을 출판했다. 이 책은 비적들이 우글대는 궁벽한 지역에서 마오가 1927년에 세운 최초의 실질적인 공산당 근거지와 그곳에서 벌어진 사회적, 윤리적 갈등과 농민의 삶을 잘 묘사했다.

공산주의가 중국에 들어온 과정, 중국 지식인들이 공산주의 운동을 창출하기 위해 쏟은 힘겹고 종종 혼란스러웠던 노력에 대해 우리는 많은 부분을 알지 못한다. 이런 지식의 공백을 요시히로 이시카와의 《중국공산당의 형성》, 스티븐 스미스의 《길은 만들어졌다: 상하

---

* Elizabeth Perry, *Anyuan: Mining China's Revolutionary Tradition* (University of California Press, 2013); Stephen Averill, *Revolution in the Highlands: China's Jinggangshan Base Area* (Rowman and Littlefield, 2006).

이의 공산주의, 1920~1927》, 알렉산더 판초프의 《볼셰비키와 중국 혁명》* 같은 책들이 메워준다. 특별히 마오쩌둥을 다룬 것은 아니지만, 이 책들은 마르크스주의에 대한 마오의 생각이 발전한 맥락을 이해하는 데 도움을 준다. 특히 이시카와의 책은 공산주의 서적이 일본을 통해 중국으로 들어오는 과정을 새롭게 보여준다.

5·4운동 이전과 5·4운동 기간 중에 마오의 삶에 대한 연구는 새로 나온 것이 거의 없다. 이유는 간단하다. 당시 마오의 삶을 목격한 사람들이 오래전에 사망했고 또 그 당시의 문헌 가운데 현재까지 전해지는 것은 대부분 이미 잘 알려졌기 때문이다.[64] 이와 다른 이유에서 아직 제대로 탐구되지 못한 영역들도 있다. 가오강-라오수스 사건에 관한 결정적 문헌들은 여전히 공개되지 않고 있는데, 이것은 덩샤오핑이 연루되어 있기 때문이다. 반우파운동의 경우도 마찬가지다. 덩샤오핑이 마오를 대신해 이 운동을 추진했다. 1962년 제10차 당 대회부터 1965년 사이의 기간도 마찬가지인데, 덩샤오핑과 류사오치가 대약진운동으로 초래된 손실을 메꾸기 위해 일한 때였다. 1930년대 초에 벌어진 반혁명 분자 색출 운동에서 마오가 한 역할과 관련된 문헌은 당의 고위급 연구자들도 접근할 수 없다. 그러나 마오 연구에서 진정한 '블랙홀'은 1930년대 후반 마오와 저우언라이가 벌인 암투, 그리고 그 결과로 발생한 숙청이다. 당시에 저우언라이는 굴욕적인 자아비판을 잇달아 겪어야 했으며(그 내용은 전혀 공개되지 않았다), 당내 비판자들은 투옥되거나 고문을 당하고 순종하게 되었다. 이 중요한 시기에 대해서는 개략적으로는 잘 알려져 있지만 구체

---

* Yoshihiro Ishikawa, *The Formation of the Chinese Communist Party* (Columbia University Press, 2013); Steven A. Smith, *A Road is Made: Communism in Shanghai, 1920~27* (Curzon, 2000); Alexander Pantsov, *The Bolsheviks and the Chinese Revolution* (University of Hawaii Press, 2000)

적인 이야기는 아직 제대로 서술된 적이 없다. 사람들은 중앙문서보 관소에서 가장 제한이 심한 구역에 관련 문헌들이 숨겨져 있다고 믿고 있다. 하지만 민감한 내용임을 고려하면, 만약 공개된다고 해도 앞으로 수십 년이 걸릴 수 있다.

자, 그러면 이제 우리는 마오와 그가 남긴 중국을 어떻게 평가해야 할까? 스튜어트 슈람은 반세기 동안 마오와 그의 사상을 연구하고 나서 이렇게 결론지었다. "마오의 장점은 단점을 능가했다. 하지만 긍정적인 측면과 부정적인 측면을 정확하게 수치로 표현하기는 쉽지 않다. 예를 들어, 토지 개혁으로 땅을 얻은 운 좋은 농민 수억 명과 …… 사형당한 수백 만 명을 어떻게 비교 평가해 수치를 매길 수 있을까? 물론 사형당한 사람들 중에는 죽어 마땅한 자들도 있었지만, 확실히 그렇지 않았던 이들의 경우는 어떤가? 1949년 이후 마오가 통치한 27년 동안 경제 발전으로 이룬 성취와, 대약진운동의 그릇된 열정이 초래한 기아 혹은 문화혁명의 피로 얼룩진 난장판을 어떻게 비교 평가하고 수치로 표현할 수 있을까?"[65]

마오의 전기 작가인 딜리아 대빈(Delia Davin)은 이렇게 썼다. "마오주의를 연구하는 사람 중에, 만일 그 사람이 정직한 사람이라면, 자신이 마오를 옹호하는 사람으로 비치기를 바랄 사람은 없다. …… 그러나 그의 혁명 덕분에 중국이 재통일되었으며, 이제 중국은 세계에서 결코 무시할 수 없는 힘을 가진 나라가 되었다. 중국인들은 이것을 기억하고 있으며 우리도 마땅히 그래야 한다."[66] 인도의 저널리스트인 판카지 미슈라(Pankaj Mishra)는 〈뉴요커(New Yorker)〉에 기고한 글에서 이렇게 썼다. "마오는 고초를 겪었으나 여전히 자긍심 높았던 민족에게 쇠락과 구원에 관한 매혹적인 서사를 선사해주었다. …… 그리고 점차 …… 중국의 중간계급은 마오주의에서 또 다른 이야기를 받아들이고 있다. 그것은 '굴기(屈起)하는 중국'이라는 이야기이다. 즉 중국은 위대했고, 한때 강등당했으나, 이제 다시 일어서고 있다는 것이다." 미슈라의 결론은 다음과 같다. 마오쩌둥은 "명예가 실추되었고 신용을 잃었으나 대체 불가능한 존재다."[67]

　중국의 미래를 두고 마오와 장제스가 품었던 서로 다른 전망을 생각해보자. 만약 1949년에 마오가 아니라 장제스가 승리했다면 지금과 얼마나 달라졌을까? 긴 역사의 관점에서 볼 때 이런 질문은 충분히 던져볼 만하다. 옥스퍼드대학의 역사학자 라나 미터(Rana Mitter)는 다음과 같이 지적한다(그는 중국학 연구에서 좀 더 젊은 세대를 대표하는 학자이다). "국민당과 공산당은 모두 정치적으로 독립된 국가를 창설하기를 바랐다. 두 당 모두 사회 전반에 침투하는 정부, 안정되고 건강하며 경제적으로 생산력을 갖춘 국민을 바랐다. …… 하지만 (둘 중 어느 쪽도) 서구, 특히 미국에서 생각하는 민주주의 체제, 즉 자유주의적이고, 시민의 자유를 중시하는 다당제 정치 체제를 세울 생각은 없었다."[68] 사실 두 당은 민주주의를 확실하게 거부했다. 바이충시의 구술 회고록에서도 관련 내용을 볼 수 있다. 광시성 군벌이었던 바이충시는 1934년 대장정 중이던 공산주의자들이 자신이 통제하던 지역을 통과해 중국 남서부 지역에 무사히 도착할 수 있도록 해주었으며, 10년 뒤에는 장제스 군대의 주요 지휘관이 된 인물이다. 워싱턴에서 '체제 변화(regime change)'나 '민주주의의 수출' 같은 말이 나오기 훨씬 전에 바이충시가 한 이야기는 오늘날 미국의 정책과도 여전히 관련이 있다. "미국은 종종 자국의 민주주의 모델을 다른 나라에 강요하는 큰 실수를 저지른다."[69]

　1949년 마오의 승리는 당시 미국 입장에서는 자국의 전략적 목표에 심각한 차질이 생긴 것이었다. 미국은 소련 남쪽 경계선에 접한 중국에 민주주의 국가 아니면 최소한 중립 국가를 수립하려는 목표를 세워놓은 터였다. 하지만 중국을 공산주의에 '잃은 것'이 미국이 세계 강국이 되는 길에 방해가 되지는 않았다. 또 미국은 타이완에 수립된 장제스의 잔재국(Rump state)을 지원했지만 타이완을 민주국가로 만들지는 못했다. 실제로 타이완의 민주화는 장제스가 죽고 한참 뒤에야 이루어졌다. 만약 장제스가 마오를 이겼다면, 장제스는 자신의 공산주의 라이벌만큼 효과적으로 중국을 통일하고 발전시킬 수 있었을까? 판카지 슈미라의 말처럼 "마오가 없었다면 오늘날 중국이 누리는 번영을 위한 정치적 기반을 마련할 수 있었을까?"[70] 이것은 생각해볼 만한 문제이다.

어떻든 간에, 지금 시진핑의 중국이 서구에 제기한 도전은 공산주의적인 것이 아니라 민족주의적인 것이다. 중국 본토를 장제스의 계승자들이 통치했더라면 오늘날 마오의 후계자들과 현저히 다르게 행동했을 것이라고 생각할 이유는 전혀 없다.[71]

하지만 이 모든 이야기는 "만약에?"를 가정하는 대체 역사일 뿐이다. 마오가 승리했다는 것이 역사적 사실이다. 역사가가 할 일은 마오를 탓하는 것도, 마오를 칭찬하는 것도 아니다. 어떻게 그가 승리했는지, 그리고 그가 자신의 승리를 어떤 방식으로 활용했으며 그이유는 무엇이었는지를 설명하는 것이 역사가의 과제다. 알렉산더 판초프와 스티븐 레빈은 공저한 전기의 서문에서 이렇게 썼다. "마오쩌둥의 잘잘못을 따지기에 시간이 너무 많이 지났다. …… 마오는 이미 죽었고, 그 자신이 말했듯이, 그는 오로지 카를 마르크스에게만 답할 책임이 있다. 우리가 할 일은 20세기에 가장 힘 있고 영향력이 컸던 지도자들 가운데 한 명이었던 이 사람에 대해 중요한 모든 세부 사항까지 잘 묘사하는 일이다. 이 책이 독자들이 마오쩌둥과 그를 낳은 시대와 나라, 그리고 그가 창조한 나라를 더 깊고 정확하게

이해하는 데 도움이 되기를 바란다."[72] 나는 이보다 더 잘 표현할 수
없다.

약어 설명

CHOC   Cambridge History of China

CQ   China Quarterly

CWIHP   Cold War International History Project Bulletin

JYMZW   建國以來毛澤東原稿(Jianguo yilai Mao Zedong wengao)

NCH   North China Herald

SW   Selected Works

ZZWX   中共中央文件選集(Zhonggong zhongyang wenjian xuanji)

11장 옌안의 붉은 별

1) 옌안으로 이동하는 결정은 1936년 12월 말에 내려졌다. 마오는 1월 13일에 옌안에 도착했다(《毛澤東年譜》, 1, pp. 633 and 641).

2) 다음 자료를 보라. Band, Claire and William, *Two Years with the Chinese Communists*, Yale University Press, New Haven, 1948, pp. 258-259; Cressy-Marcks, Violet, *Journey into China*, Dutton, New York, 1942, pp. 157-159; Forman, Harrison, *Report from Red China*, Henry Holt, New York, 1945, pp. 45-47; Hanson, Haldore, *Humane Endeavour*, Farrar and Rinehart, New York, 1939, pp. 292-295; Snow, Helen Foster, *The Chinese Communists*, p. xiv, and *My China Years*, William Morrow, New York, 1984, pp. 231-233 and 257-286; Payne, Robert, *Journey to Red China*, Heinemann, London, 1947, pp. 7-11.

3) Wales, *My Yenan Notebooks*, p. 135.

4) Bisson, T. A., *Yenan in June 1937: Talks with the Communist Leaders*, University of California, Berkeley, 1973, p. 71.

5) Helen Foster, Snow, *Chinese Communists*, p. 251.

6) Lindsay, Michael, *The Unknown War: North China 1937-1945*, Bergstrom and Boyle, London, 1975(unpaginated); Stein, Gunther, *The Challenge of Red China*, McGraw-Hill, New York, 1945, pp. 88-89; Bisson, pp. 70-71.

7) 헬렌 스노와 William Bund는 무장한 호위병이 무척 많다는 점에 주목했다. 다음 자료도 보라. Fitch, George, *My Eighty Years in China*, privately printed, Taibei, 1967, p. 150. *China's Special Area, 1942-1945*(Vladimirov, Pyotr Y., Allied Publishers, Bombay, 1974)에는 비판적인 묘사가 담겨 있다. Vladimirov는 GRU의 요원 출신인데, 1953년 베리야의 명령에 의해 독살되었다고 전해진다(그의 진짜 이름은 표트르 블라소프이다). 1973년 Vladimirov의 '일기'가 출판되었고, 다음 해 영어 번역본이 Bombay에서 나왔다. 이 '일

기'는 Vladimirov의 아들 Yuri가 작성했는데, 소련공산당 중앙위원회 비서국의 지령에 따라 '당시 악화되고 있던 중국과의 관계라는 맥락에서' 엄격한 검열과 편집을 거쳤다. 책의 목적은 '선전'이었으며, 실제로 블라소프가 쓴 일기는 존재하지 않았다. 하지만 적어도 일부 내용은 소련 문서고에 소장되어 있는, 블라소프가 모스크바에 보낸 전보와 블라소프와 함께 옌안에 머물렀던 두 명의 러시아인이 제공한 정보와 블라소프가 사망하기 전에 아들과 나눈 대화를 토대로 삼아 서술되었다. 따라서 이 책이 담고 있는 정보가 상당히 편파적이라 대단히 조심스럽게 다뤄야 할 필요가 있지만, 몇몇 부분에서는 당시 상황을 꿰뚫어볼 수 있는 흥미로운 설명을 제시하기도 한다(다음을 보라. Heinzig, Dieter, *The Soviet Union and Communist China: 1945-1950*, M. E. Sharpe, Armonk, 2003, pp. 17-20).

8) Westad, Odd Arne, *Decisive Encounters: The Chinese Civil War, 1946-1950*, Stanford University Press, 2003, p. 6.

9) 《毛澤東年譜》, 1, p. 525; Snow, *Red Star over China*, pp. 504-505.

10) Snow, p. 547.

11) 개별 인터뷰 자료, 1997년 6월 바오안.

12) 전문이 다음 자료에 실려 있다. Schram, *Mao's Road to Power*, 5. 여기에 적시된 1936년 12월은 첫 번째 등사판 인쇄본이 발행된 날이다. 수정본은 다음 자료에 실려 있다. SW, 1, pp. 179-249.

13) 《劉少奇年譜》, 1, 中央文獻出版社, 北京, 1996, pp. 173-177; Saich, *Rise to Power*, pp. 773-790;《毛澤東年譜》, 1, pp. 677-679.

14) 《毛澤東年譜》, 1, pp. 615-617;《毛澤東哲學批注集》, 中央文獻出版社, 北京, 1988; Shi Zhongquan, 'A New Document for the Study of Mao Zedong's Philosophical Thought', in *Chinese Studies in Philosophy*, 23, 3-4, pp. 126-143. 마오가 시로코프나 미틴의 저술들을 참고했다는 내용은 다음 자료에 상세히 제시되어 있다. Knight, Nick(ed.), *Mao Zedong on Dialectical Materialism: Writings on Philosophy*, 1937, M. E. Sharpe, Armonk, 1990; Stuart Schram's introduction to *Mao's Road to Power*, 6, M. E. Sharpe, Armonk, 2004; Pantsov and Levine, pp. 317-318 and 631 n. 33.

15) 《毛澤東年譜》, 1, p. 671; Knight, p. 78, n. 154.

16) 이 강연의 기초가 된 마오의 글은 1937년 '변증법적 유물론 제강(講授提綱)'이라는 제목으로 처음 등사판으로 인쇄되어 학습 교재용으로 배포되었다(Gong Yuzhi, 'On Practice: Three Historical Problems', in *Chinese Studies in Philosophy*, 23, 3-4, p. 145). 이 책의 첫 번째 부분에서는 '변증법적 유물론'을 다룬다. (그래서 서구에서는 보통 이 글을 '변증법적 유물론'으로 부른다.) 두 번째 부분은 '실천론'이고, 그다음은 '모순통일법칙' 논문, 이른바 '모순론'이다. 전체 번역문이 다음 자료에 실려 있다. Schram, *Mao's Road to Power*, 6, pp. 573-670.

17) 1965년 마오는 에드거 스노에게 "자신은 '변증법적 유물론'을 쓴 적이 없으며, 만일 썼다면 기억하지 않겠느냐"고 말했다(*The Long Revolution*, Hutchinson, London, 1971, p. 207).

18) Wylie, Raymond, F., *The Emergence of Maoism: Mao Tse-tung, Ch'en Po-ta and the Search for Chinese Theory, 1935-1945*, Stanford University Press, 1980, pp. 55-58. 한편 슈람은 '변증법적 유물론'의 일부 구절이 훗날 마오가 중국적 상황에 부합하는 마르크

스주의가 필요하다는 주장과 배치된다고 설명했다(*Mao's Road to Power*, 6, p. xxx). 이 문제의 경우 나는 Wylie의 해석이 더 설득력이 있다고 생각한다.

19) Schram, *Mao's Road to Power*, 3, pp. 419-421.

20) Knight, pp. 132-148; 수정본은 다음 자료에 있다. SW, 1, pp. 295-308.

21) Schram, 1, p. 306.

22) Knight, pp. 154-203; 수정본은 다음 자료에 있다. SW, 1, pp. 311-346.

23) 예를 들어 다음 자료를 보라. Zhang Wenru, in 'Mao Zedong's Critical Continuation of China's Fine Philosophical Inheritance', *Chinese Studies in Philosophy*, 23, 3-4, pp. 122-123.

24) Knight, p. 186.

25) 《毛澤東年譜》, 2, p. 10; Knight, p. 78, n. 154.

26) Fogel, Joshua A., *Ai Ssu-ch'i's Contribution to the Development of Chinese Marxism*, Harvard University Press, cambridge, MA, 1987, p. 30; Wylie, p. 13; Gong Yuzhi, pp. 161-162.

27) 마오는 1951년 '모순론' 수정본을 출판하는 데 자신의 예상보다 훨씬 오랜 시간을 소요했다(Schram, *Thought of Mao Tse-tung*, p. 64). 결국 완성된 수정본은 절반이 새로 쓴 것이었다(Schram, *Mao's Road to Power*, 6, p. xxxii).

28) 《毛澤東年譜》, 2, p. 40. 다음 자료도 보라. Braun, *Comintern Agent*, pp. 217-218. *The Claws of the Dragon*에 왕밍의 귀환이 화려하게 묘사되어 있다(John Byron and Robert Pack, Simon and Schuster, New York, 1992, pp. 135-136). 원래 천원은 쭌이 회의에서 내려진 결정을 알리기 위해 상하이에 있는 코민테른 대표자 아르투어 에베르트를 찾아갔다. 그러나 상하이에 도착해서 보니 에베르트는 이미 상하이를 떠났고 코민테른 대표부는 폐쇄되어 있었다. 이에 천원은 1935년 봄에 모스크바로 향했고 그곳에서 1년을 지낸 다음, 당시 소련의 동맹자였던 군벌 성스차이가 장악한 신장 지역으로 가서 연락 장교로 일했다(Ezra F. Vogel, 'Chen Yun: his life', *Journal of Contemporary China*, 14, 45, Nov. 2005, pp. 741-759).

29) Shum Kui-Kwong, *The Chinese Communists' Road to Power: The Anti-Japanese National United Front, 1935-1945*, Oxford University Press, 1988, p. 114; Teiwes, Frederick C., *The Formation of the Maoist Leadership: From the Return of Wang Ming to the Seventh Party Congress*, Contemporary China Institute, London, 1994, pp. 5-7. 왕밍의 귀환에 관한 많은 초기 저술들은(타이완 쪽 정보에 근거한 것이 분명해 보인다) 왕밍이 스탈린의 지령을 들고 돌아왔다고 전한다. 지령은 마오가 중국공산당의 지도자가 되는 것을 승인하면서도 동시에 그가 마르크스주의에 무지함을 날카롭게 비판하는 내용이었다고 한다. 하지만 그러한 지령은 존재한 적이 없다.

30) 당 정치국은 1937년 8월 22일부터 25일까지 뤄촨에서 확대회의를 개최했으며, 주요 군 지휘관들이 회의에 참석했다. 이어서 27일에 상무위원회 회의가 열렸는데, 이 자리에서도 마오는 연설을 했다. 마오는 군사위원회 주석에 재임명되었고 저우언라이와 (비난을 받고 있던 장궈타오를 대신하여) 주더가 부주석에 임명되었다. 또한 주더는 '팔로군' 총사령관 직책도 맡았다. 당시 마오의 연설 전문은 현재 입수할 수 없으며, 요약본은 《毛澤東年譜》(2,

pp. 14-17)에 실려 있다. 다음 자료도 참고하라. 'For the Mobilization of All Our Forces to Achieve Victory in the War of Resistance', Aug. 25 1937, in Schram, *Mao's Road to Power*, 6, pp. 27-32.

31) 9월 12일에 마오는 당시 주더 휘하의 지휘관 펑더화이에게 이렇게 말했다. "(국민당은) 우리 홍군이 어려운 전투를 맡도록 강제하고 싶어 합니다."(《毛澤東年譜》2, p. 20). 또한 8월 5일에 마오가 주더와 저우언라이 그리고 다른 이들에게 보낸 전보를 참고하라(*Mao's Road to Power*, 6, pp. 12-13).

32) 《毛澤東年譜》2, pp. 17 (Aug. 27), 21 (Sept. 14), 26-27 (Sept. 30), 31-32 (Oct. 13 and 22); Saich, pp. 792-794 (Sept. 21 and 25 1937).

33) Saich, p. 668; *History of the CCP, Chronology*, pp. 116-117; CHOC, 13, pp. 639-640. 10월 1일자 마오의 전보를 참고하라(*Mao's Road to Power*, 6, p. 78).

34) 'Urgent Tasks of the Chinese Revolution Following the Establishment of Guomindang-Communist Cooperation', Sept. 29 1937, in *Mao's Road to Power*, 6, p. 71(번역을 수정했다).

35) 《毛澤東年譜》, 2, pp. 26-27. 다음 자료도 보라. Benton, *Mountain Fire*.

36) 《毛澤東年譜》, 2, pp. 31 (Oct. 13), 33 (Oct. 19) and 37 (Nov. 11).

37) Saich, pp. 795-802; 《毛澤東年譜》, 2, p. 40; Peng Dehuai, *Memoirs*, pp. 415-419; Shum Kui-Kwong, pp. 115-116.

38) 《毛澤東年譜》, 2, pp. 40-41.

39) Peng Dehuai, p. 418; Teiwes, pp. 7 and 44-45; *History of the CCP, Chronology*, pp. 120-121. 다음 자료도 보라. Saich, p. 667.

40) Teiwes, p. 8.

41) Ibid., pp. 5-8; Saich, pp. 668-670; Fei Yundong and Yu Guihua, 'A Brief History of the Work of Secretaries in the Chinese Communist Party (1921-1949)', *Chinese Law and Government*, 30, 3(May-June 1997), pp. 13-14.

42) Shum Kui-Kwong, pp. 122-125.

43) 《毛澤東年譜》, 2, p. 51. 다음 자료도 보라. Saich, pp. 802-812.

44) 《毛澤東年譜》, 2, p. 51; Saich, p. 670. 정치국 회의는 2월 27일부터 3월 1일까지 열렸다.

45) Mao, SW, 2, p. 172.

46) Ibid., pp. 79-112.

47) Saich, *Rise to Power*, p. 670.

48) 《毛澤東年譜》, 2, p. 51. 슈람은 2월 정치국 회의에서 런비스가 마오의 편을 들었다고 설명한다(*Mao's Road to Power*, 6, p. xlii). 그런데도 왕밍은 런비스를 특사로 파견하는 데 동의했다.

49) 왕밍의 실제 발언은 다음과 같다. "정치국 회의에 출석한 동지들은 현 상황에 대해 같은 의견이다."(Saich, p. 802). 다음 자료도 보라. Shum Kui-Kwong, p. 126.

50) Shum Kui-kwong, p. 126. 국민당의 '타락상'에 관한 마오의 비판은 다음 자료를 보라. SW, 2, p. 131. 또한 마오는 2월 정치국 회의에서 (그리고 다른 모임에서도) 공산당이 "스스로 의지해야 한다"고 강조했다(《毛澤東年譜》, 2, pp. 48 and 51). 다음 자료도 참고하

라.《毛澤東年譜》, 2, p. 66; ZZWX, 11, pp. 514-515 and 518-519; Shum Kui-kwong, p. 134;《六大以來 - 黨內秘密文件》, 1, 人民出版社, 北京, 1981, pp. 946-964; Garver, John W., *Chinese Soviet Relations, 1937-1945*, Oxford University Press, 1988, pp. 74-75.

51) Lary, Diana, 'Drowned Earth: The Strategic Breaching of the Yellow River Dyke, 1938', *War in History*, 8, 2, 2001, pp. 191-207. 6월 5일과 7일 두 차례 둑을 파괴하려는 시도는 모두 실패했고, 6월 9일 새벽에 성공했다. 당시 사망자를 90만 명으로 추정하는 자료는 다음과 같다. Edward J. Drea and Hans van de Ven, 'An Overview of Major Military Campaigns', in Peattie, Mark, Drea and van de Ven(eds.), *The Battle for China: Essays on the Military History of the Sino-Japanese War of 1937-1945*, Stanford University Press, 2011, p. 34.

52) Saich, p. 671; Shum Kui-kwong, pp. 134-138.

53) 이에 관해 Garver는 가장 훌륭한 설명을 제시했으나(pp. 76-77) 사건 발생 과정을 지나치게 압축했다. 티위스는 (왕밍의 정책을 지칭하는 표현이라 할 수 있는) '우경 기회주의의 투항주의적 경향'을 비판한 6월 11일자 코민테른 결의가 결정적인 전환점이라고 생각한다.(*Formation of the Maoist Leadership*, pp. 28-30). 7월 들어 〈프라우다〉는 처음으로 주더와 마오의 사진을 함께 게재했다.

54) Teiwes, p. 29.

55)《毛澤東年譜》, 2, p. 90. 확실히 마오는 8월 3일 이전에 모스크바의 결정을 알았던 것으로 보인다. 그날 상무위원회가 전체 정치국 성원이 참여하는 확대회의를 개최하자고 제안했기 때문이다(1937년 12월 이후로 처음 당 지도부 전원이 모이는 회의였다). 이후 좀 더 자세한 내용을 전달받자, 정치국 회의 대신 중앙위원회 전원회의를 개최하기로 결정했다(ibid., p. 84; Saich, p. 671). 왕밍은 모스크바에서 새로운 지시가 내려왔다는 이야기는 들었을 뿐 내용은 몰랐다(Garver, p. 78; 〈人民日報〉, Dec. 27 1979).

56)《毛澤東年譜》, 2, pp. 90-91.

57) Schram, *Mao's Road to Power*, 6, pp. 458-541; Schram, *Political Thought*, pp 113-114. 수정본은 다음 자료에 실려 있다. SW, 2, pp 209-210.

58) Saich, *Rise to Power*, p. 672;《毛澤東年譜》, 2, p. 92. 한편 우한 방어 덕분에 장제스 군대는 5개월이나 시간을 벌 수 있었고, 이로 인해 강 상류 쪽으로 행군하여 충칭으로 퇴각하는 과정을 비교적 질서 있게 수행할 수 있었다. 이는 상하이와 난징에서 패배한 뒤 무질서하고 황급하게 퇴각했던 일과 대조적이다(다음을 보라. McKinnon, Stephen R., *Wuhan, 1938: War, Refugees, and the Making of Modern China*, University of California Press, 2008).

59) SW, 2, pp. 213-217 and 219-235.

60) Teiwes, pp. 8-10;《毛澤東年譜》, 2, p. 98.

61)《毛澤東年譜》, 2, p. 96.

62) Ibid., 97. 다음 자료도 보라. 葉永烈,《江青傳》, 時代文藝出版社, 長春, 1993, pp. 164-165; 王凡,《知情者說》, 2, pp. 217-218.

63) Snow, pp. 107, 124 and 132-133.

64) 王行娟,《賀子珍的路》, pp. 224-226.

65) Snow, Helen Foster, *Chinese Communists*, pp. 250-261; Wales, *Yenan Notebooks*, pp. 62-64. 다음 자료도 보라. Smedley, *Battle Hymn of China*, p. 123.

66) 王行娟, 226.

67) MacKinnon, Janice R. and Stephen R., *Agnes Smedley: The Life and Times of an American Radical*, University of California Press, 1987, pp. 190-191. 이 책에는 에드거 스노가 남긴 문서들 중 하나가 인용되었는데, 스메들리가 그날 밤 상황을 설명한 것이었다. *The White Boned Demon*(Ross Terrill, William Morrow, New York, 1984, pp. 144-145)에도 그날 밤 상황이 묘사되어 있다. 두 서술은 약간 다르다. 이유는 전자가 에드거 스노 문서의 일본어 번역본을 기초로 삼은 반면 후자는 영어 원문을 토대로 삼아 서술했기 때문이다(일본어 번역본은 다음 자료에 실렸다. 〈中央公論〉, 69, July 1954). 나는 예외적으로 번역본의 설명을 따랐다. 이유는 두 가지이다. 첫째, 전자는 전체 글을 번역했지만 후자는 짧게 발췌하여 인용했기 때문이다(더구나 발췌문과 전체 번역문은 의미상 큰 차이가 없다). 둘째, 후자는 당시 상황에 관한 일부 잘못된 설명을 담고 있기 때문이다. 예를 들면, 장칭과 허쯔전이 옌안에 머물던 시기가 "몇 달 겹쳤다"고 말한 것을 들 수 있다. 나는 (에드거 스노가 전하는) 허쯔전과 릴리 우의 다툼에 관한 스메들리의 서술이 전반적으로 신뢰할 만하다고 생각한다. 스메들리가 이 사건의 증인이자 당사자였을 뿐 아니라, 그녀의 설명이 다른 정황과도 부합하기 때문이다. 한편 스노의 문건에 있는 다른 이야기들은—스메들리가 한 말을 스노가 전달한 것이든 스노가 직접 쓴 것이든—훨씬 신빙성이 떨어진다.

68) Ibid., p. 227. 다음 자료도 보라. 葉永烈, 《江青傳》, p. 157. 스메들리의 동굴에서 벌어진 사건 이후 2개월이 지난 시점이었다. 마오는 허쯔전이 그날의 일을 벌써 잊었으리라고 생각했던 것 같다. 그들의 관계가 변화한 데 대해 허쯔전이 느낀 깊은 좌절감을 알아차리지 못했던 것이다.

69) 王行娟, pp. 227-245. 마오가 스메들리와 릴리 우를 추방하려고 했다는 이야기는 다음 자료를 보라. Snow, *Red Star Over China*, p. 532. 허쯔전이 떠난 날이 언제인지 정확하게 알 수 없으나, 9월에 장궈타오의 부인 양쯔례(楊子烈)가 허쯔전을 시안에서 만난 일이 있다(Zhang Guotao, *Rise of the Chinese Communist Party*, 2, p. 562). 물론 양쯔례가 그때의 만남에 관해 이야기하는 것들은 신빙성이 떨어진다(《張國燾夫人回憶錄》, 香港, 1970, pp. 333-334). 한편 장칭은 록산 위트케에게 허쯔전이 자신의 아이들을 때렸다고 말했지만, 장칭이 그 시기에 말한 대부분의 이야기처럼 이는 사실이 아니다(Witke, *Comrade Chiang Ch'ing*, Weidenfeld and Nicolson, London, 1977, pp. 160-161).

70) 장칭은 자신이 1937년 8월 말 당 정치국 회의가 진행 중이던 뤄촨에 도착했다고 말했는데, 이는 마오의 비서 예쯔룽이 확인해주었다. 그러나 지도부 전원이 자신을 맞이하러 나왔다는 주장은 터무니없는 이야기이다. 며칠 뒤 장칭은 징강산 시절 군 지휘관이었던 샤오징광(肖勁光)의 부인 덕에 마오에게 인사를 하게 되었다(王凡, pp. 213-215; Witke, p. 146).

71) 이어지는 서술은 주로 다음 자료를 참고했다. 葉永烈, 《江青傳》; Byron and Pack, *Claws of the Dragon*: Witke, *Comrade Chiang Ch'ing*; Terrill, *Madame Mao: The White-Boned Demon*, New York, 1992. 장칭의 젊은 시절 이야기는 대부분 의도적으로 모호하게 서술되어 있다. 문화혁명 기간 중 장칭은 자신의 1930년대 상하이에서 한 활동과 관련된 모든 기록을 없애는 데 엄청난 시간과 에너지를 쏟아부었다. 그렇다고 해서 장칭의 정

적들이 주장하는 것처럼 (그리고 캉성이 죽기 직전에 보고한 것처럼), 그녀가 국민당을 위해 일하겠다고 동의한 덕분에 감옥에서 나왔다는 이야기가 사실이라는 뜻은 아니다. 여하튼 분명한 것은, 공개될 경우 정치적 곤경을 불러올 수도 있는, 과거 자신의 불미스런 사건들을 장칭이 크게 우려했다는 것이다.

72) 당시 상황은 명확하지 않았다. 1938년 봄 혹은 초여름, 마오는 또다시 모스크바에 있던 허쯔전에게 옌안으로 돌아오라고 요청하는 전보를 보냈다. 이에 허쯔전은 돌아갈 수도 있다는 뜻을 처음으로 밝히며, 2년간의 학업을 끝마친 뒤라는 단서를 달았다. 그러나 마오는 기다릴 마음이 없었다(王行娟, 《賀子珍的路》, p. 234).

73) Snow, Helen Foster, *Chinese Communists*, p. 251.

74) 葉永烈, pp. 161~165; 王凡, pp. 217~218.

75) 葉永烈, pp. 162~163. 이 이야기는 여러 사람들이 반복하여 기록했다는 이유만으로 진실로 간주되고 있다(예를 들어, 다음 자료를 보라. Roderick MacFarquhar and Michael Schoenhals, *Mao's Last Revolution*, Harvard University Press, 2007, p. 14; Terrill, *White Boned Demon*, p. 154). 그러나 이 이야기를 증명할 만한 당시의 자료는 없다. 이 이야기는 1972년에 출간된 님 웨일스의 *The Chinese Communists*에서 처음으로 언급되었는데(p. 252), 그녀가 좀 더 이른 시기에 쓴 *My Yenan Notebooks*에서는 전혀 다루지 않았다는 사실을 주목할 필요가 있다. 1938년 11월은 마오와 장칭이 공개적으로 동거하기 시작한 달이자, 코민테른이 마오를 중국공산당의 지도자로 정식으로 지명한 달이다. 마오는 다른 사람들의 강요를 받아 자신의 결혼 조건을 달 그런 사람은 결코 아니다. 게다가 일인자로서 정치적 위상을 정식으로 확인받은 순간에 그러한 강요를 받아들일 사람은 더더욱 아니다. 게다가 타오주의 부인 쩡쯔이에 따르면, 마오가 허쯔전보다 장칭이 정치적으로 자신에게 더 유용할 수 있다고 말했다고 한다. 만일 마오가 장칭이 아무런 정치적 역할을 하지 않는 데 동의한 상태라면, 그런 말을 했을 리가 없다(王行娟, 《李敏賀子珍與毛澤東》, 中国文联出版公社, 1993, p.188). 한편 결혼 이후에 마오가 어떤 이유 때문에 장칭이 전면에 나서지 못하도록 결정했다면, 그것은 이와는 전혀 다른 문제이다.

76) 王凡, pp. 217~218.

77) Ibid.; 葉永烈, pp. 148, 162 and 173. *Claws of the Dragon*에는 캉성의 역할이 매우 화려하고 종종 과장되게 서술되어 있다(pp. 147~149). 그렇지만 캉성이 자신의 이익을 위해 장칭의 목적 달성을 도왔다는 기본 주장은 분명 정확하다.

78) 장칭이 록산 위트케에게 말한 자신의 인생 이야기에도 담겨 있다. 다음 자료도 보라. 葉永烈, p. 166.

79) Ibid., pp. 159~161 and 167.

80) 슈람의 *Mao's Road to Power*(7, p. xxxix n. 4)에 있는 Lyman van Slyke의 해설(introduction)을 보면, 장칭이 마오의 두 딸에게 자신의 성(姓)을 붙였다고 쓰여 있다(장칭의 원래 이름은 리수멍이다). 그러나 마오의 전처 자식들과 장칭은 가까운 사이가 아니었으며, 이러한 사안에서 항상 전통적인 태도를 취한 마오가, 자식들이 자신의 성이 아니라 아내의 성을 따르게 했다는 것은 믿기 어렵다. 리민은 자서전 *Moi otets Mao Tszedun*에서 자신의 성이 아버지가 당 활동을 할 때 쓰던 가명에서 왔노라고 말했다.

81) 葉永烈, pp. 168~169.

82) Ibid., pp. 165 and 171-173.

83) Ibid., pp. 175-177.

84) Ibid.

85) Pantsov and Levine, pp. 329 and 349-50; 王行娟, 《賀子珍的路》, p. 239.

86) 'On the Problem of Cooperation between the GMD and the Communist Party', April 5 1938, in Schram, Mao's Road to Power, 6, pp. 280-286.

87) Yang Kuisong, 'Nationalist and Communist Guerrilla Warfare in North China', in Peattie, Drea and van de Ven, The Battle for China, pp. 308-327. 주요한 예외는 1940년 8월부터 12월까지 진행된 '백단대전(百團大戰)'이었다. 이는 100개의 연대가 참여한 군사 작전인데, 중국 북부 지역에서 일본군을 상대로 하여 펑더화이의 지휘로 수행된 전통적 군사 공격이었다(ibid., 'Overview of Major Military Campaigns', in ibid., p. 39). 마오는 이 작전의 수행을 승인했으며, 초기에 승리를 거둠에 따라 공산당이 정당하게 전투를 수행하지 않고 있다는 국민당의 비난을 반박할 수 있었다. 하지만 결국 백단대전은 지나치게 야심이 큰 작전으로 판명되었으며, 일본군의 엄청난 보복을 불러일으켰다. 향후 2년간 일본군은 '모든 것을 죽이고, 모든 것을 불태우며, 모든 것을 약탈하라(殺光, 燒光, 搶光)'는 이른바 '삼광작전(三光作戰)'을 벌여 중국 북부 지역을 황폐화했다(다음을 보라. van Slyke in Mao's Road to Power, 7, pp. lxii-lxiv, 320-21 and 324). 1941년 초가 되면 공산당은 기존의 유격 전술로 복귀한다.

88) Shum Kui-kwong, pp. 149 and 154.

89) Yang Kuisong, idem.

90) 1939년 1월 12일 서기처 회의에서 마오가 이 표현을 처음으로 사용했다. 이는 곧 공산당군이 국민당 군대와 상대할 때 따라야 할 행동 지침이 된다(《毛澤東年譜》, 2, p. 103). 그러나 8개월 뒤에야 이 지침이 공개된다(History of the CCP, Chronology, p. 132).

91) Ibid., p. 739.

92) Mao's Road to Power, 7, p. 222.

93) 《毛澤東年譜》, 2, passim; Shum Kui-kwong, pp. 153-15 4.

94) '완난사변'의 전개 과정과 발생 원인에 관한 서술은 다음 자료를 참고했다. Benton, Gregor, The New Fourth Army: Communist Resistance Along the Yangtse and the Huai, 1938-1941, University of California Press, Berkeley, 1999, esp. chs. 13-16 and Appendix; Lyman van Slyke, 'introduction', in Mao's Road to Power, 7, pp. xlii-xlviii and lv-lxi. 다음 자료도 보라. Shum, pp. 184-188; Saich, Rise to Power, pp. 860-863; History of the CCP, Chronology, pp. 140-142.

95) Benton, p. 592. 마오가 1월 13일 보였던 반응을 인용하고 있다. 또한 1941년 1월 15일 저우언라이와 예젠잉에게 보낸 전보도 보라. Mao's Road to Power, 7, p. 637.

96) Yang, From Revolution to Politics, p. 307, n. 3; Saich, pp. 888-890 and 906-912.

97) Benton, New Fourth Army, pp. 590-596.

98) 'Relations between the Guomindang and the Communist Party at Present', Feb. 14 1941, in Mao's Road to Power, 7, pp. 686-689.

99) 다음의 자료에서 인용했다. Benton, p. 593.

100) 이에 관해서는 van Slyke의 설명을 보라(*Mao's Road to Power*, 7, p. lxii)

101) Saich, pp. 910-912 (Oct. 4 1939). 이때쯤이면 제7차 당 대회를 준비하기 위해 벌써 1년 넘게 역사적 문헌을 수집하는 작업이 대대적으로 수행되고 있었다. 제7차 당 대회에서는 1928년 이후의 당 역사에 관해 '기본적 개괄'을 수립할 예정이었다(Wylie, pp. 74-75).

102) Shum Kui-kwong, pp. 214-215. 다음 자료도 보라. Teiwes, *Formation of the Maoist Leadership*, p. 10, n. 31.

103) SW, 2, pp. 441-442.

104) Teiwes, p. 10; Dai Qing, *Wang Shiwei and 'Wild Lilies'*, M. E. Sharpe, Armonk, 1994, p. 155.

105)《毛澤東年譜》, 2, pp. 326-327;《中國共產黨會議概要》, pp. 216-217; Saich, *Rise to Power*, pp. 1008-1011. 다음 자료도 보라. Saich, Tony, 'Writing or Rewriting History? The Construction of the Maoist Resolution on Party History', in Saich and Van de Ven, *New Perspectives on the Chinese Communist Revolution*, pp. 312-318; Teiwes, pp. 11-16; SW, 3, pp. 17-25 (주관주의) and 165-166 (결정적인 역할을 한 몇 개의 사건). 집회가 열리기 1주일 전, 옌안의 당 기관지인 〈해방일보〉는 지난 3년 동안 마오가 '마르크스주의의 중국화'를 호소했으나 아직도 실행되지 않고 있음을 개탄하는 논설을 게재했다(Wylie, p. 167).

106) Shum Kui-kwong, p. 218; Saich, *Rise to Power*, p. 972; Peng Dehuai, *Memoirs*, pp. 424-425.

107) 'Rectify the Party's style of work', Feb 1 1942, and 'Oppose stereo-typed Party writing', Feb. 8 1942, in Compton, Boyd, *Mao's China: Party Reform Documents, 1942-1944*, University of Washington Press, Seattle, 1952, pp. 9-53, and SW, 3, pp. 35-68.

108) Ibid., p. 42; Compton, p. 21.

109) Compton, pp. 13-14.

110) Ibid., pp. 16-17 (번역을 수정했다).

111) '如何研究中共黨史', March 30 1942, 〈黨史研究〉, 1, 1980, pp. 2-7. 다음 자료에 번역문이 있다. Schram, Stuart R., *Foundations and Limits of State Power in China*, University of London, 1987, p.212.

112) Teiwes, *Formation of the Maoist Leadership*, pp. 17-18.

113) Saich, p. 722.

114) 이런 상황과 관련된 문제들은 다음 자료에 논의되어 있다. Shum Kui-kwong, pp. 164-173, 189-211 and 224; Wylie, pp. 162-165; and Saich, 855-859 and 974-977. 'On New Democracy'의 원문 발췌본은 다음 자료에 번역되어 있다. Saich, pp. 912-929. 다음 자료도 보라. SW, 2, pp. 339-384, esp. pp. 353-354 and 358.

115)《毛澤東年譜》, 1, p. 489. 다음 자료도 보라. SW, 2, p. 441.

116) Compton, p. 11.

117) SW, 3, p. 12 (March 17 1941).

118) Ibid., p. 119 (June 1 1943).

119) Compton, pp. 24 and 31; Saich, p. 1007 (July 1 1941).

120) Compton, p. 37 (Feb. 8 1942).

121) 이어지는 왕스웨이의 박해에 관한 서술은 Dai Qing의 대단히 훌륭한 책의 내용에 주로 토대를 두고 있다. *Wang Shiwei and 'Wild Lilies'*. 다음 자료도 보라. Apter, David E., and Saich, Tony, *Revolutionary Discourse in Mao's Republic*, Harvard University Press, Cambridge, MA, 1994, pp. 59-67; Benton, Gregor, and Hunter, Alan, *Wild Lily, Prairie Fire*, Princeton University Press, 1995, pp. 7-13; Byron and Pack, *Claws of the Dragon*, pp. 176-183; Fu Zhengyuan, *Autocratic Tradition and Chinese Politics*, Cambridge University Press, 1993, pp. 269-274; Goldman, Merle, *Literary Dissent in Communist China*, Harvard University Press, 1967, pp. 23-50; Saich, *Rise to Power*, pp. 982-985; Teiwes, Frederick C., *Politics and Purges in China: Rectification and the Decline of Party Norms, 1950-1965*, M. E. Sharpe, New York, 1979, pp. 74-75; Wylie, *Emergence of Maoism*, pp. 178-190.

122) Dai Qing, pp. 37 and 39.

123) SW, 3, pp. 69-98, esp. pp. 90-93. 수정본을 번역한 것은 다음 자료에 있다. McDougall, Bonnie S., *Mao Zedong's 'Talks at the Yan'an Conference on Literature and Art'*, University of Michigan, Ann Arbor, 1980, esp. pp. 79-83.

124) Byron and Pack, pp. 176-182; Teiwes, *Formation of the Maoist Leadership*, pp. 54-57.

125) Mao, *Nineteen Poems*, p. 22. 이 시는 마오가 지은 최고의 시로 평가받고 있다.

126) Wylie, pp. 41 and 62.

127) Ibid., p. 75.

128) Braun, p. 249.

129) Smedley, *Battle Hymn of China*, p. 123.

130) Rittenberg, Sidney, *The Man Who Stayed Behind*, Simon and Schuster, New York, 1993, p. 72.

131) Cressy-Marcks, pp. 162-167.

132) Ibid.; Band, pp. 251-252.

133) Terrill, Ross, *Mao*, Simon and Schuster, New York, 1993, p. 184.

134) Wylie, pp. 110-113, 155-157 and 190-203; SW, 3, pp. 103-107.

135) Saich, pp. 1145-1152 (July 6 1943).

136) Wylie, pp. 207-218; White, Theodore H., and Jacoby, Annalee, *Thunder out of China*, William Sloan, New York, 1946, pp. 229-234.

137) Deane, Hugh(ed.), *Remembering Koji Ariyoshi: An American GI in Yenan*, US-China People's Friendship Association, Los Angeles, 1978, p. 22.

138) Schram, *Foundations and Limits of State Power in China*, p. 213.

139) 이러한 일이 언제부터 시작되었는지는 정확하게 알 수 없다. 1950년 초가 되면, 이는 중국 유치원에서는 흔한 일이 된다(Liang Heng and Shapiro, Judith, *Son of the Revolution*, Random House, New York, 1983, pp. 6-8).

140) Schram,, p. 213.

141) Saich, 'Writing or Rewriting History?', pp. 302-304 and 317; Wylie, pp. 226-228.

142) 당의 역사에 관한 자신의 새로운 관점을 인정받기 위해 마오가 벌인 대대적 활동에 관해서는 다음 자료를 참고했다. 'Writing or Rewriting History', pp. 299-338; Saich, *Rise to Power*, pp. 985-991; Teiwes, *Formation of the Maoist Leadership*, esp. pp. 19-23 and 34-59; Wylie, pp. 228-233, 237-238 and 272-274.

143) 추정컨대 이 일로 인해 코민테른 수장이었던 디미트로프가 12월에 마오에게 전보를 보내 (왕밍과) 저우언라이를 당 지도부에 그대로 두도록 요청하는 일이 벌어진 것으로 보인다. 이 시기를 연구한 당 역사가들에 따르면, 마오의 비판 글 원본이 당의 중앙 문서고에 보관되어 있었는데, 마오가 자신의 글을 다시 읽기 위해 1949년 이후 두 번이나 원본을 가져다 달라고 말했다고 한다. 한 번은 1950년대에 저우언라이가 경제 성장 속도를 늦추려고 해서 마오를 분노하게 만든 때였고, 다른 한 번은 죽기 몇 달 전에 자신이 추진하던 정책이 폐기되지 않을까 우려하던 시기였다.

144) Snow, *Random Notes on Red China*, p. 69.

145) Carlson, Evans Fordyce, *Twin Stars of China*, Dodd, Mead and Co., New York, 1940, p. 167.

146) Rittenberg, p. 77.

147) Peattie, Drea and van de Ven, pp. 392-402.

148) Barrett, David D., *Dixie Mission: The United States Army Observer Group in Yenan, 1944*, University of California Press, Berkeley, 1970, pp. 13-14 and 29-30.

149) Carter, Carolle J., *Mission to Yanan*, University Press of Kentucky, Lexington, 1997, p. 35. 다음 자료도 보라. 'Directive of the CC on Diplomatic Work', Aug. 18 1944, in Saich, *Rise to Power*, pp. 1211-1215.

150) Barrett, pp. 19-28; Westad, Odd Arne, *Cold War and Revolution*, Columbia University Press, New York, 1993, pp. 7-30; Carter, pp. 106-116.

151) Barrett, pp. 56-57; Deane, pp. 21-23.

152) Barrett, pp. 56-76.

153) Saich, p. 1234. 다음 자료도 보라. van Slyke, Lyman, *The Chinese Communist Movement during the Sino-Japanese War, 1937-1945*, CHOC, 13, p. 709. 대부분의 자료에서 1944년부터 1945년까지 공산당군 병력을 정규군 70만에서 90만 명, 민병대 2백만 명으로 추정하고 있다(다음을 보라. Lew, Christopher R., *The Third Chinese Revolutionary Civil War: 1945-1949*, Routledge, 2009, p. 2).

154) 판초프와 레빈에 따르면, 중국공산당과 국민당의 통일전선이 결성된 직후인 1937년 11월부터 스탈린은 중국공산당에 공산주의적인 색채가 외부에 좀 덜 드러나도록 하라고 촉구했다(pp. 315-321). 다음 해 봄 마오는 바이얼릿 크레시-마크스와 에번스 칼슨과 대담하는 자리에서 스탈린의 촉구대로 행동했다. 이로 인해 특히 칼슨은 중국공산당이 다른 공산당과는 다르다고 확신하게 되었다. "우리가 공산주의라고 말할 때 통상적인 의미와는 다른 공산주의이다. …… 나는 오히려 그들을 자유민주주의자 조직이라고 부르겠다." 판초프는 스탈린이 국민당과 중국공산당 사이에서 루스벨트 대통령이 중립을 지키도록 하고, 전쟁

이 끝난 후에는 공산당이 국민당을 조금씩 권좌에서 밀어내는 상황이 펼쳐질 수 있기를 바랐다고 설명한다(ibid., pp. 343-346).

155) Westad, *Cold War and Revolution*, p. 14. 다음 자료에 있는 몰로토프와 헐리의 대화도 보라. Carter, pp. 107-108.

156) Shum Kui-kwong, pp. 227-229; Garver, pp. 254-255; Roderick, John, *Covering China*, Imprint Publications, Chicago, 1993, p. 34.

157) Garver, pp. 257-258.

158) 1945년 2월부터 1946년 중반까지 미국과 소련의 중국 정책은 유동적이었다. 복잡하고 혼란스러웠던 이 시기에, 마오의 입장에 관한 논쟁이 있다. 마오가 중국공산당과 국민당의 경쟁을 군사적으로 해결하려고 했는지 아니면 외교적으로 해결하려고 했는지 하는 기본적 질문에도 연구자들은 이견을 보인다. 이 당시를 가장 세심하게 다룬 자료는 다음과 같다. Harold Tanner, *The Battle for Manchuria and the Fate of China: Siping, 1946*, University of Indiana Press, 2013, pp. 33-191. 이 책은 비록 편집의 실수가 많기는 하지만, 당시 미국, 소련, 국민당, 중국공산당 사이에 진행된 군사적 및 외교적 상호 작용에 관해 흥미로운 통찰을 제공한다. 한편 John Garver(esp. pp. 209-230 and 249-265), Odd Arne Westad(*Cold War and Revolution and Decisive Encounters*), Michael M. Sheng(*Battling Western Imperialism*)의 저서들은 다른 해석을 제공한다. 다음 자료도 참고하라. Goldstein, Steven M., 'The CCP's Foreign Policy in Opposition, 1937-1945', in Hsiung, James C., and Levine, Steven I.(eds.), *China's Bitter Victory*, M. E. Sharpe, Armonk, 1992, pp. 122-129; Hunt, Michael H., *The Genesis of Communist Chinese Foreign Policy*, Columbia University Press, New York, 1996, pp. 159-171; Niu Jun, 'The Origins of Mao Zedong's Thinking on International Affairs', in Hunt, Michael H., and Niu Jun(eds.), *Towards a History of Chinese Communist Foreign Relations, 1920s-1960s*, Woodrow Wilson Center, Washington, 1997, pp. 10-16; Lu Xiaoyu, *A Partnership for Disorder*, Cambridge University Press, 1996; James Reardon-Anderson, *Yenan and the Great Powers*, Columbia University Press, New York, 1980.

159) 'On Coalition Government', and 'Speech to the Seventh Congress', 24 April, 1945, in Saich, pp. 1216-1243. 다음 자료도 보라. van Slyke, CHOC, 13, p. 717.

160) 1945년 6월 15일에 마오는 내전이 다시 시작될 "가능성이 있다"고 썼다. 7월 22일에는 내전 위험이 "전례 없이 심각하다"고 말했다. 8월 4일에는 내전이 "불가피하다"고 썼다. 다음 자료를 보라. Zhang, Shu Guang and Chen, Jian(eds.), *Chinese Communist Foreign Policy and the Cold War in Asia*, Imprint Publications, Chicago, 1996, pp. 22-23 and 25-26. 8월 13일 옌안에서 진행된 간부회의에서 마오는 장제스의 "정책은 이미 확정되었다"고 말했으며, 더 나아가 이제 최선의 행동은 내전을 "당분간 …… 규모가 커지지 않도록 제한하면서 개별 지역에 국한하는" 방법이라고 주장했다(SW, 4, p. 22).

161) 조약 전문은 다음 웹페이지에서 볼 수 있다. http://www.chinaforeignrelations.net/node/242.

162) Tanner, *Battle for Manchuria*, pp. 48-49.

163) Heinzig, *Soviet Union and Communist China: 1946-1950*, p. 75.

164) 몇 달 뒤 홍군 지휘관들은 소련 지휘관들에게 소련이 국민당을 지지한 데 항의했다. 이에 그들은 다음과 같이 답했다. "모스크바의 이해관계가 전 세계 공산주의자들의 가장 앞선 이해관계여야 할 것이다."(ibid., pp. 74-75).

165) Vladimirov, p. 491. 1939년 오토 브라운이 옌안을 떠난 직후 세 명의 러시아인이 옌안에 도착했는데, 그들은 자신들이 타스통신 통신원이라고 말했지만 정확한 신원은 여전히 알 수 없다. 그들은 1943년 10월까지 옌안에 머물렀다. GRU가 파견한 두 번째 요원인 블라소프, 의사 안드레이 오를로프 그리고 또 다른 러시아인은 1942년에 옌안에 도착해 1945년까지 머물렀다. 오를로프는 1946년 초 마오가 병이 났을 때 다시 옌안으로 돌아와서 1949년 중반까지 있었다(ibid., pp. 17, 20, 124 and 157).

166) 金冲及, 《毛澤東傳》, pp. 727-735.

167) Westad, *Cold War and Revolution*, p. 109.

168) Ching White Paper, US Department of State, Washington, 1949, pp. 577-581. 다음 자료 도 보라. SW, 4, pp. 53-63.

169) 《毛澤東年譜》, 3, p. 49; Jin Chongii, p. 749. 다음 자료도 보라. Rittenberg, pp. 106-110.

170) Westad, *Decisive Encounters*, p. 69.

171) Roderick, p. 32.

172) 師哲, 《在歷史巨人身邊》, 中央文獻出版社, 1991, p. 313.

173) Westad, *Cold War and Revolution*, pp 118-139.

174) 《毛澤東年譜》, 3, p. 50.

175) Westad, pp. 143-147.

176) Zhang and Chen pp. 58-62 (Feb. 1 1946).

177) Rodrick, pp. 32-34.

178) Westad, idem, pp. 150-158 and *Decisive Encounters*, pp. 35-36; Sheng, pp. 123-133.

179) 《毛澤東年譜》, 3, pp. 62-63; Sheng, p. 133. 다음 자료도 보라. Reardon-Anderson, p. 151.

180) Westad, ibid.; Zhang and Chen, pp. 67-68 (May 15 1946). 이때의 상황은 다음 자료에 잘 논의되어 있다. Sheng, pp. 134-144.

181) Tanner, p. 200.

182) Zhang and Chen, pp. 68-70 (May 28 1946). 다음 자료도 보라. Reardon-Anderson, pp. 157-159.

183) 마오가 병이 났을 때 동료들은 공포에 질려 스탈린에게 러시아인 의사를 보내 달라고 호소했다. 이에 스탈린은 특별 비행기를 편성하여 안드레이 오를로프를 옌안으로 파견했다. Shi Zhe, p. 313.

184) Westad, p. 155 and 216, n. 59.

185) SW, 4, p. 89 (July 20 1946).

186) Westad, *Decisive Encounters*, p. 60.

187) Shi Zhe, pp. 337-338.

188) 《毛澤東年譜》, 3, p. 176.

12장 새로운 중국의 탄생

1) Pepper, Suzanne, 'The KMT–CCP conflict, 1945–1949', CHOC, 13, pp. 758–764; Westad, *Decisive Encounters*, pp. 49–50 and 61.

2) SW, 4, pp. 103–107 (Sept. 16 1946).

3) Ibid., pp. 119–127 (Feb. 1 1947).

4) *History of the CCP, Chronology*, p. 183.

5) Rittenberg, pp. 118–119.

6) SW, 4 pp. 133–134 (April 15 1947)

7) SW, 4, p. 114 (Oct, 1 1946); Pepper, CHOC, 13, pp. 758 and 764.

8) Pepper, CHOC, 13, p. 728; Eastman, Lloyd E, *Seeds of Destruction: Nationalist China in War and Revolution, 1937–1949*, Stanford University Press, 1984, p. 210.

9) Pepper, CHOC, 13, pp. 766–767.

10) Ibid., pp. 764–766 and 770–774; Hu Sheng, *Concise History of the CCP*, pp. 349–351.

11) SW, 4, pp. 160 and 162–163 (Dec. 25 1947).

12) Pepper, CHOC, 13, pp. 772–774; *History of the CCP, Chronology*, pp. 192 and 194–195.

13) SW, 4, pp. 223–225 (March 20 1948). 다음 자료도 보라. Saich, *Rise to Power*. pp. 1319–1320 (Oct. 10 1948).

14) SW, 4, p. 288 (Nov.14 1948).

15) 1948년 10월 10일에 마오는 1951년 중반이면 국민당 정부를 타도할 수 있다고 예측했다. 그러나 겨우 3주가 지난 뒤인 1월 31일에는 1949년 가을로 시기를 앞당긴다(毛澤東年譜, 3, p. 378). 1949년 2월 그가 미코얀에게 말한 것도 보라. 師哲, 《在歷史巨人身邊》, p. 375.

16) 이어지는 서술은 다음 자료를 참고했다. Lloyd Eastman, *Seeds of Destruction*, esp. chs. 6, 7 and 9. 다음 자료도 보라. Pepper, CHOC, 13, pp. 763 and 737–751; Westad, *Decisive Encounters*, pp. 186.

17) 국민당 군대에 대한 절망적 평가는 다음 자료를 보라. Barret, *Dixie Mission*, pp. 60 and 85–87.

18) Deane, *Remembering Koji Ariyoshi*, p. 29.

19) 류사오치가 기초한 1946년 5월 4일자 중앙위원회 지령문을 신호탄으로, 토지 정책은 더욱 급진적으로 전환되었다. 1947년 12월에 마오는 이러한 급진적인 정책 전환이 "우리의 모든 적들을 패배시키기 위한 가장 근본적인 조건"이라고 말했다(SW, 4, p. 165). 하지만 이미 그때 이러한 토지 정책이 지나치게 좌경적이라는 인식이 형성되었고, 따라서 정책을 적절하게 통제하려는 시도가 이루어지고 있었다(Saich, pp. 1197–1201 and 1280–1317). 다음 자료도 보라. Westad, *Decisive Encounters*, pp. 62 and 116–118.

20) SW, 3, pp. 271–273 (June 11 1945).

21) SW, 4, pp. 100–101 (Aug. 1946).

22) Ibid, pp. 261–264 (Sept. 7 1948).

23) Ibid, pp. 289–293 (Dec. 11 1948).

24) Pepper, CHOC, 13, p. 784; Barnett, A. Doak, *China on the Eve of the Communist*

Takeover, Praeger, New York, 1963, pp. 304-307.

25) 마오가 '촌뜨기'에 대해 옹호한 발언은 다음 자료에 실려 있다. Saich, p. 1069 (Feb. 1 1942).

26) Sheng, *Battling Western Imperialism*, pp. 100 and 102-104.

27) SW, 4, p. 144 (Sept. 1 1947).

28) Saich, p. 1321 (Oct. 10 1947).

29) SW, 4, pp. 361-375 (March 5 1949); Saich, pp. 1338-1346 (March 13 1949); Barnett, pp. 83-95.

30) 'On the People's Democratic Dictatorship', June 30 1949, in Saich, pp. 1364-1374. 이 글의 수정본은 다음 자료에 있다. SW, 4, pp. 411-423. 1948년 1월에 마오는 농촌 지역에서 공산당에 대한 지지를 최대한으로 끌어내기 위해 노력하고 있었는데, 그때 이렇게 말하기도 했다. "우리 과제는 …… 지주라는 계급을 없애려 하는 것이지 지주들 개인을 없애려 하는 것이 아니다"(SW, 4, p. 186). 그는 지주와 부농 개개인을 "살려주되 새롭게 태어나도록" 해야 한다고 주장했다.

31) Winnington, p. 103.

32) Bodde, Derk, *Peking Diary: A Year of Revolution*, Henry Schuman, New York, 1950, p. 99.

33) Winnington, p. 106.

34) SW, 4, p. 374 (March 5 1949)(번역을 약간 수정했다). 다음 자료도 보라. Saich, p. 1346.

35) Quan Yanchi, *Mao Zedong: Man not God*, pp. 119-123. 다음 자료도 보라. Li Zhisui, *Private Life*, pp. 51-52.

36) SW, 5, pp. 16-17 (Sept. 21 1949).

37) SW, 5, p. 19 (Sept. 30 1949).

38) Kidd, David, *Peking Story*, Aurum Press, 1988, pp. 64-73.

39) JYMZW, 1, 中央文獻出版社, 北京, 1993, pp. 17-18.

40) Kau, Michael Y. M. and Leung, John K.(eds.), *The Writings of Mao Zedong*, M. E. Sharpe, Armonk, 1986, 1, pp. 16 and 31.

41) Pepper, CHOC, 13, pp. 783-784; Zhang, Shu Guang, *Deterrence and Strategic Culture*, Cornell University Press, Ithaca, New York, 1992, pp. 70-71; 師哲, p. 432.

42) 마오의 '일변도' 정책, 미국에 대한 태도 변화, 서방과의 외교 관계를 천천히 수립하겠다는 결정 등은 다음 자료에 자세하게 논의되어 있다. Chen Jian, *China's Road to the Korean War*, Columbia University Press, New York, 1994, pp. 15-23, 33-57 and 64-78; Hunt, *Genesis of Communist Chinese Foreign Policy*, pp. 171-180; Sheng, pp. 158-186; Zhang, pp. 13-45. 관련 문건을 확인하려면 다음 자료를 보라. Zhang and Chen(eds.), *Chinese Communist Foreign Poicy*, pp. 85-126. 1948년 11월에 선양을 점령하자 마오는 처음으로 미국 외교관을 처리하는 실질적 문제에 봉착했다. 그는 이전에는 서방을 자극하는 행동을 피해야 한다고 강조했지만, 이때 갑자기 신중국의 주권을 공격적으로 주장하기 시작했다.

43) 師哲, p. 379.

44) Saich, pp. 1368-1369.

45) Westad, *Decisive Encounters*, pp. 167, 217 and 232-233. 판초프와 레빈은 당시 냉전이 이미 시작되고 있었기 때문에, 마오가 소련의 친밀한 동맹자라는 인상을 외부에 주지 않기 위해, 스탈린이 일부러 마오를 만나지 않았다고 설명한다(p.354).

46) 이는 여전히 논란의 대상이다. Michael Sheng을 비롯한 여러 연구자들은 스탈린이 1945년에 실수를 한 뒤 겨우 4년밖에 지나지 않았는데 또다시 마오에게 공격을 멈추라고 이야기했을 리가 없다고 주장한다(p. 169). 그러나 중국의 당 역사가들은 미국의 개입을 촉발할까 봐 당시 러시아인들이 인민해방군의 중국 남부 진입에 심각한 우려를 표명했다고 한다(Salisbury, *New Emperors*, p. 15). 1956년 마오는 소련 대사에게 이렇게 말한 적이 있다. "장제스 군대와 무력 투쟁이 최고조에 올라 우리가 승리의 문턱에 와 있었는데 스탈린은 장제스와 휴전을 하라고 촉구했습니다. 그가 중국 혁명의 역량을 의심했기 때문입니다."(*Cold War International History Project Bulletin*(이하 CWIHP), nos. 6-7, Winter 1995, p. 165). 마오와 저우언라이의 다른 언급을 보려면 다음을 참고하라. Chen Jian, pp. 67 and 245-246, n. 13. 소련이 1949년 여름까지도 국민당과 대사 관계를 계속 유지했다는 사실을 두고, 스탈린이 장제스와 관계를 끊기를 꺼려했다는 증거로 삼는 주장이 있으나, 이는 직접적인 이유라 할 수 없다. 대사 관계를 유지했던 까닭은 소련이 중소우호조약을 계속 유지하고 싶었다는 사실과 관련이 있다. 와이멍구 독립, 만주 지역에서 소련 특권 유지 같은 사항이 이 조약에 확보되어 있었기 때문이다.

47) 師哲, p. 385.

48) Ibid., pp. 414 and 426; 약간 다른 설명은 다음을 보라. Chen Jian, pp. 72-73.

49) 師哲, p. 433.

50) 1940년대 말 George Kennan을 비롯한 미국 국무부 인사들은, 티토처럼 마오 역시 소련의 통제에 반항적 행보를 보일 것이라고 예견하며, 마오와 스탈린의 의견 차이를 강조하는 방향으로 움직이는 것이 미국에 이롭다고 주장했다. 훗날 마오는 1949년 당시에 스탈린이 자신을 '제2의 티토'로 여겼다고 비난했다(Zhang, *Deterrence and Strategic Culture*, p. 36; CWIHP, 6-7, pp. 148-149 and 165).

51) 마오의 모스크바 체류에 관한 상세하고도 상이한 설명을 보려면 다음 자료를 참고하라. Chen Jian, pp. 78-85; Goncharov, Sergei N., Lewis, John W., and Xue Litai, *Uncertain Partners: Stalin, Mao and the Korean War*, Stanford University Press, 1993, pp. 76-129; 師哲, p. 433 et seq; Zhang, pp. 29-33. 1956년 3월 마오는 파벨 유딘과 대화하는 중에 이 방문에 관해 이야기했는데, 그 내용은 다음 자료에 실려 있다. CWIHP, 6-7, pp. 165-166. 1949년 12월 16일과 1950년 1월 22일 마오와 스탈린의 회담 때 작성된 소련 측의 회의록도 참고할 만하다(ibid., pp. 5-9).

52) 師哲, pp. 434-435.

53) 마오는 16년 전 루이진에서 자신이 권력에서 밀려나 구차하게 살고 있던 상황을 묘사할 때도 거의 동일한 표현을 사용했다.

54) Westad, *Decisive Encounters*, pp. 119-121, 128, 175, 216-218, 253, 263 and 265-268.

55) '在成都會議上的講話', March 10 1958, 《毛澤東思想萬歲》, 北京, 1969, pp. 159-172.

56) Shtykov to Zakharov, June 26 1950, in CWIHP, 6-7, pp. 38-39.

57) Shtykov to Vyshinsky, May 12 1950, in ibid; Goncharov, Lewis and Xue, pp. 145-146.

58) Ibid., p. 146. 3월 말 마오는 북한 대사 리주연(李周淵)과 회담하는 자리에서, 미국 개입 문 제에 관해 그만의 모호한 표현을 사용하며 다음과 같이 말했다. 미국이 "(한국과 같이) 작 은 땅 때문에 제3차 세계대전에 들어가지는 않을 것" 같지만, 만일 세계대전이 실제로 터 진다면 북한은 그 전쟁을 피하지 못할 것이므로 준비를 시작해야 할 것이다(CWIHP, 6-7, pp. 38-39).

59) Roshchin to Stalin, May 13, and Stalin to Mao, May 14 1950, in CWIHP, 4, p. 61.

60) Chen Jian, pp. 106-109; Zhang, Shu Guang, *Mao's Military Romanticism*, University Press of Kansas, 1995, pp. 44-45.

61) Goncharov, Lewis and Xue, pp. 152-154.

62) Zhang, *Deterrence and Strategic Culture*, pp. 51-73. 마오는 1950년 여름에 타이완으 로 진격하고자 계획했다. 하지만 준비 작업이 예상보다 오래 걸려서 6월 초쯤 공격 시기를 1951년 중반으로 미루기로 결정했다(Goncharov, Lewis and Xue, pp. 148-149 and 152). 8월 11일 중국공산당 중앙위원회 군사위원회는 한반도의 전쟁 상황 탓에 1952년 이후로 타이완 공격을 연기하기로 한다(Zhang and Chen, *Chinese Communist Foreign Policy*, pp. 155-158; Chen Jian, p. 132).

63) 미국의 타이완 정책은 1950년 봄과 초여름에 걸쳐 점차 강경한 방향으로 변화했다(Chen Jian, pp. 116-121). 하지만 미국이 중국국민당을 지지하기 위해 군사 행동을 하는 것은 남 한을 방어하는 것과 비교해 훨씬 어려운 일이었다.

64) 본문의 서술은 중국의 중앙 문서고 자료, 당시 한국전쟁에 관여한 중국인들의 회고록, 최 근에 공개된 러시아 측 자료를 토대로 삼았다. 다음 자료를 보라. Chen Jian, pp. 131- 209; Goncharov, Lewis and Xue, pp. 130-199; Hunt, *Genesis of Communist chinese Foreign Policy*, pp. 183-190; Zhang, *Mao's Military Romanticism*, pp. 55-94, and *Deterrence and Strategic Culture*, pp. 90-100; Pantsov and Levine, pp. 376-385.

65) Stalin to the Soviet Ambassador to Czechoslovakia, Mikhail A. Silin, for Klement Gottwald, Aug. 27 1950, in *Novaia i noveishaia istoriia*, Moscow, 5, pp. 96-97.

66) 10월 2일 오전, 마오는 스탈린에게 보낼 전보의 초안을 잡았다. 중국이 개입하기로 결정했 다는 것을 알리는 내용이었다(개별 인터뷰 자료; Chen and Zhang, pp. 162-163). 그런데 그날 오후 스탈린이 보낸 메시지가 도착했다. 이에 마오는 처음에 만들었던 초안을 폐기 하고 새로운 전보를 작성하여 베이징에 있는 소련 대사관을 통해 모스크바에 발송했다(첫 번째 초안은 직접 손으로 쓴 것인데 이는 현재 중국 중앙 문서고에 보관되어 있으며, 스탈 린이 10월 3일에 수신한 전보의 복사본은 러시아대통령 문서고에 보관되어 있다). 훗날 저 우언라이는 "두 개의 선택지를 제시하고 그중 하나를 스탈린이 선택하도록" 요청했다고 말했다. 그러나 마오는 당시 중국이 군대를 보내지 않을 수도 있다고 위협했을 뿐이라고 회고했다(1970년에 마오가 김일성과 대화를 나누며 한 말이다. 다음 자료에서 인용했다. Chen Jian, p. 199). 10월 1일에 스탈린이 마오에게 보낸 전보, 10월 8일에 스탈린이 김일성 에게 보낸 전보, 10월 2일에 마오가 스탈린에게 보낸 두 번째 초안에 기초한 전보는 다음 자료에서 보라. CWIHP, 6-7, pp. 114-117 and 106-107, n. 30.

67) 한국전쟁 당시 중국의 군사 전략과 전술, 이를 결정한 마오의 역할에 관해 가장 뛰어나

고 자세한 논의는 다음 자료이다. Shu Guang Zhang, *Mao's Military Romanticism*, pp. 98-244.

68) Domes, Jurgen, *Peng Dehuai: The Man and the Image*, Hurst, London, 1985, pp. 65-70.

69) SW, 5, pp. 115-120 (Sept. 12 1953).

70) Chen Jian, p. 104; Zhang, *Military Romanticism*, pp. 253-254.

71) 훗날 마오는 한국전쟁 이후에야 스탈린이 중국공산당을 신뢰하기 시작했다고 말했다 (CWIHP, 6-7, pp. 148-149 and 156). 한편 1951년 모스크바에서 전쟁 물자 공급 협상을 진행했던 쉬샹첸은 중국이 지나치게 강력해지는 것을 러시아인들이 바라지 않았다고 주장 했다(Zhang, *Military Romanticism*, p. 222). 마오와 쉬샹첸의 말이 충돌하는 것은 아니 다. 다음 자료도 보라. Goncharov, Lewis and Xue, pp. 217-225 and 348, n. 9.

72) 중국의 공식적인 통계는 사망자 14만 7천 명, 부상자 30만 명이다. 다른 자료는 이보다 훨씬 더 높게 추정하고 있다. 다음을 보라. Zhang, *Military Romanticism*, p 247; Pantsov and Levine, p. 387.

73) Zhang, pp. 193-194; 劉杰誠, 《毛澤東與斯大林》, 中共中央黨校出版社, 北京, 1996, pp. 645-647; Pantsov and Levine, p. 349. Quan Yanchi는 마오의 경호를 맡았던 리인차오의 말을 인용하여, 마오안잉의 소식을 마오에게 처음 전달한 사람이 장칭과 예쯔룽이었다고 설명 한다(*Mao Zedong: Man not God*, pp. 43 and 172). 다음 자료도 보라. Kau and Leung, 1, pp. 147-148.

74) Quan Yanchi, pp. 168-172. 시바이포에서 마오와 마오안잉이 충돌한 일에 관해서는 다음 자료를 보라. Pantsov and Levine, pp. 350-351. 이들은 러시아 문서고에 있는 마오 관련 자료들을 인용한 것이다(*Lichnoe delo Mao Tszeduna*, 1, 26).

75) Teiwes, Frederick C., 'Establishment and Consolidation of the New Regime', CHOC, 14, p. 84

76) Yang Kuisong, 'Reconsidering the campaign to suppress counter-revolutionaries', CQ, 193, pp. 102-121.

77) Kau and Leung, 1, pp. 97-103 (June 6 1950). "(우리는) 한 명의 비밀요원도 처형해서는 안 되며, 대다수의 비밀요원도 체포해서는 안 된다."는 마오의 언급은 보통 1950년 9월 27 일에 한 것으로 알려져 있지만, 사실은 그보다 7년 전에 이야기한 것이다. 여하튼 마오가 이 운동이 일정한 한도 내에서 진행되기를 바란 것은 사실이다.

78) Chen Jian, pp. 139-140 and 193-194; Teiwes, Frederick C., *Elite Discipline in China: Coercive and Persuasive Apporaches to Rectification, 1950-1953*, Austalian National University, Canberra, p. 54.

79) Chen, Theodore, H. E., *Thought Reform of the Chinese Intellectuals*, Hong Kong University Press, 1960, pp. 24-27; Lum, Peter, *Peking*, Robert Hale, 1958, p. 60.

80) Zhang, *Military Romanticism*, pp. 201-202.

81) Lum, pp. 33-39, 67-74 and 83-92.

82) Zhang, *Military Romanticism*, pp. 181-186; Lum, pp. 177-184.

83) Chen Jian, p. 194. 다음 자료도 보라. Teiwes, *Elite Discipline*, p. 55; CHOC, 14, pp. 88-

92; Yang Kuisong, supra.

84) Kau and Leung, 1, pp. 162-163 (Jan 17); SW, 5, pp. 54-56 (March 30, May 8 and June 15 1951); Yang Kuisong, p. 108.

85) Teiwes, CHOC, 14, pp. 83-88.

86) SW, 5, p. 72 (Jan. 1 1952).

87) '삼반'과 '오반'에 관해서는 다음 자료를 참고하라. Ibid., pp. 88-92; Teiwes, *Elite Discipline*, pp. 17-48 and 115-148; Chen, *Thought Reform*, pp. 51-53.

88) SW, 5, p. 77 (June 6 1952).

89) Chen, *Thought Reform*, pp. 54-71.

90) Chen Jian, pp. 215 and 220-223.

91) 최소한의 추정치이다. 한국에서 죽은 사람이 거의 15만 명에 가까웠고, 1951년 5월까지 반혁명 분자로 처형당한 사람이 71만 명이었다(이 처형은 1953년까지 계속된다). 지주와 그 가족으로 처형당한 사람은 최소한 1백만 명이다. 그리고 '삼반'과 '오반' 운동으로 '수십만 명'이 죽었다.

92) 一波,《若干重大決策餘事件的回憶》, 1, 中共中央黨校出版社, 北京, 1993, p. 155.

13장 백화운동과 대약진운동

1) 1956년 12월 마오는 기업인들 앞에서 이렇게 언급했다. "나는 경제 분야에는 문외한입니다."(Kau and Leung, *Writings of Mao*, 2, p. 200)

2) Thompson, *Mao Zedong: Report from Xunwu*, p. 64.

3) Saich, *Rise to Power*, pp. 976-977.

4) SW, 5, pp. 73-76 (April 6 1952).

5) Chen Jian, *China's Road to the Korean War*, pp. 77 and 84; Goncharov, Lewis and Xue, *Stalin, Mao and the Korean War*, p 95.

6) Saich, p. 1374 (June 30 1949); SW, 4, p. 423.

7) Teiwes, CHOC, 14, pp. 92 and 96-97. 중국의 경제 발전을 돕는 데 열의가 없었던 스탈린은 마오에게 경제 현대화를 급하게 추진하지 말라고 촉구했으며 (중국이 요청한 147개 산업 계획 가운데) 50개만 돕기로 결정했다. 스탈린이 죽은 지 얼마 되지 않은 1953년 5월, 말렌코프와 흐루쇼프는 91개 산업 계획을 더 승인했다(Pantsov and Levine, pp. 390-391 and 401-402). 1954년 10월 흐루쇼프가 소련의 최고 지도자로 등극한 후로는 중국에 대한 소련의 원조가 더 증가했다.

8) 1958년 3월 10일 청두 회의에서 한 발언이다. 다음 자료를 보라. Schram, Stuart R., *Mao Tse-tung Unrehearsed*, Penguin, Harmondsworth, 1974, p. 98.

9) Kau and Leung, 1, p. 318 (Feb. 7 1953)

10) Friedman, Edward, Pickowicz, Paul G. and Selden, Mark, *Chinese Village; Socialist State*, Yale University Press, New Haven, 1991, pp. 112-184; Teiwes, CHOC, 14, pp. 110-111. 훗날 마오는 농업 분야에서는 중국이 소련의 지도를 따르지 않았다고 말했다 (Schram, *Unrehearsed*, p. 98).

11) SW, 5, pp. 93-94 (June 15) and 102 (Aug. 1953).

12) Ibid., pp. 93, 101 (July 9) and 110 (Aug. 12 1953); Teiwes, Frederick C., and Sun, Warren(eds.), *The Politics of Agricultural Cooperativization in China*, M. E. Sharpe, Armonk, 1993, p. 49.

13) Ibid., pp. 28-32 and 53-54; Teiwes, Frederick C., *Politics at Mao's Court: Gao Gang and Party Factionalism in the Early 1950s*, M. E. Sharpe, Armonk, 1990, pp. 42-43, 62-71 and 187-212; Teiwes, CHOC, 14, pp. 99-101. 보이보에 대한 마오의 비판은 다음 자료에 실려 있다. SW, 5, pp. 103-111(Aug. 12 1953).

14) Paul Wingrove는 'Gao Gang and the Moscow connection: some evidence from Russian sources'에서 1949년 7월 류사오치가 중국공산당 대표단을 이끌고 모스크바에 갔을 때 가오강과 충돌한 적이 있다고 서술했다(*Journal of Communist Studies and Transition Politics*, 16, 4, 2000, pp. 88-106).

15) SW, 5, p 92 (May 19 1953). 류사오치는 암묵적으로 비판당했다. 왜냐하면 그가 판공청의 일반 업무를 책임지고 있었기 때문이다.

16) 가오강 사건을 다룬 가장 권위 있는 저술은 프레더릭 티위스의 *Politics at Mao's Court*이 다. 티위스는 마오가 류사오치와 저우언라이를 물러나게 할 의도는 없었다고 결론지었지 만, 마오가 가오강의 야심을 어느 정도까지 부추겼는가 하는 가장 중요한 질문에 대해서 는 확실한 대답을 하지 않았다. 당시의 역사를 잘 알고 있는 사람들의 말에 따르면, 마오 는 가오강을 계속 부추겼으며 가오강이 훗날 자살한 것은 마오의 배신에 대한 무언의 항 의였다고 한다. 이러한 주장은 마오가 가오강이 걸려들도록 의도적으로 덫을 놓았다는 생 각과 연결된다. Paul Wingrove는 (위에 언급된 글에서) 러시아 문서고 자료들과 소련 관 리들의 회고를 인용하여, 1949년 겨울에 스탈린이 마오에게 일련의 문건을 보여주었는데, 가오강이 중국공산당 상부의 허락을 받지 않은 채 당 내부의 일을 다룬 서신을 모스크바 로 보낸 것이었다고 전한다. Wingrove는 스탈린이 마오에게 자신이 솔직하다는 것을 보 여주려고 한 행동이라고 설명한다. 하지만 스탈린이 마오를 시험했다는 편이 좀 더 개연성 이 있어 보인다. 다시 말해 만일 마오가 가오강에게 적대적으로 행동하면, 중국공산당 정 치국 내에서 가장 친소련적 인물을 공격한 것이므로, 소련에 대한 적대적인 행동으로 간주 하겠다는 경고였던 것이다. 마오는 가오강을 쫓아내는 대신 '승진'시킴으로써 그를 지역 권력 기반으로부터 떼어놓았다. 그리고 스탈린이 죽자 마오는 이제 자기 생각대로 그를 처 리할 수 있었다.

17) Ibid., p. 162 (March 21 1955).

18) 1980년대 중반 당시 공산당 총서기 후야오방은 가오강과 라오수스 음모 사건을 다시 조 사하자고 덩샤오핑에게 제안했다. 전해지는 바에 따르면, 이때 덩샤오핑은 노발대발했으 며 더는 이 문제에 관해 토론하지 말 것을 명령했다고 한다. 1953년 12월 24일에 개최된 정 치국 회의에 관한 기록은 아직까지 공개되지 않았으며, 중국 내 공식 자료는 이 사건과 관 련하여 마오의 역할을 전혀 인정하고 있지 않다. 덩샤오핑이 이 음모 사건을 재조사하는 데 부정적인 태도를 보인 까닭은, 마오 사후에 당 지도부가 1957년 이전에는 주석이 아무 런 과오도 범하지 않았다고 공식적으로 결정했기 때문일 수도 있고, 가오강을 숙청하는 과 정에서 덩샤오핑 자신이 수행한 역할이 밝혀질까 봐 꺼려한 것일 수도 있다(다음을 보라. Quan Yanchi, *Mao Zedong: Man not God*, pp. 152-155).

19) 다음 자료를 참고했다. Teiwes and Sun, esp. pp. 82-154; Teiwes, CHOC, 14, pp. 110-119.

20) Teiwes and Sun, p. 42 (May 9 1955).

21) Ibid., p. 107 (July 11 1955).

22) Ibid., p. 136.

23) SW, 5, p. 184 (July 31 1955)(번역을 다소 수정했다).

24) Teiwes and Sun, pp. 47-48 and 107-118.

25) SW, 5, pp. 249-250 (Dec. 1955).

26) Teiwes, CHOC, 14, p. 113.

27) SW, 5, p. 214 (Oct. 11 1955).

28) 다음 자료에서 인용했다. Karl Eskelund, *The Red Mandarins*, Alvin Redman, London, 1959, pp. 150-151. 맥파쿼가 이 흥미로운 이야기의 가치를 먼저 알아봤다(MacFarquhar, *Origins of the Cultural Revolution*, 1, Oxford University Press, 1974, p. 327, n. 51).

29) Loh, Robert, and Evans, Humphrey, *Escape from Red China*, Michael Joseph, London, 1963, p. 136; Teiwes, CHOC, 14, p. 120.

30) MacFarquhar, 1, pp. 22-25; *History of the CCP*, *Chronology*, p. 254.

31) MacFarquhar, 1, p. 27; SW, 5, p. 240 (Dec. 27 1955); Kau and Leung, 2, p. 13 (Jan. 20 1956).

32) MacFarquhar, 1, pp. 27-29.

33) Ibid., 1, pp. 30-31; Teiwes and Sun, p. 49.

34) 쉰할스가 박스 논문에서 한 말이다(University of Stockholm, 1987).

35) Short, Philip. *The Dragon and the Bear*, Hodder and Stoughton, London, 1982, pp. 265-276. 1956년 6월 4일 미국 국무부에서 '비밀 연설' 내용을 발표했다.

36) MacFarquhar, 1, p. 43.

37) 1956년 9월 유고슬라비아공산당 대표단과의 대화에서 마오가 한 말이다(CWIHP, 6-7, p. 151).

38) 1956년 3월 31일 파벨 유딘과의 대화에서 한 말이다(ibid., pp. 164-167).

39) Bowie, Robert and Fairbank, J. K.(eds.), *Communist China 1955-1959: Policy Documents with Analysis*, Harvard University Press, 1962, pp. 144-151 (April 5 1956).

40) MacFarquhar, *Origins*, 2, p. 194.

41) 吳冷西, 《十年論戰: 1956-1966 : 中蘇關係回憶錄》. 中央文献出版社, 北京, 1999; 다음 자료도 보라. John Garver's review article, 'Mao's Soviet policies', CQ, 173, March 2003, pp. 197-213. 1956년 9월 마오는 중국과 소련의 관계가 "다소 …… 형제 관계다워졌지만, 부자 관계의 그림자가 완전히 걷히지 않았다."라고 말했다(CWIHP, 6-7, p. 151). 2년 뒤 이 그림자가 너무나 강해지자, 마오는 소련 대사를 불러 모스크바가 가부장적 권위를 강요하고 있으며 중국의 능력을 멸시하고 있다고 화를 냈다(ibid., pp. 155-159).

42) Zagoria, Donald, S., *The Sino-Soviet Confict, 1956-1961*, Princeton University Press, 1962, p. 44.

43) CWIHP, 10, pp. 152-155; MacFarquhar, *Origins*, 1, pp. 169-171.

44) 'More on the Historical Experience of the Dictatorship of the Proletariat', in Bowie and Fairbank, pp. 261 and 270 (Dec. 29 1956). 다음 자료도 보라. 'Zhou Enlai to Mao Zedong', CWIHP, 10, p. 153.

45) SW, 5, pp. 341–342 (Nov. 15 1956). 이보다 이른 시기인 10월 23일에 마오는 소련 대사 파벨 유딘과 대화하며 이 '칼'의 비유를 언급한 적이 있다(CWIHP, 10, p. 154).

46) Bowie and Fairbank, pp. 257–272 (Dec. 29 1956).

47) CWIHP, 10 p. 154.

48) Kau and Leung, 2, p. 114 (Aug. 30 1956). 이와 똑같은 표현이 마오의 1956년 4월 25일자 연설 '열 가지 큰 관계를 논하다(論十大關係)'(SW, 5, p. 304)에 나오는데, 원래는 없었던 것을 나중에 추가한 것으로 보인다.

49) Bowie and Fairbank, pp. 257–259 (Dec. 29 1956).

50) Ibid., p. 258 (Dec. 29 1956).

51) MacFarquhar, 1, p. 176.

52) CWIHP, 10, pp. 153–154.

53) Kau and Leung, 2, p. 71 (April 1956). p. 114 (Aug. 30 1956)도 보라.

54) Chen, *Thought Reform*, pp. 37–50 and 80–85. 다음 자료도 보라. Kau and Leung, 1, pp. 481–484 (Oct. 16 1954)('유평보兪平伯') and 506–508 (Dec. 1954)('후스').

55) Kau and Leung, 1, pp. 72 (March 1950) and 496 (Oct. 1954).

56) SW, 5, pp. 121–130 (Sept. 16–18 1953). 다음 자료도 보라. 周鯨文,《風暴十年》, 時代批評出版社, 1962, pp. 434–437.

57) Goldman, Merle, *Literary Dissent*, pp. 129–157; Chen, *Thought Reform*, pp. 85–90.

58) MacFarquhar, 1, p. 84.

59) Kau and Leung, 2 pp. 66–75 (April 1956).

60) Ibid. p. 255 (Jan. 27 1957).

61) MacFarquhar, 1, pp. 33–35; Chen, *Tought Reform*, pp. 104–116; Goldman, pp. 158–160.

62)〈光明日報〉, May 7 1986; MacFarquhar, Cheek and Wu(eds.), *Secret Speeches of Chairman Mao*, p. 43.

63) MacFarquhar, *Origins*, 1, pp. 37–38 and 75–77.

64) Ibid., p 47.〈인민일보〉는 "당 지도자들이 중국 역사에서 중요한 역할을 수행했다."고 분명하게 선언했고, 이를 부인하는 것은 "완전히 잘못된 일"이라고 말했다(Bowie and Fairbank, p. 147). 다음 자료도 보라. CWIPH, 6–7, p. 149.

65) 당시 마오쩌둥은 당 대회 관련 업무를 류사오치에게 위임했고, 류사오치는 당헌 개정안을 기초한 뒤 마오의 승인을 얻기 위해 보냈다. 그런데 마오가 초안을 받은 때가 한밤중이었고 그때는 이미 그가 수면제를 먹고 잘 준비를 하고 있던 터라 이 언급이 삭제된 것을 알아채지 못했다(개별 인터뷰 자료, 1997년 베이징). 사실 마오는 여러 차례 자신의 '사상'을 그만 언급하자고 제안했지만, 그가 말하는 것과 다른 사람이 그의 말을 곧이곧대로 받아들이는 것은 같을 수 없었다. 훗날 문화혁명 중에 이 일은 류사오치을 비판하는 주된 요인으로 작용한다.

66) Kau and Leung, 2, p. 19 (Jan. 26 1956).

67) MacFarquhar, 1, pp. 99–109 and 149–151. 다음 자료도 보라. Terrill, *Mao*, pp. 272–273.

68) Kau and Leung, 2, pp. 203 and 233 (Dec. 8 1956 and Jan. 18 1957).

69) Ibid., pp. 158–195 (Nov. 15 1956). 마오의 후기 연설 대부분이 그러하듯 이 연설 역시 대화체이자 만연체이다. 게다가 이 연설은 홍위병에게 얻은 것이라 더욱 그러하다(두 가지 기록이 전해지는데 겹치는 부분도 있지만 다른 내용도 상당히 많다).

70) Ibid., p. 205, Dec. 8 1956.

71) MacFarquhar, 1, pp. 178–179; Goldman, pp. 165–182; Teiwes, *Politics and Purges*, pp. 232–234.

72) Kau and Leung, 2, pp. 223–224 (Jan. 12 1957).

73) Ibid., p. 243 (Jan. 18 1957). 다음 자료도 보라. MacFarquhar, Cheek and Wu, pp. 168–169.

74) Kau and Leung, 2, pp. 255 and 279–281 (Jan. 27 1957) 나중에 마오는 장제스의 저술이 제한된 형태로 출판되어야 한다고 말을 바꾼다(ibid. p. 356, March 1 1957).

75) Ibid., pp. 260–261 and 290 (Jan. 27 1957).

76) Ibid., p. 256.

77) Ibid., p. 253.

78) Ibid., pp. 258–259 and 289.

79) MacFarquhar, Cheek and Wu, pp. 121 (Feb. 16) and 241 (March 8 1957).

80) Kau and Leung, 2, p. 303 (Feb. 16 1957).

81) Ibid., p. 258 (Jan. 27 1957).

82) Ibid., pp. 253 and 292 (Jan. 27). 2월 27일자 연설 수정본도 참고하라.

83) 마오의 이 메시지는 다소 엉성한 형태로 1957년 2월 16일자 두 차례 연설에 실렸다 (MacFarquhar, Cheek and Wu, p. 117; Kau and Leung, 2, pp. 302–305). 다음 자료도 보라. Kau and Leung, p. 260 (Jan. 27 1957); SW, 5, pp. 313–314 (Aug. 30 1956).

84) MacFarquhar, *Origins*, 1, p. 184.

85) MacFarquhar, Cheek and Wu, pp. 113–189 (Feb. 27 1957).

86) MacFarquhar, Roderick, *The Hundred Flowers Campaign and the Chinese Intellectuals*, Praeger, New York, 1960, p. 19.

87) Loh and Evans, p. 222.

88) MacFarquhar, *Hundred Flowers*, pp. 24–25.

89) Ibid., pp. 27–28.

90) MacFarquhar, Cheek and Wu, p. 156 (Feb. 27)('큰 진보'); Kau and Leung, 2, pp. 229–230 (Jan. 18)('신뢰할 수 없다'); MacFarquhar, Cheek and Wu, p. 144 (Feb. 27)('애국'); p. 257 (Jan. 27)('조금도 이상할 것이 없다'); p. 173 (Feb. 27)('독초가 자라는 것을 허용'); Kau and Leung, 2, p. 234 (Jan. 18)('비료'); MacFarquhar, Cheek and Wu, pp. 144 (Feb. 27)('극소수'); Kau and Leung, 2, p. 243 (Jan. 18)('결연하게 진압'); MacFarguhar, Cheek and Wu, pp. 175–176 (Feb. 27)('소동'); Kau and Leung, 2, p. 233 (Jan. 18)('드러내고 고립되도록').

91) Ibid., p. 256 (Jan. 27 1957).

92) Malraux, André, *Anti-mémoires*, Paris, 1968.

93) 맥파쿼는 당시 당 지도부 내에 '백화운동'에 관한 이견이 있었다고 주장하며 자세하게 논했고(*Origins*, 1, chs. 13-16), 이후 많은 연구자들이 그의 의견을 따랐다. 1974년 맥파쿼의 책이 출판될 당시에는 중국의 공식 발표문이 유일한 연구 자료였으며, 이를 크렘린의 연구 방식으로 분석했다. 하지만 이 방식은 매우 자주 잘못된 결론을 도출했다. 오늘날에는 마오의 동료들 상당수가 '백화운동'에 대해 주저하기는 했지만 지도부의 분열 같은 것은 없었으며, 그들은 항상 그러했듯이 마오의 뜻을 순순히 따랐다고 보고 있다.

94) MacFarquhar, Cheek and Wu, p. 321 (March 19).

95) Ibid., p. 359 (March 20)('차분하게 진행될 것이고 서두르지 않을 것'); pp. 300 and 329-330 (March 18 and 19)('누구에게 따질 수 있겠는가'); pp. 292-294 (March 17)('스스로 생각'); p. 305 (March 18)('활력'); p. 303 (March 18)('신랄한'); Kau and Leung, 2, p. 517 (early April)('질책').

96) MacFarquhar, Cheek and Wu, pp. 366-367 (April 30). 다음 자료도 보라. Ibid., p. 229 (March 8); Kau and Leung, 2, p. 522 (early April).

97) MacFarquhar, Cheek and Wu, pp. 351-362 (March 20).

98) Ibid., pp. 201 and 210 (March 6); Kau and Leung, 2, p 517 (early April).

99) MaFarquhar, Cheek and Wu, pp. 210, 240, 336 and 357 (March 6, 8, 19 and 20).

100) Ibid., pp. 50-52; Kau and Leung, 2, p. 515; 왕뤄수이와의 인터뷰, 1997년 6월 베이징.

101) 《劉少奇年譜》, 2, p. 398; JYMZW, 6, pp. 423-433.

102) MacFarquhar, Cheek and Wu, p. 366 (April 30); Wu Ningkun, *A Single Tear*, Hodder and Stoughton, London, 1993, pp. 50-51.

103) Kau and Leung, 2, p. 519 (early April).

104) JYMZW, 6, pp. 417-418 (April 27).

105) Wu, p. 54.

106) Liang and Shapiro, *Son of the Revolution*, pp. 8-9.

107) 이 지도자는 구전(顧震)이다.

108) MacFarquhar, *Hundred Flowers*, pp. 44-109, esp. pp. 51-53 ('추안핑'), 87-89 ('경제학 강사'), 65 ('개똥 취급') and 68 ('누구도 감히 불만을 털어놓지 않는다').

109) JYMZW, 6, pp. 455-456.

110) Ibid., pp. 469-476. 다음 자료도 보라. SW, 5, pp. 440-446.

111) Kau and Leung, 2, p. 524.

112) MacFarquhar, *Hundred Flowers*, pp. 130-173.

113) SW, 5, p. 447 (May 25).

114) MacFarquhar, *Hundred Flowers*, pp. 94-95, 108-109 and 145-161.

115) Kau and Leung, 2, pp. 566-567.

116) Ibid., pp. 562-564.

117) SW, 5, p. 412.

118) Kau and Leung, 2, pp. 592-596.

119) Ibid., p. 596.

120) MacFarquhar, Cheek and Wu, pp. 203 and 247 (March 6 and 8).

121) 향후 6개월간 마오의 언급은 모순으로 가득 차 있다. 예를 들어 7월 1일자 논설에서 마오
는 우파가 "공산당을 물리치고 그 자리를 차지하려 한다"고 비난하면서 이렇게 주장한다.
"우리는 관용을 베풀어야 하며 처벌을 남발해서는 안 된다. …… 우리는 그들이 자신들만
의 견해를 가질 수 있도록 허용해야 하며, 그들에게 언론의 자유를 허락해야 한다."(Kau
and Leung, 2, pp. 593 and 595). 며칠 뒤 우파와는 "화해할 수 없는, 생사가 달린 모순"이
존재한다고 쓰면서도, "그들 가운데 일부, 어쩌면 반 이상이" 변혁될 수도 있다고 말했다
(pp. 654 and 659). 10월에도 마오도 여전히 양면적 태도를 보이며 이렇게 말했다. "곤란
한 문제들이 있다. 혁명 사업에는 난관이 많다."(p. 742)

122) MacFarquhar, Cheek and Wu, p. 204 (March 6). 이때 마오는 이렇게 말했다. "이제 이것
은 이념 투쟁이다. 이는 다른 문제다. …… 우리는 적을 과대평가해서는 안 되며 우리를 과
소평가해서도 안 된다."

123) Kau and Leung, 2, pp. 510 (April 30), 524 (April) and 631 (July 9).

124) 마오는 7월에 "이미 이를 예상했다"고 언급했지만 사실이 아니었다(ibid., p. 602).

125) 7월 1일자 마오의 논설이 이를 극명하게 보여준다. 마오는 이렇게 썼다. 무산계급과 자산
계급 사이에 새로운 투쟁이 한 차례 발생하는 것은 "사람의 의지와 관계가 없다. 즉 이는
불가피하다. 설령 사람들이 이를 피하려고 해도 안 된다. 그렇다면 해야 할 일은 오직 하
나, 이 상황의 조건을 십분 활용하여 승리를 쟁취하는 것뿐이다."(ibid., pp. 594-595). 또
한 7월 말에 그는 '백화제방, 백가쟁명'을 완전히 포기해서는 안 된다고 주장하기도 했다
(p. 640).

126) Kau and Leung, 2, p. 639 (July 17); MacFarquhar, *Hundred Flowers*, pp. 167-170 (June
6 and 7).

127) Kau and Leung, 2, pp. 654-655 and 662 (July).

128) 10월에 마오는 과거의 운동과 비교하며 이렇게 말했다. "우리는 과거 지주와 반혁명 분자
를 다루었던 방식으로 이들을 다루지 않을 것이다."(ibid., p. 732).

129) Teiwes, *Politics and Purges*, pp. 300-320.

130) Wu, pp. 72-173.

131) Liang and Shapiro, pp. 9-15.

132) Kau and Leung, 2, p. 596 (July 1).

133) Ibid., p. 655 (July).

134) Li Zhisui, *Private Life*, pp. 76-80. 훗날 마오의 개인 주치의가 되는 리즈쑤이는 마오가
1950년 2월 모스크바에서 귀환한 직후 중난하이에 들어왔고 말했다(p. 52). 그러나 당시
상황을 잘 아는 자가 전하는 바에 따르면, 마오는 1949년 11월에 중난하이로 왔다고 한다.

135) Quan Yanchi, pp. 84-89; Li Zhisui, pp. 76-80.

136) Li Zhisui, pp. 56-58.

137) Ibid., pp. 140-145, 187-188 and 190; Witke, *Comrade Chiang Ch'ing*, pp. 254-262.

138) Li Zhisui, p. 85.

139) Quan Yanchi, pp. 107 and 134-141.

140) 葉永烈, 《江靑傳》, pp. 239-242.

141) Mao, *Nineteen Poems*, p. 30(번역을 다소 수정했다). 약간 다른 번역은 다음을 보라. Terrill, *Mao*, pp. 276-277. 마오와 천위잉의 만남에 관해서는 다음 자료를 보라. *Peking Review*, Oct. 14 1977.

142) Van Gulik, Robert, *Erotic Colour Prints of the Ming Period*, privately published, Tokyo, 1951(Taiwan Reprint), p. 39.

143) 개별 인터뷰 자료. 다음 자료도 보라. Li Zhisui, pp. 355-364; Salisbury, *New Emperors*, pp. 134, 217-219 and 221. 1950년대와 1960년대 마오의 곁에서 일한 왕둥싱과 린커 등은 리즈쑤이의 서술이 과장되고 부정확하다며 공개적으로 의문을 제기했다. 세부 사항은 그럴 수도 있지만, 전반적인 내용은 과거 마오를 상대한 여성들 몇 명이 (익명성을 보장한다는 조건 아래) 사실로 확인해주었다. 리즈쑤이 증언의 근본적인 정확성은 의심의 여지가 없다.

144) Li Zhisui, p. 363.

145) Quan Yanchi, pp. 12 and 137.

146) Ibid., pp. 88 and 153-155.

147) MacFarquhar, *Hundred Flowers*, p. 306.

148) Kau and Leung, 2, pp. 255 and 262 (Jan. 27 1957).

149) MacFarquhar, *Origins*, 1, pp. 59-61, 86-91 and 126-129. 우렁시는 나중에 마오가 다음과 같이 말했다고 전한다. "어째서 내가 나를 모욕하는 글을 읽어야 하는가?"(《憶毛主席: 我親自經歷的若干重大歷史事件片斷》, 新华出版社, 北京, 1995, p.57)

150) Kau and Leung, 2, pp. 159 and 179-180 (Nov. 15 1956).

151) MacFarquhar, 1, pp. 293-294; 2, pp. 2-4, 19, 40 and 179-180; Kau and Leung, 2, pp. 660 (July) and 702 (Oct. 9 1957). 비록 마오가 1957년 여름 이후부터 계속 무산계급 출신의 지식인 집단이 필요하다고 강조하기는 하나, 그렇다고 해서 자산계급의 전문 기술을 활용하는 가능성을 완전히 포기한 것은 아니었다. 자산계급의 전문 기술에 관한 이야기는 1950년대 말까지 간헐적이지만 꾸준하게 등장한다.

152) MacFarquhar, Cheek and Wu, pp. 280, 285, 288, 301, 308, 352, and esp. 371. 훗날 류사오치는 제8차 당 대회 보고서를 통해 투쟁의 종식이라는 관념을 지어냈다고 비판당한다 (MacFarquhar, *Origins*, 1, pp. 119-121 and 160-164). 그러나 류사오치가 보고할 때나 당대회 결의문이 채택될 때나 '그 당시에' 마오는 아무런 반대 의사도 표하지 않았다. 1956년 11월 15일 8기 중앙위원회 제2차 전원회의에서 마오는 이렇게 말했다. "오늘날 중국의 계급 모순은 이미 기본적으로 종결되었다. 현재 국내의 주요 모순은 선진적 사회 제도와 낙후한 생산력 사이의 모순이다."(Kau and Leung, 2, p. 184). 이는 류사오치가 기초한 당대회 결의문 부분과 의미상 정확하게 일치한다. 마오는 처음부터 "기본적으로"라는 말이 "아직 완전히는 아니다"라는 뜻이라고 강조했다(ibid., p. 197, 1956년 12월 4일). 하지만 류사오치의 보고서에도 사회주의 변형이 완성될 때까지 계급투쟁은 계속될 것이라고 서술되어 있다(다음을 보라. Bowie and Fairbank, p. 188). 1957년 봄, 마오가 무산계급과 자산계급의 투쟁에 관한 생각을 바꾸기 시작하면서부터 제8차 당 대회에서 채택된 노선에 의문이 제기되었다.

153) SW, 5, p. 395 (June 19). 새로운 노선이 등장하는 과정에 나타난 표현들을 보려면 다음 자료를 참고하라. Kau and Leung, 2, pp. 566-567 (June 8) and p. 578 (June 11 1957).

154) Kau and Leung, 2, pp. 809-812 (날짜는 명기되어 있지 않지만 1957년 9월로 추정된다).

155) Ibid., pp. 696-713. 마오는 미래의 풍요에 대해 상상의 나래를 펼치며, 농민 한 사람이 '몇 편(分)의 땅'에서 나는 곡물로 먹고 살 수 있는 때가 올 것이라고 주장했다(p. 700).

156) Klochko, Mikhail A., *Soviet Scientist in Red China*, International Publishers, Montreal, 1964, p. 68.

157) MacFarquhar, *Origins*, 2, p. 23.

158) '참새 학살(sparrowcide)'이라는 말은 맥파퀴가 만들어냈다. 나는 이 말이 널리 사용될 만한 가치가 있다고 생각해 그의 표현을 빌렸다.

159) Ibid., p. 10; Kau and Leung, 2, p. 720 (Oct, 9 1957).

160) MacFarquhar, 2, p. 16; Kau and Leung, 2, p. 702 (Oct. 9 1957).

161) MacFarquhar, ibid; Kau and Leung, p. 787 (Nov. 18 1957).

162) Kau and Leung, pp. 783 and 786.

163) MacFarquhar, 2, pp. 17-19.

164) MacFarquhar, Cheek and Wu, pp. 377-391 (Jan. 3-4 1958).

165) *Miscellany of Mao Zedong Thought*, 1, pp. 80-84 (Jan. 13 1958).

166) 薄一波, 《若干重大決策與事件的回憶》, 2, p. 639; 〈炎黄春秋〉, 2, 2000, pp. 6-11; Yang Jisheng, *Tombstone*, Farrar, Strauss and Giroux, New York, 2012, p. 107.

167) MacFarquhar, 2, pp. 36-41.

168) *Miscellany*, 1, p. 89 (April 6 1958).

169) MacFarquhar, 2, p. 34. 원래 목표는 12개월 내 2만 8천 제곱킬로미터에 관개 사업을 하는 것이었다.

170) *Miscellany*, 1, pp. 95-96 (May 8 1958).

171) MacFarquhar, 2, p. 43.

172) *Miscellany*, 1, p. 105 (May 17 1958).

173) MacFarquhar, 2, pp. 33, 82, 85 and 90; *Miscellany*, 1, p. 123 (May 18 1958). 대약진운동 이전에 마오는 중국이 미국의 생산 수준을 따라잡는 데 50년이 걸릴 것이라고 예측했다.

174) Ibid., p. 115 (May 23 1958). 다음 자료도 보라. MacFarquhar, Cheek and Wu, p. 409 (Aug. 19 1958).

175) MacFarquhar, Cheek and Wu, p. 432 (Aug. 30 1958).

176) MacFarquhar, *Origins*, 2, p. 84. 50년이 흐른 지금 탄전린의 청사진은 전부는 아니지만 대부분 실현되었다. 그러나 한 가지 차이가 있다. "필요한 만큼"이 아니라 "지불 능력만큼" 이용할 수 있다는 점이다. 심지어 프랑스의 도시 계획을 언급한 마오의 예언조차 현실화된 면이 있다. 중국 전역에 둘레에 담을 치고 정문을 설치한 주택 단지들이 있으며 그 안에는 프랑스 스타일의 빌라와 정원들이 자리 잡고 있기 때문이다. 물론 이러한 것들이 탄전린이 이야기한 공산주의 개념과 부합하는지는 전혀 다른 문제이다.

177) MacFarquhar, Cheek and Wu, p. 430 (Aug. 21 1958).

178) Kau and Leung, 2, p. 740 (Oct. 13 1957).

179) MacFarquhar, *Origins*, 2, p. 85.

180) Kau and Leung, 2, p. 720 (Oct. 9 1957).

181) 예를 들어, 다음을 보라. *Miscellany*, 1, p. 113 (May 20 1958).

182) Ibid., p. 96 (May 8 1958); Kau and Leung, 2, p. 720 (Oct. 9 1957).

183) Vogel, 'Chen Yun: his life', p. 753.

184) JYMZW, 6, pp. 457–458; MacFarquhar, 2, pp. 173–180.

185) '소조들'은 1958년 6월 10일에 설립되었다. (Chung, Yen-lin, 'The CEO of the Utopian Project: Deng Xiaoping's Roles and Activities in the Great Leap Forward', *China Journal*, 69, Jan. 2013, pp. 154–173).

186) *Miscellany*, 1, pp. 120–121 (May 18 1958).

187) MacFarquhar, 2, p. 77.

188) Ibid., pp. 78–80. Schram, *Mao's Road to Power*, 2, pp. 365–368 (March 18 1926).

189) MacFarquhar, 2, p. 81; *History of the CCP, Chronology*, p. 273.

190) *History of the CCP, Chronology*, p. 274.

191) MacFarquhar, 2, p. 103.

192) MacFarquhar, Cheek and Wu, p. 414 (Aug. 21 1958).

193) Ibid., p. 419. 다음 자료도 보라. MacFarquhar, *Origins*, 2, p. 104.

194) Kau and Leung, 2, p. 812 (Sept. 1957). 다음 자료도 보라. MacFarquhar, 2, pp. 130–131.

195) 1958년 6월 14일 마오가 '전중국 여성연맹 소조' 앞에서 한 연설의 일부이다. 다음 자료에서 인용했다. Yang Jisheng, *Tombstone*, pp. 175–176.

196) MacFarquhar, Cheek and Wu, p. 419 (Aug. 21 1958).

197) MacFarquhar, *Origins*, 2, pp. 103–108, 115–116, 119–120, 137–138 and 148–149.

198) 마오가 베이다이허에서 한 연설을 보라(MacFarquhar, Cheek and Wu, esp. pp. 434–435).

199) MacFarquhar, *Origins*, 2, pp. 67–68, 75–76 and 100–102.

200) Rittenberg, *Man Who Stayed Behind*, p. 231.

201) Karnow, Stanley, *Mao and China: A Legacy of Turmoil*, Penguin, Harmondsworth, 1990[3rd. rev. edn.], p. 93.

202) MacFarquhar, 2, p. 115.

203) Ibid., p. 114.

204) Ibid., pp. 86 and 119–127.

205) MacFarquhar, Cheek and Wu, p. 403 (Aug. 17 1958).

206) 'A summary report … regarding food shortages and riots', April 25 1958, in Zhou Xun, *The Great Famine in China, 1958–1962*, Yale University Press, 2012, pp. 10–16.

207) 양지성의 《묘비》는 대약진운동으로 발생한 기근 문제를 가장 잘 다룬 책이다[중국어로 서술된 2권짜리 《墓碑: 中國六十年代大饑荒紀實》(Cosmos Books, Hong Kong, 2008)의 축약본이다]. 본문에 실은 구체적 사실들은 대부분 《묘비》에서 인용했다. 저우쉰의 《중국의 대기근 1958~1962》도 유용한 책이다. 다음 자료도 참고하라. Dikötter, Frank, *Mao's Great Famine*, Bloomsbury, 2010; Becker, Jasper, *Hungry Ghosts*, John Murray, 1996.

208) MacFarquhar, Cheek and Wu, pp. 484–456 (Nov. 21) and 502–505 (Nov. 23 1958); MacFarquhar, *Origins*, 2, pp. 121–122 and 128–130; *Miscellany*, pp. 141, 144–145 and 147 (Dec. 19 1958).

209) Yang, *Tombstone*, pp. 249–251.

210) 1958년 12월 8기 중앙위원회 제6차 전원회의에서 한 연설. 다음 웹페이지에서 인용했다. https://www.marxists.org/reference/archive/mao/selected-works/volume-8/mswv8_23.htm

211) Internal party communiqué, April 29 1959, in Yang, *Tombstone*, pp. 205–206.

212) On May 26 and June 11 1959, in ibid., p. 208.

213) 제6차 전원회의에서 한 연설; 1959년 2월 27일 정저우에서 한 연설. 다음 웹페이지에서 인용했다. https://www.marxists.org/reference/archive/ mao/selected-works/volume-8/mswv8_27.htm. 다음 자료도 보라. Yang, p. 180.

214) MacFarquhar, Cheek and Wu, pp. 449–450 (Nov. 6 1958).

215) Ibid., pp. 474–475 (Nov. 10 1958).

216) Kau and Leung, 2, p. 13 (Jan. 20 1956).

217) Scharm, *Political Thought*, p. 253 (April 15 1958).

218) MacFarquhar, 2, pp. 7–15.

219) Kau and Leung, 2, pp. 788–789 (Nov. 18 1957).

220) SW, 5, p. 152 (Jan. 28 1955).

221) CWIHP, 6-7, pp. 155–159 (July 22 1958). 전날 유딘이 흐루쇼프의 제안을 전달하자, 마오는 이 제안을 당시 논의 중이던 중국 해군의 근대화 사업을 소련이 원조하는 대가라고 생각했다. 이러한 오해는 부분적으로는 유딘의 잘못이다. 그가 흐루쇼프의 제안을 설명하면서 암묵적으로 두 사안을 연결 지었기 때문이다. 따라서 마오는 "그들의 진짜 의도는 우리를 통제하려는 것"이라고 잘못된 결론을 내렸다. 얼마 뒤 마오는 이러한 자신의 생각을 공개적으로 언급하며, 흐루쇼프가 "중국을 소련의 군사 통제 아래 두려는 불합리한 의도"를 품고 있다고 비난했다(吳冷西, 《十年論戰》, pp. 158–161; Li Zhisui, *Private Life*, p. 261; *The Polemic on the General Line of the International Communist Movement*, Foreign Languages Press, Beijing, 1965, p. 77). 다음 자료도 보라. John Garver, 'Mao's Soviet Policies', pp. 203–210.

222) Talbott, Strobe(ed.). *Khrushchev Remembers*, Little, Brown, Boston, 1974, p. 290.

223) Ibid., p. 259.

224) 주로 다음 자료를 참고했다. Zhang, Shu Guang, *Deterrence and Strategic Culture*, pp. 235–237 and 250–265; MacFarquhar, 2, pp. 92–100.

225) MacFarquhar, 2, pp. 132–135; Zagoria, pp. 99, 126.

226) MacFarquhar, 2, pp. 136–180 and 201.

227) *Miscellany*, p. 157 (Feb. 2 1959).

228) MacFarquhar, 2, p. 153.

229) *Miscellany*, 1, pp. 130–131 and 138 (Nov. 1958).

230) MacFarquhar, 2, pp. 187–192.

231) 이어지는 루산 회의에 대한 서술은 다음 자료를 참고했다. 李銳,《蘆山會議實錄》, 河南人民出版社, 1995; Domes, *Peng Dehuai: The Case of Peng Dehuai, 1959-1968*, Union Research Institute, Hong Kong, 1968; Teiwes, *Politics and Purges*, pp. 384~440; MacFarquhar, 2, pp. 187~251.

232) MacFarquhar, 2, pp. 328~329; Dikötter, *Famine*, p. 41.

233) *Miscellany*, 1, p. 176 (April 1959). 마오는 1년 전 8기 중앙위원회 제2차 전원회의에서 이 표현을 처음 사용했다. 마오에게 절대적으로 충성한 상하이 제1서기 커칭스가 당은 마오를 무조건 따라야 한다고 촉구하자, 마오는 그의 연설을 비난하며 이렇게 말했다. "우리는 진리를 아는 자는 그 누구든 따라야 합니다. 설사 똥을 나르는 사람이거나 거리의 청소부라 해도 그가 진리를 알고 있는 한, 우리는 그를 따라야 합니다. …… 진리가 있는 곳이라면 그 어디든 우리는 가야 합니다. 특정한 개인을 따르지 마십시오. …… 각자는 독립적인 생각을 해야 합니다."(ibid., May 17 1958, p. 107).

234) *Case of Peng Dehuai*, p. 12.

235) Li Rui, p. 177.

236) MacFarquhar, 2, pp. 225~228. 다음을 보라. Zhihua Shen and Yafeng Xia, 'The Great Leap Forward, the People's Commune and the Sino-Soviet Split', *Journal of Contemporary China*, 20, 72, Nov. 2011, pp 861~880.

237) MacFarquhar, 2, pp. 222 and 228~233.

238) Li Rui, pp. 192~207.

239) *Case of Peng Dehuai*, pp. 31~38.

240) Ibid., pp. 39~44.

241) Ibid., p. 30.

242) *Chinese Law and Government*, 29, 4, p. 58.

243) Li Rui, pp. 73 and 181.

244) *Chinese Law and Government*, 29, 4, p. 58.

245) Teiwes, *Politics and Purges*, pp. 428~436.

246) MacFarquhar, *Origins*, 2, p. 298.

247) Ibid., 2, pp. 328~329.

248) 1955년 광시성에서는 제1서기가 광범위한 기근 사태를 방지하지 못했다고 해임되었다. 안후이성은 1958년에 풍년이 들었는데도, 어느 현에서는 5백 명이 굶어 죽었다(ibid., 3, p. 210).

249) 우렁시에 따르면 1960년 1월 정치국은 이 사안을 공개하는 것을 승인했다(吳冷西,《十年論戰》, pp. 236~247).

250) 공개적인 상호 비방과 완전한 결별로 이어지는 과정은 다음 자료를 참고하라. MacFarquhar, 2, pp. 255~292.

251) Ibid.

252) '7천인대회'에서 류사오치는 소련의 원조 철수가 기아 사태의 원인이라고 언급하지 않는다.

253) Bernstein, Thomas P., 'Mao Zedong and the famine of 1959-1960: A Study in

Wilfulness', CQ, 186, 2006, pp. 442-443; Dikötter, *Famine*, pp. 105-107 and 112-114; Yang, *Tombstone*, pp. 456-458. 중국 외교부 문서고에서 1961년의 상환 금액과 관련된 자료를 찾을 수 없었다. 1960년부터 1962년까지 3년 동안 상환된 금액은 추정치이다. 중국의 외국 원조 금액 역시 추정치이다.

254) 양지성은 기근 사태에 기상 조건이 핵심적인 요인이 아니라고 설득력 있게 논한다. 그러나 1960년에 가뭄과 홍수가 동시에 발생한 것은─하나만 발생했어도 통제가 가능했을지도 모른다.─대단히 끔찍한 요인으로 작용했다. 특히 쓰촨성이 심했다. 그렇다 해도 기상 현상은 보조적 요인이었을 뿐 비극의 주된 원인은 아니었다(*Tombstone*, pp. 452-456; Chris Bramall, 'Agency and Famine in China's Sichuan province', CQ, 208, 2011, pp. 990-1008).

255) 양지성과의 인터뷰, 2004년 12월 8일. 다음 자료도 보라. *Tombstone*, p. 429; MacFarquhar, *Origins*, 3, pp. 1-8.

256) 1961년 6월 12일 중앙위원회 공작회의에서 한 연설(Yang, *Tombstone*, p. 393).

257) Ibid., p. 483.

258) Ibid., p. 486.

259) Dikötter, *Mao's Great Famine*, pp. 314 and 319.

260) Yang, *Tombstone*, p. 192.

261) 실제 사망자 수는 더 많았을지도 모른다. Felix Wemheuer는 허난성 문서고 자료를 볼 수 있었던 현지의 당 역사가의 말을 인용했는데, 신양현에서만 2백만 명 이상의 농민이 아사하거나 맞아 죽었다고 한다(CQ, 201, 2010, p. 187).

262) Yang, *Tombstone*, pp. 57-60.

263) Comments on November 15 1960, JYMZW, 9, pp. 349-350.

264) Yang, *Tombstone*, p. 433.

265) 1960년 12월 6일 허난성 상무위원회에서 왕런중이 한 연설(ibid., p. 63).

266) Ibid., pp. 60 and 64.

267) Ibid., p. 406.

268) Ibid., p. 430. 사석에서 양지성은 3천8백만이 좀 더 현실에 가까울 것이라고 말했다(인터뷰, 2005년 12월 8일). 이는 장룽이 《마오: 알려지지 않은 이야기》에서 제시한 사망자 수와 같다. 다른 중국 연구자들의 추정치는 대체로 3천5백만에서 3천7백만 사이이다. 베커(Becker)는 1980년 당시 자오쯔양(趙紫陽) 총리의 지시에 따라 조사가 실시되었는데, 이에 의하면 4천3백만에서 4천6백만 명이 죽은 것으로 집계되었다고 주장한다(*Hungry Ghosts: Mao's Secret Famine*, Free Press New York, 1996, pp. 271-272). 디쾨터는 "최소 4천5백만"이라고 설명한다(*Famine*, pp. 324-337). 하지만 그는 중국의 각 성의 문서고에서 발견된 공식적인 통계가 체계적으로 실제보다 규모가 축소되어 작성되었으리라는 전제하에 이러한 주장을 했다. 그의 말이 맞을지도 모르지만 어느 정도로 축소되어 계산되었을지는 알 수가 없다. 베커와 디쾨터는 사망자 수가 최고 6천만 명에 달할 가능성도 있다고 말한다. 하지만 이는 그저 풍문과 추측에 의존한 추정치일 뿐이다. 이를 뒷받침할 만한 어떤 문서 증거도 없을 뿐 아니라, 인구 통계를 감안할 때 3천만 명 내외가 개연성이 있어 보인다(다음을 보라. Judith Banister, *China's Changing Population*, Stanford

University Press, 1987, pp. 118-120).

14장 불멸의 혁명을 위하여

1) Teiwes, *Politics and Purges*, pp. 443 and 678, n. 4.

2) Ibid., pp. 455-457; MacFarquhar, 3, pp. 60-61.

3) 叢進, 《曲折發展的歲月》(1949-1989 年的中國), 2, 河南人民出版社, 鄭州, 1989, p. 382.

4) MacFarquhar, 3, pp. 23-29 and 32-36.

5) Ibid., pp. 43-44.

6) Ibid., pp. 45-48.

7) JYMZW, 9, pp. 467-470.

8) MacFarquhar, 3, pp. 49-55 and 66.

9) Bao and Chelminski, *Prisoner of Mao*, p. 269.

10) 《劉少奇選集》, 2, 人民出版社, 1985, p. 337; 《毛澤東文集》, 8, p. 273.

11) Zhou Xun, *The Great Famine in China, 1958-1962*, pp. 163-164.

12) MacFarquhar, *Origins*, 3, pp. 69-71; 董邊, 《毛澤東和他的秘書田家英》, 中央文 出版社, 1996, pp. 59-60 and 68-69; JYMZW, 9, pp. 565-573 and 580-583.

13) Zhou Enlai, SW, 2, p. 345.

14) MacFarquhar, 3, pp. 62-63; 《劉少奇選集》, 2, 人民出版社, 北京, 1985, p. 337.

15) MacFarquhar, 3, pp. 209-226.

16) Ibid., p. 65.

17) 《劉少奇選集》, 2, p. 355; Pantsov and Levine, p. 481.

18) MacFarquhar, 3, pp. 156-158; 薄一波, 《若干重大決策與事件的回顧》, 2, pp. 1026-1027.

19) Schram, *Unrehearsed*, pp. 167 and 186.

20) MacFarquhar, 3, pp. 172-178.

21) Li Zhisui, *Private Life*, pp. 386-387.

22) MacFarquhar, 3, pp. 163-164.

23) Schram, *Unrehearsed*, p. 167. 다음 자료도 보라. Li Zhisui, p. 386.

24) 董邊, p. 62.

25) MacFarquhar, 3, pp. 63-65 and 74-75.

26) 董邊, pp. 63-68; MacFarquhar, 3, pp. 226-233 and 263-268.

27) 양지성은 덩샤오핑이 좀 더 이른 시기에 이 속담을 언급한 사례를 들고 있다(*Tombstone*, p. 231). 영어 번역에서는 'yellow'를 'white'로 옮길 때가 종종 있다.

28) 薄一波, 《若干重大決策與事件的回憶》, 2, p. 1078. 텐자잉은 30퍼센트로 추정했다. 이는 마오가 인용한 수치이기도 하다(MacFarquhar, 3, pp. 226-227 and 275).

29) 董邊, pp. 65-66.

30) MacFarquhar, 3, pp. 281-283.

31) Ibid., p. 267.

32) Ibid., p. 276.

33) 다음 자료를 참고했다. Ibid., pp. 269-281; Yang, *Tombstone*, pp. 509-11. 마오는 왕자

상의 주장이 "세 개의 타협과 한 개의 감축"이며(인도, 소련, 미국과의 타협이자 해방 운동 지지 감축이라는 뜻이다), 경제 조정을 위한 제안들은 "세 개의 자유와 한 개의 계약"이라고 공격했다(세 개의 자유란 농민들이 어떤 농작물을 재배할지를 선택할 자유, 자유 시장, 기업의 자율 경영을 말하며, 한 개의 계약은 가정 경작을 위해 토지를 계약제로 분배해 주는 것을 의미했다). 그는 이러한 제안들이 결국 "자본주의 복귀를 위한 프로그램"에 해당한다고 비난했다. 1955년에 농업 집단화를 둘러싸고 마오와 충돌했던 덩쯔후이는 베이다이허 회의에서 농업 분야의 책임자 자리에서 해임되었으며, 이후 회의의 주제는 '비판'과 '개인 영농'에 대한 비판으로 전환되었다.

34) Schram, pp. 189-190.

35) Ibid., p. 194. 다음을 참고하라. Yang, pp. 508 and 509-511. 베이다이허 회의가 진행되는 동안에도 마오는 여전히 펑더화이 문제로 머리가 복잡했다. 회의가 열리기 6주 전인 6월에 펑더화이는 8만 자에 달하는 글을 써서 마오에게 보냈다. 자신의 문제를 재논의해 달라는 내용이었다. 펑더화이의 서신을 계기로 하여 이른바 '번안풍' 비판 운동이 시작되었다. 마오는 우경 기회주의에 대한 비판 투쟁이 "대부분의 경우 엉뚱한 사람을 대상으로 삼았다"는 것을 인정했지만, 펑더화이 등에 대한 비판 운동은 지속되어야 한다고 생각했다. 왜냐하면 그들은 외국인들과 공모하여 권력을 찬탈하려 했던 것으로 간주되었기 때문이다. 얼마 뒤 중앙위원회 전원회의에서는 조사팀을 꾸려 펑더화이, 장원톈, 황커청(黃克誠)의 잘못을 증명하는 자료를 찾아내기로 결정했다.

36) Ibid., pp. 192-193.

37) 叢進, p. 519.

38) MacFarquhar, 3, pp. 298-323 and 349-362.

39) Garver, 'Mao's Soviet Policies', p. 200.

40) 다음 자료에서 인용했다. Sheridan, Mary, 'The Emulation of Heroes', CQ, 33, 1969, pp. 52-53.

41) MacFarquhar, 3, pp. 334-348 and 399-415; Teiwes, *Politics and Purges*, pp. 493-600. 다음 자료도 보라. Baum, Richard, and Teiwes, Frederick C., *Ssu-Ch'ing: The Socialist Education Movement of 1962-1966*, University of California Press, Berkeley, 1968.

42) Baum and Teiwes, p. 70.

43) Siu, Helen F., *Agents and Victims in South China: Accomplices in Rural Revolution*, Yale University Press, New Haven, 1989, pp. 201-202.

44) Current Background, no. 891, US Consulate General, Hong Kong, pp. 71 and 75.

45) *Sunday Times*, Oct. 15 1961.

46) MacFarquhar, 3, pp. 262-263.

47) 1962년 2월 21일 개최된 정치국 상무위원회 확대회의에서(훗날 '시러우西樓 회의'라고 불린다) 류사오치는 이렇게 말했다. '7천인대회'가 "어려움들을 충분히 드러내지 못했습니다. …… 경제를 조정하는 데 통상적인 조치가 아니라 비상 조치가 필요합니다." 정치국에서 여러 논의를 거친 뒤, 마오는 3월 14일에 조정 계획을 승인했으며 재정 업무 책임자로 천원을 임명했다. 그러나 현 상황을 모조리 비관적으로 묘사하지는 말라는 경고를 덧붙였다. 5월에 열린 중앙위원회 공작회의에서 추가적인 조치가 제안되자, 마오는 완강하게 거부했

다(Yang, *Tombstone*, pp. 505-506).

48) 王光美, 劉源, 《你所不知道的劉少奇》, 河南人民出版社, 2000, p. 90.

49) 사실 이 계획은 10년 뒤에 한 번 더 등장한다. 제10차 당 대회 직전인 1973년 8월에 마오
는 자신을 주석으로 하는 '중앙자문위원회'의 설립을 제안하지만, 정치국의 다른 성원들이
반대했으며 마오도 더는 주장하지 않았다(Teiwes and Sun, *End of the Maoist Era*, p.
100).

50) *Chinese Literature*, 5, 1966.

51) MacFarquhar, 3, ch. 17.

52) 장칭이 재판을 받으면서 한 언급이다. 재판은 1980년 11월부터 1981년 1월까지 진행되었다.

53) MacFarquhar, 3, pp. 289-296; Byron and Pack, *Claws of the Dragon*.

54) MacFarquhar, 2, p. 320; 3, pp. 435-437.

55) 만일 마오의 동료들 중 누군가가 주의 깊게 관찰했다면 발견했을 수도 있는 한 가지 징
후가 있었다. 1960년대 초부터 북베트남에 대한 중국의 군사 원조는 급격하게 증가했으
며, 미국이 지원하는 남베트남에 대항하는 베트남 인민의 투쟁에 대한 지지가 중국 매체
에 좀 더 적극적으로 보도되기 시작한 것이다. 한국전쟁과 1958년 타이완 해협 사건 때, 마
오는 국내 정책의 과격화를 추진하기 위해 국외의 분쟁을 활용한 적이 있다. 훗날 문화혁
명을 본격적으로 개시하기 전에도 베트남전쟁을 똑같은 목적으로 활용한다. 다음을 보라.
Qiang Zhai, *China and the Vietnam Wars, 1950-1975*, University of North Carolina
Press, Chapel Hill, 2000.

56) 黃崢, 《劉少奇一生》, 中央文獻出版社, 北京, 1995. p. 374.

57) Evans, *Deng Xiaoping*, p. x.

58) 1964년 봄과 여름 사이의 마오의 속내를 정확하게 추측한다는 것은 불가능하다. 이어지는
서술은 7월에 중국공산당이 소련에 보낸 서신을 토대로 삼아, 마오의 생각에 영향을 끼친
요인을 추측한 것이다.

59) 王若水, 《毛澤東爲什麼要發動文革》, 內部資料, 北京, Oct. 1996. pp. 12-14.

60) Yang, *Tombstone*, p. 510.

61) Ibid., p. 515.

62) 王若水, p. 10.

63) *The Polemic on the General Line of the International Communist Movement*, Foreign
Languages Press, Beijing, 1965, pp. 477-478.

64) MacFarquhar, Cheek and Wu, *Secret Speeches*, pp. 270-271 (March 10 1957).

65) 叢進, p. 602.

66) JYMZW, 11, pp. 265-269.

67) *Miscellany*, 2, pp. 408-426.

68) Ibid., pp. 429-432; MacFarquhar, *Origins*, 3, pp. 419-428.

69) 1970년 마오가 에드거 스노에게 말한 바에 따르면, 그가 류사오치를 제거해야겠다고 결정
한 시점은 1965년 1월 '사청운동'에 대한 논의가 진행되던 기간이었다고 한다(Snow, *The
Long Revolution*, p 17). 왕광메이는 류사오치가 마오를 동등한 존재로서 대우하자 마오
가 크게 화를 내며 류사오치에게 "내가 손가락 하나만 치켜들면 너는 끝장이야."라고 말했

다고 썼다(《你所不知道的劉少奇》, p. 118). 디쾨터는 이와 같은 서술을 모두 무시한 채, 마오가 류사오치를 없애기로 결심한 '결정적 순간'은 1962년 7월 대약진운동 이후 중국 경제를 회복시키기 위한 류사오치의 시도에 관해 두 사람이 논쟁을 벌였을 때라고 추론한다 (*Famine*, p. 377). 그러나 이는 잘못된 주장으로 보인다.

15장 '문화 없는' 문화대혁명

1) MacFarquhar, *Origins of the Cultural Revolution*, 3, p. 440.

2) Ibid., 2, pp. 207–212 and 3, pp. 252–253.

3) Barnouin, Barbara, and Yu Changgen, *Ten Years of Turbulence: The Chinese Cultural Revolution*, Kegan Paul, London, 1993, p. 52.

4) Mazur, Mary G., *Wu Han, Historian: Son of China's Times*, Lexington Books, Lanham, 2009. 마오와 주원장의 공통점과 차이점에 관해서는 *Autocracy and China's Rebel Founding Emperors: Comparing Chairman Mao and Ming Taizu*(Anita M. Andrew and John A. Rapp, Rowman and Littlefield, Lanham, 2000)에 대한 슈람의 서평을 보라(CQ, 167, Sept. 2001, pp. 768–770).

5) MacFarquhar, 3, p. 645, n. 67.

6) Idid., p. 441; Yan Jiaqi and Gao Gao, *Turbulent Decade: A History of the Cultural Revolution*, University of Hawaii, Honolulu, 1996, p. 27.

7) MacFarquhar and Schoenhals, *Mao's Last Revolution*, p. 17.

8) *Miscellany of the Mao Tse-tung Thought*, 2, p. 383 (April 28 1966). 다음 자료도 보라. 叢進, 《曲折發展的歲月》, p. 611; Milton, David and Nancy, and Schurmann, Franz(eds.), *People's China*, Random House, New York, 1974, p. 262.

9) 師東兵, '彭眞在暴風前夜', 〈名人傳記〉, nos. 11–12, 1988, p. 11. 다음 자료도 보라. 鄭德榮, 《新中國紀事(1949–1984)》, 長春, 1986, p. 381.

10) 廖蓋隆(等編), 《新中國編年史(1949–1989)》, 人民出版社, 北京, 1989, p. 267; 馬齊彬(等編), 《中國共産黨執政四十年》, 中共黨史資料出版社, 北京, 1989, p. 264. 다음 자료도 보라. MacFarquhar and Schoenhals, pp. 19–20 and 36–37.

11) 叢進, pp. 631–634; 馬齊彬, p. 265; Teiwes, Frederick C., and Sun, Warren, *The Tragedy of Lin Biao*, University of Hawaii Press, Honolulu, 1996, pp. 24–32; Li Zhisui, *Private Life*, pp. 435–436.

12) 葉永烈, 《陳伯達其人》, 時代文藝出版社, 長春, 1990, pp. 222–223.

13) 叢進, p. 613; Hao Mengbi and Duan Haoran(eds.), 《中國共産黨六十年》, 解放軍出版社, 北京, 1984, p. 561. 다음 자료도 보라. 葉永烈, pp. 228–230.

14) MacFarquhar, 3, pp. 451 and 453.

15) Ibid., p. 388. 평전 이외의 다른 네 명은 다음과 같다. 정치국 후보위원이었던 캉성과 루딩이, 〈인민일보〉의 편집인 우렁시, 문화계의 대표자 저우양(周揚).

16) Kuo, Warren(ed.), *Classified Chinese Communist Documents*, National Chengchi University, Taibei, 1978, pp. 225–229.

17) 叢進, p. 616; 嗚冷西, 《憶毛主席: 我親身經歷的若干重大歷史事件斷片》, 新華出版社, 北京,

1995, pp. 150-151.

18) MacFarquhar and Schoenhals, pp. 26-27; Cong Jin, pp 633-634.

19) 力平, 《開國總理周恩來》, 中共中央黨校出版社, 1994, p. 436; MacFarquhar, 3, p. 456.

20) MacFarquhar and Schoenhals, pp. 30-31; *History of the CCP, Chronology*, pp 320-321; 〈北京周報〉, June 2 1967.

21) MacFarquhar and Schoenhals, p. 32. 마오는 열흘 전 항저우에서 열린 상무위원회에서도 이 사안 중 몇몇을 거론했다. 다음 자료도 보라. 叢進, p. 616; *History of the CCP, Chronology*, pp. 320-321.

22) 叢進, pp. 623-625.

23) MacFarquhar and Schoenhals, pp. 34-35; 王年一, 《大動亂的年代》, 河南人民出版社, 鄭州, 1988, pp 18-19.

24) 王年一, 《大動亂的年代》, 河南人民出版社, 鄭州, 1988, pp. 9-11.

25) MacFarquhar, 3, pp. 459-460.

26) Kuo, *Classified Chinese Documents*, pp. 646-661.

27) 이 문제는 다음 자료에 기록되어 있다. MacFarquhar and Schoenhals, pp. 48-51.

28) Ibid., pp. 230-236; 〈人民日報〉, May 17 1966.

29) Kuo, *Classified Chinese Documents*, p. 230; Yan and Gao, p. 38; Schoenhals, Michael, *The CCP Central Case Examination Group (1966-1976)*, Centre for Pacific Asia Studies, Stockholm University, 1995.

30) MacFarquhar and Schoenhals, pp. 47-48.

31) Ibid, pp. 39-41.

32) 〈人民日報〉, May 11 1966. 덩퉈에 대한 야오원위안의 비난은 맥파쿼가 자세하게 서술했다(3, pp. 249-258). 나는 덩퉈의 동료들을 비롯한 중국의 저명한 지식인들과 대화를 나누었는데, 그들은 당시 아무도 덩퉈의 글이 마오를 향했다고 생각하지 않았음을 확인해주었다. (다른 이유는 차치하더라도 당시 마오의 명성이 너무나 높아 감히 비판할 수가 없었다고 했다.) 반대 의견을 보려면 다음 자료를 참고하라. Goldman, Merle, *China's Intellectuals: Advise and Dissent*, Harvard University Press, 1981, pp. 27-38.

33) Yan and Gao, p. 40; Wang Nianyi, p. 28; MacFarquhar, 3, p. 652, n. 1.

34) 〈人民日報〉, June 2 1966.

35) 金春明, 《文革時期怪事怪語》, 求實出版社, 北京, 1989, p. 155.

36) 〈中國青年〉, 10, 1986.

37) Kuo, *Classified Chinese Documents*, pp. 658 and 661.

38) Yan and Gao, pp. 60-61.

39) MacFarquhar and Schoenhals, p. 42.

40) 林志堅(編), 《新中國要事述評》, 中共黨史出版社, 1994, p. 307.

41) 馬齊彬, pp. 272-273.

42) *History of the CCP, Chronology*, p. 326.

43) 金春明, p. 135; Liu Guokai, *A Brief Analysis of the Cultural Revolution*, M. E. Sharpe, Armonk, 1987, p. 18.

44) Yan and Gao, pp. 46-47.

45) JYMZW, 12, pp. 71-75.

46) Roux, *Le Singe et le Tigre*, Larousse, 2009, p. 763.

47) 〈人民日報〉, July 25 1966.

48) Yan and Gao, pp. 49-52; *History of the CCP*, *Chronology*, pp. 327-328.

49) Dittmer, Lowell, *Liu Shao'chi and the Chiness Cultural Revolution: The Politics of Mass Criticism*, University of California, Berkeley, 1974, pp 89-90; MacFarquhar and Schoenhals, p. 85(약간 다른 번역문이 실려 있다).

50) *History of the CCP*, *Chronology*, pp. 328-329; Barnouin and Yu, pp. 78-81.

51) Barnouin and Yu, p. 80.

52) MacFarquhar and Schoenhals, pp. 88-89.

53) 〈北京周報〉, Aug, 11 1967(번역을 수정했다).

54) MacFarquhar and Schoenhals, p. 91; Teiwes and Sun, pp. 63-64.

55) Milton et al., pp. 272-283.

56) 흥미로운 사실은 당시 회의에 참석했던 (마오를 포함한) 중앙위원회 구성원 74명이 모두 덩샤오핑에게 표를 던졌다는 사실이다. 이렇게 되면 마오와 린뱌오 다음에 덩샤오핑이 서열 3위를 차지해야 정상이다. 그러나 이는 마오가 원하는 바가 아니었다. 마오는 투표 결과를 무시하고 자신의 뜻대로 다음과 같이 서열을 매겼다. 마오, 린뱌오(부주석 겸 후계자), 저우언라이, 타오주, 천보다, 덩샤오핑, 캉성, 류사오치, 주더, 리푸춘, 천윈. 한편 류사오치, 저우언라이, 주더, 천윈은 형식적으로는 여전히 중앙위원회 부주석이었지만, 이때부터 그 직책은 린뱌오를 칭할 때만 사용되었다. 얼마 시간이 지나지 않아 서열의 개념 자체가 폐기되었으며, 오직 마오와 린뱌오가 첫 번째와 두 번째 서열임이 인정되었다. 서기처와 정치국 상무위원회는―정치국과 마찬가지로―명칭은 사라지지 않았으나, 8월 말이 되면 실제 기능은 각각 문혁소조와 '국무원업무조(國務院業務組)'라고 불린 임시 조직에 이양되었다. 이 두 조직은 모두 저우언라이가 이끌었는데, 그는 이외에도 국무원을 계속 맡고 있었다. 중앙위원회 내 대부분의 '부(部)'는 기능이 정지되었다. 조직부장 안쯔원과 휘하 모든 부부장은 그달 8월에 숙청되었다. 저우언라이가 관할한 통일 전선부는 1968년 인민해방군의 통제 아래 들어갔다. 보안 문제를 다루는 조사부도 마찬가지였다. 외국의 공산당과 관계를 다루는 국제 연락부만이 유일하게 거의 정상적으로 작동했다(MacFarquhar and Schoenhals, pp. 94-101).

57) Ibid, pp. 87-8; Yan and Gao, p 59.

58) Yan and Gao, pp. 62-63; Rittenberg, *Man Who Stayed Behind*, pp. 317-319.

59) 그 여학생의 아버지 쑹런충(宋任窮)은 팔로군 정치위원을 지냈으며, 1949년 이후 중국 서남부를 안정화시키는 데 핵심적인 역할을 수행했다.

60) Schoenhals, Michael, *China's Cultural Revolution, 1966-1969: Not a Dinner Party*, M. E. Sharpe, Armonk, 1996, pp. 148-149.

61) Ibid., p. 150.

62) Yan and Gao, pp. 68-69.

63) Ibid., pp. 76-77.

64) 놀랍게도 1960년대 중반 중국, 유럽, 미국에서 발생한 혁명 운동들을 비교하는 연구가 아직 등장하지 않고 있다. 각각의 운동을 살펴보면 저변의 원인과 근본적인 동기가 같다. 게다가 의외로 이 운동들은 서로 긴밀하게 연결되어 있다. 예를 들어, 1968년 5월 프랑스에서 일어난 운동을 이끈 많은 지도자들은 자신을 마오주의자로 묘사했으며, 일부 홍위병들은 대장정을 재현하기 위해 Jack Keroua의 *On the Road* 축약 번역본을 읽었다고 한다.

65) MacFarquhar and Schoenhals, p. 103.

66) 1967년 (5월) 마오는 알바니아 대표단에게 다음과 같이 말했다. "어떤 사람들은 중국 사람들이 평화를 깊이 사랑한다고 말합니다. 나는 그렇지 않다고 생각합니다. 나는 중국 사람들이 호전적이라고 생각합니다."(Milton et al., p. 265)

67) '16조'는 마오가 1927년에 작성한 '후난성 농민 운동 시찰 보고서'의 구절을 인용함으로써, 혁명이 "세련되고 여유롭고 점잖을 수 없으며, 관대하고 공정하고 예절 바르고 온건하고 부드러울 수도 없다."는 의미를 드러냈다. 본래 '후난성 농민 운동 시찰 보고서'에서는 그 다음 문장이 혁명을 '폭력 행위'로 규정하는 것이었으나 '16조'에는 인용되지 않았다. 그런데도 홍위병은—분명히 마오가 의도한 대로—그의 인용문을 그렇게 해석했다(다음의 예를 보라. Ling, Ken, *The Revenge of Heaven*, G. P. Putnam, New York, 1972, p. 19).

68) Yan and Gao, p. 76.

69) Ibid, pp. 124-125.

70) SW, 4, p. 418 (June 30 1949).

71) Ling, pp. 20-22.

72) Jing Lin, *The Red Guards' Path to Violence*, Praeger, New York, 1991, p. 23.

73) Milton et al., p. 239 (Dec. 21 1939). 이 구절은 1966년 8월 24일자 〈인민일보〉에 소개되었다.

74) Yan and Gao, p. 77.

75) Gao Yuan, *Born Red: A Chronicle of the Cultural Revolution*, Stanford University Press, 1987, pp. 289-290 and 307-310.

76) Schoenhals, pp. 166-169.

77) Yan and Gao, ch. 5.

78) 한편 수백만 명의 젊은이는 무료 기차권을 이용하여 '삼협(三峽)', 신장, 네이멍구 같은 명승지를 여행했다. 마오는 이러한 행동을 충분히 이해했다. 그 역시 1919년 봄철 베이징에서 출발하여 상하이로 가면서 똑같이 행동했으며, 이후 이 여행 경험이 젊은 시절 매우 보람 있는 일 가운데 하나라고 술회했다.

79) Yan and Gao, ch. 4; Ling, pp. 42-59; Gao Yuan, pp. 85-94; Bennett, Gordon A., and Montaperto, Ronald N., *Red Guard: The Political Biography of Dai Hsiao-Ai*, Doubleday, New York, 1971, pp. 77-83.

80) 마오는 '후난성 농민 운동 시찰 보고서'에 이렇게 썼다. "우상을 만든 것은 농민이다. 그러므로 때가 되면 그들은 자신의 손으로 그 우상을 던져버릴 것이다. 너무 조급하게 다른 사람이 나서서 농민을 위해 그 일을 대신해줄 필요는 없다."(Schram, *Mao's Road to Power*, 2, p. 455) 1928년에 제6차 당 대회에서 취추바이 역시 '낭만적 소자산계급 혁명가들'을 비난했다. "어떻게 하면 정치 권력을 장악할 수 있는지에 신경을 집중하는 대신 ……

농가에 있는 선조의 위패를 때려 부순다든지, 늙은 할머니의 길게 딴 머리를 자른다든지, 여성의 전족을 풀어헤친다든지 하는 행동을 한다. 이러한 사람이 과연 철저하고 용감한 문화 혁명가들이란 말인가? …… 마르크스가 일찍이 말했듯, 혁명에는 이렇게 어리석은 일들이 엄청나게 많이 자행된다."(*Chinese Studies in History*, 5, 1, p. 21 (Fall 1971). 불행하게도, 1966년에는 이러한 경계심을 촉구하는 발언들이 모두 잊힌다.

81) 개별 인터뷰 자료. 다음 자료도 보라. Yan and Gao, pp. 76-81.

82) Schram, *Mao's Road to Power*, 1, p. 139 (Sept. 23 1917).

83) Ling, pp. 52-53.

84) Yan and Gao, p. 74.

85) Ibid, pp. 248-251; Short, *Dragon and Bear*, pp. 148-149; Urban, George(ed.), *The Miracles of Chairman Mao*, Nash Publishing, Los Angeles, 1971, passim; Perry, *Anyuan*, pp. 244-245; 개별 인터뷰 자료.

86) Schoenhals, p. 3, n. 1. 약간 다른 설명은 다음을 보라. Wang Li, 'An Insider's Account of the Cultural Revolution', *Chinese Law and Government*, 27, 6 (Nov.-Dec. 1994), p. 32.

87) Schoenhals, p. 27.

88) Milton et al., p. 270.

89) Rittenberg, p 329.

90) MacFarquhar and Schoenhals, pp. 135-139; Dittmer, pp. 97-99; Kuo, *Classified Chinese Documents*, pp. 237-244.

91) Schram, *Unrehearsed*, pp. 270-274.

92) Ibid., pp. 264-269.

93) MacFarquhar and Schoenhals, p. 146.

94) Schram, Mao Zedong: *A Preliminary Reassessment*, p 67.

95) 〈人民日報〉, Jan. 1 1967; Yan and Gao, pp. 101-111. 다음 자료도 보라. Barnouin and Yu, pp. 97-106.

96) Yan and Gao, ch. 8.

97) Mitter, *China's War with Japan*, p. 115.

98) Yan and Gao, p 218.

99) Ibid., pp. 379-384; MacFarquhar and Schoenhals, pp. 140-144; Barnouin and Yu, pp. 106-112.

100) 이어지는 서술은 다음 자료를 참고했다. Barnouin and Yu, pp. 100 and 133-136; MacFarquhar and Schoenhals, p. 147.

101) MacFarquhar and Schoenhals, pp. 123-124 and 147-149. 1966년 12월 12일부터 노장에서 지도자들에 대한 비난 집회가 시작되었다. 다음을 보라. *Mao, une histoire chinoise*, pt. 3, ARTE, 2005.

102) Schram, *Unrehearsed*, pp. 275-276.

103) Milton et al., pp. 298-299; *History of the CCP, Chronology*, p. 335; MacFarquhar and Schoenhals, p. 175.

104) Wang Li, pp. 38–39.

105) Milton et al., p. 279.

106) MacFarquhar, Cheek and Wu, *Secret Speeches*, p. 419.

107) Schram, *Unrehearsed*, pp. 277-279.

108) *Miscellany*, 2, pp. 451-455.

109) Ibid., p. 460.

110) Kau and Leung, *Writings of Mao Zedong*, 2, p. 639.

111) Kuo, *Classified Chinese Documents*, pp. 54-57.

112) 예를 들어, 다음 글을 보라. 'Whither China?', in ibid., pp. 274-299.

113) 王年一, p. 187.

114) Ibid., pp. 150-151; Yan and Gao, p. 202.

115) 이어지는 서술은 다음 자료를 참고했다. Liu Guokai, p. 61; 王年一, pp. 202-204; MacFarquhar and Schoenhals, pp. 175-181; 彭成(編),《中國政局備忘錄》, 北京, 解放軍出版社, 1989, pp. 3-4; Yan and Gao, pp. 123-124; Barnouin and Yu, pp. 131-141.

116) Yan and Gao, pp. 125-126; Barnouin and Yu, pp. 116-119; MacFarquhar and Schoenhals, pp. 185-194; Wang Li, pp. 41-42.

117) 周明,《歷史在這裏沈思》, 2, 華夏出版社, 北京, 1986, pp. 66-67; Yan and Gao, p. 127.

118) MacFarquhar and Schoenhals, pp. 193-194.

119) 다음 자료에 인용했다. Yan and Gao, p. 129.

120) 王年一, '關于二月逆流的一些資料', 〈黨史研究資料〉, 1, 1990, p. 4.

121) Ibid.

122) *History of the CCP, Chronolog*, p. 336.

123) Ibid.; Wang Li, pp. 52-54; Barnouin and Yu, pp. 119-120.

124) 王年一, '關于二月逆流的一些資料', p. 6.

125) Wang Li, p. 54.

126) 王年一,《大動亂的年代》, p. 218.

127) Liang and Shapiro, *Son of the Revolution*, pp. 133-137.

128) Jin Qiu, *The Culture of Power: The Lin Biao Incident in the Cultural Revolution*, Stanford University Press, 1999, pp. 108-9; 張云生,《毛家灣紀實》, 春秋出版社, 北京, 1988. *Mao's Last Revolution*에 따르면, 장칭 조직과 린뱌오 조직의 협조 관계는 제9차 당 대회를 전후하여 무너지기 시작했다(MacFarquhar and Schoenhals, pp. 298-301). 그때쯤 두 분파가 확실히 라이벌 관계를 형성한 것은 사실이다. 하지만 두 분파의 분열은 Jin Qiu의 주장처럼 적어도 1967년 중반까지는, 그보다 더 일찍은 아니더라도, 거슬러 올라가야 적절할 것 같다.

129) 이어지는 서술은 다음 자료를 참고했다. 王年一,《大動亂的年代》; 彭成(編),《中國政局備忘錄》; Barnouin and Yu, esp. pp. 144-146; Yan and Gao, pp. 235-237.

130) Wang Li, pp. 65-66.

131) Yan and Gao, pp. 237-239.

132) MacFarquhar and Schoenhals, pp. 214-215. 쇤할스는 다른 글에서 좀 더 자세하게 설명한

다. 좌파를 무장시켜야 한다는 마오의 발언이 우한 군관구의 지도자들에게 흘러 들어갔고, 이들이 바로 그다음 날부터 '백만웅사'에 무기를 제공하기 시작했다는 것이다("'Why don't we arm the Left": Mao's culpability for the "Great Chaos" of 1967', CQ, 182, June 2005, pp. 277-300).

133) Wang Li, p 75; 〈人民日報〉, July 22 1967.

134) *History of the CCP, Chronology*, p. 338.

135) Wang Li, p. 75.

136) 〈紅旗〉, 12, 1967.

137) Wang Li, p. 76; Yan and Gao, p. 239; MacFarquhar and Schoenhals, pp. 231-232.

138) Wang Li, p. 81; 董葆存, 《楊余傅事件眞相》, 解放軍出版社, 北京, 1988, pp. 74-75; MacFarquhar and Schoenhals, pp. 222-231. 8월 17일 저우언라이는 가벼운 심장마비를 경험한다. 천이를 납치하여 그를 대상으로 투쟁 대회를 조직하겠다고 위협하는 외교부 내 좌파들과 만난 뒤였다(Gao Wenqian, *Zhou Enlai*, p. 175).

139) Wang Li, p. 82; Barnouin and Yu, pp. 192-198.; Yan and Gao, pp. 252-256; MacFarquhar and Schoenhals, pp. 221-222 and 235-238.

140) 1967년 5월 톈진의 학생들은 1932년에 발행된 상하이의 신문을 발견하는데, 거기에는 '우하오'(저우언라이가 상하이에서 사용하던 가짜 이름들 가운데 하나)가 공산당을 탈퇴하고 배신했다는 보도가 실려 있었다. 이는 당시 상하이에서 지하 활동을 하던 중국공산당원들의 사기를 떨어뜨리기 위해 국민당이 지어낸 것이었다. 이미 옌안 정풍운동 때 저우언라이는 이 일에 관해 무죄임이 입증되었지만, 마오는 몇 개월 동안이나 논란거리가 되도록 놔둔 후에야 저우언라이의 혐의가 "오래 전에 풀렸다"고 말했다(다음을 보라. Gao Wenqian, pp. 167-170 and 176).

141) 〈人民日報〉, Sept, 8 1967; Barnouin and Yu, pp. 194-195.

142) 8월 18일 상하이에서 마오가 쉬스유를 만났을 때, 그는 이미 '좌파를 무장시키자'는 지침이 '매우 급박한' 상황을 초래했다고 우려하고 있었다. 1주일 뒤 마오는 극히 제한적인 조건 하에서만 무기 반출을 허용하는 지령문을 승인한다(Schoenhals, 'Why don't we arm the left', pp. 294-295).

143) Ibid, p. 297; Domes, Jurgen, Myers, James T., and von Groeling, Erik, *Cultural Revolution in China: Documents and Analysis*, n.p., n.d., pp. 307-315. 9월 5일에 새로운 지령문이 발표되었는데, 그때는 이미 8월 초부터 시작된 무장 충돌로 인해 수천 명이 사망한 상황이었다. 하지만 마오의 명령에도 불구하고 많은 조직이 무기를 반환하기를 거부했으며 일부 지역에서는 1968년 거의 내내 폭력 사태가 계속되었다. 그러나 1967년 10월 말이면 최악의 상황은 끝이 난다.

144) Goldman, *China's Intellectuals*, pp. 146-147.

145) Barnouin and Yu, p. 91; Yan and Gao, p. 138; Schoenhals, pp. 101-116.

146) Yan and Gao, p. 139.

147) 周明, 1, pp. 27-30; Yan and Gao, pp. 153-157; Li Zhisui, *Private Life*, pp. 489-490.

148) Barnouin and Yu, p. 185; Kuo, *Classified Chinese Documents*, pp. 20-24.

149) 金春明, p. 78.

150) Schoenhals, pp. 122-135.

151) Yan and Gao, p. 211.

152) Ibid, pp. 223, 252 and 266; Barnouin and Yu, pp. 187-189.

153) 〈人民日報〉, Dec. 22 1967. 다음 자료도 보라. Milton et al., pp. 356-360.

154) 王年一, 《大動亂的年代》, p. 271.

155) Wang Li, p. 82.

156) Barnouin and Yu, p. 198.

157) Ibid., pp. 181-184; MacFarquhar and Schoenhals, Ch 15.

158) Ibid., pp. 164-165.

159) 이어지는 서술은 다음 자료를 참고했다. Jin Qiu, pp. 110-115; Barnouin and Yu, pp. 165-171; 董葆存, 《楊余傅事件眞相》. 한편 가오원첸은 이 숙청이 "린뱌오가 군대 내 통제력을 확보하기 위해 노력한 것들 중 하나"라고 좀 더 간단하게 설명한다(Zhou Enlai, p. 177). 하지만 푸충비의 사례는 여기에 해당할 수 없다. 린뱌오에 대한 그의 충성은 의심할 바가 없었기 때문이다. 양청우와 위리진의 몰락은, 린뱌오가 두 사람을 제거하는 데 일정한 역할을 수행했든 안 했든 간에, 분명 린뱌오의 지위를 강화했다. 그리하여 1968년 여름이 되면 인민해방군에 대한 린뱌오의 통제력이 최고조에 이른다. 전해에 린뱌오는 인민해방군 총정치국장 샤오화(蕭華)를 해임시키는 데 성공했으며, 마오는 중국공산당 중앙군사위원회 상무위원회의 기능을 판공청으로 이관하는 것을 승인했다. 판공청 주임은 우파셴이었으며 주요 구성원 역시 린뱌오의 추종자들이었다. 이로써 예젠잉, 쉬샹첸 등의 원수들은 군사 정책을 결정하는 일에서 어떤 역할도 수행하지 못하게 되었다. 인민해방군은 5백만 명이라는 엄청난 규모 때문에, 그리고 각기 다른 근거지에서 독립된 지휘 계통을 유지하며 나름대로 충성의 역사를 쌓아 성장했기 때문에, 마오쩌둥을 제외한다면 그 누구도 인민해방군을 완전히 장악할 수 없었다. 그런데도 린뱌오는 인민해방군이 중국 정치사에서 전대미문의 중요한 역할을 수행하던 이 시기에 대단히 큰 영향력을 지니고 있었다.

160) Liu Guokai, p. 118; Yan and Gao, p. 393; MacFarquhar and Schoenhals, pp. 244-245.

161) Zheng Yi, *Scarlet Memorial: Tales of Cannibalism in Modern China*, Westview Press, Boulder, Co, 1996. 1970년대 중반 크메르루주 치하의 캄보디아에서도 이와 비슷한 사건이 발생했다. 두 나라에서 이러한 일이 발생한 원인 중 하나는, 충성의 물리적 증거를 얻고자 관습의 한계를 넘는 행위를 요구한 탓이다. 적의 시체를 먹는 행동 자체가 계급투쟁으로 이해된 것이다. 1968년 6월 윈난성에서는 '저우'라는 이름의 농민을 처형한 다음, 그의 성기와 고환을 잘라서 물에 끓여 익혀 먹었다. 크메르루주가 지배한 캄보디아에서는 처형자들이 처형된 사람의 간을 먹었다. 간이 용맹성을 담고 있다고 생각했기 때문이다. 공산주의 체제만 이러한 짓을 한 것은 아니었다. 장제스의 비밀경찰 역시 사람을 죽인 다음 시체 일부를 먹기도 했다(Galbiati, Fernando, 'Peng Pai: The Leader of the First Soviet'(D. Phil. thesis), Oxford, June 1981, pp. 829-831; Short, Philip, *Pol Pot: The History of a Nightmare*, John Murray, 2004, p. 371; MacFarquhar and Schoenhals, pp. 258-259; Wakeman, Frederick, *Spymaster: Dai Li and the Chinese Secret Service*, University of California Press, 2003, p. 165).

162) 张云生, 《毛家灣紀實》, pp. 113-123; Hinton, William, *Hundred Day War: The Cultural*

     Revolution at Tsinghua University, Monthly Review Press, New York, 1972, pp. 226-227; Li Zhisui, pp. 502-503; 개별 인터뷰 자료.

163) MacFarquhar and Schoenhals, pp. 249-251.

164) Unger, Jonathan, *Education under Mao*, Columbia University Press, New York, 1982, pp. 38-45, 134.

165) Yan and Gao, pp. 393-394; MacFarquhar and Schoenhals, pp. 268-269.

166) CHOC, 15, p. 189, n. 120. 다음 자료도 보라. Unger, p. 162.

167) Yan and Gao, pp. 270-276.

168) 제9기 중앙위원회 제1차 전원회의에서 마오가 한 연설을 보라. Schram, *Unrehearsed*, p. 288.

169) 金春明, pp. 243-244.

170) Teiwes and Sun, *Tragedy of Lin Biao*, p. 128, n. 47.

171) Barnouin and Yu, p. 160; 〈北京周報〉, 37, Sept. 13 1968.

172) 저우언라이의 비판이 특히 맹렬했다. 류사오치의 축출을 건의하는 '중앙특수조사조' 보고서에 첨부된 진술문을 보면, 저우언라이는 다음과 같이 말하고 있다. "범죄자 류사오치는 엄청난 배신자요, 엄청난 비겁자요, 엄청난 외국 첩자요, 나라를 배신하여 팔아먹은 부역자다. 그는 다섯 가지 독으로 가득 차 있으며 열 가지가 넘는 죄를 저지른 반혁명 분자다." (Gao Wenqian, *Zhou Enlai*, p. 181).

173) Yan and Gao, pp. 356-362. Kuo, *Classified Chinese Documents*, p. 40.

174) CHOC, 15, p. 195.

175) 王年一, 《大動亂的年代》, pp. 311-315; Yan and Gao, pp. 159-160; Barnouin and Yu, pp. 171-175; MacFarquhar and Schoenhals, ch. 16; *History of the CCP, Chronology*, pp. 344-345. 1967년 7월 마오는 왕리에게 이렇게 말했다. "만일 린뱌오의 건강이 유지되지 않는다면 그다음 사람은 덩샤오핑이다."(Teiwes, Frederick C. and Sun, Warren, *The End of the Maoist Era*, M. E. Sharpe, Armonk, 2007, p. 25) 덩샤오핑에게 멋진 미래가 기다리고 있다는 말은, 1959년 10월 베이징에서 마오가 흐루쇼프에게 한 발언이다. (로스 테릴 Ross Terrill은 이 책의 초판에 대한 서평을 쓰면서 코시긴에게 한 말이라고 주장했지만 사실이 아니다. CQ, 163, 2000, p. 872).

176) Barnouin and Yu, pp. 175-178; MacFarquhar and Schoenhals, ch. 17.

177) MacFarquhar and Schoenhals, pp. 280-281.

178) 현재 대체적으로 인정되는 추정치에 따르면, 1966년에서 1967년 동안 정치적 폭력에 의한 사망자 수는 2백만 명에서 3백만 명 사이다. 1980년 후야오방은 1백만 명을 제시했으며, 그 이전에는 더 낮은 추정치가 제시되었다(예를 들어 다음을 보라. CHOC 15, pp. 213-214). 그러나 1982년 제12차 당 대회 중에 예젠잉은 당시 210만 명 정도가 사망했으며 55만 7천 명 정도가 행방불명되었다고 보는 것이 적절하다고 말했다.

179) 이어지는 서술은 주로 다음 자료를 참고했다. 張云生, 《毛家灣紀實》.

180) CHOC, 15, p. 198.

181) Milton et al., p. 264.

182) Kuo, *Cassified Chinese Documents*, p. 54; Schram, *Unrehearsed*, p. 283.

183) Teiwes and Sun, *Tragedy of Lin Biao*, p. 18.

184) Clubb, O. Edmund, *China and Russia: The Great Game*, Columbia University Press, New York, 1971, p. 488.

185) CHOC, 15, pp. 257-261; Garver, John W., *China's Decision for Rapprochement with the United States, 1968-1971*, Westview Press, Boulder, CO, 1982, pp. 54-56; Kissinger, Henry, *The White House Years*, Little, Brown and Co., New York, 1979, pp. 171-172.

186) 다음 자료를 보라. CHOC, 15, pp. 261-275; Clubb, ch. 36. 분쟁의 중심에 미국이라는 요소가 있었다는 사실은 현재 널리 인정되고 있다. 한편 Lyle Goldstein은 문화혁명 과정에서 발생한 여러 문제들로부터 사람들의 주의를 분산하기 위해 마오가 이러한 분쟁을 야기했다고 주장한다('Return to Zhenbao Island: Who started shooting and why it matters', CQ, 168, 2001, pp. 985-997). 그러나 사건의 발생 순서를 따져보면 적절하지 않은 주장이다. 당시의 국경 분쟁이 제9차 당 대회의 유용한 배경이 된 것은 확실한 사실이지만, 1969년 3월은 이미 문화혁명의 활동적인 단계가 지난 때이다.

187) *History of the CCP, Chronology*, p. 348; Yan and Gao, p. 162.

188) Goodman, *Deng Xiaoping*, pp. 78-79.

189) Yan and Gao, pp. 162-164; MacFarquhar and Schoenhals, pp. 277-278; Perry, *Anyuan*, pp. 232-233; Dittmer, Lowell, 'Death and Transfiguration: Liu Shaoqi's Rehabilitation and Contemporary Chinese Politics, *Journal of Asian Studies*, 41, 3, May 1981, pp. 459-460.

16장 물러선 거인

1) Li Zhisui, *Private Life*, p. 517.

2) 지덩쿠이의 말이다. 다음 자료에서 인용했다. Teiwes and Sun, *Tragedy of Lin Biao*, p. 21.

3) Ibid., pp. 13 and 109.

4) 1980년대에 덩잉차오는 당시 공산당 총서기였던 후야오방에게 이 의사록을 파기해 달라고 요청했다. 이 의사록은 중앙 문서고에 저우언라이의 비밀문건 중 하나로 보관되고 있었는데, 후야오방은 덩잉차오의 요청을 받아들여 원본을 파기했다. 하지만 후야오방은 복사본이 하나 남아 있었다는 사실은 알지 못했다. 1979년에 덩샤오핑은 저우언라이의 행동을 알고 있었지만 그의 죄를 묻지 않기로 결정했다. 저우언라이가 그렇게 행동하지 않았더라면 저우언라이 역시 타도되었을 것이고 그러면 상황이 더욱 악화되었으리라 판단했기 때문이다. 이것이 현재까지 중국의 공식적인 입장이다. 하지만 저우언라이의 동료들은 사적인 자리에서는 당의 공식적인 견해를 따르지 않았다. '2월역류' 사태 이후 탄전린은 이렇게 썼다. "(총리는) 도대체 언제까지 기다리고 있다가 입을 열 것인가? 모든 간부들이 다 타도될 때까지 기다릴 것인가?" 덩샤오핑 역시 문화혁명의 과도한 측면을 억제하는 데 저우언라이의 역할이 있었다고 인정하면서도 다음과 같이 덧붙였다. "(그가) 아니었다면, 문화혁명이 그렇게 오랫동안 질질 끌며 이어지지 않았을 것이다."(개별 인터뷰 자료; *Selected Works of Deng Xiaoping, 1975-1982*, Foreign Languages Press, Beijing, 1990, pp.

329-330; Gao Wenqian, *Zhou Enlai*, p. 162).

5) 개별 인터뷰 자료.

6) Li Zhisui, p. 510.

7) Yan and Gao, *Turbulent Decade*, ch. 23.

8) Wang Li, 'Insider's Account of the Cultural Revolution', p. 44.

9) 王年一, 《大動亂的年代》, pp. 384-388; 張云生, 《毛家灣紀實》, pp. 163-165 and 222-224.

10) Jin Qiu, *The Culture of Power*, pp. 116-118.

11) MacFarquhar, Roderick(ed.), *The Politics of China: The Eras of Mao and Deng*(2nd ed.), Cambridge University Press, 1997, pp. 256-257; Barnouin and Yu, *Ten Years of Turbulence*, pp. 215-216; 林青山, 《林彪傳》, 知識出版社, 北京, 1988, pp. 686-688. 가오원첸은 '내부자의 설명'을 인용하여, "제9차 당 대회가 끝나고 얼마 되지 않아"─추정컨대 1969년 겨울─마오가 린뱌오를 쑤저우에서 만났고 그의 건강이 나쁘니 장춘차오를 후계자로 세워야 할지도 모르겠다고 넌지시 내비쳤다고 한다. 린뱌오의 반응은 알려지지 않으나, 아마도 그는 주석의 제안에 관심을 표명했을 것으로 추정된다. 그러나 가오원첸에 따르면 그다음이 중요한데, 이어서 린뱌오는 마오에게 국가수반 지위에 오르는 것을 재고해야 한다고 말했다고 한다. 가오원첸은 우파셴의 말에 따르면 1970년 3월에 국가수반 자리를 다시 제안받자 마오가 거절하기는 했으나, 그때는 이어지는 설명에서 드러나는 바와 같이 확실하게 거부하지 않았다고 설명한다(*Zhou Enlai*, pp. 196-197). 이러한 설명은 왜 린뱌오가 그토록 끈질기게 국가수반 문제를 추진했는지를 이해하는 데 도움이 되기는 하지만, 이를 객관적으로 뒷받침해줄 만한 증거가 없다.

12) 마오의 전체 정치 경력 가운데 린뱌오 사건은 가장 이해하기 어렵다. 연구자들은 린뱌오 사건을 대략 두 가지로 해석한다. 하나는 린뱌오가 자신의 야심에 의해 희생당했다는 것이다. *The Politics of China*(MacFarquhar, pp. 256-262)에 이러한 해석이 개괄되어 있다. 다른 하나는 린뱌오가 마오의 피해망상증에 희생되었다는 이른바 '수정주의' 해석이다. 이는 *The Tragedy of Lin Biao*(Teiwes and Sun, pp. 134-151)의 설명이자, 우파셴의 딸 진추가 주장하는 바이다. 두 해석 모두 완전히 만족스럽지 않지만 첫 번째보다는 두 번째 해석이 사실에 가까운 것 같다. 한편 연구자들이 생각하는 것보다 마오가 훨씬 더 이르게 린뱌오 사건에 관여했다고 가정하면 좀 더 이해가 쉬워진다. 또한 이러한 가정은 마오의 행동 방식에도 부합한다. 가오강, 펑더화이, 펑전 모두 마오가 미리 손을 써서 일정한 행동을 하도록 유도했고 그 결과 몰락했다. 마오는 이미 제9차 당 대회에서 린뱌오를 시험했다(1964년 12월 마오가 류사오치를 당 중앙위원회 공작회의를 통해 시험한 것과 같다). 당 대회 주석단의 주석을 원래 자신이 맡아야 하지만 린뱌오에게 맡으라고 권유한 것이다. 린뱌오는 현명하게도 이 미끼를 물지 않았다. 마오는 국가주석 문제 역시 그런 종류의 미끼로 만들었다. 그러나 이번에는 린뱌오가 잘못 물어버린 것이다.

13) Teiwes and Sun, *Tragedy*, pp. 1 and 11.

14) Li Zhisui, p. 518.

15) 어쩌면 너무 부드럽게 표현한 것일지도 모르겠다. *Mao's Last Revolutions*에는 "마오가 노발대발했다"고 서술되어 있다(MacFarquhar and Schoenhals, pp. 318-320). 린뱌오는 분명 자신이 마오의 지침에 따라 행동했다고 믿었을 것이다. 그러나 마오의 의도보다 린뱌오

가 더 많이 나아갔거나 아니면 마오가 인민해방군의 총사령관으로서 자신의 고유 영역이라고 생각한 부분을 그가 부주의하게 침범했던 것이다.

16) 다음을 보라. 葉永烈, 《陳伯達傳》, p. 493; Li Zhisui, p. 511. 이 시기에 저우언라이는 자신이 왕둥싱과 동맹 관계를 맺고 있는 것으로 마오가 의심할까 봐 크게 걱정했다.

17) 보통 마오가 분명하게 한마디 하면 그것으로 문제는 종결되었다. 예를 들어, 1967년 8월 인민해방군 내부의 '주자파' 축출 운동에 대해 마오가 한마디 하자, 운동이 즉각 중지되었다. 그가 속마음이 바뀌었다고 슬쩍 암시만 주어도, 아랫사람들은 공포에 질려 모두 달아났다. 그러나 이 경우 마오가 네 번이나 거절 의사를 표시했는데도 아랫사람들이 말을 따르지 않았다. (가오원첸에 의하면, 전원회의 직전에 상무위원회가 열렸고 여기에는 마오가 출석하지 않았는데, 이 상무위원회 역시 마오가 국가수반 직책을 맡을 것을 촉구했다고 한다. *Zhou Enlai*, p. 204.) 이러한 상황에 대한 논리적인 설명은 마오가 분명한 태도를 보이지 않았다는 것이다. 당시 마오의 명령을 직접 받았던 중앙위원회 서기처에서 헌법 초안을 두 가지 만들어서—국가주석이 있는 초안과 없는 초안—회람시켰다는 사실 역시 마오가 불명확한 입장을 유지했음을 보여 준다(Teiwes and Sun, *Tragedy*, p. 139). *Mao's Last revolution*에는 마오가 처음부터 린뱌오게 덫을 놓은 것이라고 추정한다(MacFarquhar and Schoenhals, pp. 326 and 336). 그러나 목적이 분명치 않다. 한 명의 계승자를 제거한 직후에 또다시 다른 계승자를 타도하려 할 만한 이유가 마오에게는 없었다. 그러한 행위는 마오 자신의 신뢰성을 떨어뜨릴 뿐 아니라 마오가 그토록 노력을 기울인 문화혁명의 가치를 훼손하는 것이기 때문이다. 만약 그의 목적이 군의 역할을 약화시키는 것이었다면 이는 참으로 이상한 방식을 썼다고 해야 할 것이다. 가장 설득력 있는 설명은 마오의 피해망상증과 후계자에 대한 의심이 합쳐져 이 일이 벌어졌다고 보는 것이다.

18) Teiwes and Sun, *Tragedy*, p. 140; Wang Nianyi, pp. 392–396.

19) Teiwes and Sun, p. 141.

20) Ibid., p. 241; Hao and Duan, 《中國共産黨六十年》, p. 614. 나중에 마오는 자신이 린뱌오의 연설을 미리 승인한 적이 없다고 말했다. 그러나 이는 사실이 아닌 것으로 보인다.

21) Teiwes and Sun, *Tragedy*, p. 144.

22) Ibid., p. 151.

23) 다음 자료에서 인용했다. Jin Qiu, p. 125.

24) 증거는 단편적이다. 이전부터 마오는 지방에 권력을 지닌 군인이 너무 많다며 불만스러워했다. 또한 그는 지난겨울에 린뱌오가 인민해방군에 '경계경보'를 쉽게 발하는 것을 보고 놀랐다. 제9차 당 대회 보고서 초안에서 천보다는 문화혁명 추진보다 경제 발전을 더 강조했는데, 마오는 이것이 린뱌오의 생각을 반영한 것이라고 생각했다. 마지막으로 루산 회의 직후 마오는 군을 당의 좀 더 확고한 통제 아래 두기 위한 일련의 조치를 취했다. 이러한 사실들이 군이 새로 획득한 힘 때문에 마오의 태도에 변화가 일어났음을 증명하지는 못하지만, 그러한 개연성은 충분히 드러내고 있다.

25) Jin Qiu, pp. 126–127; Teiwes and Sun, *Tragedy*, p 148; *Classified Chinese Communist Documents*, pp 162–163.

26) Kuo, *Classified Chinese Documents*, pp. 162–163.

27) 王年一, pp. 406–409.

28) Schram, *Unrehearsed*, p. 294.

29) Teiwes and Sun, *Tragedy*, p. 153; 林青山, p. 716; Barnouin and Yu, p. 222; Yan and Gao, p. 313.

30) Hao and Duan,, p. 618; Schram, *Unrehearsed*, p. 295.

31) Jin Qiu, pp. 132-135; Barnouin and Yu, p. 223; Hao and Duan, p. 618; Wang Nianyi, p. 415; Schram, *Unrehearsed*, p. 295.

32) Li Zhisui, p. 530.

33) Teiwes and Sun, *Tragedy*, p. 155.

34) MacFarquhar, *Politics of China*, p. 266.

35) Kuo, *Classified Chinese Documents*, p. 180.

36) Ibid., pp. 181-185.

37) Wang Nianyi, pp. 411 and 415.

38) Perry, *Anyuan*, p. 234. 정확한 시점은 모르나 5월에는 이미 치워지고 없었다.

39) Barnouin and Yu, p. 225.

40) Teiwes and Sun, *Tragedy*, p. 157.

41) Wang Nianyi, p. 415.

42) Barnouin and Yu, p. 226.

43) Schram, *Unrehearsed*, pp. 290-299; Jin Qiu, pp. 135-136, 194-195 and 198; MacFarquhar and Schoenhals, pp. 318-320. 다음 자료도 보라. Barnouin and Yu, pp. 216-217. 비록 지방 순시 동안 마오가 군 사령관들에게 연설을 하며 최소한 한 차례 린뱌오를 펑더화이와 류사오치와 비교한 적은 있지만, 이때 그가 린뱌오를 그들과 똑같은 방식으로 처리하려고 했는지는 확실하지 않다. 아마도 마오 자신도 분명한 생각이 없었을 것이다. 나중에 저우언라이가 말한 바에 따르면, 만일 린뱌오가 자신의 오류를 고백하면 마오는 그를 정치국에 그대로 두려고 했다고 한다. 확실히 자신의 후계자를 공개적으로 처단하는 것은 마오에게 정치적으로 이롭지 않았다. 하지만 이러한 정치적 운동은 불가피하게 자체의 관성에 따라 전개되기 마련이다. 린뱌오가 국가주석 직책을 차지하려 했다는 비난은, 훗날 린뱌오 비판 운동이 벌어졌을 때 핵심 주제가 된다. 유일한 증거로 알려진 우파셴의 자백은 심한 압박으로 얻어낸 것이며 자백의 일부분은 명백한 허위 사실로 밝혀졌다. 설사 우파셴의 자백이 사실이라 해도 우파셴이 예천에게 전해 들은 것에 불과했다. 린뱌오는 원래 의례적 업무를 좋아하지 않았기 때문에, 그가 이러한 야망을 품었으리라고 설명하는 것은 개연성이 대단히 낮다. 결국 가장 설득력 있는 설명은, 린뱌오가 마오를 명예만 있는 한직으로 밀어내려 했다고 비난하면 갑작스럽고 극적인 린뱌오의 몰락을 설명하기가 무척 어려울 것이기 때문에, 차라리 린뱌오가 권력 탈취를 획책했다고 이야기하는 편이 사람들의 더 큰 호응을 얻으리라고 판단하여 마오가 그러한 주장을 했다고 이해하는 것이다.

44) Yan and Gao, pp. 321-322; Barnouin and Yu, p. 235.

45) 이때를 가장 잘 묘사한 자료는 다음과 같다. Jin Qiu, pp. 163-199 and 205. 진추는 우파셴의 딸로서 당시 린뱌오 사건과 관련된 많은 사람들과 대화를 나눌 수 있었다. 그들 중에는 린리헝과 린리궈의 약혼녀 장닝(張寧)도 있었다. 또한 다음을 보라. Yan and Gao, pp. 322-333; Barnouin and Yu, pp. 228-229 and 235-242; MacFarquhar, pp. 271-275; Li

Zhisui, pp. 534–541; Teiwes and Sun, *Tragedy*, p. 160; 개별 인터뷰 자료. 세부적인 추가 사항을 살펴보려면 다음 자료를 보라. 王年一,《大動亂的年代》; 張云生,《毛家灣紀實》.

46) 경호대장의 상처를 치료한 사람은 당시 군의관이자 린리헝의 약혼자였는데, 그를 포함하여 몇몇은 경호대장이 스스로 몸에 총을 쏘았다고 주장했다. 이는 자신이 린뱌오와 공모자가 아니라는 것을 증명하기 위한 행동이었을 것이다.

47) 당시 마오가 실제로 이런 표현을 사용했는지 아니면 뒷날 미화하기 위해 꾸며낸 이야기인지는 알 수 없다. 여하튼 린뱌오가 탄 비행기를 격추하려는 시도는 고사하고, 다른 비행기를 출격시켜 저지하려는 움직임조차 없었다.

48) Li Zhisui, p. 536.

49) Ibid., pp. 542–551.

50) 개별 인터뷰 자료. 다음 자료도 보라. Schram, *Unrehearsed*, p. 294.

51) *History of the CCP, Chronology*, p. 354; Kuo, *Classified Chinese Documents*, pp. 165–185; 王年一, p. 437.

52) Li Zhisui, pp. 551–552.

53) 이어지는 미중 관계 개선에 관한 서술은 다음 자료를 참고했다. Kissinger, *White House Years*, pp. 163–194, 220–222, 684–787 and 1029–1087; Li Zhisui, pp. 514–516; Garver, *China's Decision*, passim; Holdridge, John H., *Crossing the Divide*, Rowman and Littlefield, Lanham, MD, 1997; Foot, Rosemary, *The Practice of Power: US Relations with China since 1949*, Clarendon Press, Oxford, 1995. 미국은 미중 관계에 방향 전환이 일어난 데에 관해 마오보다는 닉슨의 공로를 인정하고 있다. 사실 두 사람은 각각 이러한 변화가 필요하다고 생각했지만, 국경 분쟁을 일으킴으로써 이 변화를 현실화한 것은 마오이다.

54) Kissinger, *White House Years*, pp. 702–703. 닉슨은 회고록에서 마오와 스노의 회견이 있은 뒤 '며칠 되지 않아' 회견 사실을 알게 되었다고 썼지만, 닉슨의 기억이 잘못된 것으로 보인다(*The Memoirs of Richard Nixon*, Grosset and Dunlap, New York, 1978, p. 547).

55) Barnouin and Yu, p. 226.

56) 1972년 2월 28일에 조인된 상하이 성명에서 사용된 문구이다.

57) Li Zhisui, pp. 557–563; Salisbury, *New Emperors*, pp. 306–310; 張玉鳳, '毛澤東周恩來晚年二三事', 〈光明日報〉, Dec. 26 1988 to Jan. 6 1989.

58) Kissinger, *White House Years*, p. 164.

59) Teiwes and Sun, *End of the Maoist Era*, p. 87.

60) IKissinger, pp. 1062–1063; Nixon, p. 563.

61) Schram, *Unrehearsed*, p. 299.

62) *History of the CCP, Chronology*, p. 354; Yan and Gao, p. 407.

63) Gao Wenxian, p. 235.

64) 마오는 의료진에게 수술하지 말고 대신에 '보살핌과 좋은 영양 공급'을 강조하도록 지시했다. 이는 현대 의학에 대한 마오의 의심이 일부 반영된 것이다. 마오 자신도 자주 치료를 거부했다. 그러나 마오의 이러한 결정은 저우언라이를 반대한 급진파에 좋은 무기가 되었

다. 1973년 3월 마오가 외과적 검사 방식을 승인함에 따라 저우언라이는 방광암을 제거할 수 있었지만, 1년 뒤 암이 재발했으며 곧 다른 장기로 전이되었다(Li Zhisui, p. 572; Yan and Gao, p. 412; Barnouin and Yu, pp. 235-236 and 259-262).

65) 〈人民日報〉, April 24 1972.

66) *History of the CCP, Chronology*, p. 356.

67) Yan and Gao, pp. 410-411.

68) Ibid., p. 410; Barnouin and Yu, p. 253.

69) 1972년 6월 28일 마오는 스리랑카 총리와 개인적으로 대화를 나누던 중에, 저우언라이와 천이를 축출하려 시도한 "그 좌익 파벌"을 "배후에서 지원한 가장 중요한 인물"이 바로 린뱌오라고 말했다. 그러나 마오의 발언은 공개되지 않았다(Teiwes and Sun, *End of the Maoist Era*, p. 25).

70) 〈人民日報〉, Oct. 14 1972; Yan and Gao, pp. 412-416; Barnouin and Yu, pp. 253-255; MacFarquhar and Schoenhals, p. 355.

71) 〈人民日報〉, Jan. 1 1973.

72) Ye Yonglie, *Wang Hongwen Xingshuailu*, Changchun, 1989, passim.

73) Barnouin and Yu, p. 249.

74) Gardner, John, *Chinese Politics and the Succession to Mao*, Macmillan, 1982, p. 62; Short, *Dragon and Bear*, p. 196; Evans, *Deng Xiaoping*, pp. 189-190; *History of the CCP, Chronology*, p. 359.

75) MacFarqugar, p. 279, n. 114; 賈思楠(編), 《毛澤東人際交往實錄》, 江蘇文藝出版社, 1989, p. 319; Yan and Gao, p. 454.

76) Barnouin and Yu, pp. 249-251.

77) '젖은 바지' 이야기와 당시 중앙위원회 회의에 대한 설명을 보려면 다음 자료를 보라. Teiwes and Sun, *End of the Maoist Era*, p. 106.

78) Evans, p. 197.

79) 彭成, 《中國政局備忘錄》, p. 47; Evans, p. 198; *History of the CCP, Chronology*, pp. 361-362; Hao and Duan, p. 632; Yan and Gao, p. 455. *Mao's Last revolution*에는 이때 군관구 사령관들의 교체를 최초에 제안한 사람이 예젠잉이라고 쓰여 있다(MacFarquhar and Schoenhals, pp. 363 and 379).

80) *History of the CCP, Chronology*, p. 363; Evans, pp. 199-200.

81) 다음 자료에서 인용했다. Yang Jisheng, *Tombstone*, pp. 483-484. 1973년 8월 5일에 쓰인 시인데, 중국 내에서 공식적으로 출판된 적은 없다. 그러나 비림비공운동 동안 학습회에서 구두로 전파되었다.

82) 1975년 12월에 마오는 문화혁명의 공이 70퍼센트라고 말했다. 이는 그가 1967년 2월역류 사건 때 내린 판정에서 후퇴한 것이었다. 그때는 문화혁명의 성과가 90퍼센트이고 단지 10퍼센트만 잘못이라고 주장했다.

83) *Mao's Last revolution*의 저자들은 제10차 당 대회에서 저우언라이와 왕훙원이 각각 행한 연설 사이에 미국에 대한 태도와 관련하여 중요한 차이가 있다고 강조하며, 왕훙원의 연설이 마오의 견해를 반영한 것이라고 추론한다(MacFarquhar and Schoenhals, pp. 365-

366).

84) Kissinger, Henry, *Years of Upheaval*, Little, Brown, Boston, 1982, pp. 687-688 and 692-693.

85) 마오는 발트 3국의 망명 정부가 각각 워싱턴에 대사관을 두고 있을 뿐 아니라, 이 세 나라가 공식적으로 속해 있는 소련 역시 워싱턴에 대사관에 두고 있다고 말했다. 키신저는 당시 중국과의 외교 관계에서 돌파구를 모색하고 있었다. 워터게이트 스캔들이 정점에 달한 탓에 닉슨이 외교 정책의 성공을 절실하게 원했기 때문이다. 키신저는 마오의 말을 듣고서 발트 3국의 상황을 중국도 받아들일 수 있다는 의미로 이해했다. 하지만 마오의 뜻은 정반대였다. 마오는 만일 워싱턴이 타이완과의 관계를 끊지 않는다면 중국은 1백 년이라도 기다릴 준비가 되어 있다는 말도 했는데, 키신저는 마오의 두 발언이 상호 보완적이라는 사실을 알아차리지 못했다.

86) Wang Nianyi, p. 471. *End of the Maoist Era*의 저자들은 만일 장칭이 마오가 저우언라이의 숙청을 고려하고 있다고 믿지 않았더라면, 저우언라이에 대한 '노선 투쟁'을 촉구했을 리가 없다고 주장한다. 마오의 조카 마오위안신 역시 마오가 저우언라이에 대한 '11번째 노선 투쟁'을 계획하고 있다고 생각했다. 얼마 후 12월 말이 되면 마오 자신도 장칭이 정치국에서 행한 비난을 반복하듯 질문 아닌 질문을 던졌다. "외국인과 내통하면서 그와 동시에 황제가 되려는 자가 누구입니까?" 마오가 저우언라이를 숙청하려고 진지하게 고려하고 있었는지, 아니면 1972년 1월에 자신의 뒤를 이어 일을 맡아 달라고 저우언라이에게 간절하게 요청했던 때처럼, 단지 한번 떠본 뒤에 어떻게 반응하는지 시험해본 것인지는 알기가 어렵다. 마오의 구체적 행동을 근거로 삼아 판단을 내려야 한다면, 그는 저우언라이의 숙청을 진지하게 계획한 적이 전혀 없다고 말할 수 있다. 그러나 그가 저우언라이에 대해 불평불만을 쏟아내고 분명한 경멸을 드러낼 때면, 그의 주변 사람들은 마오가 저우언라이의 숙청을 고려하고 있다고 믿었다(Teiwes and Sun, pp 138-139 and 142).

87) Evans, p. 198.

88) Yan and Gao, pp. 430-432; Barnouin and Yu, p. 258.

89) Yan and Gao, pp. 416-420 and 432-442; Barnouin and Yu, pp. 264-265 and 267-268.

90) Hao and Duan, pp. 636-637.

91) Li Zhisui, pp. 578-579.

92) Ibid., pp. 569-570, 573-574 and 576-577.

93) Kissinger, *White House Years*, p. 1059.

94) Li Zhisui, pp. 580 and 604-605. 1975년 8월에 마오는 백내장 수술을 받는다.

95) Ibid.; Pantsov and Levine, pp 489-490; 장위평과 한 인터뷰, 1997년 6월; 그 밖의 개별 인터뷰 자료.

96) 彭成, pp. 42-43; *History of the CCP*, *Chronology*, p. 364.

97) Li Zhisui, pp. 580-586.

98) Teiwes and Sun, pp. 189-217; Yan and Gao, pp. 445-448 and 455-459; 〈光明日報〉, Nov. 12 1976; Ye Yonglie, *Wang Hongwen xingshuailu*, pp. 413-415; Hao and Duan, p. 638.

99) Teiwes and Sun, p. 221.

100) *History of the CCP, Chronology*, p. 366.

101) 두 번 예외가 있었다. 1975년 2월 15일 정치국 회의는 마오의 건강 문제를 이야기하기 위해 소집되었는데, 이때는 저우언라이가 회의를 주재했다(Li Zhishi, pp. 597-599). 1975년 5월 3일 회의는 마오가 마지막으로 주재한 회의였다(Barnouin and Yu, pp. 282-283 and 286). 리즈쑤이는 마오가 두 번째 회의에 참석했다는 사실에 의문을 제기하지만(p. 600), 다른 사람에게 들은 이야기에 근거한 것이므로 정확하지 않은 것처럼 보인다. 비록 왕훙원이 7월 2일까지는 공식적으로 당 중앙의 업무를 총괄했지만, 실제로 그해 전반기에 지도적인 역할을 수행한 사람은 덩샤오핑이었다. 덩샤오핑은 5월 27일과 6월 3일 정치국 회의를 주재했으며, 6월 중순에 마오는 덩샤오핑에게 이제부터 그가 반드시 "(모든) 업무를 장악" 해야 한다고 말했다. 그리고 마오는 다음과 같은 예언적인 말을 덧붙였다. "숲에서 가장 큰 나무는 폭풍우를 마주하게 될 것이 틀림없네."

102) Yan and Gao, p. 458.

103) Kissinger, *Years of Upheaval*, p. 68.

104) *Turbulent Decade*에는 1975년에 마오가 자신의 부인에 대해 이렇게 말했다고 서술되어 있다. "조만간 장칭은 모든 사람과 결별하게 될 것이다. …… 내가 죽은 뒤 장칭은 혼란을 일으킬 것이다."(Yan and Gao, p. 460)

105) Teiwes and Sun, *End of the Maoist Era*, p. 231.

106) *History of the CCP, Chronology*, p. 365.

107) Ibid., p. 366. 마오의 측근들 사이에 불신이 얼마나 극도로 만연했는지를 보여주는 일화가 있다. 저우언라이는 전국인민대회 준비 서류의 초안을 직접 작성한 다음, 필요한 만큼 인쇄하고 나서, 자신이 손수 작성한 원본은 불태워버리도록 지시했다. 이는 혹시라도 나중에 정치적 방향이 바뀔 때 자신이 직접 쓴 문서가 자신에게 불리한 증거로 사용될까 봐 우려했기 때문이었다(Teiwes and Sun, *End of the Maoist Era*, p. 220).

108) 리셴녠, 화궈펑, 지덩쿠이는 부총리였으며 정부의 일반 업무를 책임지고 있었다. 지덩쿠이는 화궈펑과 마찬가지로 1950년대에 마오가 눈여겨 본 중간 세대 지도자였다. 이들은 문화혁명 때 온건파로 분류되었으며 훗날 정치국으로 승진했다. 마오는 린뱌오가 도주한 이후에 이들을 후계자 후보로 주목했다(ibid, pp. 310-312)

109) 이어지는 서술은 다음 자료를 참고했다. Ibid, pp. 253-263 and 283-304.

110) Barnouin and Yu, p. 281. 이러한 맥락을 고려하여, 1976년 중반 마오가 과거 옌안 시절에 자신이 쓴 저우언라이 비판 글을 다시 열람하겠다고 요청한 의미를 생각해볼 필요가 있다. 이미 저우언라이는 사망했기 때문에, 이때 마오의 관심은 정책(경험주의)이었을 것이다. 즉 마오는 경험주의가 자신의 유산에 어떤 영향을 끼칠지 관심이 있었던 것이지, 그 경험주의를 추진한 구체적 인물(저우언라이)을 염두에 둔 것이 아니었다.

111) MacFarquhar, *Politics of China*, p. 291.

112) Ibid., p. 282; Gardner, p. 106.

113) Barniouin and Yu, pp. 282-283; Peng Cheng, pp. 50-51 and 56.

114) 저우언라이도 마찬가지였다. 6월 16일에 그는 마오에게 굴욕적인 자아비판서를 보냈다. 제목은 '쭌이 회의부터 현재까지 40년간 나의 실책과 죄'였다. 저우언라이는 마오의 비서 장위펑에게 이 글을 보내며 메모를 하나 첨부했는데, 대단히 처량한 느낌을 자아낸다. "주석

의 기분이 좋고 편안할 때, 식사를 든든히 해서 배가 두둑하고 숙면을 취한 뒤에야 보여주십시오. 주석이 피곤할 때는 절대로 보여드리지 마십시오. 제발, 제발 부탁입니다." 5월 3일 정치국 회의에서 마오는 유별나게 저우언라이의 존재를 무시했다. 이날 회의에 참석한 사람들은 마오가 평소보다 더 수수께끼 같은 말을 쏟아냈고 위협적인 언동을 보였다고 기억했다(Teiwes and Sun, *End of the Maoist Era*, pp. 3 and 295-296).

115) Yan and Gao, p. 471. 또한 *Comrade Chiang Ch'ing*에 실린 포스터를 보라(Witke, opposite p. 335).

116) Teiwes and Sun, pp. 73-74, 232-234 and 306. 이미 1973년에 캉성은 덩샤오핑과 저우언라이에게 두 급진파 인물의 배신행위에 관한 의혹을 제기했다. 1974년 12월 창사에서 마오를 만난 저우언라이는 장칭에 대해서는 함구했지만 장춘차오에 대한 캉성의 우려는 전달했다. 이에 마오는 그러한 의혹을 받아들이지 않으면서, 증거가 없다면 그 문제는 잊어버리는 것이 좋다고 답했다. 그러나 캉성은 이 문제에 계속 집착했다. 1975년 5월 그는 마오의 반응을 전해 듣고서, 들것에 실린 채 저우언라이를 만나러 갔다. 당시 저우언라이는 병원에 누워 있었는데, 캉성은 그러한 저우언라이에게 장칭에 대한 의혹을 마오에게 전달해 줄 것을 다시 한번 청했다. 저우언라이가 거절하자 캉성은 8월에 이 서신을 썼다. 캉성은 편지가 전달되지 않은 것을 알고 있었던 것이 분명하다. 1975년 10월 죽음을 불과 몇 주 앞두고 캉성은 병세가 잠시 호전되었을 때 마오와 마지막으로 만났는데, 그 자리에서 자신의 의심을 언급하지 않았기 때문이다. 그때쯤이면 장칭의 정치적 상황이 다시 괜찮아진 뒤이기도 했다. 1976년 4월 외교부장 차오관화(喬冠華)는 캉성이 장칭과 장춘차오를 '모함'하고 있다고 마오에게 말했지만 자세한 이야기는 하지 않았다. 캉성이 장칭에 관해 주장하는 여러 가지 의혹 가운데 가장 개연성이 있는 것은, 그녀가 1934년 상하이에서 투옥되었을 때 당을 배신했다는 것이다. 한편 어느 당 역사가에 의하면, 장춘차오의 부인이 배신자였던 것은 사실이며 장춘차오는 부인의 잘못을 알았지만 은폐했다고 한다. 다음 자료도 보라. Byron and Pack, *Claws of the Dragon*, pp. 405-407.

117) Barnouin and Yu, pp. 283-285.

118) 彭成, p. 57.

119) Ibid.

120) 이어지는 서술은 주로 다음 자료를 참고했다. Ibid., pp. 363-415; MacFarquhar and Schoenhals, pp. 402-412.

121) Barnouin and Yu, pp. 279-280; Evans, pp. 206-207.

122) 다른 요인도 있었다. 같은 달인 1975년 10월 덩샤오핑은 과학과 기술의 개혁에 관한 문건 하나를 승인했는데, 거기에 마오의 말이 잘못 인용되었던 것이다. 실제로 마오는 "과학과 기술을 하지 않으면 생산력은 개선되지 않는다."라고 말했으나, 문건에는 "과학과 기술은 하나의 생산력이다."라고 서술되었다. 훗날 이 문건은 덩샤오핑이 조장한 '세 개의 독초' 가운데 하나로 지목되어 비판당했다(Teiwes and Sun, *End of the Maoist Era*, pp. 321-339).

123) 賈思楠, pp. 376-378; Hao and Duan, pp. 648-649; MacFarquhar, p. 296.

124) Barnouin and Yu, and Gao, p. 280.

125) Li Zhisui, p. 605.

126) Yan and Gao, p. 480.

127) Ibid., p. 479. 다음 자료도 보라. 王年一, p. 560.

128) Hao and Duan, p. 560.

129) Evans, p. 210.

130) 이 새로운 운동은 11월 말에 외교부와 '두 학교(칭화대학과 베이징대학)'에서 시작되었다.

131) Barnouin and Yu, p. 286.

132) Yan and Gao, pp. 482~485; Li Zhisui, pp. 609~610.

133) Teiwes and Sun, *End of the Maoist Era*, p. 439

134) Yan and Gao, pp. 485~486.

135) 3월 2일 장칭은 각 성과 군관구 지도자들이 모인 자리에서 덩샤오핑의 이름을 직접 거론하며 '반혁명의 사령관'이자 '한나라의 배신자'라고 칭했다. 마오는 이것이 지나치다고 비판했다. 3월 초부터 각 현과 군의 연대급에 배포되는 당 문건에는 덩샤오핑의 이름이 적시되기 시작했다. 관영 언론에서도 비판 운동의 초점이 '우경풍'에서 '회개하지 않는 주자파'를 공격하는 것으로 바뀌었다. 그러나 당 밖으로는 여전히 이러한 움직임이 알려지지 않았다. 1974년의 비림비공 운동 때와 마찬가지로 많은 성에서 파벌 간의 싸움이 벌어졌다. 특히 허난성, 쓰촨성, 윈난성, 저장성이 그랬다. 1976년 봄이 되면 이런 파벌 간의 싸움 때문에 심각한 경제적 혼란이 초래되었다.

136) 1976년 1월 21일, 마오는 저우언라이의 후계자로 화궈펑을 지명하며, 덩샤오핑이 여전히 "유용한 역할을 수행할" 수도 있다고 언급했다.

137) Nixon, Richard, *In the Arena: A Memoir of Victory, Defeat and Renewal*, Simon and Schuster, New York, 1990, p. 362.

138) 張玉鳳, '毛澤東與周恩來一些晚年趣事', 〈光明日報〉

139) 張玉鳳, '毛澤東周恩來晚年二三事', 〈炎黃子孫〉, 1, 1989.

140) Evans, pp. 207~208.

141) 이어지는 서술은 다음 자료를 참고했다. 개별 인터뷰 자료; Garside, Roger, *Coming Alive: China after Mao*, New York, 1981, pp. 115~136; Yan and Gao, pp. 489~503; MacFarquhar, pp. 301~305.

142) 당시에는 〈문회보〉가 장춘차오의 지시에 따라 "회개하지 않는 주자파가 권력을 되찾도록 도우려는 당내의 주자파"를 공격한 것으로 추정되었다. 그러나 30년이 흐른 뒤인 2005년, 과거 〈문회보〉에서 편집자로 일한 한 사람이 그 기사가 본래 저우언라이를 공격하기 위한 정치적인 목적으로 쓰인 글이 아니라고 주장했다. 사실 '당내의 주자파'는 저우언라이가 아니라 덩샤오핑을 말하며, '회개하지 않는' 주자파는 덩샤오핑의 지지자를 가리켰지만 문안이 서툴러 문제가 발생했다는 것이었다. *End of the Maoist Era*의 저자들은 그의 주장이 개연성이 있다고 판단하며, 당시 저우언라이를 공격하는 것은 아무런 유용성이 없었다는 이유를 댔다(Teiwes and Sun, pp. 468~471). 하지만 그렇게 되면 다음 두 사실이 전혀 설명되지 않는다. 하나는 마오가 저우언라이에 대한 추모를 '복권', 즉 문화혁명을 부정하는 것을 위장하는 행동이라고 평가한 것이고, 다른 하나는 마오가 너무나 몸이 안 좋아서 다른 일은 하지 못하면서도 그의 생애 마지막 3개월 동안 옌안 시절 저우언라이에 대한 자신의 비판 글을 다시 읽었다는 것이다. 마오에게 저우언라이는 이미 죽었지만 결코 작은

문제가 아니었다. 여하튼 〈문회보〉의 기사가 문안 작성상의 실수였든 의도적인 공격이었든 상관없이, 이후에 소요 사태가 발생하는 데 결정적인 역할을 한 것만은 분명한 사실이다.

143) 당시 시위에 참여한 군중 중 상당수가 살해되었다고 믿는 사람들이 많다. 그러나 살해된 사람은 없었던 것으로 보인다. 그날 밤에는 38명이 체포되었고, 시위가 일어난 전체 기간을 살펴보면 모두 388명이 체포되었다. 이들 중 대부분은 마오 사후에 석방되었다.

144) Yan and Gao, p. 502.

145) MacFarquhar and Schoenhals, p. 430. 당시 덩샤오핑이 광둥성에서 쉬스유의 보호를 받았다는 이야기가 널리 퍼졌지만(이 책의 초판에도 서술되었다) 사실이 아닌 것으로 보인다(예를 들어 다음을 보라. Evans, pp 212-213). 나는 이 일이 발생하고 1년 뒤에 베이징을 방문했는데, 그때 많은 사람들이 그렇게 믿고 있었다. 그러나 쉬스유에게는 덩샤오핑을 보호할 수 있는 힘이 없었다. 오직 마오만이 그러한 힘이 있었다.

146) MacFarquhar, *Politics in China*, p. 305. 사실 마오는 똑같은 문구를 덩샤오핑과 저우언라이에게도 사용한 적이 있다. 마오가 화궈펑에게 이 문구를 써 주었다는 사실과 관련하여, 가짜라거나 과장되었다는 논의가 많이 있다(예를 들어 다음을 보라. MacFarquhar and Schoenhals, pp. 434 and 603 n. 14). 그러나 화궈펑의 고위급 동료들 가운데 누구도 이를 허위라고 주장하지 않았으며, 당시 마오가 화궈펑이 자신이 지명한 후계자라는 것을 아주 분명하고도 논란의 여지가 없이 밝혀 두고 싶었으리라는 점도 충분히 논리적이다.

147) Li Zhisui, pp. 614-623; Yan and Gao, pp. 510-515.

148) 王年一, p. 601.

149) Yan and Gao, pp. 487 and 516.

150) MacFarquhar, p. 300.

151) Ibid., pp. 306-307; Li Zhisui, p. 621; Evans, pp. 214-215; 王年一, p. 591.

152) Li Zhisui, pp. 624-625; Yan and Gao, pp. 516-519.

153) 修儒(編), 《一九七六年大事內幕》, 東方出版社, 北京, 1989, pp. 403-404.

에필로그

1) 劉武生(編), 《中共黨史風雲錄》, 中央文獻出版社, 1990, pp. 439-440.

2) MacFarquhar and Schoenhals, pp. 443-449.

3) Schram, *Unrehearsed*, p. 190.

4) Kuo, *Classified Chiness Documents*, p. 57.

5) 개별 인터뷰 자료. 천윈은 1978년 11월 중앙위원회 공작회의에서 이 발언을 했다. 다음 자료도 보라. 〈明報〉, Hong Kong, Jan.. 15 1979.

6) Barmé, Geremie R, *Shades of Mao*, M. E. Sharpe, Armonk, 1996, p. 34.

7) Chavannes, Edouard, *Les Mémoires Historiques de Se-ma Ts'ien*, 2, Adrien-Maisonneuve, Paris, 1967, pp. 144-145.

8) *Miscellany of Mao Tse-tung Thought*, 1, p. 98.

9) 대약진운동 때 2천만 명이 죽었고(이는 후야오방이 공식적으로 언급한 사망자 수이다), 토지 개혁 과정에서 1백만 명이 죽었으며, 1950년대 초 몇 차례 정치 운동 과정에서 1백만 명

이 죽었고, 문화혁명 때 1백만 명이 죽었다고 추정하면—모두 최소한의 추정치이다.—마오
가 추진한 정책의 직접적 결과로 사망한 중국인은 최소 2천3백만 명에 이른다(실제로는 3
천만 명 내지 3천5백만 명일 수도 있다). 비교를 위해 예를 들면, 제2차 세계대전의 사망자
수는 5천5백만 명이고, 태평천국의 난으로 죽은 사람의 수는 2천만 명이며, 제1차 세계대전
으로 사망한 사람은 8백만 명에 달한다. 하지만 이 사건들은 한 사람의 의지로 발생한 것
이 아니다.

10) 개별 인터뷰 자료. 이 언급이 나오는 문헌을 찾아내지 못했다. 하지만 마오는 1964년 12월
20일 개최된 중앙위원회 회의에서 이보다 덜 직설적이지만 비슷한 생각을 표현한 적이 있
다(*Miscellany*, 2, p. 426).

개정판 후기1

1) 이보다 6년 전 장제스의 국민당 정부는 과거 제국 시대의 영유권 주장을 근거로 삼아 '11단
선'을 선언했다. 이 가운데 두 개의 선은 중국의 하이난섬과 북베트남 사이 해상 경계선이
었는데, 저우언라이는 당시 북베트남이 중국의 가까운 동맹국임을 감안하여 이 두 개의 선
을 삭제했다. 2013년 중국은 타이완의 동쪽 해역에 열 번째 선을 새로 설정했다.

2) 마오가 죽고 3년 후 로더릭 맥파쿼가 *Economist*에 기고한 글을 보면, 다른 어떤 사람보다
훨씬 더 정확하게 중국의 미래를 예측했음을 알 수 있다. 그는 중국이 잠재력을 끌어낼 수
있다면, "동방에서 태양이 떠오를 것이며, 그에 비하면 일본은 희미한 그림자에 불과할 것"
이라고 서술했다. 사실을 고백하면, 나는 그의 글을 1979년 9월 베이징에서 처음 읽었다.
당시 베이징은 흙먼지로 덮여 있었고, 중국 경제는 절반쯤은 스탈린식이었고 절반쯤은 19
세기 빅토리아 시대를 연상시켰으며, 그마저도 점차 황폐화되고 있었다. 나는 고개를 들어
하늘을 쳐다보며, 도대체 그가 지금 무슨 말을 하고 있는가 하고 궁금하게 생각했다. 하지
만 지금 나는 그의 말을 이해한다.

3) 다음 자료에서 인용했다. Pankaj Mishra, *New Yorker*, Dec. 20 2010.

4) Perry, Elizabeth, *Anyuan: Mining China's Revolutionary Tradition*, University of
California Press, 2013, pp. 290-291.

5) Lifton, Robert Jay, *Revolutionary Immortality: Mao Tse-tung and the Chinese
Cultural Revolution*, Vintage, 1968, pp. 156-161.

6) 다음 자료를 보라. Roderick MacFarquhar, 'The Superpower of Mr Xi', *New York
Review of Books*, Aug. 13 2015.

개정판 후기2

1) *Washington Post*, Dec. 12 2014.

2) *New York Times*, Oct. 2 2015.

3) *ChinaFile*, May 4 2016.

4) 코넬대학의 마틴 버널(Martin Bernal)은 다음과 같이 솔직하게 인정했다. "우리가 1940년
대의 중국에 대해 글을 쓸 때, 우리가 생각하고 있는 것은 사실 베트남이다. 또 하나 더 인
정할 것이 있다. …… 베트남은 중국에서 벌어지고 있는 일에 대한 나의 판단에 영향을 주
었다. 더 나아가 중국 역사에 대한 나의 해석에도 영향을 끼쳤다."(*New York Review of*

Book, Feb. 25 1971)

5) 지금 핼리데이의 입장은 너무나 변했기 때문에 이 서술이 불공정하게 느껴질 수도 있다. 그래서 1974년 핼리데이가 *New Left Review*에 기고한 글의 일부를 소개하고자 한다(*New Left Review*는 영국의 마르크스주의 좌파들의 생각을 알리기 위해 1960년에 발간되었다). 서두에 핼리데이는 홍콩에 대해 이렇게 썼다. "마약 중독자가 30만 명, '삼합회' 조직 폭력배가 8만 명, 불법 거주자가 수십만 명이 있으며, 어디를 가든 질병과 쓰레기투성이다." 핼리데이는 식민지 홍콩을 "영국 정치의 쓰레기들"이 관리하고, "지배층의 이익을 위해 일하고 …… 문어발을 펼치듯 각종 범법 행위를 일삼는" 경찰이 조력하는, "비참함과 교활함이 놀라울 정도로 집중된 곳"으로 묘사했다. 그는 영국 정부가 "중국에 대한 침략 행위를 중단"해야 한다고 주장하며, "영국의 혁명가들은" 비록 지금까지 이 식민지 문제에 관해서 "형편없이 활동"하고 있지만, "4백만 중국인들에 대한 지속적이며 끔찍한 착취"에 저항하여 투쟁할 특별한 책임이 있다고 말했다('Hong Kong: Britain's Chinese Colony' in *New Left Review*, Sept–Dec 1974, pp. 91-112). 선동적인 몇몇 표현이 눈에 거슬리기는 하지만, 핼리데이가 제기한 비판 중 일부는 사실일지도 모른다. 그러나 전체적으로 볼 때 그의 서술은 지극히 왜곡되어 있다(그리고 바로 이 점에서 《마오: 알려지지 않은 이야기》는 과거의 글과 논조가 정반대이지만 똑같은 비판을 받고 있다). 핼리데이는 이로부터 7년 뒤 이번에는 한국전쟁에 대해 글을 쓰면서 다시 한번 극좌파의 논지를 내세운다. "*가장 먼저 짚고 가야 할 점은 이것이다. 남한은 1950년 6월 25일에 북한에 의해 침공당한 것이 아니다. 남한은 1945년 9월에 미국 제국주의에 의해 침공당한 것이다.*(이탤릭체는 원문)" 미국은 소련의 양해 아래 "분명한 대중적 지지를 확보하고 있던 한국의 전국적 조직을 강제로 무너뜨렸다. …… 조선인민주주의공화국은 한국을 통치할 확고한 근거가 있다."('The North Korean Enigma', ibid., May–June 1981, pp. 18-52)

6) Perry, *Anyuan*, p. 3.

7) Chang and Halliday, pp. 504 and 533.

8) Benton, *New Fourth Army*, pp. 645-646, 683-684 and 696. 여기서 벤튼은 1941년 '완난사변' 직후 중국공산당이 샹잉을 희생양으로 만든 방식을 지칭하고 있다. 그는 이 방식을 "역사적인 인격 살인이자 …… 왜곡이라는 것을 어떻게 하는지 보여주는 전형적인 사례"로 묘사했다. 동일한 평가를 장룽이 마오를 다루는 방식에도 적용할 수 있을 것이다.

9) 브리티시컬럼비아대학의 티모시 치크와 개인적으로 이야기한 내용이다.

10) 중국어 원문은 '여호색자지성욕발동이심기정인(如好色者之性欲發動而尋其情人)'이며 슈람은 'irresistible sexual desire for one's lover(연인에 대한 억누를 수 없는 욕망)'로 번역했다. 여기서 핵심적 구절을 '호색자(好色者)'이다. 글자 그대로 번역하면 '여자를 좋아하는 남자', 혹은 '감각적 회열을 즐기는 사람', 좀 더 경멸적인 뜻으로는 '욕정에 가득 찬 사람'으로 번역할 수 있다. '성욕'은 성적 욕망이며, '발동이심(發動而尋)'은 '자극받아 찾아 나선다'는 뜻이다. 중국어 원문에 충실하면서, 최대한 장룽의 의도대로 번역하면 '욕정에 가득 찬 사람이 성적 욕망에 자극받아 연인을 찾아 나선다' 정도가 된다. '색광'에 해당하는 중국어 단어는 '싱쾅(性狂)'인데, 이는 중국어 원문에 없다. '발동이심' 역시 '배회하다'로 해석할 수 없다.

11) Chang and Halliday, p. 395. 출처는 '어느 가족원'으로 제시되었다. 바로 앞 페이지를 보

면, 마오쩌둥이 마오안잉이 류쑹린과 결혼하기를 원한다는 말을 듣고, "엄청나게 격노하여 마오안잉에게 너무나 무섭게 큰 소리를 친 탓에 마오안잉이 기절했다."고 서술되어 있다. 장룽은 이 정보를 '어느 식솔'에게 얻었다고 밝혔다. 장룽은 마오의 분노를 "(아름답고 우아한 쓰치가 10대였을 때 대부분을 마오와 가깝게 지냈기 때문에) 성적 질투심"으로 추론했다. 사실 류쑹린은 옌안 시절 그녀가 여섯 살 때 마오의 식솔로 받아들여졌다. 그녀의 아버지는 국민당 사람들에게 처형당했으며, 그녀의 어머니는 상하이에서 지하 당 일꾼으로 일했다. 어린 류쑹린은 자신의 어머니를 다시는 보지 못할까 봐 무척 겁을 먹었다. 류쑹린의 말에 따르면, 옌안 시절에 마오가 류쑹린이 고아 역할을 맡은 연극을 보고서, 옛날 양카이후이가 처형당한 후 마오안잉과 마오안칭이 상하이 거리에서 힘들게 살아갔던 것이 기억나 큰 감동을 받았다고 한다. 나중에 마오안잉과 류쑹린의 결혼이 결정되자, 마오도 류쑹린의 어머니도 환영했다고 한다. 류쑹린은 이렇게 말했다. "마오 주석은 무척 기뻐했습니다. 마오 주석과 어머니는 이 결혼에 대해 몇 시간 동안이나 이야기를 나누었습니다. …… 나의 어머니는 마오안잉이 믿음직한 남편이 될 것이라고 믿었습니다. 마오 주석은 우리가 서로 사랑하고 있다고 생각했으며 제가 나쁜 사람으로 판명되는 일은 결코 없을 것이라고 생각했습니다."(류쑹린과의 인터뷰, 2005년 1월)

12) 아마도 이 이유 때문에 하버드대학의 슈람은―그는 자신과 다른 의견을 지닌 동료 학자들에게 마치 화산이 폭발하듯 엄청나게 비판을 퍼붓곤 했다.―장룽의 책을 조심스럽게 다룬 것 같다. 슈람은 이 책의 "상당히 편파적인 견해"는 장룽의 가족이 중국에서 경험한 고난 탓이라고 너그럽게 평가했다. 또한 그는 이렇게 말했다. 《마오: 알려지지 않은 이야기》는 "마오쩌둥이라는 인물과 그가 역사에서 차지하는 위상과 관련하여, 우리의 이해를 증진시키는데 중대한 공헌을 했다. 하지만 좀 더 완전하고 균형 잡힌 그림을 그리고자 한다면, 비교적 최근에 발간된 6백여 페이지에 이르는 다음의 두 책을, 적어도 하나라도, 읽는 것이 바람직할 것이다. 하나는 필립 쇼트의 책이고 다른 하나는 마오의 주치의였던 리즈쑤이의 책이다."

13) 'I'm so Ronree', in Benton and Lin, p. 82.

14) 'Science, now under scrutiny itself', *New York Times*, June 15 2015.

15) 내가 생각하기에 중국학 분야에서는 제러미 바르메, 라나 미터, 제프리 와서스트롬(Jeffrey Wasserstrom), (그리고 우리보다 한 세대 앞선 인물로) 조너선 스펜스가 이러한 어려운 작업을 해냈다. 로스 테릴은 경우가 조금 다르다. 그가 저술한 마오쩌둥과 장칭의 전기는 역사소설의 기법을 다소 사용하고 있다(따라서 이를 감안하여 읽어야 한다). 하지만 역사소설의 최고 작품들이 그러하듯, 그의 작품도 학문적 글이 전달하지 못하는 그 시대만의 느낌을 전해주고 있다. 그러므로 독자들은 그의 책을 읽는 동안 가끔씩만 그의 설명이 보통의 학술적 글과 달리, 로스 테릴이 인정하듯, "자료를 예술적으로 짜 맞춘 것"임을 상기하면 된다(*The White Boned Demon*, William Morrow, 1984, p. 401, n. 21). 로스 테릴 정도의 재능이 없는 사람들이, 서양인이든 중국인이든, 그의 기법대로 글을 쓰려 했지만 결국은 '빠르게 읽을 수 있는' 정도의 천박하고 괴로운 결과물을 냈을 따름이다.

16) 'The New Dictators Rule by Velvet Fist', *New York Times*, May 24 2015.

17) Eastman, Lloyd, *Seeds of Destruction: Nationalist China in War and Revolution*, Stanford University Press, 1984, p. 3.

18) Rawski, Thomas G., *Economic Growth in Pre-War China*, Oxford University Press, 1989; Strauss, Julia C., *Strong Institutions in Weak Polities: State Building in Republican China, 1927-1940*, Clarendon Press, Oxford, 1998. 1962년 프란츠 마이클 (Franz Michael) 역시 이와 비슷한 주장을 제기한 바 있다. 장제스 통치의 첫 10년은 "여러 분야에서 큰 진전이 있었던 시기이다. 경제개발, 사회 및 교육의 개혁, 정치적 통일, 그리고 국제 관계에서 중국의 위상 증진 등이 그러한 분야였다."(CQ, 9, 1962, pp. 124-148). 1970 년대가 되면 이러한 견해는, 장제스 정권이 무능하고 독재적이고 부패하다고 본 터크먼의 주장에 완전히 밀려버린다.

19) 다음 자료도 보라. Terry Bodenhor(ed.), *Defining Modernity: Kuomintang Rhetorics of a New China, 1920-1970*, University of Michigan Press, Ann Arbor, 2002.

20) Fenby, pp. 501-504.

21) Taylor, pp. 2-3 and 591-592.

22) *Foreign Policy*, March 24 2014.

23) 다음 자료에서 인용했다. Richard Bernstein, 'Assassinating Chiang Kai-shek', in *Foreign Policy*, Sept. 3 2015.

24) 다음 자료를 보라. Denton, Kirk A., *Exhibiting the Past: Historical Memory and the Politics of Museums in Postsocialist China*, University of Hawaii Press, Honolulu, 2014; Rana Mitter, '1911: The Unanchored Chinese Revolution', CQ, 208, 2011, esp. pp. 1019-1020.

25) Tanner, *The Battle for Manchuria and the Fate of China: Siping, 1946*, pp. 214-221.

26) Dikötter, Frank, *The Age of Openness: China before Mao*, Hong Kong University Press, Hong Kong, 2008, p. 3.

27) 중일전쟁의 사망자 수에 관해 여러 추정치가 제시되었다. 8백만에서 1천만 사이로 보는 사람이 있는가 하면(孟国祥, "中国抗战损失研究的回顾与思考", 《抗日战争研究》, 第4期, 2006), 전투 중 사망한 2백만 명을 포함하여 모두 1천4백만 명으로 보는 사람도 있고(Odd Arne Westad, *Restless Empire: China and the World since 1750*, 2012, p. 249), 전쟁 전후의 인구 변화를 토대로 1천8백만 명으로 주장하는 사람도 있다(Diana Lary, *The Chinese People at War: Human Suffering and Social Transformation, 1937-1945*, Cambridge University Press, 2010, p. 173). *Battle for China*에서는 2천만 명이 넘을 수도 있다고 설명한다(Peattie, Drea and van de Ven, p. 46). 라나 미터는 사망자 수는 1천 4백만 명에서 2천만 명, 피난민 수는 8천만 명에서 1억 명 사이를 추정한다(*China's War with Japan, 1937-1945*, Allen Lane, 2013, p. 387).

28) 《마오의 대기근》이 출판된 이후, 디쾨터가 참고한 중국의 지방 문서고 자료들이, 대부분은 아닐지라도 그 일부가 디쾨터의 중국인 동료들이 그의 부탁을 받아 구해준 것이라는 사실이 알려졌다(디쾨터는 이 문제에 관해 분명하게 서술하지 않고 얼버무리고 있다). 이는 결코 사소한 문제가 아니다. 디쾨터가 문서고에서 직접 열람한 자료 원본이 아니라, 다른 사람의 필사본이나 복사본을 토대로 삼아 저술한 것이라면, 그가 인용한 중국어 문장의 여러 오류들이 설명되기 때문이다.

29) Dikötter, *The Tragedy of Liberation*, Bloomsbury, 2013, p. 74.

30) Ibid., p. 87; Yang Kuisong, CQ, 193, 2008, p. 117. 1951년 4월 20일 마오가 덩샤오핑을 비롯한 당 지도자들에게 보낸 서신에 쓴 문구이다(현재 서신의 사본이 쓰촨성 문서고에 보관되어 있다). 다음 달이 되면 마오는 "대량 처형은 즉시 중단해야 한다."는 명령을 내린다. 과거에 '우파'였던 산둥성 출신의 리창위는, 마오가 할당량을 사용한 이유는 "사형 조치가 일단 시작되면 무제한적인 유혈 사태를 저지하기 힘들게 되고, (그렇게 되면) 사람들의 분노를 불러일으키게 될까 봐 두려워했기" 때문이라고 설명한다(*China Rights Forum*, 4, 2005, pp. 41-44. 다음 자료에 실려 있는 당 중앙위원회의 5월 8일, 5월 16일자 지령문도 보라. Yang, pp. 117-119). 사실이라면 대단히 이기적인 이야기로 들리지만, 리창위 본인이 이 '할당량'의 피해자였고 마오를 "악하고 무자비한" 사람으로 비난하는, 결코 마오 편이 될 수 없는 사람이라는 점을 고려해야 한다. 만일 정말로 마오가 사망자 수를 제한하려고 했다면, 그의 의도는 완전히 실패했다. 지방의 관료들은 윗사람에게 자신의 충성을 증명하기 위해 일부러 더 많이 사형을 집행했기 때문이다. 양쿠이쑹은 이 과도한 사형 집행의 책임은 ,이러한 일이 자행될 수 있는 명령 체계를 주관한 마오와 지나친 열성을 보인 하급 관료 모두에게 있다고 말했다. 한편 연구자들은 이 운동에 의해 정권에 대한 무장 저항이 저지된 반면 그 대가로 무고한 생명 수십만이 희생되었다는 사실에 모두 동의한다.

31) 이 책의 초판에도 어처구니없는 실수가 많았는데, 로스 테릴과 알렝 루를 비롯한 여러 사람들이 이를 친절하게 지적해주었다. 새로운 개정판에는 그러한 실수들이 교정되었기를 바라지만, 여전히 검토의 눈길을 피한 몇몇 실수들이 있으리라 생각된다. 사실 이는 거의 모든 비소설 책에서 일어나는 문제이다. 예를 들어, 제이 테일러는 러시아와 국민당의 문서고에서 얻은 자료를 면밀하게 검토하여 《총통》을 저술했지만, 책의 주제에서 벗어나 공산당 측의 역할에 대해 논할 때는 많은 사실 관계 오류를 범했다. 대부분의 경우 그러한 실수는 인간의 가장 흔한 약점인 부주의에 기인하며, 그러한 실수가 기본적 논지에 미치는 영향은 아주 적거나 없는 것이 보통이다. 그러나 디쾨터의 경우를 보면, 그러한 실수들이 그의 기본 논지를 체계적으로 강화하고 있다.

32) 예를 들어, 디쾨터는 마오가 "젊은 여인을 취하기 위해 자신의 세 번째 부인을 버렸다."고 서술한다. 그러나 이 책의 본문에 이미 서술했듯이 선후 관계가 뒤바뀌어 있다. 마오가 옌안에서 "안락하게 살기 위해 특별히 난방 시설을 설치한 커다란 저택에서" 살았다고 설명하지만, 마오는 다른 지도자들과 함께 마당을 공유하며 살았다. 디쾨터는 마오의 한때 라이벌이었던 장궈타오가 이끌던 제4방면군을 숙청할 때, 뤄루이칭이 "과격함, 야만성, 잔인성"을 드러낸 덕분에 마오의 신임을 얻게 되었다고 서술하면서, 〈타임〉 주간지에 실린 장궈타오의 인터뷰 내용을 근거로 댔다. 그러나 이는 객관적이라고는 말하기에는 다소 부적절하다. 또한 그는 1950년대의 뤄루이칭이 무시무시한 모습이었는데, 전쟁 중 입은 부상 때문에 "그의 입모양이 항상 어색하게 웃는 모습을 하고 있었기에" 절대로 미소 짓는 법이 없었다고 묘사한다. 그러나 뤄루이칭의 얼굴 마비 증상은 문화혁명 기간 중 그가 자살을 시도한 후에 생긴 증상이다. 《마오의 대기근》에서 디쾨터는 중난하이에 있는 마오 저택의 침실이 '무도장'만 한 크기였다고 서술하지만, 마오는 자신의 침실을 서재 겸 응접실로 쓰고 있었으며, 그 크기는 당시 중국 정부 부서의 응접실 정도, 즉 유럽의 시골 저택의 큼직한 응접실 정도였다. 무도장만 하다고는 도저히 말할 수 없다. 《마오의 대기근》의 끝 부

분에는 1962년 7월에 있었던 어느 긴박한 만남이 묘사되어 있다. 디쾨터는 이때 마오가 "류사오치에 의해 긴급하게 베이징으로 호출되었다"고 서술한다. 우선 사실 관계가 뒤바뀌어 있다. 마오가 류사오치를 호출했다. 그뿐 아니라 이때 마오는 싸울 태세를 확실하게 갖춘 다음 베이징으로 귀환한 것이며, 심지어 자신의 동료들에게 자신의 귀환 사실을 알리지 않은 상태였다. 이러한 오류들은 마오쩌둥이 1962년에 권력을 상실했다는 디쾨터의 잘못된 주장과 일맥상통하며, 마오와 그의 동료들의 관계에 관한 그의 이상하게 잘못된 이해를 드러낸다. 심지어 디쾨터 본인이 마오의 동료들을 마오의 "아랫사람들"이라고 칭하면서도 말이다. 마오에게 어디로 오라고 호출할 수 있는 사람은 아무도 없었다. 항상 마오가 있는 곳으로 다른 사람들이 찾아갔다. 그가 중국의 어느 곳에 있는지 상관없었다. 게다가 반드시 마오가 접견을 동의하는 경우에만 마오를 만나러 갈 수 있었다.

33) *Mao's Great Famine*, p. 41.

34) Ibid., pp. 56–58.

35) Ibid., p. 299.

36) Ibid., pp. 116–117. 양지성의 인용문은 약간 다르다(*Tombstone*, p. 61).

37) *Mao's Great Famine*, p. xii.

38) 이 시기에 관한 연구들 대부분이 이 견해를 지지한다. 런던의 SOAS(School of Oriental and African Studies) 부설 중국연구소의 교수 로버트 애시(Robert Ash)는 대약진운동을 정치적 관점이 아니라 경제적 관점에서 연구했다. 그는 소련과 중국의 상황을 비교하며 이렇게 설명했다. 1930년대 소련에서 발생한 기근은 "스탈린이 잘 알면서도 고집을 부려서 야기된 결과이지만, 중국에서 발생한 기근은 …… 잘못된 곡물 징발 정책이 그 원인인데, 이 정책은 1958년 곡물 수확량의 정확한 수치에 대한 심각한 정보 오류에 근거하고 있었다."('Squeezing the Peasants: Grain Extraction, Food Consumption and Rural Living Standards in Mao's China', CQ, 188, 2006, pp. 959–998).

39) *Mao's Great Famine*, p. xvi and 236–238.

40) Ibid., p. 292.

41) White, Theodore H. and Jacoby, Annalee, *Thunder Out Of China*, William Sloane, New York, 1946, pp. 166–178.

42) 'Memory, Loss', *New York Times*, Nov. 30 2012.

43) *Mao's Great Famine*, pp. xi and 85.

44) Ibid., p. 71.

45) 디쾨터는 이렇게 썼다. "마오는 모든 곡물의 3분의 1을 징발하도록 명령했다. 이는 이전보다 훨씬 높은 비율이었다." 그러나 저우쉰에 따르면 마오의 실제 발언은 다음과 같다. "징발하는 곡물의 양이 (생산된 곡물의) 3분의 1을 *초과하지* 않는 한, 농민은 폭동을 일으키지 않을 것이다."(*The Great Famine*, pp. 23–25)(이탤릭체는 저자가 추가했다) 토마스 번스타인(Thomas Bernstein)은 이때 마오가 총 징발량을 말한 것인지 순(純) 징발량을 말한 것인지는 확실하지 않다고 지적했는데(순 징발량이란 최초에 징발한 곡물량에서 나중에 국가 창고가 각 인민공사에 되돌려주는 곡물량을 뺀 것이다), 문맥상 총 징발량으로 보인다. 만일 그렇다면, 당시 일부 지방 간부들이 곡물 수확의 절반 이상을 징발한 상황을 고려해볼 때, 마오는 더 많이 징발하라는 것이 아니라 오히려 자제를 촉구한 것이며, 마오 자

신이 표현한대로, "강력하게 그러나 …… 악독하지는 않게" 행동하라는 의미였다고 할 수 있다(*China Perspectives*, 2, 2013, pp. 80-82). 또한 디쾨터의 표현처럼 "이전보다 훨씬 높은 비율"이었다고 하기도 어렵다. 본래 25퍼센트가 공식 목표였던 것은 사실이지만, 실상은 이 비율이 자주 초과되고 있었기 때문이다. 로버트 애시의 주장에 따르면, 마오가 권좌에 있는 동안 중국 농민은 겨우 생존을 유지하며 사는 수준이었고, 스탈린과 마찬가지로 마오 역시 공업 발전의 자금을 대기 위해 매우 높은 비율로 농업 생산물을 징발했기 때문에 농촌 주민들이 이를 감당하기가 극히 어려웠다. 이러한 상황이 바뀐 것은 마오가 죽은 뒤였다. 그렇다면 대약진운동은 그 이전에도 존재했고 그 이후에 계속 존재한 과잉 징발의 문제를 극한까지 몰아갔다고 볼 수 있을 것이다('Squeezing the Peasants: Grain Extraction, Food Consumption and Rural Living Standards in Mao's China', CQ, 188, 2006, pp. 959-998).

46) Ibid., p. 88.

47) 디쾨터의 출처는 '1959년 3월 25일자 마오의 연설 기록, 간쑤성 (문서고)'이다(p. 374, n. 16). 그러나 이는 마오가 25일에 한 연설이 아니라 26일과 28일에 진행된 토론 중에 나온 발언이다.

48) 다음 자료에 인용되어 있다. Anthony Garnaut, 'Hard facts and Half-truths: The new archival history of China's Great Famine', in *China Information*, 27, 2, pp. 223-246, esp. pp. 235-238 and nn. 61-62.

49) 디쾨터도 이와 유사한 의미를 지닌 마오의 발언을 인용한다. 1958년 3월 급진적인 두 지역 지도자가 농경지에 거대한 규모의 관개 수로 건설을 제안하자 마오는 이렇게 말했다. 만일 그 사업이 실제로 실행에 옮겨진다면 수만 명의 죽음을 초래할 것이고, 만일 조금 낮은 목표를 세운다면 "아마도 죽는 사람이 없을 것"이다(*Famine*, p. 33).

50) Thomas Bernstein에 의하면, 비밀을 엄수하라는 지시에도 불구하고 "절반의 사람을 굶게 내버려 두라"는 마오의 말은 얼마 지나지 않아 산둥성의 벽보에 등장했다고 한다(*China Perspectives*, 2, 2013, pp. 74-76). 또한 쓰촨성의 어느 현 당 서기는 다음과 같은 말을 했다고 전한다. "사람이 조금 죽는 것은 아무것도 아니다. …… 우리 사회주의 체제에서 죽음의 발생은 불가피하다. 소련의 경우 사회주의 체제를 건설하기 위해서 약 30퍼센트의 주민이 죽었다." Ralph Thaxton은 북부 허난성의 어느 작은 마을에서 진행된 대약진운동을 연구했는데, 마을 지도자들이 보인 야만성과 주민들이 겪는 고통에 대한 무관심은 중일전쟁과 국공내전에서 경험한 극도의 폭력과 직접 관련된다고 주장한다(*Catastrophe and Contention in Rural China: Mao's Great Leap Forward*, Cambridge University Press, 2008).

51) *Mao's Great Famine*, p. 347. 디쾨터의 비판을 받아들이기가 더욱 힘든 것은, Garnaut가 두 책을 비평한 글에서 지적했듯이, 디쾨터의 《마오의 대기근》은 그보다 2년 반 전에 나온 양지성의 《묘비》 내용을 출처를 따로 언급하지 않은 채로 (심지어는 정확하게 옮기지도 않고) 상당히 활용하고 있기 때문이다(*China Information*, 27, 2, pp. 223-246). 게다가 디쾨터는 양지성보다 수준이 더 낮은 연구자들을 일부러 칭찬하기도 하는데, 이는 디쾨터가 양지성을 자신의 심각한 경쟁자로 간주하고서 무슨 수를 써서라도 그의 신뢰성을 깎아내리려고 한 것이 아닌지 의심이 들게 한다.

52) Yang, *Tombstone*, p. 12.

53) Ibid., pp. 125 and 495~496.

54) Ibid., pp. 398~399.

55) Ibid., p. 133.

56) 예외도 있다. Felix Wemheuer는 기근의 기억과 책임에 관한 흥미로운 글을 발표했다. 그는 허난성에서 나이 든 농민들과 은퇴한 지방 간부들과 인터뷰를 진행했다. 농민들은 당을 비난했다. 지방 간부들은 서로를 탓하기도 하고 성 지도자들을 비난하기도 했는데, 그들 중 다수는 성 당 위원회의 지위가 높은 간부들이 전혀 처벌받지 않았다는 사실에 분노했다 (CQ, 201, 2010, pp. 176~194, 'Dealing with Responsibility for the Great Leap Famine in the People's Republic of China').

57) 문화혁명이 1966년에 시작되었으므로 2006년은 문화혁명 개시 40주년이었으나 중국에서는 조용히 이해를 보냈다. 3월에 외국인과 중국인 학자들로 구성된 작은 조직이 사흘 동안 비공식 학술 토론회를 열었는데, 중국인 학자들 가운데는 사회과학원 및 그 산하 단체 소속도 있었다. 이 토론회 기록물은 얼마 뒤 해외에서 출판되었다(郝建(編), 《文革四十年祭: 2006北京文化大革命研討会全記錄》, 溪流出版社, 2006; Fellows Press of America, Fort Worth, 2006). 그러나 공식적인 회의는 열리지 않았으며, 중국의 주류 언론에서도 문화혁명 개시 40주년에 관한 언급은 없었다. 다음 자료는 문화혁명에 관한 중국인들의 태도를 다르게 해석하고 있다. Suzanne Weigelin-Schwiedrzik, 'In Search of a Master Narrative for 20th-Century Chinese History', CQ, 188, 2006, pp. 1070~1091.

58) Gao Wenqian, *Zhou Enlai*, p. 165.

59) *New York Review of Books*, May 28 2009.

60) 차이융메이(蔡詠梅)는 《周恩來的秘密情感世界(저우언라이의 비밀스러운 감정 세계)》(New Century Press, Hong Kong, 2015)에서 저우언라이가 동성애자였는데 이를 숨긴 채 '명목상으로만' 결혼했을지도 모른다고 서술했다. 차이융메이는 아마도 저우언라이 부부가 1927년에 아이를 하나 낳았으나, 그 아이가 곧 죽었다는 사실을 몰랐던 것으로 보인다.

61) 《新發現的周恩來(새롭게 발견한 저우언라이)》는 가오원첸의 책보다 더 유익한 정보를 많이 전해주지만, 유감스럽게도 영어 번역본이 없어서 덜 알려진 책이다. 훨씬 분량이 많고 매우 비판적인 내용을 담고 있다. 두 저자는 재능 있는 비전문 중국 역사가인데, 쓰마칭양(司馬淸揚), 어우양룽먼(歐陽龍門)이라는 가명을 쓰고 있다(Mirror Books, Hong Kong, 2009).

62) Pantsov and Levine, p. 1.

63) 예를 들어, 판초프는 1921년 창사에서 마오와 그의 친구들이 "볼셰비즘 전체가 거짓말 위에 자리 잡고 있다는 것을 알지 못했다"고 서술한다. 후기 공산주의(post-communist) 관점에서 볼 때 이러한 서술은 분명히 옹호할 만하며, 더구나 저자가 러시아인이라는 사실을 감안하면 너무나 잘 이해되기도 한다. 그러나 이러한 판단을 1920년대 초 중국의 상황에 적용한다는 것은 무리이다. 또한 판초프가 러시아어 단어인 '쿨라크'를 사용하는 방식도 문제가 있다. 그는 '쿨라크'를—판초프 자신이 인정하듯, 중국이나 중국 사회에서는 '쿨라크'에 직접 대응하는 단어나 집단을 찾을 수 없다.—소지주와 부유한 (때로는 보통의) 농민을 지칭하는 데 사용하고 있어 혼란을 초래한다. 1930년대 초 마오가 'AB단'을 지칭하면서, 판초프가 서술한 것처럼 "쿨라크 쓰레기"라고 하는 일은 절대로 없었을 것이다. 여

하튼 판초프는 전체주의 정권을 증오하고 있음이 분명하기는 하지만, 스탈린과 마오를 구분하기 위해 상당한 노력을 기울였다. 그는 이렇게 결론을 내린다. 마오는 많은 범죄를 저질렀지만 "전 세계로 하여금 중국 인민을 존경하도록 만든 …… 민족의 영웅이었다. …… 그렇기 때문에 지금 그의 시신이 웅장한 묘에 편하게 안치되어 있는 것이다. …… 그는 그 장소에 오랫동안 그렇게 있을 것이다, 아마도 영원토록."

64) 어느 정도 예외라고 볼 수 있는 저술은 다음과 같다. Liu Liyan, *Red Genesis: The Hunan First Normal School and the Creation of Chinese Communism, 1903-1921*, State University of New York Press, 2012. 이 책은 양카이후이의 아버지인 양창지를 비롯해 마오의 스승들, 마오의 가까운 친구들인 차이허썬과 샤오위, 그리고 당시 중국 지식인들의 분위기에 관해 새로운 많은 정보를 제공하고 있다. 그러나 마오의 역할에 관해서는 특별히 중요한 연구 성과가 드러나지는 않는다.

65) 맥파쿼 책에서 인용했다.

66) Davin, Delia, 'Dark Tales of Mao the Merciless', in Benton and Lin, *Was Mao Really a Monster?*, p. 20.

67) Pankaj Mishra, 'Staying Power: Mao and the Maoists', *New Yorker*, Dec 20 2010.

68) Mitter, Rana, *China's War with Japan, 1937-1945*, Allen Lane, 2013, pp. 13 and 229.

69) 다음 자료에서 인용했다. Tanner, p. 86; 賈廷詩, 郭廷以(編), 《白崇禧先生訪問記錄》, 2, 中央研究院近代史研究所, 臺北, 1984, p. 874.

70) Pankaj Mishra, idem.

71) 제이 테일러는 만일 장제스가 오늘날 살아 있었다면 지금의 중국 지도자들을 장제스 자신과 같은 '현대 신유교주의자'로 여겼을 것이라고 상상했다. 왜냐하면 장제스가 그들의 지위에 있었다면 그 역시 같은 국가 목표를 세웠으리라 생각되기 때문이다(*The Generalissimo*, p. 592). 테일러의 상상은, 결국 장제스가 실패한 무대에서, 마오의 후계자들이 사실 장제스의 구상을 실행하는 데 성공했다는 의미이다. 만일 우리가 이를 받아들인다면—내 생각에 그의 상상은 토론해볼 만한 주제이다.—그 해석은 양쪽으로 나뉠 수 있다. 장제스의 구상이 결국 승리했다고 말하거나(장제스가 "전투에서는 졌지만 전쟁에서는 승리했다."는 식으로 표현할 수 있겠다), 장제스의 구상을 실행에 옮긴 것은 마오가 세운 체제이므로 결국 이 체제의 정당성이 증명되었다고 말할 수도 있을 것이다.

72) Pantsov and Levine, p. 8.

가오강(高崗, 1905~1954) 산시성(陝西省) 출신이며 1926년 중국공산당에 입당했고 대장정에 참여했다. 이후 만주 일대에서 활동하며 만주 지역의 당 최고 지도자이자 당 정치국 위원에 올랐다. 1952년에는 국가계획위원회의 주석이 되었으나 이듬해 파벌주의를 획책했다는 비난을 받아 당에서 숙청당했고 같은 해 8월 자살했다.

덩샤오핑(鄧小平, 1904~1997) 쓰촨성 출신이며 프랑스와 소련에서 유학했다. 1920년대에 중국공산당에 입당했고 대장정에 참여했다. 1949년 중화인민공화국 창건 후 중앙위원회 고위직에 올랐지만, 문화혁명 기간 박해를 받아 모든 직위를 박탈당했다. 1973년에 복권되어 부총리를 맡아 정부 업무를 주관했으나 또다시 실각했다. 1976년 다시 정계에 복귀했고 1980년 중국의 실질적 최고 지도자가 되었다.

류사오치(劉少奇, 1898~1969) 후난성 출신이며 소련에서 유학했다. 1920년대 초 중국공산당에 입당했고 대장정에 참여했다. 중화인민공화국 창건 후 마오쩌둥의 신임을 받아 부주석이자 마오쩌둥의 후계자로 지명받았으며, 1959년에는 마오쩌둥에 이어 국가주석에 올랐다. 그러나 문화혁명 기간 거세게 비판받아 당에서 축출당했고, 말년에는 폐렴을 앓다가 제대로 된 치료도 받지 못한 채 카이펑에서 사망했다. 사후 복권되었다.

리리싼(李立三, 1899~1967) 후난성 출신이며 프랑스에서 유학했다. 1920년대 중국공산당에 입당했고 노동 운동에 앞장섰다. 제6차 당 대회를 거치며 당의 실권을 장악했으나 1930년 도시 무장 봉기를 주도하다 실패하며 지도부에서 밀려났다. 중화인민공화국 창건 후 당에 복귀했지만 문화혁명 기간 심한 비판을 받은 끝에 자살했다.

린뱌오(林彪, 1907~1971) 후베이성 출신이며 1926년 황푸군관학교를 졸업한 뒤 장제스의 북벌에 참여했다. 대장정, 항일전쟁, 국공내전에서 홍군을 이끌며 전과를 세웠다. 중화인민공화국 창건 후 군부와 중앙에서 고위직을 맡았으며, 1959년에는 펑더화이의 후임으로 국방부장이 되었고 1968년에는 마오쩌둥의 후계자로 지명받았다. 그러나 1970년 중반부터 마오쩌둥의 미움을 사며 숙청당할 위기에 처하자 가족과 함께 도주하다가 몽골 지역에서 비행기가 추락해 사망했다.

마오쩌둥(毛澤東, 1893~1976) 후난성 출신이며 중국공산당 창당 멤버이다. 노동 운동과 농민 운동을 조직하는 데 힘썼고 1934년 말부터 대장정을 이끌며 당 지도부를 장악했다. 장제스와의 국공내전에서 승리한 뒤 1949년 중화인민공화국을 창건했고, 국가주석에 올라 당과 군과 정부 내에서 절대 권력을 행사했다. 1950년대 대약진운동이 실패함에 따라 1959년 국가주석 자리에서 물러났지만, 1966년 문화혁명을 주도하며 다시 전면에 나섰다. 1976년 죽음과 함께 권좌에서 내려왔다.

보구(博古, 1907~1946) 장쑤성 출신이며 1920년대 중국공산당에 입당했고 모스크바 중산대학에서 공부했다. 소련 유학파를 대표하는 인물로서 1930년대 초 당의 실질적 최고 지도자가 되었으나, 대장정 기간 마오쩌둥에게 밀려 당내 권력을 상실했다. 1946년 충칭에서 중국공산당 대표로 '정치협상회의'에 참여한 뒤 옌안으로 돌아오던 중 비행기 사고로 죽었다.

쑨원(孫文, 1866~1925) 광둥성 출신이며 홍콩에서 의과 대학을 졸업했다. 국외에서 비밀 결사를 조직해 반청 운동을 주도했고, 1911년 신해혁명이 일어나자 귀국해 임시 대총통으로서 중화민국 건설했다. 1910년대와 1920년대 초반에 걸쳐 군벌을 무너뜨리고 중국을 통일하기 위해 애썼다. 1921년 광저우에 국민당 정부를 수립하고 1924년에는 중국공산당과 제1차 국공합작을 이룩했으나, 끝내 통일의 꿈을 이루지 못한 채 병사했다.

야오원위안(姚文元, 1931~2005) 1948년 중국공산당에 입당했고 상하이에서 〈해방일보〉의 주필을 맡아 문예비평가로 활동했다. 우한의 역사극 〈해서파관〉을 비판하는 글을 써서 문화혁명의 불씨를 당겼다. 1966년 중반 '문화혁명소조'에 소속되어 권력을 쥐었고 이후 당 중앙에 진출해 고위직에 올랐다. 1976년 4인방의 일원으로 지목받아 체포되었으며 징역 20년형을 선고받았다.

양카이후이(楊開慧, 1901~1930) 베이징대학 교수 양창지의 딸로 1920년 마오쩌둥과 결혼했다(마오쩌둥의 두 번째 부인). 1922년 중국공산당에 입당한 뒤 남편을 도와 당 지하 조직에서 활동했다. 1930년 마오쩌둥이 가담한 창사 봉기가 실패한 지 얼마 되지 않아, 국민당의 보복으로 체포되어 처형당했다. 마오쩌둥과의 사이에서는 3남(마오안잉, 마오안칭, 마오안룽)을 두었다.

예젠잉(葉劍英, 1897~1986) 광둥성 출신이며 1920년대 중국공산당에 입당했다. 대장정, 항일전쟁, 국공내전에서 군 지휘관으로 활동했다. 1949년 중화인민공화국 창건 후 원수 계급에 오르는 등 주요 요직을 거쳤다. 문화혁명 기간 마오쩌둥과 대립하며 비판받았지만 축출되지는 않았다. 마오쩌둥 사후 4인방 몰락에 앞장섰고 덩샤오핑이 최고 지도자에 오를 수 있도록 도왔다.

오토 브라운(Otto Braun, 1900~1974) 독일 태생으로 중국 이름은 리더(李德)이다. 1932년 코민테른의 지시를 받아 중국으로 파견되어 군사 고문 역할을 맡았다. 저우언라이, 보구와 함께 3인단을 형성해 중국공산당 내에서 군사 부분을 담당했으나 대장정 기간 마오쩌둥에 밀려 영향력을 상실했다. 1939년까지 옌안에 머물다가 모스크바로 돌아갔고, 1945년 소련군과 함께 독일 베를린에 입성해 죽을 때까지 그곳에 살았다.

왕밍(王明, 1904~1974) 안후이성 출신이며 1925년 중국공산당에 입당한 뒤 모스크바로 유학을 가 중산대학에서 공부했다. 1930년대 초 잠시 동안 중국공산당의 실질적 지도자 역할을 맡았다가, 상하이의 당 중앙이 위태로워지자 모스크바로 떠나 코민테른의 중국공산당 대표로 일했다. 1937년 옌안으로 돌아온 이후 마오쩌둥의 주된 정치적 라이벌이 되었지만 최고 권좌에 오르는 데는 실패했다. 1942년 옌안 정풍운동 기간 핵심적인 비판 대상으로 지목되면서 당내 영향력을 완전히 상실했다. 1956년 건강을 이유로 모스크바로 떠난 뒤 죽을 때까지 그곳에서 살았다.

왕훙원(王洪文, 1935~1992) 지린성 출신이며 1953년 한국전쟁에 참전했다. 1966년 상하이에서 '노동자혁명조반총사령부'를 조직해 문화혁명을 주도함으로써 마오쩌둥의 눈에 들었다. 1973년 마오쩌둥의 신임을 받아 당 중앙위원회와 정치국 위원이 되었으며 부주석에도 임명되었다. 그러나 1976년 4인방 중 한 명으로 체포되었으며 종신형을 선고받았다.

우한(吳晗, 1909~1969) 저장성 출신이며 칭화대학 역사학 교수이자 베이징 부시장을 지냈다. 1959년 역사극 〈해서파관〉을 발표했는데, 이 작품이 마오쩌둥의 펑더화이 숙청을 은유적으로 비판했다는 논란을 불러일으키며 문화혁명을 촉발했다. 1968년 투옥되었고 이듬해 감옥에서 사망했다.

장궈타오(張國燾, 1898~1979) 장시성 출신이며 베이징대학을 졸업했다. 중국공산당 창당 멤버이다. 노동 운동을 이끌며 당 지도부에 들어갔고 대장정 기간 제4방면군을 지휘해 군 지휘관으로서 세력을 넓혔다. 1935년 마오쩌둥과 대립한 끝에 갈라섰으나 제4방면군의 정예 부대가 국민당군에 대패하며 당내 권력을 상실했다. 결국 1938년 국민당으로 전향했고 이후 홍콩으로 망명했다.

장쉐량(張學良, 1901~2001) 1928년 당시 만주 지역 군벌이었던 아버지 장쭤린이 일본인에게 암살된 뒤 군대를 물려받아 세력을 키웠다. 장제스의 국민당 편에 섰으나 1936년 공산당과의 항일 통일전선을 도모하기 위해 장제스를 납치했다(시안사건). 이로 인해 제2차 국공합작이 결성되는 발판이 마련되었지만, 장쉐량 본인은 군사 지휘권이 박탈되고 징역 10년형을 선고받았으며 출감 후에도 가택에 연금되었다.

장제스(蔣介石, 1887~1975) 저장성 출신이며 일본에서 유학했다. 1911년 신해혁명에 가담했고 이후 쑨원을 도와 위안스카이에 맞섰다. 1923년 소련으로 파견되어 군사 교육을 받고 돌아와 황푸군관학교를 세워 교장에 취임했다. 1926년 공산당을 공격해 국공합작을 무력화했으며 1928년 난징 정부를 세워 중국국민당의 지도자가 되었다. 이후 20년간 중국의 통치권을 두고 일본과 중국공산당과 싸웠다. 1949년 공산당에 밀려 중국 대륙을 내주고 타이완으로 건너가 독재 정부를 수립했으며, 사망할 때까지 타이완 국민당 주석이자 정부 수반을 지냈다.

장춘차오(張春橋, 1917~2005) 산둥성 출신이며 문예 비평가로 활동하다가 1938년 옌안에서 중국공산당에 입당했다. 1954년 상하이 〈해방일보〉의 사장이 되었으며, 문화혁명 기간 문혁소조와 상하이 혁명위원회를 이끌며 주도적으로 활동했다. 장칭의 최측근이자 급진파의 핵심 인물로 부총리까지 올랐지만 1976년 4인방의 일원으로 지목받아 체포되었다. 이후 사형 선고를 받았으나 종신형으로 감형되었다.

장칭(江靑, 1914~1991) 산둥성 출신이며 1930년대에 상하이에서 배우로 활동했으며 그 시절 중국공산당에 입당했다. 1937년 옌안으로 갔고 이듬해 루쉰예술학원에서 일하던 중 마오쩌둥을 만나 결혼했다(마오쩌둥의 네 번째 부인). 마오쩌둥의 부인으로서 보좌하는 역할에 머물다가 문화혁명 기간 세력을 키워 급진파의 우두머리가 되었다. 마오쩌둥 사후 4인방의 일원으로 체포되어 1980년 사형을 선고받았으나 종신형으로 감형되었고, 1991년 가택 연금 중에 자살했다. 마오쩌둥과의 사이에서는 1녀(리나)를 두었다.

저우언라이(周恩來, 1898~1976) 장쑤성 출신이며 5·4운동에 참여했다. 1920년 프랑스로 유학을 떠났고 이듬해 중국공산당에 입당해 활동했다. 1930년대 초까지 당내 최고 실권자였으나 대장정 기간 마오쩌둥에 밀린 뒤 그를 보좌하는 역할에 머물렀다. 마오쩌둥을 도와 중화인민공화국을 창건한 이후, 총리이자 외교부장을 맡아 국가 내외의 주요 문제들을 해결했다. 1976년 지병으로 세상을 떠났는데, 그의 죽음을 추모하는 열기가 거세지며 '톈안먼 사건'이 촉발했다.

주더(朱德, 1886~1976) 쓰촨성 출신이며 1911년 신해혁명에 참여했으며 혁명 후에는 군벌로 활동했다. 1922년 베를린으로 유학을 떠났고 거기서 중국공산당에 입당했다. 1928년 징강산에서 마오쩌둥과 함께 홍군을 창설했고, 이후 총사령관을 맡아 대장정, 항일전쟁, 국공내전에서 활약했다. 중화인민공화국이 창건된 뒤에는 당 중앙과 군사 조직에서 줄곧 고위직을 맡았으며 부주석과 원수 계급까지 올랐다. 문화혁명 기간 비판을 받기는 했지만 축출되지는 않았다.

천두슈(陳獨秀, 1879~1942) 안후이성 출신이며 일본과 프랑스에서 유학했다. 1915년 상하이에서 잡지 〈신청년〉을 창간해 5·4운동의 사상적 토대를 형성했다. 1920년 '사회주의청년단'과 '공산주의 소조'를 설립했고, 1921년에는 중국공산당을 창당하는 데 앞장섰으며 임시 서기에 임명되었다. 이후 코민테른의 지시에 따라 제1차 국공합작을 이룩했지만 1927년 합작이 결렬되자 당 지도부에서 물러났다. 1929년 트로츠키주의자라는 이유로 당에서 제명당했다.

천보다(陳伯達, 1904~1989) 푸젠성 출신이며 1927년 중국공산당에 입당했고 같은 해 모스크바 중산대학에 입학해 4년간 수학했다. 소련에서 돌아온 뒤 1937년 옌안에서 마오쩌둥의 정치 비서로 일했다. 문화혁명 기간 '문화혁명소조' 조장을 맡아 활동하며 당 중앙에 진출했으나, 1970년 당내 단결을 파괴하려 했다는 비판을 받고 당에서 제명되었다. 1980년 4인방과 연루되어 재판에서 징역 18년형을 선고받았다.

천이(陳毅, 1901~1972) 쓰촨성 출신이며 베이징대학을 졸업하고 프랑스에서 유학했다. 1923년 중국공산당에 입당했고 홍군에 가담해 군 지휘관으로서 경력을 쌓았다. 항일전쟁과 국공내전에서 활약했으며, 중화인민공화국 창건 후에는 상하이 시장, 외교부장, 부총리에 올랐고 원수 계급을 달았다. 문화혁명 기간 급진파로부터 비판을 받아 실각했으나 이후 복권되었다.

취추바이(瞿秋白, 1899~1935) 장쑤성 출신이며 1920년대 초 모스크바에 머물며 상하이 신문 〈신보〉의 특파원으로 일했다. 1922년 중국공산당에 입당했고 1927년 천두슈가 해임되자 임시 지도부를 결성해 1928년까지 최고 지도자로서 당을 이끌었다. 1931년 왕밍을 비롯한 소련 유학파에 밀려 당 정치국에서 물러났다. 1935년 초 결핵을 치료하기 위해 상하이로 이동하던 중 국민당에 체포되었고 투항을 거부해 처형당했다.

캉성(康生, 1898~1975) 산둥성 출신이며 상하이대학을 졸업했고 1920년대에 중국공산당에 입당했다. 1933년 모스크바로 가 소련의 보안과 정보 기술을 공부했다. 1937년 귀국한 후 당의 고위직에 임명되었고 중국공산당 비밀 경찰 업무를 전담하며 첩자로 의심되는 수많은 인사를 숙청했다. 문화혁명 시기 '문화혁명소조' 고문으로 활약하며 당의 핵심 간부가 되었고 1973년에는 당 부주석에 올랐다.

탄전린(譚震林, 1902~1983) 후난성 출신이며 1926년 중국공산당에 입당했고 1927년 차링 소비에트 정부의 주석을 맡았다. 중화인민공화국 창건 후에도 줄곧 고위직을 맡았으며 1954년 부총리에 올라 농업 부문을 책임졌다. 문화혁명이 진행 중이던 1967년 수많은 노장 간부들을 타도하려는 급진파를 성토했다(2월역류). 이 일로 인해 심하게 비판받아 실각했다가 1973년 당에 복귀했다.

펑더화이(彭德懷, 1898~1974) 후난성 출신이며 국민당군 지휘관이 되어 북벌에 참여했다. 1928년 2월 중국공산당에 입당해 홍군에 합류했다. 대장정, 항일전쟁, 국공내전에서 홍군을 이끌며 활약했고 1950년 한국전쟁에 인민해방군 총사령관을 맡아 참전했다. 1954년 국방부장에 임명되어 인민해방군의 현대화에 앞장섰지만 1959년 대약진운동을 비판했다는 이유로 마오쩌둥에게 비판받고 실각했다.

펑전(彭眞, 1902~1997) 산시성(山西省) 출신이며 1920년대 중국공산당에 입당했다. 항일전쟁 중 당 중앙위원회 북방국 서기로 일했다. 중화인민공화국 창건 후에는 베이징 시장 및 베이징 당 위원회 제1서기에 임명되었고 정치국과 서기처에도 소속되어 활동했다. 그러나 문화혁명 기간 반당 집단으로 몰려 비판받았고 1966년 실각했다. 1979년 덩샤오핑에 의해 복권되었다.

허쯔전(賀子珍, 1909~1984) 장시성 출신이며 1926년 중국공산당에 입당했다. 1928년 징강산에서 만난 마오쩌둥과 결혼했다(마오쩌둥의 세 번째 부인). 징강산 시절과 대장정을 남편과 함께했으나 1937년 겨울 옌안을 떠나 상하이로 향했고 이듬해 소련으로 넘어가 학업에 매진했다. 모스크바 체류기간 극심한 우울증에 시달리며 정신병원에 보내졌다. 1947년 귀국 후에도 피해망상증에 시달리며 고통을 겪었다. 마오쩌둥과의 사이에서 3남 3녀를 낳았는데, 다섯 명은 어려서 죽거나 실종되었고 유일하게 딸 '리민'만이 살아서 마오쩌둥 밑에서 자랐다.

화궈펑(華國鋒, 1921~2008) 산시성(山西省) 출신이며 1938년 항일전쟁에 참전하면서 중국공산당에 입당했다. 중화인민공화국 창건 후 후난성에서 토지 개혁을 지도해 큰 성과를 거두었다. 1959년 마오쩌둥에게 발탁되어 후난성 당 위원회 제1서기로 승진했고 1971년 당 중앙에 진출했다. 1976년 마오쩌둥의 최후의 후계자로 지명받아 총리이자 제1부주석이 되었다. 마오쩌둥 사후에는 군부 지도자들과 협력해 4인방을 축출한 뒤 주석에 취임했지만 얼마 후 덩샤오핑에게 실권을 빼앗겼다.

1893년 12월 26일 후난성 사오산에서 마오순성과 원치메이의 첫째 아들로 태어남.

1894년 6월 청일전쟁 발발. 이듬해 4월 청나라가 일본에 패한다.

1899년 의화단 봉기.

1901년 마을 서당에 다니기 시작함. 이후 5년간 《삼자경》, 《소학》을 비롯하여 《논어》, 《맹자》 등 전통적인 유가 경전을 공부한다.

1904년 2월 러일전쟁 발발. 이듬해 5월 러시아가 일본에 패한다.

1907년 네 살 연상의 뤄이구와 첫 번째 결혼. 부모가 맺어준 혼인에 반발하여 얼마 뒤 집을 나가버린다. 같은 해 《성세위언》을 읽고 중국이 겪는 고난에 관해 처음으로 알게 된 후 학업을 다시 시작하려는 마음을 세운다.

1908년 11월 광서제와 서태후 사망. 선통제 푸이가 제12대 황제로 즉위한다.

1910년 봄 창사 식량 폭동 발생. 비슷한 시기 마오는 샹샹현에 있는 현립둥산고등소학교에 입학해 캉유웨이와 량치차오의 개혁 사상에 경도된다.

1911년 봄 창사에 있는 중등학교에 입학. 반(反)만주족 정서가 강해져 변발을 자른다.

10월 10일 우창 봉기. 신해혁명의 시발점이 된다.

10월 18일 창사 봉기.

11월 혁명군에 입대함. 이듬해 2월에 제대한다.

1912년 1월 1일 난징에서 쑨원을 임시 대총통으로 한 중화민국 수립.

2월 12일 선통제 퇴위. 청나라 멸망.

2월 14일 쑨원이 임시 대총통직을 사임함. 이후 베이징에서 위안스카이가 대총통에 취임한다.

봄 후난성립제1중학에 입학함. 몇 달 만에 학교를 그만둔다. 가을과 겨울 동안 창사의 공공 도서관에서 혼자 공부하며 루소, 몽테스키외, 애덤 스미스, 다윈의 저서를 읽는다. 또한 그해 마오는 〈상강일보〉에서 '사회주의'라는 용어를 처음으로 접하고 무정부주의자 장캉후를 통해 유토피아주의를 알게 된다.

1913년 봄 후난성립제4사범학교에 입학함(1년 뒤 제1사범학교와 통합됨). 위안지류와 양창지에게 문학과 철학을 배운다.

7월 위안스카이의 독재에 맞선 제2혁명 발발. 결국 진압된다.

8월 위안스카이에 충성하는 탕샹밍이 개혁적인 민정 지도자 탄옌카이를 밀어
내고 후난성 도독에 취임함.

1914년 7월 제1차 세계대전 발발.

1915년 가을 비공식 학습 모임 결성. 이후 이 모임이 '신민학회'로 발전한다.

12월 위안스카이 황제 즉위. 그러자 중국 서남부에서 반란이 일어난다.

1916년 6월 위안스카이 사망.

7월 탕샹밍이 창사에서 탈출하자 탄옌카이가 후난성 도독으로 복귀함.

1917년 4월 체육 교육에 관해 쓴 글이 〈신청년〉에 게재됨.

6월 학우들에 의해 '올해의 우수 학생'으로 선정됨.

여름 북방 군벌이 돤치루이의 안후이파와 펑궈장의 즈리파로 분열함. 돤치루
이가 푸량쭤를 후난성 도독으로 임명한다. 이후 푸량쭤에 맞서 후난성의 일
부 군대가 반란을 일으킨다.

10월 러시아 혁명 발발. 같은 달 마오는 '제1사범 학우회' 책임자로 선출된다.
노동자를 위한 야간학교를 개설한다.

11월 돤치루이가 총리 직책에서 물러나자 푸량쭤가 후난성에서 탈출함.

1918년 3월 총리로 복귀한 돤치루이가 장징야오를 후난성 도독으로 임명함. 장징야
오의 독재가 시작된다.

4월 신민학회 창립.

6월 제1사범학교 졸업.

8월 양창지의 소개로 베이징에서 베이징대학 도서관장 리다자오의 조수로 일
함. 여러 정치 이념에 관해 공부한다.

가을 돤치루이가 차관을 제공받는 조건으로 일본에게 산둥성의 관할권을 넘
겨주는 비밀 협약을 맺음. 이후 미국의 승인과 함께 공식화된다.

11월 제1차 세계대전 종식.

1919년 5월 4일 5·4운동.

6월 28일 베르사유 조약. 산둥성 관할권 문제로 반발이 커지자 중국 정부는
조인에 거부하는 상징적인 행동을 취한다.

7월 14일 〈상강평론〉 창간. 마오는 창간호에 개혁을 촉구하는 사설을 쓴다. 7월
말부터 8월 초까지 세 번에 걸쳐 '민중의 대연합'이라는 제목의 긴 글을 연재
한다.

7월 25일 러시아의 카라한 선언. 중국은 이듬해 3월 공식적으로 이 선언을 확
인한다.

8월 4일 장징야오의 탄압을 비판한 글이 〈상강평론〉에 게재됨. 곧 징징야오
는 〈상강평론〉의 폐간을 명령한다.

9월 문제연구회 결성. 정치 문제와 정치 이념을 탐구한다.

1920년 1월 후난성 대표단의 일원으로 장징야오의 해임을 청원하기 위해 베이징으로 감. 호소문을 발표하고 정부 인사들과 회담을 열었으나 뜻을 이루지 못한다.

4월 볼셰비키당 극동국에서 파견한 그리고리 보이틴스키가 중국에 도착함. 보이틴스키는 9개월간 머물며 '공산주의 소조', '사회주의청년단' 결성을 돕는다.

6월 11일 안후이파와 즈리파의 대결이 임박해지자 장징야오가 후난성 도독 자리에서 물러남. 다음 달 안후이즈리전쟁이 발발하고 즈리파가 승리한다.

6월 21일 후난성에 자치 정부 성립을 주장한 글이 〈신보〉에 게재됨. 이후 자치 운동을 벌였으나 탄옌카이의 반대로 실패한다.

7월 문화서사 설립. 크로폿킨, 후스, 존 듀이, 마르크스 등의 저작을 수집하여 판매한다.

8월 천두슈가 상하이에서 공산주의 소조를 결성함. 마오는 후난성에서 '러시아연구회'를 설립한다. 비슷한 시기 마오는 마르크스의 《공산당 선언》을 읽는다. 처음에는 온건한 무정부주의식 개혁에 동의했지만, 이것이 불가능해지자 '최후의 수단'으로서 마르크스주의를 받아들인다.

10월 허민판과 함께 '마르크스주의학설연구회'를 설립함.

11월 자오헝티가 탄옌카이를 축출하고 후난성 성장에 오름.

겨울 양창지의 딸 양카이후이와 두 번째 결혼.

1921년 6월 3일 코민테른에서 파견한 헨드리퀴스 스니블리트가 상하이에 도착함. 스니블리트는 중국공산당 창당을 도우며 모스크바의 입장을 관철한다.

7월 23일 중국공산당 창당 대회. 마오를 비롯한 11명의 대표자들이 참석한다.

9월 천두슈가 중국공산당 중앙집행위원회 임시 서기를 맡음.

10월 10일 중국공산당 후난성 지부를 결성함.

1922년 1월 자오헝티가 후난 제1 방직 공장 노동자들의 파업을 탄압함. 자오헝티는 파업에 대한 책임을 물어 '후난노공회'의 조직가 두 명을 처형하고 조직의 해산을 명령한다. 이에 쑨원을 비롯한 지식인들이 자오헝티에게 항의한다.

3월~4월 상하이에서 반(反)자오헝티 운동을 전개함.

7월 중국공산당 제2차 전국대표대회. 국민당과 통일전선을 구축하는 것에 대한 논의가 시작되고, 코민테른의 권고에 따라 농민의 중요성이 공산당 내에서 강조된다. 마오는 불참했으며 통일전선에도 반대했다.

8월 항저우에서 열린 당 중앙위원회 회의에서 '당내 합작' 전략이 통과됨. 스니블리트가 국민당을 혁명적 정당으로 간주해야 한다는 코민테른의 지령을 앞세워, 중국 공산당원들이 개인적으로 국민당에 입당하도록 촉구했다.

9월 창사 미장공 목공 노동조합 창립. 마오가 헌장의 초안을 작성한다.

10월 중순 창사 미장공과 목공의 파업. 마오는 노조 대표단으로 참여하여 임금 인상과 동업자 조합의 붕괴를 이끄는 데 주요한 역할을 한다. 같은 달 24일 첫째 아들 마오안잉이 태어난다.

12월 소비에트 사회주의 공화국 연방(소련) 결성.

1923년 1월 쑨원과 소련의 대사 아돌프 요페가 합작을 위한 협력을 도모함.

2월 7일 2·7학살. 공산당원의 주도 하에 철도 노동자들이 정저우에 '베이징-한커우철도총노동조합'을 만들려고 하자 우페이푸를 비롯한 군벌 지도자들이 베이징, 정저우, 한커우에서 무력 진압을 개시했다. 마오는 노동계급 단독으로는 권력을 쟁취할 수 없다는 교훈을 얻은 뒤 군사력과 농민의 중요성을 고민하기 시작한다.

6월 중국공산당 제3차 전국대표대회 개최. 마오는 당 중앙위원회 위원으로 선출되고 새로 신설된 중앙국의 비서로 임명된다.

8월 말 자오헝티의 부하가 반란을 일으키자 탄옌카이가 군대를 이끌고 창사로 진격함. 그러나 우페이푸의 지원군에 의해 탄옌카이가 격퇴당한다.

11월 둘째 아들 마오안칭이 태어남.

1924년 1월 20일 중국국민당 제1차 전국대표대회 개최(제1차 국공합작). 마오는 중앙집행위원회 후보위원으로 선출되고 선전부장 대리에도 임명된다.

1월 21일 레닌 사망. 이후 스탈린이 트로츠키를 축출하고 소련의 지도자가 된다.

4월 말(혹은 5월 초) 국공합작의 균열. 국민당 내부에 분파 체제를 구축하라는 공산당 중앙위원회의 비밀 결의문을 국민당 보수파가 입수하여 반발했다.

가을 공산주의 운동에 회의를 느끼며 신경쇠약증으로 고통을 겪음(첫 번째 시련).

1925년 1월 중국공산당 제4차 전국대표대회 개최. 마오는 불참한다.

2월 사오산으로 귀향. 빈농 단체를 조직하고 농민 야간 학교를 설립한다.

3월 12일 쑨원 사망. 국민당 좌파 왕징웨이가 후계자로 떠오른다.

5월 30일 5·30운동. 중국 전역에서 제국주의에 반대하는 시위가 일어난다. 마오도 이 운동에 자극받아 다시 정치 활동을 재개한다.

여름 사오산에서 농민 운동가로 활동함. 농민 운동이 성과를 내자 혁명에서 농민의 계급투쟁이 중요하다는 점을 깨닫는다.

9월 왕징웨이가 있는 광저우로 이동함. 국민당 좌파를 강화하고 농민을 조직하는 일에 힘쓴다.

1926년　1월 국민당 제2차 전국대표대회 개최. 지도부 내 공산당원의 비율이 높아지
　　　　고 급진적인 정책 노선이 채택됨에 따라 국민당 좌파 왕징웨이와 국민당 온
　　　　건파 장제스의 갈등이 깊어진다. 마오는 선전부장 대리에 재임명된다.

　　　　3월 20일 중산함 사건. 장제스가 계엄령을 선포하여 공산당에 공격을 개시했
　　　　다.

　　　　7월 9일 장제스가 북벌을 시작함.

　　　　11월 15일 중국공산당 중앙위원회 농민운동위원회 서기에 임명됨.

　　　　12월 장제스가 탕성즈와 연합하여 장시성, 푸젠성, 후난성, 후베이성을 점령
　　　　함.

1927년　1월 후난성의 여러 농촌 마을을 시찰함. 한 달간 농촌 현실을 직접 확인한 후
　　　　〈후난성 농민 운동 시찰 보고서〉를 작성한다. 이 논문에서 마오는 혁명의 수
　　　　단으로서 폭력을 옹호한다.

　　　　2월 국민당 좌파가 우한 정부를 수립함.

　　　　3월 후난성 농민 운동 시찰 보고서가 〈향도〉에 게재됨.

　　　　3월 6일 한커우에서 국민당 중앙집행위원회 전원회의 개최. 공산당과 국민당
　　　　좌파의 연합이 더욱 공고화된다.

　　　　3월 24일 장제스가 난징을 점령함.

　　　　4월 4일 셋째 아들 마오안룽이 태어남. 같은 날 천두슈와 왕징웨이가 통일전
　　　　선을 재확인하는 공동 성명을 발표한다.

　　　　4월 12일 장제스가 상하이에서 쿠데타를 일으킴.

　　　　4월 27일 중국공산당 제5차 전국대표대회 개최. 마오의 토지 개혁안이 무시
　　　　되고 농민위원회 서기 직책도 박탈당한다.

　　　　5월 21일 마일사변.

　　　　7월 16일 제1차 국공합작이 공식적으로 결렬됨.

　　　　7월 23일 코민테른 요원 베소 로미나제가 우한에 도착함. 천두슈가 물러나고
　　　　취추바이의 임시 지도부가 결성된다.

　　　　8월 1일 난창 봉기. 공산당군이 4일간 점령한 뒤 퇴각한다.

　　　　8월 7일 중국공산당 비상 당 대회 개최. 농민의 계급투쟁과 무산계급의 혁명
　　　　을 함께 도모하고 무장 투쟁을 전개하기로 결의한다. 마오는 정치국 후보위
　　　　원으로 선출된다.

　　　　9월 창사 추수 봉기. 마오가 주도했으며 봉기가 실패하자 봉기군을 이끌고
　　　　징강산 지역으로 퇴각한다.

　　　　10월 초 징강산 근거지 설립.

　　　　11월 중국 최초의 소비에트 정부인 '차링 소비에트 정부' 수립. 상하이에서 열

린 정치국 회의에서는 추수 봉기 실패의 책임을 물어 마오를 정치국에서 축출한다(두 번째 시련).

1928년 3월 새롭게 구성된 후난성 당 위원회에서 축출됨(세 번째 시련).

4월 말 징강산에서 주더의 군대와 통합하여 '홍군(홍4군)'을 창설함.

5월 20일 후난-장시 접경 지역 제1차 대표대회 개최. 마오는 '접경 지역 특별위원회' 서기이자 '노동자, 농민, 병사 정부'의 주석에 임명된다.

6월 중순 공산당 제6차 전국대표대회 개최. 국민당의 탄압이 거세져 소련에서 열린다. 현 단계에서는 혁명보다 내전에 집중하고 노동자가 아니라 농민이 주요한 혁명 역량이라는 데 합의한다. 리리싼과 저우언라이가 당내 실권을 차지한다. 마오는 당 중앙위원회 위원으로 선출된다.

여름 허쯔전과 세 번째 결혼.

10월 후난-장시 접경 지역 제2차 대표대회 개최. 양카이밍이 접경 지역 특별위원회 서기를 맡고 마오는 '행동위원회' 서기를 맡기로 한다.

1929년 1월 14일 홍군이 징강산을 떠남. 국민당군의 압박이 커지자 장기적 근거지를 구축한다는 계획을 변경하여 기동성 있는 유격전을 시작한다.

3월 말 홍군이 창팅을 함락함. 2주 뒤 저우언라이가 마오에게 병력 분산을 제안하고 상하이로 복귀할 것을 요청한 서신이 도착한다. 마오는 저우언라이의 계획을 거절한다.

4월 중순 위두에서 홍군 간부 확대회의 개최. 마오가 제시한 1년 내 장시성에 소비에트 정부를 세운다는 목표가 압도적인 지지를 받아 승인된다.

6월 중순 홍4군 대표대회 개최. 혁명에 이르는 전략을 둘러싸고 마오와 주더의 갈등이 깊어진다. 마오의 독선적 지도 방식이 비판받았으며, '전선위원회' 서기 직책도 박탈당한다(네 번째 시련).

11월 26일 전선위원회 서기로 당에 복귀. 마오를 지지하는 당 중앙의 지령문이 도착한 데다 광둥성 전투에서 대패하자 전선위원회가 마오에게 복귀를 요청했다.

12월 구톈 회의. 마오는 자신의 노선이 옳았음을 동료들에게 인정하도록 요구한다.

1930년 2월 피터우 회의. 전선위원회는 마오가 제안한 대로 장시성 전체의 해방을 위해 힘쓸 것을 결의한다. 비슷한 시기 당의 동지를 처형해서는 안 된다는 일종의 불문율을 깨고 당의 결정에 반대하는 당원을 적으로 간주한다는 결의안이 통과된다. 이후 대대적인 'AB단 숙청'이 벌어진다.

6월 리리싼과 대립함. 마오는 중국의 미래가 농촌 혁명에 달려 있다고 믿었던 반면, 리리싼은 무산계급 노동자가 주인공이라고 믿었다.

10월 뤄팡 회의. 마오가 유적심입의 전투 원칙을 제시한다.

11월 중순 스탈린이 코민테른의 지시를 거부해 온 리리싼을 강력하게 비난하는 서신을 보냄. 이후 리리싼은 반마르크스주의적, 반레닌주의적 노선을 추진했다는 혐의로 소련으로 소환된다.

11월 14일 양카이후이가 국민당군에 처형됨. 얼마 뒤 셋째 아들 마오안룽 병사.

겨울 국민당군의 제1차 포위 공격.

12월 푸톈 사건.

1931년 1월 상하이에서 보구, 왕밍, 장원톈을 중심으로 한 소련 유학파가 임시 중앙을 세움.

2월 국민당군의 제2차 포위 공격.

6월 국민당군의 제3차 포위 공격.

9월 18일 만주사변.

11월 7일 예핑에서 중화소비에트공화국의 성립을 선포함. 마오가 주석으로 선출되고 수도는 루이진으로 정해진다.

1932년 3월 말 루이진 회의. 마오가 푸젠성 북부 접경지대에 새로운 근거지를 만들어야 한다고 주장한다.

5월 국민당군의 제4차 포위 공격.

10월 닝두 회의 개최. 마오와 당 중앙의 갈등이 깊어진다. 저우언라이가 마오의 후임으로 정치위원이 되어 군사 지휘권을 행사하기 시작한다(다섯 번째 시련).

1933년 1월 상하이의 당 중앙이 루이진으로 이동함. 마오는 군사 지도 권한을 상실한다(여섯 번째 시련).

2월 토지 조사 운동 실시.

8월 국민당군의 제5차 포위 공격.

1934년 4월 홍군이 광창에서 국민당군에 대패함.

5월 보구, 오토 브라운, 저우언라이의 3인단 결성.

10월 대장정 시작.

11월 말~12월 초 상강 전투. 홍군이 국민당군에 대패한다.

1935년 1월 쭌이 회의. 마오가 당내 지배적 지위를 차지하게 된다.

봄 마오, 왕자샹, 저우언라이가 새로운 3인단을 구성하여 군사 전략을 지휘함.

5월 루딩 전투. 홍군이 국민당군의 추격을 뿌리친다. 이후 설산을 넘고 대초원을 건넌다.

6월 12일 쓰촨성 다웨이에서 마오의 제1방면군이 장궈타오의 제4방면군과 조우함. 그러나 마오와 장궈타오는 권력을 두고 대립하기 시작한다.

9월 장궈타오와 결별함. "내 인생에서 가장 아득한 순간" 장궈타오는 마오의 북행에 반대하며 자신의 병력을 이끌고 이탈했다.

10월 홍군이 산시성(陝西省) 북부에 도착함. 22일에 대장정이 종결되었음이 공식적으로 선언된다.

11월 말 군벌 장쉐량에게 통일전선을 제안함. 이듬해 3월 장쉐량이 이끄는 동북군과 임시 휴전을 타결한다.

12월 25일 정치국은 와야오부에서 일본과 장제스에 대항하기 위한 새로운 결의문을 채택함. 노동계급에만 의존하는 좌경 관문주의를 버리고 중국의 조건에 맞는 마르스크-레닌주의를 적용해야 한다는 내용이 담겼다.

1936년 6월 공산당 본부가 와야오부에서 바오안으로 이동함. 비슷한 시기 허쯔전과의 사이에서 딸 리민이 태어난다.

12월 국민당군의 제6차 포위 공격. 제4방면군의 정예 부대가 대패하면서 장궈타오가 몰락한다. 11일에 시안사건이 발생한다. 장쉐량이 장제스를 가두고 내전 종식과 항일전을 요구했다. 25일에 장제스가 구금에서 풀려나 난징으로 간다.

1937년 1월 중국공산당이 옌안으로 근거지를 옮김.

2월 마르크스주의를 다시 공부함. 이후 실천론과 모순론의 사상을 형성한다.

7월 7일 루거우차오 사건. 중일전쟁이 시작된다.

7월 16일 루산 회담. 저우언라이가 장제스에게 항일전쟁을 개시하고 공산당 활동을 승인해 달라고 요구한다.

8월 초 허쯔전이 마오를 떠나 상하이로 향함. 이후 학업을 위해 모스크바로 떠난다. 비슷한 시기 장칭이 옌안에 도착한다.

9월 22일 제2차 국공합작 성립. 홍군의 명칭이 '국민혁명군 제팔로군'으로 변경된다.

11월 23일 왕밍, 캉성, 천원이 옌안에 도착함.

12월 9일 당 정치국 회의 개최. 통일전선의 성격을 두고 마오와 왕밍의 대립이 본격화된다.

1938년 5월 〈유격 전쟁의 전략 문제〉, 〈지구전을 논함〉을 발표함.

9월 29경 당 중앙위원회 전원회의 개최. 마오는 왕밍의 좌경 노선을 비판하며 항일 통일전선을 유지하되 공산당이 주도권을 쥐어야 한다고 주장한다.

10월 말 국민당이 우한을 함락함. 통일전선을 고집한 왕밍은 지지 기반을 잃는다.

11월 장칭과 세 번째 결혼.

1939년 9월 1일 제2차 세계대전 발발.

1940년 8월 장칭과의 사이에서 딸 리나가 태어남.

가을 백단대전. 공산당군이 승리했으나 결과적으로 일본군의 엄청난 보복을 불러일으킨다.

1941년 1월 완난사변.

12월 태평양 전쟁 발발.

1942년 2월 정풍운동. 딩링과 왕스웨이를 비롯한 반대파를 축출한다.

1943년 정치국과 서기국의 주석으로 임명됨. 류사오치는 2인자가 된다.

1945년 2월 얄타 회담.

8월 15일 제2차 세계대전 종식. 국민당과 소련이 '중소우호조약'을 체결한다.

8월 28일 장제스와 충칭에서 평화 협상을 시작함.

11월 14일 국민당이 미국의 군사 지원을 받아 산하이관에서 공산당군을 공격함.

1946년 1월 10일 국민당과 공산당이 미국의 대통령 특사 조지 마셜의 주도 하에 휴전 협정을 체결함.

3월 윈스턴 처칠이 '철의 장막' 연설을 함. 미국과 소련의 긴장이 고조됨에 따라 평화적 협의가 붕괴된다.

6월 국공내전 재개.

1947년 3월 18일 홍군이 옌안에서 철수함. 홍군의 명칭이 '인민해방군'으로 변경된다.

1948년 4월 25일 인민해방군이 옌안을 탈환함.

겨울 인민해방군이 만주 지역을 점령함.

1949년 1월 인민해방군이 화이하이 전투에서 승리함. 15일에 톈진을 함락하고 22일에 베이징을 점령한다.

4월 24일 인민해방군이 난징을 함락함.

5월 장제스가 타이완으로 패주함.

10월 1일 중화인민공화국 수립. 마오는 국가주석에 오른다.

12월 16일 모스크바 방문. 마오는 스탈린에게 중소우호조약을 폐기하고 새로운 동맹 관계를 맺을 것을 제안한다.

1950년 2월 14일 저우언라이와 비신스키가 '중소우호동맹상호원조조약'을 체결함.

봄 공산당 지배 체제를 확립하기 위한 대대적인 작업이 시행됨. 사회 질서 안정, 반공산주의자 숙청, 반제국주의 운동이 주요 목적이었다.

6월 25일 한국전쟁 발발.

10월 10일 저우언라이와 스탈린이 한국전쟁에 군사 지원을 놓고 협상함. 소련은 중국 내에서 벌어지는 전투에 한해서 전력 지원을 약속한다. 19일 '중국인민지원군'이 압록강을 건넌다.

11월 25일 한국전쟁에 참전한 첫째 아들 마오안잉이 전사함.

1951년 가을 삼반, 오반, 사상 개조 운동 실시. 삼반, 오반 운동은 자산계급으로부터 공산당이 오염되는 것을 방지하기 위해 실시되었다. 사상 개조 운동은 정풍운동을 본떠 도시의 지식들을 재교육하여 공산당에 복종하도록 하고 자산계급 사상을 근절하기 위해 실시되었다. 이 과정에서 수많은 작가와 지식인이 스스로 목숨을 끊거나 숙청당한다.

1952년 제2선으로의 퇴진을 언급함.

1953년 소련 경제 모델을 중심으로 한 제1차 5개년 계획 수립함.

3월 5일 스탈린 사망. 이후 니키타 흐루쇼프가 권력을 잡는다.

6월 '사회주의 건선을 위한 총노선' 선언.

1954년 봄 가오강의 음모 사건.

1956년 2월 25일 흐루쇼프의 비밀 연설. 마오는 〈무산계급 독재의 역사적 경험에 대하여〉라는 논설을 통해 소련에 앞으로 중국을 동등한 지위에서 대할 것을 요구한다. 하지만 흐루쇼프는 중국이 소련의 영향 아래 놓여 있기를 바랐고 중국과 소련의 관계는 점차 악화된다.

4월 '백화제방 백가쟁명' 구호 등장. 1950년대 초반 지식인을 상대로 한 사상 개조 운동이 역기능을 내자 문화 방면의 자유화 정책이 시행된다. 그러나 1년 뒤 지식인의 당 비판은 반우파운동으로 재정의되어 숙청이 시작된다.

1958년 1월 제2차 5개년 계획인 대약진운동 시작. 마오는 '사회주의 혁명'이 '사상 정치 혁명'과 '기술 혁명'으로 이어져야 한다고 주장한다. 농촌에 '인민공사'를 설치해 농민들을 집단화하고 공업 분야에서 소련처럼 산업화를 이루려 했으나 결국 실패로 끝난다.

7월 흐루쇼프와 회담. 소련이 중국의 핵무기 정책에 통제력을 행사하기 위해 양국 간 군사 협조를 강화하자고 제안하자 마오는 크게 반발했다. 3주 뒤 인민해방군이 국민당의 전초지인 진먼도와 마쭈 열도를 포격하자 미국이 핵을 무기로 삼아 사건에 개입한다. 중국과 소련은 일시적으로 우호 관계를 회복한다.

1959년 봄 최악의 기근 발생. 1961년까지 수천만 명이 기아로 사망한다.

5월 중국공산당 제8차 전국대표대회 개최. 류사오치가 마오에 이어 국가주석으로 선출된다.

7월 2일 루산 회의. 국방부장 펑더화이를 비롯한 일부 당 지도자들이 대약진운동을 비판한다. 그 결과 펑더화이가 숙청되고 린뱌오가 국방부장을 맡는다.

1960년 6월 루마니아 공산당 대회에서 흐루쇼프가 마오의 이름을 직접 거론하며 비판함. 3주 뒤 중국에 배치돼 있던 소련인 1천여 명이 모두 철수했고 소련의 원조가 중지된다.

1962년 1월 7천인 대회 개최. 류사오치와 펑전이 마오와 당 지도부에 대약진운동의 실패에 대한 책임을 추궁한다. 이로 인해 마오는 류사오치를 불신하기 시작한다.

1963년 5월 사회주의 교육 운동 실시. 전국의 농촌과 도시에서 사청운동과 오반운동이 전개된다.

1965년 11월 10일 펑전과 우한을 비판한 야오원위안의 글이 상하이 신문 〈문휘보〉에 게재됨.

1966년 2월 8일 펑전이 '2월제강'을 근거 삼아 반격하지만 곧 숙청됨.

5월 문화혁명 발발. 장칭, 천보다, 장춘차오가 이끄는 '문화혁명소조'가 만들어진다. 이달 말에는 베이징 칭화대학 부속중학에서 최초로 '홍위병'이 조직된다. 홍위병 집단은 마오에게 충성을 맹세하고 반봉건, 반자본주의를 부르짖으면서 문화혁명의 전위 부대로 활동한다.

여름 중국 전역에서 홍위병과 보수 단체, 홍위병 집단 간의 대규모 무력 충돌이 발생함.

12월 문화혁명소조에 류사오치와 덩샤오핑 반대 운동을 강화하라고 지시함.

1967년 1월 왕훙원의 노동자혁명조반총사령부가 상하이 당 위원회를 장악. 마오는 인민해방군 내에 설치된 문화혁명소조의 책임자인 류즈젠을 해임한다. 이후 고위급 당 간부들과 인민해방군이 홍위병의 내부 충돌 과정에 말려들게 된다.

2월 2월진압. 각 군관구의 인민해방군 지휘관들이 급진파의 폭력 행위에 불만을 품고 급진파를 억류하고 포위했다. 2월역류. 탄전린, 예젠잉 등의 당의 고참 간부가 '문화혁명소조'를 비난했다. 급진파를 진압한 인민해방군 지휘관들과 당 간부들은 자아비판을 해야 했으며 어떠한 경우에도 급진파를 공격할 수 없다는 명령이 내려졌다.

여름 우한 사건. 우한 인민해방군의 지지를 받는 보수파 노동자와 급진파 노동자 사이에 전투가 벌어지자, 장칭과 린뱌오는 이 사건을 이용해 군 내부에 존재하는 주자파 세력을 타도하려고 했다.

1968년 10월 류사오치 실각. 린뱌오가 마오의 새로운 후계자로 등장한다.

1969년 3월 전바오섬에서 중국과 소련이 충돌함.

4월 문화혁명의 종결을 선언함.

11월 류사오치 사망.

1971년 4월 핑퐁 외교.

7월 헨리 키신저가 중국을 방문함.

9월 13일 린뱌오가 비행기 추락 사고로 사망함. 린뱌오는 마오에게 숙청될 위기에 처하자 가족과 함께 비행기를 타고 도주했으나 사고를 당하고 말았다. 이후 린뱌오 사건을 조사하기 위한 위원회가 꾸려지는데 여기에 화궈펑이 발탁된다.

10월 중화인민공화국 유엔 가입. 이때까지 중국을 대표하던 타이완은 유엔에서 퇴출된다.

1972년 2월 미국 대통령 리처드 닉슨이 중국을 방문함.

9월 왕훙원이 마오에게 발탁되어 베이징으로 진출함.

1973년 3월 덩샤오핑 당내 복귀. 마오는 왕훙원과 덩샤오핑의 2인 체제를 구성한다.

8월 중국공산당 제10차 전국대표대회 개최. 왕훙원이 당 정치국 위원으로 임명된다. 화궈펑은 중앙위원회 위원에 오른다.

12월 비림비공운동 개시. 수정주의와 투쟁하고 문화혁명의 성과를 보존하려는 목적에서 시작되었다. 급진파는 저우언라이의 세력을 약화시키는 데 주력한다.

1974년 7월 장칭, 왕훙원, 장춘차오, 야오원위안 '상하이 4인조'가 당내 파벌을 형성하고 있다고 비판함. 훗날 이들은 4인방으로 불린다.

10월 덩샤오핑이 제1부총리로 임명됨.

1975년 1월 화궈펑이 부총리에 임명됨.

4월 장제스 사망.

1976년 1월 저우언라이 사망. 마오의 후계자로 화궈펑이 지명된다.

4월 톈안먼 사건. 배후로 덩샤오핑이 지목되어 모든 직위를 박탈당한다.

9월 9일 마오쩌둥 사망.

10월 4인방이 체포됨.

인명

용어

옮긴이_양현수

서울대학교 정치학과를 졸업했고 미국 컬럼비아대학에서 정치학 석사와 박사 학위를 받았다. 현재 전문 번역가로 일하고 있다. 옮긴 책으로는 《장칭》, 《트로츠키》, 《민주주의의 삶과 죽음》이 있다.

마오쩌둥2

2019년 1월 25일 초판 1쇄 발행

- 지은이 ─────── 필립 쇼트
- 옮긴이 ─────── 양현수
- 펴낸이 ─────── 한예원
- 편집 ─────── 이승희, 윤슬기, 양경아, 유리슬아
- 본문 조판 ─────── 성인기획
- 펴낸곳 교양인

　　　　　우 04020 서울 마포구 포은로29 202호
　　　　　전화 : 02)2266-2776 팩스 : 02)2266-2771
　　　　　e-mail : gyoyangin@naver.com
　　　　　출판등록 : 2003년 10월 13일 제2003-0060

이 도서의 국립중앙도서관 출판예정도서목록(CIP)은 서지정보유통지원시스템 홈페이지(http://seoji.nl.go.kr)와 국가자료종합목록시스템(http://www.nl.go.kr/kolisnet)에서 이용하실 수 있습니다.(CIP제어번호: CIP2018042562)